हिंदी वेब साहित्य

[समीक्षा]

हिंदी वेब साहित्य

डॉ. सुनीलकुमार लवटे

राजकमल प्रकाशन

ISBN : 978-81-267-2453-6

मूल्य : ₹995

पहला संस्करण : 2013
This book is printed on **Print on Demand** Technology : 2024

प्रकाशक : राजकमल प्रकाशन प्रा. लि.
1-बी, नेताजी सुभाष मार्ग, दरियागंज
नई दिल्ली-110 002

शाखाएँ : अशोक राजपथ, सांइस कॉलेज के सामने, पटना-800 006
पहली मंज़िल, दरबारी बिल्डिंग, महात्मा गांधी मार्ग, प्रयागराज-211 001
1, अनमोल सोराबजी संतुक लेन, धोबी तलाव, मरीन लाइंस, मुम्बई-400 002

वेबसाइट : www.rajkamalprakashan.com
ई-मेल : info@rajkamalprakashan.com

Printed at : Rajkamal Prakashan P.Ltd.

HINDI WEB SAHITYA
Criticism by Dr. Sunilkumar Lawate

भूमिका

इक्कीसवीं सदी सूचना क्रांति का युग है। इस युग का आरंभ दूसरे विश्वयुद्ध से माना जाता है। सन् 1939 में प्रथम संगणक की निर्मिति हुई। प्रारंभिक काल में संगणक का आविष्कार अंकीय प्रक्रिया से गणितीय समस्याएँ हल करने के लिए किया गया। 'एनिअॅक' संगणक इस संदर्भ में द्रष्टव्य है। आज उसकी आठवीं पीढ़ी कार्यरत है। इस विकास यात्रा में संगणक ने अपनी अमर्याद क्षमता और उपयोगिता को सिद्ध कर मनुष्य के समग्र जीवन क्षेत्रों को घेर लिया है। विज्ञान, तंत्रज्ञान, शिक्षा, रसायन, भौतिकी, सूचना, रक्षा, अभियांत्रिकी, संवाद जैसे क्षेत्रों में उसकी गहरी पैठ ने उसे स्वतंत्र प्रयोग की मर्यादा को लाँघने के लिए विवश कर अंतर्जालीय सूत्र में बाँध दिया।

संगणक का अंतर्जालीय सूत्र में बँध जाना और कुछ न होकर नेटवर्किंग संस्कृति का जन्म था। महाजालीय सत्ता ने संगणक को विश्व का संवेदी संवाहक बनाने के लिए सारी दुनिया को देहात बनाया। इंटरनेट से वर्ल्ड वाइड वेब (www) की एक ऐसी ज्ञान सत्ता निर्मित हुई कि उसने मनुष्य की पहचान ही बदल दी। पहले मनुष्य 'नागरिक' (citizen) कहलाया करता था, अब उसका अधिकांश व्यवहार संगणक, इंटरनेट के पटल पर होने लगा और वह Netizen बन गया। 'सिटीजन' का 'नेटीजन' बनना न मात्र स्थित्यंतर या स्थानांतर था, अपितु वह एक नए ज्ञान समाज (knowledge society) की ओर मनुष्य का अग्रसर होना है।

ज्ञान समाज का निर्माण भाषा और साहित्य की पारंपरिक धारणाओं को झकझोरकर एक ऐसे क्षितिज को लेकर उदयमान हुआ जिसमें 'मसि कागद छुओ नहिं, कलम गह्यो नहिं हाथ' वाली कबीर की 'काला अक्षर भैंस बराबर' स्थिति को नए रूप में आभासी (वर्च्युअल) कर गया। कागज, स्याही, लेखनी, रंग, तूलिका रहित साहित्य, भाषा, संस्कृति, कला, विज्ञान का नया पटल खुल गया, जो 'वेब दुनिया' नाम से सर्व परिचित है। हिंदी भाषा और साहित्य की प्रथम वेबसाइट इत्तफाक से www.web-duniya.com नाम से ही सन् 1999 में अवतरित हुई और हिंदी वेब साहित्य युग का आविर्भाव हुआ।

इक्कीसवीं सदी का प्रथम दशक समाप्त हुआ है। आज हिंदी भाषा और साहित्य की लगभग 1000 वेबसाइट्स सक्रिय हैं। उनमें से लगभग 100 ऐसी वेबसाइट्स हैं जिन पर नियमित रूप से स्तरीय हिंदी साहित्य का प्रकाशन होता है। मुद्रित हिंदी साहित्य के समानांतर 'ई हिंदी साहित्य' के प्रकाशन से उसके मूल्यांकन की आवश्यकता समय की माँग बन गई है।

मैंने अपने प्राथमिक अध्ययन, खोजबीन में अनेक हिंदी वेबसाइटों का मुआयना किया और अनुभव किया कि वर्तमान मुद्रित हिंदी साहित्य ग्रंथ, कोश, पत्र-पत्रिकाएँ आदि के

माध्यम से प्रकाशित होता है। उसका पठन–पाठन, अध्ययन, अनुसंधान, अनुवाद, समीक्षा आदि कार्य एक सीमित दायरे में होता रहता है, जबकि हिंदी वेब साहित्य की संभावनाओं की कोई सीमा नहीं। इंटरनेट से वेबसाइट्स पर प्रकाशित साहित्य पल भर में दुनिया और विश्व (World and Universe) में फैल जाता है। राष्ट्र, भाषा, संस्कृति की सीमाओं से मुक्त यह साहित्य ज्ञानप्रसार की लक्ष–लक्ष संभावनाएँ उजागर करता है। पलभर में वह अनगिनत पाठकों के लिए उपलब्ध होता है। उसकी सहज उपलब्धता विकास की असहज क्षितिजों को खोल देती है। यह दायरा 'खुल जा सिमसिम' की तरह आँखें चौंधिया देता है। वह 'बाबा वाक्यं प्रमाणम्' की सीमा को तोड़कर 'सा विद्या या विमुक्तये' की तरह विश्व के ज्ञान समाज के लिए ग्रहण, संपादन, अनुवाद, अनुसंधान, समीक्षा, प्रसंस्करण के लिए मुहैया होता है। मूल और मौलिक की खोज के लिए वह सबसे सहज–सरल उपलब्ध, सस्ता साहित्य संस्करण बनकर उपस्थित होता है। यही कारण है कि हिंदी वेब साहित्य का मूल्यांकन इतिहास और समय का तकाजा है। मैंने यह अधुनातन विषय अनुसंधान एवं लेखन हेतु चुनकर हिंदी को विश्व भाषा की श्रेणी में समीक्षा, संवाद, परिशीलन का स्रोत बनाने का प्रथम प्रयास किया है, ऐसी मेरी विनम्र धारणा है।

आज मैं अनुभव करता हूँ कि दुनिया के अन्य भाषा–भाषियों की तरह हिंदी लेखक, पाठक दोनों ही इंटरनेट और वेबसाइट्स पर प्रकाशित साहित्य के प्रचार–प्रसार की अपरिमित संभावनाओं से वाकिफ हुए हैं। वे जानते हैं कि हिंदी को सही मायने में विश्वभाषा के रूप में विकसित करने के लिए उसके ई–स्वरूप का विकास अनिवार्य है। यही कारण है कि आज मुद्रित हिंदी साहित्य ग्रंथ, पत्र–पत्रिकाएँ तो प्रकाशित होती ही रहती हैं, परंतु उनके समानांतर उनका ई–संस्करण भी प्रकाशित होता रहता है। अंग्रेजी की तरह हिंदी साहित्यिक पुस्तकों के ई–संस्करण, कॅसेट्स, सीडीज, डीवीडी, एमपी–3 के रूप में प्रकाशित होते हैं। साथ ही साथ हिंदी सॉफ्टवेयरों का प्रचलन भी अप्रत्याशित रूप से बढ़ रहा है। पत्रकारिता, चित्रपट, प्रशासन, सूचना, संपर्क आदि क्षेत्रों के साथ वेबसाइट्स पर कविता, कथा, उपन्यास, नाटक, व्यंग्य, साक्षात्कार, आत्मकथा अंश, संस्मरण, डायरी, आलेख, समाचार, भविष्य, पाकक्रिया, फैशन, तीज–त्योहार आदि सामग्री का प्रकाशन यही समझाता है कि हिंदी वेबसाइट्स अब हिंदी समाज का प्रतिबिंब बन गया है।

परंतु जब हम दुनिया की अंग्रेजी, फ्रेंच, चीनी, जर्मनी, जापानी, स्पैनिश जैसी भाषाओं की वेबसाइट्स पर प्रकाशित उनकी भाषा के साहित्य स्तर को देखते हैं, तो यह समझने में देर नहीं लगती कि हिंदी–भाषी साहित्यिक, पाठक, अध्यापक, अनुसंधाता, पत्रकार, अनुवादक, समीक्षक उतने 'नेट सेवी' या वेब सेवी लेखक, पाठक नहीं हैं, जितने कि उपरोक्त भाषाओं के। प्रस्तुत अनुसंधान का यह भी प्रयोजन है कि इस अनुसंधान के बहाने हम हिंदी भाषा और साहित्य को वैश्विक परिदृश्य में आँककर उसे विश्व स्तर का बनाने के प्रति कृतसंकल्प हों। ज्ञान समाज की नई कसौटियों में यह बात गौण है कि आपकी भाषा की कितनी वेबसाइट्स हैं? यह बात आज की तारीख में अलग महत्त्व रखती है कि उसके प्रयोजक, उपभोक्ता, पाठक, प्रतिक्रिया लेखक कितने हैं? कितने लोग फेसबुक, कम्युनिटी, चैट, ई–मेल के प्रायोगक हैं? आज इस पर आपकी भाषाई औकात आँकी जाती है। इस दृष्टि से भी प्रस्तुत अनुसंधान को

भविष्य और विकास के लिए पथदर्शक बनाने का प्रयास किया गया है। इस अनुसंधान के निम्नांकित उद्देश्य थे–

- हिंदी भाषा और साहित्य विकास की पृष्ठभूमि में वेब साहित्य का अध्ययन करना।
- हिंदी वेब साहित्य के उद्भव और विकास का लेखाजोखा प्रस्तुत करना।
- हिंदी वेबसाइट्स का परिचय देना।
- हिंदी वेबसाइट्स पर प्रकाशित भाषा साहित्य का स्वरूप, विषय तथा विधागत वर्गीकरण करना।
- हिंदी वेबसाइट्स पर प्रकाशित भाषा और साहित्य का मूल्यांकन करना।
- हिंदी साहित्य विकास में वेबसाइट्स पर प्रकाशित भाषा और साहित्य का योगदान अधोरेखित करना।
- मुद्रित और ई–साहित्य की तुलना कर भविष्य की संभावनाओं से नए ज्ञान समाज को अवगत कराना।
- हिंदी भाषा और साहित्य के सहसंबंध और उनके वैश्विक रूप का निर्धारण करना।
- अन्य विश्वभाषाओं की तुलना में हिंदी भाषा और साहित्य को सक्षम करने की दिशा में पहल करना।
- हिंदी वेबसाइट्स को विश्व स्तर का बनाने का प्रयास करना।

इंटरनेट पर हिंदी भाषा और साहित्य संबंधी लगभग 100 वेबसाइट्स उपलब्ध हैं। उनमें से ऐसे प्रतिनिधि वेबसाइट्स को चुना गया है, जिन पर हिंदी भाषा एवं साहित्य संबंधी स्तरीय सामग्री नियमित रूप से प्रकाशित होती रहती है। ऐसी 13 वेबसाइट्स प्राथमिक खोज में हाथ लगी हैं। इन वेबसाइटों की यह विशेषता रही है कि वे समकालीन साहित्य प्रकाशन में रुचि रखती हैं। साथ ही उनके पुराने प्रकाशन उनके पुरालेखागार (Archives) उपलब्ध हैं। इंटरनेट पर उनकी खोज करके हिंदी भाषा और साहित्य का संकलन (Collection) किया गया है। प्राप्त सामग्री के अनुसंधान की रूपरेखा के आधार पर वर्गीकरण (Classification) किया गया है। वर्गीकृत सामग्री के उद्देश्य के अनुसार विश्लेषण (Analysis) किया जाएगा। विश्लेषित सामग्री के आकलन से जो तथ्य (Findings) हाथ आएँगे, उनकी तुलना (Comparison) अन्य भाषी वेबसाइट्स पर प्रकाशित सामग्री से की गई है। इससे हिंदी वेबसाइटों तथा उन पर प्रकाशित भाषा एवं साहित्य संबंधी सामग्री के स्तरीय करने या उनके वैश्विक प्रमाणीकरण (International Standerdization) के संदर्भ में सुझाव देकर समुचित पहल का प्रयास किया गया है।

इसके लिए इंटरनेट पर उपलब्ध विभिन्न भाषा–भाषी वेबसाइट्स, लिंक्स, ब्लॉग पोस्ट्स, विकीपिडिया, आलेख, गैलरीज, अभिलेखागार, ई–संदर्भ स्रोत, पूर्व अनुसंधान आदि की खोज एवं प्रयोग किया गया। मेरी विनम्र धारणा है कि प्रस्तुत अनुसंधान कार्य हिंदी भाषा एवं साहित्य के ई–स्वरूप के विकास में समुचित योग देगा। इससे हिंदी भाषा और साहित्य संबंधी वैश्विक धारणा के प्रचार और प्रसार में रचनात्मक योग मिलेगा। भविष्य की हमारी पीढ़ियाँ किसी एक देश की न होकर विश्व समुदाय का अंग होंगी। ऐसी स्थिति में निजी भाषा और साहित्य के अस्तित्व एवं अस्मिता का प्रश्न अहम होगा। प्रस्तुत अनुसंधान उस दिशा में की गई एक

सकारात्मक पहल सिद्ध होगी। उसे ध्यान में लेकर ही प्रस्तुत अनुसंधान के लक्ष्य, उद्देश्य एवं रूपरेखा को निर्धारित किया है।

इक्कीसवीं सदी का 2010 वर्ष प्रस्तुत अनुसंधान की समय सीमा और परिधि है। जहाँ तक विषय व्याप्ति का सवाल है, उपलब्ध समस्त हिंदी वेबसाइटों की छानबीन कर उनमें से हिंदी भाषा और साहित्य संबंधी चयनित एवं प्रतिनिधि वेबसाइट्स को ही अनुसंधान योग्य माना गया है। साहित्य संबंधी स्वतंत्र वेबसाइट्स के साथ विभिन्न पत्र-पत्रिकाओं के ई-संस्करण पर प्रकाशित साहित्य को अनुसंधान का विषय द्विरुक्ति भय से टाला है। जहाँ तक स्वरूप के अध्ययन का सवाल है गद्य एवं पद्य दोनों शैलियों में प्रकाशित साहित्य को अनुसंधान एवं लेखन योग्य माना गया है। उसकी स्तरीयता की कसौटी पर चुनाव किया गया है। यह इसलिए आवश्यक है कि अनुसंधान को नियत समय में पूर्ण करना है। प्रस्तुत साहित्य का विषय और विधागत वर्गीकरण कर उनके मूल्यांकन की योजना को अमल में लाया गया है। ऐसा करते समय साहित्य के सौंदर्य, शैली, आशय की ओर ध्यान दिया गया है। यह भी देखा गया है कि प्रस्तुत अनुसंधान भविष्य में पथदर्शक सिद्ध हो।

प्रस्तुत बृहत् हिंदी शोध परियोजना विश्वविद्यालय अनुदान आयोग, नई दिल्ली की ग्यारहवीं पंचवार्षिक योजना (2007-2012) का अंग थी। विश्वविद्यालय अनुदान आयोग ने प्रस्तुत की गई 'हिंदी भाषा और साहित्य की विभिन्न वेबसाइट्स पर प्रकाशित साहित्य का अध्ययन' शीर्षक परियोजना प्रस्ताव को सम्मोदित कर लगभग 9 लाख रुपयों का अनुदान दिया। उसके लिए मैं आयोग का ऋणी हूँ।

'हिंदी वेब साहित्य' ग्रंथ हिंदी साहित्य के इतिहास की एक नयी पहल है। अब तक हिंदी साहित्य के इतिहास में मुद्रित साहित्य का ही विचार होता आया है। इस ग्रंथ से इक्कीसवीं सदी के साहित्य आविष्कार का एक नया पहलू जुड़ रहा है। ऐसा मुलभूत ग्रंथ राजकमल प्रकाशन के मेरे आत्मीय सुहृद अशोक महेश्वरी जी ने आप तक पहुंचाने का बीड़ा उठाकर दुनिया का यह पहला प्रयास अधोरेखित किया है। मैं उनका आभारी हूँ।

डॉ. सुनीलकुमार लवटे
प्रमुख अन्वेषक

12 दिसंबर, 2012
कोल्हापुर (महाराष्ट्र)

अनुक्रमणिका

परिशिष्ट सूची

हिंदी वेब साहित्य

पहला अध्याय

संगणकीय प्रणाली : उद्भव और विकास

1.1 पृष्ठभूमि :

संगणक (computer) गणन यंत्र के रूप आविष्कारित हुआ। समय गुजरते उसमें प्रसंस्करण की क्षमता का विकास हुआ। किसी समय मनुष्य द्वारा संचालित यह यंत्र आज विद्युत कणों एवं प्रवाहों (Electric and Electronic) से स्वचलित बनने जा रहा है। गणन एवं प्रसंस्करण की प्रक्रिया का विकास असल में मनुष्य विकास का फल है। मनुष्य पहले असंग्रही, अस्थिर, अकार्यक्षम एवं अविकसित था। विकास क्रम में वह स्थिर होकर जंगलों की गुफाओं में रहने लगा। झुंड में रहने वाला मनुष्य गुफाओं में रहते हुए एक तरह से समूह से हटकर पारिवारिक बना। आगे चलकर अग्नि की खोज, पहिये का आविष्कार, कृषि कार्य में गति से वह समाजशील बनता गया। इससे वह संग्रही बना। उसका संग्रही बनना उसकी स्वामित्व वृत्ति का फल था। संग्रहण से गिनने की आवश्यकता का निर्माण हुआ। संग्रह जब सीमित था, तब वह उँगलियों, पंजों, हथेली, कोहनी, बाहों का प्रयोग कर गिनता, नापता था। संग्रह विकास के साथ गणन प्रक्रिया का भी विकास हुआ। जोड़, बाकी, गुणा, भाग, वर्गमूल, वर्ग आदि गणन संज्ञाओं का आविष्कार मनुष्य के जटिल एवं जंजाल होते जीवन की माँग थी। आवश्यकताएँ खोज की जननी हैं। मनुष्य का संग्रह कंकड़ों, मनकों, लकड़ियों से बढ़ा और उसे जीवन की हर वस्तु के गणन, मापन या तोलने की आवश्यकता प्रतीत हुई। यह कार्य देह के अवयवों की सीमा पार करता हुआ बुद्धि और तर्क का अनुगामी बना। संगणक यंत्र इसी की निष्पत्ति और परिणाम है।

गणन यंत्र हमारा आरंभिक संगणक था। इसमें मनुष्य की शारीरिक और बौद्धिक क्षमता से परे गणन की अद्भुत क्षमता का विकास भले ही मनुष्य ने क्यों न किया हो, पर वह उसकी अपनी मर्यादाओं को लाँघता गया और दिन गुजरते अद्भुत बना। आज वह जटिल-से-जटिल जोड़, बाकी, गुणा, भाग तो सेकंड की शतांश सीमा में करता ही है, पर मनुष्य की सीमा से परे कोई भी काम पलक झपकने के पहले निपटा देता है। समस्या सुलझाना, सूचनाओं का वर्गीकरण, पाठ का संस्करण, संख्या का परिकलन, सामग्री शोध, सारे कार्य दृक्-श्रव्य, रंगीन, चलत, स्थिर, मनुष्य की इच्छा के अनुसार करने की क्षमता रखता है। विश्व, आकाश, यहाँ तक कि अवकाश की सीमा को लाँघता वह महाजालीय प्रसंस्करण की नई दुनिया बनाता गया और आज उसने सचमुच दूसरी दुनिया (Second World) को बनाया।

1.2 संगणक : परिभाषा एवं स्वरूप :

संगणक की परिभाषाएँ –

(1) ''संगणक उच्च गति से प्रसंस्करण एवं प्रदर्शन करने वाला यंत्र है। वह निर्देशों के अनुसार कार्यरत रहता है। इसमें तर्क, परिवर्तन, दोहराव, प्रस्तुति, संस्करण, गणन, स्मरण आदि क्षमता होती है। वह निवेश, निर्गम, स्मृति से युक्त होता है।''[1]

(2) ''उच्च गति या तार्किक क्रियाकलापों या जानकारी की प्रक्रिया करने वाला गणन यंत्र।''[2]

(3) ''सामान्य प्रयोजन का यंत्र जो मिलान, स्वीकार, भंडारण, दोहराव, संख्या या पाठ का रूपांतरण, आकृति, आवाज, चलचित्रादि कार्य विद्युत संकेतों के अनुसार करता, संगणक कहलाता है।''[3]

(4) ''संगणक एक क्रियान्वयन यंत्र है, जो निर्देशों का क्रमादेशित सूची के अनुसार अमल करता है।''[4]

(5) ''संगणक चार कार्य करने वाला यंत्र है-निवेश, प्रसंस्करण, भंडारण और उत्पादन।''[5]

1.3 संगणक : उद्‌भव और विकास :

1.3.1 प्रागैतिहासिक काल (ई.स.पूर्व 1500 से ई.स. 1900)

संगणक के आविष्कार के मूल में मनुष्य की गणन की आवश्यकता कारण रही है। गणन की आवश्यकता के वर्तमान रूप के पीछे हजारों वर्षों का इतिहास छिपा है। ''जब मनुष्य अपने आसपास की बहुत सारी वस्तुओं से परिचित हुआ, तो उसने उसको गिनना शुरू किया। गिनने के काम के लिए उँगलियाँ सबसे सरल साधन थीं। इसलिए मनुष्य ने उन्हीं का उपयोग किया। एक वस्तु के लिए एक उँगली।...कालांतर में उँगलियों से वस्तुओं को गिनना एक अच्छी खासी कला बन गई। गिनने के लिए दोनों हाथों की उँगलियों का प्रयोग तो होने ही लगा, उँगलियों और बाँहों के सहयोग से–उन्हें विभिन्न तरीकों से ऊपर उठाकर 9000 तक की ऊँची संख्याएँ भी गिनना संभव हो गया। यहाँ तक कि गुणा करने के लिए भी उँगलियों को मोड़कर उनका उपयोग किया जाने लगा।''[6]

गुफाओं में रहते हुए मनुष्य ने उकेरना, कुरेदना आरम्भ किया। इस लेखन से चिह्न विकसित हुए, जैसे एक के लिए एक उँगली। मिस्र के पिरामिडों में इसके संकेत पाए जाते हैं। परवर्ती काल में मनुष्य ने लंबाई नापने के लिए विशिष्ट अंतर की लकड़ी का इस्तेमाल करना शुरू किया।

---

1. www.dictionary.com
2. www.answers.com
3. www.businessdictionary.com
4. www.techterms.com
5. www.catawbak12nc.us
6. कृष्णचंद, कंप्यूटर की कहानी, कंप्यूटर और हिंदी–डॉ.हरिमोहन, पृ. 18 से उद्धृत

इसी का विकसित रूप फुट, गज, मीटर है। रस्सी में गाँठें लगाकर फसल के पुलिंदों को गिनना उसने सीखा। फिर कभी लकड़ियों में खाँचे बनाकर गिनने की गड़रियों की कला से भविष्य में फूटपट्टी बनी। कालगणना के लिए धूप–छाँव के प्रयोग से धूपघड़ी विकसित हुई। सूरज और चाँद के निकलने, डूबने, घूमने से कालगणना का चक्र (कैलेंडर) विकसित हुआ।

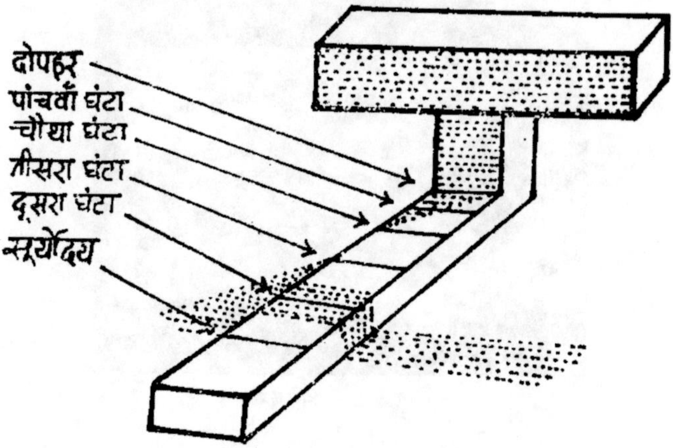

चित्र 1.1 – मिस्री क्रॉस बार (धूपघड़ी)[1]

वस्तु, अंतर की गिनती के बाद मनुष्य के जीवन विकास में क्रियाकलाप बढ़ते गए। मनुष्य यात्रा करने लगा। गणन का विस्तार हुआ। अनाज, तेल, शराब आदि किस्म की वस्तुओं के नाप और वजन की आवश्यकता हुई तो मनुष्य ने अपने दैनंदिन जीवन में प्रचलित, प्रयोगित बर्तनों, पात्रों, मर्तबानों का उपयोग गिनने, नापने के लिए शुरू किया। संख्या का दायरा बढ़ा तो 'दस' के लिए एक 'गिट्टी' का प्रयोग होने लगा। दस के गट्ठर, गाँठें बनी। कट्टा बना। फिर 'हासिल' का इजहार हुआ। इसी का विकसित रूप है अबेकस।

1.3.1–1 अबेकस (Abacus) (ई.स. 1200) :–

अबेकस गणना पद्धति का मूलस्रोत है। ग्रीक गणन पद्धति 'Abakos' में वह देखा जाता है। 'अबेकस' अरबी शब्द है। उसकी व्युत्पत्ति के मूल में शब्द है 'अबक'। अरबी में उसका अर्थ है बालू। अरब देशों में गणना (काल, वस्तु, अंतर आदि) के लिए बालू (रेती) का प्रयोग मशहूर है। जैसे कालगणना के लिए रेतघड़ी, वैसे रेत में चौखटा खींचकर नापने की परंपरा थी। उससे क्षेत्र नापा जाता था। क्षेत्रफल की कल्पना का विकास इसी से हुआ। अबेकस के विभिन्न रूप चीन, जापान में भी पाए जाते हैं। मनुष्य अपने भौगोलिक परिवेश में प्राप्त वस्तुओं से (लकड़ी, कंकड़, रेती आदि) गिनता गया। उसका सार्वत्रिक रूप है अबेकस।

---

1. कंप्यूटर और हिंदी, डॉ. हरिमोहन, पृ. 19

"अबेकस मनुष्य द्वारा परिचालित साधन है, जो गणितीय सूचनाओं, जानकारियों अथवा विवरणों को एकत्र करने, संचित करने के काम आता है और एक मानवीय संगणक (Human Calculator) के सहायक का काम करता है।"[1]

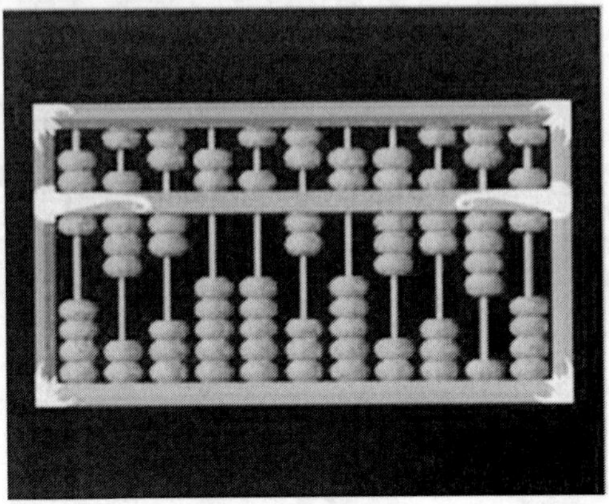

चित्र 1.2 – अबेकस[2]

अबेकस की गणन पद्धति से ही दशमिक या दशांश गणन पद्धति (Decimal Calculation System) का विकास हुआ। अबेकस एक सरल गणक है। इसमें लकड़ी की चौखट होती है। चौखट में दस तार या छड़े होते हैं। हर तार या छड़े में दस गोलियाँ होती हैं। कुछ अबेकसों में (जैसे चिनी) दो खाने होते हैं। स्थान के आधार पर गोली का मूल्य 1, 10, 100, 1000 निर्धारित होता है। गोलियों को गिनती के बाद खिसकाकर जोड़, गुणा, बाकी, भाग का हिसाब होता है। गोली के विभिन्न मूल्यों की निर्धारण पद्धति से ही गणित में 'अंकित मूल्य' (Face Value) तथा 'स्थान मूल्य' (Place Value) की कल्पना विकसित हुई। दशमिक या दशमलव स्थान से 'डिजिट' (अंकार्थ) का विकास हुआ, जो आज के संगणकीय भाषा एवं अंकन की बुनियाद बना है। रोमन में स्थानांकन के लिए वर्णाक्षरों का क्रम प्रचलित हुआ। जैसे–

I – एक
V – पाँच
X – दस
L – पचास
C – सौ
D – पाँच सौ
M – एक हजार

इससे बड़ी संख्या संक्षेप में लिखने का क्रम आरंभ हुआ। भारतवर्ष में 0 के आविष्कार से हिंदू-अरेबिक गणन संख्या निर्धारित हुई, जैसे–0, 1, 2, 3, 4, 5, 6, 7, 8, 9 (दशांक) अंकों

1. डॉ. हरिमोहन, कंप्यूटर और हिंदी, पृ. 21
2. www.images.yourdictionary.com

के संक्षिप्तीकरण की आवश्यकता ने वर्ग, वर्गमूल, घातांक आदि गणितीय संकल्पनाओं का विकास एवं विस्तार हुआ।

1.3.1-2 लोगॅरिथम (ई.स. 1600) :-

सत्रहवीं सदी में (सन् 1614 ई. में) जॉन नेपियर नाम के स्कॉटिश गणितज्ञ ने लघुगणक (Logarithm) विकसित किया। इससे गुणा क्रिया सुविधाजनक बनी। आगे भागफल निकालने में भी वह काम में आने लगा। लोगॅरिथम और कुछ न होकर छड़ों का संच होता था। उससे स्थान और अंकित मूल्य के आधार पर गणना में सुविधा और समय की बचत होती है।

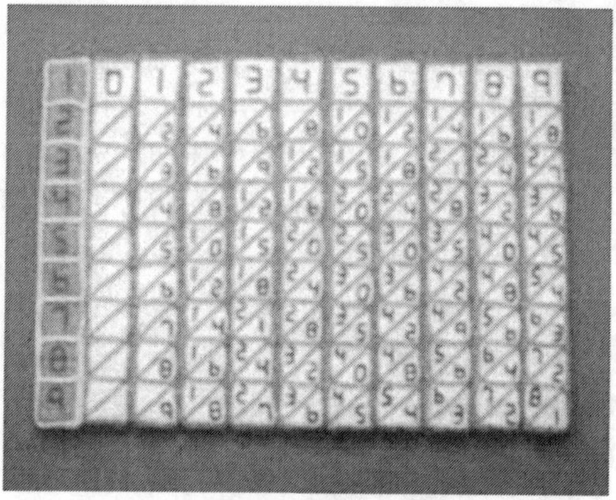

चित्र 1.3 लोगॅरिथम[1]

1.3.1-3 स्लाइड रूल (Slide Rule) (ई.स. 1620) :–

लोगॅरिथम के आधार पर ही सन् 1620 ई. में विलियम ऑटर्ड ने स्लाइड रूल खोज निकाला। इसमें सरकने वाले पैमाने के आधार पर गणना संभव हो गई।

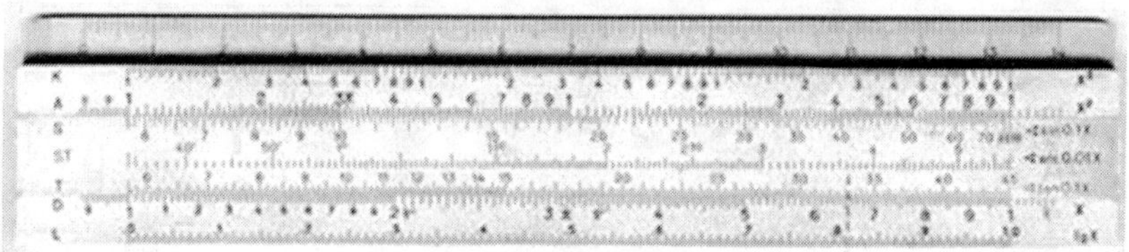

चित्र 1.4 स्लाइड रूल[2]

1. www.wollythoughts.com
2. www.onerank3.blogspot.com

1.3.1-4 पास्कल गणन यंत्र (Pascal's Calculating Machine) :–

सन् 1642 ई. में फ्रेंच गणितज्ञ ब्लेस पास्कल ने गणन यंत्र विकसित कर मनुष्य का काम यंत्र से करने के युग का निर्माण किया। इसकी बुनियाद अबेकस, लोगॅरिथम और स्लाइड रूल का आविष्कार जरूर थी। पास्कल गणन यंत्र में आँत या खाँचे वाले (गियर) छड़े होते थे। उस पर स्थान के आधार पर 0 से 9 अंक रहते हैं। पहला छड़ा 'मूल' या 'यूनिट व्हील' होता था। पहियों को घुमाने की इसमें व्यवस्था थी। ऐसे पचास यंत्र बनाए गए थे। इसमें पाँच आज भी उपलब्ध हैं। ये यंत्र जोड़ या घटा की गणितीय क्रिया कर सकते थे।

1.3.1-5 लाइबनित्ज की द्विआधारी पद्धति (Leibnitz's Binary System) :–

सन् 1671 में जर्मन गणितज्ञ गॉटफ्रिंड वॉन लाइबनित्ज ने पास्कल के यंत्र की मर्यादाओं को लाँघते हुए आसानी से गुणा-भाग कर सकने वाले यंत्र का आविष्कार किया। उसका नाम 'स्टिप्ड रिकोनर' रखा गया। इससे वर्गमूल निकालना भी संभव हुआ। लाइबनित्ज ने गणन के क्षेत्र में 'द्विआधारी' गणन पद्धति का महत्त्वपूर्ण योगदान दिया। इससे पूर्व प्रचलित दशमिक पद्धति पीछे पड़ी। द्विआधारी पद्धति से आधुनिक गणक (कैलकुलेटर) बनाना संभव हुआ। इससे प्रतीकात्मक तर्कशास्त्र (Symbolic Logic) की नींव डाली गई।

1.3.1-6 पंचकाड्‌र्स (ई.स. 1801) :–

फ्रांसीसी इंजीनियर जोजेफ जाकवार ने अपने स्वचलित करघे की नक्काशीदार बुनाई के लिए पंचकार्डों का आविष्कार किया। इसे प्रयुक्त कर गणितज्ञों ने उन्नत गणक यंत्र बनाए। इसका प्रयोग बाद में बुनाई के क्षेत्र में नक्काशी बनाने में होता रहा।

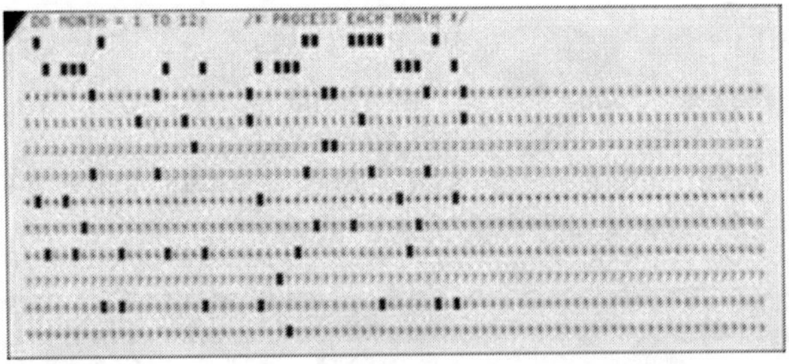

चित्र 1.5 – पंचकार्ड एवं पंचकार्ड से युक्त गणक यंत्र[1]

1.3.1-7 चार्ल्स बैबेज का डिफरेंस इंजिन (ई.स. 1822) :–

ब्रिटिश गणितज्ञ चार्ल्स बैबेज (1792-1871) ने सन् 1822 ई. में रायल सोसायटी के लिए छोटा-सा गणक यंत्र तैयार किया, जिसे 'डिफरेंस इंजिन' नाम से पहचाना जाता है।

---

1. www.sebastians.jimnedhs.com

बाद में उसने सरकारी अनुदान से उन्नत संगणक बनाने का कार्य किया। यही पहला संगणक माना जाता है।

चित्र 1.6 डिफरेन्स इंजिन[1]

आधुनिक संगणक के निर्माण के पूर्व 100 वर्ष बैबेज ने कंप्यूटर का खाका बनाया था। 'एनालिटिकल इंजिन' नाम से वह परिचित है। इस यंत्र की सीमा थी कि वह केवल यांत्रिक शक्ति से परिचालित होता था। इसमें पंचकार्ड का उपयोग अपेक्षित था। सामग्री निवेश (Input), स्मरण कक्ष (Memory unit), अंकगणितीय मिल, मुद्रण (Printer) की उसमें व्यवस्था थी।

1.3.1-8 आई.बी.एम. 29 (ई.स. 1890) :-

उपर्युक्त योजना के विकसित ढाँचे में सन् 1890 ई. में अमरीकी इंजीनियर हरमन होल्लेरिथ ने जकवार के पंचकार्डों के प्रयोग से जनगणना हेतु एक आधुनिक गणक बनाया। वह 'टेबुलेटर' नाम से पहचाना जाता है।

चित्र 1.7 आई.बी.एम. 29[2]

---

1. www.en.wikipidia.org
2. www.columbia.edu

इसके बाद छोटे–बड़े सुधारों से विभिन्न कार्य हेतु विभिन्न गणक यंत्र बनाने का सिलसिला आरंभ हुआ, जैसे–जाँच यंत्र, मिलान यंत्र, व्याख्या यंत्र, लेखा यंत्र आदि। इनमें प्रोग्राम ड्रमों का प्रयोग कर अपेक्षित कार्य निकाला जाता था।

निष्कर्ष–इस प्रकार हम देखते हैं कि मध्य युग से लेकर बीसवीं सदी के प्रारंभ तक गणन कला के विकास से मनुष्य के क्रिया–कलाप बढ़े। उसके कार्य का विस्तार हुआ। विस्तार ने शरीरी एवं बौद्धिक सीमा को लाँघकर तार्किक ढंग से गणन की आवश्यकता बलवती हुई। यह मनुष्य की क्षमता से परे थी। उसकी परिपूर्ति हेतु आरंभ में अबेकस जैसे साधन बने। उनकी आए दिन तरक्की और रूपांतरण होता रहा और अंतत: यांत्रिक संगणक का विकास हुआ। बीसवीं सदी में वही कंप्यूटर इलेक्ट्रिक और इलेक्ट्रॉनिक बना।

1.3.2 आधुनिक काल (ई.स. 1901 से 2012) –

भारत प्रागैतिहासिक काल से ही गणित के क्षेत्र में प्रगत माना गया है। पर जहाँ तक यंत्र विकास का सवाल है, यूरोपीय देश आरंभ से ही अग्रणी रहे। संगणक विकास में यूरोपीय देशों का योगदान देखते ही बनता है। मनुष्य ने अपने विभिन्न कार्यों को कम समय और मेहनत में अधिक कार्योत्पादन के लिए वाष्प इंजिन, रेलवे, टेलीफोन, टेलीग्राम जैसे उपकरण खोज निकाले। परवर्ती काल में जल जहाज, हवाई जहाज, अंतरिक्ष यानों का आविष्कार किया। इससे दुनिया का अंतर पाने में सहायता मिली। बीसवीं शती के उत्तरार्ध में संगणक के संपर्क साधनों से जुड़ने से दुनिया एक हो गई।

1.3.2–1 आधुनिक संगणक :–

आज का युग संगणक का माना जाता है। बैंक, रेलवे, विमान, व्यापार, शिक्षा, स्वास्थ्य, संपर्क, संवाद, पत्रकारिता, यहाँ तक कि मनुष्य का आज का हर कारोबार संगणक से परिचालित एवं जुड़ा (connected) है। संगणक ऐसा मानव निर्मित यंत्र है, जो उपग्रह के संपर्क जाल से दुनिया को जोड़ता गया। महाजालीय संपर्क, संवाद, संप्रेषण, आयात, संस्करण, स्वीकार, अंकन, विश्लेषण, संग्रहण जैसा कोई भी काम मनुष्य आज की तारीख में करने की जो क्षमता धारण किए है, वह केवल संगणक के कारण ही।

संगणक विकास यात्रा का प्रारंभ द्विआधारी अंकन पद्धति (Binary System) के आविष्कार से हुआ। इसमें 1 और 0 अंक होते हैं, जो क्रमश: प्रारंभ (on) और अंत (off) को सूचित करते हैं। ''कंप्यूटर की भाषा में 0 और 1 के संयोजन को बिट (Bit) कहते हैं।''[1] 7 बीट के इस कोड को ASCIT (American Standard Code for Information Interchange) नाम से मानक (Standard) बनाया गया है। इसी के अनुकरण पर भारतवर्ष की

1. विजयकुमार मल्होत्रा, कंप्यूटर के भाषिक अनुप्रयोग, पृष्ठ 31

राजभाषाओं को समान लिपि में बद्ध करने हेतु सिडॅक ने अपना ISCIL (Indian Standard Code for Indian Languages) कोड तैयार किया है। यही 'यूनिकोड' नाम से प्रचारित एवं प्रचलित है।

वर्तमान संगणक विद्युत प्रवाह और कणों से (Electric and Electronic) परिचालित है। वह महाजाल (Internet) से विश्वव्यापी बना है। फिर भी उसकी अपनी मर्यादाएँ हैं। संगणक मनुष्य की तरह कल्पना नहीं कर सकता। उसकी स्मरण क्षमता की अपनी मर्यादा है। मनुष्य एक ही वक्त तरह-तरह के काम कर सकता है, जबकि संगणक एक समय एक ही। संगणक स्वयं कुछ नहीं कर सकता। वह आदेशों का गुलाम है। मनुष्य स्वप्रज्ञ है। संगणक के सारे कार्य हार्डवेयर और सॉफ्टवेयर का संयुक्त परिणाम है। मनुष्य के सारे क्रियाकलाप, कारोबार, क्रियाएँ; शरीर, बुद्धि और तर्क का नतीजा है।

1.3.2-2 आधुनिक संगणकों का विकास :-

जैसे संगणक का प्रयोग बढ़ा और उसका परिवर्तन मानवीय परिचालन से बिजली एवं विद्युत कणों (Electronic) से होने लगा तब से रोज उसमें नए-नए हार्डवेयर, सॉफ्टवेयर जुड़ते जा रहे हैं। उपग्रहीय संदेश प्रणाली से जुड़कर महाजालीय बनने से उसकी क्षमता का विकास और इजाफा यहाँ तक हुआ कि उसकी कल्पना तक नहीं की जा सकती। पर यह एक रात में नहीं हुआ। मनुष्य वंश का विकास जैसे समय गुजरते नित्य प्रतिदिन होता रहा, वही स्थिति संगणक की रही। संगणक की आज आठवीं पीढ़ी की बात चल रही है। पीढ़ियों के अनुसार संगणकीय विकास के आलेख (Graph) को देखें तो पता चलता है कि हर समय वैज्ञानिकों, गणितज्ञों, तंत्रज्ञों तथा अभियंताओं ने समय की आवश्यकताओं पर गौर कर उसमें नए-नए कल, जाल, क्षमताओं के विकास से उसे समकालीन जामा पहनाकर अद्यतन (Update) बनाने की पुरजोर कोशिश की। यहाँ सबकी मेहनत रंग लाई दृष्टिगोचर होती है। दृक्, श्रव्य, चलत, ध्वनिमय, त्रिमिति, स्पर्श नियंत्री, रंगीन, दूरनियंत्री, आभासी कितनी विशेषताओं से आज संगणक मनुष्य जीवन का अभिन्न अंग बना। उसे परिवर्तन के साथ देखना इसलिए जरूरी है क्योंकि वह हमारा तंत्र विकास का इतिहास है।

1.3.3 संगणकों का पीढ़ीगत विकास –

1.3.3-1 यांत्रिक संगणक (Mechanical Computer) (1923 से 1945) :-

बीसवीं शती का पूर्वार्ध यांत्रिक संगणक युग माना जाता है। इस शती में पहले विश्वयुद्ध (1914-1920) के बाद संगणक के यांत्रिक विकास में तेजी आई। दोस्त राष्ट्रों को हवाई जहाजों से बम गिराने में सूक्ष्म गति, लक्ष्य एवं स्थान की निश्चिति अनिवार्य बनी। उसके लिए उस क्षमता के संगणक की माँग अमरीकी सेना से दूसरे विश्वयुद्ध में हुई। इससे यांत्रिकी डेस्क कैलकुलेटर (यांत्रिकी गणक) का विकास हुआ।

चित्र 1.8 – यांत्रिक संगणक[1]

सन् 1937 ई. में हार्वर्ड विश्वविद्यालय के प्रो. एच.आइकेन ने माँग के आधार पर ऐसा यांत्रिक संगणक बनाया। वह स्वचलित ढंग से गणितीय क्रिया करने में सक्षम था। सन् 1944 ई. में यह बनकर तैयार हुआ। 'हार्वर्ड मार्क–1' नाम से वह जाना गया। बैबेज की कल्पना का वह मूर्त रूप था। इंटरनेशनल बिजनेस मशीन कॉर्पोरेशन (आई.बी.एम.) के सहयोग से वह बनाया गया था।

यह संगणक 15 मीटर लंबा, 0.6 मीटर चौड़ा, 2.4 मीटर ऊँचा था। इसका वजन 2 टन था। इसमें 72 संचायक थे। 60 बटनों वाला यह संगणक पेपरटेप (पंचकार्ड का विकसित रूप) से युक्त था। सेकंडों में गणना करने की उसकी क्षमता थी। निवेश और निष्पत्ति (Input and output) की उसकी विशेषता ने उसे पूर्ववर्ती संगणकों से आधुनिक बनाया था।

इसी समय जर्मनी में कोनराड जूस नामक इंजीनियर ने द्विआधारी अंकीय पद्धति का संगणक विकसित किया। इस संगणक संचालन के लिए जूस ने विशिष्ट सांकेतिक भाषा का निर्माण और प्रयोग कर इसे अपना जामा पहनाया था। दूसरे विश्वयुद्ध के बाद इसका सफल परीक्षण हो पाया। यांत्रिक संगणक के इस युग ने दो विश्वयुद्धों में गणन की सूक्ष्मता एवं अचूकता (निश्चिति) का अच्छा खासा प्रदर्शन किया, जिससे संगणक विकास की ओर दुनिया का ध्यान खींचा गया।

1.3.3–2 पहली पीढ़ी के संगणक (1946 से 1953) :–

आधुनिक संगणक की पहली पीढ़ी का प्रारंभ 'एनिएक' (ENIAC) संगणक से माना जाता है। एनिएक का पूरा नाम है–इलेक्ट्रॉनिक न्यूमेरिकल इंटेग्रेटर कैलकुलेटर। इसकी विशेषता रही कि यह यांत्रिक संगणक की तुलना में हजार गुना तेज गति से गणन कर सकता था। इसे पैन्सिलवेनिया विश्वविद्यालय के पदार्थ वैज्ञानी जॉन मौकले और अभियंता प्रेसर एक्केर्ट ने मिलकर बनाया था। चूँकि यह अमरीकी सेना के सहयोग से बना था, सेना के ही काम आता था।

1. www.diycalculator.com

यह 9 मीटर × 15 मीटर आकार का था। इसमें निर्वात नलियों का प्रयोग किया गया था। सेकंड में 5000 जोड़ या घटा का गणन वह कर सकता था। इसके संचालन में 150 किलोवॉट बिजली खर्च होती थी। यह भारी–भरकम पर खर्चीला संगणक था। इसका प्रयोग सन् 1957 तक होता रहा। रखरखाव की दृष्टि से महँगा और असुविधाजनक होने की स्थिति में वह प्रचलित नहीं हो पाया।

चित्र 1.9 पहली पीढ़ी के संगणक[1]

समय–समय पर इसके अनेक मॉडल्स बने। इसमें पंचकार्ड, मशीनी भाषा का प्रयोग, मैग्नेटिक ड्रम का इस्तेमाल, सांकेतिक भाषा प्रयोग आदि से यह निरंतर विकसित होता रहा।

1.3.3-3 दूसरी पीढ़ी के संगणक (1954-1962) :–

सन् 1948 ई. में 'ट्रांजिस्टर' के आविष्कार से संगणक विकास में क्रांति आई। ट्रांजिस्टर को विलियन शॉकेल ने खोज निकाला। यह रेडियो वाल्व का छोटा रूप था। इसे सिलिकन और

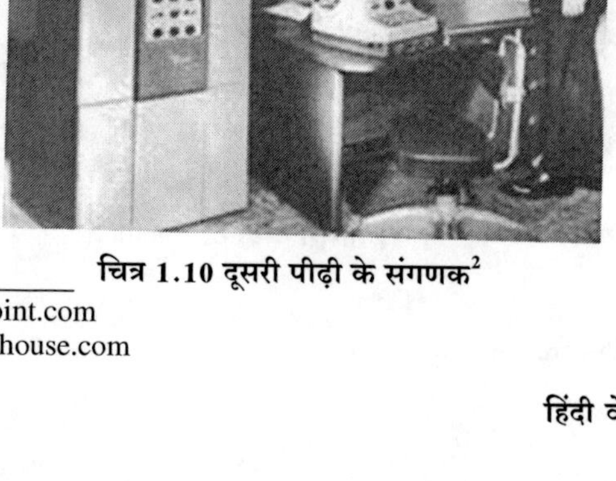

चित्र 1.10 दूसरी पीढ़ी के संगणक[2]

1. www.chilloutpoint.com
2. www.fechiwarehouse.com

गरमेनिअम जैसे सेमीकंडक्टर से बनाया जाता था। कम जगह में अपरिमित ऊर्जा धारण करने वाले इस पुर्जे से संगणक का आकार छोटा हुआ। बिजली की खपत कम हुई। रखरखाव का खर्च भी कम हुआ।

इसमें ट्रांजिस्टर के अलावा चुंबकीय क्रोडो (Magnetic core) का प्रयोग किया गया था। इससे वह संवेदनशील बना। इससे संग्रहण, स्मरण एवं प्रसंस्करण की क्षमता बढ़ी। इसमें मुद्रण की सुविधा थी। इसमें कोबोल जैसी सांकेतिक भाषा का प्रयोग होता था। इसके भी अनेक मॉडल्स विकसित हुए, जैसे–IBM-7094, Philco - 2000, CDC 1604 आदि।

1.3.3-4 तीसरी पीढ़ी के संगणक (1963-1972) :–

दूसरी पीढ़ी के संगणकों में ट्रांजिस्टर्स, टनल-डायोड आदि पुर्जों को तारों से जोड़ा जाता था। सातवें दशक में एक अमरीकी अभियंता इसे अंगीभूत परिपथों (Integrated Circuits) के रूप में एक चिप्पड़ पर सीधे उकेरने का प्रचलन कर नई क्रांति लाई। इससे संगणक का आकार लघुतम करना संभव हुआ। सन् 1963 में हर्विक जॉनसन ने इसका पेटेंट धारण किया। मीटरों तक फैलने वाला संगणक इंच, सेंटीमीटर में सिमटाकर रखने का करिश्मा संगणक की इस पीढ़ी की देन है।

चित्र 1.11 तीसरी पीढ़ी के संगणक[1]

1. www.fihmirahman.wordpress.com

संगणक की इस पीढ़ी में तंत्रज्ञान के तेज विकास से 'मिनी कंप्यूटर' की कल्पना का उदय हुआ। आँकड़ों और सूचनाओं से तेज प्रसंस्करण इसकी खासियत बनी। मेमरी, टेप, डिस्क, ड्राइव जैसे पुर्जों के विकास से संगणक बहु-उद्देशीय कार्यों के लिए उपयुक्त सिद्ध हुआ। सेना, विज्ञान, शासन की सीमा से परे समाजोपयोगी उपकरण के रूप में संगणक का विकास इस पीढ़ी की महत्त्वपूर्ण देन सिद्ध हुई। इस पीढ़ी के अनेक संगणक भारतवर्ष में आए। युनिबंक, पॉप आदि मॉडल इसी पीढ़ी के प्रतिनिधि थे।

1.3.3-5 चौथी पीढ़ी के संगणक (1972-1984) :-

सन् 1971 ई. में अमरीकी अभियंता होफ्फ ने एक डाक टिकट के आकार की 'केंद्रीय संसाधन इकाई' (सेंट्रल प्रोसेसिंग युनिट [CPU]) का आविष्कार कर 'मिनी कंप्यूटर' की जगह 'माइक्रो कंप्यूटर' की निर्मिति की। जहाँ 100 ट्रांजिस्टर लगाने पड़ते, वहाँ एक छोटे से चिप से काम चल निकला। इन माइक्रो कंप्यूटरों की विशेषता थी कि वे जितने छोटे उतने क्षमता से बड़े रहते। इसी से सुपर कंप्यूटर की कल्पना का विकास हुआ। भारत में इसी के तर्ज पर विजय भटकर ने 'परम संगणक' बनाया था। सुपर कंप्यूटर 100 लाख क्रियाओं की क्षमता रखने लगा। एपल, बीबीसी, पैट आदि मॉडल इसी पीढ़ी के रहे।

चित्र 1.12 चौथी पीढ़ी के संगणक[1]

संगणक की इसी पीढ़ी की कालावधि में संगणक को एक-दूसरे से जोड़कर सामग्री, संदेश, सूचना आदि का आदान-प्रदान आरंभ हुआ। इंटरनेट, ई-मेल, लॅन आदि के प्रयोग से संगणक सामाजिक और आम आदमी की पहुँच बन गया। संगणक का सार्वत्रिक प्रयोग यहीं से आरंभ हुआ।

---

1. www.computer-support.com

1.3.3-6 पाँचवीं पीढ़ी के संगणक (1984-1990) :-

संगणकों की चौथी पीढ़ी तक अमरीका का वर्चस्व इस क्षेत्र में रहा। पर जापान ने एक पुस्तक प्रकाशित कर 'कृत्रिम बौद्धिकता' (Artificial Intelligence - IA) के आविष्कार का दावा किया। इसके लिए जापान ने नई संगणकीय भाषा प्रोलॉग बनाई। अंक और अक्षरों का प्रयोग सूचनाओं में करने की क्षमता का विकास हुआ। कॉम्पैक्ट डिस्क (सी.डी.) के प्रयोग ने संग्रहण, भरण, स्मरण क्रियाओं में क्रांति लाई। हायपर टेक्स्ट सिस्टम के उदय से वर्ल्ड वाइड वेब (www)-वेबसाइट का विकास इसी समय हुआ (1987)। सस्ते संगणक उपलब्ध होने से व्यक्तिगत संगणकों (Personal Computer पीसी) का प्रयोग आम हुआ। समानांतर प्रसंस्करण की प्रक्रिया इसी पीढ़ी के संगणकों से आरंभ हुई। वॅन (Wide Area Network) और लॅन (Local Area Network) तंत्रज्ञान का विश्वव्यापी प्रसार भी इसी पीढ़ी के संगणकों के दरमियान संभव हुआ।

चित्र 1.13 पाँचवीं पीढ़ी के संगणक[1]

1.3.3-7 छठी पीढ़ी के संगणक (1990 से 2000) :-

संगणक की इस पीढ़ी के दौरान कोई बुनियादी बदलाव भले न आए हों, पर समांतर जाल विकास इस समय वैश्विक बना। वॅन, बंडविथ, प्रसंस्करण की गति, क्षमता का अप्रत्याशित विकास इस पीढ़ी की देन है। व्यक्तिगत संगणक (पीसी) की क्षमता का विकास (स्मरण, भरण, संस्करण), रंगीन मुद्रण, हाय रिजोल्यूशन ग्राफिक क्षमता, स्टीरिओ सिस्टम आदि से युक्त संगणक सूचना से परे रंजन, संवाद, संप्रेषण का प्रभावी साधन बना। माइक्रोसॉफ्ट, ॲपल,

1. www.akmcomputer.blogspot.com

आईबीएम, इंटेल जैसी कंपनियों में व्यक्तिगत संगणकों को बहुउद्देशीय साधन बनाने में इस समय होड़–सी लगी।

चित्र 1.14 छठी पीढ़ी के संगणक[1]

1.3.4 इक्कीसवीं सदी के संगणक (2000 से 2012) –

इक्कीसवीं सदी के संगणक की देन है, आभासी दुनिया का आविष्कार (Invention of Virtual World)। इससे दुनिया एक छोटा गाँव बनकर रह गई। अंतर मिट सा गया। दुनिया सपाट बनी। संगणक से सारे कार्य–शिक्षा, माल प्रेषण, खरीद–फरोख्त, आरक्षण, जानकारी सब कार्य घर बैठे संभव हुए। हर पीसी एक अलग दुनिया बनी। ई–बुक्स, ई–लायब्ररी, ई–टिकट, ई–शिक्षा, ई–कॉमर्स सब संगणकीय बना। दूरदर्शन, फोन, डाक, बीमा, बैंकिंग, स्वास्थ्य सेवा, सब संगणकीय हुए। घर बैठे सात समुंदर पार व्यक्ति से संवाद का सपना हकीकत

चित्र 1.15 इक्कीसवीं सदी के संगणक[2]

1. www.it-history.net
2. www.xbitlabs.com

बना। इलेक्ट्रॉनिक ब्रेन की कल्पना का विकास हुआ। मल्टीमीडिया ने इश्तहार, सिनेमा, फोटोग्राफी, ऑपरेशन, निगरानी, मनोरंजन सबके नए आयाम खुले। आई-फोन, आई-पैड, किंडल ने स्पर्श पटल (Touch Screen) से दुनिया बदलने का करिश्मा कर दिखाया। मोबाइल, कंप्यूटर, वाईफाई जैसे तंत्र से संगणक सर्वदूर सर्व संपर्कक्षम बना। आवाज की पहचान, पहरा, संरक्षण, पाकक्रिया, सारे काम प्रोग्रामिंग से संभव हुए। सोशल नेटवर्किंग का विकास–फेसबुक, ट्विटर, ई-मेल, आईडी, वेबसाइट्स विकास–इसी युग की देन है। जीपीएस सिस्टम से दुनिया की खोज इसी काल में आम बनी। व्यक्तिगत संगणक व्यक्तिगत न रहकर दुनिया सेवी यंत्र (Global Server Machine) बने।

स्टीव जॉब्स इस युग का 'तंत्र नायक' सिद्ध हुआ। ई-मेल पुराना बना। लोग क्षण-क्षण संवादी, रू-ब-रू हुए टॅबलेट्स, आई-फोन, आई-पैड से। मोबाइल क्रांति से संगणक को उँगली से और उँगली पर दुनिया को नचाना बाएँ हाथ का खेल बना। मानो अब किसी आविष्कार की संभावना न रही हो-The End of Idea।

1.4 इंटरनेट (Internet) : उद्‌भव और विकास :

इंटरनेट को हिंदी में महाजाल कहते हैं। महाजाल और कुछ न होकर संगणकों का परस्पर सम्बद्ध ऐसा जाल होता है, जिसके जरिए दुनिया भर के लोग संकेत स्थलों की जानकारी का पठन-पाठन, आदान-प्रदान, संदेश या सूचना प्रेषण एवं स्वीकारादि कार्य कर सकते हैं। परस्पर जुड़े संगणकों का विश्वव्यापी समुदाय होने से उसे महाजाल कहा जाता है।

चित्र 1.6 इंटरनेट[1]

1. www.google.com

1.4.1 इंटरनेट : परिभाषा, स्वरूप एवं विशेषताएँ –

1. "An Internet is a private computer network based on the standards of Internet."[1]
2. "A vast computer network linking smaller computer networks worldwide, internet includes commercial, educational, governmental and other networks, all of which use the same set of communications protocols."[2]
3. "A global network connecting millions of computers, more than 100 countries are linked into exchanges of data, news and opinions. Unlike online services, which are centrally controlled, the internet is decentralize by design."[3]

उपर्युक्त परिभाषाओं के आधार पर इंटरनेट की जो विशेषताएँ सामने आती हैं, वे हैं–

(1) वह संगणक समुच्चय होता है।
(2) वह परस्पर सम्बद्ध होता है।
(3) वह विश्वव्याप्त होता है।
(4) वह आदान–प्रदान की क्षमता रखता है।
(5) उसका अंतर्राष्ट्रीय व्यवस्थापन एवं नियंत्रण होता है।
(6) वह जीवन के विभिन्न क्षेत्रों, प्रकारों का प्रतिनिधित्व करता है।

1.4.2 इंटरनेट का उद्‌भव –

संगणक की विकास यात्रा में हम देखते हैं कि आरंभिक काल में हर संगणक का स्वतंत्र अस्तित्व एवं प्रयोग था। समय गुजरते एक संगणक पर होने वाली सामग्री दूसरे संगणक पर आदान–प्रदान, प्रसंस्करण, सूचना प्रेषण, संग्रहण आदि हेतु भेजने की आवश्यकता महसूस हुई। यह बात बीसवीं सदी के मध्य की है। दूसरे विश्वयुद्ध के बाद रूस और अमरीका में शस्त्र सामर्थ्य के बल पर विश्व की महासत्ता होने की होड़ लगी थी। सन् 1957 ई. में सोवियत संघ ने स्फुटनिक–1 उपग्रह आकाश में सफलतापूर्वक भेजा। इससे अमरीका का बेचैन होना स्वाभाविक था। अमरीकी सेना ने इस सफलता से जान लिया कि सोवियत संघ किसी भी समय आकाश से अमरीका पर बम बरसा सकता है। इसे शह देने हेतु सन् 1958 ई. में अमरीका ने सेना रक्षा संबंधी उन्नत तंत्र विकास हेतु उच्चस्तर रक्षा अनुसंधान प्रकल्प संस्थान (Defence Advance Research Project Agency–DARPA) की स्थापना की। इसका प्राथमिक लक्ष्य तंत्रज्ञान में अनुसंधान करना था। इसका उद्‌देश्य अंतरिक्ष या उपग्रह से होने वाले संभावित हमले से बचने के लिए क्षेपणास्त्रों का विकास करना था। इस संस्थान ने अपना उपग्रह तैयार कर रूस को मुँहतोड़ जवाब दिया। इसी समय अमरीका ने संगणकीय तंत्रज्ञान में तरक्की हेतु जोसेफ

---

1. www.pirobon.org/iis
2. www.dictionary.com
3. www.webopedia.com

लिक्लिंडर की मातहती में सूचना प्रसंस्करण तंत्रज्ञान संस्थान (IPTO–Information Processing Technique Office) बनाया। उसे इंटरनेट विकास का जिम्मा सौंपा गया।

लिक्लिंडर ने लॉरेंस रॉबर्ट की सहायता से सार्वत्रिक संगणकीय आदान–प्रदान योजना बनाई। उसके अनुसार एक विशिष्ट संगणक बनाया, जो संवाद/संदेश/सूचना का वहन, प्रेषण एवं प्रसंस्करण करने की क्षमता रखता था। इसका सफल प्रयोग अर्पानेट (ARPAnet) के जरिए अक्तूबर, 1969 में कैलिफोर्निया विश्वविद्यालय, लॉस एंजिल्स और स्टैनफोर्ड अनुसंधान संस्थान के बीच सूचना प्रेषण से किया गया और इंटरनेट का आरंभ हुआ।

1.4.3 इंटरनेट का विकास[1]–

इंटरनेट का उद्भव भले ही अणुबम के संभाव्य हमले और हानि के समय भी संपर्क बनाए रखने की सतर्कता से हुआ हो, पर बाद में उसका प्रयोग विस्तारित क्षेत्र में और विशेषकर सैनिकी क्षेत्र छोड़कर ग्रंथालय, विज्ञान, अभियांत्रिकी आदि में करना आवश्यक और उचित समझा गया। बाद में वह संपर्क साधनों का रचनात्मक विस्तार बना।

1.4.4 इंटरनेट : क्षितिज विस्तार –

इंटरनेट के विस्तार के दिनों में उसका प्रयोग मात्र वैज्ञानिक, ग्रंथपाल या अभियंता करते थे। परवर्ती काल में उसका प्रयोग वैयक्तिक कार्यालयों तथा घरों में होने वाले संगणक (पीसी) पर भी होता रहा। आज तो उसका प्रयोग सार्वजनिक और सार्वत्रिक हो गया है।

1.4.5 ई–मेल का सार्वत्रीकरण –

सन् 1972 ई. में ई–मेल का अर्पानेट से प्रचलन हुआ। उन्होंने @ चिह्न को सर्वप्रयोगी बनाया। इससे टेलिनेट की व्यवस्था का विस्तार हुआ। उससे सुदूर होने वाले संगणक से संपर्क (Log in) संभव हुआ। इस व्यवस्था से किसी बात पर आम राय (Request for Comments–RFC) की प्रक्रिया आरंभ होकर समाज महाजाल (Social Network) का प्रचार, प्रसार एवं विस्तार संभव हुआ। इसी का नतीजा है आज के फेसबुक, आर्कुट, ट्विटर, ब्लॉग्ज आदि। भले वे परवर्ती काल में आम बने।

1.4.6 कॉपी–पेस्ट का करिश्मा –

युनिक्स से युनिक्स प्रतिलिपि (copy) करने के आविष्कार से सन् 1978 ई. में बेल लॅबोरेटरी ने 'युजनेट' की नींव डाली। इससे पत्रकारिता क्षेत्र में क्रांति आई। वार्ता वैश्विक बनने का उपाय उनके हाथ आया। सूचना की गति बढ़ी। इससे दुनिया का अंतर और समय खत्म होने का करिश्मा हुआ। इसी जाल विकास ने दुनिया को 'गोल' या 'सपाट' (Flat) कर दिया।

---

1. www.walthowe.com

1.4.7 जंक मेल की क्रांति –

बिटनेट (Because It's Time Network) के आविष्कार और विकास से ई–मेल का आदान–प्रदान (पहले मात्र प्रेषण था) संभव हुआ। कॉपी, पेस्ट, फॉर्वर्ड, सेव, डिलिट, जंक मेल इसी से संभव हुए। सन् 1986 ई. में एसएफनेट से अशासकीय संस्थानों, अनुसंधान संस्थानों में इंटरनेट आम बना।

1.4.8 ज्ञान का भूमंडलीकरण –

ई–मेल, एफटीपी और टेलीनेट ने इंटरनेट को दैनंदिन संपर्क और सूचना का प्रभावशाली साधन बनाया। इससे डाक, टेलीफोन, टेलीग्राम, टेलीप्रिंटर जैसे जरिए इतिहास और अतीत बने। मनुष्य बोलने के साथ लिखने, देखने लगा। (पहले वह या तो लिखता था या बोलता।) पत्रकारिता, विज्ञान, अभियांत्रिकी, शिक्षा, स्वास्थ्य, विधि, राजनीति, समाज सभी क्षेत्रों में इसके प्रयोग ने भूमंडलीकरण की कल्पना को हकीकत बनाया।

1.4.9 ज्ञान का विशाल भंडारण –

इंटरनेट की सामग्री संग्रहण की दिशा में सन् 1989 ई. में डुश्श पिटर ने अपने मॅकगिल विश्वविद्यालय के सहयोगियों की सहायता से पुराभिलेख संग्रहण, संरक्षण (Archieve) की सुविधा का आविष्कार और विकास किया। इससे 'फाइल' की कल्पना अमल में आई। पेपरलेस ऑफिस की कल्पना वास्तव बनी। सूची, प्रबंधन, संग्रहण की कल्पना से ई–गवर्नेंस जुड़ गया। ज्ञान समाज (knowledge society) बनने की व्यवस्था कायम हुई।

1.4.10 ज्ञान के महासंग्रहण का प्रेषण –

इसके बाद 'वायस तंत्र' (Wide Area Information Server) विकसित हुआ। व्यापक सामग्री संग्रहण की कल्पनातीत क्षमता ने दुनिया को झकझोर दिया। इंटरनेट महाजाल तो था ही, महाभंडार (Universal storage) बना। कितने भी बड़े पृष्ठों की सामग्री के संग्रहण, प्रेषण, स्वीकार की सुविधा ने ज्ञानसंग्रह का एकाधिकार खत्म किया। इससे बौद्धिक स्वामित्व (Intellectual Universal Right) की कल्पना का उदय हुआ। एक नया विमर्श आरंभ हुआ। सन् 1997 ई. में पिटर स्कॉट ने सास्कशेवान विश्वविद्यालय के जरिए टेलीनेट, हायटेलीनेट का प्रयोग कर वेब आधारित जानकारी की सूची बरसों से बनाई और दुनिया के लिए ई–एनसायक्लोपीडिया समर्पित किया। इसका आरंभ भले सूचीबद्ध जानकारी प्रकाशन से क्यों न हुआ हो, पर ई–सायक्लोपीडिया की कल्पना का इससे विस्तार होने में बड़ी मदद मिली।

1.4.11 इक्कीसवीं सदी का इंटरनेट [1] –

इक्कीसवीं सदी से माइक्रोसॉफ्ट, आई.बी.एम., इंटेल, ॲपल जैसी कंपनियों के अपने उत्पादनों के कारण कल्पनातीत सुविधाओं को आम आदमी के लिए सुलभ हुईं। इससे संगणक वायरलेस

1. Rory Donaldson - Incomplete History of Computing - roryd@brainsarefun.com

और हंडी बना। मोबाइल, टैबलेट, आईपॉड, किंडल, विंडोज तथा स्पर्शपटल तंत्र (Touch Screen Technique) से इंटरनेट ने दुनिया के सभी क्षेत्रों में आभासी विश्व (Virtual world) का निर्माण किया।

सन् 2001 ई. में ॲपल ने आईपॉड की संभावना घोषित की। इसी वर्ष माइक्रोसॉफ्ट ने XP विंडोज सॉफ्टवेयर प्रयोग किया, जिससे गूगल के विस्तार में सहायता हुई। गूगल के प्रयोगकर्ताओं (User) की तादाद 10 करोड़ के ऊपर जा पहुँची। सन् 2003 ई. तक आते-आते वह संख्या 25 करोड़ हुई। आई.बी.एम., डेल ने डेस्कटॉप विकसित किया, जिससे संगणक कार्यालय, बैंक, व्यापार, बीमा, ट्रैवल, रेल, विमान के हर काउंटर पर विराजमान हुआ। इंटरनेट एक्सप्लोअरर 96% क्षमता से कार्यरत हुए। ब्लॉगर का जमाना आया। वायफाय आम बना। विकीपीडिया का जादू दुनियाभर में छा गया।

सन् 2004 ई. में इंटरनेट पर खोज (Search) की बाढ़ आई। हर दिन 5 करोड़ पृष्ठ की सामग्री की खोज से इसका अंदाजा लगाया जा सकता है।[1] फायरफॉक्स, मोजिला की नई पीढ़ी का आगमन हुआ। ॲमेजॉन का Ag सर्च इंजिन सक्रिय हुआ। सन् 2005 ई. में इंटरनेट से रेडियो, दूरदर्शन, संगीत, खरीद-फरोख्त (Sky Shop), टेलीफोनी (Chat), वेबसाइट, सार्वत्रिक और सर्वप्रयोगी बनें। प्रयोगकर्ता की आवश्यकता को भाँपकर जानकारी देने वालों की संख्या अप्रत्याशित बढ़ी (2006)। सन् 2007 ई. में आई-फोन के आगमन से व्यक्तिगत संगणक जेब में पहुँचा। सोशल नेटवर्किंग का जमाना आया। सन् 2009 ई. में आईपॉडों का बाजार गरम हुआ। सन् 2010 ई. में व्यक्तिगत संगणक 'ग्लोबल सर्वर मशीन' बन गए।

1.5 वर्ल्ड वाइड वेब (www) : उद्भव और विकास :

वर्ल्ड वाइड वेब अर्थात् विश्वव्यापी सूचना प्रसारण प्रणाली और कुछ न होकर सूचना प्रसारण का माध्यम है। इसके जरिए प्रयोगकर्ता महाजाल से जुड़े संगणक पर लिख या पढ़ सकता है। वेब इंटरनेट के जरिए प्रसृत होने वाली व्यवस्था है। वेब इंटरनेट का ही विकसित रूप है।

चित्र 1.17 वर्ल्ड वाइड वेब[2]

1. Rory Donaldson - Incomplete History of Computing - roryd@brainsarefun.com
2. www.buzzom.com

1.5.1 वर्ल्ड वाइड वेब की कल्पना –

सन् 1946 ई. में मरी लिन्स्टर ने एक कहानी लिखी थी। 'ए लॉजिक नेम्ड जो' शीर्षक के इस कहानी में संगणकों के समूह की, एक–दूसरे से सम्बद्ध करने की कल्पना की गई थी और उसके जरिए जानकारी को विश्वभर में फैलाने की बात थी। इसी काल्पनिक कहानी का वास्तविक रूप है वेब।

1.5.2 कल्पना का वास्तविक रूप –

सन् 1984 ई. में यूरोपीय आणविक अनुसंधान संघटन (CERN) से संबद्ध टीम बर्नर्स ली ने हायपर टेक्स्ट से वेब पेज को जोड़ने की योजना प्रस्तुत की, पर वह कारगर नहीं हुई। फिर उसने सन् 1989 ई. में इस संदर्भ में पुन: पहल की। अंत में 6 अगस्त, 1991 को वह अपनी कल्पना की वेब प्रणाली अमल में लाने में कामयाब हुआ। यही प्रणाली 'वर्ल्ड वाइड वेब' (www) नाम से दुनियाभर में आज प्रयोगित एवं प्रचलित है। अपनी योजना को स्पष्ट करते हुए टीम बर्नर्स ली ने कहा था, ''वर्ल्ड वाइड वेब प्रकल्प का उद्देश्य सभी जगहों से सभी जगह (दुनिया भर) सूचना का आदान–प्रदान करना है। इसका प्रारंभ पदार्थ वैज्ञानिकों को अपनी जानकारी के आदान–प्रदान की सुविधा उपलब्ध कराने के बहाने क्यों न किया हो, पर हमारा लक्ष्य इसे सभी क्षेत्रों में प्रयोगित करने का है।''[1]

1.5.3 वेब : प्रचार, प्रसार एवं विस्तार –

वेब का आविष्कार होने पर उसका आरंभिक प्रयोग विश्वविद्यालयों की प्रयोगशालाओं तथा ग्रंथालयों में होने लगा। पहले वह तांत्रिक कार्यों में भले प्रयोगित होता रहा, पर धीरे–धीरे उसने रोजाना कार्यों में अपनी जड़ें जमाईं। फिर अन्य तंत्रज्ञान प्रसार की भाँति यह भी आम बन गया।

1.5.4 इक्कीसवीं सदी की डॉट कॉम आँधी –

इक्कीसवीं सदी में इसका प्रयोग रोजमर्रा की बात हुई। वेब ने जीवन के सभी क्षेत्रों को घेरा। कोई व्यक्ति, संस्था, संगठन इससे अछूता नहीं रह पाया। सब वेब पर आने के लिए बेताब नजर आए। 'ऑनलाइन' संवाद, शिक्षा, व्यापार, चिकित्सा, समुपदेशन का जमाना आया। आरक्षण, यात्रा, सेमिनार सबके लिए जगह बैठे सुविधा मुहैया हुई।

सन् 2002 ई. के करीब सोशल नेटवर्किंग, वेब कॉन्फरेंस, ई–गवर्नेंस, ई–कॉमर्स, ई–शिक्षा का प्रसार होकर आभासी विश्व (Virtual World) का निर्माण हुआ। यू ट्यूब ने इसे दृश्यमान किया, तो गूगल ने सक्रिय। विकीपीडिया ने ज्ञान समाज (Knowledge Society) की कल्पना साकार की। ब्लॉग, ट्विटर, फेसबुक, आर्कुट ने सोशल नेटवर्किंग को हकीकती अंजाम दिया।

---

1. History of World Wide Web - www.wikipidia.org

भाषा, साहित्य, संगीत, तंत्रज्ञान, सूचना, सिनेमा, पत्रकारिता, स्वास्थ्य, प्रशासन, विज्ञान, क्रीड़ा, मनोरंजन को संगणक, दूरदर्शन, दूरभाष का एक साझा संपर्क जाल मिलने से दुनिया में होने वाला अंतर, समय, स्थल की कल्पना ही खत्म हुई। पलक झपकते हम सात समुंदर पार संपर्क करने में सक्षम हुए। प्रकाश का वेग भी पीछे पड़ा। दुनिया हम जहाँ हैं, वहीं आ पहुँची। व्यक्ति ही व्यवस्था बना। वेब के सार्वत्रिक होने की कल्पना 10 जून, 2009 को साकार हुई, जब ग्लोबल इंग्लिश लेक्सिकॉन में 1 करोड़ अंग्रेजी शब्द संगृहीत हुए और दुनिया का 'महा ई-कोश' प्रस्तुत हुआ।

1.6 भारतवर्ष में इंटरनेट : आगमन और विस्तार :

1.6.1 टेलीग्राफ तथा टेलीफोन का आरंभ –

भारतवर्ष में संपर्क, सूचना एवं प्रसारण युग का प्रारंभ सन् 1850 में इलेक्ट्रिक टेलीग्राफ से हुआ। पहली टेलीग्राफ वाहिनी कलकत्ता और डायमंड हार्बर के बीच क्रियान्वित हुई थी। सन् 1851 ई. में ब्रिटिश ईस्ट इंडिया कंपनी ने उसका प्रयोग करना आरंभ किया। इसके बाद टेलीफोन का आविर्भाव हुआ। सन् 1880 ई. में दि ओरिएंटल टेलीफोन कंपनी लि. एवं एंग्लो-इंडियन टेलीफोन कंपनी जैसी दो कंपनियों के कारोबार से भारतवर्ष में टेलीफोन संभाषण शुरू हुआ। 28 जनवरी, 1882 को कलकत्ता और मुंबई एक्सचेंज के क्रियान्वयन से प्रत्यक्ष टेलीफोन प्रयोग शुरू हुआ। उस वर्ष 93 टेलीफोन ग्राहक बनें।[1] समय गुजरते आजादी के बाद विश्व की तरह हमारे देश में भी टेलीग्राफ, टेलीफोन के बाद रेडियो, टेलीविजन तथा इंटरनेट का विकास हुआ।

1.6.2 अरनेट की क्रांति –

इस विकास में सूचना क्रांति लाने का श्रेय एज्युकेशन एंड रिसर्च नेटवर्क (ERNET) को दिया जाना चाहिए। भारत सरकार के संपर्क और सूचना तंत्रज्ञान मंत्रालय के अधीन कार्यरत इस नेटवर्क ने उपग्रह के जरिए भारत की मुंबई, देहली, बंगलोर, कानपुर, मद्रास, खड़गपुर स्थित विज्ञान तथा तंत्रज्ञान संस्थानों में डायल-अप नेटवर्क का प्रारंभ सन् 1986 ई. में किया। यही भारतवर्ष का पहला दूरसंचार उपग्रह संपर्क था। पर जहाँ तक आम आदमी और समाज के इंटरनेट प्रयोग का सवाल है, विदेश संचार निगम लिमिटेड (VSNL) द्वारा 14 अगस्त, 1995 में मुंबई, देहली, मद्रास, कलकत्ता, बंगलोर, पुणे जैसे छह महानगरों में डायल पर कॉल सुविधा से इंटरनेट का आम प्रयोग शुरू हुआ। सन् 1996 ई. में Rediff.com अजित बालकृष्ण ने आरंभ किया। इसी वर्ष मुंबई होटल में भारतवर्ष का पहला इंटरनेट कैफे (साइबर कैफे) शुरू हुआ। सन् 1997 ई. में आईसीआईसीआई बैंक ने इंटरनेट का प्रयोग कर ऑनलाइन बैंकिंग की सुविधा का श्रीगणेश किया। नौकरी.कॉम जैसी वेबसाइट भारत की पहली फायदेमंद वेबसाइट इसी वर्ष स्थिर हुई।[2]

1. Communication in India - www.en.wikipidia.org
2. Milestones in India's Internet Journey - Amrit Rajan - www.amritrajan.com

1.6.3 सूचना एवं प्रसारण का निजीकरण –

सन् 1998 ई. में भारत सरकार की ओर से इंटरनेट सर्विस प्रोवाइडर (ISP) नीति के ऐलान से इंटरनेट सेवा पर विदेश संचार निगम लिमिटेड का एकाधिकार खत्म हुआ और दूरसंचार के क्षेत्र में निजी कंपनियों का कारोबार शुरू हुआ। यह कदम निजी संपर्क सेवा विकास (Privatization) की दिशा में महत्त्वपूर्ण माना जाता है। क्योंकि इसी से किफायती दरों में सूचना साधन आम आदमी के बस में आ गए। Sify कंपनी पहली ISP बनी और बाद में भारत में साइबर कैफे की बाढ़–सी आई।

1.6.4 वेब पर हिंदी का पहला कदम : 'वेबदुनिया'

सन् 1999 ई. का वर्ष बीसवीं सदी के अंत का स्पर्श वर्ष था लेकिन हिंदी के लिए वह उत्कर्ष वर्ष सिद्ध हुआ। भारतवर्ष का पहला हिंदी पोर्टल 'वेबदुनिया'(www.webdunia.com) का शुभारंभ इसी वर्ष सितंबर में हुआ और इंटरनेट तथा वेबसाइट पर हिंदी भाषा और साहित्य के प्रयोग का 'भारत युग' शुरू हुआ।[1] गूगल जो कि दुनिया का सबसे ज्यादा प्रयोगित सर्च इंजिन माना जाता है, उसने मई 2008 में हिंदी अनुवाद की सुविधा प्रदान कर हिंदी भाषा और साहित्य के विकास के लिए व्यापक परिप्रेक्ष्य का निर्माण किया।[2] हिंदी भाषा और साहित्य के वेब पर प्रकाशित संकेत स्थलों (वेबसाइट), संदर्भ सूत्र (Link), संकेतस्थल संग्रहण व प्रेषण (Portals) का विधिवत् इतिहास और विकास लिखा न जाने तथा इस संबंध की अधिकृत जानकारी वेब पर उपलब्ध न होने से उद्भव और विकास का खाका तैयार करना अनुसंधाताओं के लिए भले चुनौती हो, पर यहाँ अधिकतम खोज से प्राप्त जानकारी के आधार पर इस दिशा में आरंभिक पहल का गंभीर प्रयास जरूर किया गया है।

निष्कर्ष :

संगणक (Computer) गणक यंत्र (Calculating Machine) के रूप में आविष्कारित हुआ। संगणक मिलान, स्वीकार, भंडारण, दोहराव, संख्या, पाठ रूपांतरण, आकृति, आवाज, चलचित्र आदि कार्य विद्युत संकेतों के अनुसार करने वाला यंत्र है। गणन क्रिया की खोज से उसका आरंभ हुआ। शारीरिक अवयवों (उँगली, हाथ आदि) के प्रयोग से अणना आरंभ हुई। फिर उसके लिए वस्तु (गाँठें, पुलिंदे, लकड़ियाँ आदि) का प्रयोग होने लगा। संख्या बढ़ी तो मनुष्य ने यह गणना प्रकृति के आधार पर (धूप, छाँव आदि) शुरू की। फिर अबेकस का आविष्कार हुआ। परवर्ती काल में उसकी जगह लोगॅरिथम ने ली। स्लाइड रूल, पंचकार्ड के प्रयोग से पास्कल गणन यंत्र का विकास हुआ। डिफरेंस इंजिन, टेबुलेटर आदि से आज का

1. Milestones in India's Internet Journey - Amrit Rajan - www.amritrajan.com
2. Google History (Company) - www.google.com

कंप्यूटर ईजाद हुआ। बीसवीं सदी के पूर्व के इन प्रयासों ने आज के कंप्यूटर की नींव डाली। यांत्रिक संगणक से लेकर आज के इक्कीसवीं सदी के कंप्यूटर तक का सन् 1923 से 2012 का लगभग सौ वर्ष का कालखंड संगणक विकास का सुवर्ण युग है। इस कालावधि में संगणक अपनी छह पीढ़ियों से गुजरता आधुनिक और आभासी (Virtual) बना। इंटरनेट, उपग्रह, संपर्क क्रांति के विभिन्न आविष्कारों ने ई-मेल, कॉपी-पेस्ट, ज्ञान का वैश्विकीकरण, ज्ञान का महासंग्रहण संभव हुआ। वेबसाइट्स ज्ञान का प्रेषण, प्रक्रिया, संग्रहण आदि क्रियाएँ सुलभ एवं गतिमान हुईं। 'वेबदुनिया' (1999) के प्रकाशन से हिंदी भाषा, साहित्य का प्रकाशन, रूपांतरण, लिप्यंतरण वैश्विक बना।

दूसरा अध्याय

हिंदी वेबसाइट्स : उद्भव और विकास

2.1 पृष्ठभूमि :

संगणकीय कार्य प्रणाली के अनुसार संगणकीय संलग्नीकरण से इंटरनेट का निर्माण हुआ। इंटरनेट के बढ़ते प्रयोग से जानकारी के संग्रहण एवं प्रसारण की आवश्यकता ने पोर्टल को जन्म दिया। पोर्टल से वेबसाइट्स का निर्माण जानकारी की विशिष्टता की गरज से हुआ। इसे जाने बगैर हम किसी भी भाषा के साहित्य की वेब पर प्रकाशित सामग्री तक नहीं पहुँच सकते। हिंदी वेबसाइट्स पर प्रकाशित उसकी भाषा और साहित्य संबंधी जानकारी के लिए यह समझ लेना जरूरी है कि पोर्टल क्या होता है? हिंदी के पोर्टल कौन से हैं? उन पर किस प्रकार की वेबसाइट्स हैं तथा उन पर हिंदी भाषा और साहित्य संबंधी प्रकाशित सामग्री का स्वरूप क्या है?

2.2 पोर्टल क्या है? :

पोर्टल को जानने के लिए उसकी परिभाषाओं पर गौर करना जरूरी है। पोर्टल का शब्दार्थ है–द्वार, प्रवेश या प्रवेश मार्ग।

2.2.1 पोर्टल की परिभाषाएँ–

(1) "A web portal is a web site that brings together information from diverse sources in a unifide way."[1]

(2) "Portal is a term, generally synonymous with gateway, for a World Wide Web that is or proposes to be a major starting site for users when they get connected to the web or that users tend to visit as an anchor site."[2]

(3) "The web site software and database that collect, organizes and publishes information and online services to an audience of users."[3]

---

1. www.en.wikipidia.org
2. www.serchcio-midmarket.techtarget.com
3. www.dynaportal.com

उपर्युक्त परिभाषाओं से पोर्टल का स्वरूप समझने में मदद मिलती है। उनके अनुसार पोर्टल का कार्य स्पष्ट होता है।

2.2.2 पोर्टल का स्वरूप –

पोर्टल एक वेबसाइट ही होती है पर उसकी व्याप्ति एवं कार्य वेबसाइट की तुलना में विशाल होता है। वह अनेक वेबसाइट्स का संग्रह एवं प्रबंधन करता है। पोर्टल सर्वसाधारण होते हैं और विशिष्ट भी। सर्वसाधारण पोर्टल की व्याप्ति विस्तृत होती है, जैसे—गूगल, याहू, एक्साइट, नेटस्केप, लिकॉस, माइक्रोसॉफ्ट नेटवर्क, अमेरिका ऑनलाइन (AOL)। विशिष्ट पोर्टल विशिष्ट उद्देश्य से चलाए जाते हैं। उसका क्षेत्र और सामग्री संग्रह विशिष्ट विषय तक ही सीमित होता है, जैसे—समाचार पोर्टल, भाषा पोर्टल, शब्दकोश पोर्टल आदि। पोर्टल वेबसाइट्स का प्रवेशद्वार होता है। उसके जरिए ही हम वेबसाइट्स से संबद्ध होते हैं। पोर्टल जानकारी का अनुशासनबद्ध प्रबंधन होता है। वह प्रयोगकर्ता को जानकारी हासिल करने के लिए अधिकृत करता है। पोर्टल प्रयोगकर्ता को मुफ्त या मूल्य पर जानकारी देने न देने का निर्णयन और नियंत्रण करता है। प्रतिलिपि, संग्रहण, प्रेषण का प्रबंधन भी पोर्टल के जरिए ही होता है। वेबसाइट मात्र आशय प्रस्तुति होती है। जानकारी का प्रबंधन कार्य पोर्टल का महत्त्वपूर्ण कार्य रहता है। "रक्षा, प्रवेश, प्रक्रिया, खोज, प्रकाशन, आशय सभी दृष्टि से पोर्टल की भूमिका महत्त्वपूर्ण होती है।"[1]

A hierarchy of portal types

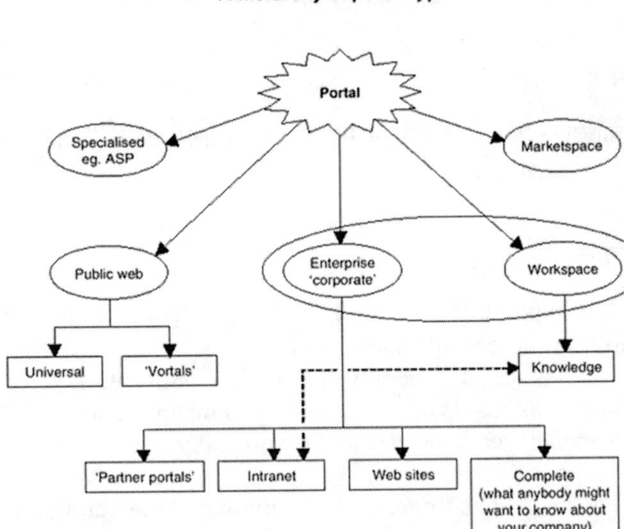

Source: Ovum (Enterprise Portals: New Strategies for Information Delivery/Chapter C)

चित्र 2.1 – A HIERARCHY OF PORTAL TYPES

1. www.sapdisignguide.org

2.2.3 हिंदी पोर्टल्स –

इंटरनेट पर हिंदी भाषा और साहित्य संबंधी जानकारी देने वाले चौवालीस पोर्टल्स हैं। (सूची के लिए देखिए परिशिष्ट क्र. 1, पृ. सं.299) इन पोर्टलों पर विभिन्न प्रकार की जानकारी उपलब्ध है। हिंदी के सॉफ्टवेयर और लिंक्स का खजाना है। (सूची के लिए देखिए हिंदी भाषा और लिपि के ऑनलाइन तथा ऑफलाइन संसाधन, परिशिष्ट क्र. 16 से 30) चिट्ठे (Blogs) हैं। इनकी तो वेब हिंदी पर बाढ़-सी आई है। रफ्तार पोर्टल के सूत्र (Link) से यह संख्या 4296 बताई गई है।[1] आजकल सभी शासकीय विभागों, सरकारों, संस्थानों के पोर्टल खुले हैं। समाचार, पत्रिका, साहित्य, मनोरंजन, संगीत, भाषा, पर्यटन, व्यापार, शिक्षा, खेल, स्वास्थ्य, विधि, कला, संस्कृति, पुरातत्व, धर्म, ज्योतिष, कृषि, सिनेमा, राजनीति, दर्शन, अध्यात्म, योग सभी के हिंदी पोर्टल उपलब्ध हैं। उनसे असंख्य हिंदी वेबसाइट्स जुड़ी हैं।

कुकुरमुत्ते की तरह फैलने वाले हिंदी पोर्टल्स विषय और स्वरूप की दृष्टि से वैशिष्ट्यपूर्ण होते जा रहे हैं। एक ओर सर्वसाधारण (General) पोर्टल्स विकसित हो रहे हैं तो दूसरी तरफ विशिष्ट (Specialize) भी। वेब की आभासी दुनिया ने पोर्टल को ग्रस लिया है। वेब दुनिया पहले सर्च इंजिन के रूप में कार्यरत था। अब उसके विस्तार से उसे पोर्टल का रूप प्राप्त हुआ है। आज विकीपीडिया जैसा पोर्टल दुनिया के हर खोजी का तुरुप का पत्ता बना है। एनसायक्लोपीडिया ब्रिटानिका ने तो हाल ही में (मार्च, 2012) ऐलान किया है कि वह मुद्रित विश्वकोश नहीं लाएगा। यह वेब की बढ़ती माँग और दिनोदिन पोर्टलों की होने वाली अनिवार्यता, अपरिहायता का द्योतक है। आज पोर्टल इंटरनेट के अप्रत्याशित विस्तार के कारण महा संकेतस्थलों (Mega-sites) का रूप ले रहे हैं।[2] वे अधिक विस्तृत जानकारी देने की क्षमता धारण कर रहे हैं। संदर्भों के पर्यायों को पोर्टल जिस तरह से परोस रहे हैं, उससे ग्रंथों का अस्तित्व हाशिये पर जा रहा है। पुरानी सूचियों की खोज से किसी पोर्टल पर की जाने वाली खोज (search) बहुपर्यायी, विशिष्ट, बहुआयामी जानकारी देती नजर आती हैं। अद्यतन जानकारी देने की पोर्टलों की होड़ ने ही 'ज्ञान के विस्फोट' (Explosion of Knowledge) की कल्पना को जन्म दिया है। इसमें हिंदी के पोर्टल पीछे नहीं हैं। 'विकीपीडिया' पर होने वाला 'इंटरनेट पर हिंदी के साधन' (Resources of Hindi on Internet) की खोज में जो जानकारी हाथ लगती है, उसे मुद्रित मात्रा में समेटते 20 पृष्ठ भर जाते हैं। इससे वेब पर हिंदी भाषा और साहित्य संबंधी जानकारी के सामर्थ्य को नजरअंदाज नहीं किया जा सकता।[3]

आज की तारीख में हम हिंदी भाषा और साहित्य के पोर्टलों से विश्व की किसी भी वेबसाइट पर संचार (Log in) कर सकते हैं। संगृहीत या असंगृहीत (बिखरी हुई) जानकारी को पलभर में पा सकते हैं। जो जानकारी प्राप्त होती है, वह लिखित के साथ दृक्, श्रव्य, सचित्र, चल रूप

---

1. Raftar.in –हिंदी वेब निर्देशिका–सांख्यिकी
2. www.sapdesignguide.org - 'portals - The All-in-one web supersites'
3. www.en.wikipedia.org

में प्राप्त होने से जानकारी एक 'सजीव अनुभव' (Live Experience) बन जाती है। जैसे, प्रेमचंद की 'सद्गति' कहानी को लीजिए। पहले हम पात्र मुद्रित या श्रव्य रूप में प्राप्त कर सकते थे। आज पोर्टल पर उसके दृक्-श्रव्य संस्करण (Audio-Visual Edition) हम देख (View) सकते हैं। सुरक्षित (Save) कर सकते हैं। उसकी प्रतिलिपि (Download/Copy) कर सकते हैं और वह भी मुफ्त में।[1] पोर्टल पर मल्टीमीडिया के प्रयोग से यू-ट्यूब जैसे वीडियो पोर्टल विकसित होने के कारण हम तमस, चित्रलेखा, गबन, गोदान जैसी कालजयी कृतियों का सर्वस्पर्शी आस्वाद ले सकते हैं। यह सब पोर्टलों की संग्रहण एवं प्रेषण क्षमता का कमाल है। संदेश वहन, सूचना प्रसारण, अभिव्यक्ति के लिए ई-मेल, ब्लॉग, ट्विटर जैसी सेवाओं का विस्तार हिंदी पोर्टलों से ही संभव हुआ है। हिंदी भाषा और साहित्य के पोर्टल किसी विश्वविद्यालय के विभाग से कम नहीं रहे।

हिंदी पोर्टलों की विस्तृत सूची परिशिष्ट क्र. 1, पृ. सं.299 पर दी गई है। उससे पोर्टल्स अध्येताओं की जिज्ञासा की पूर्ति हेतु बहुत कुछ हाथ लग सकेगा। जहाँ तक हिंदी भाषा और साहित्य की वेबसाइट्स पर जाने या उन्हें खोजने का सवाल है, निम्नांकित हिंदी पोर्टल्स उस दिशा में उपयुक्त सिद्ध हो सकते हैं–

1. गुरुजी (www.guruji.com)
2. वेबखोज (webkhoj.iiit.net)
3. भ्रमर (http://khoj.bhramara.inlegi-bin/bramara-search-hi.cgi)
4. हिंदी खोज (Unicode based Hindi Search - http://hinkhoj.com) (हिं.खोज)
5. हिंदी क्विलपैड (http://quillpad.in/hindi)
6. रफ्तार (http://raftaar.com)
7. गूगल (www.google.com/intl/hi)
8. वेबदुनिया (www.webdunia.com)
9. अपना गाइड (http://www.hindi.co.in)
10. गेट टू होम (www.gate2home.com)
11. सिफी खोज (http://khoj.com)
12. गोताखोर (http://gotakhor.com)
13. हिंदी कुंज (http://www.hindikunj.com)
14. तरकश (http://tarakash.com)
15. सृजनगाथा (http://srijangatha.com)

अधिकांश उपर्युक्त पोर्टल यूनिकोड में हैं, जिससे अन्य भारतीय भाषाओं तथा लिपियों में सामग्री के अनुवाद एवं लिप्यंतरण (Conversion of Script) की सुविधा उपलब्ध है। यह सिडॅक का करिश्मा है। गूगल जैसे पोर्टल द्वारा इसके अपनाए जाने से हिंदी विश्वभाषा बनने का सपना हकीकत बनने की दहलीज पर है। वेबखोज भी ऐसा ही पोर्टल है। क्विलपैड जैसे

1. Premchand-Sadgati - Film by Satyajit Ray, produced by Doordarshan [Movie]

पोर्टल गूगल, याहू, एमएसएन से संलग्न होने के कारण उसका दायरा असीमित है। भूमियो (http://www.bhomiyo.com) जैसे पोर्टल पर अनुवाद की सुविधा है। पर ये अनुवाद यांत्रिक होने की स्थिति में न बोध की क्षमता रखते हैं, न कि प्रमाणित अनुवाद की। 'हिंदी कुंज' भाषा और साहित्य की 'अभिव्यक्ति', 'अनुभूति' जैसी वेबपत्रिकाएँ भी नियमित रूप से इंटरनेट पर प्रकाशित होती रहती हैं।

2.3 वेबसाइट क्या है? :

एक-दूसरे से संलग्न संगणकों पर (Local Area Network–LAN) या दूरस्थ संलग्न महाजाल पर (Internet) संगृहीत वेबपृष्ठों से स्थूलत: संकेत स्थलों (websites) का निर्माण होता है। वेबसाइट विषय विशेष के लिए समर्पित होती है। वह किसी व्यक्ति, व्यवस्था या व्यवसाय द्वारा निर्मित अथवा संचालित होती है। इसके स्वरूप को जानने के लिए उसकी विभिन्न परिभाषाओं को समझ लेना आवश्यक है।

2.3.1 वेबसाइट की परिभाषाएँ–

1. "A group of World Wide Web pages usually containing hyperlinks to each other and made available online by an individual, company, educational institution, government or organization."[1]
2. "A website is a text document stored on a web server located somewhere around the world that allows you to connect to it and download the document for you to view your browser which translates it into a viewable document."[2]
3. "A web site is a collection of web files on a particular subject that includes a beginning file called a home page."[3]

उपर्युक्त परिभाषाओं के आधार पर हमें पता चलता है कि वेबसाइट का एक डोमेन नेम और पता होता है। उस पर वेबपृष्ठ होते हैं। उन पर किसी विषय संबंधी परिभाषा, आलेख, विवरण, इतिहास आदि अपेक्षित जानकारी संगृहीत होती है। ऐसी जानकारी दुनिया के किसी भी कोने से पलभर में हम वेबसाइट के जरिए प्राप्त कर सकते हैं। जानकारी की जगह भौगोलिक न होकर 'वेब पर की उपस्थिति' (web presence) होती है। इसे दूसरे शब्दों में 'cyber place'[4] भी कहा जा सकता है।

---

1. www.merriam-webster.com
2. http://answer.ask.com
3. http://whatis.techtarget.com
4. www.searchcrm. techtarget.com

2.3.2 हिंदी वेबसाइट्स –

इसके पूर्व उल्लेखित हिंदी भाषा और साहित्य के पोर्टलों से हम हिंदी की विभिन्न वेबसाइट्स पर पहुँच सकते हैं। हिंदी के लगभग 50 पोर्टलों से भाषा और साहित्य की ही नहीं अपितु जीवन के विभिन्न अंगों को स्पर्श करने वाली तथा ज्ञान–विज्ञान की तमाम जिज्ञासाओं की पूर्ति करने वाली हिंदी की लगभग दस हजार वेबसाइट्स हैं। अकेले हिंदी ब्लॉग्ज ही 4000 से अधिक हैं।[1] विषय, स्वरूप के आधार पर सुविधा के लिए उनका वर्गीकरण इसलिए जरूरी होता है कि इससे खोज में अनुशासन आता है। समय की बचत होती है और कम मेहनत में हम निश्चित और विशिष्ट जानकारी प्राप्त कर सकते हैं।

2.3.3 हिंदी वेबसाइटों का विषयानुरूप वर्गीकरण –

2.3.3–1 भाषा :–

हिंदी तथा हिंदीतर भाषियों के लिए हिंदी लिखने, बोलने की सुविधा आवश्यक होती है। ऐसे गरजमंदों के लिए (देशी/विदेशी) हिंदी पढ़ने–पढ़ाने वाली बहुत सारी वेबसाइट्स हैं। वे भारतवर्ष से संचालित हैं, वैसे विदेशी विश्वविद्यालयों, संस्थानों से भी। इन वेबसाइटों से हिंदी वर्णमाला, वर्तनी, व्याकरण, शब्दार्थ, वाक्यरचना आदि के बारे में निर्देशन, पठन–पाठन किया जाता है। कुछ वेबसाइटों पर ऑनलाइन सुविधा भी उपलब्ध है। तो कुछ पर बाकायदा पाठ्यक्रम, पाठ प्रस्तुत किए जाते हैं। हिंदी संभाषण कौशल्य विकसित करने वाले वेबसाइट्स भी उपलब्ध हैं। कुछ पर तो पॉवर पॉइंट प्रेजेंटेशन (ppp), वीडियो क्लिप्स की सुविधा है।[2] हिंदी भाषिक वेबसाइट्स पर हिंदी–अंग्रेजी, हिंदी–रशियन, हिंदी–उर्दू, हिंदी–जर्मन जैसे शब्दकोश उपलब्ध हैं। हिंदी कोशों की जानकारी के लिए शब्दकोश निर्देशिका, पोर्टल भी उपलब्ध हैं, जैसे–गूगल, शब्दज्ञान, वर्डनेट, शब्दमाला आदि। (कृपया देखिए परिशिष्ट क्र. 24, 25, पृ. 321, 322) योग, तंत्र–मंत्र, व्यक्तिनाम, भक्ति की शब्द सूचियाँ भी वेबसाइट्स पर उपलब्ध हैं। आश्चर्य की बात है कि भारत के अनेक विश्वविद्यालयों में हिंदी पढ़ाई जाती है। पर जहाँ तक वेब पर उनकी उपस्थिति और अस्तित्व का सवाल है, ये विश्वविद्यालय अपवाद में ही वेब पर नजर आते हैं। इंदिरा गांधी मुक्त विश्वविद्यालय, हिंदी संस्थान, आगरा, गांधी अंतर्राष्ट्रीय हिंदी विश्वविद्यालय (केंद्रीय), वर्धा जैसे अपवाद छोड़ दिए जाएँ तो याले, पेनसिलविनिया, वॉशिंग्टन, ड्यूक, लोवा, ऑरेगॉन, कोलंबिया, हवाई, अल्बामा, फ्लोरिडा, वर्जीनिया, मिनिसोटा, बर्कले, टेक्सास, बुडापेस्ट, पोलैंड जैसे विश्वविद्यालयों की वेबसाइट्स इस संदर्भ में द्रष्टव्य हैं। हिंदी भाषा संबंधी निम्नांकित वेबसाइट्स देखी जा सकती हैं–

1. www.languageshome.com – Learn Hindi
2. www.linguanaut.com – Learn Hindi

---

1. www.raftaar.com, hinkhoj.com H$s gy{M`ml Ho$ AmYma na
2. www.cs.colostate.edu-mataiya/hindilinks.html - Hindi Language resources

3. indiclibrarian.blogspot.com – हिंदी भाषा और साहित्य का महत्त्वपूर्ण पोर्टल जिस पर विशेष वेबसाइट्स की सूचियाँ उपलब्ध हैं।
4. multilingualbooks.com
5. govtilr.org.,web-LCTL/Hindi htm – हिंदी संबंधी सेवा–सुविधा
6. www.translatorscafe.com – अनुवादक सूची
7. hindi.meetup.com – हिंदी भाषी संघ-विविध देश
8. www.sourcecodeonline.com – हिंदी अनुवाद सॉफ्टवेयर्स
9. tdil-dc.in – भारतीय भाषा प्रौद्योगिकी प्रसारण एवं विस्तारण केंद्र की जानकारी
10. specials.msn.co.in – माइक्रोसॉफ्ट भाषा संबंधी साधनों की सूची

हिंदी भाषा संबंधी इन वेबसाइटों पर हिंदी पाठ्यक्रम, हिंदी पाठ, शब्दकोश, हिंदी वर्तनी, अनुवाद, हिंदी संस्थाएँ, भाषा साधन (Language Resources of Softwares), सुविधा जानकारी आदि हम प्राप्त कर सकते हैं, पर जहाँ तक भाषा शास्त्र, शैली विज्ञान, भाषा विकास, बोलियाँ, लिपि विकास आदि भाषा की उच्चस्तरीय जानकारी हासिल करने का सवाल है, जिज्ञासुओं को वेबसाइट्स पर खोज करने से निराशा ही हाथ आएगी। इसके बारे में हम आगे विस्तार से विचार करेंगे।

2.3.3–2 साहित्य :–

हिंदी साहित्य से संबंधित 100 से अधिक वेबसाइट्स इंटरनेट पर उपलब्ध हैं। इनके स्वरूप की दृष्टि से अनेक प्रकार हैं। कुछ पर हर दिन नया साहित्य प्रकाशित होता है। कुछ व्यक्तिगत वेबसाइट्स भी हैं, जिन पर लोग अपना लिखा हुआ साहित्य प्रकाशित करते हैं। पर ये अपवाद हैं। समकालीन हिंदी साहित्यिकों का लेखन व्यवहार आज भी कागज और पेन से जुड़ा है। ई–साहित्य की वृत्ति कम है। साहित्य की कुछ ऐसी वेबसाइट्स हैं, जो उनके पास भेजे गए साहित्य का प्रकाशन करती हैं। कुछ साहित्य संस्थाओं, संघटनों की भी वेबसाइट्स हैं, जैसे–जनवादी लेखक संघ, केंद्रीय हिंदी निदेशालय, पुस्तकालय, प्रकाशन संस्थाएँ आदि। कुछ विशिष्ट लेखकों की वेबसाइट्स हैं, जैसे–प्रेमचंद, कबीर। कुछ विधाओं के लिए समर्पित वेबसाइट्स भी हैं, जैसे–कथा क्रम, शायरी, लघुकथा, काव्यालय आदि। अनुवाद के लिए समर्पित वेबसाइट्स भी दृष्टिगोचर होती हैं। साहित्यिक कृतियों के लिए समर्पित वेबसाइट्स उल्लेखनीय हैं। श्री रामचरितमानस, श्री कृष्ण लीलामृत, शब्दकोश, विश्वकोश, पीडिया की भी वेबसाइट्स हैं। साहित्य के ब्लॉग्ज हैं। साहित्यिक वेबसाइट्स पर पुरालेखागार (Archives) भी हैं, जिनसे पुराने (पूर्व) प्रकाशित साहित्य की खोज की जा सकती है।

जहाँ तक अन्य विश्वभाषाओं अंग्रेजी, फ्रेंच, स्पैनिश, जर्मन आदि की साहित्यिक वेबसाइट्स के साथ हिंदी वेबसाइट्स की तुलना का सवाल है, वे स्थिर (कायनॅटिक) वेबसाइट्स

हैं। समकालीन या नव अथवा सद्य:प्रकाशित स्तरीय या अभिजात साहित्य इन वेबसाइटों पर अभाव में नजर आता है। लतीफे, चुटकुले, व्यंग्य की भरमार देखते ही उनके स्तर का अंदाज हो आता है। कविताओं, शेर-शायरी, गजलें, नग्में आदि की बाढ़-सी है। सृजनगाथा, अभिव्यक्ति, अनुभूति, गर्भनाल जैसी वेबसाइट्स विकास और स्तर की दृष्टि से आशा किरण हैं। साहित्यिक वेबसाइट्स की सूची परिशिष्ट क्र. 2, पृ. सं. 300 पर उपलब्ध है। इन पर प्रकाशित साहित्य का समीक्षात्मक अध्ययन हम चौथे अध्याय में स्वतंत्र रूप से और विस्तार से करने वाले हैं।

2.3.3-3 पत्रिकाएँ :-

विभिन्न पत्रिकाओं की वेबसाइट्स असल में साहित्य की ही वेबसाइट्स हैं। इनके दो प्रकार हैं। एक तो कुछ वेबसाइट्स वेब पत्रिकाएँ हैं। असल में ये ही हिंदी की सही पत्रिका वेबसाइट्स (ई-जर्नल्स) हैं, जैसे-प्रज्ञा, अनुभूति, अभिव्यक्ति, वेबदुनिया, लेखनी, तरकश आदि। अधिकतर पत्रिका की वेबसाइट्स मुद्रित पत्रिकाओं का ई-संस्करण है, जैसे-हंस, ज्ञानोदय, चंदामामा, वागर्थ, तद्भव, वसुधा आदि। इनमें भी विधा, विचारधारा, काल, समीक्षा, अनुवाद, भारतीय साहित्य आदि के लिए समर्पित वेबसाइट्स इंटरनेट पर उपलब्ध हैं। अधिकतर वेबसाइट्स पर प्रतिलिपि (Download) पुराभिलेखागार (Archieve) प्रतिक्रियाएँ आदि की सुविधा है। उनके मुखपृष्ठ (Home page) आकर्षक हैं। कुछ दैनिक तो कुछ साप्ताहिक, पाक्षिक, मासिक भी, जैसे-'ताप्लीलोक' पाक्षिक पत्रिका है। उस पर संपादकीय, विविध साहित्य उपलब्ध होता है। 'अनुरोध' जैसी वेबपत्रिका विश्वजाल पत्रिका (वेबपत्रिका) है, जो संस्थाओं का मंच है और हिंदी संबंधी विविध जानकारी का प्रकाशन करती है। ये सचित्र पत्रिकाएँ हैं, जिनमें समकालीन उपक्रमों के छायाचित्र भी प्रकाशित होते रहते हैं। कुछ ब्लॉग पत्रिकाएँ भी नेट पर उपलब्ध हैं, जैसे-निरंतर। इस पर आप 140 अक्षरों में अपनी रचना, मंतव्य, प्रतिक्रिया आदि का प्रकाशन कर सकते हैं।

इस तरह हम देखते हैं कि पत्रिका श्रेणी की बहुत सारी वेबसाइट्स इंटरनेट पर उपलब्ध हैं। इनकी तादाद सौ से अधिक है। समकालीन हिंदी साहित्य का पता लगाने, उन्हें ऑनलाइन पढ़ने का यह अच्छा साधन है। इंटरनेट पत्रिकाओं की यह विशेषता है कि बिना पंजीकरण किए (Registration or log in) या चंदा भरे हम अपनी सुविधा से पत्रिका पर या में प्रकाशित साहित्य का पठन, पाठन, अध्ययन, अनुसंधान, प्रतिलिपि, तुरंत प्रतिक्रिया आदि सब कर सकते हैं। इनकी सूची परिशिष्ट क्र. 3, पृ. सं. 301 पर उपलब्ध है।

2.3.3-4 समाचार :-

समाचार के जैसे पोर्टल्स हैं, वैसे हिंदी में लगभग सभी समाचार-पत्रों की अपनी वेबसाइट्स हैं। अपने समाचार-पत्र का ई-संस्करण प्रकाशित करने का रुझान लगभग सभी राष्ट्रीय स्तर के हिंदी समाचार-पत्रों में दिखाई देता है। नवभारत टाइम्स, जागरण, हिंदुस्तान, अमर उजाला

जैसे सभी अग्रणी दैनिकों की अपनी वेबसाइट्स हैं। मुद्रित अखबार के पहले ई-समाचार पढ़ने का रुझान दिनोदिन बढ़ रहा है। पूर्व प्रकाशित अंक देखने की भी सुविधाएँ लगभग सभी समाचार-पत्रों की वेबसाइट्स पर नजर आती हैं। खबर घटने की क्रिया के साथ ही समाचार वेबसाइट्स पर प्रकाशित होते हैं। दूरदर्शन की वाहिनियों पर (चैनल्स) चौबीस घंटे डंके की चोट पर समय के साथ खबरें देने, उनके विश्लेषण, तुरंत प्रतिक्रियाएँ प्रकाशित करने की तेज गति की चुनौती मुद्रित समाचार-पत्रों के सामने है। उसका जी तोड़ जवाब देने की फिक्र में उनकी जान अधर में अटक रही है।

इन समाचार-पत्रों की वेबसाइट्स से हिंदी भाषा और साहित्य के प्रचार, प्रसार एवं प्रकाशन में तेजी आई है। लोग आज भी संपादकीय, आलेख, साक्षात्कार, स्तंभ आदि के लिए समाचार-पत्रों के वेब संस्करण पढ़ते रहते हैं। अमरीकादि यूरोप स्थित देशों के भारतीय तो हमारे पहले ई-समाचार पढ़ जाते हैं। आज समाचार-पत्र विचारक न रहकर विज्ञापक एवं व्यावसायिक बनने के कारण उन्हें भाषा और साहित्य की अपेक्षा खेल, भविष्य, क्रिकेट, मनोरंजन, राशिफल, मूवी-मस्ती, हँसी-मजाक, बिजनेस, घर-परिवार, ऑटो-टेक, फोटोधमाल, वीडियो, ब्लॉग की पड़ी है। सुपरहिट का नशा पहले कभी सिनेमा को था, उसकी संक्रामक बीमारी ने अब समाचार-पत्रों को न सिर्फ ग्रस्त किया अपितु घेर भी लिया है। टी.वी. चैनलों की तरह उन्हें क्रिकेटमेनिया हुआ है। दिन कैसे घटा कि अपेक्षा दिन कैसे कटेगा (राशि-फल, भविष्य) की फिक्र उन्हें बेतहाशा सताती नजर आती है। कैरियर गाइड, प्रॉपर्टी मैनेजर, गैजेट प्रमोटर बने समाचार-पत्र सर्कुलेशन और आय की होड़ में उसूलों को ताक पर रखते दिखाई देते हैं। सूची के लिए देखिए परिशिष्ट क्र. 4, पृ. सं. 304.

2.3.3-5 शिक्षा और संदर्भ :-

शिक्षा देने वाली विभिन्न संस्थानों के वेबसाइट्स इंटरनेट पर उपलब्ध हैं। आजकल हर एक विश्वविद्यालय, महाविद्यालय, प्रशिक्षण संस्थान, निजी शिक्षा संस्थाएँ अपनी-अपनी वेबसाइट बनाकर दाखिला प्रक्रिया, पाठ्यक्रम, फीस आदि की जानकारी छात्रों तथा उनके अभिभावकों को देने की सतर्कता बरतती हैं। समाज में संगणक प्रयोग का रुझान बढ़ने से विज्ञापनों की जगह वेबसाइट्स ले रही है। एनसीईआरटी, इग्नू, भारतीय प्रौद्योगिकी संस्थान, केंद्रीय हिंदी शिक्षा मंडल जैसी संस्थानों के वेबसाइट्स इस संदर्भ में देखे जा सकते हैं। गूगल, याहू, विकीपिडिया की वेबसाइट्स छात्र, अध्यापक, अनुसंधाता आदि के लिए वरदान साबित हो रही हैं। रही बात पुस्तकालय, पुस्तक विक्रेताओं तथा प्रकाशकों के वेबसाइट्स की। पुस्तकालय, ग्रंथालय (Book Shop and Libraries) अपनी सूचियों को अपने वेबसाइट्स पर प्रकाशित कर रहे हैं। साथ ही पुस्तक परिचय, समीक्षा, सारांश, अनुक्रमाणिका, पृष्ठसंख्या, मूल्य, स्वरूप आदि के विवरण देते हैं। अॅमेजॉन, फ्लिपकार्ट जैसे विक्रेता ऑनलाइन बिक्री की सुविधा देकर विश्व के सभी कोने में फैले अपने ग्राहकों को घर बैठे कूरियर से पुस्तकें भेजते हैं। यह सब वेबसाइट्स के कारण संभव हुआ है। हिंदी पुस्तकें, बिक्री पुस्तकालय, पुस्तक संग्रह जैसे वेबसाइट्स द्रष्टव्य हैं। इनकी सूची परिशिष्ट क्र.5, पृ. सं. 306 पर है।

2.3.3-6 हिंदी निर्देशिकाएँ :-

सारे हिंदी पोर्टल निर्देशिका (Directory) का ही रूप है। विशिष्ट विषय के लिए समर्पित वेबसाइटों का संगठन, संग्रह, नियंत्रण करते हैं। हिंदी संबंधी सेवा, सुविधा, ज्ञान, संदर्भ, टंकन, सॉफ्टवेयर, प्रक्रिया आदि के लिए स्थापित अनेक वेबसाइट्स इंटरनेट पर उपलब्ध हैं। उनसे हिंदी शिक्षा, हिंदी सॉफ्टवेयर, हिंदी टंकन, हिंदी अनुवाद, हिंदी कोश, हिंदी विश्वकोश, हिंदी संस्थाएँ, हिंदी ग्रंथालय, हिंदी प्रकाशन, हिंदी साहित्यकार जो चाहे जानकारी मिलना संभव हुआ है। इंटरनेट पर हिंदी साधन, हिंदी टूलबार पिटारा, यूनिकोड हिंदी यंत्र, माइक्रोसॉफ्ट डाउनलोड केंद्र जैसे नामों से ही वेबसाइटों के कार्य का बोध होता है। नारद हिंदी चिट्ठा संग्राहक, चिट्ठा जगत्, ब्लॉग लिखी जैसे साइट सारे ब्लॉगर्सों का संयुक्त व्यासपीठ या मंच बन गया है। हिंदी टंकन सीखने वालों के लिए राइट का हिंदी टंकन यंत्र, क्विलपैड हिंदी टंकन जैसे वेबसाइट्स बेहद उपयोगी सिद्ध हुए हैं। इंटरनेट पर हिंदी प्रचार, प्रसार, शिक्षण कार्य करने वाले ये वेबसाइट्स 'वर्चुअल शिक्षा' के नए आयाम खोलने में सक्षम हो रहे हैं। इनकी सूची परिशिष्ट क्र. 6, पृ. सं.306 पर उपलब्ध है।

2.3.3-7 व्यापार :-

बैंक, बीमा, व्यापार जैसी लेन-देन करने वाली संस्थाओं के लिए वेबसाइट्स तो समय मुक्त सेवा का करिश्मा दिखा रहे हैं। पैसे के लेन-देन, हस्तांतरण, स्थानांतरण की ऑनलाइन सुविधा से पलक झपके होना कोई नई बात नहीं रही। शेयर मार्केट, बुलियन बजार भी वेबसाइट्स के जरिए स्थानीय या राष्ट्रीय न रहकर वैश्विक बने हैं। अब लेन-देन के लिए ग्राहकों को कहीं जाने की आवश्यकता नहीं रही। वह मोबाइल, लैपटॉप, ई-मेल, टैबलेट्स से सारा कारोबार कर सकता है। उद्योगपति जहाँ भी हों, अपने मिल, कारखाने, कार्यालय के अकाउंट की देखरेख, नियंत्रण, जानकारी की लेन-देन कर सकते हैं। अपना धंधा, मोल-तोल, शेयर मार्केट, बाँबे बुलियन, लाइफ एंश्योरेंस जैसे वेबसाइट्स 24 घंटे सक्रिय रहते हैं। दर-दाम, उतार-चढ़ाव, खरीद-फरोख्त, नीलामी-खपत, स्टॉक सारी जानकारी पलपल मिलना वह भी ग्राफ, प्रतिशत, मुनाफा, हानि आदि विश्लेषण के साथ अब रोजाना की बात हुई। ग्राहक, उत्पादक, नियंत्रक, वितरक, सभी के लिए व्यापारी वेबसाइट्स गतिशील बनने से क्षणिक सत्य बन गई हैं। इस गतिशीलता के कारण कारोबार बढ़ना, मुनाफा वृद्धि, वितरण में तेजी, उत्पादन में गति संभव हुई है। व्यापार में पारदर्शिता आई है। मुनाफे की मात्रा कम होने से ग्राहक के लाभान्वित होने की संभावना बढ़ती जा रही है। जमाखोरी को नियंत्रित करना आसान बन गया। इसकी वेबसाइट्स के लिए परिशिष्ट क्र. 7, पृ. सं. 308 देखिए।

2.3.3-8 सरकारी :-

केंद्र सरकार, केंद्र शासित प्रदेश, राज्य सरकारें, उनके विभिन्न कार्यालय, मंत्रालय, निदेशालय, मुख्यालय आदि के बीच प्रशासन हेतु जो प्रबंधन पत्राचार, परिपत्र, संकल्प, निदेश, सूचना

आदि पत्रों से होता था, अब ई-गवर्नेंस के तहत कागजहीन व्यवस्थापन (Paperless Management) का विस्तार इस सदी का सिक्का बन गया है। पटवारी का कार्यालय भी संगणकीकृत होने का समय एक हकीकत-सा बना है। राष्ट्रपति से पटवारी तक सारे प्रबंधन सूत्र इंटरनेट में पिरोने-जोड़ने से जमीन का पट्टा किसान अपने लैपटॉप पर खेत की मेड़ पर बैठे हासिल कर रहा है। सिंचाई, बुआई की योजना संगणकीकृत हुई। आदेश प्रसृत होते ही क्रियान्वयन का चमत्कार ऑनलाइन का कमाल है। सरकार के सारे आदेश, प्रतिवेदन, सांख्यिकी जानकारी, नियुक्ति, तबादले, प्रक्रिया, सारे व्यवहार अब इंटरनेट के जरिए होने से तथा आरटीआई कानून, लोकायुक्त, लोकपाल जैसी व्यवस्था ने आम आदमी को लोकतांत्रिक शासन प्रणाली का सही मायने में अधिनायक बनाया है। छोटे-बड़े काम के लिए राजधानी, जिला मुख्यालय जाने की आवश्यकता अब नहीं रही। भारत सरकार के राष्ट्रीय पोर्टल देखने भर से राजकीय (Governmental) वेबसाइट्स का जाल कितना घना है, इसका अंदाजा हो आता है। राष्ट्रीय ज्ञान आयोग, भारत सरकार राजभाषा विभाग, केंद्रीय हिंदी निदेशालय, भारतीय अंतरिक्ष अनुसंधान केंद्र जैसे महत्त्वपूर्ण वेबसाइट्स देखते ही बनते हैं। सभी सरकारी महकमों के अपने-अपने वेबसाइट्स है। पहले सरकारी वेबसाइट्स स्थिर (Static) थे। अब वे प्रतिसादी (Interactive and Dynamic) बने हैं। आयकर विभाग जैसे राजस्व संबंधी वेबसाइट्सों से हम विवरण पत्र भरना, कर भरना, देय राशि प्राप्त करना, सारे काम ऑनलाइन और वह भी समयबद्ध सीमा में कर सकते हैं। डाक, पेंशन, रक्षा, टेलीफोन, विदेश, खनन सारे विभाग इंटरनेट से जुड़ने से शासकीय गतिविधियाँ, जो कभी देरी या विलंब से अभिशप्त थी, अब तेजी से क्रियान्वित हो रही हैं। भारत सरकार की विभिन्न वेबसाइट्स के लिए परिशिष्ट क्र. 8, पृ. सं. 308 देखिए।

2.3.3-9 विधि, चिकित्सा तथा अन्य सेवाएँ/सुविधाएँ :-

मनुष्य की रोजमर्रा की जिंदगी में उसे हर क्षण विभिन्न प्रकार की सेवा, सुविधाओं की आवश्यकताएँ होती हैं। आज विधि, चिकित्सा, पर्यटन, रेलवे, बस, विमान, जहाजरानी, अस्पताल, डॉक्टर्स, एम्बुलेंस, वकील, इंजीनियर्स, नर्स, दुकान, मॉल्स, यहाँ तक की कॉफी हाउस, पिज्जा हट भी ग्राहकों को उनके दरवाजे पर दस्तक लगाए सेवाएँ (Door Services) प्रदान कर रही हैं। अमरीका बैठा डॉक्टर आपके घर के वीडियो कॉन्फरेंस से दुनिया भर में समुपदेशन कर सकता है। घर बैठ हम अपनी व्यक्तिगत यात्रा की योजना (आरक्षण, टिकट, होटल, भोजन सेवाएँ) अपने व्यक्तिगत संगणक (पीसी) के जरिए कर सकते हैं। फोन से टैक्सी, अम्बुलेंस, पिज्जा-कॉफी मँगवा सकते हैं। ऑन कॉल डॉक्टर, मसाज, ब्यूटी पार्लर की सुविधा मुहैया होती है। पुस्तकें घर बैठे प्राप्त कर सकते हैं। जीवन के सारे क्षेत्र सेवा जाल से जुड़ने के कारण पृथ्वी घूम रही है और आदमी स्थिर हो गया है। (असल में देखा जाए तो वह निष्क्रिय हो रहा है।) परिशिष्ट क्र. 9 में, पृ. सं.309 पर इनके वेबसाइटों की सूची उपलब्ध है।

2.3.3-10 खेल, मनोरंजन, ज्योतिष, धर्म आदि :-

खेलकूद, मनोरंजन, सिनेमा, संगीत, ज्योतिष, धर्म, पंचांग, मुहूर्त, राशिफल, अल्बम, फोटो सारी चीजें अब वेबसाइटों के माध्यम से व्यक्तिगत संपत्ति बनने की दिशा में अग्रसर हैं। सिनेमा देखने के लिए थियेटर जाने, मैच के लिए स्टेडियम जाने या गवाही के लिए अदालत जाने की आवश्यकताएँ धीरे-धीरे कम होती जा रही हैं। सीडी लाकर घर बैठ होम थियेटर पर सिनेमा देखना अब जरूरी नहीं रहा। सीधे मोबाइल पर हम सिनेमा लाउनलोड कर देख सकते हैं। ज्योतिष, मुहूर्त, पंचांग, राशिफल की कितनी वेबसाइट्स हैं। विवेक और विज्ञान की इस शती में ऐसे वेबसाइट्स का सैलाब हैरत में डाल देने वाला है। धर्म, ज्योतिष की वेबसाइट्स, शिक्षा, भाषा, साहित्य से आधुनिक होना असमंजस में डालने वाला है। ईश्वर के भी अपने वेबसाइट्स है। ऑनलाइन अभिषेक, दर्शन बुकिंग, प्रसाद सब किया जा सकता है। टी.वी. चैनल्स, सिनेमा, थियेटर सब इंटरनेट से जुड़े होने के कारण दर्शक चौबीसों घंटे अब वेबसाइट्स पर बना रहता है। इस विषय के वेबसाइट्स की सूची परिशिष्ट क्र.10 से 13, पृ. सं. 310 से 312 पर दी गई है।

2.4 हिंदी भाषा और साहित्य की वेबसाइट्स से लाभ :

2.4.1 भाषिक लाभ –

(1) भाषा संबंधी वेबसाइट्स से हम भाषा का अध्ययन, अध्यापन, अनुसंधान कर सकते हैं।

(2) भाषा का अनुवाद कर सकते हैं।

(3) लिपि सीख सकते हैं।

(4) भाषा संबंधी पाठ्यक्रम ऑनलाइन, वर्चुअल तरीके से पूर्ण कर सकते हैं।

(5) वर्ण, शब्द, वाक्य, मुहावरे, कहावतें आदि की बुनियादी बातें स्वयं अध्ययन के जरिए सीख सकते हैं।

(6) शब्द व्युत्पत्ति, समानार्थी शब्द, विलोम, शब्दार्थ आदि की जानकारी वेबसाइट्स पर उपलब्ध शब्दकोशों के आधार पर ले सकते हैं तथा उनका प्रयोग कर सकते हैं।

(7) वेबसाइट्स पर उपलब्ध विभिन्न सॉफ्टवेयर्स के जरिए टंकन, अनुवाद, सार संक्षेप, संपादन आदि कर सकते हैं।

(8) विभिन्न भाषाएँ सीखकर भाषिक आदान-प्रदान, संभाषण (Chat) संवाद (Dialogue) कर सकते हैं।

(9) किसी आशय का यांत्रिक अनुवाद कर सकते हैं।

(10) हिंदी अध्यापन में नव तंत्रज्ञान का प्रयोग कर दूर शिक्षा (Distant Education), दृक् -श्रव्य शिक्षा (Video Education) आभासी शिक्षा (Virtual Education) दे सकते हैं।

(11) पठन-पाठन, श्रवण, अनुलेखन स्वयं अध्ययन से सीख सकते हैं।
(12) भाषा संबंधी विभिन्न सेवाओं की जानकारी ले सकते हैं।
(13) संगणक पर उपलब्ध भाषा संबंधी विभिन्न संसाधनों (Recordless) के जरिए शब्द संस्करण, विश्लेषण, वर्गीकरण आदि कार्य कर सकते हैं।
(14) उच्चारण, शुद्धता का शास्त्रीय ज्ञान हासिल कर सकते हैं।
(15) भाषा के उद्‌गम, विकास, अंत, परिवर्तन आदि की ऐतिहासिक-सांस्कृतिक जानकारी विभिन्न वेबसाइट्स के जरिए हम हासिल कर सकते हैं।

2.4.2 साहित्यिक लाभ –

(1) साहित्य के समकालीन रूप का अद्यतन पठन-पाठन ऐसे वेबसाइट्स से संभव होता है।
(2) साहित्यिक वेबसाइट्स स्थान, काल, यात्रा की मर्यादाओं को लाँघकर उसे सुविधा से प्राप्त करने में सहायक होते हैं।
(3) ई-रीडिंग की सुविधा से दुनिया भर का साहित्य पलभर में हासिल कर सकते हैं।
(4) साहित्य की नई विधाओं का ज्ञान होता है। जैसे—मोबाइल नॉवेल।
(5) साहित्य की विभिन्न विधाओं के अन्य भाषी विकास और तरक्की को जान सकते हैं।
(6) ब्लॉग, ट्वीटर, ई-मेल, वीडियो कॉन्फरेंसिंग, चैट आदि के जरिए साहित्यकारों से संपर्क सहज हुआ है और कर सकते हैं।
(7) साहित्य का प्रचार, प्रसार गति से होता है।
(8) साहित्य की बिक्री, वितरण, प्रकाशन सुलभ हुआ है।
(9) साहित्य इतिहास की अद्यतन जानकारी हासिल कर सकते हैं।
(10) साहित्य के दृक्-श्रव्य प्रस्तुति से लिखित साहित्य की तुलना में प्रभावी प्रस्तुति संभव बनी है।
(11) साहित्यिक अनुवाद, रूपांतरण, विधांतरण, अनुवाद में गति आई है।
(12) ब्लॉग, ट्वीटर, ई-मेल से पाठक प्रतिक्रिया, प्रतिसाद, प्रतिसंवाद, संवाद तेज और सहज बना है।
(13) साहित्य संग्रहण, संरक्षण, प्रतिलिपि, प्रेषण, वितरण आदि में गति आने से पाठकों का दायरा अप्रत्याशित रूप से बढ़ना संभव हुआ है।
(14) विभिन्न भाषी आदान-प्रदान से साहित्य का स्तर ऊपर उठने में मदद मिली है।
(15) लोकल और ग्लोबल दोनों के लिए संभावनाओं के नए क्षितिज खुल गए हैं।
(16) साहित्य भाषा, प्रान्त, देश की सीमा तोड़कर वेबसाइट्स पर प्रकाशित होते ही वैश्विक बन जाता है।

निष्कर्ष :

संगणकीय कार्य प्रणाली के संलग्नीकरण से इंटरनेट का निर्माण हुआ। इससे वेबसाइट्स विकसित हुईं। वेबसाइट्स के प्रबंधन, संग्रहण, नियंत्रण की आवश्यकता ने पोर्टल का निर्माण किया। आज हिंदी के लगभग पचास पोर्टल्स सक्रिय हैं। उन पर हिंदी भाषा और साहित्य की लगभग एक हजार वेबसाइट्स हैं। उनमें भाषा, साहित्य, पत्रिकाएँ, समाचार, शिक्षा, संदर्भ, निर्देशिकाएँ, शब्दकोश आदि का अंतर्भाव है। इनके अलावा व्यापार, शासन, विधि, मनोरंजन, ज्योतिष, खेल, अन्य सेवाओं की भी विपुल वेबसाइट्स हैं। इनके साहित्यिक एवं भाषिक लाभ हैं।

तीसरा अध्याय

हिंदी भाषा और लिपि की वेबसाइट्स पर प्रकाशित संसाधनों का अध्ययन

3.1 पृष्ठभूमि :

प्रस्तुत अनुसंधान की योजना पर जब विचार किया था, तब यह गृहीत था कि हिंदी वेबसाइट्स पर भाषा और लिपि संबंधी जानकारी भाषा और भाषा विज्ञान की दृष्टि से होगी। पर अनुसंधान की यात्रा में हमने पाया कि जैसे हिंदी साहित्य पर अनेकानेक वेबसाइट्स हैं और उन पर नित्य प्रतिदिन कथा, काव्य, उपन्यास, यात्रा, अनुवाद, आलेख, आत्मकथा, साक्षात्कार, रिपोर्ताज आदि साहित्य प्रकाशित होता रहता है, वैसी बात हिंदी भाषा संबंधी वेबसाइट्स पर नहीं है। हिंदी भाषा का उद्‌भव, विकास, भाषिक संरचना आदि का सामग्री ज्ञान, जानकारी के तौर पर जरूर उपलब्ध है पर जहाँ तक भाषा वैज्ञानिक तौर-तरीके से हिंदी भाषा और लिपि संबंधी प्रतिक्रियात्मक, नव उद्‌भावनाओं पर विचार करने वाले साहित्य प्रकाशन का संबंध है, वह अपवाद में ही दिखाई देता है।

हाँ, एक बात जरूर है कि इंटरनेट, वेबसाइट्स पर हिंदी का प्रयोग बढ़ जाने से हिंदी भाषा और लिपि का प्रयोग-विधि, साधन, अनुवाद, संपादन, लिप्यंतरण, भाषा सीखने संबंधी पाठ्यक्रम, टंकन संबंधी वेबसाइट्स विपुल मात्रा में नित्य प्रकाशित और विकसित हो रही हैं। संगणक, इंटरनेट, वेबसाइट्स के जमाने के पूर्व भाषा और लिपि का विचार सिद्धांत (Theory) के अंग से अधिक होता था। इंटरनेट संपर्क और संवाद का सशक्त और सजग जरिया बनने से हिंदी भाषा और लिपि (देवनागरी) के प्रयोगकर्ता बढ़े। मोबाइल, आईपॉडस, अंड्राइड्स आदि के आविष्कार से भाषा और लिपि का अनुप्रयुक्त (Applied) रूप गतिशील हुआ। टंकन, लिप्यंतरण, अनुवाद, संपादन, संक्षेप, विस्तार आदि पहलू अहं बने। उनके विभिन्न सॉफ्टवेयर्स विकसित हुए। ऑनलाइन और ऑफलाइन प्रयोग की कल्पना से भाषा और लिपि का दोहरा विचार बल पकड़ने लगा। इन सबके परिणामस्वरूप आज तक हिंदी भाषा और लिपि का स्वरूप स्थितिशील (Static) था, वह गतिशील (Kinetic) बना। इसके परिणामस्वरूप इंटरनेट पर अनुप्रयुक्त हिंदी भाषा और लिपि का अधिक विचार और प्रयोग होने लगा। अत: प्रस्तुत अध्याय में उन संसाधनों का परिचय, प्रयोग आदि पर विचार करने की योजना बनी। उम्मीद है कि प्रस्तुत जानकारी भविष्य में हिंदी भाषा और लिपि के अध्येताओं, अध्यापकों, अनुसंधाताओं के काम में आएगी।

3.2 हिंदी भाषा और लिपि के साधन :

आज हिंदी भाषा और लिपि संबंधी विस्तृत जानकारी वेबसाइट्स पर उपलब्ध हैं। हिंदी भाषा की लिपि देवनागरी है। उस लिपि संबंधी विविध अंगों, उपांगों की जानकारी एवं संसाधन वेबसाइट्स पर उपलब्ध हैं। देवनागरी के वर्णाक्षर (Alphabets) टंकन सुविधा, वर्णाक्षरों के विविध आकार और लेखन शैलियाँ (Fonts), लिप्यंतरण के साधन (Font Converter), हिंदी लिपि देवनागरी के सीखने के साधन (Tools), अक्षर, शब्द उच्चारण संबंधी दृक्-श्रव्य सामग्री (Vlips/Videos) जैसी सामग्री एवं संसाधन उपलब्ध हैं। वही बात हिंदी भाषा की। हिंदी भाषा का उद्‍भव और विकास, हिंदी की बोलियाँ, हिंदी की परिभाषा, प्रकृति एवं उसके विविध रूप, भाषा परिवार, ध्वनि, व्याकरण, शब्दावली (Dictionary), मुहावरे, कहावतें, हिंदी भाषा की संरचना, वर्तनी विचार, हिंदी भाषा की विभिन्न शैलियाँ, प्रयोजनमूलक या अनुप्रयुक्त हिंदी का स्वरूप, मानक हिंदी आदि जानकारी विभिन्न वेबसाइट्स पर उपलब्ध हैं।

इसके अलावा हिंदी भाषा के अनुवाद के विभिन्न संसाधन भी उपलब्ध हैं। पाठ संपादन, संक्षेप, विस्तार के साधन भी हैं। मौखिक पाठ का लेखन अथवा इसके विपरीत लिखित पाठ्य सामग्री का उच्चारण करने वाले दृक्-श्रव्य साधन उपलब्ध हैं। भाषा संबंधी विविध संवाद (Chats), चिट्ठियाँ (Blogs) भी हैं। हिंदी भाषा सीखने के साधन वेबसाइट्स पर हैं और उसके स्थितिज और गतिज रूप पाए जाते हैं। हिंदी लिखित संवाद के आदान-प्रदान (Mails) की सुविधा भी इंटरनेट पर है। मोबाइल्स, आईपॉडस, अंड्राइड्स पर संवाद, संदेश, दृक्-श्रव्य फीते (Clips, Videos), चित्रपट, पुस्तकें पढ़ने, देखने, प्रेषण, प्राप्ति की सुविधा उपलब्ध है। हिंदी भाषा और लिपि के साधारण साधनों के साथ असाधारण सुविधाओं और साधनों की वेबसाइट्स इंटरनेट पर उपलब्ध हैं। यह हिंदी के ज्ञान भाषा (Knowledge Language) होने की दिशा में एक सशक्त और आश्वस्त कदम है। इसके साथ विभिन्न देशी, विदेशी भाषा और लिपि में परिवर्तन के नित्य उपलब्ध होने वाले नए-नए संसाधन हिंदी भाषा को विश्वभाषा (World Language) बनाने की संभावनाओं की हकीकत बयाँ करते हैं।

3.3 हिंदी भाषा और लिपि के संसाधनों का स्वरूप :

वेबसाइट्स तथा इंटरनेट पर उपलब्ध हिंदी भाषा और लिपि के संसाधन दो तरह के हैं– 1. ऑनलाइन (गतिशील), 2. ऑफलाइन (स्थितिशील)

3.3.1 ऑनलाइन (online) –

संगणक तथा इंटरनेट के संदर्भ में 'ऑनलाइन' शब्द का विशिष्ट अर्थ है। इंटरनेट से जुड़े (connected) संसाधन ऑनलाइन माने जाते हैं। यह एक इंटरनेट पर सक्रिय या गतिशील होने की स्थिति है। यह स्थिति विशिष्ट उपकरण (उपग्रह) से नियंत्रित तथा विभिन्न संगणकों के जरिए

विभिन्न वेबसाइट्स से जुड़ने की स्थिति (LAN) दर्शाती है। ऑनलाइन इंटरनेट की एक सक्रिय प्रणाली का नाम है। इसका कार्य मानवीय हस्तक्षेप मुक्त रहता है। इस प्रणाली का हम तुरंत प्रयोग कर सकते हैं। यह एक महाजालीय संलग्न (Connected) व्यवस्था है। क्रियात्मकता और सेवारतता इसकी विशेषता होती है।

3.3.2 ऑफलाइन (offline) –

ऑनलाइन की विपरीत प्रणाली ऑफलाइन है। इंटरनेट, संगणक की महाजालीय व्यवस्था से प्राप्त सामग्री का स्थिर संग्रहण पुनर्प्रयोग हेतु किया जाता है। सामग्री के संगृहीत एवं स्थित स्वरूप को ऑफलाइन माना जाता है। इस सामग्री के पुन: प्रयोग के लिए इंटरनेट या महाजाल से जुड़ने की आवश्यकता नहीं होती। मात्र उसके प्रयोग के लिए बिजली प्रवाह जरूरी होता है। प्रस्तुत सामग्री हम मुफ्त या सशुल्क प्राप्त कर सकते हैं। मूल सामग्री का यह आंशिक या स्थानीय रूप होता है। इसके अनुवादित या लिप्यंतरित संस्करण संभव होते हैं। आवश्यकता के अनुसार संदर्भ, संग्रह, सामग्री का प्रयोग हम ऑफलाइन से कर सकते हैं। यह ज्ञान की आश्वस्त प्राप्ति एवं संग्रहण है।

3.4 हिंदी भाषा और लिपि के ऑनलाइन संसाधन :

यह हिंदी के देवनागरी लिपि लिखने का इंटरनेट पर मौजूद साधन (Tool) है। यह हिंदी के अलावा अन्य भारतीय एवं विदेशी भाषाओं के लिखने का भी साधन है। जैसे बांग्ला, ओरिया, मलयालम, तमिल, अरेबिक, जापानी आदि भाषाओं में यह उपलब्ध है। यह लिखित सामग्री के संग्रहण, जोड़ने, घटाने, प्रेषण, मुद्रण की सुविधा से युक्त है। प्रस्तुत संसाधन से हम विभिन्न आकार–प्रकार का टंकन (लेखन) कर सकते हैं। किसी शब्द या वाक्य को रेखांकित कर सकते हैं। लिखित सामग्री को विभिन्न रंगों में लिख या मुद्रित कर सकते हैं। इसमें क्रमागत सूची बनाना, लिखित सामग्री का संयोजन, संपादन के साथ शब्दकोश की सुविधा भी उपलब्ध है। गूगल, लिपिक, माइक्रोसॉफ्ट, कृतिदेव, रेमिंग्टन, हिंदी कलम, क्विलपैड, यूनिनागरी, गमभन, माध्यम, मायबोली, यूनिकोड, सलेटी जैसे नामों से ये विभिन्न वेबसाइटों पर उपलब्ध हैं। हर संसाधन की अपनी–अपनी खूबियाँ एवं खासियतें हैं। विभिन्न भाषा–भाषी अपनी सुविधा से जाँच–परखकर इन्हें चुनकर लिख या टंकन कर सकते हैं। कुछ में मात्र टंकन की तथा कुछ में लिप्यंतरण की (जैसे गूगल, यूनिकोड) सुविधा है। कुछ टंकन की दृष्टि से सहज, सरल है, तो कुछ पेचीदा भी। अंग्रेजी की बोर्ड के प्रयोग की बहुलता को देखते हुए कुछ संसाधनों में अंग्रेजी टाइप कर उच्चारानुसार इच्छित भाषा की लिपि में पाठ लेखन, संपादन या लिप्यंतरण की सुविधा उपलब्ध है। कुछ एक के कुंजी पटल (Keyboard) उच्चारानुसार (Phonetic) है। कुछ ऑनलाइन हैं, जैसे–यूनिकोड। कुछ शब्दकोश से युक्त है, तो कुछ एक में वर्तनी संशोधक या जाँचक (Spell Checker) की सुविधा है, जैसे–आशिष। लुकीज जैसा संसाधन चैट, ई–मेल तथा ऑनलाइन संवाद, संदेश या सामग्री प्रेषण के लिए उपयुक्त

है। लिपिकार में हिंदी भाषा-भाषियों की आवश्यकताओं का विशेष ध्यान रखा है, जैसे-डंड, नुक्ता आदि। कुछ संसाधन द्वैभाषिक हैं, जैसे-हिंदी-पंजाबी के लिए 'लर्नपंजाबी' है, तो कुछ बहुभाषी भी हैं। 'प्रखर देवनागरी लिपिक' जैसा संसाधन 100% शुद्ध टंकन, लेखन का दावा करता है। वह रेमिंग्टन पर आधारित यूनिकोड टंकन है। 'अगोचर की पैड' जैसा संसाधन वेबसाइट से जुड़ने की सुविधा होने वाला मुक्त स्रोत (Open Source) है। इस प्रकार हम देखते हैं कि पहले कभी टाइपराइटर से मात्र टंकन होता था। ऑनलाइन सुविधा से टंकन के अलावा आवश्यकतानुसार अनेक क्रियाकलाप एक साथ तथा एक साधन (संगणक) से करना बाएँ हाथ का खेल हो गया है। अक्षर ज्ञान रखने वाला कोई भी इन संसाधनों से लेखनादि कार्य सहजता से कर सकता है। इसके लिए परिशिष्ट क्र. 16 में, पृ. सं. 314 पर वेबसाइटों की सूची देखिए।

3.5 हिंदी भाषा और लिपि के ऑफलाइन संसाधन :

यूनिकोड, बरह, माइक्रोसॉफ्ट, गूगल, कैफेहिंदी, प्रखर, लिपिकार, हिंदी रायटर जैसे ऑफलाइन संसाधन से हम हिंदी टंकन और लेखन कर सकते हैं। इसमें भी ऑनलाइन संसाधन की तरह विभिन्न भाषा और लिपि में परिवर्तन, अनुवाद आदि सुविधाएँ उपलब्ध हैं। यह एक तरह से आईएमई (Input Medhod Editor) का काम करता है, जिससे हम विभिन्न कुंजीपटल, वर्णाक्षर, विरामचिह्न, अंक आदि प्राप्त कर अपने संगणक पर प्रदर्शित एवं प्रयोगित कर सकते हैं। यह नि:शुल्क या सशुल्क दोनों तरह से हासिल हो सकता है। यह एक तरह का प्राप्ति साधक (Installer) है। इससे हम बिना झंझट, तुरंत टंकन कर सकते हैं। कुछ संसाधन वैदिक उच्चारण की सुविधा से युक्त हैं। ऑनलाइन संसाधन में अन्य वाहिका (Links) तथा संकेत स्थलों से जैसे हमें पूरक सुविधाएँ मुहैया होती हैं। ऑफलाइन संसाधन में यह सुविधा नहीं होती क्योंकि ऑफलाइन संसाधन एक तरह का स्थित या स्थिर सॉफ्टवेयर रहता है। उसमें मूलत: अंगभूत (By default) सुविधा या सामग्री की मर्यादा रहती है। हर संसाधनों (Tools / Softwares) की अपनी-अपनी खूबियाँ या खासियतें रहती हैं। उनकी मर्यादाएँ भी अपनी-अपनी होती हैं। ऑफलाइन संसाधनों के प्रयोग सीमित मात्रा में होते रहते हैं। प्रेषण, मुद्रण की सुविधा के लिए हमें दुबारा ऑनलाइन होना अनिवार्य होता है।

ऑफलाइन संसाधन के अंतर्गत कुछ संपादित संसाधन भी उपलब्ध हैं, जैसे-यूनिकोड, उदित, देवनागरी जनरेटर, इंडिक, राइट-32 आदि। ये भी सशुल्क या नि:शुल्क होते हैं। इनसे भी टंकन, लिप्यंतरण (Font or Script Converter), संपादन, अनुवाद की ऑफलाइन सुविधा प्राप्त होती है। ये संसाधन एक तरह के शब्द साधक होते हैं। ये भी विभिन्न भाषा और लिपियों में उपलब्ध हैं। टंकन सुविधा के साथ संपादन की सुविधा से युक्त होना इसकी अपनी विशेषता होती है। पत्र-पत्रिका, पुस्तक, विस्तृत सामग्री के टंकन (Bulk Typing), संपादन की सुविधा से युक्त ये साधन जनसंचार माध्यमों के लिए वरदान साबित हुए हैं। कुछ में शब्दकोश, अर्थ, वर्तनी संशोधन की सुविधा भी उपलब्ध रहती है। परिशिष्ट क्र. 17 तथा 18 में, पृ. सं. 315, 316 पर इनके वेबसाइट्स की सूची देखी जा सकती है।

3.5.1 हिंदी शब्द संपादन प्रक्रिया (Hindi Word Processing) –

संगणक का प्रारंभिक प्रयोग भले ही गणना के लिए होता था, परंतु संगणक विकास के काल में समय गुजरते उसका प्रयोग टंकन, सामग्री संपादन, अनुवाद आदि के लिए होता गया। चिट्ठियाँ लिखना इसका आरंभिक प्रयोग रहा। कालांतर में विस्तृत सामग्री का टंकन, संपादन, अनुवाद की आवश्यकता जनसंचार के माध्यमों को होने लगी। पुस्तक प्रकाशन, मुद्रित माध्यम (पत्र-पत्रिकाएँ), परवर्ती काल में इलेक्ट्रॉनिक माध्यम (चैनल्स, टी.वी., मोबाइल आदि) आदि में इसकी जरूरत महसूस की गई और प्रयोजनमूलक या अनुप्रयुक्त साधन विकसित हुए। वर्ड स्टार, वर्ड परफेक्ट जैसे प्रारंभिक संसाधनों (Tools) से विविध प्रयोगी या विविध उपयुक्तता से युक्त (Multi Purpose) सॉफ्टवेयर बनाए गए। ये संसाधन ही 'वर्ड प्रोसेसर्स' के रूप में स्थापित हुए। इससे संगणक के साथ बहुउद्देशीय शब्दकार्य या प्रक्रिया (Word Processing) का निर्माण हुआ। वर्ड प्रोसेसिंग के दो प्रमुख अंग होते हैं–(1) टंकन (Typing), (2) संरचना या सजावट (Layout)। वर्तमान समय में वर्ड प्रोसेसिंग इतना तत्पर और गतिशील बना है कि अब मौखिक आदेश से टंकन संभव हुआ है। बोलने वाली बात हम सीधे टंकित कर सकते हैं। वर्ड प्रोसेसिंग के अंतर्गत हम सामग्री टंकित करते हैं। टंकित सामग्री की पंक्तिबद्ध रचना (Alignment and Layout) भी कर सकते हैं। उस सामग्री में जोड़ना, घटाना, बढ़ाना आदि के साथ उसका संपादन, अनुवाद, लिप्यंतरण भी इस साधन से संभव हुआ है। इनके साथ ही स्वचलित वर्तनी संशोधन (Auto Correction), स्वचलित रचना (Auto Formation), स्वचलित शब्दपूर्ति (Auto Complete), स्वचलित सारलेखन (Auto Summerization) की सुविधाएँ भी आज वर्ड प्रोसेसिंग संसाधनों में उपलब्ध हैं। आज गूगल, जावा, सलेटी, लीप, लिस्म, गमभन, माइक्रोसॉफ्ट जैसे वर्ड प्रोसेसर्स उपलब्ध हैं। माइक्रोसॉफ्ट तथा गूगल अपनी बहुविध सुविधा देने की होड़ में रोज अद्यतन एवं निरंतर उपयुक्त साबित होते हैं। माइक्रोसॉफ्ट ऑफिस 2010 आजकल अद्यतन माना जाता है। वह मुद्राक्षर (Fonts), हाशिया (Margin), दो पंक्ति में अंतर (Line Spacing), पंक्तिबद्धता (Alignment / Layout), बुलेट्स, नंबर्स, संशोधन, संपादन, लिप्यंतरण, अनुवाद, स्थानांतरण, चयन, प्रेषण, मुद्रण आदि सुविधाओं से युक्त हैं। परिशिष्ट क्र. 19 में, पृ. सं. 317 पर इसके वेबसाइट्स की सूची देखी जा सकती है।

3.5.2 हिंदी वर्तनी जाँचक / संशोधक (Spell Checker) –

सामग्री के टंकन, संपादन, अनुवाद आदि प्रक्रियाओं के समय उपभोक्ता या प्रयोगक को किसी शब्द की वर्तनी (Spelling) को लेकर आशंका होती है। ऐसे समय वर्तनी जाँचक/संशोधक संसाधन टंकक के लिए अध्यापक, सहायक या पथदर्शक का कार्य करता है। इस सुविधा के अंतर्गत यह संसाधन लेखक/टंकक को उच्चार तथा वर्तनी के विविध पर्याय सुझाकर भाषा-भाषी को चयन की सुविधा प्रदान करता है। जैसे–'Bharat' शब्द की देवनागरी आवृत्ति 'भरत', 'भारता', भर्ता आदि देता है। इसके विपरीत अंग्रेजी में शब्दों की ब्रिटिश,

अमरीकी तर्ज की वर्तनी देकर चयन की आजादी देता है। जैसे–colour, color, colore आदि। इससे शुद्ध पाठ संभव होता है। टंकन में गलती से वर्तनी दोष आने पर उस शब्द को रेखांकित कर लेखक को वह सतर्क भी करता है। ये संसाधन ऑनलाइन एवं ऑफलाइन दोनों रूपों में उपलब्ध है। हिंदी के लिए फायरफॉक्स, ओरंगो, हिंदी राइटर, ॲसपेल, आइसबीयरसॉफ्ट जैसे वर्तनी जाँचक/संशोधक उपलब्ध हैं। परिशिष्ट क्र. 20 में, पृ. सं. 317 पर इसके वेबसाइट्स की सूची है।

3.5.3 देवनागरी मुद्राक्षर (Devnagari Fonts) –

लोहित, मंगल, रघु, यूनिकोड, कृतिदेव, अंकुर, आलोक, शिवाजी, श्रीलिपि जैसे अनेकानेक देवनागरी मुद्राक्षर (Fonts) इंटरनेट पर आज उपलब्ध हैं। ये सशुल्क या नि:शुल्क उपलब्ध होते हैं। अधिकतर अधिकृत मुद्राक्षरों के लिए (Licenced copy) शुल्क अनिवार्य होता है। कुछ के लिए मात्र पंजीकरण से काम चलता है। हर मुद्राक्षर के निर्माता आकार, प्रकार, चिह्न, चित्र आदि की विविधता से अपनी पैठ बाजार में जमाने की फिराक में नित्य संशोधन करते रहते हैं। पेज मेकिंग, प्रकाशन, अक्षर टंकन, मीडिया, समाचार, जनसंचार जैसे क्षेत्रों में इनकी अलग आवश्यकताओं को देखते हुए प्रयोग एवं संशोधन होता रहता है। भाषा, लिपि, आकार, प्रकार, सुविधा के अनुसार उनके विविध संस्करण (Type or Version) भी मिलते हैं। कुछ बहुभाषी लिप्यंतरण की सुविधा से युक्त होते हैं। इस संदर्भ में ॲलनवुड की निर्मिति द्रष्टव्य है। यूनिकोड का कार्य भारतीय भाषाओं के लिए पथदर्शक है। यही बात सिडैक की भी। गूगल भी इस दिशा में कार्यरत है। परिशिष्ट क्र. 21 में, पृ. सं. 318 पर इसकी सूची है। डीटीपी, ग्राफिक्स आदि में आज इसका प्रयोग आम बात है।

3.5.4 मुद्राक्षर परिवर्तक (Font converters) –

इसे 'फाण्ट परिवर्तक' भी कहते हैं। यह एक ऐसा संसाधन है जिसके जरिए हम एक मुद्राक्षर दूसरे तरह के मुद्राक्षर में परिवर्तित कर सकते हैं। यूनिकोड में यह सुविधा स्वयंसिद्ध (By default) होती है। यूनिकोड में पुराने मुद्राक्षर (Legacy Font) परिवर्तन की भी सुविधा उपलब्ध है। आगरा, अमर, चाणक्य, सुरेख, योगेश, कृतिदेव, रेमिंग्टन, शिवाजी, श्रीलिपि जैसे मुद्राक्षर परिवर्तक आज बाजार में उपलब्ध हैं। संकेतस्थल या जालस्थल (Website) से इन्हें हम सहज कर (Save) या प्रतिलिपि (Copy or Download) कर इनका ऑफलाइन इस्तेमाल कर सकते हैं। डांगी साफ्ट का 'प्रखर देवनागरी परिवर्तक' लगभग 200 विभिन्न मुद्राक्षर यूनिकोड में परिवर्तन की क्षमता रखता है।[1] यदि हमें विस्तृत पृष्ठों की सामग्री (ग्रंथ, पत्रिका या अन्य) का मुद्राक्षर परिवर्तन करना है, तो सिल कन्वर्टर उपलब्ध है।[2] टिबिल के जरिए हम रोमन (अंग्रेजी)

---

1. http://ravirtlami.blogpost.in
2. वही

मुद्राक्षरों का परिवर्तन देवनागरी आदि विभिन्न भारतीय लिपियों के मुद्राक्षरों में कर सकते हैं। अक्षरविविधा विभिन्न मुद्राक्षरों के परिवर्तन का अच्छा जरिया है। इस्की प्लग (ISCII Plug) में विशिष्ट मुद्राक्षरों का परिवर्तन विशिष्ट मुद्राक्षर में करने की सुविधा है। प्रखर मुद्राक्षर परिवर्तक 100% शुद्ध परिवर्तन का दावा करता है। मुद्राक्षर परिवर्तक सूची के लिए परिशिष्ट क्र. 22, पृ. सं. 318 देखिए।

3.5.5 लिपि परिवर्तक (Script converters) –

गिरगिट, लिप्यंतरण, यूनिकोड जैसे लिपि परिवर्तक भारतीय भाषाओं की एक लिपि में उपलब्ध सामग्री दूसरी भारतीय भाषा की लिपि में परिवर्तित करने के उपयुक्त संसाधन हैं। विश्व में ऐसे साधन लगभग सभी भाषाओं की लिपि के लिए उपलब्ध हैं। हिंदी-उर्दू, हिंदी-पंजाबी जैसे लिपि परिवर्तक भी हैं। यूनिकोड का परिवर्तक तो भारतीय भाषाओं तथा लिपियों के लिए ही बनाया गया है। यही बात भारतीय से विदेशी भाषा-लिपियों की भी। उनके लिए भी विभिन्न लिपि परिवर्तक उपलब्ध हैं। गूगल लिपि परिवर्तक भी बहुप्रयोगित है। परिशिष्ट क्र.23 में पृ. सं. 320 पर लिपि परिवर्तक सूची दी गई है।

3.5.6 हिंदी शब्दकोश (Hindi Dictionaries) –

शब्दकोश को शब्दसंग्रह, शब्दावली भी कहा जाता है। ईसवी सन् पूर्व 2300 में दुनिया का पहला शब्दकोश बनाया गया था। हिंदी शब्दकोशों का इतिहास भले हाथ न हों पर वह आधुनिक काल की उपज जरूर है। आज हिंदी के विभिन्न भाषा-भाषी कोश उपलब्ध हैं। हिंदी से विविध भारतीय भाषाओं के कोश है, वैसे विभिन्न भारतीय भाषाओं से हिंदी के लिए बने शब्दकोश भी हैं, जैसे–मराठी-हिंदी और हिंदी-मराठी। यही बात विदेशी भाषाओं की भी। विदेशी भाषा-भाषी कोशों की संख्या लगभग 139 है।[1] इंटरनेट पर ऑनलाइन के साथ ऑफलाइन शब्दकोश भी उपलब्ध हैं। कुछ कोश एकभाषी हैं, जैसे–हिंदी से हिंदी शब्द (पर्यायवाची शब्दकोश)। तो कुछ द्वैभाषिक, त्रैभाषिक या बहुभाषी भी, जैसे–हिंदी से अंग्रेजी, हिंदी से उर्दू से अंग्रेजी, या हिंदी से हिंदी, अंग्रेजी, मराठी आदि। यांत्रिकी अनुवाद (Machine Translation) के भी शब्दकोश इंटरनेट पर उपलब्ध हैं, जैसे–यूनिवर्सल वर्ड : अंग्रेजी से हिंदी शब्दकोश। मोबाइल और वेब के प्रयोगकर्ताओं की आवश्यकताओं को देखकर बनाए गए अंग्रेजी-हिंदी शब्दकोश 'हिंदी 25.com' वेबसाइट पर उपलब्ध है। भाषांतर कोश भी उपलब्ध है। इंटरनेट पर उपलब्ध समान उच्चारी कोशों से अर्थभेद का हमें पता चलता है। गूगल कोश इस संदर्भ में द्रष्टव्य है। इंटरनेट पर शब्दोच्चारी कोश (Talking Dictionary) है, जैसे–Linguo Soft Talking Dictionary–2006। शब्दकोशों की खोज के लिए सर्च इंजन भी है, जैसे–शब्दकॉम.कॉम, हिंदी विकीपीडिया,

---

1. Dicts.info-Hindi Dictionary list

डिक्शनरी.कॉम आदि। कुछ अंग्रेजी-हिंदी शब्दकोशों में उच्चारण के साथ लिप्यंतरण की सुविधा भी मौजूद है, जैसे-google.com पर उपलब्ध शब्दकोश। इन शब्दकोशों से शब्द की व्युत्पत्ति, उच्चारण, अर्थ, व्याकरण, मुहावरे, कहावतें, वाक्यप्रयोग, अनुवाद, लिप्यंतरण जैसी अनेकानेक सुविधाएँ हिंदी अध्येताओं के लिए उपलब्ध होती हैं। कुछ शब्दकोश निःशुल्क हैं, तो कुछ सशुल्क। इनके प्रयोग का तरीका भी आसान है। मुद्रित शब्दकोशों के मुकाबले ई-शब्दकोश के जरिए खोज आसान, समय की बचत करने वाली तो साबित होती ही है, परंतु ऑनलाइन शब्दकोशों से प्राप्त अनुवाद, उच्चारण, लिप्यंतरण की सुविधाएँ अध्येताओं को गतिशील करती हैं। परिशिष्ट क्र. 24 में पृ. सं. 321 पर शब्दकोश सूची एवं जालस्थल दिए गए हैं।

3.5.7 हिंदी अनुवाद संसाधन/सेवाएँ (Hindi Softwares and Services)-

अनुसारक, गूगल, बेबीलोन ऐसे सॉफ्टवेयर और सेवाएँ हैं, जो हमें एक भाषा की सामग्री दूसरी भाषा में अनुवादित कर उपलब्ध कराती है। ये सॉफ्टवेयर कुछ निःशुल्क हैं, तो कुछ सशुल्क। कुछ ऑनलाइन हैं, तो कुछ ऑफलाइन। अनुसारक में अंग्रेजी से हिंदी में अनुवाद की सुविधा है। गूगल हमें भारत की विभिन्न भाषाओं में अनुवाद सामग्री उपलब्ध करा देता है। बेबीलोन जैसा सॉफ्टवेयर हिंदी की पाठ्य सामग्री विश्व की विभिन्न भाषाओं में प्राप्त कराता है। ये अनुवाद यांत्रिक होते हैं। कुछ मानवी अनुवाद तंत्र से युक्त भी होते हैं। गूगल इस संदर्भ में द्रष्टव्य है। यांत्रिकी अनुवाद शुद्ध पाठ नहीं होते। आशय समझता जरूर है। पर कभी-कभी विचित्र, पहेली लगने वाले अनुवाद भी इंटरनेट पर उपलब्ध होते हैं। गूगल के अनुवाद पेसोपेश में डाल देते हैं। इंटरनेट पर इसका संक्षिप्त सर्वेक्षण भी उपलब्ध है।[1] इन सॉफ्टवेयर्स एवं सेवाओं की सूची परिशिष्ट क्र.26, पृ. सं. 323 पर देखी जा सकती है।

3.6.8 हिंदी पाठ विश्लेषण, पाठ प्रक्रिया और शब्दानुक्रमणिका (शब्दसूची) (Hindi Text Analysis, Text Processing and Concordance)-

किसी लिखित या टंकित पाठ सामग्री में प्रयुक्त विशिष्ट शब्दों की अनुक्रम से सूची बनाना, पाठ्य सामग्री को बाएँ से दाएँ या दाएँ से बाएँ व्यवस्थित करना (Alignment), तुकान्त शब्दों को छाँटना या संगृहीत करना, पाठ में आए शब्दों की आवृत्ति (संख्या) (Frequency) का पता लगाना, काव्य में प्रयुक्त शब्दसमूह में मात्राओं की संख्या गिनना, पाठ का तरह-तरह की कसौटी पर विश्लेषण करना जैसे कार्यों की आवश्यकता अध्येताओं, अनुसंधाताओं, भाषा वैज्ञानिकों, मनोविश्लेषकों, पुलिस आदि को होती है। इन हेतुओं का समाधान एवं पूर्ति करने वाले विभिन्न

1. http://www.elda.org/en/proj/sclla/sclla2001/sclla2001/rao.pdf

संसाधन महाजाल पर मौजूद हैं। यह तकनीकी और पेचीदा काम मनुष्य द्वारा करना समय और मेहनत की दृष्टि से बहुत बार कठिन और उबाऊ होता है। वह कार्य ऐसे संसाधनों से सरल, सहज और तुरंत होता है। यह बहुत बड़ी संगणकीय उपलब्धि है। परिशिष्ट क्र. 27 में, पृ. सं. 324 पर इसकी सूची है।

इसके अंतर्गत हिंदी की तुलना में अंग्रेजी के सॉफ्टवेयर अधिक उपयोगी हैं। उनमें पाठ्य सामग्री का विश्लेषण विभिन्न अंगों, जैसे–मुहावरे, कहावतें, उच्चारण, शुद्धता, व्युत्पत्ति आदि दृष्टि से करने की सुविधाएँ हैं। हिंदी में इस दिशा में प्रयास जरूर शुरू है पर उसके लिए और समय तक इंतजार करना होगा। इस संसाधन से अंग्रेजी में समान विषय पर आधारित विभिन्न सामग्री की तुलना, विश्लेषण संभव होता है। पाठ्यसामग्री की संरचना (Layout) संबंधी सॉफ्टवेयर हिंदी में उपलब्ध है।

3.5.9 हिंदी शब्दवैज्ञानिक विश्लेषक (Hindi Morphological Analysist) –

शब्द विज्ञान भाषा विज्ञान का प्रमुख अंग है। यह विज्ञान शब्द का आकृतिमूलक (Typology) विचार करता है। इसमें भाषा की संरचना, पहचान, विश्लेषण एवं विचार होता है। किसी पाठ्य सामग्री या भाषण के अंश में प्रयोगित शब्दों का विश्लेषण भाषा वैज्ञानिक तरीके से अध्ययन, अनुसंधान के लिए जरूरी होता है। ऐसी स्थिति में विचार और विश्लेषण हेतु इंटरनेट पर हिंदी संबंधी कुछ संसाधन, सॉफ्टवेयर उपलब्ध हैं, जो पाठ्य सामग्री का शब्दवैज्ञानिक अध्ययन और विश्लेषण करते हैं। इससे शब्दों का दोहराव, शब्दों का व्याकरण, विभक्ति विचार (कारक/कारक चिह्न), आकार, धातु, विकास, पद, वाक्यविन्यास में शब्दों का स्थान, स्थिति, महत्त्व आदि अनेक तरह से विश्लेषण, संश्लेषण होता है। इन हिंदी संसाधनों के विकास में लीड्स, विश्वविद्यालय, ब्रिटेन ने महत्त्वपूर्ण कार्य किया है। भारतीय भाषाओं का तुलनात्मक दृष्टि से और भाषा वैज्ञानिक, शब्दवैज्ञानिक अध्ययन, अनुसंधान के अंगों से एलटीआईसी, आईआईआईटी के द्वारा किए गए प्रयास उल्लेखनीय हैं। हिंदी, मराठी, तेलगू भाषाओं का शब्द वैज्ञानिक अध्ययन उनके प्रयास से अब संभव हुआ है। कुछ संसाधन शब्द का लिंग, आवृत्ति, काल आदि की दृष्टि से अध्ययन करने की क्षमता रखते हैं। कुछ मुक्तस्रोत संसाधन हैं, जो भाषा के सभी प्रकार के प्राकृतिक प्रसंस्करण (Natural process) की जानकारी देते हैं। परिशिष्ट क्र. 28 में, पृ. सं. 325 पर इन संसाधनों की सूची एवं उनके जालस्थल दिए हैं।

3.5.10 हिंदी पाठ से वाक् तथा विलोम संसाधन
(Hindi Text to Speech and Speech to Text Tool–TTS)–

लिखित पाठ्यांश का ध्वनि रूप (Sound Image) या ध्वनि अंश का लिखित पाठ करने की आवश्यकता नए संपर्क युग में बढ़ गई है। रेडियो, दूरदर्शन वाहिनियों (channels) आदि

पर इसकी माँग अपेक्षातीत बढ़ गई है। भाषा सीखने, संवाद कुशलता बढ़ाने (Fluency), अनुवाद, सोशल नेटवर्किंग, आभासी शिक्षा (Virtual Education) या ऑनलाइन शिक्षा पाठ्यक्रम, दूरशिक्षा (Distance Education) में इसका महत्त्व असाधारण होता जा रहा है। लिखित सामग्री के ध्वनि रूप की आवश्यकता उच्चारण संबंधी स्पष्टता के लिए होती है। इसका इस्तेमाल आजकल भाषा प्रयोगशालाओं (Language Laboratory) में बहुत हो रहा है। कभी हम भाषा के ध्वनि रूप से वाकिफ होते हैं, पर उसकी लिपि या खत (Script) से अनभिज्ञ। ऐसी स्थिति में लेखन के उच्चारण का संसाधन कारगर सिद्ध होता है। कभी-कभी हमें भाषण के लिखित तर्जुमे की आवश्यकता होती है। ऐसी स्थिति में ध्वनि अंश का लिखित पाठ काम आता है। विधि, वैद्यक, पत्रकारिता के क्षेत्र में मुद्रित एवं इलेक्ट्रॉनिक दोनों प्रकारों में ये संसाधन आज रोजमर्रा प्रयोग में लाए जाते हैं। लेखकों के लिए यह संसाधन आज वरदान सिद्ध हुआ है। बोलो...लिखित पाठ तैयार। भाषण लिखा है, उसका ई-प्रारूप तैयार है। आप सभा, सम्मेलनों में नहीं जा पाते, ऐसी स्थिति में आपके भाषण का ध्वनि संस्करण प्रक्षेपित किया जा सकता है। अंतर्राष्ट्रीय परिषदों में इसका प्रयोग किया जाता है। इसका विकसित रूप है दृक्-श्रव्य संवाद (Video Conference)। विभिन्न भाषा-भाषियों के बीच संवाद के लिए भी यह संसाधन उपयुक्त होता है। विदेशी या अपरिचित भाषा सीखने में इसका प्रयोग आज आम बात हो गई है। इसके साथ ही श्रुत लेखन (Dictation), वाचांतर (Voice-over) जैसे क्षेत्रों में भी इसका प्रयोग होता है। ध्वनिमुद्रण (Dubbing) में यह काम आता है। यह संसाधन मूलत: शैक्षिक होकर भी उसका व्यावसायिक क्षेत्रों में जितना इस्तेमाल होता है, उतना दुर्भाग्यवश शिक्षा में नहीं। यह अणु प्रयोग जैसा है, वह खोजा गया एक उद्‌देश्य से और इस्तेमाल हो रहा है और तरीके से। परिशिष्ट क्र.29 में पृ. सं. 326 पर इन संसाधनों को उपलब्ध करा देने वाली वेबसाइट्स की सूची है।

यह एक तरह से कृत्रिम बौद्धिकता (Artificial Intelligence) और यंत्रमानव (Human Machine) की संयुक्त क्रांति की उपज है। पाठ का ध्वन्यात्मक संस्करण कृत्रिम बौद्धिकता की एक शाखा निष्पत्ति है। इस प्रक्रिया के अंतर्गत प्रसंस्करण, समझ लेना, पाठ का डिजिटल रूपांतरण (ध्वनि) फिर उच्चारण रूप में सामग्री प्रकट होती है। पूर्व ध्वनिमुद्रित तथा पूर्व टंकित सामग्री का एक दूसरे में रूपांतर करना इस संसाधन (Tools) से संभव होता है। इसका प्रयोग ऑनलाइन शब्दकोश, सीडी शब्दकोश (ई-शब्दकोश), टेलीफोन कार्यक्रम (फोन इन, फोन शिकायत, फोन सेवाएँ आदि), संदेश संकलन, रूपांतरण एवं प्रेषण (SMS), सूचना एवं जनसंपर्क, पाठ संसाधन (e-Reader / Kindal), ध्वन्यात्मक वेब पन्ने (Talking Web Pages), खेल, मनोरंजन, स्वचलित सेवाएँ, बौद्धिक संवाहक (Intelligent Agent) आदि में होता है। इस तंत्रज्ञान या संसाधन का प्रयोग रोबोट, स्वचलित खिलौने (बोलने वाले, नाचने वाले, मोटर्स, बाइक आदि), कार्टून फिल्म, डबिंग, रोबोटिक ध्वनि निर्मिति, पाठ-पठन आदि में होता है।[1]

1. http://www.blissit.org

3.5.11 हिंदी मुद्राक्षर वाचक – (Hindi (Devnagari) Optical Character Recognition–OCR)

इस संसाधन से हम मुद्रित सामग्री, जैसे–पुस्तक, पत्र, समाचार–पत्र आदि का रूपांतर डिजिटाइज रूप में कर सकते हैं। इसके लिए उस सामग्री के पुन: टंकन या डीटीपी की आवश्यकता नहीं रहती। ऐसी सामग्री का संपादन, लिप्यंतरण, अनुवाद या अन्य अपेक्षित रूपांतरण संभव होता है। इसमें स्कैनिंग और रीडिंग से डिजिटाइजेशन होता है। यह सारा कार्य 10 सेकंड में पूरा होता है। इस संसाधन का प्रयोग कार्यालयों, प्रेस, प्रकाशन गृह, डाटा संकलन कंपनी, ग्रंथालय आदि में होता है। जिन्हें पाठ्यसामग्री की प्रतिलिपि, संग्रहण, संरक्षण, संपादन की जरूरत होती है, वे सब इस संसाधन का प्रयोग कर सकते हैं। यह डिजिटाइजेशन का प्रभावी संसाधन है। इससे पुरातन ज्ञानभंडार का संरक्षण संभव हुआ है। इनकी वेबसाइट्स के लिए परिशिष्ट क्र. 30, पृ. सं. 326 देखिए। अंध लोगों के पठन–पाठन, डाकघरों में डाक की छँटनी, ग्रंथालयों में पुस्तकों की पहचान, वर्गीकरण, वितरण (बार कोडिंग) के लिए इस संसाधन का प्रयोग किया जाता है।

3.5.12 अन्य विविध संसाधन (Miscellaneous Tools) –

उपर्युक्त संसाधनों के अलावा हिंदी जालस्थलों पर विविध प्रकार के ऐसे संसाधन उपलब्ध हैं जिनके जरिए हम हिंदी भाषा और लिपि संबंधी अपेक्षित कार्य कर सकते हैं, जैसे–पाठ्यसामग्री में लुप्त शब्द की संदर्भ से खोज, पाठ्यसामग्री का सार संक्षेप, शब्दानुवाद, अंग्रेजी जालपृष्ठों पर उपलब्ध सामग्री अंश का अनुवाद, वेब सॉफ्टवेयर का रूपांतरण, ऑनलाइन लेखन, उच्चारण, शिक्षा, हिंदी अध्ययन–अध्यापन के संसाधन (पावर पॉइंट प्रेजेंटेशन, स्लाइड्स, ग्राफिक्स आदि), हिंदी सीखने, लिखने के पाठ्यक्रम (लेखन, टंकन, उच्चारण, संभाषण आदि), ई–मेल, चैट, ब्लॉग, ट्विट्स आदि सोशल नेटवर्किंग के माध्यम एवं साधन, मोबाइल कॉम्प्युटिंग (मोबाइल पर इंटरनेट, वीडियो, छायाचित्र, चित्रण, संगीत, संदेश प्रेषण आदि) और इसके विपरीत मोबाइल से इंटरनेट पर भी। संगणक पर सामग्री प्रेषण, संग्रहण आदि, ऑनलाइन अनुवाद संसाधन आदि भी अब संभव है। इनकी अपनी–अपनी विशेषताएँ हैं। ये दोनों तरह के हैं। ऑनलाइन तथा ऑफलाइन। मुफ्त एवं शुल्कदायी भी हैं। कृपया देखिए परिशिष्ट क्र. 31, पृ. सं. 327.

निष्कर्ष :

इन सब संसाधनों को देखकर पता चलता है कि हिंदी भाषा और लिपि के प्रयोग, अध्ययन, अनुसंधान का दायरा आज व्यापक हुआ है। इंटरनेट से दुनिया की अन्य भाषाओं की तरह हिंदी भी अपने आप विश्वभाषा बनी है। अंग्रेजी पहले विश्वभाषा थी। अब वह दुनिया की बहुप्रयोगिक एवं ज्ञानसमृद्ध भाषा बनी। संगणक, इंटरनेट से हिंदी का न सिर्फ भारतीय अपितु

विश्वभाषाओं से संवाद, आदान–प्रदान तेज हुआ है, विकास का क्षितिज खुला है। कमी है, प्रयोगकर्ताओं की। लेकिन जैसे–जैसे हिंदी के जालस्थल बढ़ेंगे, जालस्थलों पर हिंदी सामग्री का विस्तार होगा वैसे हिंदी का 'ई–प्रयोग' बढ़ेगा। भविष्य में हिंदी भाषा और लिपि के आज के प्रायोगिक अवस्था का रूपांतरण अनुसंधान में होगा, तब सही मायने में हिंदी भाषा और लिपि का विकास होगा। नई 'ई–पीढ़ी' से यह आशा है कि वह वर्तमान अवकाश को भर हिंदी को विश्व की प्रगत भाषाओं की श्रेणी में ला बिठाएगी। संगणक और इंटरनेट से हिंदी भाषा और लिपि विकास की अनेकानेक संभावनाएँ व्यक्त की जा रही हैं, यह इसी का प्रमाण है।

चौथा अध्याय

वेबसाइट्स पर प्रकाशित हिंदी साहित्य की समीक्षा

4.1 पृष्ठभूमि :

हिंदी साहित्य प्रकाशित करने वाली वेबसाइट्स दो प्रकार की हैं–(1) साहित्यिक वेबसाइट्स, (2) पत्र–पत्रिकाओं की वेबसाइट्स। इनकी सूची परिशिष्ट क्रमांक 2 तथा 3 में उपलब्ध है। उनका अध्ययन करने पर ज्ञात होता है कि उनके प्रकार, उद्देश्य अलग–अलग हैं। कुछ विधाओं के लिए समर्पित हैं, जैसे–www.kavitakosh.org। यह कविता के लिए समर्पित है। इसमें देशी–विदेशी कविताओं के अनुवाद हैं। साथ ही लोकगीत एवं शिशुगीत भी इस पर प्रकाशित होते रहते हैं। कुछ रचनाकारों की जानकारी उपलब्ध कराते हैं, तो कुछ रचनाओं की। शब्दकोश, ग्रंथ परिचय आदि के लिए समर्पित वेबसाइट्स भी उपलब्ध हैं। कुछ वेब पत्रिकाएँ भी हैं। कुछ मुद्रित पत्रिकाओं की भी वेबसाइट्स हैं। वे मुद्रित एवं उनका ई–संस्करण भी प्रकाशित करती रहती हैं। अनुसंधान के लिए साहित्य का चयन करते समय हमने वेबसाइट्स पर प्रकाशित साहित्य में से उन्हीं साहित्यिक वेबसाइट्स को चुना, जो स्तरीय साहित्य का प्रकाश करती हैं। मुद्रित पत्रिकाओं की वेबसाइट्स को इसमें इसलिए अंतर्भूत नहीं किया कि उनका प्रचलन है, वे पढ़ी जाती हैं, ग्रंथालयों, चंदादाताओं के पास वह निरंतर आती रहती हैं। उनका मूल्यांकन, समीक्षा, अनुसंधान, अध्ययन होता रहता है। प्रस्तुत बृहत् अनुसंधान योजना के अंतर्गत उन वेबसाइट्स को चुना है, जो ई–साहित्य के लिए समर्पित हैं। उनका रूप दैनिक, साप्ताहिक, पाक्षिक, मासिक पत्र–पत्रिकाओं का है। इसके अलावा उन पर प्रकाशित साहित्य के स्तर का भी खयाल रखा है। स्तरीय साहित्य प्रकाशित करने वाली ऐसी वेबसाइट्स विचारार्थ चुनी हैं, जो नवीनतम साहित्य प्रकाशित करती रहती हैं। इसमें एक बात स्पष्ट रूप से नजर आई है कि हिंदी के लब्धप्रतिष्ठित साहित्यिक वेब पर नहीं लिखते। आज भी वे कागज और कलम धरे हैं। यही कारण है कि वेब पर प्रकाशित साहित्य से हिंदी के वर्तमान स्वरूप एवं स्तर का निर्धारण जल्दबाजी होगी। प्रस्तुत अध्याय में वेब पर प्रकाशित साहित्य की समीक्षा का लक्ष्य रखा है, जिससे उनके स्वरूप एवं स्तर का मूल्यांकन किया जा सके।

4.2 हिंदी साहित्य की प्रतिनिधि वेबसाइट्स :

जनवरी 2010 से दिसंबर 2010 तक का काल अनुसंधान का निर्धारित काल है। प्रस्तुत काल में नियमित रूप से सक्रिय प्रतिनिधि वेबसाइट्स पर प्रकाशित हिंदी साहित्य समीक्षा के लिए

विचारार्थ चयनित है, जो मुद्रित माध्यम पर प्रकाशित न होकर सिर्फ ई–संस्करण के रूप में वेबसाइट्स पर प्रकाशित हुआ है। एक तरह से यह सामग्री वर्तमान ई–साहित्य के स्वरूप एवं स्तर का प्रतिनिधि बनकर उपस्थित होती है। ऐसी हिंदी साहित्य की प्रतिनिधि वेबसाइट्स निम्नांकित हैं–

1. http://www.rachanakar.blogpost.org
2. http://www.anubhuti-hindi.org
3. http://www.abhivyakti-hindi.org
4. http://www.laghukatha.com/next.htm
5. http://www.srijangatha.com
6. http://www.bhartiyapaksh.com
7. http://www.hindisahityamanch.com
8. http://www.pravkta.com
9. http://www.garbhanal.com
10. http://www.evishwa.com
11. http://www.hindichetana.blogpost.com
12. http://www.lekhani.net/index2.htm
13. http://www.sdahityashilpi.com

4.2.1 प्रस्तुत वेबसाइट्स पर उपलब्ध विधानिहाय साहित्य –

उपर्युक्त वेबसाइट्स पर हिंदी साहित्य की विभिन्न विधाओं का जो साहित्य उपलब्ध हुआ है, उनका सांख्यिकी विवरण इस प्रकार है। हर वेबसाइट पर प्रकाशित विधानिहाय साहित्य की सांख्यिकी जानकारी के लिए कृपया परिशिष्ट क्र.25 देखिए।

(अ) गद्य

1.	कहानी	–	558
2.	एकांकी/रेडियो नाटक	–	002
3.	निबंध	–	010
4.	व्यंग्य	–	276
5.	यात्रा विवरण	–	008
6.	संस्मरण	–	061
7.	डायरी	–	002
8.	साक्षात्कार	–	037
9.	समीक्षा	–	108
10.	भाषा/व्याकरण	–	006

(ब) पद्य

1. कविता)
2. गजल)
3. हास्य-व्यंग्य काव्य)
4. गीत)
5. अगीत)
6. हाइकू)
7. बाल कविताएँ)
8. प्रेमगीत)
9. विविध गीत)
10. विविध छंद)
11. लंबी कविताएँ)
12. क्षणिकाएँ)
13. पहेली)

कुल प्रकाशित रचनाएँ = 3187

(देखिए परिशिष्ट क्र.32, पृ. सं. 332)

वेब पर अपवादस्वरूप उपन्यास अंश प्रकाशित हुए हैं, अपूर्णता के कारण यहाँ उन पर गौर नहीं किया गया है। हम कह सकते हैं कि काव्य, कथा, व्यंग्य वेब लेखक एवं वेब पाठकों की पसंदीदा विधाएँ रही हैं। साहित्य के अंतर्गत ब्लॉग्ज पर प्रकाशित साहित्य का विचार इसलिए नहीं किया है कि एक तो वे संक्षिप्त होते हैं एवं प्रतिक्रियात्मक। उनका मनुष्य जीवन पर क्षणिक प्रभाव रहता है। साहित्य का संबंध जीवन को दिशा, दृष्टि, दर्शन देने का जो होता है, उसका उनमें अभाव-सा नजर आता है।

जो प्रतिनिधि वेबसाइट्स अनुसंधानार्थ चुनी हैं, उनकी स्थापना, काल, संस्थापक, भूमिका, लक्ष्य आदि के बारे में वेबसाइट्स पर बहुत कम सामग्री उपलब्ध होती है। हिट्स आदि की सांख्यिकी जानकारी जरूर उपलब्ध होती है। प्रतिनिधि वेबसाइट्स को चुनने का आधार, वेबसाइट्स की पाठक संख्या एवं साहित्य की पठनीयता भी रही है।

संगणक का जो अंतर्जालीय महासागर है, उसमें हिंदी की पोर्टल (44), साहित्य (31), पत्र-पत्रिकाएँ (81), समाचार (84), शिक्षा (31), निर्देशिका (39), व्यापार (18), सरकारी (22), हिंदी सेवाएँ (23), खेल (12), ज्योतिष (19), मनोरंजन (31), धर्म (14), बदलाव लाए (34) तथा अन्य (09) जैसी करीबन 500 वेबसाइट्स की पड़ताल के बाद उपर्युक्त प्रतिनिधि 13 वेबसाइट्स निश्चित की गई हैं। इसके आधार पर भी चयन के महत्त्व को समझा जा सकता है। प्रयास यह रहा है कि आगे जाकर मुद्रित एवं प्रस्थापित हिंदी भाषा और साहित्य के साथ उसकी तुलना कर भविष्य में वेब साहित्य को भी स्तरीय बनाया जा सके तथा समकालीन लेखक, कवि भी वेब पर लिखें।

4.3 प्रतिनिधि वेबसाइट्स का परिचय :

प्रस्तुत अनुसंधान हेतु चयनित हिंदी साहित्य की प्रतिनिधि वेबसाइट्स का परिचय इसलिए आवश्यक है कि उनके उद्देश्य, कार्य, स्वरूप, प्रकाशन अवधि आदि की जानकारी से उनके हिंदी साहित्य के अंतर्जालीय योगदान को भविष्य में साहित्य के इतिहास में दर्ज किया जा सके।

4.3.1 http://www.rachanakar.com–

यह वेबसाइट हिंदी साहित्य विकासार्थ समर्पित है। अंतर्जाल पर हिंदी साहित्य के दस्तावेजीकरण (Documentation) का यह सार्थक प्रयास है। इसके संपादक रवी रतलामी हैं। वे सेवानिवृत्त अभियंता हैं। भोपाल (मध्य प्रदेश) से इस पत्रिका का प्रकाशन होता है। इस ई–पत्रिका के अलावा ब्लॉग, फेसबुक, चिट्ठा आदि भी है इनके। यह पत्रिका बांग्ला, गुजराती, पंजाबी, मलयालम, तमिल, तेलगू, कन्नड़ जैसी लिपियों में पढ़ने के लिए वेबसाइट्स पर गूगल जैसी लिप्यंतरण की सुविधा है। यूनिकोड से युक्त हिंदी की यह पहली पत्रिका मानी जाती है। इसके 900 से अधिक प्रशंसक हैं। पंद्रह हजार नियमित ग्राहक इसे पढ़ते हैं। अंतर्जाल पर 1 लाख से अधिक पाठकों ने इसे देखा, पढ़ा है। प्रस्तुत अंतर्जाल पत्रिका पर आज तक पाँच हजार से अधिक रचनाएँ प्रकाशित हुई हैं। इसका प्रारंभ सन् 2005 में हुआ है। इस पत्रिका में आलेख, उपन्यास, कविताएँ, कहानियाँ, कहानी संग्रह, गजलें, चुटकुले, बालकथाएँ, लघुकथाएँ, व्यंग्य, संस्मरण, समीक्षा, ई–बुक, नाटक आदि का प्रकाशन समय–समय पर होता रहता है। इसके अलावा प्रस्तुत ई–पत्रिका के जरिए रचना तथा रचनाकारों का दृक्–श्रव्य प्रसारण ऑडियो तथा वीडियो टेप से करने, सुनने, देखने की सुविधा है।

4.3.2 http://www.anubhuti-hindi.org–

मात्र कविता प्रकाशनार्थ समर्पित इस वेबसाइट की अंतर्जाल पर अपनी पहचान है। यह साप्ताहिक ई–पत्रिका है। हर सोमवार को इसका प्रकाशन होता रहता है। 'अनुभूति' अव्यावसायिक साहित्यिक ई–पत्रिका है। 'कविता का कांत कलेवर' उद्घोष करती यह पत्रिका पूर्णिमा वर्मन संपादित करती है। प्रवीण सक्सेना इसके प्रकाशक हैं। गीत, दोहे, काव्य, क्षणिकाएँ, व्यंग्य रचनाएँ प्रकाशित करने वाली 'अनुभूति' नवगीत तथा अनूदित काव्य भी प्रस्तुत करती है। हाइकू को भी पत्रिका के जरिए बढ़ावा मिलता है। अंजुमन, उपहार, काव्यसंगम, गौरव ग्राम, गौरव ग्रंथ आदि स्तंभों के अंतर्गत रचनाओं का प्रकाशन होता रहता है।

4.3.3 http://www.abhivyakti-hindi.org–

'अनुभूति' की सहयोगी अंतर्जालीय पत्रिका के रूप में 'अभिव्यक्ति' को जाना जाता है। 'अनुभूति' की तरह यह भी साप्ताहिक ई–पत्रिका है। इसके संपादक एवं प्रकाशक भी 'अनुभूति' के ही हैं। फर्क इतना ही है कि यह गद्य एवं पद्य दोनों शैलियों की रचनाएँ प्रकाशित करती है। विशेषत: गद्य पर बल होता है। कहानी, निबंध, आलेख के अलावा कला, उपहार, स्वास्थ्य, घर, परिवार, रसोई जैसी जीवनोपयोगी सामग्री का भी इस पर प्रकाशन होता है।

साहित्य की सुरुचिपूर्ण साप्ताहिक पत्रिका के रूप में यह मशहूर है। विषय वैविध्य को देखते हुए बहुरुचि संपन्न पाठकों के आश्रय से इस पत्रिका की निरंतरता बनी है।

4.3.4 http://www.laghukatha.com/next.htm–

सन् 1989 में स्थापित यह अंतर्जालीय ई–पत्रिका शीर्षक के अनुसार 'लघुकथा' के लिए समर्पित है। हिंदी लघुकथाओं को बढ़ावा देना इसका लक्ष्य है। अत: एक विधा के रूप में लघुकथा का सृजन, प्रकाशन, पठन के लिए यह समर्पित है। यही कारण है कि हिंदी की मौलिक लघुकथा के साथ–साथ 'संचयन' स्तंभ के अंतर्गत पत्रिका में भारत की विभिन्न भाषाओं की लघुकथाओं के अनुवाद प्रकाशित किए जाते हैं। 'देशांतर' स्तंभ के अंतर्गत विदेशी भाषाओं की लघुकथाएँ प्रस्तुत की जाती हैं। सुकेश सहानी तथा रामेश्वर कांबोज 'हिमांशु' पत्रिका के संपादक हैं। रीता सहानी इसकी प्रकाशिका हैं। यह पत्रिका बरेली (उ.प्र.) से प्रकाशित होती है।

4.3.5. http://www.srijangatha.com–

साहित्य, संस्कृति और भाषा के अंतर्राष्ट्रीय मंच के रूप में स्थापित इस वेबसाइट की स्थापना लगभग छह वर्ष के पूर्व सन् 2006 में हुई। यह एक बहुआयामी, विषय वैविध्यता से विभूषित वेबसाइट है। अपनी बात, जाग मच्छिंदर, रोज–रोज, ज्ञान–विज्ञापन, कविता, छंद, ललित निबंध, कहानी, आलेख, लघुकथा, व्यंग्य, संस्मरण, कथोपकथन, भाषांतर, संस्कार, मूल्यांकन, हस्ताक्षर, पुस्तकायन, विचार–वीथी, प्रसंगवश, इन दिनों, तकनीक, बचपन, शेष–विशेष, राजकाज, डायरी, मीडिया, शोध, इतिहास, दृष्टिकोण, पुस्तकांश, आत्मकथा, प्रेरक प्रसंग, हलचल, पत्रिकाएँ, विशेषांक जैसी लिंक्स से पता चलता है कि यह वेबसाइट हिंदी भाषा, साहित्य, संस्कृति के सभी अंगों का सभी दृष्टि से विचार करती है। 'सृजनगाथा' विधा विविधा, नजरिए की अनेकता, जीवन–वैचित्र्य तथा रुचि वैविध्य को समेटने का प्रयास करने वाली अंतर्जालीय बृहत् स्थली है। 'रचनाकार' से भी व्यापक इसका दायरा है। 'वागर्थ प्रतिपत्तए' इसका बोधवाक्य है, जो लक्ष्य की ओर इशारा करता है। पचास हजार से ज्यादा भेंटकर्ता इसे देख, पढ़ चुके हैं। सन् 2006 से इसका प्रकाशन आरंभ हुआ। इसका हर अंक विशेषांक जैसा होता है। अंतर्जाल पर पाठकों की सर्वाधिक पसंद इसे प्राप्त है। इसका आधार साहित्य का अभिजात होना रहा है। जयप्रकाश मानस इसके प्रकाशक हैं। पत्रिका, वेबसाइट, पोर्टल, ब्लॉग आदि के रूप में वह अंतर्जाल पर अपनी उपस्थिति दर्ज करती रहती है। भारतीय हिंदी साहित्य के 'घर' के रूप में इसे अंतर्जाल पर स्थान है। अमरीका के सायरिविले से इसका संचालन होता है।

4.3.6 http://www.bhartiyapaksh.com–

भारतीय मूल्यों पर आधारित साहित्य के प्रकाशनार्थ समर्पित प्रस्तुत पत्रिका के संपादक हैं विमलकुमार सिंह। सन् 2004 में इसका प्रकाशन आरंभ हुआ। रिपोर्ट, सार्थक प्रयास, परिदृश्य, साहित्य, गतिविधियाँ जैसी लिंक्स पर विभिन्न प्रकार का साहित्य प्रकाशित होता रहता है। एंडरसं इंटरनेशनल ग्रुप की ओर से इसका संचालन किया जाता है। वेबसाइट, वेबमैगेजीन, ब्लॉग के रूप

में यह कार्यरत है। फेसबुक पर भी इसके प्रशंसक हैं। पिछले पाँच वर्षों से यह प्रकाशित हो रही है। 700 से अधिक पाठक इसे रोजाना पढ़ते हैं।

4.3.7 http://www.hindisahityamanch.com–

हिंदी को राष्ट्रभाषा बनाने हेतु यह वेबसाइट स्थापित हुई। मूलत: अमरीका के सानफ्रान्सिस्को से इसका संचालन होता है। 98 देशों के करीबन 42,000 पाठक इसे पढ़ चुके हैं। गीत, कविता, आलेख, कवि परिचय, कहानी, क्षणिकाएँ, नज्म, पद, पुस्तक परिचय, बातचीत, बाल कविता, लोककथा, साहित्यिक हलचल, हाइकू, व्यंग्य, व्याकरण आदि सामग्री प्रकाशित करने वाली यह वेबसाइट विषय एवं विधा की दृष्टि से बहुआयामी है। दो–तीन वर्ष के पूर्व इसका आरंभ हुआ।

4.3.8 http://www.pravkta.com–

'प्रवक्ता' अभिव्यक्ति का अपना अंतर्जालीय मंच है। नई दिल्ली से प्रकाशित प्रस्तुत वेबसाइट्स से अब तक छह हजार से अधिक रचनाएँ प्रकाशित हुई हैं। 68 हजार से अधिक पाठक इसे पढ़ चुके हैं। राजनीति, आर्थिकी, विश्ववार्ता, मीडिया, मनोरंजन के साथ धर्म, समाज, संस्कृति, साहित्य क्षेत्र की सामग्री इस पर प्रकाशित होती रहती है। साथ ही साक्षात्कार, विविधा आदि से यह पाठकों तथा लेखकों का व्यापक समूह अपनी ओर आकर्षित कर चुकी है। साहित्य के सभी अंगों को यह स्पर्श करती है।

4.3.9 http://www.garbhanal.com–

प्रवासी भारतीयों की ई–पत्रिका के रूप में 'गर्भनाल' मशहूर है। 'रचनाकार', 'सृजनगाथा' श्रेणी की यह पाठकों की पसंदीदा पत्रिका एवं वेबसाइट है। देवेश पंत की संरक्षिता में प्रकाशित होने वाली इस पत्रिका के संपादक हैं, आत्माराम शर्मा। पीडीएफ फाइल के रूप में प्रकाशित होना, इसकी अपनी खासियत है। वितरित भी उसी रूप में वह होती है। इस पत्रिका के पचास हजार ग्राहक हैं। ई–मेल से इसका वितरण होता रहता है। ढाई वर्ष पूर्व इसका प्रकाशन आरंभ हुआ। अब तक इसके उनहत्तर संस्करण प्रकाशित हो चुके हैं। यह पत्रिका रंगीन, सचित्र रहती है। 50 पृष्ठों की यह पत्रिका विषय और विधा की विविधता से युक्त होती है। स्मृतिशेष, विचार, संस्मरण, बातचीत, नजरिया, खोज–खबर, यात्रा–वृत्तांत, व्याख्या, कविता, प्रश्नोत्तरी, गीतसार, पंचतंत्र, अनुवाद, गजल, शायरी, कहानी, लघुकथा, किताब, आपकी बात समेटने वाली यह वेबसाइट विभिन्न रुचि के लेखक एवं पाठकों की संयुक्त शरणस्थली समझी जाती है। भारतवर्ष से इसका संचालन किया जाता है। भोपाल (मध्य प्रदेश) इसकी प्रकाशन स्थली है।

4.3.10 http://www.evishwa.com–

'ई–विश्वा' अंतर्राष्ट्रीय हिंदी समिति, अमरीका द्वारा प्रकाशित ई–पत्रिका है। पिछले 26 वर्षों से वह निरंतर प्रकाशित होती रही है। अन्तर्जाल पर उसकी उपस्थिति सन् 2007 से रही है। कहानी, कविता का इस पर प्रकाशन होता है।

4.3.11 http://www.hindichetana.blogpost.com–

हिंदी प्रचारिणी सभा, कनाडा (अमरीका) के टोरांटो से इसका संचालन एवं प्रकाशन होता है। यह त्रैमासिक हिंदी ई–पत्रिका है। इसके संपादक है श्याम त्रिपाठी। पत्रिका की स्थापना का वर्ष है सन् 1998। अमरीका स्थित भारतीय परिवारों की नई पीढ़ी को भारतवर्ष की भाषा, साहित्य, संस्कृति का परिचय एवं संस्कार कराने के उद्‌देश्य से यह पत्रिका चलाई जाती है। साक्षात्कार, कहानियाँ, आलेख, लघुकथाएँ, गजलें, कविताएँ, स्तंभ, आखिरी पन्ना आदि से सामग्री प्रकाशित होती रहती है। मित्रता एवं सद्‌भाव वृद्धि हेतु चलाए जाने वाली यह पत्रिका मातृभूमि के ऋण से मुक्ति का एक विनम्र एवं कृतज्ञ प्रयास है।

4.3.12 http://www.lekhani.net/index2.htm–

फिलहाल प्रस्तुत वेबसाइट बंद होने के कारण इसके बारे में कोई जानकारी प्राप्त नहीं हुई। सिर्फ इतना पता चला है कि यह अमरीका स्थित टोरांटो से प्रकाशित होती थी।

4.3.13 http://www.sahityashilpi.com–

हिंदी साहित्य सेवा का मंच होने वाली यह वेबसाइट नए–पुराने रचनाकारों को एक जगह जाकर हिंदी के गतकालीन तथा समकालीन साहित्य के बीच सेतु का कार्य करती रहती है। सूरज प्रकाश इसके संपादक हैं। राष्ट्रभाषा हिंदी की प्रगति एवं विकास के लिए इसका संचालन होता है। कविता, नाटक, कहानी, लघुकथा, व्यंग्य, कार्टून, समालोचना, सामयिक चर्चा करने वाली यह ई–पत्रिका मुख्यत: कविता केंद्रित रहती है।

इन प्रतिनिधि वेबसाइट्स तथा अंतर्जालीय पत्रिकाओं पर सन् 2010 में प्रकाशित हिंदी के बहुविध साहित्य की समीक्षा करना प्रस्तुत अध्याय का लक्ष्य होने के कारण साहित्य के तत्त्वों के आधार पर वेब साहित्य की परख इन पृष्ठों में की जाएगी। हम मुद्रित साहित्य के परिप्रेक्ष्य में वेब साहित्य का मूल्यांकन इसलिए चाहते हैं कि उसकी प्रासंगिकता, पठनीयता, साहित्यिक मूल्य एवं वेब साहित्य की विशेषताओं का निर्धारण कर इस बहाने भविष्य के हिंदी भाषा और साहित्य के इतिहास में इसकी उपस्थिति के साथ महत्त्व अधोरेखित किया जा सके।

4.4 वेबसाइट्स पर प्रकाशित साहित्य की समीक्षा :

संगणकीय अंतर्जाल पर हिंदी साहित्य की उपर्युक्त जो विभिन्न वेबसाइट्स हैं, उन पर साहित्य की विविध विधाओं की रचनाएँ नियमित रूप से प्रकाशित होती रहती हैं। अनुसंधान की समय सीमा में (सन् 2010) गद्य और पद्य दोनों शैलियों का विपुल साहित्य प्रकाशित हुआ है। इसका लेखा–जोखा एवं सांख्यिकी जानकारी इसी अध्याय के आरंभ में प्रस्तुत की है। अब हम साहित्य की विभिन्न विधाओं की समीक्षा यहाँ करेंगे। वह करते समय विधानिहाय मूल्यांकन होगा और हर वेबसाइट पर वह विधा किस स्तर और मात्रा की रही, उसकी भी चर्चा करेंगे।

(अ) गद्य

4.4.1 कहानी –

1. http://rachanakar.org–

(क) लघुकथाएँ :–

सन् 2010 में 'रचनाकार' वेबसाइट पर करीबन 100 कहानियाँ प्रकाशित हुईं। स्वरूप की दृष्टि से देखा जाए तो कहानी, लघुकथा, बालकथा, दीर्घकथा, वैज्ञानिक कथा, लोककथाएँ, अनूदित कथा जैसा वैविध्य रहा। लघुकथाओं के अंतर्गत नदीम अहमद नदीम, संजय जनागल, नंदलाल भारती, गिरीश कुमार वर्मा की रचनाएँ उल्लेखनीय रही। नदीम अहमद नदीम की अधिकांश लघुकथाएँ व्यंग्य शैली में लिखी गई हैं। 'फजलू पत्रकार' में वर्तमान फर्जी पत्रकारों का पर्दाफाश किया है। 'घडियाली आसूँ' में गुमनाम समाजसेवी साहित्यकार की लम्बी बीमारी के बाद मृत्यु हो जाती है। जब तक वे जिंदा थे, उनकी तरफ किसी ने ध्यान नहीं दिया। उनकी घोर उपेक्षा हुई। मृत्यु के बाद टी.वी. चैनलों पर प्रशंसा के पुल बाँधने वालों का ताँता–सा रहा। झूठे आँसू बहाकर प्रदर्शन करने वालों के आँसू घड़ियाली कैसे थे, उसे नदीम ने मार्मिक ढंग से चित्रित किया है। 'मंत्र' लघुकथा कर्मचारी संगठनों की मिलीभगत, भ्रष्टाचार एवं सुधार विरोध की वृत्ति पर प्रहार करने वाली रचना है। कार्यालयों में लेटलतीफों की नकेल कसने हेतु बायोमैट्रिक मशीन लगाई जाती है। उसका विरोध करने वाले कार्यकर्ता ही बाद में मशीन की नीलामी करने के साझीदार होते हैं। 'एक ही सफे में' कहानी समता का संदेश देने वाली आदर्शवादी कहानी है। कार्यालय में होने वाले आला अफसर मस्जिद में जाते हैं। वहाँ अन्य सामान्य कर्मचारी भी नमाज के लिए उपस्थित होते हैं। मौलवियों द्वारा अफसर का सम्मान और कर्मचारियों की अनदेखी एवं उपेक्षा चित्रित कर धर्म में भी होने वाले पंक्तिभेद पर व्यंग्य किया गया है।

'रचनाकार' पर संजय जनागल की बहुत–सी लघुकथाएँ प्रकाशित हुई हैं। 'ट्रान्सफर' कार्यालयों के तबादले तंत्र की पोल खोलने वाली कथा है। एक ईमानदार कर्मचारी सच्चे कारणों को दर्ज करता आवेदन पत्र लिखकर हाथ टेकता है पर उसका स्थानांतर नहीं होता। झूठ कारण देने वाले आए दिन ट्रान्सफर होते रहते हैं। यह दिखाकर जनागल ने समझाया है कि ईमानदारी का जमाना नहीं रहा। 'अज्ञात शव' वर्तमान युग की निष्ठुरता, पत्थरदिली पर अँगुली निर्देश करने वाली रचना है। एक बेसहारा बुढ़िया रास्ते के किनारे खिलौने पथारी पर पसार बेचती पेट पालती है। हड़ताल के दिन गोलीबारी में उसकी मृत्यु होती है। पुलिस के पंचनामे में 'अज्ञात शव' के रूप में दर्ज बुढ़िया दुनिया से विदा होती है। समाज और पुलिस आज दोनों ही के एक जैसे पत्थरदिल होने की बात को जनागल ने प्रभावी चित्रण से अधोरेखित किया है। 'कलियुग की ममता' रचना शिक्षित संभ्रांत माताओं की प्रतिष्ठा की कांक्षा में अपनी ही संतानों की उपेक्षा, पति को गुलाम बनाने वाली मानसिकता का दिल कचोटने वाला चित्रण है। किटी पार्टी ही सब कुछ होने वाले इस युग में घर–परिवार, संतान का मूल्य, अस्तित्व, अहमियत कोई मायने नहीं रखती। 'तलब' लघुकथा में जनागल ने व्यसनाधीनता की शोकान्तिका का चित्रण किया है। 'सूझबूझ' नई पढ़ी लिखी नारी की समझदारी, जवाबदेही को सकारात्मक ढंग से दर्ज कराती है। टीना मैट्रिक

पास होकर ब्याही जाती है। ससुराल की आर्थिक तंगी से माँ से मिलने के बहाने अंशकालीन नौकरी करती है। घर पर संकट आने पर कमाए पैसे से उसे उबारती है। बहू की सूझबूझ से सास, ससुर तथा पूरे ससुराल का हृदयपरिवर्तन दिखाकर नए युग की नारी के उत्तरदायित्व प्रभावी ढंग से प्रस्तुत की है। 'बेगुनाह', 'ये कैसा खेल है', 'पैसे की महिमा', 'कहीं खुशी, कहीं गम', 'बिकता बचपन' उनकी अन्य लघुकथाएँ इसी श्रेणी और परंपरा की नजर आती हैं।

नंदलाल भारती भी 'रचनाकार' वेबसाइट के उल्लेखनीय लघुकथाकार हैं। 'स्वाद' एक सामाजिक लघुकथा है। जमींदार की खेती पर अनेक मजदूर हैं। वे घर और खेती का हर कोई काम करते रहते हैं। आज एक दलित महिला मजदूर ने हाथ से कुटान-पिसान कर रसोई बनाई है। जमींदार को स्वादिष्ट एवं जायकेदार व्यंजनों से खुश होता दिखाकर लघुकथाकार ने शोषित मजदूरों के हुनर को समझाया है। 'वर्दी वाला भिखारी' प्रभावी व्यंग्य वक्तव्य करने वाली कथा है। एक बुढ़िया दादी गाँव से शहर आती है। रास्ते पर खड़े रहकर आने-जाने वाले राहगीरों को टोककर पैसे वसूलते पुलिस को देखकर प्रश्न करती है, 'शहर में भिखारी वर्दी में भीख माँगते हैं क्या?' 'अल्पाक्षरी' यह कथा बेहद मार्मिक है। आज सर्वत्र बाजारवाद फैलता जा रहा है। कॉर्पोरेट सेक्टरों में कंपनियाँ घर-परिवार, टीम के अपने नकली चेहरे को उजागर करने हेतु 'कंपनी डे' का शो रचते हैं। यह और कुछ न होकर 'इस्तेमाल करो और फेंको' (Use and Throw) के नए दर्शन का इजहार मात्र होता है। प्रस्तुत कहानी इसको प्रतिबिंबित करती है। यात्रा और कुछ न होकर सहजीवन का वस्तुपाठ मात्र होती है। लोग यात्रा के इस मूल मकसद को ही भूल जाते हैं। यात्रा के दौरान एक बेसहारा बुढ़िया के पास पैसे न देखकर कंडक्टर उसे उतारने लगता है। एक भले मानस को दया आती है। वह उस बुढ़िया का टिकट लेता है। कंडक्टर को आश्चर्य लगता है। वह उसका परिचय पूछता है तो जवाब मिलता है–'यात्री'। मदद के भी निरपेक्ष होने की बात कथाकार ने स्पष्ट की है। 'आस्था' कहानी गरीब की गरिमा का चित्रण करती है। नितिन अपने अधिकारी का बुके देकर अभिनंदन करता है। इस पर बॉस कहता है, 'अरे, पैसे क्यों बरदार किए?' उत्तर में नितिन कहता है, 'गरीब हूँ लेकिन आस्था का नहीं।' लघुकथाएँ ऐसे संवादों में ही अपना निचोड़ व्यक्त करती हैं।

निष्कर्षत: हम कह सकते हैं कि 'रचनाकार' वेबसाइट पर इन्हीं कथाकारों की अन्य अनेक लघुकथाएँ प्रकाशित हुई हैं। अंतर्जालीय पाठकों के पढ़ने का संयम एवं समय सीमा को ध्यान में रखते हुए प्रस्तुत विधा पढ़ने वालों की तादाद बड़ी है। दीर्घ कथाओं की तुलना में लघुकथा पढ़ने की ओर पाठकों का बढ़ता रुझान वर्तमान युग के पाठकों की रुचि का भी परिचायक सिद्ध होता है। ये कथाएँ विभिन्न विषय एवं समस्याओं को व्यक्त करती हैं। कथाओं का शिल्प संश्लिष्ट है। कथाओं की भाषा परिनिष्ठित है। पात्र, देश-काल का यथोचित निर्वाह हुआ है। कथाओं का उद्देश्य वर्तमान की समीक्षा है। शीर्षक छोटे एवं समर्पक हैं। कथाएँ प्रभावी हैं।

(ख) बालकथाएँ :–

अंतर्जाल पर बाल पाठक संगणकीय साक्षरता बढ़ने से आए दिन अधिक तादाद में देखे जा रहे हैं। उनकी रुचि और आवश्यकताओं के मद्देनजर 'रचनाकार' वेबसाइट पर लघुकथा, बालकथा, पुराण कथा, लोककथा जैसे कहानी के छोटे फॉर्म प्रकाशित होते देखे गए हैं। विदेशी

भाषाओं में इसे 'मोबाइल कथा' के रूप में प्रकाशित किया जाता है। इक्कीसवीं सदी की गति, संपर्क साधनों का आए दिन नई खुबियों, खासियतों से लैस होना, जीवन का संघर्ष, समय की कमी जैसे कारण भी कहानी को सिकोड़ते देखे गए हैं।

आर.पी.सिंह की बालकथा 'चिक से दोस्ती' पर्यावरण, प्राणि जीवन और मनुष्य के बीच सौहार्द्र का संदेश देती है। एक चिड़िया घर में घोंसला बनाने की फिराक में थी। घर का छोटा बच्चा है कि उसे न बनाने देने के लिए कृतसंकल्प है। एक दिन वह बालक देखता है कि चिड़िया का आले में डला अंडा घोंसला न होने से गिरकर फूट जाता है, जिससे नवजात चूजा चीखता, बिलबिलाता दम तोड़ता है। बेचैन बालक अगली बार घोंसला बनाने में सहायता देता है। गंदगी का कारण बताकर घोंसले का विरोध करने वाला बेटा देखता है कि चिड़ियों से घर चहकता है, कीड़े–मकोड़ों से मुक्त होता है। पर्यावरण और समाज की परस्पर हार्दिकता में ही मनुष्य कल्याण समाने की बात कहानी नसीहत के रूप में जिस तरह पेश करती है, उससे प्रस्तुत बाल कहानी का शिक्षा मूल्य अधोरेखित होता है।

दिनदयाल शर्मा की 'लेखाराम की गाय' और 'साधु का शाप' ऐसी ही रचनाएँ हैं। आज के युग में हम प्राणि जीवन की सामान्य जानकारी से हाथ कैसे धो बैठे हैं यह दर्शाने वाली बालकथा 'लेखाराम की गाय' में बुढ़िया घर की गाय के ऊपर वाले दाँत न होने से उसे बूढ़ी मानकर बेच देती है। हकीकत यह होती है कि गाय के ऊपर के दाँत होते ही नहीं। अज्ञान से पछतावा ही हाथ आता है। वही बात घोड़े की। घोड़ा अकसर खड़ा होता है। सोता है...वह भी खड़े–खड़े। उसे यह शाप कैसा मिला यह समझाने वाली प्रस्तुत कथा प्राणि जीवन संबंधी भावसाक्षता बढ़ाती है। 'साधु का शाप' कथा में शर्मा ने कथा की रचना ऐसी की है, प्लॉट ऐसा बाँधा है कि पढ़कर पाठक अपने जीवन में कर्तव्यपरायणता की सीख लिये बिना नहीं रहता।

'माँ के अंचल में' शकुंतला कालरा की लिखी आदर्शवादी, बोधप्रद बालकहानी है। रिंकू नटखट है। कटी पतंग के डोरे के प्रलोभन से गिरता है। महीनों की शय्या सोहबत उसे खाए जाती है। अभिभावक मन बहलाने के लिए ढेर सारी पुस्तकें पढ़ने के लिए देते हैं। उसमें उसकी मुलाकात परी से होती है। परी उसे सयाना बनाती है। यह बालकथा आज की बिगड़ती, लाड़–प्यार में शरारती, हठी, जिद्‌दी होती जा रही बाल पीढ़ी की कमजोरियों को दूर करने के उद्‌देश्य से लिखी सबक देने वाली कथा सिद्ध हुई है।

प्रमोद भार्गव 'रचनाकार' वेबसाइट के बहुचर्चित, बहुपठित बाल–कहानीकार हैं। उनकी विवरण शैली प्रभावकारी रहती है। प्राचीन कथाओं के जरिए आधुनिक बोध देने की उनकी अपनी शैली है। 'जुहार का वचन' निष्ठा और प्रतिष्ठा की स्थापना करने वाली बालकहानी है। तानसेन रीवा नरेश रामचंद्र बघेला के दरबारी गायक थे। उनके साथ जैन खाँ भी थे, जो बाद में अकबर के दरबार जाते हैं। उनसे अकबर को तानसेन की संगीत की श्रेष्ठता का ज्ञान होता है। वह अपने अधीन रीवा नरेश को तानसेन को भेजने का हुक्म फरमाता है। तानसेन इस शर्त पर अकबर के दरबार में हाजिर होता है कि 'जिस हाथ से उसने अपने रीवा नरेश को जुहार (सलाम) किया था, उसी हाथ से किसी दूसरे राजा का जुहार न करेगा।' 'रोना' कथा में कथानायक का मरणासन्न बालक है। लम्बी प्रतीक्षा के बाद वह मर जाता है। पिता को समझ में नहीं आता रोवे तो किसलिए? बच्चे के लिए या जिंदगी के लिए। 'जिज्ञासु विद्यार्थी नचिकेता' बालकथा राजश्रवा

ऋषि के बेटे नचिकेता की कहानी है। वह अपने पिता की दान न दिए जाने की शिकायत करता है। तब वे उसे यम को दान में देते है। स्वर्ग में वह यम को जीतता है। वरदानी बालक को जिज्ञासा से महान बना दिखाकर 'जिज्ञासा' की महिमा विशद की है। 'तोता रटंत' तथा 'आईस्क्रीम की कहानी' भी ऐसी ही रोचक है। एक व्यंग्यप्रधान तो दूसरी ज्ञानवर्धक। प्रमोद भार्गव एक कथाकार की हैसियत से अपनी बाल कहानियों के जरिए बाल पाठकों पर तरह-तरह से संस्कार कराते हैं। उनकी कहानियाँ मात्र मनोरंजक नहीं होतीं, वे बोधप्रद भी होती हैं।

(ग) विज्ञान कथाएँ (Science Fiction) :–

'रचनाकार' वेबसाइट पर अपवाद रूप में प्रकाशित विज्ञान कथा है 'कलि औरतें'। इसके रचयिता है अशोककुमार वर्मा 'बिंदु'। पृथ्वी से लाखों प्रकाशवर्ष की दूरी पर एक नई धरती है– सनडेक्सरन। यहाँ मनुष्य का निवास है, पर यहाँ का मनुष्य पृथ्वी से अलग किस्म का है। यहाँ के मनुष्य की लंबाई ग्यारह फीट है। वह त्रिनेत्रधारी है। समय अगला शतक (22वाँ) है। ढाई हजार वर्ष बाद के आने वाले परिवर्तन की चर्चा है कहानी में। अध्यात्म और विज्ञान, अहिंसा की चर्चा कहानी को निबंध बनाती है। कल्पना तत्त्व कहानी का लक्षणीय पहलू है। स्त्री-पुरुष समानता की स्थापना कहानी का लक्ष्य है। देश, काल एवं वातावरण का उचित निर्वाह किया है। आरदीस्वन्दी, अफस्केदीरन जैसे पात्रों के नाम एक अनूठे विश्व की ओर इशारा करते हैं। पृथ्वी और सनडेक्सरन का मेल कहानी की सफलता है।

प्रमोद भार्गव की लिखी 'परखनली का आदमी' संपर्क युग की उपज है। आदमी परखनली में जन्म लेता है। उसके मस्तिष्क में एक माइक्रो कंप्यूटर बिठाया गया है। उसमें उस आदमी का डाटा फिट किया गया है। क्लिक करने मात्र से वह इक्कीसवीं सदी के दूसरे दशक में छलाँग लगाता है। वह भावहीन है। माँ की मृत्यु पर पिताजी को संदेश प्रेषित कर अपने कर्तव्य से मुक्त हो जाता है। इस प्रकार नए युग के आदमी की यंत्रवत्ता का चित्रण कर मनुष्य जीवन में होने वाले भाव, रिश्ते, संबंध के महत्त्व को उजागर किया है।

विज्ञान कथाएँ यथार्थ और कल्पना की संयुक्त प्रस्तुति (Fact and Fantacy) होती हैं। वह भविष्य के विकास की ओर इंगित तो जरूर करती है पर वर्तमान की खामियों की ओर इशारा करने में कोई कसर नहीं छोड़ती। असल में विज्ञान कथा में नवता, जिज्ञासा, नई सृष्टि का निर्माण, नए संबंध, भाषा, साधन आदि के निर्माण की संभावनाएँ होती हैं। पर कथाकार ऐसी कथाओं को लिखते समय सपाट बयानी शैली को अपनाकर कहानियों को साधारण बना देते हैं। मराठी में इस संदर्भ में अच्छी पहल की हुई नजर आती है।

इस चर्चा के परिपार्श्व में यदि हम 'ये जो अदृश्य है' जैसी प्रमोद भार्गव की कहानी पढ़ेंगे तो अंग्रेजी की ऐसी कथाएँ, उपन्यास याद आते हैं, जो एच.जी. वेल्स के लिखे होते हैं। 'इनविजिबल मैन' इस संदर्भ में द्रष्टव्य है। अल्फ्रेड हिचकॉक की रचना 'दि बर्ड्स' भी याद आती है। 'ये जो अदृश्य है' में विज्ञान, अध्यात्म, अंधश्रद्धा, पर्यावरण के साथ नए आभासी विश्व (Virtual World) को जिस सार्थकता से खींचा गया है, वह जरूर प्रशंसा का पात्र है। पीयूष सॉफ्टवेयर इंजीनियर है। फेसबुक जैसे सोशल नेटवर्किंग, चैटिंग, वीडियो कॉन्फरेंसिंग से उसका परिचय

बकुल से होता है। बकुल बी.ई. है। पीयूष ने कानपुर आईआईटी से आईटीसी में एम.टेक. की है। दोनों एक प्रोजेक्ट पर मिलकर काम करते-करते एक-दूसरे को चाहने लगते हैं। कथाकार ने लैंडफिल गैसों से कंप्यूटर हैंग होने जैसी नई समस्या छेड़कर प्रस्तुत कहानी के विषय को अत्याधुनिक बनाया है। रोमांस की कथा का जुगाड़ इन्फॉरमेशन टेक्नोलॉजी से कर कथा को अधुनातन जामा पहनाया है। संवाद साधनों, संवाद की अंग्रेजी प्रचुर भाषा, मैट्रो, मोबाइल, कंप्यूटर, ए.सी., फ्रीज, रिमोट, कारें आदि से कहानी के वर्तमान समय को सजीव किया है। भौतिक और अध्यात्म से परे जाकर यह कहानी आभासी (Virtual) समस्याओं के जरिए हमें भविष्य में ले जाती है। 'आज दुनिया की संपूर्ण मानव जाति के समक्ष विरोधाभासी संकट यह है कि विज्ञानसम्मत शिक्षा हासिल करने के बावजूद उसकी आस्थाएँ तो अध्यात्म में है लेकिन वह जीना भौतिकता में चाहता है।' जैसा दर्शन व्यक्त करने वाली कथा पीयूष द्वारा बकुल जैसी युवती का 'फायनल टेस्टिंग रिपोर्ट' का जिक्र इसे रूमानी कहानी बना देता है। मोबाइल का स्पीकर ऑन कर संवाद सजीव करना, मैट्रो की खिड़की की कांच के दोनों तरफ स्पर्श के बावजूद संवेदनाहीन बने रहना, माइक्रोवेव में माता-पिता का सेंकना जैसे बिंब कथा को कलात्मक बनाते हैं और अत्याधुनिक भी। कैरियर के लिए संघर्ष, विवाह की उम्र बढ़ना, वर्जिनिटी और प्राकृतिकता जैसे कितने ही नए प्रश्न उठाने वाली यह कहानी अंतर्जाल पर रिकॉर्ड पाठक न पढ़ते तो ही आश्चर्य !

(घ) लोककथा :-

'रचनाकार' वेबसाइट का यह प्रयास दिखाई देता है कि साहित्य की तमाम विधाओं की रचनाओं का यथासंभव प्रकाशन, प्रसारण हो। इसके तहत लगभग सभी प्रकार की कहानियाँ यह वेबसाइट प्रकाशित करती नजर आती है। लोककथा का प्रकाशन भी इसी प्रयास का हिस्सा है। 'हाँडी बनाम जोखिम' मध्य प्रदेश की लोककथा है। इसमें हम देखते हैं कि चार चोरों का एक गिरोह था। एक डकैती में सोने की हाँडी उनके हाथ लगी। उसे लेकर बड़ी सावधानी बरतते वे यात्रा कर रहे थे। रास्ते में उन्हें नहाने की इच्छा होती है। कुएँ के किनारे एक बुढ़िया थी। उसे हाँडी सौंपते कहते हैं कि, 'अम्मा, हम यहाँ कुएँ पर नहा-धोकर, खा-पीकर आगे बढ़ेंगे, तब तक के लिए यह जोखिम तुम्हारे पास रखे देते हैं। यह किसी एक को नहीं देना, जब हम चारों इसे माँगें तभी देना।' पर उसमें से एक बहाना बनाकर हाँडी लेकर चंपत होता है। शेष तीन डकैत आकर हाँडी माँगते हैं। बुढ़िया बुरी तरह से फँसी जरूर थी पर अक्ल लड़ाती है। कहती है, 'चारों मिलकर आओ, दे देती हूँ।' वह जानती थी कि यह असंभव है।

इस प्रकार प्रस्तुत लोककथा समझदारी और सूझबूझ की नसीहत देकर समझाती है कि विपत्ति मनुष्य को सतर्क बनाती है। यह लोककथा बहुत सारी बातें एक साथ हमारे सामने रखती है। एक तो डकैती हराम की कमाई है। वह आराम से आती है और जाती भी आराम से। गरीब आदमी की भलमनसाहत अंतिमत: विजयी होती है। कथा आकार-प्रकार में छोटी होकर भी गागर में सागर जैसी आशयघन है। कहानी की भाषा सुबोध है। लोककथाओं की यह विशेषता होती है कि वे सार्वकालिक सत्य उजागर करती हैं। सादगी, सरलता ही उनका सौंदर्य होता है।

उसके पात्र प्रातिनिधिक होते हैं। लोककथाओं की ये सारी विशेषताएँ प्रस्तुत लोककथा में देखते ही बनती है। 'हाँडी बनाम जोखिम' मध्य प्रदेश के बीहड़ में घटी होने से वह देश, काल एवं वातावरण कथा ने भलीभाँति चित्रित कर इसे सार्थक बनाया है।

(ङ) अनूदित कथाएँ :–

'रचनाकार' वेबसाइट पर दो अनूदित दीर्घ कथाएँ प्रकाशित हुई हैं। दोनों ही ओडिया कथाकार सरोजनी साहू की रही हैं। एक है 'छिः' तथा दूसरी है 'रेप'। दोनों का अनुवाद एवं रूपांतरण दिनेश माली ने किया है। नारीवादी कहानी 'छिः' ओड़िया पत्रिका 'झंकार' में प्रकाशित हुई थी। बाद में वह 'दुःख अपरिमित' कथा संग्रह में संकलित की गई थी। 'Thanal on line' वेब पत्रिका में 'Hatred' शीर्षक से इसका अंग्रेजी अनुवाद प्रकाशित हुआ था।

'छिः' दीर्घकथा छः विभिन्न दृश्यों में चित्रित समान प्रतिक्रिया 'छिः' घृणा, तिरस्कार निदर्शक उद्‌गार की कहानी है। कुछ मराठा उड़िया आए थे। उन्होंने गाँव पर आक्रमण कर आतंक निर्माण किया था। उनके डर से सारा गाँव भाग खड़ा हुआ। बचे थे बच्चे, बूढ़े और गर्भवती बहू। ये आक्रांता बड़े क्रूर एवं निष्ठुर थे, जिसका पता गर्भस्थ शिशु के मांस की उनकी फर्माइश से चलता है। नरराक्षस आक्रामक मनुष्य नहीं, छिः के पात्र थे। दूसरे दृश्य में गरीब सविता दर-दर भीख माँगती है तो उसे कोई नहीं देता। उलटे गिरियापान पारिजात को हर कोई परोसता है, क्योंकि वह डाकू था। उसकी छिः! तिसरे दृश्य में एक निःसंतान रानी की उँगली में कसीदा निकालते समय सुई चुभती है। खून निकलने से दिव्य दृश्य का निर्माण होता है। पारिजात को ऐसी बीमारी परेशान करती है, खुद डॉक्टर को भी उबकाई आती है। छिः! उससे पारिजात पागल होता है। छिः! का पात्र। इस तरह विभिन्न कथाओं को एक ही प्रतिक्रिया में पिरोकर कहानी का अनोखा तंत्र एवं शिल्प अपनाया गया है।

'रेप' कहानी में सुपर्णा और जयन्त शिक्षित संभ्रांत दांपत्य है। उनकी दो संतानें हैं—एक बेटा और दूसरी बेटी। सुपर्णा के सपने में एक दिन उनके फैमिली डॉक्टर त्रिपाठी आकर उससे संभोग करते हैं। इस अजीब से सपने से उबरने के लिए, तसल्ली पाने के लिए वह पति को सपना बताती है। इस सपने से पति में निहित पुरुष के अहंकार, एकाधिकार को ठेस पहुँचती है। कुछ दिनों बाद बच्चों की बीमारी के बहाने अस्पताल जाना होता है, तो जयंत खुद बाहर रुककर पत्नी को ही अंदर भेजता है। रात को जब बेड पर दोनों सोते हैं तो जयंत उलाहना भरता कहता है, 'आज तो तुम्हारे अपने डॉक्टर से मुलाकात हुई?' पति का यह तीर उसे ऐसे चुभता है, जैसे किसी ने रेप किया हो। प्रस्तुत कहानी पुरुष की मानसिकता को दर्शाती है। वहीं दूसरी ओर स्त्री की पारदर्शिता पुरुष के लिए कोई मायने न रखने की वृत्ति पर चोट भी करती है। दोनों कथाएँ नारीवादी हैं।

(च) कहानियाँ :–

'रचनाकार' वेबसाइट पर प्रकाशित लगभग पचास एक कृतियाँ ऐसी हैं, जो कहानी (Short Story) की श्रेणी में आती है। यह जरूरी नहीं कि सभी पठनीय एवं उल्लेखनीय हों। पर कुछ कहानियाँ ऐसी जरूर मिल जाती हैं जो मुद्रित साहित्य से स्तर के आधार पर होड़ ले सकेंगी। रश्मि

बड़थ्वाल की कथा 'रिश्ते के ओर–छोर' मानवीय संबंधों, मनुष्य के जीने के तौर–तरीकों की सटीक व्याख्या प्रस्तुत करती है। छित्ती उर्फ क्षितिज सूरजपुरवा का निवासी है। गाँव से शहर आया यह युवक सिर छिपाने की जगह हासिल करता है। पड़ोस में एक लड़की अकेले जीवन काटती रहती है। उसके माँ–बाप एक दुर्घटना के शिकार होकर चल बसते हैं। उस लड़की के अनाथपन का नाजायज लाभ उठाने के उद्‌देश्य से एक चोर उस पर जानलेवा हमला करने की फिराक में था कि इत्तफाक से छित्ती के वहाँ होने से लड़की बाल–बाल बचती है, पर छित्ती बुरी तरह से घायल होता है। जीवन का वरदान मिली वह लड़की छित्ती को अपने पल्लू की पट्टी बाँधती है, जिससे छित्ती को राखी बाँधने वाली गाँव की अपनी बहन की याद आती है। सिनेमा जैसी कथा होकर भी लेखक ने उसे प्रभावकारी ढंग से चित्रित किया है। लड़की और छित्ती का बेसहारापन ही एक–दूसरे का रिश्ता बनने हेतु ओर–छोर का काम करता है। सपाट बयानी यह कथा कलात्मक भले न हो, पर मनुष्य संबंधों का खाका बुनने में वह जरूर सफल सिद्ध हुई है।

रामनारायण बोहरे की लिखी कहानी 'न्याय उर्फ तसल्लीबख्श फैसला' सामाजिक न्याय की कथा है। बोहरे ने उसे बयान के जरिए चित्रित कर रोचक बनाया है। प्रस्तुत कहानी की शैली पर कमलेश्वर की कहानी 'बयान' का प्रभाव देखते ही बनता है। बयान, पैरवी, गवाह, फैसला जैसे तत्त्वों से यह कहानी न्यायिक माहौल में विकसित होती है। गाँव में सरपंच का चुनाव घोषित होता है। दलपतसिंह पिछले 20 सालों से निरंतर निर्विरोध सरपंच बनता आया था। ऐसी स्थिति में मौजूदा चुनाव में बाहर से आकर बसे मास्टर गोविंद सिंह का चुनाव के लिए पर्चा भरना दलपतसिंह को अखरना स्वाभाविक था। न रहे बाँस, न बजे बाँसुरी की जिद से वह मास्टर की हत्या करता है, वह भी चुनाव के तीन दिन पहले और समूह से। अदालत में मुकदमा चलता है। दोषियों को 25 हजार का जुर्माना लगता है। जुर्माना मास्टर की बेवा पत्नी को मुआवजे के रूप में देने का फैसला सुनाकर न्यायाधीश जिस सामाजिक न्याय की नींव डालते हैं, उससे कथाकार की प्रगतिशील दृष्टि स्पष्ट होती है। पूरी कहानी मुजलिम का बयान, बचाव पक्ष के गवाह, तफतीश अधिकारी का प्रतिवेदन, फैसला आदि के जरिए विकसित होती है। इससे न्यायालयीन वातावरण सजीव हो उठा है। राजनेताओं की प्रतिशोध की निष्ठुरता पर यह कहानी करारा चोट करती है। मामले का फैसला Case Law दिखाकर कथाकार ने बड़ी सूझबूझ का परिचय दिया है। पात्र–चरित्र–चित्रण, भाषा–शैली, उद्‌देश्य सभी दृष्टि से कहानी अपनी छाप छोड़ती है।

इसी लेखक की एक और कहानी है 'हादसा'। उपर्युक्त कहानी जैसी राजनीतिक कथाबीज होने वाली इस रचना में चंद्रप्रकाश श्रीवास्तव गाँव का आम आदमी है। वह पिछले 18 सालों में आए पाँच सार्वत्रिक चुनावों में जनता के खम–दम पर चुनाव लड़ता आया है। उसका चुनाव ही लोकतंत्र के अस्तित्व की मिसाल बनी रही है। पर एक चुनाव में विधायक के किराए के गुंडों से बुरी तरह से पीटा जाता है। यह हादसा लोकतंत्र पर होने वाले विश्वास को डाँवाँडोल कर देता है। दूसरी तरफ चुनाव की रकम की वृद्धि, चुनाव का बढ़ता खर्च, बदलता तंत्र उसके बस के बाहर का होता है। इस प्रकार प्रस्तुत कहानी वर्तमान पर मौन टिप्पणी बनकर उभरती है। नायक का लोकतंत्र पर होने वाला विश्वास उड़ जाना कहानी को शोकात्म बनाता है। आम आदमी (Common Man) का राजनीति के पटल पर हाशिए में जाना खतरे की नहीं अराजकता की घंटी है। विचार, भाव और विषय की दृष्टि से कहानी का अनूठापन पाठक को मोह लेता है।

रामनारायण बोहरे की एक और कहानी इस वेबसाइट पर अनुसंधान की समय सीमा में प्रकाशित हुई, जिसका शीर्षक था 'आदत'। ईमानदारी की जय दर्ज करने वाली इस कथा के नायक हैं यादव साहब। वे सब इंजीनियर हैं। अपनी ईमानदारी के लिए मशहूर हैं। कुछ दिनों बाद उनके डिवीजन में एक एक्जिक्यूटिव इंजीनियर आते हैं। वे भ्रष्ट होते हैं। अत: दोनों में अनबन होना तय था। फिर भी यादव अपने मूल्यों से विचलित नहीं होते। तबादला, वेतन कटौती जैसी मुसीबतों और परेशानी से भी टस से मस नहीं होते। अपने मूल्यों–सच्चाई और सदाचार–पर अटल रहते हैं। फिर अपनी जगह पाते हैं। प्रस्तुत कहानी चरित्र प्रधान है। इसका लक्ष्य मूल्यों की अहमियत समझाना रहा है। साथ ही सरकारी महकमे में होने वाली आकंठ घूसखोरी चित्रित करना भी कहानी का उद्देश्य रहा है। बुराई के प्रति नफरत निर्माण करने में कहानी सफल रही है।

इन तीनों कहानियों को देखते हुए पता चलता है कि रामनारायण बोहरे सोद्देश्य कहानियाँ लिखने में विश्वास रखते हैं। उनकी कहानियाँ मूल्याधिष्ठित, आदर्शवादी होती हैं। उनकी कथा के नायक आदर्श चरित होते हैं। विवरण, बयान जैसी विस्तारित शैलियाँ आपको विशेष पसंद हैं, प्रकृति है। शीर्षक समर्पक रहते हैं। कहानी की घटनाएँ सत्य होती हैं। इससे पाठक बिना किसी तर्क के कहानी को स्वीकार करते हैं।

ऐसे ही बहुचर्चित कथाकार इस वेबसाइट पर पाए जाते हैं—वे हैं हरि भटनागर। इनकी अनेक रचनाएँ 'रचनाकार' पर प्रकाशित हुई हैं। उनमें से 'बला' एक हृदयद्रावक कहानी है। पाल कथा नायक है। वह रिक्शा खींचता है। पेट पालने के लिए शहर आता है। झोंपड़पट्टी में रहकर किसी तरह पेट काटता जीवन यापन करता है। एक दिन बोहनी भी नहीं हुई थी कि घर मेहमान पधारते हैं। वह उनकी आवभगत नहीं कर पाता। दो पैसे लाकर उन्हें खिलाने के सपनों को लेकर रिक्सा चलाने जाता है। पैसे लेकर आने के पहले ही मेहमान घर से निकल जाने की बात पाल के मन में आजीवन अखरती रहती है। 'मेहमान भी बला लगे ऐसी जिंदगी किसी को भी मयस्सर न हो' का संदेश देने वाली कहानी गरीबी का दिल कचोटने वाला माहौल सजीव करने में कोई कसर नहीं छोड़ती।

'आँख का नाम रोटी' हरि भटनागर की दारिद्र्य चित्रण करने वाली एक और अविस्मरणीय कथा है। महानगर में लेखक के घर के सामने वाले रास्ते पर होने वाले बस स्टॉप पर एक बेसहारा परिवार ने पिछले कुछ दिनों से शरण ले रखी है। उनकी बेटी अकसर रोती रहती है। पूछताछ करने पर लेखक को पता चलता है कि उसकी आँखों में जलन है। अत: वह रोती है। लेखक कुछ पैसे निकालकर इलाज करवाने की हिदायत देता है। परिवार उस पैसे से रोटी का जुगाड़ करते हैं। बेटी आँखों के नहीं पेट के जलन से रोना नित्य की बात बताकर खत्म न होने वाली गरीबी को चित्रित किया गया है। कहानी में गरीबी, जीवन संघर्ष आदि पर विशेष बल देकर चित्रित किया है।

'बदबू' भी एक और प्रभावी रचना है हरि भटनागर की। शहरों में रहने वाले लोग मेहनत से मुँह मोड़कर प्रतिष्ठा का नकाब ओढ़े जीते तो रहते हैं पर उन्हें ज्यादा चिंता, परेशानी की अपेक्षा प्रतिष्ठा की रहती है। इस वर्तमान यथार्थ को कुत्ते के छत पर सड़ जाने, उसे उठाकर फेंकने की जद्दोजहद, पैसे बचाने की फिक्र में अवमानना आदि से चित्रित कर इस कथा में भटनागर ने मध्यवर्ग की वृत्ति एवं मानसिकता पर प्रहार किया है।

प्रमोद भार्गव की कथा 'बटाईदार' आज के भूमंडलीकरण के दिनों में किसान के दोहरे शोषण की कहानी है। गंगा मेहनतकश मजदूर है। वह मालिक का खेत बटाई पर लेकर दिन बिताता है।

मालिक पंडित अयोध्या प्रसाद के बाद बेटा साकेत जमीन का कारोबार हाथ में लेता है। पढ़ा-लिखा साकेत पैसे उगाहने की फिक्र में खेती के साथ व्यापार शुरू करता है। कभी बीज बेचता है, तो कभी खाद। पर ग्राहक रहते हैं किसान, बटाईदार ही। भूमंडलीकरण के दौर में जी.टी. बीज, रासायनिक खाद सब आयातित और बेअसरदार। बटाईदार किसान है कि मानसिक दासता में दोहरी मार सहते भूखे या तो मरते हैं या खुदकुशी करते हैं। भूमंडलीकरण के दुष्परिणाम चित्रित करने का कहानी उद्देश्य स्पष्ट और प्रभावी है। कहानी में चित्रित घटना, प्रसंग सच लगते हैं, क्योंकि ऐसी ही घटनाएँ हमारे इर्द-गिर्द नित्य प्रतिदिन घटती रहती है।

डकैत कथा 'मुखबिर' भी प्रमोद भार्गव की ही लिखी कहानी है। इसमें पुलिस और डाकुओं की मिलीभगत में मासूम किसान की बलि का चित्रण है। पुलिस का मुखबिर बनो या डकैत के सहयोगी, एक बार उस चक्रव्यूह में फँस जाओगे तो इसमें से बाहर जाने का रास्ता ही नहीं होता की हकीकत बताकर यह कहानी एक नई दुनिया का परिचय देती है। यहाँ भी किसान की पस्ता हालत दिखाकर भार्गव ने किसानों की अपनी हिमायत को बरकरार रखा है।

वर्तमान युग में जन्मदाता अभिभावकों को अपनी ही संतानों की जमीन-जायदाद के 'केयर टेकर' होने की नौबत आने का चित्रण कर आर.के.भारद्वाज ने इक्कीसवीं सदी में वृद्धों की हालत, टूटते रिश्ते, संबंधों का व्यापारीकरण, अमानुषता जैसी अनेक बातें एक साथ प्रस्तुत कर वर्तमान की भयावह स्थिति को चित्रित किया है। 'केयर टेकर' कथा पाठकों को अभिभावकों के प्रति होने वाली जिम्मेदारी से अवगत कराती है, जवाबदेह बनाती है।

इस वेबसाइट पर कथा लेखन करने वाले कहानीकारों की यह विशेषता रही है कि वे समय के साथ चलने में विश्वास रखते नजर आते हैं। समय के प्रश्नों से वे पूरी तरह से वाकिफ हैं। कथा प्रकारों की विविधता वे जानते हैं। इसका अंदाज प्रमोद भार्गव की ही लिखी दीर्घकथा 'मुक्त होती औरत' पढ़ते समय होता रहता है। काम, विज्ञान और अध्यात्म के सुंदर गुंफन से निर्मित इस कथा में शिष्या जूली और प्रो. मटुकनाथ की रासलीला हम पढ़ते हैं। इस कथा में वातावरण विवरण का विशेष खयाल रखा गया है। इक्कीसवीं सदी के प्रथम दशक का सामाजिक परिपार्श्व, यहाँ की जीवन शैली, बदलते संबंध, मूल्य एवं व्यवहार का चित्रण करती यह कहानी नारी के रोज बदलते रंगों के चित्रण से बताती है कि जीवन एक व्यापार बन रहा है। कुमारी मुक्ता साध्वी मुक्ताश्री बनकर अध्यात्म का स्वाँग रचती जरूर है पर उसका स्थायी, आंतरिक कामभाव (Sex Instinct) कभी मरता नहीं। वह श्रीमती मुक्ता सोनी बन जाती है। साँप के केंचुली की एक ही जिंदगी में अनेक कायाकल्प अनुभव करने वाला वर्तमान सदी का मनुष्य गिरगिट की भाँति पल-पल रंग बदलता जीवन के सारे रंग, रूप, रस चखने के लिए लालायित प्यासा प्राणी, बुभुक्षु जानवर बनकर रह गया है। 'मुक्त होती औरत' कहानी दर्शन शैली में लिखी रचना है। स्वाभाविक है कि वह निबंध की तरह वैचारिकी का रूप धारण करती है। यह शिल्प और शैली का नया प्रयोग है। निबंध जैसे पाठ्यांश इसमें पाए जाते हैं। किसी बोध कथा के सारांश या निष्कर्ष से कहानी खत्म होती है। पुरानी कहानी का आरम्भ, मध्य, अंत तो है यहाँ पर, परंतु पारंपरिक खूबियों का इसमें अभाव है। बाजारवाद, दैहिक शुचिता, बालिग, नाबालिगपन के नए प्रतिमान, यौनशमन और गर्भनिरोधक साधनों, दवाओं के इस्तेमाल का नया जरिया, तीन बाई छह की भुखारी, समय की अँगडाइयाँ, धर्म एक दगा जैसी

कितनी ही समस्याएँ एक साथ उठाती यह दीर्घकथा समय की सब समस्या उठाने के लिए बेताब नजर आती है। विस्तार के बावजूद वह पाठकों को अंतर्मुख बनाती है। यही उसकी फलश्रुति माननी होगी।

'रचनाकार' पर प्रकाशित मोहम्मद अरशद खान की लिखी कथा 'कूरम बाबा' एक भावपूर्ण बोधकथा है। कूरम बाबा किसी बाबा का नाम न होकर एक नीम के पेड़ का नाम है। लेखक का इस पेड़ से बचपन का रिश्ता है। इस बूढ़े पेड़ ने न सिर्फ लेखक को बल्कि आने-जाने वाले राहगीरों को बरसों से पनाह दी है। गाँव के बूढ़े चिलचिलाती धूप में अपनी दोपहरी इसी की छाँव में बिताकर आत्मीयता अनुभव करते रहते हैं। लेखक गाँव छोड़ शहर जाता है, पर कुरम बाबा को नहीं भूलता। छुट्टियों में जब भी गाँव आता है, कूरम बाबा के दर्शन मात्र से तसल्ली महसूस करता है। वही पेड़ अचानक काटा जाता है। तब से लेखक का गाँव जाने का मन नहीं होता दिखाकर कथाकार खान ने वृक्ष और मनुष्य के बीच होने वाले अटूट संबंधों को रेखांकित किया है। पेड़ को कथा नायक बनाकर कथाकार ने नई पहल की है। पर्यावरण के प्रति आस्था और संवेदना जगाने का कहानी का कार्य भाव साक्षरता बढ़ाने वाला सिद्ध हुआ है।

पत्रशैली में लिखी श्याम गुप्त की कहानी 'मुक्ति पथ की ओर' इस वेबसाइट की एक और उल्लेखनीय रचना है। पत्रोत्तर शैली से कहानी का ढाँचा रचा गया है। कहानी में कुल सात पत्र हैं। वे अलग-अलग पात्रों के नाम लिखे हैं। भाई, नीरज, नीरा, दक्षा, सुप्रिया, सुमि, श्रीप्रकाश आदि। ये सारे पात्र पारिवारिक हैं। पत्र लेखक कथाकार भाई, बेटा, बेटी, पत्नी, परिचित के नाम पत्र लिखकर अपने मंतव्य को व्यक्त करता है। पत्रों में व्यक्त मंतव्यों से कथासूत्र पिरोया गया है। पत्र अपने आपमें एक संवाद भी होता है जिसकी प्रतीति हमें इन पत्रों को पढ़ते वक्त हो आती है। कथानायक घर-बार छोड़ मुक्तिपथ की खोजबीन में निकल पड़ा है। वह वापस नहीं आने वाला है। अपनी छोड़ी संपदा के विनियोग के बहाने अपने परिजनों को जीवन का अर्थ समझाता है। जीवन से मुक्ति ही सच्चा जीवन पाना है। आध्यात्मिकता का अंतर्जालीय लेखकों पर होने वाला प्रभाव उनके मानसिक हार का प्रतिबिंब लगता है।

इन रचनाओं के अलावा श्याम यादव की कथा 'इज्जत' प्रभावी कहानी है। राजश्री की लिखी रचना 'नीचों की गली' बौद्धिक कथा है। प्रियंवदा, मालू, कीरत जैसे कथा के पात्र उच्चवर्गीय हैं। कला, संस्कृति उनकी जिंदगी है। अपने आपको उच्च समझने वाले 'नीचों की गली' के चित्र खींचने से अपना खालीपन भरते रहते हैं। रूखी हमदर्दी पर यह कहानी करारा व्यंग्य है। अमरीक सिंह दीप की 'हैंग ओवर' एक साधारण-सी प्रेमकहानी है। कैस जौनपुरी की रचना 'जुहू बीच' बहुत ही मार्मिक रचना है। बंबई जैसे शहर में एक मुसलमान युवक उत्तर भारत से आकर न सिर्फ बसता है अपितु यही का बन जाता है। यहाँ का समुंदर (जुहू बीच), लोग, संस्कृति, तीज-त्योहार उसके अपने होते हैं। गणेश विसर्जन के दिन वह जुहू किनारे जाता है। गणेश और लक्ष्मी की एक विसर्जित मूर्ति समुंदर की लहरों से वापस इस युवक के पास आती है। वे मूर्तियाँ उसे पसंद आती हैं। वह घर ले जाना चाहता है पर उसका धर्म दीवार बन खड़ा होता है। वह तरकीब ढूँढ़ निकालता है। एक पॉलिथिन की बैग खरीदकर उसमें उन्हें छिपा ले आता है। सुंदरता, भक्ति जैसे निरपेक्ष तत्त्वों को भी मनुष्य ने जाति-धर्म में कैसे बाँटकर रख दिए हैं, इस सामाजिक यथार्थ पर आधारित प्रस्तुत कहानी एक बेबाक टिप्पणी का काम करती है।

निष्कर्ष – इस प्रकार अन्य और अनेक कहानियों का प्रकाशन 'रचनाकार' वेबसाइट पर सन् 2010 में हुआ है। कुछ साधारण कथाएँ भी इनमें रही हैं। पर अधिकतर कथाएँ सोद्‌देश्य, विस्तारित, आकार–प्रकार में वैविध्यपूर्ण, भाषा शैली की दृष्टि से प्रयोगशील, आधुनिक समस्याओं को स्वर देने वाली, संपर्क युग के प्रतिमानों का प्रयोग करने वाली नजर आती है। विज्ञान और अध्यात्म का मेल करने वाली ये कथाएँ वर्तमान मनुष्य के द्वंद्व को चित्रित करती प्रश्न करती है कि सच क्या है? विज्ञान, भौतिकी या भाव? भूमंडलीकरण की उपज सिद्ध होने वाली ये कहानियाँ मनोरंजन की अपेक्षा सोचने–समझने हेतु लिखी लगती हैं। कुछ कथाएँ दीर्घ, निबंध जैसी हैं। शिल्प और शैली प्रयोग से कथाएँ कलात्मक बनी हैं। इक्कीसवीं सदी की हिंदी कहानी का प्रतिनिधित्व करने वाली ये कहानियाँ भाषा, आशय, उद्‌देश्य से विकसित नजर आती हैं।

2. http://www.abhivyakti-hindi.org–

इसके पूर्व दिए गए परिचय के अनुसार इस साप्ताहिक ई–पत्रिका में गद्य तथा पद्य दोनों शैलियों की रचनाएँ सन् 2010 में प्रकाशित हुईं। गद्य विधा में कहानी का विशेष खयाल रखा गया। कहानी के लिए दो स्तंभ चलाए गए। (1) समकालीन हिंदी कहानी-इसके अंतर्गत देशी, विदेशी कथाकारों की विविध कथाएँ प्रकाशित हुईं। यह स्तंभ प्रमुख रूप से नवोदित कहानीकारों को प्रोत्साहन देने हेतु चलाया गया नजर आता है। (2) वरिष्ठ कथाकारों की प्रसिद्ध कहानियाँ-स्तंभ के अंतर्गत बहुचर्चित कथाकारों की श्रेष्ठ कहानियों का प्रकाशन किया गया। नव कथाकार, पाठकों के लिए स्तरीय रचना प्रस्तुत करने के उद्‌देश्य से चलाए प्रस्तुत स्तंभ में राजी सेठ की 'तुम भी', मन्नू भंडारी की 'सयानी बुआ' तथा मार्कण्डेय की श्रेष्ठ कहानी 'हंसा जाई अकेला' का प्रकाशन किया गया। लघुकथा में शशिप्रभा शास्त्री की 'शुरुआत' का प्रकाशन हुआ था। यहाँ सिर्फ नवप्रकाशित कहानियों की समीक्षा की गई है। वही इस वेबसाइट का असली योगदान है।

'समकालीन कहानी' स्तंभ में प्रकाशित अमरीका की कथाकार सुधा ढींगरा की कथा 'फंदा' भारतीय किसानों की आत्महत्याओं की वार्ताएँ पढ़–सुनकर हुई प्रतिक्रिया का प्रकटीकरण है। इस कहानी में सुधा ढींगरा ने हमें समझाया है कि किसान, भले वह भारत का हो या अमरीका का, समस्याओं के फंदे से उसकी मुक्ति नहीं होती। बख्शिंदर समुद्री जहाज पर काम करते चार पैसे बचाता है। भारत में आकर अपने गाँव में घर बाँधता है। एक बार अपने साथ वह दोसांज को अमरीका ले जाता है। उसे अपने मित्र बिशनसिंह की खेती पर बँधुवा मजदूर बनाता है। दोसांज और जसबिंदर दोनों दिन–रात मेहनत करते हैं, पर ग्रीन कार्ड के अभाव में उन्हें मुँह छिपाकर रहना पड़ता है। अपनी बदहाली से तंग आकर दोनों मालिक बिशनसिंह से अपने पासपोर्ट लेते हैं और अमरीकी लड़कियों से कागज की शादी (Paper Marriage) कर ग्रीन कार्ड हासिल करने में सफल होते हैं। प्रस्तुत कथा भारतीय और अमरीका के किसानों की अनजाने में तुलना कर किसानों की बदहाली सार्वत्रिक होने की बात दर्ज कराती है। विवरण शैली से कहानी को विकसित किया है। मजदूरों के मानसिक तनाव का चित्रण मार्मिक बन पड़ा है। विदेश में जी रहे नागरिकों का जीवन संघर्ष, सपनों को सत्य में उतारने

के लिए की जाने वाली जी तोड़ मेहनत, मालिक द्वारा शोषण—सबको प्रभावी ढंग से चित्रित किया गया है। स्थान-स्थान पर पंजाबी भाषा का प्रयोग कर विदेश में बसे भारतीयों के मन में होने वाली सांस्कृतिक प्यास को संवेदनशीलता से प्रतिबिंबित किया है। बापू का कर्जा उतारना, बहन की शादी जैसी समस्याएँ देश बदलकर भी नहीं बदलती। हाँ, यहाँ की तुलना में तसल्ली जरूर मिलती है।

पावन की लिखी कहानी 'एक भीगती हुई शाम' विवाह बाह्य संबंधों की समस्या पर आधारित है। अजीत और इरा पति-पत्नी हैं। दोनों एक-दूसरे को ठगते विदित और सेहर नामक अपने मित्र, सहेलियों से मजा उड़ाते रहते हैं। एक-दूसरे के प्रति संशयित पति-पत्नी अजीत और इरा एक-दूसरे पर पहरा बिठाने हेतु जासूस रखते हैं। इत्तफाक से दोनों का जासूस एक ही निकलता है। वह बड़ा समझदार होता है। वह उन्हें एक-दूसरे के विरुद्ध जानकारी देने की जगह एक-दूसरे की अच्छी बातें समझाकर समुपदेशन करता है। अंत में उनका पुनर्मिलन दिखाकर कथाकार ने इस रचना को सुखांत बनाया है। मुंबई महानगर के देश, काल, वातावरण की यह कथा वहाँ के जीवन का एक नया चेहरा चित्रित करती है। बॉलीवुड के सिनेमा जैसी यह कथा इक्कीसवीं सदी के दैहिक जीवन को आत्मिक बनाने का संदेश देती है। तृतीय पुरुष को नायक बनाने वाली कथा वस्तु (Plot) बेहद प्रभावी है। बंबइया हिंदी बोली के प्रयोग से कथा सहज हुई है। लफडा, लोचा जैसे शब्द इस प्रभाव के प्रतीक हैं।

'अनजान रिश्ते' राजेंद्र त्यागी की लिखी बाल-मजदूर की कथा है। इसे पढ़कर जयशंकर प्रसाद की कहानी 'मधुआ' याद आए बिना नहीं रहती। एक परिवार के घर में मरम्मत का काम निकलता है। वह उसे अपने परिचित ठेकेदार राजमिस्त्री को सौंपते हैं। राजमिस्त्री उस काम में असगर नामक एक बालक को लगाता है। बालक मासूम, मेहनती तो था ही पर गाँव छोड़कर आने की वजह से जिस किसी के संपर्क में आता है, उसी का हो जाता है। लेखक पत्नी प्रेमलता असगर से पुत्रवत् प्रेम करती है। मानो उसे अपने अतृप्त मातृत्व के उन्नयन (Sublimation) का एक जरिया मिल गया हो। मनुष्य के रिश्ते खून से नहीं भाव से बनने की बात सिद्ध करने वाली यह कहानी पाठकों को बाल मजदूरों की समस्या के प्रति जागरित जरूर करती है। बाल-मजदूर की बोली भाषा... 'काल्ह हम गाँव चली जाई' के प्रयोग से देश, वतन की प्यास को स्वर दिया है। आज के रिश्ते प्रोफेशनल, प्रैक्टिकल होने के दौर में एक रिश्ता मानवीय बन जाना इस कथा की ताकत को सिद्ध करता है। यह कहानी इनसानियत की परिभाषा रचती है।

कथा के लिए समर्पित पत्रिका 'संचेतना' के संपादक और हिंदी, पंजाबी के मशहूर कहानीकार डॉ. महीप सिंह की कहानी 'धुंधलका', 'अभिव्यक्ति' ई-पत्रिका में प्रकाशित है। राजनीतिक महत्त्वाकांक्षा में मनुष्य के अंधा होकर गिरने की यह कथा एक सबक का काम करती नजर आती है। सुधाकर पार्टी के युवा मोर्चा के अध्यक्ष हैं। एक कार्यक्रम में अतिथि के रूप में स्कूल में जाते हैं। वहाँ सूत्रसंचालन करती सविता से उनका परिचय होता है। परिचय प्रेम में परिवर्तित होने में देर नहीं लगती। वह सविता को राजनीति में लाकर सांसद बनाता है। अपने बेटे की बलि देकर राजनीति में लिप्त हुई सविता अपने बेटे राहुल की अखबार में छपी तस्वीर से बेचैन होती है। पुरानी धुंधलकी यादें ताजा होकर उसे जमीन पर लाती हैं। पूर्वदीप्ति शैली में लिखी यह कहानी राजनीति का धूपछाँव का खेल सजीव करती है।

आत्मकथा शैली में लिखी श्यामसखा श्याम की कथा 'आखिरी बयान' एक सामान्य कहानी है। एक सामान्य आदमी जीने के लिए क्या संघर्ष करता है, उसकी यह आपबीती है। भाषण शैली में कहानी का विकास हुआ है। सपाट बयानी शैली की साधारण-सी रचना है।

'मोड़' ज्ञानप्रकाश विवेक की लिखी सुंदर भाव कथा है। लेखक ने इसे किस्सागोई शैली में निवेदित किया है। पति-पत्नी के बीच चरित्रहीनता, दहेज जैसे नित्य परिचित कारणों से दरार पैदा होती है। परिणामत: दोनों अलग रहते हैं। तलाक का मामला अदालत में जाता है। दहेज, मेहर, आरोप-प्रत्यारोप होते रहते हैं। अंतत: तलाक मंजूर होता है। मुआवजा तय होता है। फैसले के बाद दोनों एक ही टी स्टॉल पर इत्तफाक से मिलते हैं। एक ही टेबल दोनों को मिल जाता है। अनायास बातचीत का सिलसिला शुरू होता है। दो वर्ष का अंतराल अचानक सजीव हो उठता है। दोनों को अपने किए पर पछतावा होता है। दोनों एक हो जाते हैं। असंभव-सी लगने वाली कथा सहज इसलिए सच लगती है कि मनुष्य का कभी न कभी अंतर्मुख होना, अहंकार मुक्त होना, सुबह के भूले शाम को लौट आना स्वाभाविक-सी बात है। इस कथा का सहज संवाद, सहज प्रसंग कहानी को भावुक एवं कलात्मक बनाता है। मानवीय संबंधों की गाँठ (Complex) एक पहेली होती है, इसे समझाने में कथाकार को कमाल की सफलता हासिल हुई है।

रायन एक बौद्ध भिक्षु है। दार्जिलिंग के एक विहार में उसका अध्ययन जारी है। युवक भिक्खु रायन जीवन को दर्शन के जरिए खोजने के लिए आमादा है। इसी बीच उसकी मुलाकात सविता नामक कोलकत्ता की एक समाज सेविका से होती है। दोनों एक-दूसरे को चाहते हुए दार्जिलिंग के वसंत का लुत्फ उठाते एक-दूसरे के होते हैं। पर अलग जीवन के मार्ग दोनों को जुदा करते हैं। कुछ बरसों के बाद रायन का सविता को एक न्योता मिलता है। रायन ने सविता की स्मृति में एक अनाथाश्रम खोला था। उसके कार्यक्रम के लिए उसे अतिथि के रूप में आमंत्रित किया गया था। वह जाती है। गुजरे वसंत हरे होते जरूर पर खरे नहीं उतरते। ऐसी प्रेम की विभोर कहानी स्वाति भालोटिया ने विस्तार से लिखकर 'क्या लौटेगा वसंत?' प्रश्न शीर्षक से सजीव किया है। बंगाली भाषा का प्रयोग, दार्जिलिंग की घाटी का वसंत प्रेम कथा को अनुकूल बनाने में सक्षम रहा है। कथा में प्रकृति वर्णन लेखिका के निरीक्षण का प्रत्यंतर देता है। अतीत को यादों से तरोताजा करती यह कथा पूर्वदीप्ति के प्रयोग से कलात्मक बन जाती है।

कथाकार डॉ. शैलजा सक्सेना की लिखी कहानी 'शार्त्र' अपनी अनूठी कथावस्तु के कारण पठनीय बन पड़ी है। शार्त्र लूले कथा की नायिका है। यह चरित्र-प्रधान कथा है। शार्त्र ने अपनी माँ की सेवा-सुश्रुषा ठीक से करने हेतु सपोर्ट वर्कर का कोर्स किया था। पर दुर्भाग्यवश उसकी माँ का देहावसान हुआ। माँ के चल बसने से उसका जीवन एक अवकाश-सा बन जाता है। समय गुजारने हेतु वह नौकरी करना चाहती है, पर उसे इसलिए नौकरी नहीं मिलती कि खाती-पीती खुशहाल जिंदगी गुजारती है। जीवन की कठोरता ने उसे दो टूक बनाया है। जो जिंदगी उसे मयस्सर होती है, उससे वह अधिक आत्मनिर्भर, स्वप्रज्ञ बन जाती है। वर्तमान जीवन में व्यक्ति स्वातंत्र्य के विकास के कारण आदमी कैसा बन रहा है, उसका दिग्दर्शन कराने वाली यह कथा अनेक अर्थों में अनूठी महसूस होती है। बिना शर्तों के मनुष्य स्वतंत्र जिंदगी यापन कर सकता है, उसकी मिसाल कायम करने वाली यह कथा पाठकों को जीवन की ओर नई सोच से देखने-समझने के लिए बाध्य करती है।

मूल ओड़िया में लिखी और दिनेशकुमार माली द्वारा अनूदित, रूपांतरित कहानी 'प्रतिबिंब' सरोजनी साहू की लिखी है। इनकी अनेक कथाएँ अंतर्जाल की विभिन्न वेबसाइट्स पर पढ़ने के लिए मिल जाती हैं। इस दृष्टि से वे अंतर्जालीय बहुपठित कथाकार है। मराठी की एक कहावत है, 'घरोघरी मातीच्या चुली' जिसका अर्थ है, हर घर की एक जैसी स्थिति होना। प्रस्तुत कहावत को सार्थक बनाने वाली इस कथा में निपा और दिवाकर के घर एक मित्र आते हैं। निपा और दिवाकर दोनों के नौकरीशुदा होने से उन्हें दिनभर घर में अकेला रहना पड़ता है। इस दौरान जो वे अनुभव लेते हैं, उससे उन्हें वह घर, परिवार, रिश्ते, संवाद, हाल–हकीकत अपने घर का ही प्रतिबिंब महसूस होता है। वर्तमान समय में यंत्र बनते घर के यथार्थ को लेखिका ने मार्मिक ढंग से इस कहानी के जरिए खींचा है। कथा प्रसंग पाठकों को अपने से तुलना करने के लिए अनायास मजबूर कराते हैं। इस दृष्टि से वह घर–घर की कहानी बन जाती है।

'समकालीन कहानी' स्तंभ में प्रकाशित रचना 'एक प्यार का पल हो' अरब देशों के जीवन को व्यक्त करती दास्ताँ है। मीलन दुबई में नौकरी के बहाने आया युवक है। छुट्टी बिताने के लिए अपने ड्राइवर जोसेफ के साथ टहलने के लिए निकल पड़ता है। रास्ते में रात के समय तानपूरे की धुन उसे मोह लेती है। वह सुनने के लिए रुकता है और ठगा जाता है। उसे एक लड़की के साथ गाड़ी में बिठाकर हसन नींद की दवा कॉफी में पिलाता है। गाड़ी में होने वाली लड़की जरीना की बलात्कार के बाद हत्या होती है, जिसका पता उसे होश में आने के बाद होता है। तब तक वह पैसे, घड़ी, गहने से लूटा जा चुका था। जोसेफ उसे छुड़ाता है। वापस आते समय उसे वह धुन फिर से सुनाई देती है। हसन की पत्नी सकीना इस समय गिटार बजा रही थी। विदेशी सैलानियों को लूटे जाने, बलात्कार करने की घटनाएँ हम अखबारों में पढ़ते रहते हैं। ऐसे ही कथाबीज पर आधारित प्रस्तुत रचना विषय, समस्या, वातावरण, प्रसंग सबके नएपन से पठनीय बनी है। वह किसी जासूसी कथा की तरह पाठक को बाँधे रखती है। कथा में अरबी भाषा का प्रयोग विदेशी देश, काल को चित्रित करता है। 'जेन शुक्रम', 'अना हेंदियाह' जैसे बोलचाल के संवाद इसे अरबी बनाते हैं। गाना भी अरबी रखकर कहानी के वातावरण को बरकरार रखा है।

निष्कर्ष – हम देखते हैं कि इस वेबसाइट पर बहुचर्चित, श्रेष्ठ, समकालीन, लघु जैसी सभी तरह की करीबन पचास एक कहानियाँ अनुसंधान काल में प्रकाशित हुईं। उसमें कुछ पुरस्कृत तो कुछ पूर्व प्रकाशित भी रहीं। कुछ अन्य वेबसाइट पर प्रकाशित नजर आईं। कुल मिलाकर 'अभिव्यक्ति' पर प्रकाशित कथाओं में विषय, समस्या, शिल्प, भाषा–शैली, देश, काल, पात्र आदि की विविधता परिलक्षित होती है। पत्र, पूर्वदीप्ति जैसी कलात्मक शैली से लिखी कहानियाँ भी इस वेबसाइट पर मिलीं। कथा पाठकों के लिए यह साप्ताहिक ई–पत्रिका के रूप में प्रकाशित यह वेबसाइट पठनीय माध्यम सिद्ध होती है। फिर भी 'रचनाकार', 'सृजनगाथा', 'गर्भनाल' की तुलना में यहाँ प्रकाशित रचनाएँ स्तरीय होकर भी, अविस्मरणीय न होकर भी हिंदी कथा के विकास में योग देती नजर आती हैं।

3. http://www.laghukatha.com–

लघुकथा विधा के लिए समर्पित इस वेबसाइट पर करीबन डेढ़ सौ लघुकथाएँ अनुसंधान काल में प्रकाशित हुईं। इन लघुकथा के संक्षिप्त कलेवर में वे जीवन का व्यापक सत्य उजागर करती हैं।

कभी वे विसंगति पर अँगुली से निर्देश करती उसे दूर करने का प्रयास करती हैं, तो कभी वे व्यंग्य प्रहार करने में भी नहीं चूकतीं।

'डर' शीर्षक अमरीक दीप सिंह की लिखी लघुकथा में कथानायक रात के समय सिनेमा देखकर लौट रहा था। इतने में गली के कुत्तों ने उसकी साइकिल को घेर लिया। कुत्ते के काटने का पूर्वानुभव, 14 इंजेक्शनों का पुराना डर तरोताजा हुआ और उसने दूसरी गली का रुख किया। दूसरी गली में दूसरी ओर से चार पुलिस लाठी ठोंकते आ रहे उसने देखे। पुलिस से कुत्ते भले सोचकर उसने कुत्तों वाली पहली गली की ओर साइकिल घुमाई। जानवरों की तुलना में मनुष्य का भय अधिक होना मनुष्य की अधोगति है। दूसरी ओर रक्षा हेतु तैनात पुलिस से बचने का मनुष्य का प्रयास उस व्यवस्था के प्रति अविश्वास व्यक्त करने वाला है, अत: वह गंभीर है। कुत्तों से पुलिस को भयंकर सिद्ध करने वाली, ठहराने वाली यह कथा वर्तमान व्यवस्था पर संजीदा प्रहार है।

साहित्य की जीवन में घटती अहमियत अधोरेखित करने वाली आकांक्षा यादव की लघुकथा 'काला अक्षर' में मालती कवयित्री है। उसने अपना कविता संग्रह प्रकाशित करने की योजना बनाई। उसके अनुसार पुस्तक का लोकार्पण मंत्री महोदय के कर–कमलों से संपन्न हुआ। समारोह में मंत्री महोदय ने न कवयित्री को बधाई दी, न पुस्तक बिक्री की कोई पहल। और तो और...समारोह में उपस्थित महानुभाव प्रकाशित भेंट पुस्तक मेज पर छोड़कर ही चलते बने। इस दृश्य से लेखिका ने हमें समझाया है कि आज के जीवन और समय में साहित्य और साहित्यकार का वह महत्त्व पहले जैसा नहीं रहा, जो सेलिब्रेटी का आज रहा करता है। 'काला अक्षर भैंस बराबर' वाली कहावत को शीर्षक बनाकर लेखिका ने हमें समझाया है कि क्या मंत्री, क्या अन्य गण...उनके लिए साहित्य तो मात्र काला अक्षर है। आज के भूमंडलीकरण के दौर में भौतिकता का जो महत्त्व है वह भाव, संस्कार, विचार को नहीं रहा। यह दिखाना प्रस्तुत कहानी का उद्‌देश्य है।

इस वेबसाइट पर फ्रेंज काफ्का की लघु कहानी का अनुवाद छपा है। अनुवाद किया है सुकेश साहनी ने। लघुकथा का शीर्षक है 'इम्तिहान'। एक घर है। वहाँ कोई नहीं रहता। नौकर ही उसकी निगरानी करते हैं। ऐसे नौकर उस गलियारे में अनेक हैं। वे मौन काम करते रहते हैं। मैंने ऐसे नौकरों में से एक से प्रश्न किए। वह मौन रहा। लेखक का कहना है कि 'इम्तिहान में जो प्रश्नों का जवाब नहीं देता, समझ लो वह इम्तिहान में कामयाब हो गया।' 'मौनं सर्वार्थ साधनम्।' की उक्ति कारगर सिद्ध करने वाली यह कथा नौकरों के निर्मम शोषण का मौन उत्तर है। जीवन में कुछ समस्याएँ, प्रश्न ऐसे होते हैं कि उनके उत्तर मजबूरी, मनुष्य को निरुत्तर, निष्प्रभ, नि:शब्द कर देते हैं।

कुमार शर्मा 'अनिल' की लिखी लघुकथा 'मुजरिम' इस वेबसाइट की विचार प्रवर्तक कहानी है। इसमें सरदार सूरजीत सिंह सेना के रिटायर्ड मेजर हैं। उन्हें कुत्ते पालने का शौक है। अपने कुत्ते की नस्ल के प्रति उन्हें गर्व और गरूर रहता है। उन्होंने अल्सेशियन मादा पाल रखी है। सिल्विया उसका नाम है। वह नाम गोवा स्थित उनकी सहेली की स्मृति में रखा है। वह कुतिया उन्हें सहेली जैसी ही लगती है। मेजर साहब अपनी सिल्विया के पास अड़ोस–पड़ोस के किसी कुत्ते को फटकने नहीं देते ताकि उसकी कोख नस्लवान रहे। उनका एक लड़का है शैरी। शैरी से भी उनका उतना ही प्रेम है, जितना की सिल्विया से। मेजर साहब के पड़ोस में हाजी अहमद अली रहता है। उसे भी कुत्ता पालने का शौक है। पर बेचारा गरीब जो ठहरा। देसी, आवारा कुत्ता पाल

रखा है उसने। शेरू उसका नाम है। मेजर साहब ने अली को लाख बार उनके शेरू को सिल्विया से दूर रखने की हिदायतें दे रखी थी। अली की बेटी शयाना है। उसका भी उससे जी जान से प्रेम है। एक दिन मेजर साहब ने शेरू को सिल्विया से संबंध रखते देखा तो वे अपना आपा खो बैठे। बंदूक लेकर शेरू को मारने के लिए दौड़े। दहाड़ लगाते पूरी कॉलोनी उन्होंने छान डाली, मगर शेरू उन्हें कहीं न मिला। उसे ढूँढ़ते वे पुराने गैराज का शटर उठाते हैं तो देखते क्या है...शैरी और शायना आपत्तिजनक हालत में नजर आए। मुजरिम बदला...अपराध वही, पर सजा की जगह माफी। लेखक ने नस्ल की कल्पना को बेमानी सिद्ध कर बताया है कि जीव जीव होता है। जीव का धर्म होता है। प्रतिष्ठा, श्रेष्ठता सारी बातें सापेक्ष हैं। वह व्यर्थ भी होती है, झूठी भी। कहानी व्यंग्यात्मक है। उसका वातावरण सजीव है। पात्र चरित्र-चित्रण प्रभावी है। भाषा से पात्र, वातावरण निर्माण में मदद मिली है। शीर्षक मार्मिक एवं अर्थवाही है।

मनुष्य फर्ज निभाता कभी-कभी अंतरात्मा की आवाज की अनदेखी करने के लिए विवश हो उठता है। पुलिस के जीवन में तो ऐसे प्रसंग रोजमर्रा की बात होती है। 'प्रेमवती की चिट्ठी' लघुकथा में गजेंद्र रावत ने इसे स्वर दिया है। प्रकाश पुलिस है। दिल्ली में तैनात है। मजबूरन अपने परिवार को गाँव रख आया है। पत्नी प्रभावती की चिट्ठी आई है। लिखा है... "दामों में आग लगी है। तंगी है। पिता बीमार चल रहे हैं। बेटी की फीस भरनी है।" पत्नी की चिट्ठी से बेचैन प्रकाश की ड्यूटी आज संसद मार्ग पर है। महँगाई के खिलाफ मोर्चा है आज। मोर्चा के सामने होने वाला बैनर पढ़ता है... 'महँगाई पर रोक लगाओ।' उसे लगता है, यह तो प्रभावती की चिट्ठी है। मोर्चे को नियंत्रित करने के लिए उसे लाठीचार्ज करना पड़ता है। प्रकाश की पेशोपेश आम आदमी का द्वंद्व है। उसे पेश कर रावत ने बड़े सार्थक ढंग से भूमंडलीकरण से उत्पन्न आम आदमी की खस्ता हालत और मन की बेचैनी को मार्मिक ढंग से उभारा है। महँगाई की समस्या को चित्रित करना कहानी का उद्देश्य है। नायक पुलिस का मानसिक द्वंद्व दिल कचोटता है। कहानी की शैली मनोवैज्ञानिक है। कथा शीर्षक काव्यात्मक है। प्रभावती की वेदना हर माँ-बहन की है।

जैनेंद्रकुमार की एक मशहूर कहानी है 'अपना अपना भाग्य'। आनंद की लिखी लघुकथा 'उतरन' पढ़ते समय उसकी अनायास याद आती है। दो सहेलियाँ हैं। उसमें से एक अमीर है, तो दूसरी गरीब। दोनों में तमाम अंतर होकर भी एक साम्य है। दोनों उतरनें पहनना पसंद करती हैं। उसके लिए दोनों रहडी बाजार जाकर खरीद-फरोख्त करती रहती हैं। आज अमीर सहेली ने 'चोली के पीछे क्या है' सिनेमा में पहना पोशाक बड़ी कीमत देकर खरीदा। जबकि दूसरी ने मामूली उतरन खरीदी। दोनों उतरनों (पुराने कपड़े) में होने वाला अंतर हमारी आर्थिक, मानसिक विषमता चित्रित करता है। प्रस्तुत व्यंग्यात्मक लघुकथा हमारी सोच और स्थिति पर प्रहार करती है। कथा शीर्षक काव्यात्मक है और समर्पक भी। एक सहेली धन से खेलती है, तो दूसरी अभावों से जूझती रहती है। एक अर्श, तो दूसरी फर्श। उतरन में भी गर्व महसूस करना हमारी प्रदर्शन की प्रवृत्ति, झूठे अहंकार का प्रतीक है। पैसे के बल पर आदमी पता नहीं, कैसे-कैसे शौक करता रहता है। ऐसी ही एक और कहानी है 'दुख का अधिकार'। यशपाल की लिखी इस कहानी में भी यही भाव और समस्या है। आनंद की लिखी कहानी 'उतरन' उपरोक्त कथा को ही उजागर करती है।

आस्था पत्थर को भगवान बनाती है। कोई भी पत्थर गेरुए रंग से रँगा दो, फूल चढ़ाओ...भगवान तैयार! 'पत्थर और भगवान' जयश्री राज की लिखी अंधश्रद्धा को स्पष्ट करने

वाली परिणामकारक लघुकथा है। गाँव के एक रास्ते में एक बड़ा पत्थर बरसों से पड़ा था। एक आदमी को ठोकर लगने से वह उसे रास्ते के किनारे ढकेल देता है। नया पत्थर देखकर बच्चे खेल–खेल में उस पर फूल चढ़ाते हैं। कुछ समय बाद पीछे से आई कई औरतें बच्चों का अनुकरण करती हैं। यह बताना जरूरी नहीं होगा कि आज वह पत्थर मंदिर में विराजमान है।

रामकुमार सिंह की 'मंगलवारी दिवारी और गोबरगंडा दरखास्त' लघुकथा तो है, पर उसका खाका लोककथा जैसा है। वह लोकोक्ति पर आधारित ऐसी लोककथा है, जो लिखी भी गई है लोकभाषा में अर्थात् बोली में। पुरा का रहने वाला गोबरगंडा गाँव सारे मास्टर साहबों की इज्जत करता है। प्रणाम वह सिर्फ मास्साब को ही करता है। घर परिवार है, खेतीबाड़ी है। चार बेटे हैं उसके। उसकी तमन्ना है कि पानी बरसे और अकाल कटे। वह दरखास्त देना चाहता था, पर उसके पहले ही मिरगी की बीमारी से चल बसा। उसके चल बसने पर अच्छी बारिश हुई। मानो उसने स्वर्ग जाकर दरखास्त दी हो। उस समय फसल अच्छी हुई। किसानों की माली हालत अच्छी बनी। इस वर्ष की दिवाली मंगलवार को आई। पुरा में लोकोक्ति थी, 'मंगलवारी होय दिवारी, हँसे किसान, रोये व्यापारी।' ठीक वैसा ही हुआ इस वर्ष! खेतिहर की गुहार लगाने वाला गोबरगंडा हुआ था या नहीं पता नहीं। पर उसके बहाने कोई तो होता है, जो किसान की सुनता है। गाँव, खेती, वहाँ के लोगों के विश्वास, धारणाएँ आदि का चित्रण करती यह कहानी ग्रामीण संस्कृति, लोकजीवन, लोकभाषा, लोकसंस्कार, लोकमान्यताएँ सबका चित्रण करती ग्राम संस्कृति चित्रबद्ध करती है। नशा, आलस जैसी समस्या के द्वारा यह चित्रण आदर्श और यथार्थ का मेल कराता है। रामकुमार सिंह का ग्रामीण जनजीवन का निरीक्षण लक्षणीय है।

'आदेश' लोकतंत्र पर कसा व्यंग्य है। चौगल ने इसे बड़ी खूबी से प्रस्तुत किया है। एक सिपाही है, उसे आदेश मिला है कि जो पागल कुत्ता भौंके उसे गोली दाग दी जाए। इस कथा से लोकतंत्र जैसे उदार तंत्र में भी अभिव्यक्ति की स्वतंत्रता का गला घोंटा जाना हर दिन की बात होने को स्पष्ट किया गया है। लोगों का जगना किसी भी तंत्र के लिए खतरा होता है। 'जागरिता आदर्श जरूर है पर अनुकरणीय नहीं।' इसे प्रस्तुत कथा बुनियादी तौर पर समझाती है।

समय और उसको लेकर मनुष्य की प्रतिक्रियाएँ सापेक्ष होती हैं, इस बात को हरदर्शन सहगल ने अपनी लघुकथा 'एहसास' से स्पष्ट किया है। एक औरत है। नींद खुलते ही वह हर दिन दूध के बाड़े पहुँचती है। यह कार्य आदत से प्रतिक्षिप्त क्रिया (Reflex) की तरह होता रहता है। रोज की तरह वह आज उठते ही दूध के बाड़े पहुँचती है, तो देखती क्या है कि बाड़े का टीन का दरवाजा बंद था। वह खटखटाने पर खुलता है। औरत कहती है, 'बस, जरा देर से आँख खुली।' दुकानदार जवाब में कहता है, 'अभी तो रात के दो ही बजे हैं।' जवाब से वह सिहर उठती है। दुकानदार से कहती है, 'घर तक पहुँचा दो, डर लगता है।' जिस औरत को आते समय डर नहीं लगा, जाते समय लगना एक सापेक्ष प्रतिक्रिया दिखाकर कथाकार ने अपनी बात संवाद से स्पष्ट की है। लघुकथा की यह विशेषता है कि वह सारी बातें कम शब्दों, प्रसंगों, संवादों से मार्मिक ढंग से उभारते हैं। प्रस्तुत कथा उसकी मिसाल बनकर उपस्थित होती है। कथा वातावरण प्रधान है। मनुष्य की मानसिकता पर प्रकाश डालने वाली यह मनोवैज्ञानिक कहानी 'डर', 'चिंता' (Anxiety) का चित्रण करती है।

वकील हो या इंजीनियर, या डॉक्टर। वे आज अपना व्यवसाय पैकेज और परसेंटेज पर करते नजर आते हैं। इसका अंधानुकरण करने वाले भिखारी जान से हाथ धो बैठने का धोखा कैसे मोल लेते हैं, इसे दिलीप कुमार ने अपनी 'परसेंटेज' शीर्षक लघुकथा में चित्रित किया है। खैराती और जुमराती दोस्त हैं। भिखारी हैं। मिलकर भीख माँगते हैं। पर उन्हें ज्यादा पैसे नहीं मिलते। प्रलोभन से खैराती जुमराती को एक तरकीब सुझाता है। शर्त है कमाई से परसेंटेज देने की। तय होता है कि जुमराती अंधे का स्वाँग रचेगा। हलकी कार देखकर कूद पड़ेगा। मुआवजे में मोटर मालिक से पैसे उमेठेगा। जो पैसे मिलेंगे उसका नियत परसेंटेज जुमराती खैराती को देगा। नुस्खे के अनुसार जुमराती कूद पड़ता है पर अप्रत्याशित रूप से दूसरी ओर से आने वाले ट्रक से टकराकर मर जाता है। जुमराती के मरते ही खैराती वकील की तलाश में लगता है। उसे जुमराती की जान से ज्यादा परसेंटेज की, और अब मुआवजे की फिक्र है। स्पष्ट है, मुआवजा परसेंटेज से अधिक होगा। पैसा, स्वार्थ, प्रलोभन आदमी को अंधा कैसे बनाता है, उसे दर्शाने वाली प्रस्तुत कथा वर्तमान मनुष्य की मतलबी कृति एवं वृत्ति पर कसा व्यंग्य है।

'हलवा' कथा मनुष्य की मानसिकता और मजबूरी का चित्रण करने वाली मनोवैज्ञानिक लघुकथा है। अरुणकुमार ने वह लिखी है। फूली ने रामटिकाए के घर पिछले वर्ष इसी पर्व पर भरपेट हलवा और चने खाए थे। इस वर्ष पर्व के पहले ही वह पिछले वर्ष की तरह भरपेट खाती है, मात्र सपने में। लघुकथा अकसर अंत में नाटकीय मोड़ लेकर अपेक्षित प्रभाव निर्माण करती है। मंतव्य बिना बताए व्यक्त करने की क्षमता रखती है। प्रस्तुत कथा में गरीब फूली का सपना उसकी मजबूरी की व्यथा को स्वर देती है। गरीब खयाली पुलाव खाकर कैसे जीते हैं, उसे यह कहानी व्यक्त कर गरीबी में होने वाली दाहकता दर्शाती है।

विज्ञान से मनुष्य की तरक्की हो, उसके प्रश्न भले ही हल हों पर जिंदगी एक ऐसी उलझी हुई पहेली है, जो बुझाए नहीं बुझती। डॉ. रश्मि वार्ष्णेय ने अपने इस निरीक्षण को 'चरखा कातने वाली बूढी अम्मा' लघुकथा में प्रतिबिंबित किया है। छोटे बाबा अब बड़े बाबा बने। उनके बड़े होने का अंदाज इसी से हुआ कि उन्होंने कार्टून देखना छोड़कर समाचार देखने का क्रम आरंभ किया है। टी.वी. देखने में अकसर दंग रहने वाला बड़े बाबा...लड़का अम्मा से एक दिन प्रश्न करता है... 'चंद्रयान सब बताएगा...क्या वह यह भी बताएगा कि सूत कातने वाली बूढ़ी अम्मा क्यों चल बसी?' विज्ञान भौतिकी पहेली सुलझाएगा जरूर पर मन, मस्तिष्क, मिजाज की पहेली मनुष्य के अलावा कोई नहीं बुझा सकता। प्रस्तुत लघुकथा एक और विज्ञान की मर्यादा अधोरेखित करती है, वहीं दूसरी ओर मनुष्य के अनबुझ पहेली होने, उसकी असीम जिज्ञासाएँ, उलझनें आदि का असीमान्त क्षितिज भी उभारती है।

मूल्य को ही चरित्र नायक बनाकर लिखी लघुकथा 'बसेरा' अपने आपमें एक व्यवच्छेदक रचना है। चंद्रमोहनी शर्मा ने इसे लिखा है। ईमान बरसों से जी रहा है। आजादी के संघर्ष की बंदूक की गोलियाँ, जेल, उत्पीड़न उसने क्या नहीं सहा। पर आज आजादी के बाद डॉक्टर, वकील, इंजीनियर, न्यायाधीश सबने उसे बेचकर अनाथ कर दिया, अपने अतिरिक्त सुख की मरीचिका के पीछे भागकर, अंधा होकर! वहीं एक भूखी दुखियारी माँ अपने भूखे बेटे को रास्ते में गिरी सोने की चेन उठाने के लिए इसलिए मना करती है कि जिसकी खोई है, वह ढूँढ़ता आ जाएगा। ईमान का मूल्य आज भी जिंदा है, उन्हीं के पास जो उसके महत्त्व को

जानकर जी रहे हैं। ईमान का बसेरा आज गरीब की कुटिया में है, न कि सौंध, सदन, संसद, न्यायमंदिर में।

भ्रष्ट पुलिस के कारनामों का पर्दाफाश करने वाली धर्मेंद्र कुशवाहा की लिखी लघुकथा है 'मुर्दा फरोश'। रेलवे पुलिस के पास हर दिन बेवारिस लाशें आती रहती हैं। आने पर पंचनामा होता है। फिर पोस्टमार्टम। आज दो लाशें हाथ आई पुलिस के। एक गरीब की, दूसरी अमीर की। पुलिस ने पंचनामे के पहले गहने, पैसे, जेवरात हड़पकर दोनों लाशों का हुलिया एक जैसा किया। यह दिखाकर लेखक समझाते हैं कि लूट को काबू में लाने के लिए तैनात पुलिस ही बेहिसाब लूटती रहती है। पुलिस को मुर्दा फरोश दिखाकर भ्रष्टाचार की निर्ममता, निर्लज्जता की हद चित्रित की है। कहानी का व्यंग्य संजीदा है। वह पाठक को सोचने के लिए बाध्य करता है।

घनश्याम अग्रवाल की लिखी रचना 'गुब्बारे का खेल' बच्चों के प्रति होने वाले हमारे ममत्व के नकाब को दूर करती है। लेखक को बच्चों से चाव है। वह बच्चों को बहलाने के लिए अपने पास अकसर टॉफी, गुब्बारे रखता है। बच्चों को दिखाकर, ललचाकर चूमता, मुस्कुराता रहता है। अपने आपको बच्चों का मसीहा मानने वाला यह लेखक भीखमंगे के बच्चों से भी खेलता, मुस्कुराता, टॉफी–गुब्बारे देता है, पर न उसे अपने पास बुलाता है, न उसे चूमता है। बच्चों के प्रति उसका प्यार बच्चे की औकात पर निर्भर दिखाकर लेखक ने बच्चों से होने वाला हमारा प्यार, लगाव समान, निरपेक्ष होने की आवश्यकता को अधोरेखित किया है। स्वप्न और सत्य का द्वंद्व कहानी की कलात्मकता की पहचान है। कथा का दर्द हमारा सामाजिक यथार्थ है। कथा का उद्‌देश्य आदर्श है।

रामकुमार आत्रेय की लघु कहानी 'औरत' अनेकान्तवाद सिद्धांत की तर्ज पर एक प्रश्न को कैसे विभिन्न नजरिये से देखा जाता है, उसका दिग्दर्शन कराती है। तीन शराबी हैं। औरत के बारे में अपनी–अपनी सोच प्रकट करते हैं। औरत उनकी नजरों में फूल है, नशा है और धोखा भी। मदिरालय के एक अन्य आदमी से पूछने पर वह बताता है कि औरत पहले माँ है फिर और जो भी। 'जैसी आँखें, वैसी दुनिया' कहावत का दृष्टांत बनी यह लघुकथा, कथा की अपेक्षा एक विचार है।

उपर्युक्त लेखक की ही एक और लघुकथा इस वेबसाइट पर प्रकाशित हुई है। उसका शीर्षक है, 'लड़ाई'। इस कथा में अस्पताल में अपनी आँखों का इलाज करने के लिए एक मरीज आता है। उसकी आँखें अस्पताल की उपेक्षा से बदतर होती जा रही देखकर सिस्टर उसे सलाह देती है कि या तो आप बड़े डॉक्टर से संपर्क करो या अन्य पड़ोसी मरीज की तरह हंगामा खड़ा करो। मरीज को दोनों मार्ग रास नहीं आते। अपने लिए उसने जिंदगी भर कुछ नहीं किया, जो किया दूसरों के लिए। सिस्टर फब्ती कसती है कि, 'जो अपने लिए कुछ कर नहीं पाता, वह दूसरों के लिए क्या खाक करेगा?' यह लघुकथा उपर्युक्त कथा की ही तरह विचार–प्रधान है।

आशीष दशोत्तर की कहानी 'अहिंसा प्रेमी' कर्मठ व्यक्ति के विचार और आचार के अंतर को स्पष्ट करती है। कथानायक अपने पिताजी के नक्शेकदम पर चलता अहिंसावादी बनता है। उसकी नजरों में चींटी मारना भी भयंकर पाप, अपराध है। वही बेटा अपनी पत्नी के गर्भवती होने पर लिंग परीक्षण का आग्रह धरता है। पेट में कन्या भ्रूण होने पर उसे गिराने की जिद पर अड़ा रहता है। पत्नी को पति की अहिंसा समझ में नहीं आती। चींटी को न मारने वाला पति अपनी बेटी

को मारने का साहस कैसे कर सकता है भला? यही मनुष्य के कथनी और करनी का अंतर है। आदमी के सत्व और स्वत्व की परीक्षा तभी होती है, जब वह संकट से गुजरता है। मनुष्य की प्रतिबद्धता की कसौटी ही आपबीती घटना, प्रसंग में ही स्पष्ट होती है। कन्या भ्रूण हत्या की आज की ज्वलंत समस्या पर आधारित यह कहानी पुरुष मानसिकता उजागर करती है।

'नजरिया' नीलम राकेश की आदर्शवादी कथा है। अस्पताल में नर्स सरिता हर किसी की मदद कर मसीहा बन जाती थी। उसी अस्पताल में एक वॉर्ड बॉय था। वह पैसे लिये बगैर किसी काम को अंजाम नहीं देता था। इतना ही नहीं, नर्स सरिता की टोपी उड़ाने में वह कभी कोई कसर नहीं छोड़ता। उस वॉर्ड बॉय का लड़का एक दिन अचानक बीमार होकर उसी अस्पताल में भर्ती होता है। उसे खून की निहायत जरूरत पड़ जाती है। हमेशा की तरह नर्स सरिता ही खून देकर वॉर्ड बॉय के बेटे की जान बचाती है। तब से वह भी सरिता की तर्ज पर चलने लगता है। उसका कायाकल्प बुराई पर भलमनसाहत की विजय है। नीलम राकेश की यह कथा सहेतुक लगती है।

सुनीलकुमार 'सुमन' ने 'जाति' लघुकथा के जरिए जाति और धर्म की रूढ़ मान्यताएँ और समाज व्यवहार पर प्रश्नचिह्न खड़ा किया है। डॉ. बाबासाहब आंबेडकर ने जाति प्रथा के उन्मूलन के लिए धर्मांतर का अभियान चलाया। पर उनके अनुयायियों ने धर्मांतर के बावजूद जाति को बरकरार रखा। एक तरह से यह कहानी हमें समझाती है कि किसी भी विचार को उसके अनुयाई ही अपने व्यवहार से परास्त कर देते हैं।

दांपत्य जीवन की सफलता के लिए परस्पर सामंजस्य एवं सद्भाव जरूरी होता है। इसे आलोक कुमार सातपुते ने 'दांपत्य' कथा में स्वर दिया है। कथा में पति-पत्नी हैं। उनमें अनबन होती है। पति पत्नी से कहता है, 'कितना अच्छा होता कि तुम मुझसे बात ही न करती।' पति के इशारे से पत्नी बोलना बंद करती है। 'चोर तो चोर, ऊपर सिरजोर' की कहावत के अनुसार मौन पत्नी को पति गर्वीली, हठीली, न जाने कितनी उपाधियों से कोसता रहता है। प्रस्तुत कहानी पुरुष अहंकार एवं वर्चस्व की कथा बयाँ करती है और समझाती है कि पुरुषसत्ताक व्यवस्था में नारी का जीवन सैंडविच बन जाता है। आज्ञापालन करे तो उलाहना, न करे तो उद्दंडता। नारी बेचारी करे तो क्या करे? नारी परवशता दर्शाती यह कथा नारी की मनोव्यथा का चित्रण है और एक मनोवैज्ञानिक कहानी भी।

'ठीक है हम' रतन चंद रत्नेश की लिखी कहानी उपचार और हकीकत के अंतर को स्पष्ट करती है। मालती और शीला बचपन की सहेलियाँ हैं। जीवन यापन करते अब 65 वर्ष की हो चुकी है। दोनों का फूला-फला परिवार है। मालती शीला को अनायास फोन कर अपने खुशहाल होने का समाचार देती है। उत्तर में शीला भी अपने यहाँ सब कुछ ठीक होने की दुहाई देती है। हकीकत दोनों ओर अलग है। बहू-बेटियों ने अपनी खिचड़ी अलग पकानी कब की शुरू की है। पर लोकलाज, मर्यादा में दोनों 'तेरी भी चुप, मेरी भी' की सभ्यता निभाती मौन सब कुछ सहती जिंदगी गुजारती है। ऐसा कौन-सा घर है, जहाँ अंदर आग नहीं सुलगती? वर्तमान परिवार का चित्रण करना कहानी का उद्देश्य है। झूठी प्रतिष्ठा भी कहानी चित्रित करती है।

संयुक्त परिवार आज के औद्योगिकीकरण, नागरीकरण, नौकरी जैसे कितने ही कारणों से बिखर रहा है। परिवार विघटन के संघर्ष, मानसिक उथल-पुथल को अश्विनी कुमार आलोक ने 'अर्धांगिनी' लघुकथा में मार्मिक ढंग से उतारा है। हमारे परिवार में हम तीनों भाई अपने माँ-

बाप के साथ मजे में दिन गुजारते थे। पर समय गुजरते बड़ा भाई नौकरी के बहाने शहर चला गया। छोटा शादी के बाद घरजमाई हुआ और अपनी ससुराल चला गया। बचा मैं। दोनों भाइयों के चले जाने से आजकल पिताजी चिड़चिड़े हुए हैं। यह जाने बगैर मैं अकसर पत्नी पर ही बरसता रहा। पर समय गुजरते मुझे हकीकत मालूम हुई। मुझे अपने पर ही तरस आने लगा। मैं खामख्वाह पत्नी को प्रताड़ित करता रहा। पत्नी है कि सब मेरा आधा सहती रही। तब मुझे पता चला कि पत्नी को अर्धांगिनी क्यों कहते हैं। भारतीय परिवार का एक्स–रे प्रस्तुत करने वाली यह कहानी वर्तमान की ब्लू प्रिंट है। कथा नायक की पत्नी भारतीय नारी का और पिताजी घर–घर के कर्ता का प्रतिनिधित्व करते हैं। पत्नी भोगती ही नहीं, सहती भी रहती है। नायक संवेदनशील है। उसे अपने किए पर पछतावा है। अन्यथा वह बच्चे की तरह पत्नी की गोद में अपना चेहरा क्यों छुपाता?

'आखिरी उड़ान' नवीन चतुर्वेदी की विचारणीय कहानी है। हीरामन तोता है। राजमहल उसे पालता है। राजमहल में रहते वह भी राजसी हो जाता है। उसे अपने राजमहली होने का गर्व है। हीरामन एक दिन दासी की आँख चुराकर खुले पिंजरे से उड़ जाता है। जंगल में जिस किसी पेड़ पर बैठता, उस पर अपना अधिकार जताता...राजपरिवार का पाला तोता जो था। पीपल, बरगद, जामुन एक–एक पेड़ पर अधिकार जमाता बबूल पर गया और वहाँ के काँटों में बुरी तरह से ऐसा फँसा कि दुबारा कोई नया पेड़ नसीब न हुआ। रोब, अधिकार की भी अपनी सीमा का अन्त होता है कि सीख देने वाली यह कथा जायसी के 'पद्मावत' के हीरामन की याद दिलाती है।

निष्कर्ष – प्रस्तुत वेबसाइट पर प्रकाशित उपर्युक्त प्रतिनिधि कथाओं की समीक्षा एवं मूल्यांकन से ज्ञात होता है कि लघुकथा इक्कीसवीं सदी की पठनीय विधा है। इस विधा के लिए स्वतंत्र वेबसाइट आरंभ होना इसी बात का संकेत है। इक्कीसवीं सदी संपर्क, सूचना क्षेत्र की क्रांति की सदी है। इसने मनुष्य के जीवन को गतिशील बनाया है। यह गति कल्पनातीत है। प्रकाश और ध्वनि गति से आगे जाकर हम फायबर ऑप्टिकल, लेसर, देवकण की बात कर रहे हैं। इंटरनेट ने स्थल और काल के अंतर को मिटाया है। तंत्रज्ञान सेकंड के सैकड़ों, हजारों हिस्से करने की क्षमता रखता है। ऐसी स्थिति में स्पर्श में ही सारी गति समाहित हो गई। दूसरी ओर भौतिकी के बढ़ते महत्त्व ने मनुष्य की अपेक्षा चीज, वस्तु, पैसा, धन, स्थावर जमीन, जायदाद को सोना बनाया। मनुष्य की सारी होड़ यंत्र बनने, पैसे उगाने का साधन बनाती जिंदगी जीने में लगी है। मूल्य और महत्ता हाशिये पर गई। विज्ञान के साथ अध्यात्म जुड़ा। धर्म और जाति अद्वैत बनी। विसंगत व्यवहार द्विधा व्यक्तित्व, द्वंद्वात्मक मानसिकता के चलते मनुष्य व्यंग्य का प्रमुख लक्ष्य बना। लघुकथा उसकी प्रतिक्षिप्त (Reflex) उपज है। संक्षिप्त भाषा, संक्षिप्त वस्तु, सांकेतिक पात्र चित्रण, सूचक लक्ष्य, प्रचलित अर्थगर्भ मिथक प्रयोग-सब ने कथा को मिनी और माइक्रो का संयुक्त रूप बना दिया। पल भर में पढ़ सकें और जिंदगी भर याद रहे ऐसी लघुकथा लिखने का रिवाज समय की माँग और आवश्यकता बनी, जो इस वेबसाइट से मूर्त बनी।

4. http://www.srijangatha.com–

'रचनाकार' की तरह वैविध्यपूर्ण साहित्य की पठनीय वेबसाइट के रूप में 'सृजनगाथा' की पहचान है। अनुसंधान काल में इस वेबसाइट पर कहानी, लघुकथा जैसी करीबन सवा सौ रचनाएँ प्रकाशित हुई हैं।

इस वेबसाइट पर प्रकाशित अलका सैनी की कहानी 'कसक' परिवार कथा है। मनीष और गरिमा पति-पत्नी है। दोनों नौकरीशुदा हैं। घर में बेटी आयना है। घर में सुख है पर चैन नहीं। पत्नी गरिमा को ही समझदारी से परिवार का सारा बोझ एवं हर एक जिम्मेदारी उठानी पड़ती है। मनीष है कि उसमें होने वाला पुरुष मरने का नाम नहीं लेता। इन सबसे मार्ग निकालकर गरिमा घर बाँधती है। उसकी इच्छा है कि नए घर में पहली दिवाली परिजनों के साथ गुजारे, पटाखे फोड़े...जिंदगी भर कभी शादी के बाद उसे दिवाली दिवाली नहीं लगी थी। मनीष की जिद कि दिवाली गाँव में माँ-बाप के साथ ही मनानी चाहिए। नए घर की इस पहली दिवाली में भी वह पीछे हटने को तैयार नहीं। मनीष की मान्यता से पत्नी मात्र कठपुतली है...गरिमा के मन की कसक है कि कभी वह भी आदर्श पति बने...आदर्श पत्नी तो वह है ही ! भारतीय परिवार का प्रातिनिधिक चित्र होने वाली यह कथा पुरुष के अहंकार पर करारा व्यंग्य प्रहार है। गरिमा समर्पित, त्यागी गृहिणी बनकर उभरती है। विवरण शैली में लिखी यह कहानी सुबोध भाषा से पठनीय बनी है। नौकरीशुदा, शिक्षित, शहरी परिवार का चित्र खींचने में यह कहानी सफल हुई है।

'फिदायीन' संजय पुरोहित की लिखी पत्रकारिता के जीवन पर आधारित एक चरित्र-प्रधान रचना है। फिदायीन का अर्थ है कि मौत से न डरने वाला, जान पर उदार होने वाला। यह शब्द अकसर ऐसे आतंकवादियों के लिए प्रयोगित होता है जो मनुष्य बम के रूप में खुद को मौत के हवाले कर देते है। शुभेंदु एक न्यूज चैनल में पत्रकार है। दिल्ली के स्टूडियो में कार्यरत है। कश्मीर में दंगा होता है। वहाँ का आँखों देखा हाल (लाइव कवरेज) चित्रित करने के लिए उसे चुना जाता है। शुभेंदु कैमरामैन जफर के साथ कश्मीर पहुँचता है। पंद्रह अगस्त के दिन आतंकवादियों के हमले को चित्रित करते यह दम तोड़ता है, फिदायीन होता है। टी.वी. चैनल को शुभेंदु के फिदायीन होने का कोई गम नहीं...उन्हें खुशी है अपना टीआरपी अन्य चैनलों से बढ़ा...शुभेंदु की वजह से वे एक्सक्यूजिव फुटेज दिखा सके...टी.वी. चैनल उत्पादक, कार्मिक सेल्समैन, जनता उपभोक्ता...माल (खबर) बेचने की होड़...रेटिंग के लिए कुछ भी, रिपोर्टर कच्चा माल भेजते है, स्टूडियो पहुँचते ही उसे फिनिशिंग टच देकर ब्रेकिंग न्यूज के रूप में करोड़ों दर्शकों तक सनसनी से पहुँचाया जाता है। मीडिया का पर्दाफाश कहानी का उद्देश्य है। उसे शुभेंदु की शहादत से बड़े प्रभावी ढंग से प्रस्तुत किया गया है।

'शरीफ-बदमाश' पुलिस के कारनामों की कथा है। कृष्णकुमार यादव ने इस लिखा है। पुलिस को अपने मुखबिर द्वारा खबर मिलती है कि विश्वविद्यालय के छात्रावास के कमरे में शातिर बदमाश का शागिर्द छिपा है। पुलिस खबर के अनुसार कमरे पर छापा मारती है। कमरे में राकेश रहता था। वह एक संभ्रांत परिवार का, डॉक्टर दंपती का इकलौता लड़का था। छापे में पुलिस एक मोटरसाइकिल, कुछ सहेली से लिए गए ग्रिटिंग्ज बरामद करती है। अखबार में खबर छपती है...शातिर बदमाश गिरफ्तार। मामला अदालत में चलता है। अदालत राकेश को बरी करती है। राकेश का साल...जिंदगी बरबाद, बदनाम होती है...उसकी चिंता न पुलिस, मीडिया, न अदालत को। पुलिस और मीडिया को खबर से मतलब होने की आज की मानसिकता पर यह कहानी व्यंग्य कसती है। कहानी मासूम, शरीफ युवक के हकनाहक बलि की कहानी है। उसके भविष्य पर प्रश्न उठाती यह कहानी प्रश्न लगाती खत्म होती है पर उत्तर...अनुत्तर ही !

माखिजा कारोबार के बहाने डेनमार्क के मोरेब्रो शहर में आकर बसा था। पर यहाँ की जीवन शैली उसे रास नहीं आई थी। वह जिस फ्लैट को रहने के लिए पसंद कर चुका था, उसे कैप्री ने हथियाया था। तब से उसकी निगाह कैप्री पर थी। कैप्री बुढ़िया थी। मौत का इंतजार करते हमेशा बाल्कनी में बैठ जाती। वहाँ ऐसे लोगों के मर जाने का पता हफ्तों, महीनों बाद लगने की खबरें अखबार में पढ़कर आश्चर्य लगता और उसका मन तरस भी उठता था। ऐसे ही उसे कैप्री के मरने की खबर एक दिन सुनाई देती है। कैप्री के मर जाने से उसके मन में अपने बेवारिस मर जाने का अंदेशा-सा होने लगा। कारण आजकल भारतवर्ष के अपने परिवार से उसका संपर्क कम हुआ था। फोन की आवाजाही भी लगभग खत्म थी। प्रस्तुत कथा में अनिवासी भारतीयों की मनोदशा का, उनके अवसाद का मार्मिक चित्रण है। यह कथा 'अंतिम पड़ाव तक' चाँद शुक्ला 'हरियाबादी' की लिखी है। देशी-विदेशी जैसा कोई फर्क इस भूमंडलीकरण के दौर में नहीं रहा। भारत यूरोप बनने की बात को चित्रित करना कहानी का लक्ष्य है।

संजय जनागल की अनेक लघुकथाएँ 'सृजनगाथा' में प्रकाशित नजर आती हैं। 'मजबूरी' में पी-एच.डी. करने वाले छात्रों की गुलामगिरी का चित्रण है। **'विज्ञापन'** जनता के ऐसे लाभार्थी की अपेक्षा मंत्रियों के फोटो छपवाने के नए फंडे पर उँगली उठाती है और बताती है कि बेहतर होता विज्ञापन के पैसे लाभार्थी पर प्रत्यक्ष खर्च होते। 'चुनावी ड्यूटी' कथा कर्तव्यच्युत अध्यापक पर करारा व्यंग्य है। जो अध्यापक पढ़ाना सिरदर्द मानते है, ऐसों के लिए 'चुनावी ड्यूटी' खुशहाली का पैगाम ले आती है। ऐसी सारी लघु कथाएँ व्यंग्य प्रधान रचनाएँ है।

'सुरक्षा का पाठ' सुधा अरोड़ा की लिखी बच्चों के परवरिश के सांस्कृतिक अंतर एवं नजरिये का चित्रण करने वाली कहानी है। राघव नौकरी के बहाने अमरीका जाता है। स्टेला नामक अमरीकी लड़की से उसकी शादी होती है। उनकी दो संताने भी हैं-पॉल और जिनी। कुछ बरसों बाद राघव सपरिवार भारत आता है। घर में दिवाली-सा माहौल है। तीन-चार दिन बाद राघव को आश्चर्य होता है कि रात में स्टेला चिल्लाती क्यों नहीं? देखते हैं तो पता चलता है कि माँ बच्चों को उठाकर गोद में ले सोती है। राघव माँ पर बरस पड़ता है...'बच्चों की आदत मत बिगाड़ो...उन्हें रोने दो...अपने आप वे चुप होते हैं...चिल्लाने से उनके फेफड़े सख्त होते हैं।' भारत में जिस ममता के 'सेंस' से बच्चों की परवरिश होती है, वही यूरोपीय नजरों में 'नॉनसेंस' सिद्ध कर लेखिका ने दृष्टिकोण के फर्क को समझाया है। दादी अपने ही मन को सब्र सिखाकर चैन से सोने लगती है।

पुष्पा सक्सेना की लिखी 'यहाँ फूल तोड़ना मना है' कहानी एक ओर प्रेमकथा है तो दूसरी ओर शिक्षा संस्थाओं में बढ़ती गुंडागर्दी, आतंकवाद एवं दहशत की कहानी है। प्रिंसिपल दत्त ने दिल्ली के कॉलेज में अच्छा प्रशासन किया था। उसे देखते हुए लाहौर में नियुक्ति मिली थी। लाहौर कॉलेज में भी उन्होंने सुशासन चलाया था। पर इससे गुंडागर्दी करने वालों की कसी नकेल से बदमाश छात्र परेशान थे। बहाना बनाकर उन्होंने प्रिंसिपल दत्त का घेराव, फिर जानलेवा हमला और अंततः बेटी अल्पना की निर्मम हत्या की। सबके बावजूद प्रिंसिपल दत्त अपने कर्तव्य से नहीं चूकते। परिणामस्वरूप छात्रों में परिवर्तन आता है। वे प्रिंसिपल साहब को सिर आँखों पर उठाते हैं। इस मुख्य कथा के परिपार्श्व में सुधीर और अल्पना की प्रासंगिक प्रेम कहानी भी लेखिका ने पिरोयी है। यह कथा शिक्षा व्यवस्था के वर्तमान को चित्रित करती है। कथा में प्रेम, शिक्षा,

प्रशासन, छात्र संगठन आदि का चित्रण है। संघर्ष और रोमांस में पली कथा का शीर्षक 'यहाँ फूल तोड़ना मना है' श्लेष व्यक्त करता है। अल्पना और छात्र दोनों को फूल मानकर किसी माली की तरह उनकी हिफाजत करने वाले प्रिंसिपल को आदर्श रूप में नायक बनाया है। छात्रों की हवा की तरह बदलने वाली मनोवृत्ति के दर्शन जो इस कहानी में मिलते हैं,...स्वाभाविक है।

कहानियाँ, लघुकथाओं के अलावा 'सृजनगाथा' वेबसाइट पर विश्व के मशहूर कथाकारों की रचनाओं को अनूदित करके प्रकाशित करने का क्रम भी दिखाई देता है। फ्रांसीसी कथाकार गाई डे मोपासाँ की कहानी 'वाज इट अ ड्रीम' का अनुवाद इस संदर्भ में द्रष्टव्य है। द्विजेंद्र द्विज ने वह किया है। यह एक भावविभोर कथा है। एक प्रेमी है। अपनी प्रेमिका से जी-जान से प्रेम करता है। प्रेमिका एक दिन बारिश में भीगकर घर लौटी जुकाम लेकर ही। दवा-दारू आदि इलाज के बावजूद बेचारी चल बसी। प्रेमिका के चल बसने का सदमा प्रेमी की नींद हराम कर देता है। यह बेचैनी उसे सिमेंट्री ले जाती है। सिमेंट्री में वह देखता है कि प्रियजनों ने अपने आत्मीयों को दफनाकर प्रशंसा के कसीदे संगमरमर पर खुदवाए हैं। प्रेमी की नजरों में ये कसीदे झूठे हैं। यदि दफन किए व्यक्ति कब्र से उठकर उन्हें पढ़ेंगे तो उन्हें पढ़कर जरूर हैरानी होगी। क्योंकि वह सच्चाई पर कसा व्यंग्य था। प्रेमी अपनी प्रेमिका की कब्र पर लिखी पट्टी पर होने वाले मजमून की जगह हकीकत लिखता है, 'एक दिन अपने प्रेमी को धोखा देने के लिए वह बारिश में गई, उसे सर्दी हुई और वह मर गई।' यहीं खत्म होने वाला यह कथाबिंब और कुछ न होकर एक प्रेमी का सपना था, भ्रम था, कल्पना थी। हकीकत थी एक प्रेमी का एक प्रेमिका पर प्रेम था बस्स!। गाई डे मोपासाँ की यह कहानी दुनिया की मशहूर प्रेमकथाओं में से एक है। इसमें मोपासाँ ने कल्पना और यथार्थ का सुंदर द्वंद्व चित्रित किया है। कथा में आरंभ से लेकर अंत तक प्रेम भाव की खुमारी है। प्रेमी सक्रिय तो प्रेमिका निश्चल, प्रेमी निरंतर अस्वस्थ, चैन में मस्त प्रेमिका दूसरी ओर गति और अगति, जड़ और चेतन, भाव-विभाव सबको एक ही दिखाकर कथा की कलात्मकता मोपासाँ ने बढ़ाई है।

पत्रशैली में लिखी 'अल्बर्ट' कथा सूरज प्रकाश की रचना है। 'सृजनगाथा' पर प्रकाशित यह एक अनूठी कहानी है। सूरज प्रकाश 'सारिका' पत्रिका के पुरस्कृत कथाकार है। अल्बर्ट शराबी बन गया है। पिछले कई दिनों से घर वापस नहीं आया है। परेशान पिताजी उसे ढूँढ़ते बंबई तक छान डालते हैं। वह जिस ऑफिस में काम करता है, वहाँ के लोग उसे हिदायतें देकर थक चुके हैं। पर अल्बर्ट है कि बाज नहीं आता। होनहार युवकथा अल्बर्ट...किसी फील्ड में पीछे नहीं था। जैसे बंबई चला गया...पहले खाली शामों को बिताने के लिए शराब पीता रहा, फिर रोज। पगार उसकी कम ही होती रही। कर्जे बढ़ने लगे। सब तरह के एडवांस ले चुका है अल्बर्ट। मम्मा है कि चिंता से घुल रही है। पिताजी उसे लेने आए हैं, पर खाली हाथ लौट गए...जाता समय अपनी फिक्र स्पष्ट करता एक खत कमरे में छोड़ उल्टे पाँव लौट जाते! एक पिता की चिंता स्पष्ट करने वाली यह कहानी हर पढ़ेन वाले का दिल कचोटती है। पिता की बेटे के प्रति चिंता तथा ममता को उजागर करने वाली यह कथा बेहद भावुक है। अल्बर्ट जैसे बेटे अकेलेपन में एक बार नशे की चपेट में घिर जाते हैं तो वापस नहीं आते। नशा एक ऐसा चक्रव्यूह है, जहाँ अंदर जाया जा सकता है, बाहर आने का कोई रास्ता नहीं। ऐसे लोगों का हश्र कोई नहीं बता सकता। सूरज प्रकाश ने अंजाम देने वाली कथा लिखकर अपनी लेखनी की ताकत दिखा दी है।

'बेड़ियों की जकड़न' सुधा भार्गव की मति कुंठित करने वाली कथा है। हरिया बूढ़े कुम्हार का मनोरुग्ण बेटा है। इलाज के लिए पैसे न होने के कारण लोहे की बेड़ियों से जकड़कर बाँधे पन्द्रह साल गुजर चुके हैं। लाचार बाप आस लगाए बैठा है कि कोई आएगा, मदद करेगा, अनुदान देगा। लेखक का मित्र तिरुपति बालाजी जा रहा था। बीस तोले सोने का दान करने। लेखक ने हरिया की सहायता करने की गुहार लगाई। उसका प्रतिप्रश्न था...मुझे क्या मिलेगा? यह कहानी दो बेड़ियों की जकड़न की चर्चा करती है। एक हालत की है और दूसरी पाप-पुण्य की अंधश्रद्धा की। दोनों बेड़ियाँ समाज से जब तक दूर नहीं होंगी, समाज सुखी नहीं होगा...यह समझाने वाली प्रस्तुत कथा पाठक को अस्वस्थ जरूर करती है।

उपर्युक्त लेखिका की ही एक और चित्ताकर्षक कहानी है 'नासूर'। इसमें द्रौपदी एक गरीब ब्राह्मण की असाधारण सुंदर लड़की है। कथावाचक ब्राह्मण के पास उसके लिए रिश्ता आते ही उसने आव न देखा ताव। पाँचवीं कक्षा पास द्रौपदी को उसने लाल जोड़े में बिदा किया। द्रौपदी सुहागरात में सात फेरे लगाए दूल्हे के बदले दूसरे मर्द को देखकर अचंभित होती है। हुआ यह था कि सुहागरात को आया हुआ शख्स साहूकार था। दूल्हा उसका कर्जदार। साहूकार को स्मैक की लत थी। अत: उसे कोई लड़की नहीं देता था। सुहागरात को साहूकार ने दूल्हे के बदले आकर द्रौपदी की चिंदी-चिंदी कर डाली। दूसरे दिन साहूकार के साथ दूल्हा भी आया। द्रौपदी बेचारी रात भर दोनों पाटों में पिसती रही। अब यह हर दिन का खेल हुआ। द्रौपदी को भी उन्होंने स्मैक की आदत डाल दी ताकि वह भंड़ा न फोड़े। बेचारी का नशा उतरता तो सारा अंग तो जवाब देता रहता...ऊपर गाँव वालों की फब्तियाँ सुनते बेचारी नहीं थकती। कहते थे, 'यह मर्यादाविहीन द्रौपदी उस द्रौपदी से (महाभारत वाली) आगे निकली।'...'गलती हजारों वर्ष पूर्व हुई थी। गलती आज भी हुई है। लेकिन औरत जहाँ थी, आज भी वहीं खड़ी है।' पुरुष की नामर्दी उसकी जिंदगी का नासूर बन जाती है। नारी के उत्पीड़न की यह कथा उसके अबलापन को जिस ढंग से व्यक्त करती है, पाठक दंग रह जाता है। कहानी अल्पाक्षरों में गहरा और व्यापक आशय व्यक्त करती है। कथा शैली के लिए लेखिका बधाई की पात्र है। सुधा भार्गव के प्रमुख पात्र मौन होकर भी बहुत कुछ बोल देते हैं। हरिया और द्रौपदी को हम भुलाए नहीं भूलते।

डॉ. दीप्ति गुप्ता की कहानी 'पारदर्शी' पढ़ते हुए पाठक को नॉस्ट्राडेमस की अपने मृत्यु की घटना याद न आती तो आश्चर्य...ऐसा कैसा होगा? राजश्री के साथ जो हो रहा था, उससे उसका मानसिक संतुलन बिगड़ता जा रहा था। वह जो सोचती...वही होता। अच्छा होने पर उसे खुशी जरूर होती थी। पर लाख कोशिश के बावजूद कभी-कभी उसके मन में बुरे विचार आ जाते...बुरा घटने पर उसे बेचैनी होती। हार कर राज मनोवैज्ञानिक प्रो. सबर वाल के पास समुपदेशन, इलाज के लिए पहुँचती है, तो उसे पता चलता है कि उसमें 'प्रिमोनीशन' विकसित हुआ है...मतलब आने वाली घटनाओं की पूर्व सूचना मिलना, पूर्वाभास होना। फिर उसने किताबों से अपनी इस मन:स्थिति को भलीभाँति जान लिया...अभ्यास से मन का ठहराव सीख लिया जिससे वह भी और दुनिया भी सुखी बने...पर यह सब तनाव भरा होता था। यह एक अनूठी मनोवैज्ञानिक कथा है, जिसे पढ़कर पाठकों को राज पर तरस आना स्वाभाविक कहा जाएगा।

पाश्चात्य संस्कृति की दिल दहलाने वाली कहानी है 'वसीयत'। महावीर शर्मा ने इसे लिखा है। राकेश वर्मा लंदन जाकर वहाँ के जनजीवन के अभिन्न अंग बन गए थे। जब भी

फ़ुरसत मिलती पार्क में टहलने जाते। वहाँ एक बूढ़ा अकसर एक बेंच पर बैठा मिलता, जो हर आने-जाने वालों को फुर्ती से 'गुड मार्निंग', 'गुड डे' जैसी शुभेच्छाएँ देता। राकेश को उसकी यह भलमनसाहत अजीब लगती। उसे जानने की इच्छा तीव्र होकर एक दिन वह उस बुड्ढे से मिलता है...संवाद करता है। उससे बुड्ढे को सकून मिलता...वह खुश होता। होते-होते जो कहानी राकेश को मालूम हुई, उससे वह हैरान हुआ। पैंतीस वर्ष पूर्व लंदन के पार्क एवेन्यू में 'जेम्स वॉरेन उसे पहली बार मिला था, तब उसकी आयु 55-60 वर्ष की थी। तब वह 30, डर्बी एवेन्यू, फिंचले में अकेला रहता था। उसका नाम जेम्स वॉरेन था। उसकी पत्नी एथल चल बसी थी। बेटा विलियम अपनी सहेली जैनी से विवाह करके अलग रह रहा था। उसे जॉर्ज नाम का लड़का था। लाख कोशिश के बावजूद विलियम का परिवार वापस घर नहीं आया। जेम्स वॉरेन की उम्र बढ़ती जा रही थी विल्मा नाम की एक अनाथ बिल्ली के साथ वह अपना बुढ़ापा गुजार रहा था। वह वॉरेन की सब बातें सुनती, समझती थी। इसी के सहारे वह जी रहा था। मरने के पहले उसने अपनी वसीयत लिखी थी। अपने उत्तराधिकारी के रूप में उन्होंने राकेश वर्मा और विल्मा बिल्ली को चुना था न कि बेटे विलियम या बहू जैनी को। कथा आरंभ होती है सॉलिसिटर की नोटिस से। फ्लैश बॅक से उपर्युक्त घटनाओं का पता चलता है तब राकेश शर्मा को वॉरेन के वे पैसे लेना अपराध लगता है जो उसे वसीयत में मिले थे। वह बिल्ली के नाम कर वापस लौटने लगता है, तो उसे अपने पुराने घर को देखने की इच्छा होती है। वह सपत्नीक वहाँ जाता है...वहाँ भी एक बुड्ढा एक कुत्ते के साथ आजकल रह रहा था...एक और वॉरेन। प्रस्तुत कहानी अनाथ बनती बूढ़ी पीढ़ी, संतानों की निर्ममता, समृद्धि के बाद भी चैन न आने वाले लोग...सब दिखाकर महावीर शर्मा ने बिखरते परिवार की पीड़ा की ओर इशारा किया है। विल्मा बिल्ली को उत्तराधिकारी दिखाकर लेखक ने पाश्चात्य परिवारों के मनुष्य उत्तराधिकारी न रहने के यथार्थ को चित्रित किया है। कहानी पाठक को अंतर्मुख बनाती है।

निष्कर्ष – इस प्रकार निष्कर्षतः हम कह सकते हैं कि अन्य वेबसाइट्स की तरह 'सृजनगाथा' पर कहानियों का वैविध्य नजर आता है। अनुवाद भी स्तरीय है। लघुकथाएँ, लोककथाएँ हैं । अनुवाद देशी-विदेशी भाषाओं की श्रेष्ठ कथाओं के पाए जाते हैं। कहानियों में विषय वैचित्र्य के साथ शैली वैविध्य है। कथाकारों में विदेश में बसे भारतीय अधिक हैं। यही कारण है कि उन्हें वे विषय अधिक आकर्षित करते हैं, जो सांस्कृतिक अंतर समझाते हैं। ऐसी स्थिति में कथाओं में विदेशी पात्रों की संख्या अधिक होना स्वाभाविक है। भाषा प्रयोग एक ओर अंग्रेजी प्रचुर है, वहीं दूसरी ओर, बोली, काव्य, कहावतों से युक्त। इससे कहानियों में नयापन झलकता है। विश्वविख्यात कहानियों जैसी अन्य कहानियाँ भी श्रेष्ठ होना अंतर्जालीय कथाओं के स्तर को स्पष्ट करती है। कथा शीर्षक विषयानुकूल, प्रतीकात्मक नजर आते हैं। चरित्र चित्रण में सूचकता, मनोविश्लेषण का प्रयोग है। आमतौर पर कथाएँ पठनीय हैं।

5. http://www.bhartiyapaksh.com–

इस वेबसाइट पर नई-पुरानी दोनों तरह की कहानियाँ अनुसंधान काल में प्रकाशित हुईं। पुरानी एवं पूर्व प्रकाशित कहानियों का विचार यहाँ इसलिए नहीं किया गया, क्योंकि वे मुद्रित रूप में संकलित हैं। उनकी चर्चा, समीक्षा इसके पूर्व हुई है। प्रेमचंद, रांगेय राघव, भीष्म सहानी, मन्नू

भंडारी, अमरकांत आदि हिंदी कहानी के बहुचर्चित नाम हैं। उनकी पूर्व प्रकाशित कहानियों का पुनर्प्रकाशन होने से सिर्फ नई कहानियाँ समीक्षार्थ स्वीकार की हैं।

क्षितिज शर्मा की कहानी 'घाव' पढ़कर किसी भी सुबुद्ध पाठक को यशपाल की कहानी 'दुख का अधिकार' जैसी कहानियाँ याद आए बिना नहीं रहेगी। उस कहानी में यशपाल ने अमीर-गरीब के दुख की चर्चा की है। यहाँ भी क्षितिज शर्मा ने मोहनसिंह, जो एक गरीब किसान है, के दर्द का और थोकदार मानसिंह के दर्द का चित्र खींचा है। मोहनसिंह किसी तरह घर, खेत सँभालता अपनी जिंदगी गुजार रहा था। एक दिन जलावन के लिए लकड़ियाँ काट रहा था कि कुल्हाड़ी छटक पड़ी और पैर में गहरी चोट आई। दवा-दारू करने की उसकी औकात कहाँ? बेचारा जख्म को जब्त करता दिन काट रहा था। इतने में उसे थोकदार मानसिंह के बीमार होने की खबर का पता चलता है। उनसे उसके आत्मीय संबंध थे। और थोकदार जो ठहरे। भविष्य में काम आएँगे। इस विचार से वह घिंघारू से बासोली पैर रगड़ता जा पहुँचता है। मानसिंह थोकदार को मोहनसिंह से मिलकर खुशी तो होती पर आश्चर्य अधिक होता है कि इतनी बड़ा जख्म...इलाज नहीं...कैसे जीता होगा? उसका जख्म देखकर मानसिंह को अपनी खरोच पर शर्म आती है। अमीर के पास पैसे होते हैं। वह आराम से दवा-दारू लेता अपने दुख-दर्द को मनाता...सहलाता रहता है। गरीब को ऐसा अधिकार और सहूलियत कहाँ? इस ग्रामीण कहानी की भाषा, माहौल सब पहाड़ी है। पात्र सीमित रखकर विवरण से कथा विस्तार साधा है। कहानी आंचलिक लगती है। कथा प्रसंगों में क्रमबद्धता है। समूची कहानी आत्मीय संबंधों को बुनती विकसित होती है। अपने दुख का उन्नयन दूसरों के दर्द को जानकर करने की बात कथाकार ने बड़ी खूबी से चित्रित की है। 'घाव' शीर्षक शरीरी एवं मानसिक घावों को एक साथ व्यक्त करता कहानी को कलात्मक बनाता है।

भारत कुमार की लिखी लघुकथा 'सुबह से भूखा हूँ' भावना और बुद्धि का द्वंद्व चित्रित करती है। श्याम वर्मा समाज सेवक है। समाज की विषमता हटाने हेतु कानून मंत्री से भिक्षावृत्ति विरोधी कानून पारित कराते हैं। पर एक दिन खुद एक भूखे भिखमंगे बच्चे को देखकर इस द्वंद्व में बुरी तरह से फँस जाते हैं कि भीख देना-लेना कानूनन अपराध जरूर है पर किसी को भूखे देखकर सहायता न करना इनसानियत के खिलाफ तो नहीं? बुद्धि और भावना के निर्णय समय, प्रसंग, स्थिति के अनुसार करने की नसीहत देने वाली यह लघुकथा पाठकों का प्रबोधन करती है। यह सहेतुक रचना है। भूखे बच्चे का हृदयद्रावक चित्र बुद्धि पर भावना को विजित करता है।

इस वेबसाइट पर प्रकाशित उषा वर्मा की 'कॉस्ट इफेक्टिव' तथा बोल्गा की 'चुनावों में' दोनों साधारण-सी रचनाएँ हैं। शिल्प और शैली दोनों दृष्टि से ये कथाएँ शिथिल हैं। उनमें कथा की अपेक्षा विचार प्रबल है। सहेतुक लिखी कथाओं का हश्र ऐसा ही होता है।

अलका सिन्हा की 'चाहत' कथा संतान प्राप्ति की लालसा रखने वाले कनी और अमित के भावांदोलन की दर्दभरी दास्तान है। दोनों की शादी के बाद उन्होंने अपनी गृहस्थी के कैसे-कैसे स्वप्न रचे थे। कनी गर्भवती होती है पर बेटी होने की बात का पता चलने पर वे उसे गिराना तय करते हैं। डॉ. खन्ना के अस्पताल में भर्ती करने पर कन्या भ्रूण तो गिराते हैं पर गर्भाशय में हुए गंभीर संक्रमण (इन्फेक्शन) से उन्हें कनी का गर्भाशय निकालने की नौबत आती है। कन्या भ्रूण हत्या का असामाजिक विचार उन्हें नि:संतान कर देता है। 'चाहत' ठीक होती है। पर यदि

तुम प्रकृति के खिलाफ किसी विकृति के शिकार होते हो तो उसका खामियाजा आपको भुगतना ही पड़ता है। यह सबक देने वाली इस कहानी में अस्पताल के वातावरण को सजीव रूप में चित्रित किया है। पति–पत्नी की मनोदशा का चित्रण भी प्रभावी है। भाषा शिक्षित वर्ग की अंग्रेजी प्रचुर है। आधुनिक कथा–बीज को प्रसंग एवं भावावेग चित्रण से विकसित किया है। कथा भावुक कर देने वाली है और शिक्षा देने वाली भी। शीर्षक सूचक तथा व्यंग्यात्मक है, जो अतिलोभ का नतीजा स्पष्ट करता है।

पढ़ी–लिखी नारी आधुनिकता, कैरियर, नौकरी आदि में कभी–कभी अपने बुनियादी कार्यों को भूल जाती है, उसे दिखाने वाली कहानी है 'माँ का साया'। मुनिश्री प्रशांत कुमार ने इसे लिखा है। छाया पढ़ी–लिखी, उच्च शिक्षित, नौकरीशुदा माँ है। राहुल जैसे अपने इकलौटे बेटे की बीमारी से परेशान माँ उसे दिल्ली में अपने चाचा प्रेमप्रसाद के यहाँ रखती है। वहाँ सारी समृद्धि, सेवाएँ हैं, पर अपनापन नहीं। उसकी परवरिश के लिए मालती को रखा है। वह अपने बेटे को लेकर आती है और राहुल का खयाल रखती है। छाया इस पर आपत्ति उठाती है, तो गरीब, अल्पशिक्षित सविता समझाती है कि बेटा माँ के पास होता तो संस्कारशील हो जाता है। छाया पर अपनी नौकरी, शिक्षा का नशा होता है। वह तीन वर्ष तक बेटे का मुँह नहीं देख पाती। मिलती है तो बेटे का माँ के प्रति तनिक भी लगाव नजर नहीं आता। उलटे बेटा ही उसे माँ के कर्तव्य का पाठ पढ़ाता प्रश्न करता है कि 'तुम्हे माँ कहने का क्या हक है?' बेटे का यह प्रश्न छाया को अंतर्मुख कराता है और सविता की समझदारी भी सोचने के लिए बाध्य करती है। घर–परिवार, संतान की अनदेखी कर कैरियर बनाने वाली नारी की आँख खोलने वाली यह कहानी वर्तमान समाज जीवन का यथार्थ चित्र खींचती है। कथा के संवादों से कथावस्तु एवं चरित्र का विकास हुआ है। छाया कथा की केंद्रीय पात्र है। उसके गरूर, अहंकार एवं आत्मरतता को प्रभावी ढंग से चित्रित किया है। 'माँ का साया' शीर्षक कथा का लक्ष्य सूचित करता है। सब कुछ होकर भी अपनी संतानों को अनाथ की जिंदगी बहाल करने वाली नई पीढ़ी पर कहानी निर्मम प्रहार करते नहीं चूकती।

'पतझड़' डॉ. सीमा शहा की लिखी एक पारिवारिक कथा है, जो पीढ़ियों के अंतराल के साथ बुढ़ापे की समस्या को स्वर देती है। प्रोफेसर निर्मल और पत्नी सोनल ने अपने बेटे प्रखर की पढ़ाई में कोई कसर नहीं छोड़ी थी। वह पढ़–लिखकर बड़ा हुआ। एक्जिक्यूटिव बना। कार, बँगला, नौकर होते हुए प्राची जैसी पढ़ी–लिखी बहू मिलना स्वाभाविक था। उसका भी परिवार फूला। आगम और रोशी जैसे पोता–पोती मिले। पढ़ाई के लिए घर में ट्यूटर। किसी चीज की कोई कमी नहीं थी। कमी थी संवाद और संस्कार की। विनायक जैसे पुराने नौकर को लताड़। पापा को बीच में दखल न देने की सलाह सब बातें ऐसी...जैसे पिताजी गँवार, गए बीते...कोने के जड़ फर्नीचर। इससे पिताजी मायूस रहते हैं। घर में फोन बंद। संवाद बंद। एक दिन तो खाने की इच्छा भी उड़ गई। पर किसी को फुर्सत है कि पिताजी को मनाए...समझाए...खिलाए। उपेक्षा से एक दिन उनकी मृत्यु हुई। डॉक्टर का निदान था, 'इट्स ए क्लियर केस ऑफ डेथ कॉज्ड बाय सीनियर मालन्युट्रीशियन।' शिक्षा और समृद्धि कभी–कभी मनुष्य को यंत्र बनाती है...यह बात दर्शाने वाली यह कथा पीढ़ी के अंतर, पाश्चात्य होते परिवार, बेटों को लाड़–प्यार में बहकाना आदि समस्याओं को चित्रित करती है। यह कहानी पाठकों को उषा प्रियंवदा की रचना 'वापसी' की याद दिलाती है। एक त्यागी पिता की यह शोकान्तिका हमारे नए समाज की प्रातिनिधिक कथा

बन गई है। इने-गिने पात्रों से और कम से कम प्रसंगों से लेखिका ने अपनी कथावस्तु को लक्ष्य तक पहुँचाया है। कथोपकथन संक्षिप्त है। उनसे पात्र एवं प्रसंगों का विस्तार, विकास हुआ है। 'पतझड़' शीर्षक के अनुसार प्रारंभ में प्रकृति के पतझड़ से शुरू होने वाली कथा का अंत सामाजिक, पारिवारिक पतझड़ से दिखाकर कहानी को मनोहारी बनाया है। कथा शोकात्म है। भाषा मध्य परिवार की, परिनिष्ठित है। शैली विवरण की ही है। उद्देश्य सामाजिक है। वर्तमान परिवार पर व्यंग्य कसने वाली यह रचना पठनीय जरूर है।

निष्कर्ष – भारतीय पक्ष वेबसाइट पर सन् 2010 में ये ही इनी-गिनी छह कहानियाँ प्रकाशित हुई हैं। जैसे कि इसके पूर्व वेबसाइट परिचय में स्पष्ट किया है कि विदेशों में बसे परिवार की नई पीढ़ी को भारतीय मूल्य समझाकर उनका बीजारोपण वेबसाइट का उद्देश्य रहा है। उपर्युक्त कहानियाँ उससे मेल खाती हैं। कथा में भारतीय एवं पाश्चात्य संस्कृति के अंतर को कथालक्ष्य से चित्रित किया है। यही कारण है कि परोक्ष रूप से उद्देश्य स्पष्ट होता है। पर्यावरण रक्षण, परिवार की अभंगता, पूजा-पाठ, सबको दर्शाकर कहानी को एक साथ प्राचीन और आधुनिक को जोड़ने वाली कड़ी के रूप मे प्रयोगित किया है। यह वेबसाइट विदेश में स्थित 'भारत' का कार्य करती है। अधिकतर कथाएँ उच्च-मध्यवर्ग की समस्याओं का चित्रण करती हैं। उनके सामने ऐसा ही माहौल है।

6. http://www.hindisahityamanch.com–

हिंदी को राष्ट्रभाषा बनाने हेतु समर्पित अमरीका से चलाए जाने वाली वेबसाइट पर प्रकाशित कहानियाँ लेखन स्तर, आशय, शैली, शिल्प सभी तरह से निराश करती हैं। वैसे इस वेबसाइट पर कहानी, लघुकथा, लोककथा, बालकथा जैसे प्रकारों की रचनाएँ जरूर प्रकाशित हुईं। पर स्तर की दृष्टि से वे साधारण ही सिद्ध हुईं।

प्रस्तुत वेबसाइट से दर्जन भर कहानियाँ अनुसंधान काल में प्रकाशित हुई। उसमें से प्रतीक महेश्वरी की लिखी लघुकथा 'अंधा कौन' सापेक्षतावाद को व्यक्त करती है। दुनिया वही होती है। दुनिया के दर्शन हमारे नजरिए पर निर्भर रहते हैं। एक मंदिर है। उसके सामने एक अंधा भीख माँगता नजर आता है। लेखक उससे पूछता है कि अंधा होने का सुख है या दुख? तो पहले उसका उत्तर था दुख, क्योंकि उसे सुंदर दुनिया देखने की इच्छा थी। पर अंधा होने से बेचारा देख नहीं पाता था। कुछ बरस बाद लेखक उसी मंदिर में उसी भिखारी से वही प्रश्न करता है। पर जवाब आता है कि अंधा होने से वह आजकल सुखी है। आज की बुरी दुनिया न देखना ही बेहतर है। प्रस्तुत लघुकथा वर्तमान की बदतर बनी जिंदगी पर व्यंग्य प्रहार है।

अनिल कांत की लिखी 'एक प्रेम कहानी ऐसी भी' शीर्षक की तरह साधारण-सी प्रेम कहानी है। अभिमन्यु और प्रेरणा पहाड़ी गाँव में एक-दूसरे से इत्तफाक से मिलते हैं। दोनों एक-दूसरे के प्रति आकर्षित होते हैं। नजदीक आने पर दोनों को एक-दूसरे की जिंदगी का पता चलता है। उसके अनुसार प्रेरणा विधवा युवती है। उसका पति दुर्घटना का शिकार हुआ था। वह हॉस्टल में रहकर नौकरी कर आत्मनिर्भर बनने का प्रयास कर रही थी। अभिमन्यु को न्योते आते हैं पर प्रेरणा के कारण वह रिश्ते ठुकराता रहता है। यह जानकर प्रेरणा अभिमन्यु का गाँव छोड़कर अज्ञातवास में किसी सहेली पास रहने चली जाती है। पर अभिमन्यु की उसी के साथ शादी की

प्रतिज्ञा सुनकर वह दौड़ आती है और उनका मिलन होता है। इस साधारण–सी कथावस्तु को प्राकृतिक सुंदरता की पार्श्वभूमि में चित्रित किया है। चरित्र–चित्रण की अपेक्षा भाव–चित्रण पर कथा में बल दिया गया है। कथा शीर्षक विषयानुकूल पर सीधा–सादा है। कहानी में कहीं भी कलात्मकता नहीं नजर आती है।

ऐसी ही एक और प्रेम कहानी इस वेबसाइट पर प्रकाशित हुई थी। उसका शीर्षक था 'इत्तफाक'। अनिल कांत की लिखी इस कहानी में स्वेता और आदित्य दोनों को पढ़ने का शौक है। अमृता प्रीतम की आत्मकथा 'रसीदी टिकट' की तलाश में दोनों का एक–दूसरे से परिचय हो जाता है। परिचय का रूपांतर प्रेम में होता है। विभिन्न धर्म के होने के बावजूद दोनों एक–दूसरे को बेहद चाहते हैं। पर आदित्य से निर्णय न होता देखकर वह गाँव छोड़कर जाने की योजना बनाती है। जाने के पहले उधार ली किताब लौटाते समय उसमें एक प्रेमपत्र छोड़ती है। उसे पढ़कर वह उसे गाँव जाने से रोककर घर लाकर शादी करता है। कथा में अनावश्यक विस्तार का दोष है। कथा में संवाद से नायक–नायिका के पूर्व जीवन को सजीव किया गया है। शीर्षक ठीक है। कथा में सिनेमा जैसे प्रसंग...जैसे–बीमारी में सेवा...उस बहाने नजदीकी...है। कहानी एक साधारण प्रेम कहानी है। गिरजाघर, मंदिर से धर्म भिन्नता स्थापित की है।

'नई सुबह' जैसी निर्मला कपिला की रचना कहानी के रूप में प्रकाशित होकर भी वह कथा की अपेक्षा विचारबंध है। बस उसमें यात्रा प्रसंग है। बालकथाएँ भी साधारण–सी हैं। वही हाल लघुकथा का भी।

निष्कर्ष – इस प्रकार हम देखते हैं कि 'हिंदी साहित्य मंच' वेबसाइट का उद्‌देश्य व्यापक होकर भी स्तर को देखते हुए नहीं लगता कि इसके संपादक, निर्माता, संचालक उसके साहित्यिक रुचि, पठन मूल्य पर गंभीरता से सोचते होंगे। या ऐसा भी संभव है, उनका लक्ष्य आम लेखक को प्रकाशन मंच उपलब्ध कराना हो। जैसा भी हो, विश्व स्तर पर वेबसाइट पढ़ी जाती है। इसे देखते हुए ऐसे प्रयासों के प्रति गंभीरता बरतना जरूरी है।

7. http://www.pravkta.com–

'प्रवक्ता डॉट कॉम' वेबसाइट पर अपवाद रूप में कहानियों का प्रकाशन हुआ। पर इस पर प्रकाशित रचनाएँ स्तरीय रहीं। उदाहरण के तौर पर यदि हम 'नो मैन्स लैंड्स' जैसी कहानी लेंगे। यह मूल असमिया कहानी है। अनुराधा शर्मा पुजारी की लिखी इस रचना का अनुवाद किया है नागेंद्र शर्मा ने।

यह वातावरण प्रधान कहानी है। दो राष्ट्रों की सीमाओं के बीच 'नो मैन्स लैंड्स' होती है। वहाँ का जीवन फौज के साए में नियंत्रित होता है और जान मुट्ठी में लेकर लोग जीते रहते हैं। ऐसे प्रदेश की विशेषता यह होती है कि इस क्षेत्र में भाषा, संस्कृति, रूढ़ि, परंपरा, व्यापार सब में बहुसांस्कृतिकता का प्रतिबिंब दिखाई देता है। डाऊकी मेघालय और बांग्लादेश की सीमा पर बसा गाँव है। यहाँ भारत–बांग्लादेश के बीच फुटबॉल मैच होने वाला है। यह प्रदेश जयंतिया, खासी जाति बहुल है। बिहारी, बँगाली, हिंदू–मुस्लिम, ईसाई सभी प्रकार की मिश्र आबादी है। यह कोयले की खदानों का प्रदेश है। कोयले के ट्रकों की, मजदूरों की, विभिन्न किस्म के मालों की और दोनों राष्ट्रों के नागरिकों की यहाँ तक कि मवेशियों की भी नित्य आवाजाही होती रहती

है। यह सब सेना के फौजियों की निगरानी, नियंत्रण में होती रहती है। लोग इसी के बीच जासूसी करते, चरस, अस्त्र आदि का अवैध व्यापार करते रहते हैं। नो मैन्स लैंड्स के पास होटल, मछली बाजार, दुकानें सजी हैं। नागरिक और फौजी दोनों इसका लाभ–लुत्फ उठाते रहते हैं।

ऐसे माहौल में लेखिका ग्राफिकल सर्वे के सिलसिले में यहाँ आती है। एक तटस्थ निरीक्षक की हैसियत से यह सब देखती इसी माहौल का अंग बन जाती है। यहाँ रोबीन उसे मिलता है। उसका होटल है पर दुकाननुमा। यहाँ सब चीजें मिलती हैं। लोगों का यहाँ ताँता–सा लगा रहता है। पड़ोस में लीली, सिलभियस मछलियाँ बेचती रहती हैं। लीली सुंदर खासी युवती है। अपने पियक्कड़ पति सायमन से बाज आकर मछलियाँ बेचकर गुजारा करती है। सिलभियस उससे नफरत और ईर्ष्या करती रहती है। ईर्ष्या जलन के अनेक कारण हैं। उम्र, सौंदर्य तो है ही। पर वह ज्यादा ग्राहक पटाती है, इसका मलाल अधिक है। मेजर से गुल खिलाकर टैक्स के बगैर मछली लाकर वह दुगुना मुनाफा कमाती है। मेजर छुट्टी पर जाने से परेशान लीली नित्य उसके इंतजार, टोह में रहती है। व्यापार बढ़ाने, ग्राहकों को आकर्षित करने में देह का प्रदर्शन उसे गैर नहीं लगता। माहौल में सर्वत्र फुटबॉल मैच की हवा है। लोग राष्ट्र भूलकर खेल से एक होते हैं। नो मैन्स लैंड्स की यही विशेषता है कि यहाँ की सारी बातें एकात्म हैं।

शून्य भूमि (No man's land) का चित्रण कहानी का लक्ष्य है। सीमावर्ती संस्कृति, सद्भाव, आदान–प्रदान, चहल–पहल का चित्रण कहानी का लक्ष्य है। यहाँ की सांस्कृतिक भाषिक, व्यापारिक, व्यावहारिक बहुलता, विविधता और उसमें निहित मनुष्य जीवन का चित्रण बड़ा सजीव हो उठा है। कथा में व्यक्तिगत पात्रों की अपेक्षा समूह चित्रण पर बल है। माहौल ही कहानी का केंद्र है। लीली की कथा, लेखिका की उपस्थिति, शेबीन, सायमन, सिलभिया के बहाने इसे एक–दूसरे से जोड़ा गया है। बांग्लादेश की भाषा, संस्कृति, कानून का प्रभाव होकर भी बिहारी, बांग्ला, खासी, जयंतियाँ, फौजी, सैलानी सबसे एक तरंगित जन समुदाय कहानी में जान भरता है। फुटबॉल इन्हें जोड़ता है। इस जुगाड़ में फौज, फौजी भी अलग नहीं रहते। ऐसी एकात्म संस्कृति चित्रित कर लेखिका अनुराधा शर्मा ने कहानी को नो मैन्स लैंड्स बनाया है। इस शून्य भूमि का भी अपना दर्शन है। 'इस शून्य भूमि पर खड़े होकर जो बात मुँह से निकलती है, वह निर्दोष, सच और सिर्फ सच होती है।' बांगला भाषा का प्रयोग प्रदेश और संस्कृति को यथार्थ बनाता है। जैसे, 'आपनादेर कर्नल साहब एसे, गतो काल चाय खिसे गियेसेन आमोदर केंपेन। एई देखुन ना कि लेखा असे।' अर्थात् आप जहाँ रहने लगें बस वही है आपका स्वदेश। 'मछलियों के साथ मक्खियों का झुंड लीली को घेरे हुए है।' जैसे कलात्मक भाषा प्रयोग, बिंब चित्रण से कहानी सजीव हो उठी है। 'नो मैन्स लैंड्स' नाम भले हों, मैन्स के बगैर लैंड्स निर्जीव बताने वाली यह कहानी अविस्मरणीय बनी है। लीली–मेजर की प्रेम कहानी ने इसे रोमान्टिक बनाया है। पर अंतिम प्रभाव माहौल का ही छोड़ती है यह कहानी !

निष्कर्ष – 'प्रवक्ता' वेबसाइट पर प्रकाशित अनुराधा शर्मा 'पुजारी' की 'नो मैन्स लैंड्स' मूल आसामी कथा है। इसका नागेंद्र शर्मा ने सुबोध अनुवाद किया है। यह देश, काल एवं वातावरण केंद्रित कहानी है। सेना के नियंत्रण में जीने की विशेषता को इसमें चित्रित किया है। भारत–बांग्लादेश की मेघालय के पास होने वाले जनजीवन का इसमें सजीव चित्रण है। लोगों की गरीबी, व्यापारियों का जीवट, सेना की कर्मठता का इसमें प्रतिबिंब है। विपरीत स्थिति में भी

सेनाधिकारी एवं नागरिक जीवन के बीच होने वाले आत्मीय एवं प्रेमपूर्ण चित्रों की उपकथाएँ मुख्य कथा को विकसित करती हैं। खासी जनजाति का जीवन संघर्ष पठनीय बन पड़ा है। कथा की भाषा सीमावर्ती है। इसकी शैली विवरण की है। पात्रों में विविधता है। उनका चित्रण घटना, प्रसंगों से हुआ है। कहानी के संवाद हार्दिक हैं। कथा का उद्देश्य सीमावर्ती जनजीवन का चित्रण है। कथा का शीर्षक कहानी के वर्ण्य विषय को सूचित करता है। यह एक रोचक कथा है।

8. http://www.garbhanal.com–

'गर्भनाल' वेबसाइट पर हर महीने एक स्तरीय कहानी प्रकाशित करने का रिवाज दिखाई देता है। कभी पूर्व प्रकाशित मशहूर कहानियाँ भी प्रकाशित होती हैं। जैसे ख्वाजा अहमद अब्बास की 'अबाबील' या इस्मत चुगताई की 'अमर बेल'। परंतु इनके अलावा प्रकाशित नव या बहुचर्चित रचनाकारों की कहानियाँ भी उल्लेखनीय दिखाई दीं। 'प्रवासी कहानी' शीर्षक स्तंभ में ये कथाएँ प्रकाशित होती रही हैं।

'संबंध–अनुभूति' उमेश अग्निहोत्री की लिखी कहानी प्रवासी नागरिक की मन:स्थिति का चित्रण करने वाली रचना है। शेखर भारत से अमरीका जा बसा है। पर मन उसका भारतीय ही रहा है। उसके मन में यह दृढ़ भाव है कि अमरीका पूँजीवादी देश है, जबकि भारत समाजवादी। वह सुविधा, संस्कृति, सुख के आकर्षण से अमरीका आया है पर भारतीय प्रेम का ज्वार उतरने का नाम नहीं लेता। यही कारण है कि अमरीका की नकारात्मक चीजें ही उसे दिखाई देती हैं। जैसे अमरीका में गरीब लोग शिफ्ट में सोते हैं, डॉग फूड खाते हैं, वहाँ की संस्कृति में बाहर का असर नहीं होता आदि। यही कारण है कि जब उसे पता चलता है कि अमरीका के अध्यापक रैली निकालने वाले हैं, तो वह वहाँ जाने का मन बना लेता है। रैली देखना उसके लिए अमरीकी विरोध में बल जुटाना था। रैली में देखते–ही–देखते वह प्रदर्शनकारियों के हाथ में हाथ डाले 'हम होंगे कामयाब' गीत गाता अमरीकी हो जाता है। 'जल में रहकर मछली पानी से बैर नहीं कर सकती' की कहावत सार्थक करने वाली यह कहानी अमरीकी जीवन चित्रण के उद्देश्य से लिखी है। साथ ही अमरीका निवासी भारतीय नागरिकों की मानसिकता चित्रित करना भी कहानी का लक्ष्य है। कथा नायक शेखर ऐसे लोगों का प्रतिनिधि पात्र है, जिसे स्वपीड़नवादी कहा जा सकता है। खामख्वाह दुखी होने वालों की अस्वस्थता अतिरिक्त सुख में समय गुजारने का एक बहाना मात्र होता है। कथा में खन्ना, शर्मा, पत्नी जैसे प्रासंगिक पात्र भी हैं। कथा में देश, काल, वातावरण प्रमुख तत्त्व है। पूँजीवाद और समाजवाद के द्वंद्व में जी रहे लोगों की मानसिकता, जीवन प्रश्न (जैसे कॉन्ट्रैक्ट लेबर) कहानी में चित्रित किए हैं। खाते–पीते सोशलिस्ट पर प्रहार करना कहानी का लक्ष्य है। जड़ से कटा शेखर एकदम दूसरा आदमी कैसे बन जाता है, इसकी यह कथा कीड़े से तितली बनने से कम रोचक नहीं है। कथाकार अग्निहोत्री नाटक, साहित्य, माध्यम से जुड़े कलाकार होने के कारण अभिजात कलाकृति की उनकी समझ कथा में झलकती है।

प्रज्ञा और प्रतिभा को 'तीसरी आँख' माना जाता है। वह क्यों? उसे जानने के लिए हमें धनंजय कुमार की कहानी 'दुपट्टा' पढ़नी चाहिए। विवेक की शादी मेघना से हो जाती है। शादी के दूसरे वसंत में वह मायके चली जाती है और वहाँ खुदकुशी कर लेती है। मेरठ से दिल्ली आकर बसा विवेक मेघना के चले जाने के बाद बेचैन है। इस बेचैनी में कोई भी दुपट्टे वाली बगीचे में

मिल जाने पर उसे मेघना की याद आती है। याद की बेचैनी उस दुपट्टे वाली से संबंध जोड़ने, प्रेम करने के लिए बेताब कर देती है। यह बेताबी दिल्ली के लोदी गार्डन से पीछा करती अमरीका के वॉशिंग्टन में स्थित टाइडल बेसिन में ले जाती है। बेताबी है कि पीछा नहीं छोड़ती। लेखक ने कल्पनाशक्ति (Fantacy) के बल पर एक ऐसा भ्रम (Illusion) निर्माण किया है, जो यथार्थ (Fact) लगने लगता है। प्रतिभा के बल पर लिखी यह कलात्मक कथा नायक विवेक के जीवन की शोकात्म कहानी है। जीवन साथी की अनुपस्थिति मनुष्य को कैसे बेताब करती है, उसका मार्मिक चित्रण इस कथा में है। कथा का शीर्षक 'दुपट्टा' प्रतीकात्मक है। वह मेघना की स्मृति का प्रतीक है। यह प्रतीक नारी के आकर्षण का पर्यायवाची बनता है। जीवन में आने वाला बदलाव मनुष्य को अंदर-बाहर से कैसे हिला देता है, जिंदगी को कैसे दहलाता है, उसकी यह दास्तान बनती है। मनुष्य का परिवार एक बार दिशा और दशा खो देता है, तो उससे उबरना कठिन...इसे विवेक के चरित्र से समझाया गया है। शोकात्म जिंदगी मनुष्य को नकाब पहनकर जीने के लिए कैसे बाध्य करती है, उसकी यह कहानी मिसाल बनकर उभरती है। कोई युवती आत्महत्या करे, तो उसके चरित्र पर छींटाकशी करने की समाज वृत्ति पर प्रस्तुत कहानी में प्रहार किया गया है। विवेक है कि जिंदगी के एक मोड़ पर आकर न उसमें उलझता है, न सुलझाता है बल्कि एक तटस्थ, अलग, दूसरी जिंदगी जी लेता है। इक्कीसवीं सदी के इंसान का मानस इस कथा में प्रतिबिंबित है। आरामदेह जिंदगी के तह में बेचैनी का ज्वालामुखी रिसते रहना इस सदी का अभिशाप है। विवेक की जिंदगी (या अनिवासी जनों की जिंदगी) इसका प्रमाण है। कथा में अनेक साहित्य कृतियों का उल्लेख कहानी के विचार, भाव पक्ष को चित्रित करने में मार्के की भूमिका निभाता है। कथा में काल्पनिक नायिका अंतरा की निर्मिति कथा को कलात्मक बनाती है।

अपनी कैंसर से ग्रस्त मृत्यु से जूझती पत्नी एक ओर तथा दूसरी तरफ अपना डॉक्टर होने का दायित्व-ऐसी स्थिति में भी डॉ. दिवाकर कर्तव्य को अलम् मानकर नेत्रदान में पाई आखें गरजमंद को समय पर पहुँचाने की जो जद्दोजहद करता है, उसकी कहानी है 'रोशनी'। इसे सुकेश साहनी ने लिखा है। डॉ. दिवाकर की पत्नी कैंसर से पीड़ित है। अब तब की नौबत है। इसी में एक बुड्ढा, दुर्घटना में चल बसे अपने इकलौते बेटे की जान चली जाने के बाद भी उसकी नेत्रदान में दी गई आँखें किसी गरजमंद तक पहुँचाने, उसे आँखों की रोशनी देने के लिए जिस जीवट से काम लेता है, उसे देखकर डॉक्टर भी अपना दुख भूलकर उसकी इच्छा को अंजाम देने हेतु दिल्ली चला जाता है। इस कथा में एक अनपढ़ द्वारा पढ़े-लिखे डॉक्टर को कर्तव्यपरायण करने का जो प्रसंग है, वह कथा को आदर्श ठहराता है। बुड्ढा बाप...उसके धैर्य की दाद देनी चाहिए। डॉ. दिवाकर का त्याग अनुकरण के काबिल है। सरकारी अस्पताल की बेपरवाही का कहानी में किया गया चित्रण पाठकों के मन में गुस्सा जगाता है। अपने दुख में भी दूसरों का भला सोचने, करने की कहानी की प्रेरणा इसे रचनात्मक (Constructive) कहानी बनाती है। कथा का शीर्षक सूचक है।

आज के भूमंडलीकरण के दौर में सब कुछ बदल रहा है। उसे शब्दबद्ध करने वाली कहानी है 'कुछ बदल रहा है'। अर्चना पैन्यूली ने लिखा है। लेखिका विदेश स्थित भारतीय होने के कारण कथा-बीज के साथ वह न्याय कर पाई है। सुनीता और पंकज शर्मा पढ़े लिखे भारतीय हैं। दोनों विदेश में नौकरी के बहाने रह रहे हैं। उनका तबादला विभिन्न देशों में होता रहता है। बच्चों की शिक्षा के खयाल से उन्होंने अपने बेटे मनु को बैंगलोर तथा बेटी तुला को हैदराबाद रखा है। बेटा

मनु अट्ठाईस साल का होने पर माँ सुनीता बेचैन हो उसे शादी का अल्टिमेटम देकर पति के साथ भारत आती है। मनु अपनी प्रियतमा सेंनली से माता, पिता, बहन, नानी से मिलवाता है। सुनीता न चाहकर भी सगाई करती है। तुला की भी तय शादी सुनीता को हैरत में डाल देती है। डेन्मार्क वापस आकर पड़ोसी सहेली शीतल से उनके प्रेम विवाह, विवाहपूर्व संबंध आदि से वाकिफ होने पर उसे इस बात पर विश्वास हो आता है कि भारत में भी सब कुछ बदल रहा है। और वह बेटे को शादी की अनुमति देती है। कथा में बदलते वैश्विक परिदृश्य का चित्रण है। परिवर्तन खान-पान, पोशाक, विवाह पद्धति, रिश्ते-नाते, धर्म, जाति सबको लेकर है। नई वैश्विक संस्कृति में जाति एवं धर्म कोई मायने नहीं रखते। व्यक्ति स्वातंत्र्य सर्वोपरि समझने वाली विश्व संस्कृति ने भारत की सभी धारणाएँ बदल दी है। सुनीता भारतीय महिलाओं के पिछले दशक की प्रतिनिधि है। इक्कीसवीं सदी की सोच से दूर सुनीता का द्वंद्व नए स्वीकार को बाध्य कराता है। कथा सांस्कृतिक संघर्ष की बुनियाद पर खड़ी है। सुनीता की पुरानी मानसिकता को लेखिका अर्चना ने हूबहू चित्रित किया है। मनु, तुला की नई समझ का चित्रण सहज है। समाज में शादी की उम्र का बढ़ना, जाति-धर्म का प्रभाव नष्ट होना, स्वयंनिर्णय, शिक्षा का बढ़ता स्तर, विदेश जाकर बसने का क्रम बढ़ना इन सारे जिक्रों से कहानी बदलाव का चलत चित्र (Film) बनी है।

प्रताप नारायण सिंह की कहानी 'राम रचि राखा' मुन्नर जैसे आम आदमी के संकट से साधु, महात्मा बनने की कथा है। रामवदन चौबे कर्मकांडी ब्राह्मण थे। पुरखों की थोड़ी खेतीबाड़ी थी। उसी पर गुजारा करते। पहले बेटे परशुराम के बाद तीन बेटे हुए पर बाल्यावस्था में स्वर्ग सिधारे। एक पुत्री जीवित रही। पुत्रों में पाँचवें नंबर पर जयराम उर्फ मुन्नर रहा। दोनों भाइयों में अकसर तू-तू-मैं-मैं होती रहती। बड़े भाई साहब की निगाह में मुन्नर निकम्मा था। कोई काम करीने से नहीं करता। एक दिन गाँव जाते समय भाई साहब की दी गई हिदायतों के बावजूद गेहूँ की गाँठें जल गईं। भौजाई ने फटकार लगाई। भाई के क्रोध से मुन्नर आत्महत्या का विचार कर घर से भाग जाता है। पर आगे कुछ और ही होना लिखा था। वह रेल के नीचे खुदकुशी करता पर रेल ही उस समय नहीं आई। खुदकुशी का विचार बदलकर वह रेल की यात्रा करके काशी (बनारस) जाने की सोचता है। पर उसके पास पैसे नहीं थे। वैसे ही बिना टिकट वह गाडी में बैठता है और पकड़ा जाता है। उसे सजा होती है। जेल से छूटता है तो उसकी हालत किसी मनोरुग्ण जैसी बनी हुई थी। रास्ते के एक अजनबी स्टेशन पर वह रेल से उतरता है। इत्तफाक उसे साधु बनाता है। पर नियति का खेल सात महीने में खत्म होकर वह भाई के साथ घर आता है। प्रस्तुत कथा परिस्थिति के थपेड़े खाती मुन्नर की कहानी है। मुन्नर जो कि गाँव और घर वालों की नजरों में निकम्मा था वही काम का निकला और डूबते घर को उसने बचाया। कहानी इत्तफाक और हकीकत के धूप-छाँव के खेल से बनी है। कथा का सारा वातावरण ग्रामीण है। कथा में ग्रामीण बोली का प्रयोग है। कथा विकास संवाद और प्रसंगों से हुआ है। कहानी में अनावश्यक विस्तार का दोष है। लोगों की अंधश्रद्धा का खेल कहानी का आधार है। दैववाद पर टिकी कथा एक साधारण रचना बनकर रह जाती है।

'दूरियों का साथ' पुष्पा सक्सेना की पाश्चात्य संस्कृति की सोच और समझ व्यक्त करने वाली एक विचार-प्रधान कहानी है। सविता वर्मा पढ़ाई हेतु अमरीका आती है। यहाँ उसे छात्रवृत्ति मिलने पर उच्च शिक्षा, अनुसंधान करती अमरीकी हो जाती है। भारत के प्रियकर सुधीर को भूलकर अर्पित के साथ शादी करती है पर बाद में पता चलता है कि यह उसका दूसरा रिश्ता

है। पहले संबंधों से जन्मा एक बेटा अनाथालय में पल रहा है। सुमी को अर्पित का झूठ बर्दाश्त नहीं होता। वह उसे छोड़ एक सहेली की सहायता से आत्मनिर्भर बनती है। बिना संवाद के संबंधों में दूरियाँ बनाती रखती मजे में जीती रहती है। उसकी बड़ी बहन प्रतिमा जब किसी कॉन्फरेंस के सिलसिले में अमरीका आती है, तो सुमी के नए जीवन, दर्शन, व्यवहार से अचंभित रहती है। परिस्थिति आदमी को जीना सिखाती है...जैसा संदेश देने वाली यह कहानी सुमी की चरित्र कथा है। एक अनजान देश में वह अकेले कैसे रहना सीख लेती है, भारत और अमरीका की सोच में क्या अंतर है, पाश्चात्य देशों में नारी का जीना दया का नहीं, धीरज का कार्य होता है...ये सब बातें प्रतिमा और सविता दोनों बहनों के आत्मीय संवादों से बड़ी खूबी से चित्रित किया है। सुमी का आत्मबल वहाँ की सांस्कृतिक देन है। 'पराजित को परास्त करने में क्या आनंद?' अपमान की जिस आग में जल रहा है, वही दंड क्या कम है? जैसे प्रश्न, विचार न सिर्फ सुमी के चरित्र को ऊपर उठाते हैं बल्कि जीने के नए क्षमाशील, संयत जीवन को भी व्यक्त करते हैं।

'दिवानी' मुकेश पोपली की साधारण-सी प्रेम कहानी है। विवाहपूर्व प्रेम को आजीवन दिखाकर लेखक ने प्रेम की खुमारी के आजीवन होने को अधोरेखित किया है। राजनारायण बोहरे की लिखी 'निगरानी' चुनाव के परिपार्श्व में आला अफसरों के मनमानी करने की कथा है। इसमें चुनाव तंत्र की आड़ में सरकारी भ्रष्टाचार, लाल फीताशाही, चापलूसी के जरिए अपने आपको बेदाग साबित करने की होड़ एवं सतर्कता का चित्रण है।

निष्कर्ष – कुल मिलाकर हम देखते हैं कि 'गर्भनाल' का 'प्रवासी कहानी' स्तंभ सन्मान्य अपवाद छोड़ दिए जाए तो अनिवासी भारतीय कथाकारों के लिए समर्पित है। प्रवासी कथाकारों ने यूरोपीय देशों की संस्कृति, जनजीवन को चित्रित किया है। अधिकतर कथाएँ भारतीय और पाश्चात्य संस्कृति संघर्ष की कथाएँ हैं। भारतवर्ष में होने वाली गरीबी, अज्ञान, जाति-धर्मपरस्त विवाह, परिवार, पद्धति, दकियानूसी वृत्ति के परिपार्श्व में यूरोप की समृद्धि, खुलापन, व्यक्ति स्वातंत्र्य, विसंगति का अभाव, विभाजित व्यक्तित्व का न होना जैसी बातें शिक्षित भारतीय समाज के आकर्षण का केंद्र हैं। उच्च शिक्षा, अनुसंधान, छात्रवृत्ति सुविधा उन्हें पाश्चात्य देशों की ओर ले जाकर वहीं बसाती जरूर है, पर भारतीय जड़ों को वे अपने मन से कभी काट नहीं पाते। विवाह, परिवार की नई सभ्यताएँ उन्हें न सिर्फ मोह लेती हैं, अपितु फँसाती भी हैं। यहाँ भारतीय समाज और परिवार व्यवस्था में एक तरह की सामंतशाही है। छोटों के घुटन की कोई सीमा नहीं। व्यक्ति विचार के प्रकटीकरण एवं सम्मान की संभावना का अभाव आए दिन देखा जाता है। यही कारण है कि पूरब के पंछी पश्चिम दिशा का रुख करने के लिए निरंतर तत्पर नजर आते हैं। इन सबका चित्रण करने वाली कहानियाँ विदेश में अधिकांश काल बिताए हिंदी कथाकार निर्मल वर्मा ने अपनी कथाओं में पहली बार चित्रित किया था। प्रवासी कहानियों में उसी का विस्तार दिखाई देता है। पात्र, विचार, संस्कृति, प्रसंग, देश, काल, वातावरण सब नया होने से कहानियाँ पाठकों को आकर्षित करती रहती हैं। ये कहानियाँ शिल्प, शैली की अपेक्षा उद्‌देश्य केंद्रित हैं। कथाओं का परिवेश अमरीका है। पात्र भारतीय हैं। दो संस्कृतियों का संघर्ष प्रधान है। भाषा बोलचाल की है। लेखक प्रवासी भारतीय है। संवादों का अभाव है। विवरण, विस्तार का प्रयोग अधिक है।

9. *http://www.evishwa.com–*

हिंदी 'चेतना' त्रैमासिक वेब पत्रिका है। इस पत्रिका के हर अंक में विविध विधाओं की रचनाओं का प्रकाशन होता है। उनमें से कहानी उल्लेखनीय रहा करती है।

इस वेब पत्रिका पर प्रकाशित 'अब के बिछुड़े' भाव कथा है। सुदर्शन प्रियदर्शनी ने इसे लिखा है। प्रस्तुत कहानी पूर्वदीप्ति शैली में लिखी गई है। रजत और मिनी बचपन के दोस्त हैं। दोनों में बचपन से आत्मीय संबंध हैं। दोनों एक–दूसरे को बेहद चाहते हुए भी कभी दोनों ने अपने प्रेम को कभी एक दूसरे के सामने न व्यक्त किया, न कोई वैसा प्रयास किया। बचपन की आत्मीयता युवावस्था में चाहत का रूप धारण करती है, पर दोनों अनायास एक–दूसरे से बिछुड़ गए। मिनी बड़ी हुई। अपनी जिंदगी में व्यस्त हुई। रजत के प्रेम का उसे तब पता चला जब रजत की माँ ने उसे समझाया कि वह चित्रकार बन गया है। खोया–सा रहता है। तुम्हारे जैसी...तुम्हारी बहन ही लगे...ऐसा एक चित्र उसने बनाया है। पर उसका प्रदर्शन कभी नहीं करता। तब उसे रजत की बचपन से लेकर अब तक की सारी हरकतें, खेल, संवाद, सहवास एक–एक कर याद आने लगता है। यह समझने पर उसने एक बार उससे मिलने का प्रयास भी किया, पर बेकार रहा। उसे गहरा सदमा तब बैठता है, जब रजत अविवाहित, फिर अकेला, मौन, शून्य होते–होते एक दिन पागल–सा हो जाता है। मिनी को पहले पता चलता, तो शायद चित्र और जीवन अलग होता...दोनों का भी। सुदर्शन प्रियदर्शनी ने इस कथा को जिस भावात्मक सूत्रों से, पुरानी यादों के जरिए काव्यात्मक अनुभूति और भावभंगिमा से चित्रित किया है, उससे अभिभूत होकर पाठक कथा से तदरूप हो जाते हैं। कहानी की भाषा भावाकुल है। रजत का चरित्र शोकात्म है। प्रेम को लेखिका ने जिस भावविभोर ताने–बाने से बुना है, वह लेखिका को भाषासिद्ध और साधक बना देता है। गाँव, घर, प्रकृति का विवरण कथा प्रसंगों के अनुकूल रहा है। 'आज तक मैं समझ नहीं पाई कि बगिया में इतने फूल खिलते हैं, कितने रंग अलग–थलग पर मन एक ही फूल, एक ही रंग पर उम्र भर के लिए क्यों ठिठक जाता है?' जैसे वाक्य से इसकी प्रचिति आती है।

इस वेबसाइट पर प्रकाशित 'मुन्ना' कहानी कथा की अपेक्षा व्यक्तिचित्र है। न इसमें कोई कथा, न प्रसंग। बस बाललीला का विस्तार मात्र! डॉ. मधु संधु ने इसे लिखा है।

इराक युद्ध के बाद अमरीका द्वारा जो रेस्क्यू ऑपरेशन चलाया गया था, उसकी पृष्ठभूमि पर आधारित कहानी है, 'अमरिका वाला'। डॉ. अफरोज ताज ने इसे लिखा है। स्टीव जेकबसन अमरीका की सेना का सिपाही है। इराक के युद्ध के बाद उसे रेस्क्यू ऑपरेशन में बसरा जाने का हुक्म मिला था। एयरपोर्ट पर बिदा होते समय न उसकी बेटी, न पत्नी सूजन उसे बिदा करना चाहती है। पर अंतत: उसे जाना ही पड़ा। बसरा में उसकी टुकड़ी अनेक की जान बचाने में सफल रही। उसमें से एक थी जमीला। जमीला को देखते ही उसे अपने बेटी की याद सताने लगी। वह उसे रेस्क्यू कैंप या अनाथाश्रम भेजने की अपेक्षा अपने पास ही रखता है। पर थोड़े ही दिन में उसकी माँ का पता चलता है। माँ उसकी खोज में कैंप में आ गई थी। पर उसे आगंतुक समझकर गोली से उड़ा दिया जाता है। स्टीव को इसका दुख होता है। घर वापस आकर भी वह जमीला को नहीं भूलता। उसकी स्मृति में अपनी बेटी का नाम बदलकर...जमीला स्टीव जेकबसन रखकर जमीला की स्मृति जीवन भर सँजोता है। डॉ. अफरोज ने इंसानियत की इस कथा से अनेक बातें समझाई हैं। युद्ध के पश्चात् भी भाव–भावनाएँ जिंदा रहती हैं। फौजी मारने वाले होते हैं, वैसे

बचाने वाले भी। इन्सानियत न धर्म, जाति, प्रदेश, जन्म देखती है, देखती है सिर्फ इन्सानियत। कथा का युद्ध वातावरण सजीव है। 'फौजियों का भी मन होता है' उसे यह कहानी बखूबी समझाती है। युद्ध की अमानुषता के दर्शन मलबे के नीचे दबे लोग, उनकी फौजियों के प्रति नफरत, घृणा आदि से होते हैं। स्टीव जेकबसन का चरित्र आदर्श एवं अनुकरणीय है। पत्नी सूजन की भलमनसाहत बेटी के नाम बदलने से स्पष्ट होती है। कथा भावुक है। वह पाठक को द्रवित करती है। आप पर भेद मिटाने का संदेश देने वाली कहानी 'अमरिका वाला' को 'बसरा वाला' बनाकर छोड़ती है।

पुष्पा सक्सेना की लिखी कहानी 'उसके हिस्से का पुरुष' सुप्रिया और मानस की प्रेमकथा है। मानस एक कार्यालय में ग्रंथपाल है। मानस अपने पिता के लाड़-प्यार में पला बेटा है। गंगा से उसकी शादी हो चुकी है। उन्हें विवेक नाम का बेटा है। नाना का विवेक से इतना लगाव है कि उन्होंने उसे बेटी समेत अपने यहाँ रखा है। उधर अकेला रहने वाला मानस अपनी सहायक सुमित्रा में उलझ जाता है। यह खबर पहुँचने पर गंगा पति के पास चली आती है। पर जल्द ही एक दुर्घटना में वह मारा जाता है। मानस की शादी, उसका गृहस्थ जीवन, सुप्रिया का जीवन प्रवेश सबका पता घर वालों को तब चलता है, जब मृत्यु के बाद परिजनों के पते ढूँढ़ने के उपक्रम में इन सबका वर्णन करने वाली डायरी घर वालों के हाथ आती है। कहानी में डायरी के जरिए पूर्वदीप्ति शैली का निर्माण कर पूर्वकथा को उजागर किया गया है। यह कल्पना कहानी को कलात्मक बनाती है। मानस का विवाहोत्तर प्रेम परिस्थिति ने उस पर थोपा है। सुप्रिया का प्रेम उसकी मजबूरी एवं गरज है। कथा प्रसंगों का विस्तार विवरण से होता है। पूर्वकथा डायरी के पन्ने-दर-पन्ने मुखर होती है। कथा की भाषा संयत है। मानस का चरित्र रहस्यमय है। नाना का अंधा प्रेम दामाद के बलि का कारण है। पत्नी गंगा की भलमनसाहत ही उसकी शोकान्तिका का कारण बन जाती है। समाज मन की फुसफुसाहट अकसर ओछी वृत्ति के दर्शन कराती है। यहाँ भी वह अपवाद नहीं। नारी के हिस्से का पुरुष उसे वैसे ही मिलता है, जैसे उसकी भूमिका होती है। कथा शीर्षक यथार्थ है।

'तमाचे' प्रतिमा सक्सेना की साधारण-सी कथा है। सुखबीर ने अपने मित्र को घर बुलाया था। मित्र देर से घर पहुंचा। दोनों एक-दूसरे के लिए परेशान थे। घर में सुखबीर ने मित्र के लिए जो केले और दालमोट लाए थे, बेटे छुन्नू ने उसे जुठलाया था। तैश में सुखबीर उसे तमाचे जड़ाता है। गरीब मित्र की आतिथ्य की अधूरी इच्छा और अभिभावकों का अपनी संतानों से व्यवहार दिखाना कहानी का लक्ष्य लगता है।

अभिभावकों की लापरवाही मासूम बच्चों की जिंदगी तबाह करती है। इसे दर्शाने वाली कहानी है 'खो जाते है घर'। सूरज प्रकाश ने इसे लिखा है। मुंबई जैसी माया नगरी में एक खोया बच्चा मिसेज राय को मिलता है। अपनी खाली जिंदगी भरने के लिए वह उसे घर ले आती है। उसका सब कुछ करती है। पर एक दिन वह घर से पार्क खेलने जाता है। अपना घर भूल जाता है। एक जैसी लगने वाली इमारतें, आदमी वह किसे, कहाँ खोजे? हमारी छोटी लापरवाही बच्चों का जीवन उजाड़ देती है, इसे समझाने वाली यह कथा स्तर की दृष्टि से साधारण है। मिसेज राय की सभ्यता, बालक प्रेम अनुकरणीय है। कथा सपाट बयानी है। कथा के संक्षिप्त संवाद बालक की कहानी खोल देते हैं। मुंबई की बहुमंजिली इमारतों का जंतर-मंतर महानगरीय माहौल को सजीव करता है। मिसेज राय संवेदनशील, समाजशील महिला हैं, जिसे अपनी संपन्नता, भरापूरा

परिवार होकर दूसरों का होने का चाव उन्हें प्रतिबद्ध नारी सिद्ध करता है। बालक की मासूमियत संवादों से झलकती है। कथा शीर्षक कहानी का उद्‌देश्य प्रतिबिंबित करता है।

'खुल जा सिमसिम' सुषम बेदी की कहानी है। अविनाश और रेवा का भारतीय परिवार है। पढ़ा लिखा और समृद्ध भी। अनु उनकी इकलौती बेटी है। अविनाश और रेवा दोनों नौकरीशुदा हैं। पर अविनाश के नौकरी छोड़ने के कारण घर–गृहस्थी खींचने के लिए उसे दो–दो नौकरियाँ करनी पड़ती हैं। अनु जैसे बड़ी हो जाती है उसके और पिता अविनाश में एक अजीब–सा खेल शुरू होता है...खुल जा सिमसिम...। वह नहाकर आती है तो अधनंगा अपना शरीर लेकर घंटों पिताजी के साथ गपशप करते बैठती है। आगे वह और बड़ी होती है, तो यह खेल और रंग भर देता है जिससे रेवा चिंतित हो जाती है। बेटी को समझाती तो वह उलटे माँ पर ही बरस पड़ती रहती है। न जाने उसे क्या–क्या कह देती है। यह सब अविनाश के फुसलाने से ही होता है, इसे समझने में रेवा को देर नहीं लगती। बेटी को बचाने के लिए वह रिटायर होती है। पर तब तक मामला हाथ से बाहर जा चुका होता है। वह करे तो क्या करें! न किसी को कुछ वह कह सकती है, न अदालत जा सकती है...सबूत क्या देगी? न तलाक दे सकती है...बेटी की चिन्ता उसे खाए जाती है। बस टी.वी. समाचार देखकर अपनी शेष जिंदगी गुजारती रहती है। अनहोनी–सी कहानी पाठक को भले अजीब लगे, इसे असंभव नहीं कहा जा सकता। इसकी कथावस्तु चुस्त है। कथा का विषय एकदम हटकर है। कथावस्तु का विस्तार कथोपकथन और मनोविश्लेषण से हुआ है। पात्र इनेगिने हैं। उनका चित्रण प्रसंगों से और रेवा की सोच से दिखाया है। कथा पारिवारिक होने के कारण देश, काल कथानुकूल है। एक नारी की पीड़ा कहानी का केंद्रीय विषय है। पिता–पुत्री के शरीर संबंधों की चर्चा अनैतिक है पर उसे अप्राकृतिक नहीं कहा जा सकता। कथा का उद्‌देश्य अपवाद समस्या का चित्रण है। कहानी का शीर्षक 'खुल जा सिमसिम' सांकेतिक और गूढ़ आशय सूचित करने वाला है। उसमें रहस्य है, लैंगिक आकर्षण है और बेमेल रिश्ते का चमत्कार भी। दिल दहलाने वाली यह कहानी रिश्ते का चमत्कार भी है। यह कहानी रिश्ते की मर्यादा का महत्त्व समझाती एक सामाजिक कथा है।

'टेलीफोन लाइन' तेजेंद्र शर्मा की लिखी साधारण कहानी है। इसमें अवतार अपनी बीबी पिंकी को लेकर लंदन आकर बसा है। लंदन आने पर पिंकी अवतार के दोस्त अनवर के साथ भाग जाती है। अवतार को अपनी तनहाई में बचपन की सहेली सोफिया की याद सताने लगती है। वह उसका फोन नंबर ढूँढ़कर उससे संपर्क करता है, तो पता चलता है कि वह दिल्ली में जमुना पार अपनी दो संतानों के साथ जिंदगी गुजार रही है। जावेद ने उसे तलाक दिया है। सोफिया को वह लंदन आने का न्योता देता है, तब वह दिल्ली में आकर तलाकशुदा बेटी के साथ रिश्ता बनाने का प्रस्ताव रखती है, इतने में टेलीफोन की लाइन में खराबी आकर वह बंद होता है। कहानी का शीर्षक 'टेलीफोन लाइन' प्रतीकात्मक है। संवाद ही जिंदगी को बनता–बिगाड़ता है। अवतार कथा नायक है। यह एक शोकात्म कथा है। लेखक इससे मनुष्य की जिजीविषा चित्रित करना चाहता है। भारत और इंग्लैंड के वातावरण में कथावस्तु विकसित है। टेलीफोन संवाद से कहानी में रंग भर आता है।

सुमन घई की लिखी कहानी 'पगड़ी' मूल्य एवं संस्कार का महत्त्व समझाने वाली कथा रचना है। हरभजन सिंह लाहौर से कनाडा आकर बसे हैं। व्यवसाय में स्थिर हो सुखी जिंदगी गुजार रहे हैं। बस गम है पत्नी के चले जाने का। घर में बेटा, बहू, पोती सब सुख है। उनका मित्र है बचन। हरभजन जैसी ही जिंदगी है उसकी। पर फर्क है कि बेटे, बहू से न बनने पर गुरुद्वारे की शरण में

जीना पड़ रहा है। गैरेज में मेकैनिक होने वाला बचन दिल बहलाने के लिए शराब पीता है, डिस्को, स्ट्रीप क्लब जाता रहता है। एक बार हरभजन को भी ले जाता है पर हरभजन को वहाँ की जिंदगी रास नहीं आती...क्योंकि वह कनाडा बसकर भी तन, मन, संस्कार, संस्कृति, तर्क से भारतीय...सिख धर्मी ही बना रह जाता है, शेष जिंदगी में भी रहना चाहता है। क्लब की युवा नर्तकी के कपड़े उतारने में उसे जवानी का एहसास न होकर अपनी पोती का दिखाई देना...उसकी मूल्य महिमा के आधार पर जीवन जीने की निशानी बन जाती है। कथा का अंत बड़ा मार्मिक है। क्लब में उतारी पगड़ी वह तरतीब से बाँध नहीं पाता...पगड़ी का तितर-बितर होना...धर्मभ्रष्टता है...वह लौटते समय पहले गुरुद्वारे जाता है...फिर घर। यह बताना जरूरी नहीं कि वहाँ मत्था टेक उन्होंने किए पर पछतावा किया होगा...माफी माँगी होगी...गलती न दोहराने का प्रण किया होगा। कहानी बेहद मार्मिक है। बुढ़ापे की मानसिकता का चित्रण, दोस्तों (बचन एवं हरभजन) के बीच के संवाद बिल्कुल स्वाभाविक हैं। समान परिस्थिति के दो आदमियों की दो जिंदगियों को दर्शाकर लेखिका ने जीवन वैविध्य का चित्र खींचा है। नायक हरभजन का चरित्र आदर्श है। सिख परिवार की सभ्यता का विवरण कनाडा में भी लाहौर की याद दिलाने में सक्षम है। चरित्र-चित्रण घटना, प्रसंग, संवाद, मनोविश्लेषण जैसे विविध तरीके से हुआ है। मनोवैज्ञानिक ढंग की यह कहानी बुढापा और मूल्य रक्षण का द्वंद्व चित्रित करती है। कथा शीर्षक प्रतीकात्मक, प्रभावी, संक्षिप्त है। वह धर्म, संस्कार, परंपरा, मूल्य, मर्यादा, सदाचार, सबका प्रतीक बना हुआ है। कथा का उद्देश्य आदर्श का बीजारोपण है। यह एक पठनीय और विचारणीय कहानी है।

'राम जाने' पंकज सुबीर की कथा है। मनुष्य अपनी जिंदगी अतीत की स्मृतियों पर गुजारता है। बीती बातें उसके जीवन का संबल और सहारा होती है। मालती की जिंदगी का भी ऐसा ही है। तेईस साल के पहले मालती का परिवार इसी शहर में रहता था। उसका बचपन, जवानी यहीं गुजरी थी। आज इतने बरसों बाद वह बचपन की गली में आती है, तो सब बदला हुआ। गली का चेहरा, रास्ते, दुकान, घर, लोग-बाग सब ! चाय की दुकान में सक्सेना जी के बारे में पूछा तो अनजान ! बस शर्मा जी क्या मिले...खोयी जिंदगी वापस मिल गई। वही अपनत्व...जिसे बचपन में उसने अनुभव किया था...स्मृति में सँजोया था। काम के सिलसिले में डिप्टी कलेक्टर बनकर आई मालती ने दुबारा उसे अनुभव किया। 'समय के श्राप से पत्थर बन चुकी ऐसी दो जिंदगियों की स्मृतियाँ, जो पत्थर बनकर भी फूलों की तरह महक रही हैं।' 'सूख गया हो फूल पर महक बाकी' चित्रित करने वाली इस कहानी में स्मृतियों से पूर्वदीप्त जीवन को उजागर किया है। चाय वाला बुड्ढा, शर्मा जी, शर्मा भाभी, सुनीता सब गुजरे जमाने के लोग अपने, अपनत्व से भरे। कथा के संवादों से वस्तु उभरती, विकसित होती है। यह एक मनोवैज्ञानिक, भावनात्मक संबंधों पर प्रकाश डालने वाली तथा भावनात्मक रिश्तों को खून के रिश्ते से मजबूत, मुलायम सिद्ध करती है। पात्र चित्रण संवाद और प्रसंगों से हुआ है। कहानी तेईस वर्षों का अंतराल स्मृतियों से, पुनर्नुभूति से पाटती है। बदले माहौल को वर्तमान चित्रण से सजीव बनाया है। भाभी की 'राम जाने' की रट ने अतीत और वर्तमान को जोड़ दिया है। कथा का मकसद गतकाल की महक को ताजा कर वर्तमान की नीरसता, रूखापन समझाना है। शीर्षक समर्पक है।

निष्कर्ष – इस प्रकार प्रस्तुत वेबसाइट प्रमुखत: प्रवासी भारतीयों द्वारा लिखी कहानियों से सजी है। इन कहानियों में पूर्व और पश्चिमी संस्कृति का संघर्ष, द्वंद्व चित्रित है। दोनों संस्कृतियों के

विधि निषेध को ये कहानियाँ अधोरेखित करती भूमंडलीकरण के दौर में साकार होती नई समावेशक संस्कृति का चित्र उपस्थित करती हैं। कई कहानियाँ एकदम नए विषय सामने रखती हैं।

10. http://www.hindichetana.blogpost.com–

(छ) बालकहानियाँ :–

सन् 2010 में इस वेबसाइट पर समकालीन कहानियाँ प्रकाशित होती रहीं। बालकथाएँ, लघुकथाएँ आदि के अलावा कहानियाँ (Short Stories) भी प्रकाशित हुई।

बाल कहानियों के अंतर्गत जनवरी, 2010 में 'कहानी की कहानी' स्तंभ चलाया गया। इसमें दादी माँ कहानियाँ क्यों बताती है? बाल कथाएँ सुनना, पढ़ना बालक कब बंद करता है? यदि लड्डू सजीव हो उठा तो? चाँद, दादी माँ और कहानी का क्या संबंध है? जैसी जिज्ञासाओं पर कहानियाँ रचकर प्रस्तुत की है और कल्पना के रूप में यह बेहद आकर्षक सिद्ध हुई।

'चंदामामा' कहानी बच्चों में नित्य नई कहानी सुनने के चस्के पर आधारित है। चंदामामा हर दिन बच्चों को कहानियाँ सुनाता था। पर वही पिटीपिटाई, पुरानी राजा-रानी, शेर-भालू, पिंजरे का तोता आदि। चाँद ने बच्चों में ढिंढोरा पीटा...'जो नई कहानी सुनाएगा उसे न सिर्फ मेरा राज्य बहाल होगा, अपितु वह मेरा हृदयस्थ, आत्मीय होगा।' फिर क्या था। लोगों में होड़ लगी। इसकी एक शर्त थी...'कहानी जहाँ खत्म होगी...वहीं से शुरू होनी चाहिए और वह कभी खत्म न होने वाली हो।' एक जादूगर आया। उसने कहानी का पिटारा खोला। फिर परी आई। अपेक्षित कहानी किसी के पास नहीं मिली। चंदामामा उदास हुआ। उसकी माँ से बेटे की उदासी देखी न गई। वह बुड्ढी थी। सूत कातती, चरखा चलाती, कहानी सुनाया करती थी। उसकी मदद में तारे, प्राणी, पंछी, पेड़, पौधे, नक्षत्र, ऋतु सब आगे आए। उसकी कहानी खत्म नहीं हुई, न होने की संभावनाएँ हैं। वह सदियों से कहानी सुनाती आई है, और आने वाली न जाने कितनी सदियों, पीढ़ियों तक सुनाती रहेगी। ऐसी सुंदर बालकथा कल्पना का मनोहारी आविष्कार नहीं तो क्या ? बालकथा का सबसे प्रबल तत्त्व होता है कभी खत्म न होने वाली कल्पना, फिर असीम जिज्ञासा और है प्रस्तुति का अनोखा ढंग। ये तीनों तत्त्व इस कहानी में ओतप्रोत है। तभी तो यह कहानी कभी भी खत्म न होने वाली...बताने के तौर पर और याद रखने के भी आधार पर। बाल सुलभ छोटे वाक्य, सुबोध शब्द, कल्पना की ऊँची उड़ान से लैस यह कथा कालजयी न होती तो ही आश्चर्य !

शैल अग्रवाल की बालकहानी 'तब भी नहीं' सोमू नामक अनाथ बच्चे की है। समझने के पहले ही वह माँ को खो चुका है। दादी उसे पालती है। माँ न होने पर वह उसका अत्यधिक खयाल रखती है। उसे उठते-बैठते डाँट पिलाती रहती है दादी। यही कारण है कि दादी माँ सोमू को तनिक भी पसंद नहीं। उसे तलाश है अपनी माँ की। माँ की खोज में, इंतजार में वह कब छह बरस का हुआ, पता न चला। तब सहसा उसे याद आया, 'माँ कहती थी कि अगर वह अपना पूरा होमवर्क करेगा, सबकी बात मानेगा तो वह कभी भी उसे अकेला छोड़कर नहीं आएगी। और अपने पास उन्हीं के बिस्तर में सोने भी देगी।' यह सब याद आते ही सोमू अच्छा, आज्ञाकारी बच्चा हो गया। प्रस्तुत कहानी से बेटे के समझ आने पर सब कुछ सीख जाने की बात बताई गई है। अभिभावक

हैं कि बच्चों को खामख्वाह डाँटते हैं, फटकारते रहते हैं। अनाथ सोमू की मनोदशा का यहाँ मार्मिक चित्रण है। कहानी में दादी को अपना दायित्व निभाती दिखाकर लेखक उसकी भूमिका के साथ न्याय करता नजर आता है। किशन, रोहन जैसे मित्रों की तुलना में सोमू का जल्द समझदार बनना, असमय प्रौढ़ होना परिस्थिति की देन है।

'छोटे हैं तो क्या हुआ' लड्डू की बड़ी मीठी कहानी है। सुधा भार्गव ने यह लिखी है। लड्डू को अपनी माँ से मिलने जाना था। चूहा उसकी मदद के लिए आगे आता है। पर रोज उसे कुरेद, टुकर कर छोटा-छोटा बनाता रहता है। लड्डू को जब इसका पता चलता है, तो वह खुद चल निकलता है। गलती को दोहराना अपने आपको बेवकूफ सिद्ध करना है की नसीहत देती यह कहानी एक बोधकथा बन जाती है।

(ज) लघुकथाएँ :–

इस वेबसाइट पर अनिता रश्मि की दो लघुकथाएँ प्रकाशित हैं–एक है 'कारण' तो दूसरी है 'मौत पर्व'। दोनों में भारतीय राजनीति पर व्यंग्य है। 'कारण' में अस्पताल की गहमा-गहमी है। पता चलता है एक बड़ी हस्ती अस्पताल में दाखिल होने वाली है। उन्हें क्या हुआ है? पूछताछ करते चला चलता है कि न उन्हें दिल का दौरा पड़ा न कुछ हुआ है, बल्कि उनके नाम गिरफ्तारी का वारंट निकला है। गिरफ्तारी से बचने के लिए वे अस्पताल में दाखिल हो रहे हैं। आए दिन हमारे यहाँ घपले-घोटालों में बड़े-बड़े नेताओं के नाम गिरफ्तारी के वारंट निकलते हैं। गिरफ्तारी और जेल जाने से बचने के लिए वे इलाज का बहाना बनाकर अस्पताल में दाखिल होते हैं। नेताओं के न्याय को ठेंगा दिखाने की तरकीब पर यह लघुकथा प्रहार करती है।

'मौत पर्व' भारतीय लोकतंत्र की धज्जियाँ उड़ाने वाले चुनाव तंत्र पर गहरी चोट करने वाली लघुकथा है। इस कथा में गिद्धों के बीच संवाद दिखाया है। एक गिद्ध दूसरे से पूछता है, कहाँ जा रहे हो? दूसरा उत्तर देता है–'भारत !' फिर पहला प्रश्न करता है–'क्यों?' उत्तर मिलता है–'वहाँ चुनाव होने वाले हैं। वहाँ खूब खाना खाने को मिलेगा।' अर्थात् वहाँ जमकर हिंसा, गोलाबारी होगी, सड़ी-गली लाशों की कमी नहीं होगी। इस प्रकार यह कहानी चुनावी हिंसा पर व्यंग्य करती है।

निर्मला सिंह की कथा 'खोल' वर्तमान परिवार में बुड्ढे नागरिकों की बढ़ती हिंसा की ओर ध्यान आकर्षित करती है। ग्रीन पार्क कॉलोनी के पार्क में हर दिन शाम को कॉलोनी की संभ्रांत परिवार की औरतें टहलने, मन बहलाने, मन की बात कहने आती रहती हैं। घर में घुटन और प्रताड़ना के बावजूद लोक-लाजवश बड़े तैश में आकर, चाव से यह जताने का प्रयास करती है कि उनके बेटे-बहू उनका कितना खयाल रखते हैं। रोज का झूठ सुनकर परेशान बहन आखिर कह उठती है कि–'बंद करो सब झूठी बकवास। किसी का बेटा अच्छा नहीं है। तुम सब मेरी तरह झूठ बोलती हो।...कब तक फटे लिहाफ पर खोल चढ़ाती रहोगी?' बहन का प्रश्न घर-घर में गूँजेगा, तभी बुड्ढों को नरक यातना, उत्पीड़न से मुक्ति होगी। यह कहानी बड़े-बुजुर्गों की इज्जत करने की आवश्यकता पर बल देती है।

'कारण' आलोक सातपुते की ऐसी लघुकथा है जिसमें नारी को पुरुष अकारण परेशान इसलिए करता है कि वह अपने पुरुष होने का रोब दिखाना चाहता है। नारी होने के अपराध से

पुरुष मानसिकता के कारण जो प्रताड़ना होती है उसका कारण हमारी पैदाइशी मानसिकता और परंपरा ही है।

'संवेदना' आलोक कुमार सातपुते की एक और लघुकथा है। कथा नायक मोटरसाइकिल से गुजर रहा था कि रास्ते में उसे भीड़ दिखाई देती है। पूछताछ करने पर पता चलता है कि लूना पर जाती महिला शिक्षिका को ट्रक ने ठोकर लगाई है। बेचारी मौका वारदात पर चल बसी है। उसकी पत्नी भी लूना से ही नौकरी के लिए जाती थी। वह भीड़ चीरकर औरत को देखता है। अपनी पत्नी न होने से निश्चिंत हो लूना को किक लगाकर निकल जाता है। वर्तमान युग में मनुष्य इतना आत्मकेंद्रित बना है कि उसे अपने से परे कोई जिंदगी, दुख, मकसद ही नहीं बचा है। कमाल की आत्मरतता का शाप भोगती वर्तमान सदी को अपने से परे सोचने के लिए यह कहानी पाठक को बाध्य करती है और वह भी बिना किसी भाष्य के। यंत्र बनता मनुष्य इस सदी का यक्ष प्रश्न बन गया है।

'दाह संस्कार' निर्मला सिंह की पीढ़ी के अंतराल और दोहरे मापदंड का पर्दाफाश करने वाली कथा है। पिताजी थे। उनके तीन बेटे थे। मृत्यु के बाद उन्हें बुलाया जाता है। क्रिया कर्म, अंत्येष्टि संस्कार से बचने के लिए उनमें से हर बेटा एक से एक नायाब उपाय सुझाता है, जिससे जिम्मेदारी टालने की उनकी प्रवृत्ति स्पष्ट होती है। उनमें से एक का बेटा अंत में ऐलान करता है कि दादा के अंत्यसंस्कार वैदिक पद्धति से ही होंगे। मैं अपने पिताजी का दाह संस्कार विद्युत दाहिनी में जरूर करूँगा। आज का युग ही दोहरे मापदंड का है। हम अपने लिए जो चाहते हैं, वह यदि दूसरा करे तो हम उज्र उठाते हैं। लाभ की बात हम आँखें मूँदकर स्वीकार करते हैं। पर जिम्मेदारी, खर्च, त्याग की बात आती है, तो दलीलें देते नहीं थकते। हमारी ऐसी विसंगतियों पर प्रस्तुत कहानी करारा व्यंग्य करती हैं।

इस प्रकार हम देखते हैं कि प्रस्तुत वेबसाइट पर प्रकाशित लघुकथाओं के विषय समकालीन, नए, समस्याओं पर प्रकाश डालने वाले हैं। लगभग हर कहानी व्यंग्यात्मक है। संक्षिप्त कथावस्तु, इनेगिने पात्र एवं प्रसंग से ये चुस्त कहानियाँ प्रभावकारी विधान करती समाज परिवर्तन को गति देती नजर आती हैं।

(झ) कहानियाँ :–

'ध्रुवतारा' शैल अग्रवाल की लिखी कहानी है। इसका नायक राघव है। अप्पा, अन्ना ने उसे सँभाला है। केरल के समुंदर किनारे पर बसा छोटा गाँव है बेकुल। यहाँ अप्पा, अन्ना की लकड़ी की टाल है। राघव की शादी हुई है राका से। पर राघव है कि कमाने का नाम नहीं लेता। उसके सपने, अरमान बड़े हैं। वह दुनिया का ध्रुवतारा बनना चाहता है। बेकुवा में विदेशी सैलानी, समुद्री व्यापारी, अभियान, अनुसंधान करने वाले अपने हवाई जहाज से आते थे। वहाँ छोटा हवाई अड्डा, हेली पैड भी बना है। कस्टम ऑफिस, कार्मिक रहते हैं। राघवन लंदन, पेरिस, रोम जाकर कुछ करना, होना चाहता है। इस फिक्र में वह एंटनी के संपर्क में आता है। वह उसे पचास हजार रुपयों में अवैध रूप से पासपोर्ट, वीसा का बंदोबस्त कर ले जाने के लिए तैयार होता है। राघवन किसी तरह चालीस हजार का जुगाड़ कर हाथ पर हाथ धरे बैठ जाता है। राघवन के पैसे लेकर एंटनी अगली बार का वायदा कर निकल जाता है। राघवन टाल में जी तोड़ मेहनत कर शेष राशि

जमा करता है। एंटनी को पहुँचाता है। एंटनी उसे ले जाता है पर कार्गो से। जहाँ शून्य तापमान होता है। राघवन उसमें मर जाता है। एंटनी का यह पैसे उमेठने का व्यवसाय था। यहाँ से किसी को कार्गो से ले जाता। वह आदमी कार्गो में ठिठुरकर मर जाता। मरे आदमी को एंटनी वहाँ लावारिस ठहराता। अतिलोभ का फल दिखाने वाली यह कथा। राघवन कथा का महत्त्वाकांक्षी नायक है। एंटनी हत्यारा खलनायक। अप्पा, अन्ना भोले अभिभावक। सबका चरित्र प्रसंग, घटनाओं से उभरता है। कहानी की भाषा सुबोध है। शैली घटना–प्रधान। देश, काल केरल का किनारा। भारतीयों के मन में विदेश के आकर्षण को लेखक ने 'राघव्स डिलाइट' के सपने से स्पष्ट किया है। विदेशियों के नजरों में होने वाले भारत के गरीबों के प्रति दृष्टि का चित्रण एंटनी के उस वक्तव्य से होता है, जिसमें वह भारतीयों पर गालियों की बौछार करता है। भारतीयों के मन में बसी अंधश्रद्धा पर कहानी प्रहार कर समझाती है कि तावीज–टोटके से कुछ नहीं होता। श्रम से ही साफल्य संभव है। राघवन की शोकान्तिका पल में करोड़पति बनने की मंशा का फल दिखाकर कहानी कष्ट का महत्त्व समझाती है।

मीरा कांत की 'गली दुल्हनवाली' दो भागों में लिखी नारी उत्पीड़न की कहानी है। नगीना रायबरेली के अकबरगंज गाँव गरीब मुस्लिम परिवार की लडकी है। बच्ची कटोरी को नगीना ने होश सँभालने से लेकर आज तक माँ ही कहा। कितने सितम सहे माँ ने। सारी जिंदगी औरों के हिसाब से जीती रही बेचारी। पहले दादा, फिर बाप और अब खसम। नगीना का निकाह कस्साबपुर के रज्जाक से होता है। वहाँ वह गली दुल्हन वाली में रहती थी। यहाँ आकर नगीना दुल्हन बनी। रज्जाक कसाई था। किसी तरह जिंदगी काटता पर उसका व्यवहार, चाल–चलन हैवान का रहता। सारी गली उसकी तुनक–मिजाजी से परिचित थी। निकाह के बाद दुल्हन अपने भाई के साथ मायके क्या गई, आने पर रज्जाक ने ऐसी हैवानी दिखाई कि उसका बदन तार–तार हुआ। दो बेटे और दो बेटियों को जन्म देकर भी उसकी हवस थमने का नाम नहीं ले रही थी। बड़ी बेटी नरगिस का निकाह अधेड़ उम्र के अकबर से, जो दो संतानों का बाप भी था, करने में उसे शर्म नहीं आई। दुल्हन की मंशा थी कि बेटों को पढ़ाए, बेटियों की शादी अच्छे खानदान, घर में हों...पर औरतों पर होने वाले जुल्म खत्म तो क्या, कम होने का भी नाम ले तो बेहत्तर! मीरा कांत ने बड़ी ताकत से दुल्हन की पीड़ा को स्वर दिया है। रज्जाक को हवस का शैतान चित्रित करने में उसने कोई कसर नहीं छोड़ी। दुल्हन क्या नहीं सहती थी। इसका अंदाजा पड़ोस वाली गौरी की माँ की खुशहाली, अमन–चैन से लगाया जा सकता है। मुस्लिम परिवार में शिक्षा का अभाव, परिवार नियोजन की कमी, पुरुष–सत्ता का अतिरेक सारी बातें लेखिका ने घटना, प्रसंगों से जिस सजीवता के साथ कहानी में चित्रित की है, पाठक उन नरक यातनाओं को पढ़कर दहल–सा उठता है। कथा की भाषा उर्दू प्रचुर है। दिल्ली, रायबरेली, कस्साबपुर की कथा मुस्लिम बहुल प्रदेशों, परिवारों की सामाजिक स्थिति उजागर करती है। नारी उत्पीड़न के यथार्थ दर्शन से स्थिति परिवर्तन का उद्देश्य सराहनीय है। 'गली दुल्हन वाली' शीर्षक यह समझाता है कि इस गली में 'दुल्हन' होना थमने का नाम नहीं लेता। कथा पढ़ते समय विश्वास नहीं होता कि ऐसी जघन्य जिंदगी मयस्सर होने पर भी क्या कोई जिंदा रहता है? रहना चाहता होगा?

'बुझे दीये आरती' महेंद्र देवेसर की लिखी कहानी है। मनोज युवा, पढ़ा–लिखा है। थ्रेड निडलस्ट्रीट, लंदन स्थित बैंक ऑफ इंग्लैंड में सीनियर रिसर्च ऑफिसर है। यहाँ वह अकेला

रहता है। उधर भारत में अकेली माँ है। मनोज की मुलाकात अनिता नामक युवती से होती है। वह मूल भारत निवासी है। पर उसकी माँ सुधा टंडन की रेल दुर्घटना में मृत्यु होने से वह अनाथ होती है। होस्टलों, कौंसिल, फॉस्टर पैरेंट के जरिए उसकी परवरिश होती है। बड़ी होने पर पैरेंट ही उस पर बलात्कार करते रहते हैं। वह आवाज उठाती है। पैरेंट को सजा होती है। पैरेंट बदलते रहते हैं, पर परवरिश नहीं। फिर वह खुद ही शरीर बेचकर आत्मनिर्भर होती है। इसी क्रम में मनोज उसकी चपेट में आता है और वह कर्ज में डूब जाता है। अनिता वेश्या होकर भी मनोज के साथ ईमानदार रहती है। उसे गिल्ट कॉम्प्लेक्स से बाहर निकालकर, खुद अच्छी नौकरी कर, वेश्या व्यवसाय छोड़कर उसे कर्ज से मुक्ति दिलाती है। वचन के अनुसार उसे माँ के आने के पहले शादी के लिए मुक्त करने हेतु उसका साथ यह कहकर छोड़ना चाहती है कि, 'वेश्या तो बस रात की दुल्हन होती है। समझ लो कि हमारी रात लंबी हो गई थी। अब भोर हो गई। दीया बुझा है। मैं तो उसकी बुझी बाती हूँ। बुझे दीये की आरती भगवान भी स्वीकार नहीं करता। तुम तो इंसान हो...' मनोज उसे यह कहकर स्वीकार करता है कि, 'बुझे दीये मर तो नहीं जाते, फिर जलाए जा सकते हैं। हम दोनों शादी कर लेंगे।' इस प्रकार यह सुखान्त कथा है। कथा का देश, काल, वातावरण वर्तमान इंग्लैंड का माहौल है। भूमंडलीकरण के दौर में जो बाजारवाद फैला है...वेश्या, शराब, जुआ सबकी चकाचौंध में भारतीय संस्कृति के मूल्यों के नंदादीप नहीं बुझे। तभी तो पतन की खाई में गिरा मनोज भला आदमी बना। पात्र-चित्रण प्रसंग और संवादों से हुआ है। कथा में पत्र शैली का प्रयोग मनोज को सुपथगामी बनाने में मददगार सिद्ध होता है। कथा का उद्देश्य भूले-भटके सुधर सकते हैं आशावाद स्थापित करना है। 'बुझे दीये आरती' शीर्षक काव्यात्मक है, जो कथा को कलात्मक, भावुक बनाता है। प्रवासी भारतीय कथा परंपरा की रचना पाश्चात्य और पौर्वात्य संघर्ष और द्वंद्व में मानवी मूल्य रक्षण की हिमायत करती है। विदेशी वातावरण का चित्रण प्रभावी है।

'आपद्कर्म' महेश चंद्र द्विवेदी की एक संघर्ष कथा है। संघर्ष दोहरा है। कोसी के किनारे बसा बिहार हर वर्ष उसमें आई बाढ़ से जान बचाने का जीवन संघर्ष जो करता है, उसका सानी कोई नहीं। वही बिहार दूसरी तरफ जाति-धर्म की संकीर्णता में संघर्ष करता पिसता चला जा रहा है। इनका नाजायज लाभ वहाँ के अपने आप को सेकुलर मानने वाले सारे पक्ष, नेता अपने-अपने तर्क और तरीकों से उठाते रहते हैं। 'क्या प्रकृति, क्या राजनीति और क्या जीवन संघर्ष बिहार का आम आदमी जब तक स्वार्थी नेता, उन्मादी मौलवी और पोंगा पंडितों के चंगुल से बाहर आकर अपने दिमाग से नहीं सोचेगा, उसकी मुक्ति नहीं'...यह डंके की चोट पर बताने वाली इस कहानी में कोसी के प्राकृतिक प्रकोप को अख्यायिका और यथार्थ में समझाया है। बाढ़ के संकट में जाति-धर्म भूलकर एक-दूसरे की जान बचाने वाले लोग बाढ़ के खत्म होते ही जातीय, धर्मीय कैसे हो जाते हैं...राजनीतिक फूस ही उसकी जड़ दिखाई है। इब्राहिम की बेटी नूरजहाँ सुक्खी के साथ भागते ही होने वाला जातीय, धार्मिक, सांप्रदायिक तनाव इब्राहिम की बलि लेकर खत्म होते दिखाकर इस संघर्ष की भीषणता अधोरेखित की है। प्राकृतिक प्रकोप का चित्रात्मक दृश्य कथाकार की निरीक्षण एवं चित्रण-क्षमता की हामी भरता है। कथा में विवरण शैली का प्रयोग न होता, तो कहानी रोचक एवं नाटकीय ढंग से कलात्मक हो सकती थी। बाढ़ की विकटता रोंगटे खड़ी करती है और भावना के आक्रामक धर्म तेवर भी। कहानी में जीवन और मृत्यु का संघर्ष

जिंदगी में होने वाली मनुष्य की जिजीविषा वृत्ति को मार्मिक ढंग से शब्दबद्ध करती दिखाई देती है। समूह मन का चित्रण, समूह को नायक बनाने की लेखक की प्रतिभा दाद के काबिल है। कथा में बोली, मैथिली का प्रयोग इसे आँचलिक स्पर्श देता है। बिहारी मन, समाज, संस्कृति से लेखक पूरी तरह से वाकिफ होने के कारण कथा के पार्श्व में एक तरह की समग्रता और परिपूर्णता आई है। 'आपदूकर्म' शीर्षक बिहारी जनमानस की पराधीनता का सूचक है। उसमें व्यंग्य है और वास्तविकता भी।

निष्कर्ष – 'हिंदी चेतना' वेबसाइट पर बालकहानियाँ, लघुकथाएँ तथा कहानियाँ प्रकाशित हुई हैं। बालकहानियों में जिज्ञासा और कल्पना का सुंदर संगम है। लघुकथाएँ समकालीन हैं। वे वर्तमान समस्याओं को उजागर करती हैं। लघुकथाएँ अधिकतर व्यंग्यात्मक शैली में लिखी गई हैं। लघुकाय कथाओं के पात्रों का चित्रण सूचकता से किया गया है। ये कथाएँ समाज परिवर्तन का साधन बनी हैं। इस वेबसाइट की अन्य कहानियाँ विषय वैविध्य को लेकर प्रस्तुत हुई हैं। नारी उत्पीडन, प्रवासी भारतीयों का जीवन संघर्ष, प्राकृतिक प्रकोप, सांप्रदायिकता आदि विषय पर लिखी इन कहानियों के कथानक दिलचस्प हैं। कथावस्तु संघर्ष से विकसित होती है। देश और विदेश का इनमें चित्रण है। समकाल इनकी आधारशिला है। जीवन संघर्ष जीवंत चित्रित किया है। कहानियों की भाषा देश–प्रदेश के अनुकूल है। कथाओं के शीर्षक चित्ताकर्षक हैं। ये सारी पठनीय एवं सफल कहानियाँ वेबसाइट के स्तर को उठाती नजर आती हैं।

11. http://www.sahityashilpi.com–

'साहित्यशिल्पी' वेबसाइट पर प्रकाशित कहानी 'नचकैया' श्रीकान्त मिश्र 'कान्त' की विषय की दृष्टि से अनूठी कथा है। बापू रमैया जैसे बड़ा होने लगा, उसकी हरकतों से उसका स्कूल छूटा। फिर वह गाँव की भेड़–बकरियाँ, गायें पालता रहा। गाँव के पंडित तिवारी जी की पत्नी चल बसने पर वह उनकी खेती–बाड़ी देखता, उन्हीं के घर रहता। कभी–कभार क्षेत्र की नौटंकी में काम करता। गाता–नाचता है। तिवारी के और उसके बीच समलिंगी संबंध हैं। उसकी चर्चा गाँव में दबी आवाज में होती रहती है। पर इसके कारण कभी तिवारी जी का लोटा–पानी बंद करने की किसी की हिम्मत नहीं हुई। तिवारी ने नचकैया की शादी भी बाद में कराई। वह अपने बेटे के जन्म के बाद अंतिम नौटंकी कर अपना पूर्व नारी पेशा छोड़कर, बाल काटकर सामान्य जीवन बिताने वाला था। पर तिवारी जी जीते जी ऐसा करने से मना करते हैं। पर वह अपनी खिचड़ी पकाने लगता है। तिवारी की मृत्यु के बाद यह नचकैया ही उनकी जमीन–जायदाद का उत्तराधिकारी बनता है। तब गाँव में सामान्य जीवन का अंग होने वाली यह बात आज मीडिया के दौर में टी.आर.पी. बढ़ाने वाली ब्रेकिंग न्यूज बन जाती है। कान्त ने इस कहानी के जरिए तृतीय पंथियों की सामाजिक समस्या, प्रश्न उठाने की अपेक्षा, उनके प्रश्नों को संवेदनशील बनाने की आवश्यकता होकर भी उन्हें सिर्फ सुर्खी बनाने की बाजारू वृत्ति पर प्रहार किया है। आज हमारे सारे संबंध दिखावे के, झूठे बनते जा रहे हैं। ऐसी स्थिति में पचास साल पहले प्राकृतिक धर्म एवं संबंधों को सहज स्वीकार कर उसकी समाजशास्त्रीय आवश्यकता देखते तथा मान्यता देने की समाज की तत्कालीन प्रौढ़ता एवं प्रगल्भता के परिप्रेक्ष्य में 'गे समाज' का आज का मोर्चा, माँग मीडिया के लिए मात्र न्यूज होती है।

यह सब समझ में नहीं आता। कहानी नचकैयों की लोककला, समाज के साथ उसका एक हो जाना, तिवारी जैसे परिवार द्वारा स्वीकृति एवं उत्तरदायित्व सौंपा जाना आदि के पीछे लेखक की दृष्टि में होने वाली समाजशील वृत्ति अनुकरणीय है। कथा का शीर्षक लक्ष्यवेधी है। कथा में ग्रामीण जीवन का सौहार्द्र स्पष्ट है। विवरण से कथा का विस्तार हुआ है। भाषा बोलचाल की है। देश–काल वर्णन यथोचित है। पात्र इनेगिने हैं। कहानी अनोखी है।

इस वेबसाइट पर अन्य और इनी–गिनी कहानियाँ जरूर प्रकाशित हुईं। रवि पुरोहित की 'आदमी' तीन विभिन्न धर्मी गूँगों की कथा है। उसमें वे समाज द्वारा उपेक्षित होकर भी अपनी खून पसीने की रोटी खाते मूल्यों की जिंदगी, 'आदमी' की जिंदगी जीते दिखाए गए हैं। रचना श्रीवास्तव की कथा 'पश्चात्ताप के मोती' विदेश में बसे भारतीय की कथा है। जहाँ स्नेह अपने अपराध के पश्चात्ताप में आजीवन सेवारत रहती प्रायश्चित्त लेती, पश्चात्ताप के आँसू बहाती है। इसी लेखिका की एक और कहानी यहाँ है। शीर्षक है, 'भोगे विश्वास का दर्द'। सताक्षी के बिखरे वजूद की यही कहानी। तेजेंद्र शर्मा की 'किराए का नरक' कथा मुंबई जैसे महानगर की पृष्ठभूमि में विकसित तृप्ति और नरेंद्र की कथा है। दोनों विषम परिवार के हैं। विषम स्थिति ही उनके अनबन का कारण बन जाती है, जिसे नरेंद्र आजीवन सहता है। 'कपोतकथा' प्रवीण पंडित की लिखी कपोतों की कथा है। यह मानवीकरण करके लिखी गई है। यह कहानी हमें समझाती है कि क्या पखेरू, क्या इंसान सबका दर्द साझा होता है। महेश्वर नारायण सिंह की 'ए ग्लोबल सिटिजन' दादा–पोते की कहानी है।

निष्कर्ष – इस प्रकार हम देखते हैं कि 'साहित्यशिल्पी' वेबसाइट की कहानियों में विषय की विविधता है। पर जहाँ तक कहानियों के स्तर, अभिजातता या कलात्मकता का सवाल है, ये कहानियाँ निराश ही करती हैं। इन कहानियों में देश, काल एवं वातावरण का बहुमुखी होना इनका धन पक्ष जरूर हो पर शिल्प में वक्रता, नाटकीयता का न होना, शैली में सपाट बयानीपन कहानियों को पठनीय नहीं बनाता। कथा के शीर्षक भी सामान्य हैं। कथाओं में न आरम्भ का आकर्षण, न अन्त का परिणाम। कुल मिलाकर ये फँसी हुई कहानियाँ लगती हैं। ऐसा होकर भी यह वेबसाइट नवलेखकों के लिए लेखन का वैश्विक मंच उपलब्ध कराती है। इस दृष्टि से इस लेखन, प्रकाशन का हिंदी भाषा और साहित्य विकास में अपना योगदान जरूर है। इससे वैश्विक पाठक वर्ग बनता है। हिंदी के विकास, विस्तार के उद्देश्य से स्थापित इस वेबसाइट का प्रयास अनुकरणीय न होने पर भी प्रेरक निश्चित है।

4.4.2 एकांकी/रेडियो नाटक –

(ट) रेडियो नाटक :–

http://rachanakar.org–

इस वेबसाइट से अनुसंधान काल में प्रकाशित एकमात्र रेडियो नाटक है 'लाल सलाम'। इसे विवेक रंजन श्रीवास्तव ने लिखा है। नक्सलवादी गतिविधियों का चित्रण कर उसके पनपने की मीमांसा करना प्रस्तुत रेडियो नाटक का लक्ष्य है। बस्तर जिले की नक्सल बस्ती। कमांडर की अनुमति से एक पत्रकार बस्ती का चित्रण करने तथा समस्या जानने के लिए आता है। नक्सल

बच्चों से वह उनकी कहानियाँ सुनता है। इस रेडियो नाटक में पत्रकार के लंबे निवेदन हैं। उससे पता चलता है कि नक्सलवाद क्यों पैदा हुआ। कमांडर आकाश के वक्तव्य से सरकार की नीतियों के परिणामस्वरूप गरीबी, बेरोजगारी, विषमता कैसे आती है उसकी चर्चा है। इन सबसे हम जानते हैं कि भारतीय कम्युनिस्ट पार्टी के विभाजन के बाद नक्सलवाद पैदा हुआ। आज भारत के झारखंड, छत्तीसगढ़, पश्चिम बंगाल, बिहार जैसे राज्यों में 56 नक्सल गुट कार्यरत हैं। हजारों लोग भूखे, पीड़ित, शोषित और अपने मौलिक अधिकारों से वंचित हैं। यह सब असंतुलित विकास का नतीजा है।

इस रेडियो नाटक की कथावस्तु विचार-प्रधान है। आधे घंटे का यह रेडियो नाटक लोकगीत से आरंभ होता है। वह लोकगीत बस्तर की बोली में है। इससे श्रोता एकदम बस्तर में पहुँच जाते हैं। फिर करमा नृत्य होता है। इससे सहज संवाद आरंभ होने में मदद मिली है। उपर्युक्त कथानक को तीन दृश्यों में विभाजित कर प्रस्तुत किया गया है। दृश्य परिवर्तन के लिए संगीत का प्रयोग समुचित है। संवादों में ध्वनित अभिनय की क्षमता है। भाषणों, निवेदनों की अपेक्षा प्रसंग निर्मिति से उपरोक्त कथ्य का निर्माण होता तो वह अधिक प्रभावी होता। यह रेडियो रूपक वातावरण प्रधान न होकर विचार-प्रधान हुआ है। प्रस्तुत रेडियो नाटक हमें हिंसा के प्रति नफरत निर्माण कर समझाता है कि मरे नक्सली, पुलिस या जनता...मरता तो इंसान ही है। संहार में नहीं समग्र शांति में ही मनुष्य की भलाई है। रेडियो नाटक का शीर्षक सूचक है।

रेडियो नाटक तब प्रभावी होता है, जब वह प्रसंग, संवाद, ध्वनि, संगीत से अपने कथ्य को प्रस्तुत करता है। ध्वन्यात्मक अभिनय रेडियो नाटक का बलस्थान होता है। यहाँ इन सबकी अनुपस्थिति अखरती है। संभावनाओं के होते हुए भी नाटककार के उसकी ओर ध्यान न देने से प्रभाव की हानि, क्षति कचोटती है। विषय ज्वलंत एवं समकालीन है। सरकार और नक्सली दोनों को लक्ष्य बनाकर कथावस्तु का निर्माण किया गया है।

(ठ) एकांकी नाटक :–
http://www.garbhanal.com–

लक्ष्मीकांत वैष्णव का लिखा एकांकी नाटक 'वे जंबू द्वीप से चले थे' भारतवर्ष की प्रगति पर व्यंग्य है। 'गर्भनाल' वेबसाइट पर प्रकाशित यह एकमात्र व्यंग्य एकांकी नाटक है। इसमें कल्पना की गई है कि भारतवर्ष की ओर से जंबू द्वीप से चाँद पर अंतरिक्ष यान छोड़ा गया है। उसमें तीन यात्री सवार थे। यह यान चाँद पर पहुँचने के पहले ही खराब हो जाता है। उसका नाम है 'अपोलो तीन तेरा'। नाम के अनुसार उसके तीन तेरा बजते हैं। वह ठंडा होता है। उसमें खराबी आती है। ऑक्सीजन की कमी से अंतरिक्ष यात्रियों की जानें अधर में लटकती रहती हैं। पृथ्वी पर नियंत्रण कक्ष से उन्हें बचाने की कोशिश होती है, पर अंतरिक्ष यात्रियों में आपस में तू-तू, मैं-मैं होती रहती है। गाली-गलौज भी होती है। आखिर जंबू द्वीप की ओर से छोड़े गए भारतीय यात्री किसी तरह सुरक्षित लौट आते हैं। उनमें आपसी समझौता होता है।

इस कथानक को लेकर लिखे प्रस्तुत एकांकी नाटक में चाँद की अंतरिक्ष यात्रा का विवरण है। इस कथानक का विस्तार लघुकथा की तरह हुआ है। कथा विकास में जिज्ञासा को बरकरार

रखा है। इसका लक्ष्य हमारी प्रगति का यथार्थ दर्शन कराना है। उसे व्यंग्य से, खराबी और मनमुटाव से चित्रित किया गया है। यात्रियों का जानलेवा संघर्ष दर्शकों को बाँध लेने में सफल सिद्ध हुआ है। संकलन त्रय का उचित निर्वाह इस एकांकी नाटक में किया गया है। आकाश और पृथ्वी को दूरदर्शन के पटल से जोड़ने की नाटककार की तरकीब सराहनीय है। इससे अंतरिक्ष का मंचन संभव हुआ है। यात्रियों का चरित्र–चित्रण कथोपकथन से किया गया है। यात्रियों का जीवन–मृत्यु संघर्ष, उनकी मानसिकता, परिवार के प्रति आस्था और आशा सबका चित्रण उचित है। भारतीय आकाश यात्रियों के अनबन, गालीगलौज, अनुशासनहीनता आदि विसंगति पर यह एकांकी नाटक प्रहार करता है। एकांकी के संवाद में व्यंग्य है। इसकी भाषा, शैली व्यंजक है। एकांकी का शीर्षक न व्यंग्यात्मक है, न विषय बोध कराने वाला। एकांकी के प्रसंगों में अभिनय को अवकाश है। चरित्र उसका पूरा लाभ उठाते दिखाई देते हैं। इसके पात्र और प्रसंग इने–गिने हैं। यह एक सर्वसाधारण व्यंग्यात्मक एकांकी नाटक है। वैज्ञानिक प्रगति की ओर गंभीरता से देखने एवं उसके उचित नियोजन होने पर प्रस्तुत एकांकी नाटक बल देता है।

निष्कर्ष – इन दोनों वेबसाइट्स पर प्रकाशित रेडियो नाटक एवं एकांकी प्रभावी हैं। रेडियो नाटक में श्रव्य शक्ति का पूरा खयाल रखा गया है, जबकि एकांकी में दृश्यात्मकता का। प्रस्तुति में ध्वनि और दृश्य का समन्वय किसी भी नाटक को सफल बनाता है। यहाँ भी वह द्रष्टव्य है। इनके विषय समकालीन एवं प्रासंगिक हैं। पात्र इने–गिने हैं। संवाद चुटीले हैं। एकांकी में हास्य और व्यंग्य का समाहार है। नेपथ्य और अभिनय का खयाल नाटककारों ने रखा है।

4.4.3 निबंध–

निबंध गद्य युग की देन है। मनुष्य विचारशील प्राणी है। चिंतन उसकी वृत्ति है। मनुष्य विकास में चिंतन का बहुत बड़ा योगदान है। साहित्य में सबसे प्रौढ़ एवं प्रगल्भ विधा निबंध मानी जाती है। आचार्य रामचंद्र शुक्ल ने निबंध को 'गद्य की कसौटी' माना है, इसी प्रौढ़ता के कारण। आलेख, प्रबंध, समीक्षा निबंध के ही विकसित रूप है। निबंध के विकास में पाश्चात्य साहित्य का हाथ रहा है। अंग्रेजी में निबंध का Essay शब्द है। उसका विभाजन एवं व्युत्पत्ति देखेंगे तो पता चलेगा कि यह शब्द es-say है। अर्थात् सहज विचार। किसी एक विषय पर उन्मुक्त विचार के रूप में ही हिंदी में 'निबंध' शब्द का प्रयोग होता है। विशेष रूप से बँधा हुआ आलेख निबंध है। उसको व्याख्यायित करते हुए कहा गया है कि, 'A short literary composition on a particular theme or subject, usually in prose and generally analytic, speculative or interpretative'[1] अर्थात्, किसी एक विषय पर विश्लेषणात्मक, मीमांसात्मक तथा व्याख्यात्मक गद्य विचार निबंध है। पर निबंध की सबसे बड़ी विशेषता उसकी व्यक्तिगतता होती है। अंग्रेजी में Personal Essay को ही श्रेष्ठ निबंध माना जाता है। इस दृष्टि से उसे परिभाषित करते हुए अंतर्जाल पर कहा गया है कि, 'A short literary composition on a single subject, usually presenting personal view of the author.'[2]

---

1. www.dictionary.com
2. www.thefreedictionary.com

निबंध की सारी शक्ति उसकी शैली में समाहित होती है। शैली और स्वरूप के आधार पर उसके अनेक प्रकार होते हैं। वर्णनात्मक, वैचारिक, साहित्यिक, भावात्मक, समीक्षात्मक निबंध अपने स्वरूप के आधार पर ही अलग होते हैं। निबंध में एक सूत्र होता है। उस सूत्र के विभिन्न पक्षों पर निबंधकार प्रकाश डालता है। फिर भी उसमें एक अंत:सूत्र होता है, वह उसे बाँधे रखता है, भटकने नहीं देता। यही निबंध के शिल्प का सौष्ठव है। निबंध की दूसरी शक्ति उसकी भाषा है। भाषा वैभव से भी निबंध स्तरीय, कलात्मक होता है और शैली से भी। ललित, मनोहर, आत्मकथनात्मक, अलंकारक, सामाजिक जैसी विशेषताएँ निबंध को सुंदर एवं सुपाठ्य बनाती हैं। निबंध में कथा, पात्र, संवाद आदि Fiction के तत्त्वों की कोई गुंजाइश नहीं होती। विचार और भाव, चिंतन और बुद्धि, सौंदर्य और सौष्ठव का समन्वय निबंध की गरिमा बढ़ाता है। निबंध रंजन के लिए नहीं विचारार्थ लिखे जाते हैं। वह एक गंभीर साहित्य विधा है।

1. http://rachanakar.blogpost.com–

इस वेबसाइट पर प्रकाशित एकमात्र निबंध सीमा सहा का लिखा है। उसका शीर्षक है, 'यदि जीवन दुबारा जीने को मिले'। लेखिका नवोदय विद्यालय की नौंवी कक्षा में पढ़ने वाली छात्रा है। इसमें विचार व्यक्त करते हुए कहा गया है कि जीवन विषय परिस्थितियों से उभर आता है। जीवन यापन करते समय हार–प्रहार होते रहते है। ठोकरों से गुजरती जिंदगी हमें सिखाती, अनुभव संपन्न बनाती है। जीवन से कोई भी कभी संतुष्ट नहीं होता। यह असंतुष्टि ही हमारे मन में जिजीविषा का निर्माण करती है। तभी तो पुनर्जन्म की कांक्षा से मनुष्य कभी बाज नहीं आता। यदि मुझे दुबारा जीने का अवकाश मिले तो मुझे खुशी जरूर होगी और मैं मनुष्य का ही जीवन पसंद करूँगी।

निष्कर्ष – प्रस्तुत निबंध जीवन संबंधी कांक्षा को व्यक्त करता है। इसमें जीवन के बारे में संक्षेप में लेखिका की अपनी सोच–समझ प्रतिबिंबित है। यही कारण है कि उसे एक मौलिकता प्राप्त हुई है। उसकी भाषा मँजी हुई है। यह एक विवरणात्मक निबंध है, जो कल्पना की उड़ान भरता है। यह उड़ान शीर्षक में रूपायित हुई है। प्रस्तुत निबंध जीवन के विभिन्न पहलुओं को स्पष्ट करता है।

2. http://www.abhivyakti-hindi.org–

'अभिव्यक्ति' वेबसाइट पर समीक्षात्मक, ललित, साहित्यिक जैसे प्रकारों के छह निबंध अनुसंधान कालावधि (सन् 2010) में प्रकाशित हुए हैं।

इसमें से 'निराला की कविता में राष्ट्र' शीर्षक निबंध अक्षयकुमार ने लिखा है। सूर्यकांत त्रिपाठी 'निराला' मैथिलीशरण गुप्त की तरह राष्ट्रकवि रहे। उनकी कविता में 'राष्ट्र' संकल्पना न सिर्फ राजनीतिक रूप में प्रस्तुत हुई है, अपितु सामाजिक, सांस्कृतिक भी उसके रूपाकार रहे हैं। इस राष्ट्रवाद पर तुलसी, कबीर, ज्ञानेश्वर, गांधी का प्रभाव है। उसकी राजकीय संकल्पना में तिलक, बोस, नेहरू, सावरकर, भगतसिंह जैसे परस्परविरुद्ध विचारधाराओं की अभिव्यक्ति है। 'कुकुरमुत्ता', 'चतुरी चमार', 'कुल्लीभाट' जैसी रचनाओं में समाजवाद है। तो 'तुलसी', 'शिवाजी का पत्र' में हिंदू राष्ट्रवाद। तुलसी, शिवाजी और राम निराला काव्य के मुख्य कथ्य रहे हैं। गांधी की संघर्ष भावना उनके काव्य में दिखाई देती है। बावजूद इसके निराला परंपरा का

नित्य आक्रमण करते 'महाप्राण' बने। भारतीय मिथकों को निराला ने नए रूप में प्रस्तुत कर अपनी प्रतिभ क्षमता को सिद्ध किया है। यह एक साहित्य समीक्षात्मक आलेख है। कवि निराला के काव्य की राष्ट्रीय भावना के विभिन्न पक्षों की वह चर्चा करता है। लेखक अध्यवसायी है। उसका निराला का अध्ययन गहरा है। निबंध को विभिन्न खंडों में प्रस्तुत कर विषय के विभिन्न अंग प्रस्तुत किए गए हैं। निबंध की शैली विश्लेणात्मक है। निबंध की भाषा परिनिष्ठित है। शैली में कसाव है। निबंध का अंत निश्चित मान्यता से होता है। निबंध का शीर्षक विषय की केंद्रीयता पर आधारित है।

ऋषभदेव शर्मा ने एक ललित निबंध लिखा है। उसका शीर्षक है, 'रंग गई पग-पग धरा'। काव्यात्मक शीर्षक से ही यह निबंध पाठकों को आकर्षित करता है। उपरोक्त निबंध की ही तरह यह समीक्षात्मक साहित्यिक निबंध है। पर उसे ललित शैली में प्रस्तुत किया है। 'निराला के काव्य में वसंत' उसका केंद्रीय सूत्र है। वसंत के रंग, गंध का चित्रण एवं चिकित्सा इसका लक्ष्य है।

रंग गई पग-पग धन्य धरा
हुई जग जगमग मनोहरा
वर्ण, गंध धर, मधु-मकरंद भर,
तरु उर की अरुणिमा तरुण तर

जैसी काव्य पंक्तियों ने निबंधकार को यह निबंध लिखने के लिए प्रेरित किया। इसमें कवि निराला के काव्य में वसंत ऋतु की फुहारों का वर्णन एवं समीक्षा है। विभिन्न उदाहरण एवं उद्धरण देकर निबंधकार ने अपनी मान्यताओं को मनोहारी ढंग से विवेचित किया है। 'तुलसीदास', 'सरोज-स्मृति', 'वंदना', 'जूही की कली' जैसी रचनाएँ इस निबंध का आधार हैं। इसमें चित्रित वसंत हर्षोल्लास संक्रामक है। वसंत की मादकता इसमें है। वसंत बहार इसमें प्रतिबिंबित है। प्रस्तुत निबंध वसंत का उदात्त रूप हमारे सामने रखता है। शस्य, श्यामल धरा का दर्शन इसमें है। वसंत ने इस सृष्टि में जो अमर संगीत भरा है, उसकी गूँज हम प्रस्तुत निबंध में सुन सकते हैं। वसंत निराला की प्रिय ऋतु है। उसका वर्णन निबंधकार ने ललित-मनोहर रूप में किया है। ऐसे निबंध में जिस मार्मिकता की अपेक्षा होती है, वह यहाँ देखते ही बनती है। निबंधकार ने निराला काव्य का न सिर्फ पठन किया है, परंतु अपनी चिंतनगत मान्यताओं से उसने धारणाएँ निश्चित की हुई परिलक्षित होती है। निबंध की भाषा प्रौढ़ है। दृष्टान्त चयन से लेखक की रुचि का परिचय मिलता है। साहित्यिक निबंध संभवत: क्लिष्ट होते हैं। यहाँ का अनुभव विपरीत है। साहित्यिक निबंध शायद ही ललित होते हैं। इस दृष्टि से इसके अनूठेपन को समझा जा सकता है।

'साहित्य का सामाजिक प्रभाव' श्यामाचरण दुबे का लिखा साहित्यिक निबंध है। यह आलेख गोविंद वल्लभ पंत समाज संस्थान द्वारा आयोजित 'साहित्य एवं सामाजिक परिवर्तन' विषय पर दिए गए व्याख्यान का लिखित प्रारूप है। 'साहित्य समाज का दर्पण है' परिभाषा दोनों के अद्वैत को भले अधोरेखित करे पर साहित्यकार नहीं चाहते हैं कि इतिहासकार, दार्शनिक, वैज्ञानिक, समाजशास्त्री साहित्य में हस्तक्षेप करें। विषयों के आभिजात्य को छोड़कर एक अंतर अनुशासनिक (Inter Disciplinary) संवाद स्थापित करें, परंतु स्वायत्तता (Autonomy) में हस्तक्षेप न हो। मानव का मस्तिष्क जो निर्माण करता है, सांस्कृतिक विकास के स्तर से उसका कोई संबंध नहीं होता। यदि साहित्य के सामाजिक प्रभाव को हमें परखना है तो निरंतरता और

परिवर्तन के दृष्टिकोण से हमें अपनी मौखिक परंपरा (लोकसाहित्य) को गंभीरता से देखना होगा। निबंधकार ने इस निबंध में जगह-जगह पर विभिन्न उदाहरण देकर अपनी मान्यताओं एवं निष्कर्षों को स्वर दिया है। प्रस्तुत निबंध में उपरोक्त विषय के संबंध में अनेक प्रश्न उठाकर उनकी सविस्तार चर्चा की है। लिखता कौन है? पढ़ता कौन है? पढ़ने-लिखने का कितना प्रभाव होता है? साहित्य की पहुँच कितनी होती है? पहुँच और प्रभाव का क्या संबंध है? ये सारे प्रश्न साहित्य और समाज संबंध से जुड़े हैं। इसे टटोलने के लिए हमें समझ लेना होगा कि आज कविता नए कवियों की पीढ़ी के लिए 'रैप' होना अनिवार्य क्यों लगता है? अर्थहीन शब्द रंगीन करना क्या कविता की नई शर्त और परिभाषा तो नहीं बन रही? आज साहित्य जानकारी दे रहा है। विचार शृंखला के निर्माण में उसका योग है। पर प्रश्न है कि साहित्य शब्द का मूलार्थ जो था 'हितेन स: साहित्य' वह कहाँ है? आज का साहित्य करवट ले रहा है। देखना है कि ऊँट किस करवट बैठता है?

श्यामाचरण दुबे ने वर्तमान साहित्य को लेकर गंभीर प्रश्न उठाए हैं। यह निबंध हमें सोचने के लिए बाध्य करता है। इस निबंध में समाज को हिला देने की ताकत है। हम इसे पढ़कर गुनने लगते हैं, यही इस निबंध की सफलता है। निबंध आद्योपांत गंभीर, चिकित्सक है। लेखक का विश्लेषण ध्यातव्य है। निबंध बौद्धिक है और स्तरीय भी। साहित्यिक और वैचारिक निबंध का यह संयुक्त रूप है। इसकी भाषा तार्किक है। निबंध का शिल्प सुगठित है। मान्यताओं की स्पष्टता से यह निबंध विचारणीय बन गया है। यह साहित्यिक निबंध का आदर्श रूप है।

'घर' डॉ. प्रतिभा अग्रवाल का सुंदर ललित निबंध है। इसमें घर की संकल्पना स्पष्ट की गई है। घर सिर्फ चारदीवारी का नाम नहीं है। न ही वह सिर्फ रहने वालों का अलग-अलग इकाई समूह। लेखिका ने मोहन राकेश का 'लहरों के राजहंस' नाटक देखा। उसमें भिक्षु आनंद का घर को लेकर एक वक्तव्य है। वह वक्तव्य उसे बेचैन करता है। उस बेचैनी से नि:सृत चिंतन की प्रतिक्रिया में प्रस्तुत निबंध बन पड़ा है। भिक्षु आनंद की जिज्ञासा है... 'वह घर देखना चाहता है...कक्ष या उद्यान नहीं।' झोंपड़ी, मड़ैया, मकान, महल, हवेली, कोठी कितने प्रकार हैं घर के। घर-घोंसला पशु-पक्षियों का भी होता है। अपार्टमेंट, एन्क्लेव, कॉलोनी, नगर भी हैं। पर घर की बुनियाद आश्वस्ति, आस्था, आत्मीयता होती है। वह जहाँ, घर वहाँ। अलग-अलग अस्मिता एवं अस्तित्व को धरे एकत्र रहने वालों से घर की अनुभूति कम हो रही है। प्रश्न जगह का नहीं। जगह छोटी-बड़ी निकल आती है। चिंता की बात है कि हम संकुचित होते जा रहे हैं। भरी बस, गाड़ी में जगह निकल आती है, जब हममें एक-दूसरे के प्रति लगाव उत्पन्न होता है। यही घर की नींव होती है। प्रेम की गहन अनुभूति घर की आकांक्षा को रूपायित करती है। समय गुजरते हमारा वह पुराना, सबको समेटने वाला घर बह गया, क्योंकि हमारी सोच में बदलाव आया। घर दाम्पत्य जीवन का नाम है। 'जीवन के प्रति अन्य तरह की आस्था। साथ ही जीवन में स्वत:स्फूर्त प्रेम, कामना, वासना आदि का स्वीकार।' यह पढ़ते हुए हिंदी का मशहूर निबंध 'घर की सफलता की तीन कुंजियाँ'[1] याद आता है। घर बसने की तीन शर्तें वह निबंध समझाता है—कहना, सुनना और सहना। हिंदी की बहुचर्चित कहानी है 'वापसी'[2], वह भी यही बात समझाती है।

---

1. कन्हैयालाल मिश्र 'प्रभाकर'
2. उषा प्रियंवदा-जिंदगी और गुलाब के फूल (कहानी संग्रह)

प्रस्तुत निबंध भले ललित हो, उसका आशय सामाजिक है। निबंध का प्रारंभ सहज एवं कलात्मक है। भिक्षु की जिज्ञासा...उसकी उपज है निबंध, जिसका विकास, विस्तार अनायास हुआ है। निबंध की भाषा चिंतन प्रचुर है। इसकी शैली मीमांसात्मक बनी है। निबंधकार डॉ. अग्रवाल ने घर की संकल्पना स्पष्ट करने के लिए अनेक उदाहरणों का सहारा लिया है। इससे निबंध का स्तर ऊँचा उठा है। इस निबंध का शिल्प एकात्म है। इसकी शैली बँधी हुई है। एक ही कल्पना के केंद्र में निबंध का फैलाव उसे चुस्त बनाए हुए है। अंत में निष्कर्ष होने से निबंध प्रभावी बना है। इक्कीसवीं सदी की डाँवाँडोल स्थिति में परोक्ष रूप से यह निबंध स्थैर्य का संदेश देता है।

पुराने घरों में 'बिल्ली और छींका' का नाता सहज था। अब लोग दूध-दही फ्रीज में रखने लगे और छींका हो गया गायब। इस एक छोटी-सी घटना को लेकर लिखा ललित निबंध है यह। डॉ. गौतम सचदेव ने इसे लिखा है। ब्रिटेन के अंग्रेजों के घरों में बिल्लियाँ खूब मिलती हैं, लेकिन छींके नहीं। दुनिया बदल गई है। बिल्ली की नस्ल से आदमी की अहमियत तय करने का जमाना आ पहुँचा है। कुत्ते से बिल्ली पालना अच्छा होता है। बिल्ली स्वावलंबी, साफ और संयमी होती है। सुमित्रानंदन पंत ने अपनी प्रियतमा को मार्जरी कहा था। पुराने मिस्र में बिल्ली को देवता माना जाता था। बिल्ली हमारे जीवन से इतनी जुड़ी है कि उससे अनेक लोकोक्तियों का जन्म हुआ। बिल्ली से जुड़ी अनेक कहानियाँ, कविताएँ हैं। यह निबंध बिल्ली का गुणगान बन गया है। यह एक विवरणात्मक निबंध है। इसमें बिल्ली की विविध अंगों से जानकारी दी गई है। यह एक साधारण-सा निबंध है। न उसमें कोई लालित्य, न कल्पना। इसका शीर्षक छोटा और विषयानुकूल है।

'ज्योतिपर्व की जय' रमेश तिवारी 'विराम' ने लिखा है। यह निबंध दीपावली पर्व का वर्णन है। दीपावली विजयी दीपशिखा का त्योहार है। अंधकार मनुष्य का दुश्मन है। मनुष्य ने उसे हमेशा परास्त करने का प्रयास किया है। अंधकार भय, आशंका, स्वप्न, अकर्मण्यता का प्रतीक है। अत: वह त्याज्य है। अंधकार में प्रकाश बिखराने की प्रेरणा, तृष्णा मनुष्य में निरंतर बसी होती है। प्रकाश प्रेमी मनुष्य ने अमावस्या को नकारा है और पूनम को पूजा है। इतिहास इसका गवाह है कि दीपावली ऋतुराज वसंत की तरह पर्व अग्रणी है। कृषि उत्सव भी है दीपावली। वह आलोक उत्सव है और अन्नोत्सव भी। गणेश एवं लक्ष्मी, सरस्वती एवं लक्ष्मी के युग्म हैं, मनुष्य ने ज्ञान और धन को समान माना है और खील से उसे पूजा है। यह सुख-समृद्धि का त्योहार है। यह ज्योतिपर्व रंगों का इंद्रधनुष भी है। भारतीय आस्थाओं, मिथकों का उत्सव है यह ! इससे जीवन में आलोक का विस्तार होता है। 'तमसो मा ज्योतिर्गमय' इस उत्सव का प्रेरणास्रोत है। यह एक विवरणात्मक निबंध है, जिसे लेखक ने मनोयोग से लिखा है। यह एक भाव प्रकटीकरण है।

निष्कर्ष – इस प्रकार हम देखते हैं कि 'अभिव्यक्ति' वेबसाइट के निबंध आकार, प्रकार की विविधता लिये हुए हैं। ललित निबंधों की अपेक्षा साहित्यिक निबंध स्तरीय बने हैं। निबंध में बुद्धि और भाव का सुंदर समन्वय है। विवरणपरक निबंध नई जानकारी देते नजर आते हैं। सभी निबंधों की भाषा, शैली प्रौढ़, परिनिष्ठित है। निबंध के प्रारंभ और अंत प्रभावी और प्रबोधक रहे हैं। उनके शीर्षक समुचित हैं। ये निबंध जीवन की मीमांसा करते, उसे उन्नत बनाने की कोशिश में लगे हैं। साहित्य और समाज संबंधों की व्याख्या करने वाले ये निबंध पठनीय भी हैं और विचारप्रवण भी।

3. http://www.srijangatha.com–

'सृजनगाथा' वेबसाइट पर अनुसंधान काल (2010) में कुल पाँच निबंध प्रकाशित हुए। उसमें से डॉ. श्रीराम परिहार का 'प्राचीरों में कैद पानी' एक स्तरीय निबंध है। पानी जीवन होता है। उसके रंग–रूप अनेक होते हैं। उसको डॉ. परिहार ने शब्दों की सुंदरता में बाँधने का प्रयास किया है। पानी से आदमी का धरम–करम जुड़ा होता है। यह पानी किसी की कृपा से हमें नहीं मिलता। वह प्रकृति की देन है। प्रकृति उसे मुफ्त और मुक्त बाँटती है। पानी से ही मनुष्य में आपसदारी एवं पास–पड़ोसपन बढ़ा है। इस प्राकृतिक संपदा को बहता बंद कर उसे बोतल और पाउच में सड़ा रखा है। वह उसकी कीमत वसूलने की फिराक में नजर आता है। कवि भारतभूषण ने चुनौती दी है, मनुष्य को इससे बचना चाहिए–

'इस मनुष्य को धन की ये अंधी दौड़ कहाँ ले जाएगी,
शायद सोने की ईंटों में, जिंदा–जिंदा चिनवाएगी।'

ऐसे पानी के कितने रंग–रूप हैं हमारे यहाँ। कितने संदर्भ, संबंध, संवाद, घाट, यात्राएँ, स्मृतियाँ, अनुष्ठान, पर्व, अर्घ्य, आचमन किससे नहीं जुड़ा है पानी? पानी जीवनव्याप्त है और पृथ्वी को घेरे हुए भी। हमने पानी के प्राचीर नहीं बनाए। उलटे उसे खेतों में बहाकर सोना उगला। 'बिन पानी सब सून' कहकर रहीम ने पानी की महिमा गाई। वह पानी ही आज दुर्लभ बना क्योंकि हमने उसके सोते गाड़ दिए। खरीदा हुआ पानी, खरीदी संस्कृति से जीवन नहीं चल पाता, इसे हमें समझ लेना चाहिए और पानी को बंद करने की अपेक्षा उसे बहते रखना चाहिए। प्रस्तुत निबंध में डॉ. परिहार ने पानी और जीवन के संबंधों को अधोरेखित किया है। इस निबंध की भाषा ललित है। उसका शिल्प सुगठित है। इसका शीर्षक काव्यात्मक है। यह निबंध पठनीय बना है।

ऐसा ही दूसरा ललित निबंध है 'पुष्प जीवंत है'। सुरेश कुमार पंडा ने इसे लिखा है। यह निबंध पुष्प महिमा समझाता है। प्रकृति की सुषमा अपार है। उसमें कोमलतम उपादान पुष्प है। रंग, गंध, सुंदरता, आकार वैविध्य, पुष्प मानवीय भावनाओं का वाहक, साधन, माध्यम, प्रतीक क्या नहीं है वह? भक्ति, वंदना, प्रार्थना सबका साधन है पुष्प। उसके बिना तो प्रेम असंभव! मनुष्य का मन हरा होता पुष्प से ही। रंग तो इंद्रधनुष है फूलों का। गंध उसका रोमान्स है। फूल समर्पण है, सद्भाव है, सभ्यता भी। फूल शस्त्र है और शास्त्र भी। वह औषध है और उपाय भी। काव्य, साहित्य, संगीत पुष्प से ओतप्रोत है। पुष्प देता है, लेता नहीं। उसकी कोई अभिलाषा नहीं होती है। फूलों से हमारा जीवन व्याप्त कैसे है, यह प्रस्तुत निबंध पढ़कर हमें मालूम होता है और हम आश्चर्यचकित हो जाते हैं। प्रस्तुत निबंध का शिल्प, शैली, भाषा सब सुंदर है।

'ललित निबंध का स्थापत्य' डॉ. शोभाकांत झा का साहित्य समीक्षात्मक निबंध है। इसमें निबंधकार ने ललित निबंध की संरचना, स्वरूप, संकल्पना को स्पष्ट किया है। ललित निबंध व्यंग्य की तरह एक विवाद्य विषय है। पहले भाषा बनती है फिर उसका व्याकरण बनता है। तत्पश्चात् उसका एक मानक रूप प्रचलित होता है। रचना पहले बनती है, फिर उसका स्थापत्य या संरचना आकार लेती है। निबंध के अनेक रूपों में से एक है ललित। लल्+क्त+इट के मेल से ललित शब्द साकार होता है। 'लालित्यं ललित निबंधस्य जीवनं' कहकर निबंधकार उसे परिभाषित करना चाहता है। जकड़बंदी से मुक्त रचना ललित बनती है। डॉ. हजारीप्रसाद द्विवेदी ने नाखून जैसी नाचीज पर निबंध लिखकर उसे ललित बनाए जाने का करिश्मा कर

दिखाया है।[1] रमणीयता ललित निबंध की कसौटी होती है। वह काव्य जैसा होता है। काव्य का लक्षण ही है–'रमणीयार्थ प्रतिपादक: शब्द: काव्यम्।' ललित निबंध विधा अविचारित रमणीय का रूप है। हरिशंकर परसाई के व्यंग्य निबंध भी ललित बने इसी रमणीयता के कारण। ललित निबंध के इस स्थापत्य को स्पष्ट करने वाले अनेक मत निबंध के अंत में हैं। इस प्रकार यह ललित निबंध के स्वरूप को स्पष्ट करता है। उसमें तत्त्वों की सूक्ष्मता नहीं। इसे स्थूलता से समझाने का यह सुलभ प्रयास है। एक कठिन विषय यथासंभव सुलभ करने की कोशिश सराहनीय है।

कुबेर नाथ राय हिंदी के मशहूर निबंधकार हैं। ललित निबंधों में उनकी महारत है। यहाँ 'सनातन नदी : अनाम धीवर' निबंध में नदी के उद्‌भव एवं विकास की चर्चा की है। निबंध का प्रारंभ बुद्ध विचार से कर नदी के सनातन होने की प्रतिष्ठापना की है। रूपमय, रसमय, गंधमय, शब्दमय जगत् की जन्म-मरण-सरिता कम सुंदर नहीं है। भवसागर में मनुष्य का आवागमन जारी रहता है। वह जन्म-मरण की नदी में कामना के मीन को प्रज्ञा के जाल में फँसाता रहता है। भगवान बुद्ध महाभिषज थे और महाधीवर भी। उन्हें मालूम था कि वैराग्य और ममता दोनों निर्मल हुए बिना सिद्धि नहीं मिलती। अत: सिद्धि पाने के लिए उन्होंने सर्वसंग परित्याग किया था क्योंकि उन्हें जीवन यात्रा की नदी कुहासे से घिरी महसूस हुई थी। वे नदी को 'पगला दे' पागल करने वाली, उन्मादिनी मानते थे। इस नदी के अनेक चेहरे होते हैं। पान, घोड़ा, मन तीनों को समय-समय पर फेरना चाहिए, नहीं तो वह सड़ता, अड़ता, कुम्हलाता है। हमारा संविधान जीभ के बारे में बोलता है पर कान के बारे में मौन धारण किए हुए है। इससे मस्तिष्क का क्या होगा? यह सोचने की बात है। इस निबंध में कुबेरनाथ राय ने नदी और धीवर को जीवन और मनुष्य के प्रतीक के रूप में पेश किया है। महात्मा गौतम बुद्ध का चिंतन आधार बनाकर जीवन को समझाया है। इस निबंध की शैली दृष्टान्त की है। इसकी भाषा तार्किक है। जीवन और मनुष्य की मीमांसा इस ललित निबंध का लक्ष्य है। प्रस्तुत निबंध में बुद्धि, भाव और प्रतीक को बाँधकर शिल्प को कलात्मक बनाया है। निबंध का शीर्षक रूपकात्मक है।

महेश चंद्र द्विवेदी का लिखा 'गेट खोलने में तेजी' कथात्मक निबंध है। उसका आधार हमदर्दी है। जब तक हम दूसरों की आँखों में भरे दुख-दर्द में नहीं झाँकेंगे, हमें उसका पता कैसे होगा? यह निबंध कम, कथा अधिक है।

'कौवा' डॉ. बिरिंचि कुमार बरुआ का निबंध है। यह मूलत: असमिया भाषा में लिखा था। डॉ. भूपेंद्र राय चौधरी ने इसे हिंदी में अनूदित किया है। नाम के साथ प्रारब्ध जुड़ा रहता है। कौवे और कोयल को देखो। कौवा उपेक्षित तो कोयल सम्मानित। परंतु फिर भी कौवा हमारे जीवन का अभिन्न अंग है। कौवे की काँव-काँव की कारुणिकता से हमारा अहं पसीजता है। पर हमारा काव्य कौवे के रूप, रंग से अस्पर्शित रहा है। कौवे का काला रंग हमारे इस पूर्वग्रह का कारण हो सकता है। काला रंग हमारे लिए निषिद्ध है। अत: कौवा भी। काला रंग होकर भी कोयल हमें प्रिय है, पर कौवा नहीं। स्वर ने रंग का मात दी है। कौवे की आवाज में कटुता, कर्कशता भरी रहती है। कौवे की बोली हमारे लिए संकट सूचक है। अतिथि आगमन का संकट, मृत्यु का संदेश

1. नाखून क्यों बढ़ते हैं?-कल्पलता (निबंध संग्रह)

आदि। कालिख निषिद्ध पर काले रंग से लिखा मृत्युंजयी साहित्य कालजयी कैसे? बहुसंख्या से कौवे ने अपने महत्त्व को शायद खो दिया है। इस प्रकार डॉ. बरुआ ने अपने इस निबंध में काक के प्रति हमारे निषेध भाव को अन्यायपूर्ण बताया है। प्रस्तुत निबंध पढ़ते समय महादेवी वर्मा का 'गिल्लू'[1] याद आता है, जिसमें उन्होंने काकपुराण की चर्चा की है।

निष्कर्ष – हम कह सकते हैं कि 'सृजनगाथा' वेबसाइट पर प्रकाशित निबंधों में वैविध्य है। यह वैविध्य विषय–शैली में देखा जा सकता है। इन निबंधों की भाषा सुबोध और परिनिष्ठित दोनों प्रकार की रही है। शिल्प वैविध्य भी है इन निबंधों में। पानी, नदी, कौवा, घर, साहित्य आदि विषय पर लिखे ये निबंध साहित्यिक हैं और ललित भी। उनमें बुद्धि और भाव का अनूठा संगम है। कुबेरनाथ राय का निबंध तर्क की स्तरीयता से हमें अवगत एवं अनुभूत कराता है। निबंध के शीर्षक प्रतीकात्मक, काव्यमय हैं और सीधे, सरल, वस्तुनिष्ठ भी। जैसे कौवा, घर। अपने निबंधों का प्रारंभ संवाद, दृष्टांत से कर निबंधकार विषय के प्रति पाठकों की जिज्ञासा बढ़ाते नजर आते हैं। निबंधों का अंत निष्कर्ष पर कर निबंधकार अपने सोच की स्पष्टता सिद्ध करते हैं। 'सृजनगाथा' के निबंध स्तरीय, पठनीय हैं और सोचने के लिए बाध्य करने वाले भी।

4. http://www.hindichetana.blogpost.com–

प्रस्तुत वेबसाइट पर प्रकाशित एकमात्र ललित निबंध का शीर्षक है 'दर्द क्लब'। जीतेंद्र सहाय ने इसे लिखा है। आजकल शहरों में 'लाफ्टर क्लब' सर्वत्र खुल रहे हैं। उससे प्रेरणा लेकर 'दर्द क्लब' खोलने की लेखक को इच्छा हुई। दर्द क्लब का गठन करते ही लोगों का दर्द लेखक को समझने लगा। तब उसे पता चला कि दर्द की भाषा विश्वभाषा हो सकती है। इस क्लब ने अनेक कवि और शायरों की रचनाओं को अपनी गाइडलाइन्स के रूप में स्वीकार किया है। जैसे, 'दर्द का हद से गुजर जाना, दवा होना है।' 'मैं नीर भरी दुख की बदली' को नारी की वेदना का प्रतीक बनाया। प्रसाद, रहीम सारे कवि पीड़ा का गान छोड़ गए हैं। इसके सदस्य दर्द के सागर में गोते लगाना चाहते हैं। उन्हें मालूम है कि सिर्फ खुशियों के सहारे जिंदगी नहीं कटती। इस क्लब ने दर्द के विभिन्न पहलुओं को खोल दिया है। मनुष्य जैसे बढ़ता है, वैसे उसका दर्द भी। युद्ध और विनाश ने भी मनुष्य के दर्द को बढ़ाया है। सारे धर्म दर्द मिटाने के लिए ही पैदा हुए। पर दर्द मिटा नहीं। साहित्य, भाषा, दर्शन सबने दर्द पर विचार किया है। चिकित्साशास्त्र ने भी उसे मिटाना चाहा। पर वह नए चेहरों से उभरता ही रहा है। प्रेम ने तो दर्द को मृत्युंजय बना दिया है। दर्द से क्या छुटकारा संभव है? दर्द क्लब के माध्यम से यहाँ उसे अमर्त्य माना गया है। यह फंतासी शैली में लिखा व्यंग्यात्मक निबंध है। लाफ्टर क्लब का पर्याय दर्द क्लब दिखाकर उसके झूठेपन का यहाँ पर्दाफाश किया गया है। हँसने से दर्द दूर होना औषध से रोग दूर होने जैसा है। औषध रोग को रोकता है, मारता नहीं। रोग वृत्ति है, वैसे दर्द भी। एक दर्द के खत्म होते ही दूसरा सिर उठाता है। लेखक ने यहाँ दर्द को जीवन का अभिन्न अंग बताया है। 'ग्लैड टू मीट यू' कहने से कोई खुश नहीं होता, वैसे दर्द में कोई साझीदार भी नहीं बन सकता। दर्द की सहवेदना के लिए मनुष्य का संवेदना सूचकांक उच्चतम होने की आवश्यकता होती है। दर्द एक भाव है। उसकी उपज प्रतिक्रियात्मक

---

1. मेरा परिवार (रेखाचित्र संग्रह)

है। जिंदगी अपने क्रम से चलती रहती है। हम उसे अपनी कांक्षा का गुलाम बनाने की मंशा रखे होते हैं, जो कतई संभव नहीं होता। इसलिए दर्द अनिवार्यत: पैदा होता ही रहता है।

निष्कर्ष – निबंधकार ने दर्द के सभी पहलुओं की इसमें चर्चा कर विषय का विस्तार किया है। यहाँ विभिन्न उदाहरणों से निबंधकार अपनी मान्यताओं को स्पष्ट करता है। निबंध की भाषा मधुर है। जगह–जगह पर काव्य पंक्तियों के प्रयोग से निबंध में रमणीयता आई है। निबंध का शीर्षक भी व्यंग्यात्मक है। ललित निबंध व्यंग्ययुक्त होना एक अपवाद उदाहरण है। निबंध विस्तृत है और सुपाठ्य भी।

5. http://www.lekhani.net/index2.htm–

'लेखनी' वेबसाइट पर भी प्रकाशित एकमात्र ललित निबंध ही प्रकाशित हुआ है। उसे नर्मदा प्रसाद उपाध्याय ने लिखा था। इसमें उन्होंने होली, रंग, रूप और चित्रकला के प्रतिबिंबन की चर्चा की है। होली रंग और रूप का त्योहार है। यह उत्सव प्रकृति के वसंत का अनुकरण है। प्राचीन कथा, मिथक, कला में राधा–कृष्ण के काव्य, गीत, संगीत, नृत्य इसी से निर्मित हैं। प्राचीन चित्रकारों ने भी कवियों की तरह इस बिंब को पकड़कर रंग के अनेक रूपायन अमर किए। भारतीय चित्रांकन परंपरा इसकी गवाह है। अठारहवीं शताब्दी में रँगाए चित्र में भी यह परंपरा देखी जा सकती है। इन चित्रों की दिशा नहीं। ऊपर राजस्थान में यह चित्रकारी है और नीचे तंजावर में भी। राष्ट्रीय कला संग्रहालय, नई दिल्ली में इसके कितने चित्र हैं। उदयपुर, बीकानेर की नाथ परंपरा में यह है और पश्चिम बंगाल में भी। 'रंग के रूपायन' शीर्षक यह निबंध रंग, रूप और जीवन की एकता को कला, इतिहास और संस्कृति के परिप्रेक्ष्य में हमारे सामने रखता है। यह एक शोध निबंध है। इसकी भाषा शैली विवरणात्मक है।

निष्कर्ष – इस प्रकार हम देखते हैं कि अनुसंधान काल में 'रचनाकार', 'अभिव्यक्ति', 'सृजनगाथा', 'हिंदी चेतना', 'लेखनी' जैसी वेबसाइट्स पर कल्पनात्मक, विवरणपरक, ललित, साहित्यिक, समीक्षात्मक तथा व्यंग्यपरक निबंध लिखे गए। जीवन, पानी, नदी, साहित्य, काव्य, कौवा, घर, उत्सव, पर्व आदि विषय पर निबंध लिखे गए। निबंधों की शैली चिकित्सा, व्याख्या की अधिक रही है। कल्पना, व्यंग्य जैसे अपवाद निबंधों की भाषा प्रौढ़, परिनिष्ठित रही है। निबंध अधिकतर बौद्धिक रहे हैं। परंतु उनका काव्य, भाव, दर्शन आदि से मेल रहा है। इससे ये निबंध रमणीय एवं पठनीय भी रहे हैं। निबंधों के शीर्षक समर्पक हैं। कहीं–कहीं वे काव्यात्मक, प्रतीकात्मक भी हैं। निबंधों का लक्ष्य वर्ण्य विषय का विवरण एवं चिकित्सा रहा है। निबंधकारों की श्रेणी सम्मिश्र नजर आई। इनमें छात्र हैं और परंपरा निर्माण करने वाले ट्रेड सेंटर भी। अधिकतर निबंधों का प्रारंभ और अंत दोनों प्रभावी हैं। उनका अंत निष्कर्षात्मक है और प्रारंभ जिज्ञासावर्धक। सफल निबंधों की कसौटी पर ये खरे उतरते हैं। विवरणात्मक निबंध साधारण रहे पर ललित, साहित्यिक स्तरीय और प्रौढ़ नजर आते हैं। इन निबंधों में बुद्धि और भावना का सुंदर संगुंफन दिखाई देता है। इक्कीसवीं सदी में निबंध गुमराह समाज–मन के लिए पथदर्शक का काम करते देखे गए हैं। यहाँ भी वे वह भूमिका निभाते दृष्टिगोचर होते हैं। लगभग सारे निबंध पठनीय हैं। ये निबंध वर्ण्य विषय के सभी पहलुओं को

उजागर करते हुए नई जानकारी देते हैं। ललित निबंध रमणीय हैं और कलात्मक भी। साहित्यिक, समीक्षात्मक निबंध प्रौढ़, प्रगल्भ और स्तरीय हैं।

4.4.4. व्यंग्य –

हिंदी भाषा और साहित्य की अंतर्जाल पर जो वेबसाइट्स हैं उन पर कथा, कविता के बाद व्यंग्य पर अधिक रचनाएँ प्रकाशित हुई हैं। व्यंग्य इक्कीसवीं सदी का सिक्का है। यह सदी एक ओर यथार्थ की है, तो दूसरी ओर विसंगति की भी। इक्कीसवीं सदी का इंसान एक ओर दोहरे एवं विखंडित (Dual and Split) व्यक्तित्व को लेकर जीता है, वहीं दूसरी ओर उसकी जीवन पद्धति में दोहरे मापदंड (Double Standard) आमतौर पर प्रयोगित हो रहे हैं। इसका नतीजा यह हो रहा है कि उसकी जिंदगी तमाम विसंगतियों से भरती जा रही है। भ्रष्टाचार, गबन, रिश्वतखोरी, अनैतिकता, कालाधन, लक्ष्य प्राप्ति हेतु विधि-निषेध का त्याग, मानवी संबंधों से निहित जिम्मेदारियों से मुँह फेरकर खुदगर्ज जिंदगी जीना, इससे बढ़ती आत्मकेंद्रितता का शिकार होना, घर और मनुष्य का यंत्र बनना, विषमता, बाजारवाद, भूमंडलीकरण, जातिवाद, धर्मांधता, दैववाद, अंधश्रद्धा–ये सारी मनुष्य निर्मित समस्याएँ आज तीव्र रूप धारण करती नजर आ रही हैं। यही कारण है कि मनुष्य और उसका जीवन इक्कीसवीं सदी में व्यंग्य का पहला शिकार है।

व्यंग्य पहले शैली थी, अब प्रयोग की अधिकता ने उसे विधा (Form) बना दिया है। व्यंग्य सामाजिक विसंगति, आडंबर, अव्यवस्था पर असंतोष से किया यथार्थमूलक, संवेदनशील प्रहार है। व्यंग्य गद्य और पद्य की सभी विधाओं एवं पद्धति से लिखा जाता है। उसका उद्‌देश्य सुधार और परिवर्तन होता है। तीक्ष्ण वैदग्ध, विडंबना, व्यंग्य, उपहास, हेयहास, नींदा-विनोद, कटाक्ष, भर्त्सना, आक्षेपादि उसके रूप हैं। खिल्ली, भड़ैती, मजाक, ठट्ठा, स्वाँग, ताना, चुहल, ठिठोली, मसखरी, विदूषक के रूप में वह समाज जीवन में प्रयोगित होता है। संस्कृत काव्य में भी वह था और मध्यकालीन हिंदी साहित्य में भी उसकी उपस्थिति थी। यथार्थता, गंभीरता, सत्यता, संवेदनशीलता, साहस, बौद्धिकता, विशिष्ट भाषा और शैली, विधागत अभिव्यक्ति, प्रस्तुति विधा आदि आज उसके तत्त्व बन गए हैं।

हिंदी भाषा और साहित्य की सभी वेबसाइट्स पर व्यंग्य लेखक और पाठक दोनों की पसंदीदा विधा है। इस अनुसंधान हेतु चुनी गई वेबसाइट्स पर अनुसंधान काल (सन् 2010) में करीबन 300 व्यंग्यात्मक आलेख या व्यंग्य लेख प्रकाशित हुए हैं। कथा और निबंध के मेल से बने व्यंग्य आज बड़े पैमाने पर लिखे जाते हैं। शरद जोशी, हरिशंकर परसाई, काका हाथरसी ने इसे हास्य से जोड़कर पठनीय बनाया है। व्यंग्य रंजक होता है और उद्‌बोधक भी। उसकी इस दोहरी शक्ति ने ही उसे विधा बना दिया है।

1. http://rachanakar.blogspot.com–

'रचनाकार' वेबसाइट पर अनुसंधान काल में लगभग सौ-सवा सौ व्यंग्य रचनाएँ प्रकाशित हुईं। नववर्ष का प्रारंभ ही एक मार्मिक व्यंग्य से हुआ। नववर्ष के स्वागत एवं अभिनंदन के रूप में लेखक को उसके मित्र ने एक अनूठा चेक भेजा है, उस पर आधारित व्यंग्य का शीर्षक है 'तीन

सौ पैंसठ का चेक'। इसे गिरीश पंकज ने लिखा है। मित्र द्वारा लेखक को भेजे गए चेक की विशेषता है कि वह 365 रुपयों का न होकर 365 हँसी के दिन का चेक है। मित्र ने बताया है कि यह चेक ले लो और पूरा वर्ष हँसी-खुशी से गुजारो। कोरी शुभेच्छाओं से किसकी जिंदगी सुखी हुई, जो लेखक की होगी। इस चेक को न कैश किया जा सकता है, न मियादी राशि (Fixed Deposit) के रूप में बैंक में लंबे समय तक रखा जा सकता है। ऐसे हथकंडे अपनाकर भर पेट गरीबों की ठिठोली करने की अमीरों की कोरी हमदर्दी पर गिरीश पंकज ने प्रहार किया है। इस व्यंग्य को पढ़ते समय 'ग्रीटिंग कार्ड और राशन कार्ड'[1] याद आता है। ग्रीटिंग कार्ड की शुभेच्छाओं के आधार पर जिंदगी नहीं कटती, उसके लिए राशन कार्ड ही अनिवार्य होता है। परसाई की तरह पंकज ने भी उसी बात को यहाँ दोहराया है। 'खाली जेब से होंठों पर लाली नहीं आती', 'कविता से घर का चूल्हा नहीं जलता', 'पैसे का कहीं अंत है' जैसे सूत्र वाक्यों से यह व्यंग्य बौद्धिक बना है। व्यंग्य में जीवन के यथार्थ का दिग्दर्शन है। भाषा साहित्यिक है। व्यंग्य की शैली में तीर की तीक्ष्णता है। आलेख का व्यंग्य चुभीला है।

इसी व्यंग्यकार की दूसरी रचना है 'भूतपूर्व जी का अभूतपूर्व कदम'। छदामीजी भूतपूर्व मंत्री हैं। अभूतपूर्व होने की महत्त्वाकांक्षा में वे रास्ते में आने वाले हर प्रतियोगी का सफाया करते हैं। उनके चेहरे पर भ्रष्टाचार की चमक है, तो अंदर आतंकवाद की धमक। दोनों के बल पर वे कामयाबी हासिल करते हैं। व्यंग्य की भाषा सुभाषित है। उनमें अलंकार प्रयोग है। वर्तमान राजनीति का यथार्थ प्रस्तुत व्यंग्य चित्रित करता है। राजनेता के व्यक्तित्व को गंभीरता से चित्रित किए जाने से रचना का व्यंग्यार्थ प्रभावी संदेश दे जाता है। राजनेता पर प्रहार करने का व्यंग्यकार का साहस स्पृहणीय है। शैली में पर्दाफाश करने का तंत्र अपनाया है। यहाँ का व्यंग्य परोक्ष है। कथात्मक निबंध के रूप में इस व्यंग्य को प्रस्तुत कर व्यंग्यकार ने एक ही समय इसे रोचक एवं आलोचक बनाने का करिश्मा कर दिखाया है।

'गाँव में इवेंट मैनेजमेंट' सूर्यकुमार पांडेय का लिखा व्यंग्य है। आजकल इवेंट मैनेजमेंट का नया फंडा समाज में चल पड़ा है। लल्लन एम.बी.ए. है। उसके चाचा तिलेसर गाँव में रहते हैं। उनके बेटे की शादी तय होती है। पंडित जी मैनेजमेंट में मास्टरी किए अपने बेटे का हुनर देखने के लिए अंकल की बेटी की शादी के व्यवस्थापन की जिम्मेदारी उस पर सौंपते हैं। लल्लन गाँव जाकर देखता है कि शहर की थ्योरी और गाँव की प्रैक्टिस में महदंतर है। मैरेज में मिसमैनेजमेंट होना स्वाभाविक था। वह पागल होने के अंदेशे से गाँव छोड़ शहर आता है। इस प्रकार यह व्यंग्य शहरी लोगों की कल्पना का पर्दाफाश करता है। वह बताता है कि शिक्षा और हकीकत में पहाड़ और खाई का अंतर होता है। व्यंग्य की भाषा अंग्रेजी प्रचुर रखकर शहरी शिक्षितों की वर्तमान संकरित भाषा पर व्यंग्य कसा है, जिसमें क्रिया को छोड़कर सब अंग्रेजी होता है। जैसे, लल्लन का यह वक्तव्य कि, 'डैड, ये पुअर ऑर्थोडेक्स विलेजर्स, इनका अपलिफमेंट कतई नहीं हो सकता। इनका होटल मैनेजमेंट सिस्टम ओल्ड मॉडल है।' शहरी लोगों के किताबी ज्ञान की मर्यादा दिखाना व्यंग्य का लक्ष्य है। व्यंग्य में उपहास है। यह कथाबंध है।

विवेकरंजन श्रीवास्तव का लिखा व्यंग्य 'वात्स्यायन पुरस्कारों की स्थापना हो' में बढ़ते पुरस्कार और पुरस्कार के ओछे रूप पर व्यंग्य है। आज कीर्तिमान (Record) स्थापित करने का

---

1. पगडंडियों का जमाना-हरिशंकर परसाई

प्रचलन समाज में बढ़ रहा है। गिनीज, लिम्का में नए रिकॉर्ड दर्ज करना, क्रीड़ा, साहित्य, कला में पुरस्कार, रियलिटी शो, अंत्याक्षरी का दिवानापन (क्रेज) समाज में है। लासवेगास जैसा अमरीका स्थित शहर दिन में सोता है और रात को जगता रंगरलियाँ मनाता है। वहाँ एक प्रतियोगिता है–ज्यादा से ज्यादा लड़कियों के चुंबन लेने की। उसे वात्स्यायन पुरस्कार देने की योजना दिखाकर लेखक ने समाज में कामसूत्र के बढ़ते प्रभाव एवं परिणाम की ओर इशारा किया है। देश में बढ़ते स्कैम, स्कैंडल, कास्टिंग कौच आदि से प्रस्तुत व्यंग्य में हमारे गिरते नैतिक स्तर का यथार्थ चित्रण किया गया है। इसके विपरीत चैनलों पर इनके सनसनीखेज प्रसारण, टीआरपी बढ़ाने की होड़, ब्रेकिंग न्यूज बनाने की बेताबी जैसी बातों के चित्रण से व्यंग्यकार बढ़ती अनैतिकता, विवाहपूर्व और विवाहोत्तर संबंध की समस्या के प्रति हमें आगाह करना चाहता है। व्यंग्य की शैली सपाट बयानी है। विचारात्मक निबंध के रूप में व्यंग्य प्रस्तुत किया गया है। इसका बौद्धिक तत्त्व प्रबल है। यथार्थ एवं सत्य दर्शन के उद्‌देश्य से लिखा व्यंग्य, उसका शीर्षक बहुत कुछ बताता है।

'एक कैलेंडर का सवाल है भाई' व्यंग्य से यशवंत कोठारी ने भ्रम में जीने की हमारी वृत्ति पर व्यंग्य किया है। दिवाली आते ही कैलेंडरों का सिलसिला शुरू होता है। बाजार कैलेंडरों की धूम और बूम से भर जाता है। कैलेंडरों पर चित्र होते हैं। सारे चित्र हकीकत के विपरीत ही होते हैं। पुलिस द्वारा बलात्कार का एक भी कैलेंडर आपको कही नहीं मिलेगा। सारे कैलेंडर 'भ्रम–चित्र' (Illusion) होते हैं। यथार्थदर्शी कैलेंडर ढूँढ़कर भी मिलने की संभावना नहीं होती। भारत कैलेंडराना देश है। उसकी खामियाँ यहाँ गिनाई गई हैं। हकीकत प्रतिबिंबित होने वाला कैलेंडर, 'जिसमें गांधीजी हों, उनके तीन बंदर हों और समाधि के ऊपर शपथ लेते राजनेता हों और नेपथ्य में एक–दूसरे की टाँग खींचते हुए छुटभैया हों। जूतमपैजार, हाथापाई, गाली–गलौज आदि के दृश्य भी सुपर इंपोज किए जा सकते हैं।' इस अकेले उदाहरण से व्यंग्य का स्वरूप एवं उद्‌देश्य स्पष्ट होता है। ऐसे अनेक उदाहरण पेश कर व्यंग्यकार समाज का यथार्थ चित्रित करता है। समाज की गिरावट चित्रित करना इस व्यंग्य का मकसद है। बड़ी ढिठाई के साथ समाज का नग्न चित्र यह बंध प्रस्तुत करता है। इस व्यंग्य की भाषा करारी है। उसकी शैली व्यंग्यभरी है। इसकी उपहास शैली बड़ी प्रभावी है।

अशोक गौतम का 'बस! नारद बस' उपरोक्त व्यंग्य की तरह भारत का 'यथार्थ दर्शन' है। अशोक गौतम ने इसमें इंद्र–नारद संवाद से हकीकत का जामा पहनाया है। इंद्र के दरबार में नारद बहुत दिनों के बाद पेश होते हैं। इंद्र उसे पेप्सी की फर्माइश कर देरी का कारण पूछता है। वह बताता है कि वह पृथ्वी पर भारत गया था। उसके एकतारा की तार टूटी। उसकी मरम्मत में वह भारत का असली रूप देखता है। जनता बिकाऊ बनी है। 'किलो के दाम में छ: सौ ग्राम जनता पाकर भी मल्हार गाती है। हर फाइल हादसों से भरी है। फौज राजा से बलशाली बनी है। जिसका स्कैंडल नहीं होता, उसका कैरिअर ध्वस्त होता है।' यह सब संवाद शैली से अवतरित होता है। ठेठ चित्रण से व्यंग्य धारदार बना है। प्रत्यक्ष से अप्रत्यक्ष को इंगित करने की व्यंग्यकार की प्रतिभा प्रशंसनीय है। इसकी भाषा सारगर्भित व्यंग्यसूचक है। व्यंग्य संवादरूप है। इसमें तीक्ष्ण वैदग्ध का प्रयोग प्रभावकारी है। अंतर्जाल के अधिकांश व्यंग्यकार भारत की बिगड़ती छवि के प्रति सतर्क नजर आते हैं। यहाँ भी वह देखा गया है। फंतासी का प्रयोग कर व्यंग्यकार ने अपनी रचना को रोचक बनाया है।

राकेश शर्मा के व्यंग्य का शीर्षक है 'जूते से ना मारे दिवाने को' सभ्यता के पतन का आलेख खींचने वाला व्यंग्य है। एक राजा था। उसे काँटा चुभा। उसने सारी धरती को चमड़े से ढकने का फरमान निकाला। पर इतना चमड़ा आएगा कहाँ से? एक चालाक दरबारी ने राजा के पैर ही चमड़े से ढक दिए। तब से जूता ईजाद हुआ और प्रयोगित भी। समय गुजरते उसके उपयोग बढ़े। दूल्हे के जूते छिपाने का खेल शुरू हुआ। लांछन से जूते लगाना आरंभ हुआ। बुश, चिदंबरम, मनमोहन सिंह उसके शिकार हुए और आज हर कोई हर किसी को जूते मारने में कोई कसर नहीं छोड़ता। इस वस्तुस्थिति से व्यंग्यकार हमारी सभ्यता के ह्रास की ओर अँगुली से निर्देश करता है। इस व्यंग्यात्मक निबंध को विवरण से विकसित किया है। सपाट बयानी में लिखा यह व्यंग्य बोझिल बना है। इसकी भाषा में व्यंजना और लक्षणा का प्रयोग है। इसमें प्रभर्त्सना का प्रयोग प्रभावी बना है।

'बेगम छुट्टी पर है' व्यंग्य में स्त्री-पुरुष भेद को बड़े रंजक ढंग से पेश किया गया है। उमेशकुमार चौरसिया ने फंतासी का प्रयोग कर घर वाली बेगम को देर तक इतवार को सोते दिखाया है। पति महाशय आदत से मजबूर हैं। उठते ही बेड टी लेने के बदले देनी पड़ती है, तो बेगम की मेहनत का उन्हें एहसास होता है। बेगम आज छुट्टी पर होने का ऐलान करती है, तो पति महाशय को दिन के सारे कामों से गुजरते पसीने छूटते हैं। अंत में रसोईघर में काम करते-करते तो वे गश खाकर गिर पड़ते हैं। होश आता है, तो देखते क्या हैं...वे बेगम और बच्चों से घिरे हैं...कोई सिर दबा रहा है, तो कोई पाँव। इस प्रकार प्रस्तुत व्यंग्य में पुरुष के घर में निष्क्रिय रहने, काम में हाथ न बँटाने की वृत्ति पर व्यंग्य किया है। व्यंग्य में आरंभ से अंत तक हास्य भरा है। व्यंग्य का शीर्षक विषयवस्तु सूचित करता है। पुरुष जाति का उपहास और स्त्री श्रम की प्रतिष्ठा का गौरव करने के उद्देश्य से लिखा व्यंग्य सफल है और पठनीय भी। पुरुष नींदा पाठक को अंतर्मुख (विशेषकर पुरुष पाठकों को) करने की क्षमता रखती है। इसकी वस्त्राहरण शैली में रंजकता है। हलके-फुलके ढंग से लिखा यह व्यंग्य अंत में जाकर पाठक को लोटपोट कर देता है। बेगम के प्रति सहानुभूति निर्माण करने वाला यह व्यंग्य समस्त नारी की मेहनत के प्रति कृतज्ञता का भाव जगाता है।

बुलाकी शर्मा का लिखा व्यंग्य 'पहला सुख : निरोगी काया' डॉक्टरों के सेवा-परायण न होने पर नाराजगी व्यक्त करता लिखा गया है। लेखक अपनी सहधर्मिणी के इलाज के लिए सरकारी अस्पताल में जाता है। वहाँ देखता है कि सर्वत्र अव्यवस्था है। वहाँ दो प्रकार के डॉक्टर हैं। एक सरकारी और दूसरे निजी। सरकारी डॉक्टर है कि उनके कानों पर मरीजों की जूँ नहीं रेंगती। निजी डॉक्टर है कि उन्हें सरकारी अस्पताल में न समय होता है, न हमदर्दी। वही डॉक्टर अपने निजी क्लूनिक में एकदम इंसान बन जाते हैं। लेखक ने डॉक्टरों के इस विखंडित व्यक्तित्व एवं दोहरे मापदंडों पर प्रहार कर समझाया है कि डॉक्टरों को मरीजों के साथ स्थल, काल, धन से परे जाकर भलमनसाहत का व्यवहार करना चाहिए। सरकारी अस्पताल को अपने व्यवसाय को फलने-फुलाने का साधन बनाने, सेवा-परायणता का संबंध फीस से जोड़ने की डॉक्टरों की मरीज हितविरोधी वृत्ति पर यह रचना उपहास से भर्त्सना करती है। डॉक्टरों का बढ़ता विसंगत व्यवहार चिंता का विषय है। इस व्यंग्य की समस्या गंभीर है। इसका सत्य नग्न है। लेखक की मरीजों के प्रति होने वाली संवेदना अनुकरणीय है। इस व्यंग्य की भाषा बोलचाल की है। कथात्मक आलेख के रूप में लिखी यह रचना उपालंभ से भरी है। परंतु इसका शीर्षक यथोचित नहीं है।

पत्रशैली में लिखा 'हाँ, मैं गधा हूँ' राकेश मालवीय का व्यंग्य है। लेखक ने इसे अपने साला-सालियों से मुखातिब होकर लिखा है। जो मनुष्य ईमानदारी से व्यवहार करता है, उसे आजकल दुनिया गधा समझती है। 'दुलत्तियाँ मारना गधों का मौलिक अधिकार है। लेकिन भूमंडलीकरण के दौर में जब संचार क्रांति अपनी चरम सीमा पर है, तब सांस्कृतिक साम्यवाद और तादात्म्य स्थापित होने से इंकार नहीं किया जा सकता।' मतलब गधा और मनुष्य में एकता आ रही है। गधा ईमानदार होता है। भूखा रहकर भी अपना फर्ज निभाता रहता है। यह दिखाकर व्यंग्यकार ईमानदार मनुष्य को गधा मानने की हमारी नासमझी पर नाराजगी जाहिर करता है। संपर्क क्रांति के दौर में तरक्की के बजाय हमारी कार्य संस्कृति का पतन चिंता का विषय बनता जा रहा है। पत्र की आत्मीयता व्यंग्य में व्याप्त है। इस व्यंग्य की शैली अभिनव है। उसके विकास और कलात्मक बनाने की आवश्यकता थी। मनुष्य की विसंगति दर्शाना इस व्यंग्य का उद्देश्य है। यह व्यंग्य बौद्धिक है। प्रस्तुत व्यंग्य में मनुष्य पर गधे का किया विडंबन कलात्मक है। इसके शीर्षक में ठोसपन है। व्यंग्य के उपहास में मार्मिकता है। फिर भी इसके विवरण में एक तरह की रुक्षता है।

पुरुषोत्तम विश्वकर्मा ने 'हम प्राणी बिन पूँछ' व्यंग्य में मनुष्य की चापलूसी वृत्ति पर व्यंग्य कसा है। पहले कभी मनुष्य की पूँछ थी। जिन प्राणियों की पूँछ होती है, वे पूँछ का प्रयोग प्रेम, अनुनय के अलावा चापलूसी दिखलाने के लिए करते हैं। मनुष्य की पूँछ विकास काल में झड़ जरूर गई, पर चापलूसी की वृत्ति कम होने की अपेक्षा बढ़ती ही गई। मनुष्य की पूँछ आज भी होती, तो उसके कितने लाभ होते। वह सरकारी नौकरी में होता, तो उसके पूँछ की लंबाई जरूर बढ़ती। दर्जी कपड़े सीता तो पूँछ के लिए छेद जरूर रखता। कुत्ता, बिल्ली, शेर, चीता, बंदर की पूँछों की सीधी, टेढ़ी, ढीली, ऐंठ, हिलाई जैसी मनुष्य की पूँछ की भी अपनी विशेषता होती। उसका प्रत्यारोपण भी संभव होता। आदमी अपनी हैसियत की पूँछ धारण करता। यह सब सोचते हुए लेखक को पूँछ आने की संभावना का अहसास होने लगता है। इस प्रकार विश्वकर्मा ने उपहासगर्भ शैली एवं भाषा में मनुष्य की चापलूसी वृत्ति पर फब्तियाँ कसी हैं। निबंध लिखा है हलके-फुलके ढंग से, पर उसका आशय गंभीर है। यह व्यंग्य मनुष्य पर प्राणी का विडंबन है।

'आज की फैमिली' वर्तमान परिवार पर लिखा व्यंग्य है। एस.के. पांडेय ने इसे लिखा है। किसी समय दुनिया एक परिवार था। आज का परिवार एकल होता हुआ हर एक व्यक्ति का परिवार टूटता जा रहा है। आज के परिवार में अभिभावकों का कोई स्थान नहीं बचा है। परिवार अनाथालय बन रहे हैं। यह सब मनुष्य की आत्मकेंद्रितता एवं खुदगर्ज वृत्ति का नतीजा है। परिवार का हाल पशुशाला जैसा होना, हमारे पतन की सीमा है। मनुष्य का इंसानियत से हाथ धो बैठना विचारणीय है। आज फैमिली सुलभ कॉम्प्लेक्स की तरह बनती दिखाकर पांडेय ने करारी चोट करने का साहस दिखाया है। प्रस्तुत व्यंग्य 'एकला चलो, पर जरूरत वालों से मिलो' का संदेश देता है। इस व्यंग्य निबंध की शैली सपाट बयानी है। इसमें बौद्धिता पर बल है। यह निबंध वैचारिक है।

इन व्यंग्यों के अलावा 'रचनाकार' वेबसाइट पर यशवंत कोठारी, पुरुषोत्तम विश्वकर्मा, अशोक गौतम, गिरीश पंकज के अनेक व्यंग्य प्रकाशित हैं। ये व्यंग्यकार अंतर्जाल के बहुप्रसव एवं बहुपठित व्यंग्यकार हैं। रचनाकार के ये व्यंग्य समकालीन दोषों का पर्दाफाश करते मनुष्य का जीवन निर्दोष करने का प्रयास करते हैं। व्यंग्य में विषय, शैली का वैविध्य है। व्यंग्य विधा के तत्त्वों का इनमें उचित निर्वाह हुआ है। विधा वैचित्र्य के अलावा यह वेबसाइट भाषा वैविध्य से भी संपन्न है।

2. *http://www.abhivyakti-hindi.org–*

'अभिव्यक्ति' वेबसाइट पर अनुसंधान काल में लगभग 50 व्यंग्य रचनाएँ प्रकाशित हुईं। पर पढ़ने पर पता चला है कि व्यंग्य के नाम पर कुछ वैचारिक निबंध ही प्रकाशित हुए हैं। व्यंग्य लिखने का प्रयास कुछ रचनाकारों ने किया, पर उन्हें व्यंग्य शैली का कसब हाथ नहीं आया। जिन्होंने व्यंग्य की विधि और तत्त्वों का निर्वाह किया, ऐसे प्रतिनिधि व्यंग्य यहाँ समीक्षा एवं मूल्यांकन के लिए चुने गए हैं।

ऐसी रचनाओं में से एक है, 'लूट सके तो लूट'। रामेश्वर दयाल कांबोज 'हिमांशु' ई–पत्रिका के संपादक भी हैं और विभिन्न अंतर्जाल पर लिखते भी आए हैं। बाजारवाद, उदारीकरण एवं भूमंडलीकरण के आज के दौर में मुक्त व्यापार के नाम पर मुक्त लूट का उत्सव सर्वत्र उपक्रम–सा बन गया है। मॉल्स, शॉपिंग सेंटर्स, स्काय शॉप, ऑफर्स, चेन मार्केटिंग, इन्वेस्टमेंट के एक से एक नायाब हथकंडे फंडे अपनाकर बाजार की जानकारी न होने वाले आम आदमी को विज्ञापन, प्रचार, डिस्काउंट, फ्री, तोहफा, अॅवार्ड, जैकपॉट, लकी विनर न जाने कितने मार्गों से लूटने का मुक्त व्यापार खुला है। हिमांशु ने इस मायाजाल का पर्दाफाश किया है। पहले दुकानों पर 'छूट' के बोर्ड होते थे, अब 'लूट' के बोर्ड होते हैं। यह लूट सर्वत्र है। दुकान, शिक्षा संस्थाएँ, राजनीति भी इसकी अपवाद नहीं रही। दुकानदार छूट, फ्री, ऑफर के नाम पर लूटते हैं, तो शिक्षा संस्थाएँ डोनेशन के नाम पर। स्कूल, कॉलेजों में टाई, आईकार्ड, यूनिफॉर्म, कॉपियाँ, पुस्तकें सबके माध्यम से लूटा जा रहा है। ट्रक वालों को पुलिस लूटती है। उत्पादक ग्राहक को लूटता है, डॉक्टर मरीज को, ठेकेदार सरकार को लूटते हैं। व्यंग्य पढ़कर लगता है कि हम ठगों की दुनिया में पैदा हुए हैं। विषय अच्छा है, पर इसे प्रत्यक्ष शैली में लिखा जाने के कारण वह व्यंग्य की अपेक्षा निबंध के करीब ज्यादा गया है। विवरण का प्रयोग व्यंग्य को कमजोर करता है। यहाँ व्यंग्य का कटाक्ष है, विस्तार नहीं।

नगरीकरण के आज के जमाने में स्वास्थ्य, पेयजल, जलनिःसारण आदि की सुविधाओं के अभाव के बावजूद कॉलोनी, फ्लैट्स, मकान बनते रुकते नहीं। परिणामस्वरूप सर्वत्र मच्छरों का साम्राज्य है। मनुष्य उससे बचने की लाख कोशिश करे, वे घर के अंदर आते ही हैं। मनुष्य की निष्क्रियता और स्वास्थ्य प्रतिबंधक उपायों के प्रति अनदेखी का नतीजा यह हुआ है कि मच्छर मनुष्य से बलवान एवं आक्रामक बने हैं। इस बात को प्रमोद तांबट ने अपने व्यंग्य 'डेंगू परिवार जाली के उस पार' में स्पष्ट किया है। मच्छरों की गुनगुनाहट से लेखक की नींद हराम होती है। लेखक मच्छर को फटकारता है, तो प्रतिक्रिया में मच्छर उसे दुत्कारता है। कहता है, 'भाईसाहब, क्या बताऊँ, एक डेंगू के मरीज के खून की दावत उड़ा ली थी, हम लोगों ने गलती से, तब से गंदा पानी देखकर उलटी, मतली–सी आती है।' इस प्रकार से लेखक समझाता है कि मच्छर को जो अक्ल है, वह मनुष्य को नहीं। मच्छर अपनी सुई बदलता नहीं। वह हार मानता नहीं। उलटे अपने डेंगू होने से मनुष्य को डराता है। मच्छरों की दृष्टि से बाहर के वातावरण से घर ही साफ–सुथरा होता है। तभी तो उसे घर की शरण लेता दिखाकर व्यंग्यकार ने हमारी सार्वजनिक स्वास्थ्य के प्रति होने वाली बेफिक्री एवं अनास्था की ओर अँगुली निर्देश किया है। मनुष्य की अनास्था से मच्छर इतने मत वाले और मस्त वाल बने हैं कि फॉग मशीन को भी दाद नहीं देते। 'दुनिया को खत्म करने के लिए हमारे पास परमाणु है, हम मच्छर जैसी क्षुद्र प्रजाति समूल नष्ट

नहीं कर पा रहे, कमाल है' कहकर व्यंग्य की गंभीरता स्पष्ट की है। प्रस्तुत व्यंग्य में मनुष्य का उपहास, व्यवस्था का उपरोध इस व्यंग्य की ताकत है। स्वास्थ्य के प्रति हमारी अनास्था के दर्शन आँखों में अंजन डालने का काम करते हैं। 'घर साफ, आँगन बदहवास' कहावत पैदा करने वाली हमारी वृत्ति विसंगति को दर्ज करती है। संवेदनशीलता और बौद्धिकता का इस व्यंग्य में मार्मिक मिलाप है। भाषा चुभीली है। मनुष्य की मजबूरी और मच्छर की मुँहजोरी अच्छा विडंबन है। व्यंग्य का शीर्षक साधारण है।

श्यामसुंदर घोष का व्यंग्य 'तकिया' एक साधारण वस्तु के प्रति मनुष्य संबंधों का विविधांगी सूत्र पिरोता व्यंग्यकार के निरीक्षण की प्रचिति देता है। तकिया आदमी का पुराना साथी है। तकिए कई तरह के होते हैं—गोल, चिपटे, लंबे, चौकोर आदि। कुछ काम के, तो कुछ दिखावे के। तकिया खर्राटे लेने का साधन है। वह राजनीतिज्ञों का साथी है, वैसे विधुर और कुंवारों का भी। वे तो उनकी अर्धांगिनी से कम नहीं होते। तकिया मनुष्य की तरह अंदर से गंदा और बाहर से साफ-सुथरा होता है। तकिए रुई के होते हैं और कपड़े के भी। तकिए का रोमान्स और रोने से घनिष्ठ संबंध होता है। कमसिन लड़कियाँ, पीड़ित बहुएँ, पीटी गई पुत्रवधू सबका साथी तकिया होता है। जिन्हें कोई कंधा सहारा नहीं देता, तकिया वह काम करता है। इस प्रकार एक वस्तु को लेकर किया यह व्यंग्य तकिए को संवेदनशील सहायक के रूप में पेश करता है। विवरण शैली से यह व्यंग्य निबंध साकार हुआ है। इसकी भाषा सपाट बयानी होकर भी उसमें उपरोध, उपहास भरा है। इसका शीर्षक संक्षिप्त एवं वस्तुनिष्ठ है। एक उपेक्षित निर्जीव वस्तु को सजीव रूप देना, लेखक का कमाल है। इसे व्यंग्यपूर्ण शैली में लिखा जाता तो यह कलात्मक जरूर बनता। इसका विषय नया है।

'लोन ले लो...लोन' आनुप्रासिक शीर्षक का यह व्यंग्य संजय पुरोहित का लिखा बाजारवाद का कच्चा चिट्ठा खोलता है। फाइनेंस कंपनियाँ, बैंक्स, सरकार, बीमा, उत्पादक, व्यापारी सब एक साथ आज टी.वी., रेडियो, चैनल्स, मोबाइल्स, इंटरनेट, सिनेमा सबके जरिए लोन के लिए उकसाते नजर आते हैं। सिर्फ राशनकार्ड, आईडी पर जिंदगी लुटाने वाली कंपनियाँ पहले तो प्रलोभन में फँसाती हैं, फिर खून चूसती रहती हैं। कुकुरमुत्ते की तरह उगने वाली कंपनियाँ पैसे उमेठकर रात में चंपत होती हैं। 'आम आदमी को सपने देखने का अधिकार है, लेकिन सपने पूरे करने का नहीं' का यथार्थ चित्र खींचने वाला यह व्यंग्य वर्तमान बाजारू मायाजाल से हमें आगाह करता है। बाजारवाद का असली चेहरा दिखाना व्यंग्य का लक्ष्य है। उसे सीधे व्यक्त किया है। इसकी भाषा में व्यंजना और उपरोध है। इस व्यंग्य की शैली विवरण की है। इसका निबंध रूप व्यंग्य विवेचना से मूर्त होता है।

'राजनीति में पालतू' राजेंद्र त्यागी का राजनीतिक व्यंग्य है। आजकल यह देखा जाता है कि हर राजनीतिज्ञों के पीछे पिछलग्गू, पालतू अनुयायी, कार्यकर्ताओं की फौज होती है। ये पालतू ही राजनीति में रंग लाते हैं और असर भी दिखाते हैं। पहले तो वे अपने नेता से एकनिष्ठ होते हैं। उन्हीं से राजनीति के गुर सीख लेते हैं, पर धीरे-धीरे उनमें अस्मिता जाग उठती है। वे जिस पत्तल में खाते आते हैं, उसी में छेद करने से नहीं डरते। वफादार कुत्ते की तरह पालतू, चापलूसी, दूम हिलाना भूलकर भौंकना शुरू कर देते हैं। किसी समय तलूवे चाटते न थकने वाले ये पालतू, अब पैर खिसकाने में व्यस्त होते हैं। 'राजनीति ऐसी गंगा है, जहाँ सब दूध के धुले हो जाते हैं। वहाँ कोई भेदभाव तो है नहीं—सब धान सत्ताईस सेर' कहावत सफल कराने वाली राजनीति सत्ते

पर इक्के का खेल होती है। इसमें व्यंग्यकार ने राजनीति के चक्र को समझाया है। यह खेल भी है और चक्र भी। यहाँ शागिर्द उस्ताद बनने की फिराक में होता है। उस्ताद है कि दो दाँव दबाकर रखता है। ऐन मौके पर धोबी पछाड़ से अपनी माहिरी दिखा देता है। त्यागी ने इस व्यंग्य में एक नई जमात को चित्रित किया है। चरित्र–चित्रण की शैली से व्यंग्य उभारा है। इसमें नेता और पालतू का संवाद मार्मिक है। उसी से नायक खलनायक बने हैं। खलनायक के नायक होने की यह व्यंग्य कहानी व्यंग्यकार ने सूत्रवाक्यों, संवादों से सजीव बनाई है। राजनीतिक क्रूरता, कृतघ्नता का चित्र इस खेल को हिंसक और पशु का व्यवहार ठहराता है। पालतू की हिंस्रता सच्चा व्यंग्य है। यह विचारप्रधान दीर्घ व्यंग्यबंध है।

नरेंद्र कोहली का 'अपहरण' शीर्षक व्यंग्य पुलिस की अकार्यक्षमता और अपराधियों से होने वाली मिलीभगत का पर्दाफाश करता है। रामलुभाया की कुटिया में मुच्छड़ वीरप्पन का आना आश्चर्य से कम नहीं था। पर वह जब उसे पकड़ने और पुलिस को इत्तला देने की धमकी देता है, तो वीरप्पन उसे पुलिस उसकी रक्षक कैसी है यह उलटे समझाकर उसकी धमकी की हवा निकाल देता है। वीरप्पन रामलुभाया को बताता है कि, 'पुलिस निरपराधियों को पकड़ती है और अपराधी न्यायालय से मुक्त होते हैं।' प्रस्तुत व्यंग्य इस विसंगति पर खड़ा है। अपराधी आजकल रिश्वत नहीं देते। वे हफ्ते देते हैं। उससे उन्हें निरंतर निरपराध रहने का वरदान प्राप्त होता है। वीरप्पन पुलिस को सूचना देकर अपहरण करता है, दिखाकर यह व्यंग्य हमारे यहाँ के गुंडा–माफियाओं का राज्य होने की हकीकत पर मुहर लगाता है। पुलिस को सरकार से ज्यादा वेतन अपराधी हफ्ते के रूप में देते हैं। तभी तो 'आदमी हलका हुआ और मूँछें मजबूत'। फिरौती पर आपराधिक साम्राज्य फूलने–फलने की कहानी बयान करने वाला यह व्यंग्य पुलिस और सरकार में फैले रिश्वतखोरी पर प्रहार करता है। व्यवस्था से व्यक्ति को बलवान दिखाकर यह व्यंग्य हमें सोच में डालता है। संवाद शैली में लिखा यह व्यंग्य उपरोधक है। इसका चरित्र–चित्रण प्रभावी है। इसकी भाषा आधिकारिक है। पात्र, संवाद, प्रसंग, वातावरण आदि से प्रस्तुत व्यंग्य सचित्र हुआ है।

'जूतों का महत्त्व' सुरेंद्र कुमार को वस्तु को अलग नजरिये से देखने की वक्र दृष्टि प्रदान करता है। वक्रोक्ति के कारण यह व्यंग्य सीधा (Direct) होकर परोक्ष रूप से हमारी त्रुटियों को रेखांकित करता है। जूता मनुष्य के मस्तिष्क में क्या घुसा, उसका हुलिया ही बदल गया। किसी समय सुविधा होने वाला जूता, आज साधन से साध्य बना। आज जूता मनुष्य की पहचान बन गया है। तुम कीमती जूते पहनते हो, तो तुम कीमती। आज का यह चित्र किसी समय के 'प्रेमचंद के फटे जूते'[1] व्यंग्य की याद दिलाता है। वह जूता एक फटीचर साहित्य की वेदना को सिद्ध करता था और यह वर्तमान प्रतिष्ठा को। जूता आदमी की इज्जत घटा–बढ़ा सकता है। इसका चलन आज बहुआयामी बना है। संसद में जूते चलते हैं। जिसका जूता सक्रिय, वह नेता सक्रिय माना जाता है। जिसका जूता पूजा जाता है, वही शासक है आज। जूते जैसी साधारण वस्तु से असाधारण तथ्य समझाने में ही इस व्यंग्य की कारगरता है। इसका व्यंग्य गंभीर एवं सत्य है। इसके विवरण में वास्तविकता है। इसकी भाषा व्यंजक है। व्यंग्य के चरित्र में उपरोध है। प्रस्तुत निबंध में विडंबन प्रस्तुत है। किसी समय पैर में होने वाली वस्तु का आज सिर आँखों पर उठाने का स्थान ग्रहण करना, हमारे पतन की पराकाष्ठा है।

---

1. हरिशंकर परसाई–प्रतिनिधि व्यंग्य निबंध, पृ. 66

'झाँको, खूब झाँको, झाँकते रहो' पवन चंदन का संपर्क क्रांति के वरदान से निर्मित विसंगति का दर्शन है। झाँकना मनुष्य की जन्मजात वृत्ति है। पहले मनुष्य अपने गिरेबान में झाँकता था। अब पड़ोस, परिवेश में झाँकते वह नहीं थकता। पहले सिर्फ दूरबीन से झाँकता था मनुष्य, अब टी.वी., कंप्यूटर, कैमरा, मोबाइल से झाँकते नहीं थमता। अब उसने स्नानागार, शयन कक्ष में झाँकने में भी कोई कसर नहीं छोड़ी है। मनुष्य की जिज्ञासा और नैतिकता का कोई संबंध नहीं रहा। इस ताकाझाँकी ने देश, प्रदेश, आकाश, अवकाश की सारी सीमाएँ लाँघ दी हैं। ताकाझाँकी में महिलाएँ भी पीछे नहीं हैं। जासूसी अंतर्राष्ट्रीय ताकाझाँकी बनी है। ईर्ष्या, द्वेष, अहंकार, धन की होड़ ने इस ताँकाझाँकी को सार्वत्रिक बनाकर छोड़ा है। लेखक चंदन ने वृत्ति को चरित्र के रूप में पेश कर अपनी प्रतिभा की प्रगल्भता दिखाई है। यहाँ व्यंग्य बौद्धिक और गंभीर है। भाषा प्रौढ़, परिनिष्ठित है। इसकी शैली ठेठ है। व्यंग्य का आशय विश्वव्याप्त है। इसके शीर्षक में उपरोध है, उपालंभ भी।

शंभूनाथ सिंह का व्यंग्य 'बाजार में निकला हूँ' एक फंतासी व्यंग्य है। लेखक सपने में बाजार निकल पड़ता है और पलंग से गिरने के बाद जमीन पर लौट आता है। बाजार का एक नया अंदाज वह देखता है सपने में! वॉल स्ट्रीट, दलाल स्ट्रीट, स्टॉक एक्सचेंज का गरम बाजार उसे 'जबड़ा बाजार' लगता है, जो भूखे को खाता है। दूसरा बाजार है 'विश्व बाजार'। तड़क, भड़क, रंग, मस्ती, चकाचौंध, साइनबोर्ड, नवरंग बत्तियाँ, गहमागहमी...यहाँ सब बेचा जाता है...आदमी भी। खाल, गोश्त, आत्मा...सब बिकाऊ होता है यहाँ। फिर सांप्रदायिकता, राजनीति, 'छल कपट बाजार'। इन सारे बाजारों में 'खुशी, प्रेम, करुणा, अपनत्व, भाईचारा, मेल-मिलाप, सौहार्द्र, दया, मानवता, स्नेह, इज्जत, अस्मत, लज्जा बेचकर अच्छी कमाई कर रहे हैं।' 'पुड़िया-फरोश' चिल्ला-चिल्लाकर सब बेचते हैं। इस बाजार से किसी का बचना संभव नहीं। भला लेखक कैसे बचता! ठोकर खाने के पहले ही पलंग से गिरता है। इस प्रकार यह व्यंग्य बाजारवाद पर, मनुष्य को पत्थर बनाने पर, उसकी तमाम भावनाओं, संवेदनाओं पर प्रश्नचिह्न लगाता बाजार की निर्ममता को चित्रित करता है। व्यंग्य की फंतासी शैली कलात्मक है। इसकी भाषा विचारप्रधान है। व्यंग्य विषय सार्वत्रिक है। इसकी विवेचना में संवेदना भरी है। यह व्यंग्य वर्तमान का एक कठोर सत्य उपस्थित करता है। इसकी शैली में प्रहार की कठोरता है। वैचारिक बंध होने वाला यह व्यंग्य पाठक को मौन, अंतर्मुख करता है। पैसे की क्रूरता दिखाना प्रस्तुत व्यंग्य का लक्ष्य है। इंसान की खरीद-फरोख्त का विश्व बाजार चकाचौंध भरा पर चुभीला, चुटीला होने का अहसास दिलाने वाला यह व्यंग्य हमारे लिए गंभीर चुनौती भी है।

'बापू के बंदर मुख्य धारा में' महात्मा गांधी के 'तीन बंदर' वाले 'बुरा मत बोलो, बुरा मत सुनो, बुरा मत देखो' के सदाचार के खत्म होने, सत्य की जगह असत्य का राज्य चलने पर किया गया व्यंग्य है। राजेंद्र त्यागी का व्यंग्य है यह। तीनों बंदर दुखी हैं। उनकी कोई प्रासंगिकता नहीं रही है। उन्हें पीड़ा इस बात की हो रही है कि, 'आँख, मुँह, कान मुक्त करने भर से बापू की आत्मा क्षतिग्रस्त हो जाएगी'। पर अब मुख्यधारा ही सत्य से वंचित है, तो बंदर क्या करेंगे भला? 'वे मुख्यधारा में प्रवेश करते हैं और दूध-मलाई के जुगाड़ में लग जाते हैं।' सत्य के प्रचार की अब कोई आवश्यकता ही नहीं रही, क्योंकि उसका अस्तित्व ही उचट गया है। सत्य पराजित और असत्य विजयी! बेचारे बापू बंदरों को मुख्यधारा में चलते रहने का आशीर्वाद देकर अपनी हार

कबूल करते हैं। यह एक शोकात्म व्यंग्य है। यह राजनीतिक त्रासदी भी है। व्यंग्यकार ने साहस से अपने बेलाग तरीके से इसे शब्दबद्ध किया है। मूल्यों का ह्रास और नैतिक पतन हमारी हकीकत है। इसे व्यंग्यकार ने पूरी संजीदगी से विवेचित किया है। अंत में बापू के आशीर्वाद इस व्यंग्य को प्रभावी बना देते हैं और पाठक को सोचने के लिए मजबूर भी। मनुष्य बंदर बना देखकर यदि बंदर भी मनुष्य बनना चाहेंगे तो क्या गलत है भला?

रामवृक्ष सिंह ने 'ऑक्टोपस बाबा पधारो म्हारे देश' व्यंग्य में भविष्यवाणी जैसी थोथी अंधश्रद्धा पर, आँखें मूँदकर अपनी जिंदगी दाँव पर लगाने वाले लोगों को फटकार लगाई है। ऑक्टोपस फुटबॉल मैच के बहाने पैदा हुआ, पर हमारे देश में बैल को भी भविष्य बताता दिखाकर इस क्षेत्र में हमारे वैश्विक एवं प्राचीन कीर्तिमान को समझाकर हम दुनिया में अव्वल दर्जे के अंधश्रद्ध कैसे हैं, यह व्यंग्यकार यहाँ सिद्ध करता है। चमत्कार हमारी जिंदगी का अभिन्न अंग है। झाड-फूँक, मूठ-वशीकरण, जंतर-मंतर, जादू-टोना, गंडे-तावीज, पीर-पंडित, अघोरी विद्या, नाग, साधु, टोटके, भानुमती, हस्तरेखा भविष्य, कुंडली क्या नहीं है? तोता भी हमारे यहाँ भविष्यवाणी करता है। मेंढक वर्षा की भविष्यवाणी करता है, तो टिटिहरी मृत्युवाणी और कौआ अतिथि आगमन की घोषणा...क्या नहीं है हमारे देश में? इस प्रकार यह व्यंग्य हमारे सभी तरह के अज्ञान, अंधकार, रूढ़ि, परंपरा को उजागर कर देता है, जिसे पढ़कर शिक्षा, विज्ञान, तरक्की के सही अर्थ खोजने की प्यास हममें जग जाती है। यह व्यंग्य वस्तुस्थिति का अहसास है, जो बदलने के लिए हमें आमादा करता है। यही इस व्यंग्य की सफलता है। चमत्कार की अपेक्षा कर्तृत्व, कार्य, कोशिश के महत्त्व को समझाने वाला यह व्यंग्य विचारणीय बन पड़ा है।

हरि जोशी ने 'कार्यालय की गति' में हमारी अकार्यक्षमता, कामचोरी, व्यवस्था का दुरुपयोग आदि दोषों का दिग्दर्शन किया है। कार्यालय के तीन महत्त्वपूर्ण पहिये होते हैं—नोट-शीट, नोट और सीट। हमने इनकी तरफ कभी गंभीरता से नहीं देखा। यही कारण है कि हमारे गलती से भरे प्रारूप हस्ताक्षरित होते हैं। फिजूलखर्ची की हमारे यहाँ हद है तो अनुपस्थिति चिंताजनक। टेलीफोन का दुरुपयोग हम अधिकार मान बैठे हैं। एक भी फाइल वजन के बिना आगे नहीं बढ़ती। बाबू, अधिकारी कलम घिसते रहने के बावजूद आम आदमी का जूता घिसना बंद नहीं हुआ है। न्यूटन के गति के सारे नियम कार्यालय की गति झूठ साबित करती है। कार्यालय विश्रामालय, मनोरंजनालय, यहाँ तक कि कामालय बने हैं। कार्यालय हक जानते हैं, कर्तव्य नहीं। महिलाओं की उपस्थिति ने कार्यालय की गति को और मंद कर दिया है। कर्मचारियों को घर में नहीं, सिर्फ कार्यालय में ही आराम की नींद लगती है। इन सबसे हमारे कार्यालय का आँखों देखा हाल व्यंग्यकार प्रस्तुत करता है, तो वह बिल्कुल अतिशयोक्ति नहीं है, इसी में इस व्यंग्य की सार्थकता है।

निष्कर्षत: हम कह सकते हैं कि 'अभिव्यक्ति' वेबसाइट पर प्रकाशित व्यंग्य ने हमारे सारे जीवन को समेटा है। प्रमुखत: यह व्यंग्य बाजारवाद, वैश्वीकरण से नि:सृत भोगवादी, अनैतिक संस्कृति के पनपने पर चिंता व्यक्त करता दिखाई देता है। प्रस्तुत व्यंग्य राजनीति, अंधश्रद्धा, नैतिक अध:पतन, बौद्धिकता का ह्रास, मूल्यपतन आदि विषयों को उठाता है। व्यंग्य की उपहास, विडंबन, उपालंभ, सारी विधियाँ यहाँ विद्यमान हैं। संवाद, फंतासी, विवेचना शैली का प्रयोग इस वेबसाइट में शैली सौंदर्य लाता है। जूते, तकिया जैसी वस्तुओं तथा झाँकने की वृत्ति पर किया व्यंग्य नवीनता लाता है। आधुनिक उपकरणों के दुरुपयोग पर यहाँ व्यक्त चिंता लाजिमी है।

विज्ञान के युग में ऑक्टोपस की भविष्यवाणी हमारी शिक्षा के सामने प्रश्नचिह्न लगाती है। वस्तुनिष्ठता, साहस, यथार्थता से युक्त ये व्यंग्य विधा का वैचित्र्य दर्शाते हैं। निबंध, संवाद, कथा के जरिए व्यंग्य शिल्प निर्माण करने का व्यंग्यकारों का कौशल्य उन्हें कलात्मक बनाता है। लेखकों में महिलाओं की उपस्थिति का अभाव इस विधा के परिवर्तन साधन होने के कारण सोच में डाल देता है। व्यंग्य रचनाओं के शीर्षक छोटे-बड़े दोनों हैं, पर हैं समर्पक। आने वाले युग में हमारे समाज में रचनात्मक परिवर्तन दिखाई देंगे, तो उसका श्रेय इन व्यंग्यकारों को दिया जाना चाहिए। अधिकतर व्यंग्य सपाट बयानी है। वे विधा रूप ग्रहण कर लेते तो कलात्मक सिद्ध होते।

3. http://www.srijangatha.com–

'सृजनगाथा' वेबसाइट पर लगभग दस एक व्यंग्य प्रकाशित हुए हैं। उनका स्तर साधारण-सा है। न उनमें कलात्मकता है, न शिल्प का सौष्ठव न शैली वैचित्र्य।

'बुद्धिजीवी और बंदर' शीर्षक व्यंग्य गुरमीत बेदी ने लिखा है। इसमें बुद्धिजीवियों की एक बैठक का चित्रण है। बैठक में बंदर, विपक्ष, चक्का जाम, रोगी की मौत जैसे विभिन्न विषयों पर चर्चा होते-होते वह बंदर पर केंद्रित होती है। बंदरों ने शहर में जंगल से आकर स्थायी मुकाम किया है। उन्होंने शहर में उत्पात मचाया हुआ है। उनसे शहर में बीमारी फैली है, आदि। इससे निपटने पर चर्चा होती है। तय होता है कि बंदरों की नसबंदी की जाए, क्योंकि 'टाँका लोकतंत्र का बुनियादी मंत्र है।' नसबंदी की जाए या नहीं, इसका फैसला अगली बैठक तक टाल दिया जाता है, ताकि बैठकों का सिलसिला जारी रखा जाए। प्रस्तुत व्यंग्य में सरकारी समितियाँ, उनकी बैठकें, बैठकों के विषय, चर्चा का स्तर आदि पर व्यंग्य करना इस बंध का उद्देश्य था पर चर्चा बंदरों पर केंद्रित होकर व्यंग्य फँसा नजर आता है। व्यंग्य में शैली के प्रभाव के अभाव में शिल्प में शैथिल्य आ गया। इसकी भाषा साधारण स्तर की रही है। व्यंग्य में न उपरोध है, न उपहास। यही कारण है कि व्यंग्य हेतु लिखा यह साधारण-सा विवरणात्मक निबंध बन गया है।

मनोहर चमोली 'मनु' का व्यंग्य 'बटन खुला है' समाज में बढ़ते शारीरिक प्रदर्शन की प्रवृत्ति पर किया गया खुला प्रहार है। किसी समय हमारे वस्त्रों को काज और बटन थे। काज बटन को बाँधे रखता था। अब बटन गए और बटन की जगह चेन ने ले ली। फिर चेन भी खुली रहने लगी। हमारे समाज में आजकल सभी तरह का खुलापन जोर पकड़ने लगा है। 'इससे क्या-क्या खुला पड़ा, इस पर न हमारी नजर है, न परवाह।' 'बटन तहजीब और तमीज का पर्याय होते हैं।' उनके गायब होने से समाज से दोनों मूल्य गायब हुए। खुलापन बढ़ते-बढ़ते स्थिति यहाँ तक आ गई कि अब चेन भी नदारद हुई है। इतना ही नहीं, अब बाहरी वस्त्र और अंतर्वस्त्र का अंतर ही मिट-सा गया है। 'अब तो सिलेसिलाए (Readymade) और खुले-खुलाए का चलन है।' दर्जी भी चेन खराब होने पर दूसरी लगाना नहीं चाहता। हमारे देश में कपड़े ओढ़ने की परंपरा थी, सीने की नहीं। देखो न साड़ी, धोती, लुंगी, शॉल, ओढ़नी आदि। अति आधुनिकता में बटन, बंधन की कोई गुंजाइश ही नहीं होती। 'जिस दिन बटन काज से बाहर हो गया, तो मनुष्य की मानवता और नैतिकता ही खिसक गई समझो।' 'कपड़ों को नहीं, अंतर्मन को टटोलो, बटन है या नहीं?' यह विचारप्रधान व्यंग्य है। हास्य की गुंजाइश होकर भी लेखक की प्रवृत्ति गंभीर होने से वह हास्यप्रधान होने से बचा और वैचारिक हुआ। व्यंग्य का विषय एकदम अनूठा है। एक साधारण

विषय से लेखक ने गंभीर समस्या का उद्घाटन किया है। लेखक का निरीक्षण एवं विचार गहन-गंभीर है। व्यंग्य की भाषा संवेदी है। उसकी शैली विचार-प्रधान है। इसमें विसंगति की ओर किए निर्देश मार्मिक हैं। व्यंग्य में तीक्ष्णता है। समाज के बिभत्स पर प्रहार करना व्यंग्य का लक्ष्य है। इस वेबसाइट का यह श्रेष्ठ निबंध है।

ललित शर्मा के लिखे 'ब्रह्मांड भैंस सुंदरी प्रतियोगिता' विश्व सुंदरी प्रतियोगिता पर किया विडंबन है। आज समाज में विश्व सुंदरी, रिक्षा सुंदरी, सुंदर घोड़ी प्रतियोगिता मानो सौंदर्य की होड़-सी लगी है। मुंबई के एबीसीएल द्वारा ब्रह्मांड भैंस सुंदरी प्रतियोगिता का आयोजन होता है। उसमें लेखक का दूध वाला शरीक होता है। पंद्रह दिन तक भैंस को पिअर्स, सनसिल्क न जाने कितने शैंपू से नहाकर चमकाता है। कास्टिंग काउच शक्ति कपूर और अमन वर्मा परीक्षक होते हैं। दूध वाला अपनी जमना भैंस की सुंदरता के कारण उससे हाथ धो बैठता है। उसकी सुंदरता के कारण प्रतियोगिता के पहले ही उसका अपहरण होता है। रामजी दूध वाला तब से शराबी बन जाता है। प्रस्तुत व्यंग्य कथात्मक है। इसकी कथावस्तु में फंतासी का तत्त्व प्रबल है। सौंदर्य प्रतियोगिता, सौंदर्य प्रसाधन इस्तेमाल की बढ़ती प्रवृत्ति, कास्टिंग काउच आदि पर इसमें व्यंग्य है। समाज की बढ़ती कृत्रिमता पर इसमें प्रहार है। व्यंग्य की भाषा में भर्त्सना भरी है।

'संख्यासुर' समाज में बढ़ते संख्या के महत्त्व पर व्यंग्य है। डॉ. पुष्पेंद्र दुबे ने इसे लिखा है। हमारे प्राचीन साहित्य में और समय में भी तरह-तरह के असुरों की चर्चा है। पर आधुनिक काल में एक ही असुर है, 'संख्यासुर'। यह लोकतंत्र नामक यज्ञ की उपज है। संख्यासुर से सारा विश्व पीड़ित है। 'संख्यासुर के बल के आगे सत्य का बल हर रोज पानी भर रहा है।' संख्या नहीं तो सत्य नहीं। नौकरी के लिए अच्छे अंक की संख्या जरूरी है। डॉक्टर, वकील, प्रवचनकार सारे संख्या के प्यासे होते हैं। नेताओं का सारा कारोबार संख्यासुर ही करता है। संख्या 49 है तो उसकी कोई कीमत नहीं, पर 51 है तो समझो आपके पास 100 अंकों का बल है। यह जनतंत्र है। संख्याबल के लिए रिश्वत, चोरी, धौंस, हत्या कुछ भी करते हैं लोग। महात्मा गांधी के पास संख्या नहीं थी, तभी तो देश का विभाजन हुआ। संख्यासुर का जन्म ही विभाजन के लिए हुआ है। संख्यासुर को मारने वाले भस्मासुर की आज प्रतीक्षा है। इस प्रकार प्रस्तुत निबंध में सीधे विवरण से व्यंग्य किया गया है। यह व्यंग्य वर्तमान जीवन में संख्याबल के आधार पर किए जाने वाले दुराचार पर प्रहार करता है। प्रस्तुत व्यंग्य समाज के एक यथार्थ को सामने रखता है। संख्या बल पर सत्य का अधिक्षेप होने पर यह व्यंग्य अपना आक्षेप दर्ज करता है।

'खेल और खिलवाड़ : कॉमनवेल्थ गेम्स हैं पैसे का पहाड़' अविनाश वाचस्पति का ऐसा व्यंग्य है जिसका वर्णन करने के लिए 'खोदा पहाड़ निकली चुहिया' कहावत काफी है। यह व्यंग्य हाल ही भारत में हुए कॉमनवेल्थ खेल के घोटाले पर लिखा है, जिसमें बलून, छाता, रास्ते, मैदान, इमारतें आदि पर पानी की तरह पैसा बहाने से संयोजक थके नहीं थे। 'खेल खतम, पैसा हजम' की कहावत सार्थक करने वाला यह खेल! सार्वजनिक पैसे से नवाब बनने की प्रवृत्ति पर इसमें व्यंग्य है। यह साधारण-सा विवरण शैली में लिखा व्यंग्य है।

इसी विषय पर अविनाश वाचस्पति का एक और व्यंग्य लेख इस वेबसाइट पर प्रकाशित है। उसका शीर्षक है, 'अथ कॉमनवेल्थ चरितम्।' पहले की तुलना में दीर्घ होने वाला यह लेख शिल्प और शैली में उपर्युक्त का सानी ही समझिए।

इस वेबसाइट पर प्रकाशित और दो व्यंग्य पी. दयाल श्रीवास्तव का लिखा 'छंगाजी की नाक' और डॉ. दिनेश पाठक 'शशि' का 'आओ, पड़ोसी को सताए' ऐसे ही साधारण–से व्यंग्य हैं।

निष्कर्ष – कुल मिलाकर 'सृजनगाथा' पर प्रकाशित व्यंग्य खेल, प्रवृत्ति, प्रतियोगिता, प्रकृति, मूल्य, नैतिकता जैसे विषय अपनाते नजर आते हैं। आशय समुचित है पर अभिव्यक्ति शैली में व्यंग्य की वक्रता का अभाव है। यही कारण है कि 'बटन खुला है' व्यंग्य का अपवाद छोड़ दें तो अन्य व्यंग्य सपाट बयानी लगते हैं। इनमें शैली का न बाँकापन है, न शिल्प का गठन। निरीक्षण के आधार पर लिखे व्यंग्य जब तक उनमें शैली की वक्रोक्ति नहीं आती, वे कोरे वैचारिक निबंध बने रहते हैं। व्यंग्य लेखन में लेखक को अनुभूति की अपेक्षा अभिव्यक्ति के प्रति सतर्क एवं सजग रहना होता है। अन्यथा वह निबंधकार बनता है। बौद्धिकता के साथ तर्क और विसंगति व्यंग्य को श्रेष्ठ बनाती है। व्यंग्य के तत्त्व के प्रति व्यंग्यकार को प्रतिबद्ध हुए बिना वह कसदार व्यंग्य नहीं लिख पाएगा। हरिशंकर परसाई, शरद जोशी जैसे व्यंग्यकार आशय के साथ अभिव्यक्ति के प्रति सजग रहे, तभी तो उनके व्यंग्य 'नावक के तीर' बने।

4. http://www.bhartiyapaksh.com–

अनुसंधान कालावधि में 'भारतीय पक्ष' वेबसाइट पर कुल तीन ही व्यंग्य प्रकाशित हुए। उनमें से दो पूर्व प्रकाशित थे। एक था डॉ. प्रभाकर माचवे का लिखा बहुचर्चित व्यंग्य 'खरगोश के सींग' और दूसरा था, अक्षय जैन का 'चाँद का टुकड़ा'। उसमें उन्होंने राजनीतिक भ्रष्टाचार पर व्यंग्य किया है।

पर विषय और आशय दोनों दृष्टि से अशोक गौतम का लिखा व्यंग्य 'गाँव तरक्की पर है' उल्लेखनीय है। लेखक अरसे पहले अपना पुश्तैनी गाँव छोड़कर शहर आया है। गाँव में बापू हैं कि बेटे को गाँव वापस आने के लिए बुलाते नहीं थकते। बेटा है कि जिद्दी। जब तक गाँव एडवांस नहीं होगा, वापस न जाने की प्रतिज्ञा कर ली है उसने। आखिर बीस बरस बाद जब बापू विश्वास दिलाते हैं कि गाँव सचमुच एडवांस हो गया है, बेटा देखने के लिए गाँव वापस आता है। यह व्यंग्य की पृष्ठभूमि है। मूल व्यंग्य में तरक्की के नाम पर हमने क्या–क्या खोया उसका वर्णन है।

गाँव में पहले दूध–दही की नदी थी। अब दूध पैकेट में मिल रहा है और चाचा खुश है इससे। गाँव में पहले लोग लहनेदारी से खाते थे, अब उधार खाकर मस्तमौला बनते हैं। पटवारी की दुकान गायब है, वहाँ देशी शराब की दुकान सजी है। स्कूल के सामने वाली दुकान पर गुड़पट्टी बेची जाती थी, वहाँ अब जर्दे की बेले टँगी हैं। मास्टर साहब और छात्र दोनों खुलेआम जर्दा फाँकते हैं। मास्टर साहब अंग्रेजी शराब पीकर 'ऊँचे लोगों की ऊँची पसंद' का विज्ञापन सार्थ करते हैं। शराब उन्हें छात्र ही अंक बढ़ाने हेतु उपहार में देते हैं। गाँव के खेत बंजर हैं। 'जिन खेतों में कभी फसलें हर महीने गर्व से सीना फुलाए रहती थीं, अब वहाँ बच्चे गर्व से फट्टे का बैट लिये, फटी जुराबों की गेंद बनाए क्रिकेट खेलते रहते हैं।' बहुओं ने अब गाय पालनी बंद की है। अब चूल्हे में उपले नहीं जलते। बैलों के गले की घंटियों की गूँज गाँव में सुनाई नहीं देती। आटा पीसा नहीं जाता, परचून की दुकान से बैग में से वह तैयार आता है। खेत में मकई की फसल कब की नदारद हुई है। औरतें पनघट न जाकर गली के नल के पास घंटों पानी का इंतजार करती कमेटी वालों

को गालियाँ देती पूरा दिन गुजारती हैं। बहुएँ बर्तन खाक से नहीं वीम बार से माँजती हैं। गाँव ने किसान और बैल दोनों को निर्वासित किया है।

निष्कर्ष – इस वर्णन के बाद प्रस्तुत व्यंग्य की अलग समीक्षा मुझे अनावश्यक महसूस होती है। कथ्य अपने आपमें व्यंग्य साबित हो, तो क्या उसका मूल्यांकन और क्यों उसकी चर्चा!

5. http://www.hindisahityamanch.com–

'हिंदी साहित्य मंच' वेबसाइट पर दो साधारण-से व्यंग्य अनुसंधान काल में प्रकाशित हुए। उसमें से एक है, 'स्वर्ग-नरक के बँटवारे की समस्या'। इसे डॉ. कुमारेंद्र सिंह सेंगर ने लिखा है। ऋषिकुमार देखते हैं कि महाराज जो चिंतन में व्यस्त रहते थे, आज चिंता में डूबे जा रहे हैं। जिज्ञासा प्रकट करने पर उन्हें पता चलता है कि पहले दो-चार की संख्या में आने वाले लोग आज सेकंडों की तादाद में इंद्र के यहाँ पहुँचते हैं। स्वर्ग-नरक का बँटवारा दूभर हो गया है। टेक्नोलॉजी के दौर में भी दुर्घटनाएँ, प्राकृतिक प्रकोप से हानि कम नहीं हुई है। भ्रष्टाचार, आतंक, मक्कारी, हिंसा, अत्याचार, डकैती, बलात्कार, अपराध, रिश्वतखोरी, अपहरण की मात्रा भी बढ़ी है। स्वर्ग की अपेक्षा नर्क (नरक) की ओर भीड़ बढ़ती जा रही है। उसमें भी राजनीतिज्ञ बड़ी संख्या में पधार रहे हैं। ऋषिकुमार के पूछने पर वे उपाय बताते हैं कि ऐसे लोगों को हाथ लगाने की अपेक्षा आम आदमी पर ध्यान केंद्रित करना ही बेहतर होगा। यह बताकर वे अंतर्धान होते हैं। इस प्रकार व्यंग्यकार ने राजनीतिज्ञों के अभय पर व्यंग्य किया है। दूसरी ओर बढ़ते दुराचार पर उँगली उठाई है। फंतासी शैली का प्रयोग कर इस व्यंग्य को कथात्मक रूप दिया गया है। इस व्यंग्य की भाषा उपहासात्मक है। व्यंग्य में राजनीतिज्ञों के कारनामों को सूचकता से व्यक्त किया है। व्यंग्य का शीर्षक ठीक है।

दूसरा व्यंग्य उपरोक्त की तुलना में सपाट है। 'पहचानो' शीर्षक का मोनिका गुप्ता का लिखा यह व्यंग्य पहेली शैली में लिखा गया है। 'चमचा' वृत्ति को नायक बनाकर लिखे इस व्यंग्य में धर्म, अध्यात्म, राजनीति, शिक्षा, प्रशासन जैसे सभी क्षेत्र इस वृत्ति से भर जाने की बात को लेखिका ने स्पष्ट किया है। 'आज का समय शराफत, मेहनत, ईमानदारी का नहीं है, क्योंकि उनकी कोई कद्र नहीं करता है। या यों कहो कि सबसे ज्यादा पिसता ही शरीफ आदमी है' दिखाना प्रस्तुत व्यंग्य का लक्ष्य रहा है। यह व्यंग्य यथार्थ को दर्शाता है। पहेली बुझाते हुए इसे विस्तार दिया गया है। चमचा वृत्ति का समाज में फैलाव व्यंग्य की चिंता का विषय है। व्यंग्य की भाषा उपहास और उपालंभ की है। इसका शीर्षक जिज्ञासावर्धक है।

निष्कर्ष – इस तरह यह वेबसाइट समकालीन समस्याओं को स्वर देती दृष्टिगोचर होती है। पहेली जैसी अभिनव शैली हो या फंतासी दोनों में कलात्मकता है। विषय वैविध्य से दो व्यंग्यों में ढेर सारी समस्याएँ व्यक्त हुई हैं। विषय वैविध्य 'गागर में सागर' है, पर आशय का घडा खाली है। व्यंग्य की महत्ता विसंगति चित्रण में होती है, यहाँ विवरण ही विवरण है।

6. http://www.pravkta.com–

'प्रवक्ता' वेबसाइट पर लगभग पैंतीस व्यंग्य प्रकाशित हुए हैं। एक ही रचनाकार के अनेक व्यंग्य प्रकाशित हुए हैं, जैसे–पंडित सुरेश निरव के दस से अधिक व्यंग्य नजर आते हैं। अशोक पंकज के भी अनेक व्यंग्य हैं।

पंडित सुरेश निरव का व्यंग्य 'सत्यवीर के झूठे बयान' शाब्दिक कारीगरी से निर्मित व्यंग्य है। गाँव में धर्मवीर जी नामक स्वतंत्रता सेनानी थे। इत्तफाक से वे अंग्रेज सरकार की गिरफ्त में आए। उनके मुखबिर बने। उसके बदले में उन्हें स्वतंत्रता सेनानी का खिताब मिला था। वे नारी उत्थान के हिमायती थे। 'चौबीसों घंटे उन्हें महिलाओं के स्तर और बिस्तर की ही चिंता सताए रहती।' 'समाजसेवा के इस सार्वजनिक कृत्य में गोपनीय और शर्मनाक व्याधि ने कब उन्हें धर दबोचा इसका आभास धर्मजी को तो क्या डॉक्टर को भी पोस्टमार्टम रिपोर्ट आने के बाद ही हुआ।' धर्मवीरजी की मौत से उत्पन्न अपूर्णीय राष्ट्रीय क्षति को घेरने के लिए पार्टी के निष्ठावान नेताओं ने धर्मनिष्ठ धर्मवीर के पुत्र सत्यवीर के हाथ बागडौर सौंपने का फैसला लिया। सत्यवीर कुत्तावलोकन सिद्धि के सुपरस्टार थे। कहाँ पूँछ हिलानी है, कहाँ पूछ दबानी है, कहाँ भौंकना है, सब में वे माहिर थे। इस प्रकार निरव ने प्रस्तुत राजनीतिक व्यंग्य में स्वतंत्रता सेनानियों तथा वर्तमान नेताओं पर व्यंग्य किया है। कैसे लोग 'नाम बड़े, लक्षण झूठे' होते हैं, यह इस व्यंग्य में दिखाया है। नेताओं के चरित्र एवं कारनामों पर यह व्यंग्य क्ष-किरण है। इसकी भाषा मँजी हुई है। इस व्यंग्य की शैली विवरण की रही है। अतिशयोक्ति के प्रयोग से व्यंग्य का निर्माण किया गया है।

'क्या फायदा बड़े होने में' व्यंग्य छुटपन के महत्त्व एवं बड़प्पन की हानि को शब्दबद्ध करता है। आज छोटेपन का दौर है। बड़प्पन फालतू माना जाता है। 'क्षमा बड़न को चाहिए, छोटन कौ उत्पात' की पंक्ति सार्थक करने के लिए लिखे इस व्यंग्य में छोटों का सामाजिक बढ़ता प्रभाव दिखाया गया है। मच्छर, चूहे, आज उत्पात मचाए हुए हैं, शेर नहीं। 'लघुता से प्रभुता मिले, प्रभुता से प्रभु दूरि' की कहावत सार्थ होने का यह जमाना है। 'लघुमा सिद्धि' आज का चलता सिक्का बना है। आदमी जितना छोटा होता है, उतना बड़ा पद वह पाता है। गांधीजी, औरंगजेब, मल्लिका शेरावत सभी लघुता प्रेमी रहे। तभी तो वे बड़े हुए। छोटा होना हमेशा प्रॉफिट का सौदा है। बड़ों की लुटिया तो चुल्लू भर पानी में डूब जाती है, यह दिखाना इस व्यंग्य का लक्ष्य रहा है। व्यंग्य में स्थान-स्थान पर काव्यपंक्तियाँ, कहावतें, सुभाषित आदि के प्रयोग से इसे कलात्मक बनाने का प्रयास किया गया है। विराट की अपेक्षा लघुवंशी होना श्रेयस्कर समझाने वाला यह व्यंग्य विभिन्न दृष्टांतों से अपना तर्क सिद्ध करता नजर आता है।

पंडित सुरेश निरव का ही व्यंग्य है, 'रिश्तों का सुपरपावर देश भारत'। भारत न सिर्फ कृषि-ऋषि प्रधान देश है, वह रिश्ताप्रधान भी है। यहाँ के नागरिक का पहला रिश्ता देश से जुड़ता है। वह देश का नागरिक बनता है। फिर समाज का घटक। इसके बाद वह परिवार का अंग बनता है। परिवार तो रिश्तों की खान-खदान है। माँ-बाप, भाई-बहन, देवर-भाभी, ताऊ-ताई, पति-पत्नी, मामा-माती, भतीजा-चाचा, मौसा-मौसी न जाने कितने रिश्ते से आदमी बँधा रहता है। रिश्ते सारे सरल कहाँ? आस्तीन के ही साँप जहाँ-तहाँ! प्रजातंत्र और परिवार तंत्र में भाई-भतीजावाद होता है। रिश्तों में ताकत होती है। रिश्ते जनम-जनम के होते हैं। रिश्ते में पावर होती है। इसी के बल पर हम सुपरपावर हैं। प्रस्तुत निबंध साधारण-सी रचना है। इसमें व्यंग्य कम, विचार ही अधिक हैं।

इन्हीं का व्यंग्य है 'परंपरा ही परंपरा'। उपर्युक्त निबंध की श्रेणी की ही उनकी रचनाएँ हैं— 'रपट कूकर कॉलोनी की', 'मुन्ना बदनाम हुआ धन्नो ये तेरे लिए', 'गोरेपन की क्रीम का कहर', 'षष्टपूर्ति बनाम शोक सभा', 'गठन मुर्दा-संगठन मंत्रालय का', 'बेटा अकादमी चूहे का' आदि।

ये सारे व्यंग्य शब्दप्रमाण हैं। व्यंग्य में विसंगति दर्शाना लक्ष्य होता है, पर शैली विवरण की हो जाने से हास्यपरक विचारात्मक निबंध की कोटि के वे बन जाते हैं। व्यंग्य रचना के लिए यथार्थ को विसंगत रूप में दिखाने का जो कौशल शैली में आवश्यक होता है, उसका निरव में अभाव है। 'रपट कूकर कॉलोनी की' शीर्षक व्यंग्य में विसंगति की अधिकता होते हुए भी लेखक उसे व्यक्त नहीं कर पाया। व्यंग्य के शीर्षक भी विवरणात्मक ही रहे हैं। न इसमें बौद्धिकता है, न संवेदनशीलता। व्यंग्य का विषय चयन उचित होकर भी अभिव्यक्ति कमजोर होने से ये व्यंग्य प्रभाव नहीं छोड़ते। इनमें शैली वैचित्र्य का सौंदर्य भी न के बराबर है। व्यंग्य की भाषा में न उपरोध है, न उपहास। इसलिए ये फँसे हुए व्यंग्य ही लगते हैं।

'चक्कर करोड़पति बनने का' गिरीश पंकज का लिखा व्यंग्य टी.वी. के कार्यक्रम 'कौन बनेगा करोड़पति' के बहाने मनुष्य की करोड़पति बनने की ख्वाहिश पर लिखा है। 'कड़की के दौर में कही धुप्पल में दो–चार लाख रुपए भी झोली में आकर टपक जाए तो क्या बात है?' के विचार से जीने वाले इस व्यंग्य के चरित्र नायक हैं। शॉर्टकट ढूँढ़कर जीने की उनकी वृत्ति पर व्यंग्यकार ने प्रहार किया है। जीवन जीना चान्स नहीं होता, कला होती है, इस बात को समझाना लेखक का उद्‌देश्य है।

अशोक गौतम ने 'विपक्ष का मुँह बंद कर दिया रे...' व्यंग्य के जरिए राष्ट्रमंडल, आदर्श आवास जैसे घोटाले में आरोप–प्रत्यारोप के जरिए विपक्ष की सौदेबाजी की वृत्ति पर प्रहार किया है। कोई घपला उछाला जाता है, सनसनी फैलती है, सरकार पर दबाव बढ़ता है फिर विपक्ष सरकार से अपनी माँगें कैसे मनवाते हैं, इसके दर्शन यहाँ होते हैं। किस्सागोई शैली में लिखा यह व्यंग्य विवरण से बचता तो कलात्मक बन जाता। विवेच्य विषय का न इसमें तथ्यान्वेषण है, न विवेचना। मात्र उल्लेख से न तर्क, न यथार्थ प्रभावी होता है। व्यंग्य में भाषागत सौष्ठव का अभाव भी अखरता है। वर्तमान राजनीति के ओछेपन को स्पष्ट करना व्यंग्य का लक्ष्य है। व्यंग्य का शीर्षक भी निबंध जैसा ही सपाट है।

'हैसियत नजरबट्टू की अन्यथा सड़कें भी सोने की होतीं' जैसा लंबा शीर्षक लेकर आने वाला यह व्यंग्य लिखा है रामस्वरूप रावतसरे ने। उन्होंने इसमें सांसदों के बढ़ते वेतन, भत्ते आदि में करोड़ो रूपए खर्च किए जाने पर आपत्ति उठाते प्रहार किया है और बताया है कि ऐसे श्वेत हाथी वर्तमान लोकतंत्र में न पाले जाते तो सड़कें सोने जैसी सिल्क की बनतीं। विषय में व्यंग्य होकर भी अभिव्यक्ति साधारण बनने से इस व्यंग्य का सामान्य बनना स्वाभाविक है।

'गाली' शीर्षक रामकृष्ण खुराना का व्यंग्य गाली से भी बदतर व्यवहार करने वाले भ्रष्ट राजनेताओं पर कसी छींटाकशी है। उसे व्यंग्यकार ने कुत्तों के गालीगलौज से व्यंग्यात्मक एवं प्रभावी बनाया है। कुत्ते जैसा प्राणी भी गाली बर्दाशत करता है पर जघन्य राजनेता के नाम की उसे दी गई गाली न सुहाती दिखाकर आदमी के पतन को जानवर से बदतर सिद्ध किया है।

आशीष तिवारी का व्यंग्य 'जूते भी ईमानदार हो गए' में आजकल राजनेताओं पर जूते उछालने की वृत्ति एवं राजनेताओं के चरित्र पर व्यंग्य है। यहाँ जनता का आक्रोश भी द्रष्टव्य है। जूते ईमानदार इसलिए है कि जिन पर फेंका जाता है, उन तक नहीं पहुँचते हैं। पहुँचने के पहले दिशा बदलकर राजनेताओं को बेइज्जत होने से बचाते हैं। पर लोग आम आदमी पर जूते बरसाते थमते–थकते नहीं। इस विसंगति से यह व्यंग्य ज्यादा प्रभावी बन पड़ा है। इससे बेहतर है कि हम अपने

जूतों को पैर में ही रखें। इस प्रकार प्रस्तुत व्यंग्य 'एक पंथ, दो काज' वाली कहावत सार्थ करता नजर आता है। दुहरे व्यंग्य का यह प्रयोग अनूठा है। रचना का व्यंग्य मार्मिक बन पड़ा है। व्यंग्य की भाषा सुबोध है। इसकी शैली में उपरोध भरा है। व्यंग्य विषय की वक्रता देखते ही बनती है।

विजय कुमार ने लिखा 'अगले जनम मोहे' राजनीति को व्यवसाय बनाए जाने की आज की परिपाटी पर किया व्यंग्य है। हमारे यहाँ पहले 'उत्तम खेती, मध्यम बान, निखद चाकरी, भीख निदान' की लोकोक्ति थी। पर आज उत्तम राजनीति मानी जाती है। जमाने के साथ नौकरी, व्यवसाय के क्रम बदलते रहते हैं। अंग्रेजों के जमाने में पुलिस बनना उत्तम था। फिर सैनिक बनना उत्तम था। सरकारी नौकरी को बाद में उत्तम माना जाने लगा। आज राजनीति का क्रम अव्वल है। राजनीति में वेतन, भत्ते, आवास, चिकित्सा, यात्रा के नाम पर लाखों रुपयों की कमाई आसान होती है। ऊपर परिवार तंत्र के आधार पर इसे बेटे-बहू को सौंपकर पुश्तैनी बनाया जा सकता है। इस प्रकार अगले जनम में राजनेता बनने का आम आदमी का स्वप्न फंतासी में निहित नंगा वास्तव है। इसे उपरोध से अभिव्यक्त किया गया है। इसकी भाषा व्यंग्यात्मक है। किस्सागोई शैली में इसे चित्रित किया है। व्यंग्य का शीर्षक काव्यात्मक है।

विजय कुमार के लिखे और दो व्यंग्य इस वेबसाइट पर प्रकाशित हुए हैं। 'इनका दर्द भी समझें' कथात्मक व्यंग्य है। बाबरी मस्जिद गिराने की पृष्ठभूमि पर लिखे इस व्यंग्य में धार्मिक विवाद से फूला और झूला जैसे नेक मजहबियों की जिंदगी बरबाद किए जाने पर नाराजगी जताई है। तो 'फिसलन का मौसम' में जीभ की फिसलन को दिमागी कीचड़ से जाहिल सिद्ध किया है। जीभ की फिसलन ने राजनीति के साथ साहित्य को भी अपनी चपेट में लेने के प्रति इसमें चिंता व्यक्त है।

निष्कर्ष – इस प्रकार हम देखते हैं कि 'प्रवक्ता' वेबसाइट पर एक ही रचनाकार के अनेक व्यंग्य प्रकाशित कर एक तरह का उबाऊपन लाया है। अधिकतर रचनाकार विवरण शैली का प्रयोग करते दिखाई देते हैं। कुछ एक ही फंतासी, किस्सागोई तथा संवाद शैली का। दोहरे व्यंग्य का यहाँ किया गया प्रयोग उल्लेखनीय बन पड़ा है। यहाँ राजनीतिक व्यंग्य की अधिकता नजर आती है। उनमें भी स्तरीयता, काल्पनिकता का अभाव अखरता है। व्यंग्य के शीर्षक लंबे, प्रभावहीन हैं। विषय चयन में भी कोई खास नयापन यहाँ दिखाई नहीं देता। भाषा का प्रभाव इस वेबसाइट के व्यंग्य को स्तरीय बनाता है। यहाँ व्यंग्यकार विवरण में अटके परिलक्षित होते हैं। ये व्यंग्य जीवन जीने के सूत्र देकर प्रेरणा का कार्य जरूर करते हैं। व्यंग्य में काव्यपंक्तियों, सुभाषितों, लोकोक्तियों का प्रयोग उल्लेखनीय है। उससे इनका संदर्भ मूल्य जरूर बढ़ा है। पर कुल प्रभाव की कसौटी पर ये व्यंग्य निराश करते हैं। जीवनलक्ष्यी अभिव्यक्ति का अभाव इनका दोष है।

7. http://www.garbhanal.com–

'गर्भनाल' वेबसाइट पर सन् 2010 में कुल पाँच व्यंग्य प्रकाशित हुए। गुरुमीत बेदी का व्यंग्य 'अब किसको फॉलो करूँ?' वर्तमान भ्रमित समाज जीवन पर आधारित है। स्थिति ऐसी है कि भरोसेमंद न कोई हस्ती रही, न व्यवस्था। किसको फॉलो किया जाए? किसका अनुकरण किया जाए? आज फॉलो करना भी आसान नहीं रहा। डीजल, पेट्रोल के दाम बढ़ने से फॉलो करना खर्चीला हो रहा है। समाज में सेवा एक प्रोफेशन बन गया है। लोग ऐसी सेवा करके वर्ष का परिवार

का खर्च निकालते हैं। ईमानदारी ताक पर रखी गई है। अवसरवाद कामयाबी का कारक बन गया है। जिसके पास कुर्सी है, वही सफल और धनवान है। जाति-संप्रदायजनित द्वंद्व नए-नए लाक्षागृह रच रहे हैं। सियासी सिद्धि हथकंडों के हाथ है। बिना मेहनत हासिल कर जीने का रिवाज रुतबा बढ़ा रहा है। शिक्षा क्षेत्र भी इसमें पीछे नहीं। दाखिले के पैसे, नकल के पैसे, पैसे पर डिग्री-क्या नहीं है? जीवन सुधर रहा है। शिक्षा में ठेकेदारी बढ़ गई है। क्या यह सब फॉलो किया जा सकता है? जैसा प्रश्न उठाने वाला यह व्यंग्य गंभीर प्रश्न उठाए हुए है। विसंगति और दुराचार का व्यापक पट खोलने वाला व्यंग्य बौद्धिक और गंभीर है। यहाँ भाषा की लक्षणा शक्ति से व्यंग्य का निर्माण किया गया है। वर्तमान का पर्दाफाश व्यंग्य का लक्ष्य है। व्यंग्य का प्रश्नात्मक शीर्षक पाठकों को जगाता है और अंतर्मुख भी कराता है।

ओमप्रकाश सोनी का लिखा 'मेरा अवगुन चित न धरो' शीर्षक व्यंग्य राजनीतिक है। 'सबके हित में अपना हित' तत्त्व में से 'अपना हित' प्रधान मानी जाने वाली समाज रीति को यह व्यंग्य चित्रित करता है। आज मनुष्य का व्यापारी होना अनिवार्य बना है। दुनिया बाजार बनी है। ऐसी स्थिति में प्रतियोगिता अवश्यंभावी हुई है। चुनाव तंत्र ने राजनीति को शतरंज की बिसात बनाया है। चुनाव आते ही मान-मनौवल गति पकड़ता है। मत आपको देना है। साँपनाथ या नागनाथ इतना ही पर्याय मतदाता के सामने होता है। भ्रष्टाचार कला बनी है। माहिर कलाकार उसमें रंग दिखाते नहीं थकते। पैसा जीने का साधन और वह बढ़ाना जिंदगी का मकसद बन गया है। वह हजार गुना बढ़ाना बस राजनीति में संभव है। इतने सारे अवगुन होने पर ही जीया जा सकता है। प्रस्तुत व्यंग्य जीवन का नंगा यथार्थ प्रस्तुत करता है। उसे नकारा नहीं जा सकता। सत्य इसकी बुनियाद है। व्यंजना से व्यंग्य बना है। निबंध बौद्धिक है। विसंगति प्रदर्शन लक्ष्य इसका है। हारी, थकी मनोवृत्ति की उपज होने वाला प्रस्तुत व्यंग्य कुछ करने के लिए उकसाता जरूर है। यही इस व्यंग्य की फलश्रुति मानी जाएगी।

डॉ. अशोक गौतम अंतर्जाल के बहुपठित व्यंग्यकार हैं। लगभग सभी वेबसाइट पर उनकी उपस्थिति देखी जा सकती है। 'क्या बोलूँ, क्या बकवास करूँ?' में एक अलग किस्म की फंतासी है। आदमी मरा है। सबको उल्लू बनाकर उसकी आत्मा जिंदा रहती है और वह भी धरती पर ही। वह भले मरा है पर हाथ धरा मोबाइल उसका संबल बन जाता है। उसके जरिए वह मात्र आत्मीय जनों को देख सकता है और उनसे संवाद भी। इस अलौकिक वरदान के जरिए वह अपनी मृत्यु के बाद के हश्र को अनुभव कर सकता है। तो देखता क्या है—पत्नी, ससुर, मित्र कोई मरे पर शोक नहीं व्यक्त करते। किसके पास समय है जाया करने के लिए। यह व्यंग्य वर्तमान गतिशील जीवन और यंत्र होते मनुष्य जीवन का आँखों देखा हाल प्रस्तुत करता है। अनावश्यक विस्तार से ग्रस्त इस व्यंग्य में मनुष्य संबंधों के संवेदनहीन होने पर आघात है। सच बोलना भी बकवास सिद्ध करने वाली वर्तमान स्थिति का यथार्थ चित्रण करने वाला यह व्यंग्य पाठक को सोचने के लिए मजबूर करता है।

रैली और बंद' आज का नारा है। इसे प्रश्नोत्तरी और साक्षात्कार शैली में व्यंग्य रूप देकर रामकिशन सिंह 'भँवर' ने चित्रित किया है। रैली और बंद से आम आदमी किल्लत सहता दूभर जिंदगी जीता है। कुतर प्रदेश के मुख्यमंत्री कठोर सिंह लेखक के प्रश्नों के उत्तर साक्षात्कार में देते हुए रैली और बंद के परिणामों को स्वर देते हैं। वे उत्तर ही व्यंग्य हैं पर उसे विवेचना के तौर पर प्रस्तुत करने से व्यंग्य परिणामहीन बना है।

यशवंत कोठारी का व्यंग्य 'पिटाई' जीवन के विभिन्न क्षेत्रों का 'पिटाई चिंतन' है। ज्योतिष, डॉक्टर, पुलिस, पत्रकार, व्यंग्यकार कैसे पिटाई करते हैं उसका चित्रण इसमें है। यह एक साधारण स्तर का व्यंग्य बना है। असल में यह व्यंग्य लेखक अंतर्जाल का बहुचर्चित और बहुप्रसव लेखक है। उससे उम्मीदें थीं जरूर, पर यह व्यंग्य निराश ही करता है।

निष्कर्ष – इस तरह से 'गर्भनाल' के व्यंग्य बहुआयामी हैं। उनके शीर्षक आकर्षक हैं। उनके विषय राजनीतिक हैं। शैली की नवीनता इनमें है, जैसे–प्रश्नोत्तरी, साक्षात्कार आदि। ये व्यंग्य समाज जीवन के विभिन्न क्षेत्रों को स्पर्श करते हुए एक समग्र चित्र उपस्थित कर हालात बदलने की जिद करते नजर आते हैं। समाज की विसंगतियों को उन्होंने प्रभावी ढंग से प्रस्तुत किया है। मनुष्य जीवन को विचित्र बनाने वाली व्यवस्था के प्रति जो आक्रोश इन व्यंग्यों में है, वह प्रशंसनीय है।

8. http://www.hindichetana.blogpost.com–

'हिंदी चेतना' वेबसाइट पर कुल पाँच व्यंग्य प्रकाशित हुए हैं। उनमें से 'बिजली रानी, बड़ी सयानी' शीर्षक व्यंग्य समीर लाल 'समीर' का लिखा हुआ है। इलेक्ट्रिकल साइंस में लगे 'रिजोनेंस' सिद्धांत के अनुसार बिजली का वहन अब बेतार संभव हुआ है। प्रस्तुत व्यंग्य की प्रेरणा के बीज इस वार्ता में हैं। विषय और शीर्षक आपस में मेल नहीं खाते। इसमें कल्पना की गई है कि आज सर्वत्र दिखाई देने वाले बिजली के खंबे और तार नदारद होंगे तो धरती का नजारा क्या होगा? यह व्यंग्य इस दृष्टि से एक फंतासी ही है। सड़कें विधवा की माँग की तरह सूनी होंगी। पतंगों का अटकना और लटकना बंद होगा। पहले ही मनुष्य ने पेड़ काट दिए। बिजली के तार चिड़ियों का धूप सेंकने का सहारा थे, अब बेचारी चिड़िया कहाँ आराम फरमाएगी? तार में कँटिया फँसाकर बिजली चोरी संभव थी, उन चोरों का क्या होगा? बिजली के तार चोरी करके पेट पालने वाले कबाड़े और उन्हें पकड़कर ऊपर की आमदनी पाने वाली पुलिस का क्या होगा? बिजली विकास योजना का लेखा परीक्षण करने वाले लेखापाल तथा लेखाधिकारी हेलिकॉप्टर से मुआयना करते थे...वे बेचारे अब हवाई सफर कैसे कर पाएँगे? इन सारी चिंताओं से निर्मित यह व्यंग्य विषय की दृष्टि से नवीन है। फंतासी का प्रयोग उचित है। अपनी बात को प्रभावी ढंग से रखने के लिए व्यंग्य के अंत में किया गया काव्य प्रयोग प्रभावी है। व्यंग्य की भाषा ललित, सुंदर है। संभावित सत्य को कल्पना से उतारने में व्यंग्यकार की प्रतिभा के दर्शन होते हैं। इस बहाने समाज के चोरी, गबन, रिश्वतखोरी पर प्रकाश डाला गया है। इस व्यंग्य की शैली में कलात्मकता है।

प्रेम जनमेजय का व्यंग्य 'अथ–इति उत्तर–आधुनिक नायिका वर्णन' वर्तमान नारी की समीक्षा है। रीतिकाल में नायिका वर्णन है। उसकी तर्ज पर यहाँ आधुनिक नायिकाओं का विवरण है। यह व्यंग्य एक विडंबन है। रीतिकाल की चारण प्रवृत्ति आज भी समाज में प्रशंसा से पुरस्कार पाते देखी जाती है। उत्तर–आधुनिक काल में रीतिकाल की पद्मिनी, स्वकीया, परकीया, मुग्धा, अज्ञातयौवना जैसी नायिकाएँ मिलती हैं, पर उनके लक्षण काल के अनुसार बदल से गए हैं। पद्मिनी नायिकाएँ गंधित रहती हैं, स्वकीया परपुरुष की ओर ध्यान नहीं बँटाती, परकीया शारीरिक रूप से नायिका और मानसिक रूप से नायक होती है। मुग्धा आत्मकेंद्रित होती है। अज्ञातयौवना को कस्तूरीमृग की तरह अपनी जवानी का अहसास ही नहीं होता। ये अति आधुनिक नायिकाएँ उनके लक्षण पुराने हों, पर अंदाज अत्याधुनिक है। नारी की आधुनिकता

पर विडंबन होने वाला व्यंग्य शृंगारिक होते हुए भी मर्यादा नहीं लाँघता। व्यंग्यकार की भाषा रोचक है। विषय के साथ लेखक की तादात्म्यता उल्लेखनीय है। व्यंग्य की शैली में उपहास भरा है। इसकी भाषा में रोमांस है।

कनाडा के समीर लाल 'समीर' का एक और व्यंग्य इस वेबसाइट पर अनुसंधान काल में प्रकाशित हुआ है। उसका काव्यात्मक शीर्षक है 'अगले जनम बेटवा न कीजो'। एक जमाना था कि घर में बेटी की उपेक्षा होती थी और बेटा परिवार का लाड़ला रहता। पर अब समय बदल गया है। आज तराजू बेटी की तरफ झुका है। इससे अभिभावक बेटा-बेटी में अंतर करते बेटी के लाड़-प्यार में कोई कसर नहीं छोड़ते। इससे बेटों के मन में बेटियों के प्रति ईर्ष्या भाव जाग उठा है। वे बेटी के जन्म की कामना करते हैं। अभिभावकों के बेटा-बेटी के पक्षपातपूर्ण अनुपालन पर यह व्यंग्य उज्र उठाता है और समानधर्मिता की माँग करता है। आज बेटियाँ मजे में हैं। घर-घर में सारा फेवर लड़की को मिलता है। बिटिया को पढ़ाई से फुरसत दी जाती है। उसके सेकंड क्लास पाने पर भी मिठाइयाँ बाँटी जाती हैं। लड़का लड़की को देखे तो आवारा, लड़की लड़के को देखे तो इनायत। लड़की चलते टकराए तो मुस्कुराए, लड़का टकराए तो सूरदास। लड़की के बाल बिखरे तो सावन की घटा, लड़के के बिखरे तो भिखारी। इस तरह से भेदभावपूर्ण सामाजिक दृष्टिकोण पर भी यह व्यंग्य प्रकाश डालता है। समाज की दोहरी मानसिकता और पक्षपातपूर्ण रवैए पर यहाँ व्यंग्य है। क्या ऑफिस, क्या गृहस्थी, सब जगह लड़की सिर आँखों पर होने के दिन पर यहाँ व्यंग्य किया गया है। प्रस्तुत व्यंग्य का विषय आधुनिक है। अभिव्यक्ति में विसंगतियों को प्रभावी ढंग से प्रस्तुत किया गया है। व्यंग्य का अंत काव्यात्मक कर उसकी प्रभान्विति को बढ़ाया गया है।

'महानता का दौर' प्रेम जनमेजय का इस वेबसाइट पर प्रकाशित एक और व्यंग्य है। आज कम औकात वाले, चुटकुलेबाज, गलेबाज, नौटंकीबाजों के महानता बहाल करने का दौर निकल पड़ा है। ऐसे ही लोगों को 'पद्मश्री' बहाल की जाती है। जिनके जेब में पैसे भरे होते हैं, उन्हें महत्त्व दिया जाता है। समाज में सब बिकाऊ हो गया है। महानता भी उसमें शुमार है। कन्सल्टंट ठेकेदार, मालिक से महान हुआ है। इंपोर्टेड महानता से कोई होड़ ही नहीं कर सकता। सच्ची महानता आज काफूर है। इस प्रकार प्रस्तुत व्यंग्य समाज के पतन को रेखांकित करता है। इस व्यंग्य की भाषा उपरोधक है। इसकी शैली विडंबनात्मक है। विषय विवेचना में पर्याप्त विस्तार है। व्यंग्य का शीर्षक संक्षिप्त एवं समर्पक है। जगह-जगह संवाद का प्रयोग कर इस व्यंग्य को सजीव बनाया गया है।

'बहुत पहले से उन कदमों की आहट...' जैसा काव्यात्मक शीर्षक धारण करने वाला यह व्यंग्य समीर लाल 'समीर' जैसे प्रवासी भारतीय का लिखा है। भविष्य आहट होती है। वह समय से पहले होती है। फिराक गोरखपुरी की इसी शीर्षक की एक मशहूर गजल है। चित्रासिंह तथा जगजीत सिंह ने उसे गाया था। कोई युवा प्रधानमंत्री बनने वाला होता है, उसकी आहट हमें पहले ही मिलने लग जाती है। किसी खेल महोत्सव में भारतीय खिलाड़ियों के होने वाले हश्र का अंदाज, आहट हमें पहले से ही हो जाती है। उससे आने वाले दुराचार भी हमें पहले ही आगाह करते हैं। यह सब व्यंग्य न होकर वर्णन हो जाता है, क्योंकि उसमें न विडंबन, न विसंगति, न तर्क, न भाष्य है। वह एक कोरा निबंध बनकर रह गया है।

निष्कर्ष – 'हिंदी चेतना' वेबसाइट पर प्रकाशित उपरोक्त एक व्यंग्य छोड़ दिया जाए, तो शेष स्तरीय, गंभीर, पठनीय बन पड़े हैं। उनमें विषय, शैली की नवीनता और वैविध्य है। इनकी

भाषा स्तरीय है। व्यंग्यों को ठीक तरीके से प्रस्तुत किया गया है। इसके लेखक प्रवासी भारतीय हैं। इन व्यंग्यों में विधा वैविध्य का अभाव है।

9. http://www.lekhani.net/index2.htm–

'लेखनी' वेबसाइट पर कुल सात व्यंग्य अनुसंधान काल में प्रकाशित हुए। कनछेदी राम का व्यंग्य 'मिलना सरकारी कवि से एक दिन' कवियों की चापलूसी पर आधारित है। कवि मूलत: कवि होता है। उसमें प्रतिभा होती है। प्रतिभा एक स्वच्छंद एवं विमुक्त प्रज्ञा है। जब कवि उसका इस्तेमाल पद, प्रतिष्ठा, पुरस्कार प्राप्ति का कारक, साधन मानकर करने लग जाता है, तो उस कविता में भोंडापन आता है। वह चुटकुला बनकर रह जाती है। सरकारी कवि बनना चारण, दास होकर प्रशंसा के पुल बाँधना है। कनछेदी राम ने हमें प्रस्तुत व्यंग्य में समझाया है कि कवि सरकारी लाभ के प्रलोभन से कविताएँ लिखते हैं। पुरस्कार, लालबत्ती के मोह से सरकारी कवि बनते हैं। सरकारी कवि विदूषक बन हँसाता, मनोरंजन करता पैसा उगाता है। सुख–सुविधा, सहूलियत पाने के मकसद से ही वह सरकारी कवि बनता है। उसके लिए उसे रीढ़ की हड्डी खोनी पड़ती है और आत्मा को गिरवी रखना होता है। प्रस्तुत व्यंग्य बुद्धिजीवियों के खुदगर्जी, सत्ता, संपत्ति, पद, प्रतिष्ठा, पैसा पाने की प्रवृत्ति पर प्रहार है। व्यंग्य की भाषा में उपहास कूट–कूट कर भरा है। सरकारी कवि का चित्रण उपरोध शैली में किया है, वह उचित है। व्यंग्य मार्मिक बन पड़ा है। व्यंग्य का शीर्षक काव्यात्मक और कलात्मक है। कवियों की विसंगति आत्मा बेचने पर प्रखर हो जाती है और विचारणीय भी।

अजय पराशर का व्यंग्य 'गोलियों पर जी रहे हैं' में हमारी गोलियों पर जीने की परावलंबिता पर व्यंग्य किया गया है। खबर आती है कि वैज्ञानिकों ने ऐसी गोली ईजाद की है कि उसके लेने से मनुष्य मृत्युंजयी बनता है। भारतीयों को गोलियों पर जीने की आदत है। वह अन्न की अपेक्षा खुराक पर जीता है। गोलियाँ भी वह तरह–तरह की और अनेक की खाकर जीता है। नेता, हुक्काम, कानून, धर्मगुरु, जमींदार, दुकानदार, ठेकेदार, साहूकार किस–किस की गोलियाँ खानी पड़ती हैं यहाँ आम आदमी को। यहाँ गोली का अभिप्रेत अर्थ अन्याय, अत्याचार है। आदमी की मजबूरी है कि उसे वायदों, आश्वासनों की गोलियाँ खाकर जीने के लिए विवश होना पड़ता है। महँगाई के जमाने में तो 100% गोलियों पर ही जीने की मजबूरी है। प्रस्तुत व्यंग्य पीड़ा और संवेदना से भरा है। आम आदमी की मजबूरी का चित्रण करना इस व्यंग्य का लक्ष्य है। आम आदमी का चरित्र यहाँ दयापात्र, असहाय दिखाकर हमदर्दी की निर्मिति की गई है। व्यंग्य की भाषा में कटुता और पीड़ा भरी है। यह एक विडम्बना काव्य बना है, जो हममें आम आदमी के प्रति करुणा जगाता है। करुणाष्टक बना यह व्यंग्य परिवर्तन की माँग करता है और सम्मान की भी।

इसी लेखक का 'सड़कों पर लँगड़ाता राज्यों का गौरव' शीर्षक व्यंग्य भी इसी तर्ज पर लिखा गया है। इसमें आम आदमी की दुरवस्था को इब्ने बतूता के रूप में चित्रित किया है, जो पैदल दुनिया की सैर करते नहीं थकता। सार्वजनिक वाहन व्यवस्था 'आम आदमी की खास बस' का नारा देते 'साधारण किराया' का झाँसा देते गौरव के नाम पर लूट न होकर और क्या है? साधारण व्यंग्य है पर विषय और प्रश्न असाधारण एवं ध्यानाकर्षक!

अजय पराशर का ही एक और व्यंग्य 'लेखनी' वेबसाइट पर प्रकाशित नजर आता है। उसका शीर्षक है, 'घास खाओ, पाप मिटाओ'। जैसा कि शीर्षक से स्पष्ट होता है कि वह चारा घोटाले

पर बिता है। भ्रष्टाचार पर प्रस्तुत व्यंग्य से पराशर ने प्रहार किया है। शहीदों के कफन, चारा घोटाला, नरेगा, फर्जी मस्टर जैसे घोटालों, घपलों के प्रति यहाँ नाराजगी जताई है। यह एक साधारण-सा व्यंग्य है। अजय पराशर का लिखा व्यंग्य 'एक गरीबी, सौ सुख' भी इसी किस्म का व्यंग्य रहा है।

गोविंद शर्मा का 'सेक्स सिंबल का इंटरव्यू' साक्षात्कार शैली में लिखा ऐसा व्यंग्य है, जो हमारी दोहरी मानसिकता पर प्रहार करता है। लैंगिक भावना हमारी सहजात वृत्ति है। भूख पेट की होती है, वैसे काम (सेक्स) की भी। हमारे समाज में नैतिकता की कसौटियाँ परंपरा से तय है। उसमें देह का प्रदर्शन वर्ज्य है। पर आज के सिनेमा, टी.वी. के जमाने में देह के बंधन ढीले हो रहे हैं। दूसरी ओर हम आधुनिकता के अनुसरण में व्यक्ति स्वातंत्र्य के हिमायती भी हैं। स्वातंत्र्य और नैतिकता के द्वंद्व में फँसे वर्तमान समाज की मन:स्थिति प्रस्तुत व्यंग्य चित्रित करता है। सेक्स सिंबल सिंबल न रहकर जीने का कारक बन गया है। अभिनेत्री, मॉडल आदि देह प्रदर्शन के बल पर जीती है। जो उसका विरोध करते हैं, वे दोहरे मापदंड पर जीते हैं। यह संघर्ष एक अभिनेत्री के साक्षात्कार के रूप में यहाँ प्रस्तुत किया गया है। यह व्यंग्य जीवन का नया दर्शन प्रस्तुत करता है। 'शरीर के हम मालिक होने के नाते उसका मनचाहा यूज करते हैं', 'जीवन क्षणभंगुर होता है, इसमें कोई सुख स्थाई नहीं', 'बिना शरीर के सुख का अनुभव संभव नहीं है', 'तन सुखी तो मन सुखी' आदि। इस तरह से प्रस्तुत व्यंग्य देह प्रदर्शन को जायज ठहराकर हमारी विखंडित मनोवृत्ति पर प्रहार करता है। यह एक नया विचार है, नया दृष्टिकोण है, नया जीवन है। जरूरी नहीं कि उससे आप सहमत हों। यहाँ का व्यंग्य यथार्थदर्शी है। इसकी शैली में नयापन है। वह विषयानुकूल भी है। इसमें बौद्धिकता, गंभीरता, संवेदनशीलता का त्रिवेणी संगम है। भाषा बेबाक है, उसमें कोई संकोच, लागलपेट नहीं। व्यंग्य का लक्ष्य व्यक्ति स्वातंत्र्य और नैतिकता के द्वंद्व का चित्रण कर फैसला पाठक के विवेक पर सौंपना है।

प्रेम जनमेजय का लिखा व्यंग्य 'तुम ऐसे क्यों आई लक्ष्मी' वर्तमान मनुष्य की धनलिप्सा की मन:स्थिति को चित्रित करता है। लोग धन लोभ से शेयर्स में पैसे लगाते हैं और प्रलोभन से उसके भ्रम में जिंदगी का उतार-चढ़ाव सहते जीते रहते हैं। उसका मार्मिक दर्शन इसमें मिलता है। यह एक साधारण किस्म का व्यंग्य है।

निष्कर्ष – 'लेखनी' वेबसाइट पर प्रकाशित व्यंग्य विषय की विविधता लिये हैं। उनमें शैली का वैचित्र्य है। ये व्यंग्य जीवन की व्याख्या और...नया दर्शन प्रस्तुत करने में सक्षम हैं। व्यंग्य की भाषा मँजी हुई है। लेखक व्यंग्य के प्रति सजग है। व्यंग्य में बौद्धिकता, संवेदना, तर्क का संगम है। व्यंग्य के चरित्र अपनी भूमिका सामर्थ्य से निभाते हैं। ये व्यंग्य जीवन और समय का नीलचित्र (Blue print) उपस्थित करते हैं। इन व्यंग्यों में उपरोध देखते ही बनता है। अधिकतर व्यंग्य नए रूप में प्रस्तुत हैं। व्यंग्य के शीर्षक विविध तरह के हैं और समर्पक भी। इन व्यंग्यों में साहस और बेलागपन है। यही कारण है कि वे पठनीय बन गए हैं। व्यंग्य के शिल्प और शैली दोनों में स्तरीयता का खयाल रखा गया है।

10. http://www.sahityashilpi.com–

'साहित्यशिल्पी' वेबसाइट पर सन् 2010 में पाँच व्यंग्य प्रकाशित हुए। उसमें से 'मुन्नी बदनाम हुई' शीर्षक डॉ. वेद व्यथित का लिखा व्यंग्य विभिन्न कारणों से दिल्ली को वृथा बदनाम किए

जाने के प्रति नाराजगी व्यक्त करता है। कॉमनवेल्थ खेल के बहाने जो भ्रष्टाचार हुआ, उससे दिल्ली की अकारण बदनामी हुई। उससे व्यथित होकर सिनेमा की मुन्नी ने वह बदनामी अपने सिर पर मढ़ ली। दोनों बदनामियाँ व्यर्थ हैं। बदनामी एक करता है पर बदनाम दूसरा होता है। दिल्ली के बदनाम होने का क्रम इतिहास काल से चलता आ रहा है। मुगल, तुर्क, पोर्तुगाल, पठान, अंग्रेज सारे आक्रांताओं ने दिल्ली को अपनी–अपनी क्षमता के अनुसार बदनाम किया है। दिल्ली वाले हैं कि समय क्रम में सब भूल जाते हैं। इस साधारण–से व्यंग्य में शहर को व्यंग्य का नायक बनाकर उसके दुख–दर्द को स्वर दिया है।

राजीव तनेजा का लिखा व्यंग्य 'ये बदलाने की कृपा करेंगे आप' पत्रशैली में लिखा है। संभावित उम्मीदवार के नाम मतदाता के द्वारा लिखे इस पत्र में लेखक ने मतदान के बाद पीठ फेरने वाले पार्षद, विधायक, सांसदों पर व्यंग्य किया है। प्रतिनिधि चुनकर तो आते हैं, पर विकास के नाम पर अपने उल्लू सीधे करने में उन्हें जनता के प्रश्नों की ओर ध्यान देने के लिए समय ही नहीं बचता। पिछले कार्यकाल में फ्लाईओवर के नाम पर यातायात तितर–बितर होने, गलियों को कंक्रीट कराने की फिक्र में रास्ते का पानी घर में भरने, कूड़ेदानों के नवीकरण में महीनों उसे न उठाने, स्ट्रीट लाइट के खंबे ऊँचे हुए पर प्रकाश गायब, जमीन हड़पने जैसी बातों से जनता द्वारा लोकप्रतिनिधि की अनदेखी और उपेक्षा का वस्त्राहरण हर गाँव की कहानी बनकर उपस्थित हुआ है। इस व्यंग्य में यथार्थता है। प्रस्तुत व्यंग्य भाषा में उपरोध चरम सीमा का है। विसंगति यह कि कुछ न करने पर दुबारा चुनाव लड़ने का साहस। लेखक के इसे रोजाना जीवन में कठिनाइयाँ झेलने के बाद लिखने के कारण उसमें जनता का आक्रोश उफन आया है। इसके शीर्षक में चुनौती और निवेदन का संयुक्त भाव है। समग्र व्यंग्य प्रभावी बन पड़ा है।

आलोक पुराणिक का लिखा 'अँधेरे का समाजशास्त्र' साधारण और फँसा हुआ व्यंग्य है। लोडशेडिंग विषय पर वह लिखा है।

'चोरों का मानवाधिकार' डॉ. सुभाष राय ने लिखा है। इसमें चोरी के बहाने राजनीतिक दिवालियापन चित्रित है। 'छि: (बीप बीप) पने/ छि: (बीप बीप) पाने की होड़' शक्ति प्रकाश ने लिखा है। साहित्य में आजकल आए ओछेपन पर इसमें व्यंग्य है। आजकल साहित्य में सर्वत्र छि: का साम्राज्य है। इसमें कुंठा का वर्णन है। साहित्यकार के भी चाटुकार बनने पर क्रोध है। नारी लेखिकाओं का लेखन मर्यादा भंग कर रहा है। उनके द्वारा यौन प्रसंगों का वर्णन पुरुषों को पछाड़ रहा है। पुलिस वाले साहित्यकार बन रहे हैं। लौंडियाबाजी, लुच्चापन का वर्णन साहित्य को ओछा बना रहा है। प्रस्तुत व्यंग्य स्तरीय नहीं, ऊपर से उसमें अतिशयोक्ति भी है। इसमें भाषा की मर्यादा नहीं है। विधि–निषेध ताक पर रखकर लिखा यह व्यंग्य सनसनीखेज जरूर है। इसका अंत काव्यमय है।

निष्कर्ष – इस तरह अंतर्जाल पर उपस्थित दस साहित्यिक वेबसाइट्स पर प्रकाशित व्यंग्य का मूल्यांकन करने पर पता चलता है कि उनमें विषय की विविधता है। राजनीतिक विषय एवं समस्याएँ व्यंग्यकारों को प्रमुख रूप से आकर्षित करते हैं। ये सारे व्यंग्य वर्तमान यथार्थ को चित्रित करते समस्याओं के निराकरण से समाज में बदलाव की अपेक्षा एवं आग्रह रखते हैं। व्यंग्यों की भाषा पैनी और तीखी है। कहीं–कहीं व्यंग्य एवं सपाट बयानी भी है। व्यंग्यों में शैली वैचित्र्य है। यहाँ फंतासी, साक्षात्कार, पत्र जैसी शैलियों के अभिनव प्रयोग हैं। बौद्धिकता, साहस, संवेदना, यथार्थ, विसंगति से युक्त ये व्यंग्य वर्तमान समाज और समय के एंजोग्राफ हैं, एक्स–रे हैं।

व्यंग्यकार समाजसेवक, पत्रकार की भूमिका निभाते आम आदमी के पैरोकार बने नजर आते हैं। इन व्यंग्यों के अधिकतर शीर्षक समुचित हैं। कहीं-कहीं काव्य पंक्तियों का भी प्रयोग हुआ है। व्यंग्यों में विडंबन, उपहास, प्रहार, कटाक्ष के रूप में चित्रण पाया गया है। कहीं-कहीं विवेचना भी है। इक्कीसवीं सदी का व्यंग्य पिछली सदी की तुलना में बहुआयामी, भाषा वैभव से युक्त, शैली वैचित्रता के साथ पैना 'नावक का तीर' बनता दिखाई देता है।

4.4.5 यात्रा विवरण –

भारतवर्ष के साहित्य में यात्रा विवरण की परंपरा पुरानी है। संस्कृत साहित्य में कालिदास के 'मेघदूत', 'रघुवंश', 'अभिज्ञान शाकुंतलम्' जैसे काव्यात्मक नाटकों, महाकाव्यों में वन, सरोवर, प्रकृति, ऋतु के वर्णन मिलते हैं। भारतवर्ष में यात्रियों के आने और उनके द्वारा सफरनामे लिखने की परंपरा भी पुरानी है। विदेशी यात्री ह्वेएनसांग, इब्ने बतूता, टैवरनियर, फाह्यान ने भारत के विभिन्न प्रांतों की यात्रा को शब्दबद्ध किया है। उनमें इतिहास, साहित्य एवं संस्कृति का सुंदर मिलाप और प्रतिबिंब है। आज के साहित्यिक यात्रा विवरण में भी यह दिखाई देता है।

फक्कड़ता, घुमक्कड़ी, यायावरी मनुष्य की प्रवृत्ति है। मनुष्य के सारे विकास एवं उत्थान की जड़ उसकी यह वृत्ति है। यदि मनुष्य स्थलांतर न करता तो न संस्कृति का विकास संभव था, न इतिहास का होना। देश-प्रदेश की सीमाएँ, खोज आदि के पीछे प्रकृति, प्रदेश की जिज्ञासा रही है। सत्ता, सीमांतर, नए प्रदेश की खोज, आक्रमण, युद्ध, व्यापार कितने कारण हैं यात्रा के। सारा सांसारिक स्थित्यंतर यात्रा से हुआ है और प्रकृति, ऋतु परिवर्तन से निर्मित सौंदर्य, प्रकोप, आपदा आदि ने परिपार्श्व की भूमिका निभाई है।

हिंदी में लिखित यात्रा विवरण का प्रारंभ गुसाई महाराज की 'वन यात्रा' से माना जाता है। पर उपलब्ध पुस्तक के आधार पर 'सेठ पद्मसिंह की यात्रा' से उसका उद्भव स्वीकार्ह है।[1] हिंदी साहित्य के सभी कालों में यात्रा-वृत्त पाए जाते हैं। आधुनिक काल में राहुल सांस्कृत्यायन, अज्ञेय, यशपाल, रांगेय, धर्मवीर भारती के यात्रा वृत्तांत उल्लेखनीय रहे हैं। राहुल सांस्कृत्यायन ने तो 'घुमक्कड़शास्त्र' ही लिख डाला है।

वर्तमान हिंदी यात्रा विवरण अंग्रेजी Travelogue का रूप है। भ्रमण, यात्रा, अभियान, सैनिक आक्रमण, तीर्थयात्रा, पर्यटन, मेला, जीविका हेतु स्थलांतरण, जलावतरण, पर्वतारोहण, हवाई यात्रा इनके वर्णन यात्रा विवरण ही हैं। अंग्रेजी Travel Literature, Travel writing, Travelogue, Itinerary शब्दों के हिंदी पर्यायवाची यात्रावृत्त, यात्रा वृत्तांत, यात्रा विवरण आदि शब्द साहित्य में प्रचलित हैं। यात्रा, आखेट, भ्रमण के वृत्त पहले मौखिक थे। लिखित में काव्यरूपों में उसके प्रारंभिक अंश मिलते हैं। समग्र गद्य यात्रा वृत्त अठारहवीं सदी में पाए गए। 'Piece of writing about travel'[2] या 'A short literary composition on a particular theme or subject, usually in prose and generally analytical, speculative or interpretative.'[3] जैसी परिभाषाओं से इसका स्वरूप समझ में आता है।

---

1. यात्रा साहित्य : परिवेश एवं परिप्रेक्ष्य-डॉ. प्रकाश मोकाशी, पृ. 210.
2. www.merriam-webster.com
3. www.dictionary.com

स्थान विशेष का प्राकृतिक सौंदर्य, ऐतिहासिक पार्श्व एवं महत्ता, रीति–रिवाज, आचार–विचार, आमोद–प्रमोद, जीवन, संस्कृति, स्थल माहात्म्य से यात्रा विवरण साकार होता है। उसमें आत्मीयता, लेखकीय व्यक्तित्व, कल्पना प्रवणता, चित्रात्मकता, रोचकता जैसे गुण, तत्त्वों से यात्रा वृत्तांत पठनीय बनता है। भाषा, शैली, उद्‌देश्य, शीर्षक, देश, काल एवं वातावरण भी उसके अंग होते हैं।

1. http://www.srijangatha.com–

'सृजनगाथा' वेबसाइट पर दो यात्रा–वृत्तांत अनुसंधान की कालसीमा में (सन् 2010) प्रकाशित हुए। उसमें से एक है, 'सबसे बड़ा कैनवास'। इसे डॉ. रति सक्सेना ने लिखा है। यह नॉर्वे की यात्रा का वृत्त है। 'कृत्या' पत्रिका का 2008 का अंक 'इतालवी विशेषांक' था। उसमें कवयित्री, लेखिका डॉ. रति की कविता फैदरिको ने इतालवी में अनूदित की थी। उसे पढ़कर 'Poesia Presente' का उन्हें मोंजा (इटली) के काव्योत्सव में हिस्सा लेने का निमंत्रण प्राप्त हुआ। उसके अनुसार कवयित्री इटली गई थी। वहाँ देश–विदेश के कवि–कवयित्री आए थे। डॉ. रति की मुलाकात उस काव्योत्सव में नॉर्वे की ओदवे तथा वियना के पीटर से हुई। इटली जाते समय ही यूरोप की यात्रा की योजना डॉ.रति सक्सेना ने बनाई थी। उसके अनुसार वह नॉर्वे गई थी। 'सबसे बड़ा कैनवास' उसी यात्रा का विवरण है।

लेखिका हवाई जहाज से नॉर्वे के शहर स्तवांगर के सोला हवाई अड्डे पर उतरी। कवयित्री आदवे ने पति बायन के साथ उसका स्वागत किया। लेखिका ओदवे के घर ही रुकी थी। उससे उन्हें नॉर्वे की संस्कृति का पता चला। नॉर्वे निवास के दौरान लेखिका ने उनके राष्ट्रीय दिवस (17 मई), सांस्कृतिक समारोह, काव्य सम्मेलन, राजकीय भोज आदि में हिस्सा लिया। वहाँ के इंटरनेशनल हाउस में उन्हें वैश्विकता का संयुक्त रूप देखने को मिला। वहाँ की ईसाई संस्कृति उन्होंने देखी। नॉर्वे के प्रकृति सौंदर्य का जायजा डॉ. रति सक्सेना ने अपनी वहाँ की विभिन्न स्थलों की यात्रा में लिया। खान–पान, पोशाक, शिष्टाचार, सभ्यता से वे प्रभावित हुईं। उन्होंने वहाँ की यूनिवर्सिटी से शिक्षा का अंदाज लिया। नॉर्वे में सर्वत्र समृद्धि है। देहातों में भेड़–बकरी पालते हैं। अतिथि आदर उनकी संस्कृति है। वेशभूषा के प्रति यहाँ के लोग सतर्क होते हैं। स्तवांगर, बर्गन जैसे बड़े शहर देश की शक्ल हैं।

इस यात्रा वृत्त से हमें नॉर्वे के साहित्य, संस्कृति का पता चलता है। लेखिका की आत्मीयता का इसमें प्रतिबिंब है। लेखिका ने इसे भारत की तुलना में प्रकाशित किया है। लेखिका का निरीक्षण सूक्ष्म है। इसकी भाषा साहित्यिक है। प्रस्तुत यात्रा वृत्त की शैली में वर्णन और विश्लेषण का समाहार है। यह वर्णन रोचक है। वहाँ के दीर्घ दिन का अनुभव अविस्मरणीय है। नॉर्वे की संस्कृति का परिचय इसका लक्ष्य है। यह एक पठनीय वृत्तांत है।

अनुराग शर्मा का लिखा यात्रा विवरण है 'एक तीर्थयात्रा जापान में'। जापानी दंतकथा के अनुसार हजारों वर्ष पहले एक देवी ने जापान के फूजी और स्कूबा पर्वत के बीच अवतरने की इच्छा व्यक्त की। उस देवी के अवतरण के बाद श्रीमती इजानामी और श्री इजानामी दंपती का निवास हुआ। आज का जापान उस दंपती का विस्तारित परिवार है। लेखक ने जापान पहुँचने पर टैक्सी से स्कूबा सान का रुख किया। वहाँ उसने इजानामी देवी मठ की यात्रा की। लकड़ी

के बने हुए छोटे–से मठ पर सुनहरी धातु का काम है। स्कूबा सान का मुख्य मठ काफी निचाई पर समतल जगह पर बना हुआ है। शिखरों पर बने मठों के मुकाबले यह काफी बड़ा और भव्य है। यहाँ नव दंपती पारंपरिक वेशभूषा में देवी का आशीर्वाद लेने आते हैं। यह मंदिर प्राचीन माना जाता है। यह एक साधारण–सा यात्रा वृत्त है। जापान के एक ही अंग का दर्शन कराने वाला यह वृत्त एक स्थल विशेष का वर्णन भर है। यहाँ यात्रा वृत्तकार ने जापानी मठ–मंदिरों का सांस्कृतिक महत्त्व एवं उनकी दंतकथाओं की पार्श्वभूमि स्पष्ट की है। वर्णन में व्यक्ति प्रभाव की गुंजाइश कम रही है। विवरण में चित्रात्मक शैली का प्रयोग है। यात्रा विवरण का शीर्षक विषयाधारित एवं सरल है।

इस वेबसाइट के दोनों यात्रावृत्त विदेशी हैं।

2. http://www.garbhanal.com–

मई 2010 से लेकर नवंबर 2010 तक सात किस्तों में क्रमश: अपनी अमरीका यात्रा का वर्णन करते ज्ञान कृष्ण भट्ट्ट ने वृत्तांत लिखा है। हर किस्त का शीर्षक अलग–अलग है। 'लखनऊ से अमरिका', 'शिक्षा का अनूठा मंदिर', 'आसमान की बुलंदियों का शहर शिकागो', 'नियाग्रा जलप्रपात', 'रोचेस्टर शहर' तथा अंतिम किस्त में 'न्यूयार्क शहर' जैसे भागों में यह यात्रावृत्त विभाजित है। सारी किस्तों में जगह–जगह पर चित्रों के प्रयोग से यह यात्रावृत्तांत सजीव एवं दृश्यमान हो गया है। लेखक व्यवसाय से अभियंता है। उसकी यात्रा में एवं लेखन पद्धति में अनुशासन है। हर किस्त को पढ़ते हुए यह ज्ञात होता है कि लेखक ने प्रत्येक स्थल के इतिहास, भूगोल, परंपरा आदि का पूर्व अध्ययन किया है।

मई 2010 में प्रकाशित पहली किस्त में लखनऊ से अमरीका तक की रेल एवं हवाई यात्रा का वृत्तांत लिखा गया है।

दूसरी किस्त में विस्कॉन्सिन प्रदेश के मिलवॉकी तथा ओजाकी शहर की यात्रा का विवरण है। यह प्रदेश मिशिगन लेक के किनारे बसा है। इस प्रदेश में 72 काउंटी हैं। मिलवॉकी काउंटी की स्थापना 1834 ईसवी में हुई थी। यहाँ लेखक जहाँ ठहरा था, उसकी रचना मनोरम बेसमेंट, सेंट्रल हिटिंग एवं एयर कंडिशनिंग सिस्टम से युक्त थी। नाम कॉटेज होकर भी घर सुविधापूर्ण एवं सुरुचि से सजाया था। चित्रों से युक्त प्रस्तुत आलेख में उसके अलग वर्णन की आवश्यकता नहीं रही है। वहाँ सब वॉलमार्ट मॉल से माल आता है। इससे मेहनत और समय की बचत होती है। रिहाइशी के इलाके में पार्क सुविधाएँ सर्वत्र हैं। हर आने–जाने वाला एक–दूसरे को विश करता है। खेलकूद, रंजन की सुविधाएँ सर्वत्र रहती हैं।

तीसरी किस्त में परड्यू विश्वविद्यालय, उसका कैंपस, शिक्षा सुविधाएँ, विभाग, भोजन, निवास प्रबंध, यातायात, रेलवे, रास्ते, बसरूट, मोटेल्स, लैब, लाइब्रेरी, सबका विस्तृत वर्णन होने से यह 'आँखों देखा हाल' बन गया है। लेखक ने बड़े विस्तार से सारी सुविधाएँ स्पष्ट की हैं।

चौथी किस्त शिकागो शहर के लिए समर्पित है। इसमें शहर की सांख्यिकी जानकारी आरंभ में ही प्रस्तुत कर लेखक ने उसकी भव्यता प्रस्तुत की है। इस शहर के औद्योगिक, नागरिक, व्यापार विकास की चौंकाने वाली जानकारी यात्रा वृत्तकार बड़ी सूक्ष्मता से बताता है। शिकागो हवादार शहर है। मनोरंजन की यहाँ वैविध्यपूर्ण सुविधाएँ हैं। यहाँ नदी, नौकाविहार, होटल्स

आदि सुविधा से यह आमोद–प्रमोद का शहर बन गया है। बहुमंजिली इमारतें, पुल, रास्ते इस शहर का मुख्य आकर्षण हैं। सियर्स टॉवर, मिलेनियम पार्क का वर्णन अमरीका जाने के लिए उकसाता है।

पाँचवीं किस्त में 'नियाग्रा जलप्रपात' (नायगरा) की सैर का विवरण है। इस प्रपात की भौगोलिक–प्राकृतिक जानकारी के साथ सुषमा का वर्णन है। अमरीका के पाँच टाइम जोंस का इसमें वर्णन है। नियाग्रा प्रपात, ऐरी लेक, बुफैलो शहर आदि का भी इसमें विवरण है।

छठी किस्त रोचेस्टर शहर की यात्रा कराती है। इसका इतिहास, भौगोलिक स्थिति, विकास का आलेख इस यात्रा विवरण में है। रोचेस्टर मेडिकल सेंटर की विस्तृत जानकारी से यह वृत्तांत व्याप्त है।

अंतिम किस्त में हम न्यूयॉर्क का सफर करते हैं। यह वर्णन शिकागो जैसा ही है। वर्ल्ड ट्रेड सेंटर के पुनर्निर्माण की रोचक जानकारी हम यहाँ पाते हैं। एम्पायर स्टेट बिल्डिंग का संस्मरण रोचक है।

इस प्रकार यह यात्रावृत्तांत अधिकांश अमरीका का इतिहास, भूगोल, स्थान विशेष का महत्त्व समझाता वहाँ के विकास और संस्कृति का चक्कर करवाकर अमरीका को रू–ब–रू कराता है। इस यात्रावृत्त की भाषा सरल है। इसकी शैली विवरण की है। इसका लक्ष्य अमरीका परिचय है। इसके किस्तों के शीर्षक समुचित हैं। यह अमरीका का 'आँखों देखा हाल' है।

निष्कर्ष – 'सृजनगाथा' तथा 'गर्भनाल' वेबसाइट्स पर कुल 10 एक यात्रा वृत्तांत प्रकाशित हुए हैं। वे सारे विदेश यात्राओं पर आधारित हैं। नॉर्वे, जापान तथा अमरीका का उनमें वर्णन है। प्रकृति, तीर्थस्थल तथा शहरों का उनमें वृत्तांत है। उन देशों की संस्कृति, प्राचीन विरासत तथा आधुनिक विकास का परिचय करा देना इन यात्रा वृत्तों का लक्ष्य रहा है। इनकी शैली वर्णन की है। भारतवर्ष के संदर्भ में ये यात्रावृत्त लिखे जाने के कारण लेखकों के सुप्त मन में तुलना का भाव है। भारत को वहाँ उस विकास तक ले जाने की भी उसके पीछे कांक्षा है। यात्रा विवरणों की भाषा सुबोध एवं सरल है। उनके शीर्षक समुचित हैं।

4.4.6 संस्मरण –

कथा साहित्य से अलग पहचान होने वाली परंतु आत्मकथा तथा जीवनी के करीब जाने वाली विधा के रूप में संस्मरण का साहित्य में असाधारण महत्त्व है। मनुष्य स्मृति के वरदान को लेकर जन्म लेता है। स्मृतियाँ दो तरह की होती हैं–स्मरणीय एवं विस्मरणीय। जीवन के खट्टे–मीठे अनुभवों की ये स्मृतियाँ...भुलाए नहीं भूलतीं। फिर आदमी तसल्ली पाने के लिए, मन की घुटन को दूर करने के लिए ये स्मृतियाँ कागज पर उतार देता है, उससे ही संस्मरण बनते हैं।

संस्मरण लघुकाय साहित्य विधा है। डॉ. भगवान दास वर्मा के शब्दों में यदि कहा जाए तो, "संस्मरण साहित्य की अपनी खास मुद्रा होती है। उसमें आत्मकथा की वैयक्तिकता, जीवनी की तटस्थता, रेखाचित्र का विवरण, डायरी का समय बोध, इंटरव्यू की नाटकीयता सभी इकट्ठे हो जाते हैं।"[1] संस्मरण में साहित्य और इतिहास का मेल होता है। पाश्चात्य साहित्य विधाओं

1. संस्मरण और संस्मरणकार–डॉ. मनोरमा शर्मा के फ्लैप से उद्धृत

में से Memories का यह हिंदी संस्करण है। संस्मरण सम+स्मृ-ल्युट(अण) से बना है। इस व्युत्पत्ति के अनुसार संस्मरण सुखद स्मृति होती है। परंतु आजकल सभी तरह की स्मृतियों का अंतर्भाव संस्मरण में होता है। अनेक कोशों में तथा समीक्षक, साहित्यकारों ने संस्मरण को व्याख्यायित करने का प्रयास किया है। पर संस्मरण का विशेष अध्ययन करने वाली अध्येता डॉ. मनोरमा शर्मा ने इसे परिभाषित करते हुए इसके समग्र रूप को शब्दायित किया है। उनके अनुसार "संस्मरण में लेखक किसी ऐसी घटना, स्थल, व्यक्ति से संबंधित निजी अनुभूति की स्मृति को साकारता प्रदान करता है, जो अंदर ही अंदर उसके मन को कुरेदती रहती है और अभिव्यक्ति के लिए उसके मन-प्राण को उद्वेलित करती रहती है।"[2] संस्मरण में वर्ण्य विषय, चरित्र-चित्रण, देश, काल और वातावरण, उद्देश्य, भाषा-शैली, अतीत जैसे तत्त्व हुआ करते हैं। संस्मरण आत्मपरक, निबंध, डायरी, पत्र, तरंग, वर्णन, संवाद, संबोधन, चित्र, व्यंजक, स्वच्छंद, ललित जैसी विभिन्न शैलियों में लिखा जाता है। जीवनी, यात्रा, इतिहास, व्यंग्य, यथार्थ आदि रूप में भी वह लिखा जाता है और उसके अनुसार उसके भेद होते हैं। आधुनिक काल में इलाचंद्र जोशी, शिवरानी देवी, महादेवी, यशपाल, अज्ञेय, श्रीराम शर्मा, रामवृक्ष बेनीपुरी, राहुल सांस्कृत्यायन, भदंत आनंद कौसल्यायन, अमृतलाल नागर, जैनेंद्रकुमार आदि साहित्यकारों के लिखे संस्मरण मशहूर हैं। यही परंपरा अंतर्जालीय साहित्य में भी देखने को मिलती है।

1. http://rachanakar.blogpost.com–

अनुसंधान काल में 'रचनाकार' वेबसाइट पर कुल चार-पाँच ही संस्मरण प्रकाशित हुए, पर वे विषय, शैली दोनो दृष्टि से वैविध्यपूर्ण रहे।

उसमें से बैंकिंग के बदलते हालातों का वर्णन करने वाला संस्मरण वीरेंद्र जैन का लिखा है। उसका शीर्षक है 'बैंकिंग जैसी जरूरी सेवा में मानवीय संबंध बदले'। सन् 1970 के करीब निजी बैकों का राष्ट्रीयकरण हुआ। पहले बैंक्स टाटा, बिड़ला, सिंघानिया जैसे औद्योगिक परिवार द्वारा चलाई जाती थी। राष्ट्रीयकरण के बाद अनेक छोटे-छोटे बैंकों का विलय हुआ। राष्ट्रीयकरण के बाद बैंकों का रुख बदला। ये बैंक्स पहले संभ्रांत वर्ग की सेवा में जुटे थे। अब वह मध्यम वर्ग, नौकरीशुदा कर्मचारी, किसान, मजदूर, लघुउद्योग, पिछडी जाति के कल्याण में समर्पित हुई। कर्मचारियों का वेतनमान बढ़ा। हक आए, पर उनका कर्तव्यपरायण होना भूलता-सा गया। बैंकों में मशीनें आईं तो मनुष्य भी मशीन बने। इन सबका लेखा-जोखा वीरेंद्र जैन ने स्वानुभव के आधार पर बतौर चशमदीद गवाह के रूप में लिखा है। इससे पिछले पचास वर्षों के बैंकिंग व्यवसाय में आए विभिन्न परिवर्तनों का एक परिदृश्य प्रस्तुत संस्मरण हमारे सामने उपस्थित करता है। इसमें ग्राहक और कर्मचारियों का चरित्र चित्रण है। सन् 1970 के बाद के बैंकिंग व्यवसाय के राष्ट्रीय माहौल को यह संस्मरण शब्दबद्ध करता है। वर्णनपरक शैली में लिखे इस संस्मरण में बदलते हालात की चिकित्सा, समीक्षा है। इसमें अतीत की पृष्ठभूमि में वर्तमान को प्रस्तुत किया है। यह एक तरह की आत्मानुभूति की अभिव्यक्ति है। शीर्षक लंबा परंतु अर्थवाही है।

---

1. वही-पृ. 14-15

'प्राकृतिक सौंदर्य का प्रतिमान – सिक्किम' डॉ. राजेश कुमार मिश्र का लिखा संस्मरण है। इसमें उन्होंने सिक्किम के प्राकृतिक सौंदर्य का नजारा चित्रबद्ध किया है। सिक्किम का मशहूर झील है गुरुडोंगमार! मन को अह्लादित करने की क्षमता रखने वाला यह झील प्रकृति का विराट रूप है। इसके इर्द-गिर्द साँगू झील, सिटी न्यू पॉइंट, गणपति टोक जैसे सुंदर स्थल हैं, जो सैलानियों को अपनी ओर खींचते हैं। यहाँ की आबोहवा बेहद खुशनुमा है। बर्फ-वृष्टि के समय तो यहाँ का नजारा स्विट्जरलैंड से कम नहीं होता। याक की सवारी कौन भूल पाएगा? बर्फ की फुहारें तो भूलाए नहीं भूलती। डॉ. मिश्र ने इस संस्मरण में आर्चिड गेस्ट हाउस, कंचनजंघा शिखर, झूलने वाला पुल, विद्युत परियोजना सबकी प्रासंगिक स्मृतियाँ, दृश्य आदि चित्रित कर सिक्किम की सुषमा को एक चलत चित्र बना दिया है। सिक्किम की प्राकृतिक विरासत चित्रित करना इस संस्मरण का विषय एवं लक्ष्य रहा है। सिक्किम प्रदेश, संस्कृति, सभ्यता, संस्कार सबको इसमें सजीव करने का इस संस्मरण का प्रयास रहा है। मौसम के बदलते मिजाजों के चित्रण से डॉ. मिश्र की भाषा क्षमता का अंदाज हो आता है। संस्मरण की शैली विवरणात्मक है। शीर्षक लंबा है। वह काव्यात्मक होता तो अच्छा रहता।

संजय जनागल का लिखा संस्मरण 'यादवेंद्र शर्मा 'चंद्र'' निराशाजनक है। इसमें उनसे हुई मुलाकात के प्रसंग का बयान है, पर उससे यादवेंद्र शर्मा की कोई भी जानकारी, विशेषता हासिल नहीं होती।

'जब कर्जदार दरवाजे पर खड़ा था' हरेंद्र का लिखा व्यक्तिगत जीवन संघर्ष है। इसमें उन्होंने अपनी तंगहाल जिंदगी में साहूकार के सताने, धमकी देने, तकाजा करने की पृष्ठभूमि में परिवार के सदस्यों पर उन दिनों क्या गुजरती थी, उसका हृदयद्रावक वर्णन किया है।

यशवंत कोठारी अंतर्जाल की विभिन्न वेबसाइट्स पर व्यंग्य लिखने वाले मशहूर लेखक हैं। अपनी षष्टिपूर्ति के बहाने उन्होंने स्वयं के लेखन एवं जीवन की यात्रा को संस्मरण के रूप में पेश किया है। यशवंत कोठारी व्यवसाय से रसायनशास्त्री थे। आयुर्वेद पर आपने बहुत लिखा है। आप प्राध्यापक भी रह चुके हैं। आपका लेखन सर्वप्रथम 'धर्मयुग' में प्रकाशित हुआ था। उस समय लेखक इतना मासूम था कि उसने अन्य प्रतियाँ खरीदकर देखा था कि उसमें भी रचना छपी है या नहीं। आज चालीस ग्रंथों के लेखक होने वाले यशवंत कोठारी उन दिनों विभिन्न पत्र-पत्रिकाओं में लिखते थे। संपर्क क्रांति के वर्तमान दौर में वे 'कागज-कलम' छोड़कर की बोर्ड, कंप्यूटर, माउस, स्क्रीन के भक्त बने हैं। इससे उनके आधुनिक होने का पता चलता है। आगे चलकर वे पत्रिका के संपादक बने। उनके लिए लेखन लत है, नशा है। राजनीति की अपेक्षा जीवन और साहित्य ही आपकी रुचि के विषय रहे हैं। व्यंग्य प्रिय विधा रही है आपकी। आपने स्तंभ लेखन भी किया है। आज पत्रकारिता के क्षेत्र में विज्ञापन के सामने लेखक, संपादक छोटा होने का गम उन्होंने इस संस्मरण में व्यक्त किया है। इससे उनके चिंतनशील होने का पता चलता है। अनुवाद, समीक्षा की अपेक्षा मौलिक लिखना आपकी पहली पसंद रही है। यह उनका आत्मकथनात्मक साहित्यिक संस्मरण है। इसमें लेखक ने अपने लेखन के उद्भव और विकास का आलेख (Graph) खींचा है। संस्मरण की भाषा प्रौढ़, विचारशील है। लेखन विकास के स्थान, बदलती स्थिति का भाष्य एवं चित्रण करना इस संस्मरण का लक्ष्य है। 'मेरी षष्टिपूर्ति : बकलम खुद' शीर्षक से कथा और कथ्य दोनों एक साथ स्पष्ट हुए हैं। प्रैक्टिकल होते जमाने का यह संस्मरण 'क्रिटिकल रिव्यू' बन गया है।

निष्कर्ष – इस वेबसाइट के संस्मरण बैंकिंग, प्रकृति, जीवन जैसे वैविध्यपूर्ण विषयों पर आधारित है। उसमें सामाजिकता का खयाल रखा गया है। ये संस्मरण विवरण शैली में शब्दबद्ध किए हैं। कुछ संस्मरण निराश भी करते हैं। इनके शीर्षक संक्षिप्त एवं अर्थवादी हैं। ये आत्मानुभूत जीवन को प्रकट करते हैं। इनमें सिंहावलोकन का भाव है। ये संस्मरण शिक्षाप्रद हुए हैं। वे पठनीय भी हैं।

2. http://www.anubhuti-hindi.org–

इस वेबसाइट पर सन् 2010 में लगभग छह–सात संस्मरण प्रकाशित हुए। उसमें से प्रो. कुँवर पाल सिंह का उपन्यासकार राही मासूम रजा पर लिखा संस्मरण 'मेरी यादों के प्याले में भरो फिर कोई मय' बेहद काव्यात्मक एवं स्तरीय बना है। राही जब अलीगढ़ आए, तब वे मशहूर शायर बने थे। वे दोस्तीपसंद शख्स थे। यूनिवर्सिटी में उन्हें कभी किसी ने अकेले नहीं देखा। वे उन दिनों अपने बड़े भाई यूनिस रजा के साथ रहते थे। रजा बोलने में बेबाक थे। मन की बात साफ और खुलकर कहते थे। तभी तो उन्हें 'उर्दू का बायरन' माना जाता था। उर्दू गजल में कुछ काल तक उनका एकाधिकार था। वे किशोरावस्था से ही वामपंथी थे और तरक्कीपसंद भी ! सन् 1957 में वे अलीगढ़ विश्वविद्यालय आए। तब से वे स्टूडेंट फेडरेशन में सक्रिय थे। इसी सिलसिले में संस्मरणकार से उनकी पहली मुलाकात हुई। उन दिनों वे नाटक, काव्य के माध्यम से संकीर्णता, कुरीतियों, अंधविश्वास, अन्याय के विरुद्ध लोगों को जागृत् करते थे। जावेद कमाल नामक दोस्त की कैंटीन में उनका अड्डा होता था। सन् 1966 में वे मुंबई चले गए। उन्होंने 'आधा गाँव' उपन्यास सन् 1962 से 1964 के करीब लिखा। उन दिनों संस्मरणकार के साथ इस पर विवाद, चर्चा होती रहती थी। 'आधा गाँव' का फुन्नत मियाँ संस्मरणकार की गवाही में पला–बढ़ा। प्रकाशकों की राजनीति के कारण वे साहित्य अकादमी पुरस्कार से चूके जरूर, पर बी.आर. चोपड़ा की टी.वी. सीरियल 'महाभारत' की पटकथा एवं संवाद लिखकर उन्होंने अपने भाषाधिकार को सिद्ध किया। राही मासूम रजा कुछ दिन प्राध्यापक भी बने रहे। सिनेमा को साहित्य का अंग बनाए जाने के वे हिमायती थे। सन् 1991 में वे अंतिम बार अलीगढ़ आए थे। इस प्रकार प्रो. कुँवरपाल सिंह ने इस बहाने अपने साहित्यकार मित्र के अंतरंग संस्मरण पेश कर रजा को समूर्त किया है। मित्र के साथ बिताए क्षणों को ताजा करना इस संस्मरण का मकसद था, जो कामयाब रहा। रजा को समझने, उनके व्यक्तित्व का परिचय देने में यह संस्मरण उपयोगी सिद्ध हुआ है। यह व्यक्तिकेंद्रित, आत्मीयता से लिखा संस्मरण है। चरित्र नायक का व्यक्तित्व...विशेषकर आंतरिक, वृत्तिगत, विचारगत रूप में चित्रित करने का संस्मरणकार का रुझान प्रभावी रहा है। साठोत्तरी काल के अलीगढ़ विश्वविद्यालय का देश, काल और वातावरण यहाँ सजीव हो उठा है। संस्मरण की भाषा सीधी, बोलचाल की है। संस्मरण की शैली विवरणपरक है। शीर्षक भावुक और काव्यात्मक है। यह संस्मरण हिंदी के श्रेष्ठ संस्मरणों में इसलिए शुमार होगा कि इसमें एक तरह का अपनापन आरंभ से अंत तक बना रहता है।

आशीष संन्याल ने बांग्ला क्रांतिकारी कवि काजी नजरुल इस्लाम पर लिखा संस्मरण भी पठनीय है। 'तूफान हूँ मैं, आज़ाद रहूँगा' जैसे शीर्षक से ही वह पाठकों को पकड़ रखता है। यह एक जीवनीनुमा संस्मरण है और संस्मरणनुमा जिंदगी...आप इसे कुछ भी कह सकते हैं, संज्ञा दे

सकते हैं। इसमें हमें नजरुल एवं टैगोर की तुलना मिलती है। इस संस्मरण में आशीष संन्याल ने काजी नजरुल इस्लाम की अनेक काव्यपंक्तियों का प्रयोग कर उनके प्रखर राष्ट्रवादी विचार पर प्रकाश डाला है। इससे हमें कवि के तूफान, प्रलय, भूकंप, होने का पता चलता है। इससे हमें यह भी मालूम होता कि वे आम और अवाम के कवि थे। एक महान राष्ट्रीय कवि इस संस्मरण का नायक, चरित्र है। उनके व्यक्तित्व एवं कृतित्व पर इसमें प्रकाश डाला गया है। उनके जीवन, काव्य, योगदान की इसमें प्रशंसा है। इसकी भाषा काव्यात्मक है। इस संस्मरण को विवरण से साकार किया है। चरित्र नायक के ऐतिहासिक योगदान को इस संस्मरण में दोहराया गया है। इसका शीर्षक काव्यात्मक है। संस्मरण प्रेरक सिद्ध हुआ है।

'ऋतुगीत की खामोशी' अभिव्यक्ति वेबसाइट पर प्रकाशित बेहद संवेदनशील संस्मरण है। कमला निखुर्पा इसकी लेखिका हैं। यह एक कथात्मक शैली में लिखा संस्मरण है। उत्तरांचल पहाड़ों में बसा राज्य है। चिड़ियों की चहचहाहट यहाँ का स्पंदन है। मधुर गीत और ढोलक की थाप से यहाँ की वादियाँ, बस्तियाँ, बन, जंगल अकसर गूँजते नहीं थकते हैं। रुक्मा और देबू घर-आँगन जाकर ऋतुगीत गाते, नाचते हैं, तो श्रोता, दर्शक मोर हो उठते हैं। 'चाँदी की दवात...सोने की कलम' वाला गीत रुक्मा जब गाती है तो आँगन रोमांचित हो उठता है। कुमाऊ की घाटी में रुक्मा और देबू को कौन नहीं जानता? रुक्मा लेखिका के घर हफ्ते में एक-दो बार आती और गायन, नृत्य कर धान, मिर्च, तेल, नमक ले जाती थी। लोकगीत, लोकनृत्य, लोकसंगीत में माहिर देबू और रुक्मा ने इसका प्रशिक्षण भी पाया था। लेखिका रुक्मा के गीत सुनकर बड़ी होती गई पर रुक्मा का गीत—वसंत न फूला, न फला। पता करने पर मालूम हुआ कि रुक्मा की शादी हुई और उसका गाना-नाचना ठहर-सा गया। वह संसार की काल-कोठरी के अँधेरे में आवाज...गति...लय खो बैठी। अब उन पुरानी स्मृतियों से भी परहेज है उसे! पारंपरिक ऋतुगीत खामोश हुआ...सदा-सदा के लिए! लोक कलाकार की यह शोकात्म गाथा हमारे अकलात्मक समाज जीवन की निशानी है। लेखिका ने रुक्मा को अमर किया, उसकी कला से और पीड़ा से भी। चूड़ियाँ बेचकर दिन गुजारने वाली आज की रुक्मा...पर उसकी चूड़ियाँ...चूड़ियों की खनखनाहट कब की खो बैठी इसका पता नहीं। इसकी औपचारिक समीक्षा असंभव है।

'मेरा न्यायाधीश' रेखाचित्रात्मक और कथात्मक संस्मरण है। इसमें एक तरह की भावुकता, कलात्मकता और काव्यात्मकता भी है। अचला दीप्ति कुमार ने इसे चित्रित किया है। लेखिका अध्यापिका थी...स्कूल में। उसके स्कूल में डेविड पढ़ता था। मतिमंद था वह पढ़ने में। अत: शरारत, शिकायत उसके लिए रोज की बात थी। उसे स्कूल से निकाला ही जाने वाला था। पर प्रिंसिपल की सदाशयता से वह बच पाया। प्रधानाचार्य ने डेविड को लेखिका को गोद दिया। तीन वर्षों के लिए। वरदान दिया...डेविड के समझदार होने तक उसकी कक्षा वही सँभालेगी...करीबन तीन वर्ष। दो वर्षों में ही डेविड का कायाकल्प हुआ। टीचर के प्रॉमिस के कारण। पर डेविड के नॉर्मल होते ही क्लास टीचर बदल दिए जाते हैं। इससे डेविड को गुस्सा आता है...तिसरी कक्षा तक टीचर न बदलने का प्रॉमिस टूटा...डेविड भी टूटा...फिर उसे बिहेवियर मॉडिफिकेशन क्लास में भेजा गया। डेविड के विश्वास को ठेंस पहुँचाने से कुमार टीचर आहत, बेचैन थी। उसका अपराधबोध उसे खाए जा रहा था। वह चाहती थी कि उसकी सजा उसका न्यायाधीश डेविड ही तय करेगा। पर यह होना नहीं था। गुरु-शिष्य दोनों प्रिंसिपल द्वारा

न दी गई, अघोषित सजा आजीवन भुगतते रहे। एक अध्यापिका का अपने छात्र का यह संस्मरण किसी महाकाव्य से कम नहीं है। यह संस्मरण मतिमंद बालकों को विशेष शिक्षा, ध्यान देने, व्यवहार करने के प्रति हमें सजग, प्रबुद्ध करता है। डेविड को पढ़ते समय महादेवी का 'घीसा'[1] याद आए बिना नहीं रहता। मतिमंद छात्रों की समाजीकरण तथा शिक्षा व्यवहार की समस्या का चित्रण प्रस्तुत संस्मरण का लक्ष्य है। यह संस्मरण मात्र समस्या उद्‌घाटन से संतुष्ट नहीं होता। वह उपाय भी सुझाता है। अध्यापक की छात्रों के प्रति होने वाली संवेदना एवं प्रतिबद्धता के दर्शन इस संस्मरण से होते हैं। यह संस्मरण डेविड का चरित्र और उसका जीवन प्रस्तुत करता है। ऐसे बच्चों के सुधारगृह (ग्रुप होम), पालक गृह (फॉस्टर केयर होम) की ओर भी वह हमारा ध्यान आकर्षित करता है। यह संस्मरण हमें समझाता है कि मेधावी या उद्‌दंड छात्रों की ओर ही ध्यान देने का रिवाज बदलकर हमें विशेष बच्चों की ओर ध्यान देना हमारा सामाजिक दायित्व बनता है। संस्मरण की भाषा संवेदी है। इसकी शैली मनोविश्लेषणात्मक है। इसका शीर्षक सूचक है। चरित्र-चित्रण प्रसंग के जरिए किया है। स्कूल का वातावरण स्वाभाविक है। संवाद और स्वगत दोनों का सुंदर समन्वय है इस संस्मरण में! यह एक अविस्मरणीय संस्मरण बना है।

संस्मरणकार शशि पाधा सेनाधिकारी की पत्नी है। नौकरी में जो तबादले होते हैं, उनमें से उनका एक तबादला भारत-पाकिस्तान की सीमा पर बसे छम्ब सेक्टर में होता है। वहाँ का माहौल, सैनिकी अनुशासन और जनजीवन, सीमा संकल्पना आदि को लेकर लिखा उनका संस्मरण है, 'एक नदी, एक पुल'। लेखिका पति के साथ 35 वर्ष विभिन्न कैंपों, कॉलोनियों, सेना शिविरों से गुजरती एक समय भारत-पाक की अंतर्राष्ट्रीय सीमा होने वाले छंब में जा पहुँचती है, तो देखती क्या है...भारत-पाक लाइन ऑफ कंट्रोल के दोनों तरफ सैनिक छावनियाँ थीं, वैसे वहाँ के लोगों की बस्ती, खेत, खलिहान, आवाजाही सब ऐसा कि विश्वास नहीं होता था कि यह दो राष्ट्रों की सीमा है। शांति काल में सर्वत्र सामान्य जीवन था। दिवाली आई, तो भारतीय सैनिक पाक सैनिकों को मिठाइयाँ बाँटते थकते नहीं थे। सीमा सुरक्षा का मुआइना करने के लिए उनमें नियमित रूप से फ्लैग मीटिंगें हुआ करती हैं। यहाँ के अधिकारी वहाँ जाते हैं, वहाँ के यहाँ। ऐसी ही एक मीटिंग के बहाने लेखिका मनाव्वर नदी के एक पुल को पार कर पाकिस्तान की सीमा में जाती है। 'पुल के हमारी ओर हमारी निरीक्षण चौकी थी और दूसरे छोर पर पाकिस्तान की निरीक्षण चौकी।' बीच में नदी स्वच्छंद बहती देखकर लेखिका के मन में प्रश्न आता है... 'क्या पुल तोड़ देने से बहती नदी बँट सकती है?' 'कोई भी दीवार, कँटीला तार, गड़ा हुआ लकड़ी का खंबा क्या किसी देश, सीमा, जीवन, प्रकृति, संबंधों को बाँट सकता है?' 'फिर युद्ध क्यों?' लेखिका का यह प्रश्न पाठक को सीमा संकल्पना, मनुष्य संबंध, राष्ट्रीयता, जमीन-देश का बँटवारा आदि प्रश्नों पर नए सिरे से सोचने के लिए बाध्य करता है। यही इस संस्मरण की सफलता समझी जानी चाहिए। इस संस्मरण का विषय अनूठा होने से पाठक जिज्ञासा से उसे पढ़ता है। सैनिक और नागरिक जीवन के अंतर का यहाँ का चित्रण रोचक है। सीमा क्षेत्रों का जनजीवन, चहल-पहल, सेना अनुशासन, वहाँ की कानून व्यवस्था सबसे सीमा क्षेत्र का बना हुआ माहौल रोंगटे खड़े कर देता है। संस्मरण की भाषा संयत होकर भी सैनिकों में शांति के समय सद्‌भाव के जो दर्शन यह संस्मरण करता है, उससे संस्मरण का अंतिम प्रश्न, 'फिर युद्ध क्यों?' हर पाठक के

1. अतीत के चलचित्र-पृ. 61

मन में भी उत्पन्न होता है। एक तरह से यह संस्मरण मनुष्य की युद्ध, दुश्मनी जैसी समस्याओं पर परोक्ष रूप से किया गया व्यंग्य ही है। संस्मरण का शीर्षक मार्मिक, अंतर्मुख करने वाला है। सीमा रेखा भौतिक बाद में होती है, पहले वह जेहन में निर्मित होती है!

डॉ. शेरजंग गर्ग का 'एक था टी हाउस' उत्तर भारत की कॉफी हाउस की साहित्यिक संस्कृति के दर्शन कराता है। दिल्ली, लखनऊ, चंडीगढ़, कानपुर जैसे शहरों में एक कॉफी हाउस होता है, जहाँ महानगर के सारे कवि, साहित्यकार, कलाकार, पत्रकार, संपादक आदि का हर दिन शाम के समय जमावड़ा होता है। यह एक दूसरे की खैरियत, हलचल, शोक, समाधान, अभिनंदन आदि जानने-समझने और उसमें साझीदार होने की संस्कृति है। डॉ. शेरजंग गर्ग ने दिल्ली के कनाट प्लेस स्थित खादी ग्रामोद्योग, रीगल, स्टैंडर्ड गैलार्ड के पास होने वाले परंतु अब न रहे 'टी हाउस' की स्मृतियाँ इस संस्मरण में पिरोई हैं। सन् उन्नीस सौ साठ के दरमियान यह टी हाउस अपनी जवानी में था। उन दिनों 'सरिता', 'सारिका', 'जनसत्ता', 'नवभारत', 'दिनमान' के लेखक, पत्रकार, संपादक इस टी हाउस में जमा होकर समकालीन विषय, समस्याओं, प्रसंगों पर अपना मंतव्य, मत, प्रतिक्रिया देते शहर को जीवंत रखते थे। इन दिनों रामावतार त्यागी, रमानाथ अवस्थी, भीमसेन त्यागी, दूधनाथ सिंह, बच्चन, चंद्रगुप्त विद्यालंकार, मोहन राकेश, भारत भूषण अग्रवाल, बालस्वरूप राही जैसे कितने ही लोग यहाँ आते-जाते रहते थे। 'टी हाउस' के माहौल में आनंद, विस्मय और अठखेलियों की गरमी आ जाती।' शनिवार के दिन यहाँ भीड़ होती थी। कवि सम्मेलन, अभिनंदन समारोह, पुस्तक विमोचन से महानगर गतिशील होता था। उसमें विष्णू प्रभाकर, मुद्राराक्षस, अज्ञेय, राममनोहर लोहिया, पृथ्वीराज कपूर, जगदीश चतुर्वेदी शरीक होते थे। कभी-कभी प्रभाकर माचवे, विद्यानिवास मिश्र, रवींद्र कालिया दिखाई देते। टी हाउस साहित्य सम्मेलन से कम नहीं होता था। डॉ. शेरजंग गर्ग ने करीबन तीन दशकों की साहित्यिक हलचल, गतिविधियों पर प्रस्तुत इस संस्मरण से प्रकाश डाला है। इससे यह संस्मरण महानगर दिल्ली का बरसों का सांस्कृतिक इतिहास, लेखाजोखा, दस्तावेज-सा बन गया है। हिंदी साहित्य इतिहास में इस संस्मरण का अक्षुण्ण योगदान रहेगा। संस्मरणकार डॉ. शेरजंग गर्ग की स्मरणशक्ति दाद के काबिल है। उनका टी हाउस और वहाँ की हलचल से बनने वाला हमदर्दी भरा रिश्ता संस्मरण में व्यक्त हुआ है। उनका निरीक्षण उनकी सदाशयता की गवाही देता है। गुजरे जमाने की दास्तान उन्होंने संस्मरण के शीर्षक में भी प्रतिबिंबित की है। साहित्यकारों के चरित्र, वृत्ति, व्यवहार पर यह संस्मरण प्रकाश डालकर आज के टूटे समय में उसके पुनरुज्जीवन की आवश्यकता अधोरेखित करता है।

निष्कर्ष – अनुभूति वेबसाइट पर प्रकाशित संस्मरण अन्य वेबसाइट्स की तुलना में उल्लेखनीय है। एक तो वे नामीगिरामी व्यक्तियों से संबंधित हैं और दूसरे जो संस्मरण हैं उनमें संस्कृति, सेना और व्यक्तिगत कथात्मकता का भाव लेकर चलते हैं। राही मासूम रजा का संस्मरण उनके शायर होने की कालावधि को शब्दबद्ध करता है। बांग्ला क्रांतिकारी कवि काजी नजरुल इस्लाम पर लिखा संस्मरण उनके क्रांतिकारी व्यक्तित्व की प्रचिति देता है। इस वेबसाइट पर होने वाला 'ऋतुगीत की खामोशी' संस्मरण पहाड़ी प्रदेशों के लोकजीवन को दर्शाने वाला बहुत ही मार्मिक और भावुक संस्मरण है। इसमें नारी व्यथा है और पहाड़ी प्रदेशों में बसने वाले जनसाधारण व्यक्ति का जीवन संघर्ष। 'मेरा न्यायाधीश' शीर्षक संस्मरण तो अध्यापक और

छात्रों के बीच होने वाले भावों का द्वंद्व है और हार्दिक रिश्ता भी। 'एक था टी हाउस' सर्वसाधारण संस्मरण है।

3. http://www.srijangatha.com–

'सृजनगाथा' वेबसाइट पर लगभग पच्चीस संस्मरण अनुसंधान काल में प्रकाशित हुए। उसमें से 'सज़ायाफ्ता एक नेक दिल इंसान : मेरे पापा' शीर्षक संस्मरण सुधा अरोड़ा ने लिखा है। अपनी माँ पर भी उन्होंने इसी वेबसाइट पर एक और संस्मरण लिखा है। उसका शीर्षक है 'नी चीखों का महाप्राण'। दोनों संस्मरण अपने माता–पिता के प्रति कृतज्ञता है और भावभीनी श्रद्धांजलि भी।

पिताजी का जन्म विभाजनपूर्व काल में सन् 1921 में लाहौर के मच्छीहट्टा बाजार के कूचा–कागजेयाँ मुहल्ले की एक सँकरी गली में हुआ था। वे अपने परिवार के इकलौते बेटे थे। बाकी दो बहनें थीं। सनातन धर्म विद्यालय में प्राथमिक शिक्षा पूरी कर वे आर्य विद्यालय में चले गए। स्कॉटिश चर्च कॉलेज तथा सिटी कॉलेज से स्नातक बनें। बांग्ला, अंग्रेजी, उर्दू, हिंदी जैसी सभी भाषाओं पर उनका एक–सा अधिकार था। उनका अरेंज कम प्रेम विवाह हुआ। उनकी माँ कलकत्ता की थीं। पापा के अनेक मित्र साहित्यकार थे। राजेंद्र यादव, प्रभुदयाल अग्निहोत्री, कृष्णाचार्य, कमलाकांत द्विवेदी उनके आत्मीय थे। घर में साबुन की फैक्टरी थी। वेस्ट बेंगाल स्मॉल स्केल सोप मेकर्स इंडस्ट्रीज नाम था उसका। विवाह के पूर्व माता–पिता में प्रेमपत्र का लंबा सिलसिला था। पापा व्यवसाय में कम रमे। पापा स्वतंत्रतावादी थे। संतानों को उन्होंने आजादी दे रखी थी।

माँ को घर में बीजी कहा जाता था। संतानों के चेहरे पर माँ का ही अक्स था। माँ की जान संतानों में ही बसती थी। पाँच संतानों का परिवार वे अकेले चलाती थीं। छोटी उमर में ही उनकी शादी हुई थी। मेरी मौसी उसकी चहेती थी। हम सबके बढ़ते परिवारों को उन्होंने सहा, झेला।

इन दोनों के संस्मरण सुधा अरोड़ा ने आत्मीयता से लिखे हैं। इन संस्मरणों की यह विशेषता रही है कि वे लेखिका के माता–पिता की एक ओर संक्षिप्त जीवनी उभारते हैं, वहीं दूसरी ओर उनके त्याग–समर्पण की कथा भी सुनाते हैं। दोनों संस्मरणों में कृतज्ञता का भाव है। दोनों के स्वभाव और दोषों को भी चित्रित किया है। जैसे पिताजी अंतिम समय तक यथासंभव काम, जिम्मेदारी टालते रहते थे, पर ऐन मौके पर उसे अंजाम दिए बिना नहीं रहते। लेखिका पर पिताजी की इस छाया का होना संस्कार समझिए या प्रभाव। दोनों चरित्रों को यहाँ विस्तार से प्रस्तुत किया है। कभी वर्णन से तो कभी प्रसंगों से उनकी चारित्रिक विशेषताएँ अधोरेखित की हैं। दोनों के प्रति समभाव दिखाकर लेखिका ने अपनी प्रगल्भता दिखाई है। दोनों संस्मरणों के शीर्षक व्यवच्छेदक एवं समर्पक हैं। दोनों की भाषा भावुक है। ये संस्मरण पारिवारिक संबंधों, रिश्तों, माहौल आदि को सहजता से हमारे सामने रखते हैं। लेखिका का भाव उऋण होने का है।

नॉर्वे का एक समुंदर के किनारे पर बसा शहर है—बर्गन। उसकी स्मृतियों पर आधारित संस्मरण है, 'आसमान, पहाड़ और समन्दर'। उसे डॉ. रति सक्सेना ने लिखा है। नॉर्वे के दक्षिण में बसा शहर है बर्गन। यह इलाका समुद्र तट पर बसा पहाड़ी प्रदेश है। समुद्र और पहाड़ की सम्मिश्र खूबसूरती है यहाँ! एक ओर बहुमंजिली इमारतों का जंगल तो दूसरी तरफ दूर तर फैला स्वाधीन,

स्वतंत्र घरों का मैदान। यहाँ का मौसम साफ है। कॉफी हाउस, होटल्स, फैशन, साहित्य संस्थाएँ, शॉपिंग मॉल्स, मछली बाजर, बंदरगाह, सबसे भरा है बर्गन! अमेरिकन संस्कृति का प्रभाव है यहाँ के जनजीवन पर। यहाँ के लोगों को नशे की लत है। हमेशा बर्फ...हमेशा अँधार...यह है यहाँ की खासियत। पेट्रोल और मछली के निर्यात से काफी धन उगाहा है यहाँ के लोगों ने। यहाँ की बसें मुफ्त में दौड़ाती शहर की सैर कराती हैं। सर्वत्र नॉर्वेजियन भाषा का बोलबाला है। होटल के मेन्यु भी नॉर्वेजियन भाषा में छपे मिलते हैं। कैफे में विभिन्न सांस्कृतिक कार्यक्रमों की रेलपेल होती है। नॉर्वे महँगा देश है। यही कारण है कि यहाँ एशियाई देशों की अपेक्षा यूरोपीय अमीर सैलानी ज्यादा आते और दिखते हैं। यहाँ की हवा में बर्फ और बरसात की अनूठी समा भरी रहती है। समुंदर होकर भी यहाँ उमस नहीं है, पहाड़ों के कारण। यहाँ के लोग अंग्रेजी ठीक तरह से भले न बोल पाते हों, पर सारी अंग्रेजी तरक्की, संस्कृति यहाँ देखने को मिलती है। डॉ. रति सक्सेना ने यात्रा विवरण शैली में बर्गन शहर का परिचय दिया है। विवरण में काव्यात्मक भाषा के प्रयोग से यह संस्मरण कलात्मक बन पड़ा है। नॉर्वे की सारी विशेषताओं का वर्णन इसमें है। यह लेखिका के सूक्ष्म निरीक्षण का प्रमाण है। बर्गन की आर्थिक, सांस्कृतिक, प्राकृतिक सुषमा और यथार्थ का यहाँ मनोहारी चित्रण हुआ है। संस्मरण पढ़कर बर्गन देखने का मन होता है। इसी से ही प्रस्तुत संस्मरण की सफलता आँकी जा सकती है। इसका शीर्षक समर्पक और संक्षिप्त है।

डॉ. रति सक्सेना का एक और संस्मरण इस वेबसाइट पर है 'ओयहविनो रिमबरिनो'। लेखिका बर्गन गई थी लेखक कार्यशाला के सिलसिले में। वहाँ की संयोजिका ओडवे ने ओयविनो रिमबरिनो का परिचय कराया था। वे नॉर्ला नामक संस्था के सदस्य थे। उनकी पत्नी अध्यापिका थी। वे ज्यादातर लंबी कविताएँ लिखते थे। यह परंपरा उनका योगदान है, यहाँ की साहित्य, संस्कृति में। यहाँ लोकगीतों की पुरानी परंपरा है। यहाँ के साहित्य में प्रकृति और विज्ञान का सुखद समन्वय है। ओयहविनो के परिचय के बहाने संस्मरणकार डॉ. रति ने यहाँ की साहित्यिक विशेषताओं को समझाया है। यहाँ भूमंडलीकरण का प्रभाव सर्वत्र है। उसका यहाँ का चित्रण सायुक्तिक है। यह व्यक्ति के बहाने वहाँ के साहित्य, संस्कृति का दस्तावेजीकरण है।

रूपसिंह चंदेल के 'अस्थिर स्वभाव थे डॉ.लक्ष्मीनारायण लाल', 'लियो-निकोलायेविच की यादें' (अनूदित), 'अपने साहित्यकार को देर से पहचाना डॉ. रत्नलाल शर्मा ने' तथा 'चँदनिया बुइया उर्फ चाँदनी देवी' जैसे चार एक संस्मरण 'सृजनगाथा' वेबसाइट पर अनुसंधान काल में प्रकाशित नजर आए।

इसमें से 'डॉ. लक्ष्मीनारायण लाल' पर लिखा संस्मरण एक तो साधारण है और उनके चरित्र पर छींटाकशी करने वाला भी। वह एक साधारण संस्मरण है, जिसमें लेखक ने डॉ. लाल से अपने परिचय होने की घटना को विस्तार से बताया है। उसमें डॉ.लाल के बारे में हम कम परंतु अनावश्यक जानकारी ही अधिक हासिल करते हैं।

उनका जो दूसरा संस्मरण है वह एस.वाई.येल्पात्येव्स्की का लिखा लियो तोल्सतोय और यास्नाया पोल्याना में बिताए अंतिम दिन से संबंधित संस्मरणों का अनुवाद है। इसमें लेखक ने लियो तोल्सतोय के मृत्यु से जूझते अंतिम दिनों के अंतरंग संस्मरण पिरोये हैं। उससे हमें पता चलता है कि तोल्सतोय को उनके बीमारी के अंतिम दिनों में क्रिमिया के दक्षिण तट में काउंटेस पनीना की जागीर तस्पारा में रखा गया था। वहाँ उन्हें स्वास्थ्य लाभ हुआ और वे मृत्यु से बचे।

पर मृत्यु से जूझते उन दिनों सरकार के जासूस उनकी निगरानी करते थे, उन्हें धर्म दीक्षित करने की हिदायत दे दी गई थी। तोल्सतोय चेखव की इज्जत करते थे। अंतिम दिनों में भी उनकी स्मरणशक्ति प्रखर थी। साहित्यिक चर्चा में उन्हें रुचि थी। वे एक निष्कपट, अच्छे इंसान थे। सत्तर वर्ष की उम्र में भी वे नदी–स्नान, व्यायाम करते थे। अंतिम दिनों में भी पत्रों के उत्तर देते थे। खाली समय में वे थकते थे। परंतु काम करते समय उन्हें फुर्ती आती थी। सचमुच इन संस्मरणों से हमें तोल्सतोय सही माने में समझ में आते हैं। रूपसिंह चंदेल का अनुवाद पढ़ते समय हमें लगता है कि वे मूलत: ये सारे संस्मरण हमें बता रहे हैं। यही अनुवाद की सार्थकता है।

'अपने साहित्यकार को देर से पहचाना डॉ. रत्नलाल शर्मा ने' में रूपसिंह चंदेल ने डॉक्टर शर्मा की यादें ताजा की हैं। ये संस्मरण सन् 1997 के हैं। नई दिल्ली के कनाट प्लेस स्थित टी हाउस वाले कॉफी हाउस में अन्य साहित्यकारों के साथ शनिवार को डॉ. रत्नलाल शर्मा भी होते थे। सन् 1990 में किसी ने उनके बारे में अक्षम्य टिप्पणी की तो उन्होंने कॉफी हाउस जाना छोड़ दिया। फिर वे दिल्ली विश्वविद्यालय के केंद्रीय पुस्तकालय में बैठने लगे। रिसर्च फ्लोर उनकी उपस्थिति से आबाद होता था। वे हर जरूरतमंद की मदद में तत्पर होते थे। वे एक अच्छे इंसान थे। भले उन्होंने विभिन्न विधाओं में लेखन किया हो, पर उनकी मूल वृत्ति बाल साहित्यकार की थी। वह उन्हें अंत में समझ में आई। पर असमय मृत्यु से उनका बालसाहित्य लेखन का संकल्प अधूरा ही रहा। यह व्यक्ति संस्मरण है। इसमें चंदेल ने उनके साहित्यिक व्यक्तित्व का परिचय दिया है। प्रसंग वर्णन से चरित्र चित्रण हुआ है। स्थल, काल का परोक्ष वर्णन इस संस्मरण को स्वाभाविक बनाता है। इसका शीर्षक लंबा और विवरणात्मक है। संस्मरण की भाषा सरल एवं सुबोध है। इसकी शैली विवरण की है।

'चँदनिया बुइया' डॉ. रूपसिंह चंदेल की नानी चाँदनी देवी का संस्मरण है। इसमें अपनी नानी के बुढ़ापे का वर्णन है। संस्मरण के संवाद बोली भाषा में हैं। उससे संस्मरण हार्दिक बन गया है। यहाँ पारिवारिक प्रेम संबंधों का वर्णन है। नाना का प्रासंगिक वर्णन भी इसमें है। संस्मरण का अंत बड़ा भावुक है, जो नानी–पोते के अनबन पर आधारित है। उसमें स्वीकारोक्ति है...बिल्कुल पारदर्शी है वह !

सूरज प्रकाश के लिखे तीन संस्मरण इस वेबसाइट पर मिले। उनके शीर्षक हैं–'कार्ल मार्क्स की मजार, बरसात और कम्युनिस्ट कोना', 'लंदन में मुलाकात नवाज शरीफ से' तथा 'बहुत बड़े अफसर बनने की तुलना में छोटा लेखक होना बेहतर है'।

इनमें से 'कार्ल मार्क्स की मजार, बरसात और कम्युनिस्ट कोना' संस्मरण लेखक की लंदन यात्रा का हिस्सा है। जून, 2006 की बात है। 'कथा यूके' का 'इंदु शर्मा कथा सम्मान' वरिष्ठ साहित्यकार असगर वजाहत को उनके उपन्यास 'कैसी आगी लगाई' के लिए हाउस ऑफ लार्ड्स में दिया जाना था। लेखक का उनके साथ लंदन जाना होता है। वहाँ जाने पर लंदन के दर्शनीय स्थानों को देखते हुए उनके मन में कार्ल मार्क्स की मजार देखने की इच्छा हुई। उन दिनों लंदन में जोरों की बारिश चल रही थी। किसी तरह ढूँढ़ते वे सिमेटरी में जा पहुँचते हैं। पर वहाँ प्रवेश के लिए दो पौंड लगते थे। उसे बचाने के लिए वे दूसरे रास्ते से पहुँचते हैं और मार्क्स की मजार देखकर उनके बदन के रोंगटे खड़े हुए बिना नहीं रहते। यह सिमेटरी लंदन के संभ्रांत परिवार जहाँ रहते हैं, ऐसे इलाके में यानी हाईगेट में थी। मार्क्स की मजार सिमेटरी में बाईं तरफ है...यहाँ भी

बायाँ। मार्क्स की कब्र को एक पूँजीवादी देश ने जिस शानोशौकत से रखा था, उसकी लेखक खुलकर दाद देता है। वहाँ मार्क्स की आवक्ष (Bust) प्रतिमा है। आठ फीट ऊँचाई का चबूतरा है। सुंदर बगीचा है। सिमेटरी (दफनभूमि) में उन्होंने विधिवत् रखा कम्युनिस्ट कोना देखा, जहाँ दुनिया भर के कम्युनिस्ट नेताओं, विचारकों की कब्रें थीं। कार्ल मार्क्स की मजार पर कम्युनिस्ट मैनिफेस्टों का नारा 'वर्कर्स ऑफ ऑल लैंड्स युनाइट' (दुनिया के मजदूरों एक हो।) खुदा है। स्टेटलेस व्यक्ति के रूप में कार्ल मार्क्स के अलावा यहाँ अल्बर्ट आइंस्टाइन, स्पाइक मिलिगन तथा फ्रेररिक नीत्शे ने शरण ली है। इस कब्रगाह का रास्ता आम लोगों के लिए खुला नहीं था। यह एक शोकांतिका ही समझनी चाहिए। यह हाईगेट की कब्रगाह अभिजात वर्ग की थी। कोई काउंट (उमराव) था, गवर्नर था, कोई काउंटलेस भी। किसी विश्वविख्यात व्यक्ति की कब्र भी प्रेरक, रोमांचक, अविस्मरणीय हो सकती है, इसका अंदाज प्रस्तुत संस्मरण से होता है। इससे कार्ल मार्क्स की महत्ता उजागर हुई है। वर्तमान में भी इतिहास की विरासत हम कैसे अनुभव कर सकते हैं, उसका वस्तुपाठ, दृष्टांत यह संस्मरण हमें देता है। संस्मरण की भाषा में अतीत को प्राणवान बनाने की ताकत है। संस्मरण की शैली चित्रात्मक है, जो पाठक के सामने कब्रगाह को सजीव करती है। स्थल की महिमा समझाने वाला यह संस्मरण काव्यात्मक है और पठनीय भी। शीर्षक और समुचित होता तो अच्छा रहता।

लेखक सूरज प्रकाश का सन् 2007 में फिर 'कथा यूके सम्मान' के सिलसिले में दुबारा जाना हुआ। इस समय वे पाकिस्तान की कथा लेखिका निलम बशीर, जो उनकी पुरानी दोस्त थी, के साथ एक बैठक में शरीक होने गए थे। वहाँ अचानक पाकिस्तान के अपदस्थ प्रधानमंत्री नवाज शरीफ का आगमन हुआ। इस आगंतुक मुलाकात का संस्मरण है, 'लंदन में मुलाकात नवाज शरीफ से'। असल में इस संस्मरण में एक बड़ी हस्ती का अप्रत्याशित रूप से मिलने का प्रसंग ही संस्मरण की अविस्मरणीय घटना बन जाती है। फिर नवाज शरीफ की सादगी, सद्व्यवहार आदि बातें प्रासंगिक हैं। संस्मरण विस्तृत है पर पते की बात इतनी ही। संस्मरण भावविभोर करने वाला है। शीर्षक समुचित है।

संस्मरणकार सूरज प्रकाश एक आर्थिक संस्थान में बड़े अधिकारी के रूप में मुंबई में कार्यरत थे। उन दिनों हिंदी के विख्यात व्यंग्यकार शरद जोशी 'नवभारत टाइम्स' के संपादक थे और मुंबई में ही बैठते थे। उन दिनों 'चकल्लस' नामक स्तंभ वे 'नवभारत टाइम्स' में लिखते थे। उन दिनों इसी नाम से मुंबई में एक कार्यक्रम भी होता था। उसमें शरद जोशी 'पानी' नामक कविता पढ़ते थे। वह कविता सरकारी नीति पर अच्छा खासा व्यंग्य थी। सूरज प्रकाश ने उन्हें अपने संस्थान के राष्ट्रीय कार्यक्रम के अधीन होने वाले कवि सम्मेलन में आमंत्रित किया था। ऐन मौके पर लेखक को निदेशक, विभागाध्यक्ष ने निर्देश दिया कि यह देखा जाए कि इस मंच से शरद जोशी वह 'पानी' कविता न प्रस्तुत कर पाएँ। पर हुआ यह कि इसकी सूचना शरद जोशी को आयोजक पहले नहीं दे पाए। जब वे काव्य पाठ करने लगे तो उन्हें रोका गया। वे सभागृह छोड़कर चले गए। तब लेखक को शरद जोशी का किसी समय बताया वाक्य याद आया, 'बड़े अफसर होने की अपेक्षा छोटा लेखक होना बेहतर है।' प्रस्तुत संस्मरण हमें विचार व्यक्तिस्वातंत्र्य, साहित्यकार की प्रतिष्ठा जैसे अनेक पहलुओं पर सोचने के लिए बाध्य करता है। प्रशासन चाहे वह कहीं का भी हो, वह एक व्यवस्था होती है, एक अनुशासन होता है और उसकी एक श्रेणीबद्ध

भँडोली (Hierarchy) होती है, श्रेष्ठ–कनिष्ठता की श्रेणी में आदेशक और आदेशित के अधिकार और कर्तव्य निश्चित होते हैं...इन सबमें मनुष्य की भावना, विचार, औकात आदि को कोई स्थान नहीं होता। पद ही व्यवस्था चलाता है, व्यक्ति नहीं। यह सब प्रस्तुत संस्मरण के शरद जोशी वाले प्रसंग से हमें समझ में आता है। यही इस संस्मरण की देन है और योगदान भी।

'मेरी जिंदगी में भी आए थे अज्ञेय' शीर्षक संस्मरण महेंद्र भटनागर ने लिखा है। हुआ यह कि संस्मरणकार अनेक साहित्यिकों से प्रभावित थे। उनमें अज्ञेय अव्वल थे। लेखक ने अपनी पत्रिका 'संध्या' की एक प्रति अज्ञेय को भेजी थी। प्राप्ति स्वीकृति के तौर पर अज्ञेय ने संपादक को पत्र लिखा था। वह उत्साहवर्धक था। उससे लेखक और अज्ञेय के बीच अंतरंग संबंध जुड़ गए। प्रस्तुत संस्मरण उसकी गाथा है। इस संस्मरण में पत्र तथा काव्य का प्रयोग होने से यह संस्मरण दिलचस्प बना है। पूरा संस्मरण पत्राचार से साकार होता है। इससे यह संस्मरण अपने आप पत्र शैली का अच्छा दृष्टान्त बन गया है। पत्राचार से कृति, लेखन का आदान–प्रदान होता है। उससे लेखक और संस्मरण नायक दोनों के चरित्र, वृत्ति, स्वभाव, विचार आदि पर प्रकाश पड़ता है। ऐसा संस्मरण में शायद होता है। फिर इस संस्मरण में प्रभाकर माचवे और लेखक के आकाशवाणी की नौकरी का एक वाकया है। उससे भी लेखक की जीवन के प्रति होने वाली यथार्थ दृष्टि का पता चलता है। यह संस्मरण अज्ञेय के साथ महेंद्र भटनागर के बारे में भी बहुत बताता है। इससे मूल नायक की उपेक्षा हुई है। इससे संस्मरण अपना संश्लिष्ट रूप खो बैठा है। परिणामस्वरूप इसका शिल्प शिथिल हुआ है और उद्देश्य भटक गया है। चरित्रों की बहुतायत से भी प्रस्तुत संस्मरण भ्रमित, फँसा हुआ महसूस होता है।

इसकी तुलना में कमल कुमार का लिखा संस्मरण 'अज्ञेय सृजन – काल की शाश्वतता में' स्तरीय है और साहित्यिक भी। संस्मरण वस्तुनिष्ठ (Objective) बनने पर ही प्रभावी होता है। उसकी भाषा, शैली का व्यक्तिनिष्ठ (Subjective) होना सफलता की दूसरी शर्त होती है। यह संस्मरण अज्ञेय के बहाने हमें समझाता है कि कवि, कलाकार, साहित्यकार, नाटककार, शिल्पकार जो भी रचनाकार सर्जक होता है, वह मात्र उसके क्षेत्र या माध्यम का सर्जक नहीं होता। उसकी कलात्मकता, कारीगरी, प्रतिभा, बुद्धि, कौशल बहुविध होने के कारण वह सर्जक होता है। अज्ञेय कवि तो थे ही पर उनके बहुविध सर्जक ने बुनाई, कढ़ाई, सिलाई, बागबानी, बढ़ईगिरी, शिल्प, कला सभी क्षेत्रों में अपनी सर्जकता सिद्ध की थी। संस्मरणकार जब अज्ञेय से मिलने गया था, तब वे बगीचे में काम करते थे। घर में जाकर देखा मोजा की बुनाई पड़ी थी, जो वे ही करते थे। यह जानकर लेखक हैरान इसलिए होता है कि वह अज्ञेय के अनेक अज्ञात पहलुओं, कौशलों से अवगत होता है। रचनाकार शाश्वत समयधारा से जुड़ा होता है। वह मृत्यु को भी विकासक्रम में देखता है। अज्ञेय की सृजनशीलता का एक अंतर्राष्ट्रीय आयाम भी है, जो शायद उनकी यायावरी से निर्मित हुआ है। पर्यावरण की उनकी साक्षरता एवं संवेदना का एक उदाहरण इस संस्मरण में है। कवि अज्ञेय की एक कविता है...अर्थात् पर्यावरण संबंधी। उसमें पेड़ कवि से प्रश्न पूछता दिखाया गया है...

"होगा प्यार तुम्हें प्रकृति और पेड़ों से।
कविता लिखोगे, छपेगी तो पेड़ की लुगदी पर ही।
पेड़ ने उसास भरी!"

इससे कवि अज्ञेय का आधुनिक एवं वैज्ञानिक दृष्टिबोध समझ में आता है। यह संस्मरण हमें अज्ञेय के सृजन संबंधी व्यापक कैनवास को दर्शाता है। यही उसकी कलात्मकता है और लक्ष्य भी। प्रस्तुत संस्मरण न सिर्फ पठनीय है, अपितु हमें प्रश्नांकित भी करता है। कमल कुमार ने बेहद आत्मीयता से इसे लिखा है। इसमें संस्मरणकार की प्रतिभा प्रतिबिंबित है। इसकी भाषा कलात्मक, शैली काव्यमय और शिल्प सुगठित है। काल की शाश्वतता का बोध देने वाला शीर्षक सृजन की श्रेष्ठता पर मुहर लगाता है।

ऐसा ही एक और श्रेष्ठ संस्मरण वह भी अज्ञेय पर ही लिखा 'सृजनगाथा' वेबसाइट पर मिलता है। ऐसी रचनाएँ वेबसाइट के शीर्षक को सार्थक करती हैं। डॉ. बुद्धिनाथ मिश्र ने 'आधुनिक काव्य-चेतना के प्रतीक-पुरुष अज्ञेय' शीर्षक से लिखा संस्मरण आधुनिक हिंदी संस्मरण साहित्य की एक और बेजोड़ कड़ी है। इसमें डॉ.मिश्र ने अज्ञेय के कवि व्यक्तित्व के विभिन्न पहलु बताए हैं। यह संस्मरण की अपेक्षा समीक्षात्मक निबंध के पास अधिक जाती रचना है। पर वह अज्ञेय के कवि व्यक्तित्व के विभिन्न पहलू हमें बताए हैं। वह हमें अज्ञेय के कवि व्यक्तित्व...जो एक अमूर्त व्यक्तित्व होता है, उससे अवगत कराती है। इसमें जीवन से लेकर रचना तक अज्ञेय की प्रयोगवादी वृत्ति के दर्शन होते हैं। अज्ञेय को 'प्रयोगवादी' की अपेक्षा 'प्रयोगधर्मी' कह लेना अधिक पसंद था। कवि अज्ञेय ने अपनी काव्यभाषा को अनगढ़ कंकड़-पत्थरों से माँजा था। वे मानते थे कि नए मार्ग का जो भी अन्वेषी है, उसे वर्तमान से भिड़ना ही होगा। अज्ञेय सहज, सरल नहीं थे। वे नाम के अनुरूप ही अप्रमेय थे। उनके काव्य गुरु थे राष्ट्रकवि मैथिलीशरण गुप्त तथा रामधारी सिंह 'दिनकर'। अज्ञेय दिनकर जी को समयसूर्य मानते थे। अज्ञेय की आधुनिकता पाश्चात्य नहीं थी। उनकी वाणी में जादू था। 'जानकी जीवन यात्रा' का आयोजन कर अज्ञेय ने अपने आपको अतीत, पर्यावरण, मिथक से जोड़ते हुए अपने भारतीय होने का परिचय दिया था। यह सब डॉ. मिश्र ने हमें इस संस्मरण में विस्तार से बताया है। डॉ. मिश्र ने अपने चरित्र नायक के कवि व्यक्तित्व का बड़ा संयत, संतुलित रूप चित्रित किया है। इस संस्मरण से अज्ञेय 'ज्ञेय' बनते हैं। इसकी भाषा समीक्षा के लिए अनुकूल परिनिष्ठीत है। इसकी शैली संपृक्त एवं संश्लिष्ट है। यह संस्मरण लेखक की मान्यता, निरीक्षण से प्रौढ़ एवं प्रगल्भ बना है।

अज्ञेय प्रेमी, दैनिक जनसत्ता के संपादक प्रभाष जोशी पर अच्युतानंद मिश्र ने उऋण होने की भावना से लिखे संस्मरण का शीर्षक है 'उऋण होने की कोशिश'। इस संस्मरण का प्रारंभ ही प्रभाष जोशी के अज्ञेय प्रेम से होता है। अज्ञेय के चल बसने के बाद अंत्येष्टि संपन्न होने पर प्रभाष जोशी श्मशान से लौटते वक्त अज्ञेय की मुट्ठी भर भस्मी ले आए थे। वह उस भस्मी दबी मुट्ठी को जिस तरह बँधे रखे हुए थे, उससे महसूस हो रहा था, मानो अज्ञेय का सत्व उनके खून में उतर रहा है। ऐसा उन्होंने इसके पहले दो बार किया था। पिता और भवानीप्रसाद मिश्र की मृत्यु पर। इससे भी उनके मन में अज्ञेय के प्रति होने वाला आदर व्यक्त होता है। प्रभाष जोशी संपादक के रूप में पंडित महावीर प्रसाद द्विवेदी को अपना गुरु मानते थे। उनका दृष्टिकोण प्रागतिक था। वे प्रश्न के दोनों पक्षों को तवज्जो दिया करते थे, किसी न्यायाधीश की तरह। उन्होंने आजीवन अभिव्यक्ति की आजादी की लड़ाई लड़ी। उन पर अनेक का प्रभाव था—महात्मा गांधी, आचार्य विनोबा भावे, लोकनायक जयप्रकाश नारायण, कुमार गंधर्व, रामनाथ गोयनका, बी.जी. वर्गीस

आदि। प्रभाष जोशी की लेखनी तलवार से कम धारदार नहीं थी। उन्होंने लेखन और भाषण से प्रबोधन किया था। उनका व्यक्तित्व एक योद्धा पत्रकार का था। माखनलाल चतुर्वेदी पत्रकारिता विश्वविद्यालय के निर्माण में उनकी अहम भूमिका रही थी। एक्सप्रेस वृत्तसमूह की अभिव्यक्ति स्वातंत्र्य के समर्थक की जो छवि है, उसके बनाने में आपका बड़ा योगदान रहा है। वे मीडिया के मूल्यों को बचाने के लिए देश के पत्रकारों और बुद्धिजीवियों को लामबंद करने की भरसक कोशिश करते थे। इस प्रकार अच्युतानंद मिश्र ने प्रभाष जोशी को एक जुझारू पत्रकार, संपादक, विचारक, साहित्यिक रूप में चित्रित कर उनकी गरिमा को सिद्ध किया है। संस्मरण का शीर्षक समर्पक है। भाषा में कृतज्ञता का भाव भरा है। इसकी लेखन शैली निबंध की है। इसका लक्ष्य व्यक्तिचित्रण है। प्रस्तुत संस्मरण पत्रकार को समाजशिल्पी बनाता है।

'अब भी अपने अंदर एक गाँव को जीता हूँ—नामवर सिंह' संस्मरण कलानाथ मिश्र ने बड़ी श्रद्धा से लिखा है। माखनलाल चतुर्वेदी पत्रकारिता एवं संचार विश्वविद्यालय, भोपाल की ओर से उनकी विद्या परिषद द्वारा कृति–वृत्ति संपादकों की कर्मभूमि में स्मृति प्रसंग आयोजन करने की योजना के तहत चौथी कड़ी में आचार्य शिवपूजन सहाय स्मृति प्रसंग का आयोजन पटना में किया गया था। 21–22 जनवरी, 2009 को उसमें व्याख्यान देने के लिए डॉ. नामवर सिंह पधारे थे। लेखक संयोजकों में से एक थे। उन्हें डॉ. नामवर सिंह के सहवास का लाभ हुआ। उस भेंट का संस्करण है यह। इस प्रसंग में डॉ. नामवर सिंह का व्यक्तित्व उन्हें प्रभावित कर गया। 'गौर वर्ण, तीखे नाक–नक्श, उन्नत ललाट, लम्बी कद–काठी, धोती–कुर्ता के साथ मटमैले रंग की गोल गला की बंडी से आभूषित भारतीय परिधान और उस पर से पान की सुर्खियों से रक्तिम होठों के बीच व्याप्त स्मित रेखाएँ।' लेखक द्वारा किया गया नामवर सिंह का यह आदमकद वर्णन जिन्होंने नामवर सिंह को देखा है, उन्हें रास आएगा और वे लेखक की निरीक्षण शक्ति की दाद दिए बिना नहीं रहेंगे। नामवर का व्यक्तित्व ऐसा ही शालीन रहा है। लेखक ने इस संस्मरण में उपरोक्त उपक्रम के आयोजन को लेकर विस्तार से लिखा है। इस संपर्क में लेखक को नामवर सिंह जैसे दिखे, मिले वे बिल्कुल सहज, संवेदनशील साहित्य सर्जक थे। उनके मन में कर्मयोगी रचनाकारों के प्रति श्रद्धा थी। शिवपूजन सहाय को वे रक्त को स्याही बनाकर लिखने वाले बलिदानी रचनाकार लगते थे। नामवर सिंह की बातचीत से पता चलता है कि वे साहित्य, संस्कृति, पत्रकारिता, इतिहास के अच्छे ज्ञाता थे। गाँव से उनका गहरा जुड़ाव था। आज ही वे गाँव से जुड़े हैं। जब भी अवसर मिलता है, गाँव जाते रहते हैं। जमीन–जाल वे पुरखों की संपत्ति और देन मानते हैं। उसे बेचना उन्हें पसंद नहीं है। अतीत के प्रति उनके मन में गहरा आकर्षण दिखाई देता है। कलानाथ मिश्र ने इस संस्मरण के जरिए डॉ.नामवर सिंह का अंतरंग व्यक्तित्व प्रस्तुत किया है। इस व्यक्तित्व चित्रण की यह विशेषता रही है कि वह प्रसंग और संवाद से साकार हो उठा है। वह संस्मरणकार के निरीक्षण एवं चिंतन की उपज है। प्रस्तुत संस्मरण के जरिए लेखक ने पत्रकारिता के अतीत के त्याग और बलिदान का भी स्मरण किया है। डॉ. नामवर सिंह को एक चिंतक, समीक्षक, साहित्यिक, गाँव और अतीत प्रेमी के रूप में चित्रित करना संस्मरणकार का मकसद रहा है। संस्मरण की भाषा साहित्यिक, परिनिष्ठित है। संस्मरण का शीर्षक डॉ. नामवर सिंह के व्यक्तित्व के केंद्रीय पक्ष को उजागर करता है। संस्मरण में जगह–जगह पर व्यवहार, भाषा आदि से लेखक की चरित्र नायक के प्रति आस्था और आदर व्यक्त हुआ है। फिर भी उसमें

अतिशयोक्ति नहीं है। भावुकता में बहने की वृत्ति भी नहीं है इसमें। है तो सदाशयता और सद्भाव, जिसकी आज सर्वत्र कमी महसूस होती है।

मनोहर चमोली 'मनु' ने 'फिर एक सुहानी याद आयी' संस्मरण में अपने जीवन की सुखद स्मृतियों को सँजोया है। सगाई से मनुष्य के मन में सपनों का सिलसिला शुरू होता है। लेखक मनोहर के साथ भी यही हुआ। सगाई हुई और चाहकर भी वागदत्त वधू से संपर्क नहीं हो सकता था। वह मोबाइल का जमाना नहीं था और वधू के यहाँ लैंड लाइन भी नहीं था। फिर इसी संपर्क के लिए वहाँ लैंड लाइन फोन लगाया गया। वहाँ से मिस कॉल आता। यहाँ से संपर्क होता। फिर निकटता बढ़ी। यहाँ से निजी फर्माइश होती। वहाँ से सब्र-सलाह, 'बस, कुछ समय और इंतजार करो। मैं तुम्हारी सारी गलतफहमियाँ दूर कर लूँगी।' फिर शादी हुई और आज लेखक के मन में पत्नी के लिए भाव है, 'तुम मेरी जीवन संगिनी ही नहीं हो, मेरी मार्गदर्शक भी हो।' यह एकदम निजी और अंतरात्मक संस्मरण है। उसमें प्रेम, प्रणय, संबंधों की गंध, आत्मीयता, जीवन दर्शन क्या नहीं है। लेखक ने इसे स्याही से नहीं मनोभाव से लिखा है। तभी तो ये यादें सुहानी बनी हैं।

'भुलाए तो कैसे वो इलाहाबाद' को लिखा है सुभाष राय ने, जो अंतर्जालीय पाठकों के लिए एक परिचित नाम है। इसमें उन्होंने इलाहाबाद को उतारा है। इसका काल है सन् 1978 से 2009। तीन दशक की कालावधि में लेखक छात्र, पत्रकार, संपादक बना। और अब एक व्यक्ति...स्वतंत्र मनुष्य। पिछले तीन दशकों में कितना बदला है इलाहाबाद! समय बदलता है तो अपने साथ शहर, शख्स और शख्सियत को भी बदल देता है। तीस वर्ष पुराना इलाहाबाद आज की तरह कांक्रीट का जंगल नहीं था। यानी बस्ती और अट्टालिकाएँ नहीं थीं। पुराना इलाहाबाद एक शहर से ज्यादा खुले विचार का मंच था। अजनबी का आतिथ्य, स्वागत उसका स्वभाव था। आगंतुक भी यहाँ सपने लेकर आता और उसकी हकीकत होती। विश्वविद्यालय के छात्रों के लिए इलाहाबाद राजनीति, संस्कृति, विकास की प्रयोगशाला थी। विभागों में अपने-अपने क्षेत्र के पुरोधा थे। आपातकाल (1977-78) में इलाहाबाद एक बेचैन शहर था। सभी विचार, पक्ष, संघटनों का जाग्रत् ज्वालामुखी था यहाँ...सुलगता, धुमसता। यही वे दिन थे जब लेखक को मित्र मिले और मार्गदर्शक भी। उनके जीवन का मार्ग भी प्रशस्त किया इलाहाबाद ने ही। बीच के जीवन संघर्ष में इलाहाबाद पीछे पड़ा। पर इलाहाबाद लेखक के लिए एक अविस्मरणीय धरोहर, निधि बनकर रह गया। सुभाष राय ने शहर को...एक स्थान, समय, स्थिति को संस्मरण का विषय बनाकर चयन की, अभिरुचि की अभिजातता इस संस्मरण में स्पष्ट की है। आत्मीयता से लिखी रचना की कोई भाषा, शैली नहीं होती, होता है प्रवाह, सोता...जो अपने आप अपनेपन को लेकर बहता-विसर्जित होता है। यह संस्मरण उसका प्रमाण है। पुरानी स्मृतियों का दूसरा नाम बेचैनी है...इसे पढ़ते उसका बोध हुए बिना नहीं रहता।

'कथा यूके बनाम लंदन यात्रा' संस्मरण मधु अरोड़ा ने लिखा है। आप हिंदी की कथाकार हैं। 'कथा यूके सम्मान' के संयोजन से आप जुड़ी हैं। अंतर्जाल पर आपकी अनेक रचनाएँ प्रकाशित हुई हैं। यह संस्मरण उनकी लंदन की यात्रा के लिए समर्पित है। इसमें वीजा, पासपोर्ट, हवाई सफर, इमीग्रेशनादि उपचार का विस्तृत वर्णन है और कथा यूके सम्मान समारोह और लंदन के दर्शनीय स्थलों की भेंट का भी। यह एक साधारण-सा संस्मरण है। सन् 2007 का वर्ष

संस्मरण का समय है। स्थान लंदन है। परिवेश विदेश है। भाषा साधारण है। शैली इसकी विवरण की रही है। संस्मरण का शीर्षक विषय को प्रतिबिंबित करता है।

महेश चंद्र द्विवेदी ने 'लाविनी से गौर्नरग्रांट' शीर्षक संस्मरण में अपनी सपत्नीक विदेश यात्रा के अंतर्गत लाविनी से गौर्नरग्रांट के प्रवास की स्मृतियों की पुनर्भेंट कराई है। लाविनी स्विट्जरलैंड का एक गाँव है। लेडिग-रोवोहल्ट फाउंडेशन के निमंत्रण पर लेखक वहाँ गया था। लेखक के साथ अन्य निमंत्रित भी थे। लाविनी जिनेवा जलाशय के पास की पहाड़ी पर बसा प्राकृतिक सुषमा से भरा गाँव है। यहाँ से जिनेवा का मशहूर जलाशय समुंदर जैसा प्रतीत होता है। स्विट्जरलैंड देखने के क्रम में वे गौर्नरग्रांट की सफर करते हैं। ट्रेन, कार, नाव से की यात्रा में लेखक यहाँ के लोकजीवन, संस्कृति, भाषा, यातायात को देखता है और अभिभूत होता है। यह एक सामान्य संस्मरण है।

मॉरिशस की दूसरी यात्रा के संस्मरण डॉ. जे.आर. सोनी ने 'मॉरिशस में मदनोत्सव' में लिखते है। इसे पढ़ते समय कथाकार यशपाल के लिखे मॉरिशस यात्रा विवरण[1] की याद आती है। लेखक एक सृजन सम्मान के सिलसिले में मॉरिशस गया था। वहाँ का त्रिस्तरीय–वायु, जल, जमीन सौंदर्य देखकर संस्मरण लिखने के लिए बेताब हो उठता है। मॉरिशस हिंदी एवं अफ्रीकन महासागर से घिरा समुद्री द्वीप है। यहाँ का समुद्र साफ-सुथरा और नीला है। यहाँ कोरल चट्टानें और पहाड़ हैं। मरीन में नीचे 3000 फीट की गहराई में जलचर एवं जल वनस्पति का भंडार, खजाना है। प्रकृति की अपूरित एवं अप्रतिम जो सुषमा यहाँ है, वह और कहाँ ? यह प्रदेश भारतीय वंशों के लोगों से बसा है। दूसरा भारत ही है यह! यहाँ के गिरमिटिया आज मंत्री, प्रधानमंत्री, राष्ट्रपति बने हैं। हिंदी का यहाँ अंतर्राष्ट्रीय सचिवालय है। दुनिया भर के प्रेमी युगल एवं नव दंपती मधुचंद्र बनाने, मदोत्सव रँगाने यही आ जाते हैं। दुनिया की अप्सराएँ, मदन, रति, इंद्र, यहाँ दिखते हैं। विभिन्न रंगों से भरा पानी, मिट्टी, मछलियाँ, पेड़, फूल, फल, पौधे सब यहाँ हैं। यही तो धरती का स्वर्ग है। संस्मरणकार ने इसे बड़े कलात्मक ढंग से चित्रमय और संवेदी बनाया है। पढ़कर वहाँ जाने का मोह होता है।

मनोज सिंह ने 'एक बार फिर डलहौजी' में उपर्युक्त संस्मरण शीर्षक के अनुसार दूसरी यात्रा के संस्मरण लिखे है। डलहौजी हिमाचल प्रदेश का पहाड़ी गाँव है। सन् 1854 में यहाँ लॉर्ड डलहौजी की रिट्रीट परेड हुई थी। तब से वह पहले ब्रिटिश अधिकारियों का, बाद में संभ्रांत परिवारों का और अब आम सैलानियों का पर्यटन स्थल बन गया है। यह मॉरिशस की तरह मदनोत्सव, मधुचंद्र मनाने की स्वप्नभूमि है। पहाड़ी प्रदेश, बर्फीली हवा, अभयारण्य, अद्भुत जगह है यह! रवींद्रनाथ टैगोर, महात्मा गांधी, नेहरू, सुभाषचंद्र, भगतसिंह सबको इसने किसी समय मोह लिया था। यहाँ कोलाहल नहीं है। बाजार भी अति आधुनिक नहीं है। यहाँ कोई तामझाम, प्रदर्शन नहीं। उसका सारा सौंदर्य उसकी खामोशी, शांति, सादगी में समाया है। मनोज सिंह ने बड़े संयत ढंग से उसके सौंदर्य को सादगी से चित्रित किया है।

निष्कर्ष – 'सृजनगाथा' संस्मरण की दृष्टि से सचमुच संस्मरणीय वेबसाइट है। इस पर आपको संस्मरण की समग्रता दिखाई देती है। व्यक्ति, व्यवस्था, स्थान, स्थिति, घटना, प्रसंग,

---

1. बिना साँप मारिशस यात्रा–यशपाल

अनुभव, स्मृति के कितने रंग यह वेबसाइट दिखाती है। और वह भी वर्णन, पत्र, डायरी, यात्रा, स्मृति, काव्य, विनोद, रोमांस और रोमांच सभी पद्धति, शैली से। अतीत को सजीव बनाकर पाठकों के समीप बिठाने की क्षमता इन संस्मरणकारों में है। प्रकृति, संस्कृति, राजनीति, इतिहास, सबका सुंदर समा बँध जाता है यहाँ। उद्देश्य भी कितने भिन्न है उनके। जीवन को सभी दिशाओं से बाँध देते हैं ये संस्मरण। शीर्षक भी सतरंगे—सादे, टेढे, लंबे, छोटे, सूचक, सार्थक और समर्पक भी। आकार, प्रकार, आशय वैचित्र्य से विभूषित ये संस्मरण पठनीय और अविस्मरणीय भी हैं। संस्मरण साहित्य विधा ही ऐसी है, जो हमारी खोयी दुनिया को पुनश्च रू–ब–रू कर देती है। आदमी वर्तमान में जीता जरूर है पर अतीत की बुनियाद पर और भविष्य की टोह में। वह अकेला नहीं जीता। समय, संघर्ष, प्रसंग, उतार, चढाव, घात, प्रतिघात, गोता, छलाँग सबसे उसका जीवन साकार होता है। जीवन के ये सारे ताल, नाद, सुर, संगीत, धुन यदि एक साथ पिरोने हैं तो संस्मरण के बिना सार्थक माध्यम नहीं। संस्मरण एक स्वच्छंद, मुक्त, काव्यमय, भावुक, अंतरबाह्य झकझोर देने वाली, समग्र जिंदगी को सर्वांग से खँगालने वाली साहित्य संगिनी है, जो फुर्सत के समय में हमारा रंजन करती है और एकांत क्षणों में बेचैन। वह गतकाल को पुनरुज्जीवित कर वर्तमान को ताजा करती है। वह दिशादर्शक साहित्य है। संस्मरण कलात्मक होते हैं और काव्यमय भी।

4. http://www.hindisahityamanch.com–

इस वेबसाइट पर कुल छह छोटे–छोटे संस्मरण प्रकाशित हुए हैं। उनमें से तीन तो अकेले नीशू तिवारी ने लिखे हैं। उनके शीर्षक हैं, 'घर आने की खुशी', 'कैसा था वो पहला प्यार' तथा 'वो कल सुबह जाएगी'। इसमें से 'घर आने की खुशी' में उन्होंने बचपन बिताए गाँव इलाहाबाद आने के संस्मरण लिखे हैं। यह एक पारिवारिक स्मृतियों की जुगाली है। 'कैसा था वो पहला प्यार' में लेखक ने अपने पहले असफल, अपूर्ण प्रेम की कहानी बताई है। कॉलेज के दिनों में अपने गाँव पढ़ी, पली, बड़ी हुई सहेली इत्तफाक से मिली। मित्रता प्यार में कब परिवर्तित हुई पता न चला। और यह भी पता न चला कि दो वर्ष कैसे गुजरे। वह गाँव वापस गई। कभी न लौटने के लिए। तीनों संस्मरण सामान्य से हैं। न उनमें नयापन, न कोई अनूठी बात।

अनिल कांत का लिखा संस्मरण 'तुम्हारा एक गुमनाम पत्र' संस्मरण न होकर एक फंतासी है। लेखक ने कल्पना से इसे चित्रित किया है। संस्मरण की शर्त यथार्थ होती है। इस कसौटी पर उसे संस्मरण मानना उचित नहीं होगा।

दिव्या पांडे की 'नानी की कहानी' नानी के संस्मरण हैं। इसमें नानी के साथ बिताए क्षण, सुनी हुई कहानियाँ, गाए गए गीत सबका हार्दिक वर्णन है। नानी गुजर गई है, पर यादों में जिंदा है। यह एक भावुक, काव्यमय संस्मरण है।

अनिल कांत का ही और एक संस्मरण इस वेबसाइट पर प्रकाशित हुआ है। उसका शीर्षक है 'तुम, मैं…और हमारी असली सूरतें'। यह भी एक फंतासी ही रही है। इस वेबसाइट पर प्रकाशित संस्मरण तत्त्वों की कसौटी पर न खरे उतरे हैं, न खरे महसूस होते हैं।

निष्कर्ष – इस वेबसाइट के अधिकतर संस्मरण सामान्य हैं। न उनमें विषय का नयापन है, न कोई अनूठी स्मृतियाँ। हाँ, वे यथार्थ पर आधारित जरूर हैं। कुछ संस्मरण वैयक्तिक भी हैं। उनमें हार्दिकता है। फंतासी शैली में लिखा एक संस्मरण तो इस विधा की बुनियादी

बात यथार्थ को ही धता बताता है। संस्मरणों की भाषा भावुक, काव्यात्मक जरूर है। उनके शीर्षक संक्षिप्त रहे हैं।

5. http://www.garbhanal.com–

'गर्भनाल' पर अनुसंधान की समय सीमा में कुल तीन ही संस्मरण प्रकाशित हुए। उसमें से एक चेकोस्लोवाकिया की लेखिका दागमार मारकोवा का है। उसका शीर्षक है 'हिंदी की मेरी प्राग वाली शुरुआत'। विदेश में पल–बढ़कर हिंदी लेखिका, संपादक, अनुवादक, कोशकार बनी लेखिका का यह संस्मरण उल्लेखनीय है। इसमें उन्होंने अपने हिंदी पढ़ने के प्रारंभिक अनुभव और पढ़ाने वाले अध्यापकों के बारे में लिखा है। वह पढ़कर विदेश में और विदेशी का हिंदी पढ़ना कितना कष्टप्रद होता है, इसका अंदाज हो आता है। अपने छोटे कस्बे में फ्रेंच पढ़ी मारकोवा अंग्रेजी पढ़ने के लिए एक महिला के पास जाती है। विश्वविद्यालय में उसे पढ़ना था। प्रवेश परीक्षा देनी थी। तैयारी चल रही थी। इस दौरान वह अध्यापिका भारत के बारे में एक अंग्रेजी पुस्तक उसके हाथ थमा देती है। वह पुस्तक उसे प्रभावित करती है। इतना कि निद्रा की तरड़ में भी वही पुस्तक वह रटती रहती। उसे चार्ल्स विश्वविद्यालय, प्राग में हिंदी पढ़ने के लिए प्रवेश मिला तब उसकी खुशी का कोई ठिकाना नहीं रहा। यहाँ उनकी मुलाकात विंसेस पोरिजका से हुई। उन्होंने अपने छात्रों के लिए द्वैभाषिक पुस्तक बनाई थी। उससे ही वे पढ़ाते थे। सायक्लोस्टाइल बनाकर पाठ, अनुवाद के नमूने देते थे। व्याकरण पर बल रहता था उनका। वे संस्कृत, अरबी, फारसी, हिंदी, अंग्रेजी सारी भाषा के जानकार थे। वे छात्रों से बेहद प्रेम करते थे। बर्फ में सादे जूते पहनने पर छात्रों को टोकते थे। चेक, स्लोवाक भाषाओं में भी उनकी गति थी। छात्रों से खूब लिखवा लेते थे। छात्रों को थिसिस भी लिखनी पड़ती थी। अन्य अध्यापक बोलने पर जोर देते, तो ये लेखन और व्याकरण पर। कक्षा में विभिन्न देशों के छात्र होते थे। सबको सब तरह से पढ़ाते। प्रस्तुत संस्मरण अपने अध्यापक के समर्पण के प्रति कृतज्ञता है। विश्वास नहीं होता कि इसे किसी विदेशी लेखिका ने लिखा है। विदेशी भाषा अध्ययन–अध्यापन की प्रक्रिया, प्रयास की जानकारी देने वाला यह संस्मरण हमारी आँखों में अंजन डालता है। हम कितना विदेशी सीखते हैं? चेकोस्लोवाकिया का विश्वविद्यालय, वहाँ की शिक्षा पद्धति, अध्यापकों की मेहनत, छात्रों की लगन, सब पर प्रस्तुत संस्मरण प्रकाश डालता है। उसकी भाषा शुद्धता और शैली का परिष्कार अचंभित करता है। संस्मरण का शीर्षक उचित है। संस्मरण पठनीय तो है ही पर अनुकरणीय भी।

डॉ. साधना बलबटे का संस्मरण 'लापतागंज का गुमनाम सिपाही' मशहूर व्यंग्यकार शरद जोशी की साहित्यिक भूमिका को प्रस्तुत करता है। शरद जोशी का लेखन गुमशुदा मूल्यों की खोज है। उन्होंने अपने लेखन से विद्रूप समाज को सुरूप बनाने का प्रयास किया। यह संस्मरण कम, निबंध ही अधिक है। इसमें कोई व्यक्तिगत संस्मरणों का स्पर्श नहीं। है सिर्फ किताबी जानकारी। यह एक मूल्यांकन मात्र है।

रामनारायण प्रसाद विश्वकर्मा का लिखा 'दूसरा राहुल सांस्कृत्यायन : विष्णु प्रभाकर' व्यक्ति संस्मरण है। लेखक उन्हें सन् 2005 में मिला था। फिर एक भेंट का सिलसिला आरंभ हुआ। उसमें लेखक विष्णु प्रभाकर की यायावरी का गवाह बनता है। वे देखते हैं कि विष्णु प्रभाकर

का घर–परिवार सारे हिंदुस्तान का प्रतिबिंब बना है। उनकी संतानों ने विभिन्न जाति, धर्म में विवाह किए। विष्णु प्रभाकर बच्चों जैसे सरल थे। सामने वाले को तरजीह देते थे। वे आदर्शोन्मुख साहित्यकार थे। उन्होंने अपनी जिंदगी में खूब यायावरी की। तभी तो वे 'आवारा मसीहा' लिख पाए। प्रस्तुत संस्मरण में 'लेखक से साक्षात्कार' की तर्ज पर लिखा गया है। अनुसंधाता की जिज्ञासा लेखक में है। अपने प्रिय लेखक के प्रति आस्था भी उसमें प्रतिबिंबित है। संस्मरण का शीर्षक समुचित है। संस्मरण चरित्र को स्पष्ट करता है।

निष्कर्ष – 'गर्भनाल' के संस्मरण बहुविध, पठनीय और कुछ देने वाले जरूर हैं। विशेष कर मारकोवा का संस्मरण।

6. http://www.hindichetana.blogpost.com–

'हिंदी चेतना' वेबसाइट पर चार विभिन्न प्रकार के संस्मरण अनुसंधान काल (2010) में प्रकाशित हुए। उसमें से कनाडा की सुधा गुप्ता का 'रिश्ता' शीर्षक संस्मरण कथात्मक शैली का सुंदर उदाहरण है। दिल्ली जैसे महानगर में लोगों को मूल शहर से दूर रहना पड़ता है। यातायात की असुविधा कभी–कभी ऐसे निवासियों को हैरत में डाल देती है और उसमें भी घर में जवान लड़की हो, पढ़ने के लिए दूर जाती हो, लौटते वक्त बस चूक जाए तो पूछो मत। आज तो खैर मोबाइल है, पर कुछ बरसों पहले ऐसी स्थिति में प्रतीक्षा और चिंता मनुष्य को निगल लेती थी। लेखिका की बेटी अर्पिता को नयी दिल्ली से चंडीगढ़ रवाना करती है। अपनी सहेली सोनाली के घर अर्पिता शाम को पहुँच जाती है। सहेली ठहरने के लिए जिद करती रही पर अर्पिता माँ की चिंता का खयाल कर उलटे पाँव दिल्ली लौटती है। दिल्ली पहुँचते रात हो चुकी थी। पालम विहार की अंतिम बस जा चुकी थी। इधर अर्पिता पसोपेश में थी और उधर अभिभावकों की जान अधर में लटकी थी। द्वारका जाने के लिए कोई रिक्शा वाला तैयार नहीं था। अंत में सुरेश नामक रिक्शा वाले ने उसे घर पहुँचाया। अभिभावकों ने रिक्शा वाले को रात को अपने यहाँ रुकवाया। जिस सभ्यता और सद्‌भाव के दर्शन सुरेश ने कराए, उसका यह संस्मरण पाठकों को भी रिश्ता जोड़ने, मदद करने की प्रेरणा और सीख देता है। एक रिक्शा वाले को संस्मरण का नायक बनाकर सुधा गुप्ता ने अपनी सामाजिक प्रतिबद्धता सिद्ध की है। कथात्मक शैली से यह संस्मरण अपना प्रभाव छोड़ने में कामयाब रहा है। संस्मरण का शीर्षक सटीक एवं संक्षिप्त है। संस्मरण में महानगर का वातावरण एवं महानगरीय तटस्थता, तनाव, तनहा जीवन सब मार्मिक ढंग से चित्रित हुआ है।

शशि पाधा, अमरीका स्थित प्रवासी भारतीय हैं। उनके 'दृश्य–पटकथा–पात्र' शीर्षक इस संस्मरण के अलावा प्रस्तुत वेबसाइट पर प्रकाशित उनके अन्य संस्मरण भी पठनीय हैं। अपने निवृत्त एवं वृद्ध जीवन को लेखिका ने नाटक के अंदाज में नेपथ्य, दृश्य आदि में विभाजित कर जीवन की विभिन्न अवस्थाओं को विभिन्न अंकों, दृश्यों में प्रस्तुत किया है। यह शैली बेहद रोचक बनी है। एक साधारण विषय को शैली से कैसे कलात्मक, क्रियात्मक, काव्यात्मक किया जा सकता है, उसका यह संस्मरण सुंदर उदाहरण बन गया है। वृद्धावस्था को चश्मे से प्रतीकात्मक ढंग से चित्रित करने की लेखिका दृष्टि कलात्मक है। लैपटॉप, मैगजीन से इसे आधुनिक जामा पहनाया है। यह संस्मरण प्रयोगशीलता के लिए सराहा जाएगा। 35 वर्ष की जिंदगी सूचकता, संकेत से चित्रित करने का लेखिका का कौशल सराहनीय है।

अमरीका की उषा देव का यात्रा संस्मरण है 'विधि की विडंबना'। लेखिका प्रवासी भारतीय है। उसे अमरीका जाकर तीन बरस हो चुके हैं उसे। तीन वर्ष के बाद वह किसी कामवश दो हफ्तों के लिए दिल्ली वापस आती है। तीन वर्षों में दिल्ली में इतने गतिमान परिवर्तन आए हैं कि विश्वास नहीं होता कि यही अपनी पुरानी दिल्ली है। बड़ी इमारतें, बड़े रास्ते, रेस्तराँ, मॉल्स, फाइव स्टार होटल्स, कारें क्या नहीं बदला? पर इन सारी प्रगति को अंजाम देने वाले बँधुवा मजदूर, उनकी हालत में कोई तब्दीली नहीं आती दिखी। इस यथार्थ से लेखिका जब वाकिफ होती है तो उसे पता चलता है कि यह तो 'विधि की विडम्बना' मात्र है। लेखिका ने इस संस्मरण से प्रगति का कृष्णपक्ष व शुक्ल पक्ष दोनों दिखाकर हमें सोचने के लिए बाध्य किया है। संस्मरण का शीर्षक एक मायूसी भले करे, पर वह हकीकत बयान जरूर करता है। वर्तमान दिल्ली का यथार्थ दर्शन इसमें हुआ है। लेखिका संवेदनशील होने के कारण भाषा में भावुकता भरी है। शैली इसकी विवरणात्मक होकर भी परोक्ष रूप से वर्तमान का आर्थिक, सामाजिक विश्लेषण करती है। संस्मरण का उद्‌देश्य प्रगति का सही रूप, अर्थ समझाना एवं विषमता का चित्रण करना है।

निष्कर्ष – इस वेबसाइट के सारे संस्मरण प्रवासी भारतीय लेखकों के लिखे हैं। उनके मन में बसी भारत की जड़ें अकसर उन्हें बेचैन करती रहती हैं। कभी रिश्ते से, कभी स्थिति से, तो कभी तथाकथित तरक्की से। इसमें अनेक शैली के प्रयोग हैं। विदेश...विशेषत: अमरीका, कनाडा देखने के बाद उनकी तुलना में भारतवर्ष उनके जेहन में निरंतर सोचने, समझने के लिए उकसाता रहता है, बेताब–बेचैन करता है। यह बेचैनी उनकी लेखनी को सक्रिय बनाती है। पर विदेश जाकर भी उनका भारतीय बना रहना यह प्रश्न निर्माण करता है कि फिर विदेश जाए ही क्यों? क्या सिर्फ पैसे कमाने? या दुनिया को जानने या स्वयं को परखने, परिष्कृत करने?

7. http://www.lekhani.net/index2.htm–

'लेखनी' वेबसाइट पर सन् 2010 के दरमियान सिर्फ पाँच ही संस्मरण प्रकाशित हुए। उसमें 'जीवन की सार्थकता' शीर्षक का संस्मरण दिनेश ध्यानी ने लिखा है। इसमें लेखक ने अपने हिमालय की घाटी में बसे गाँव की यात्रा के संस्मरण लिखे हैं। गाँव, पैतृक गाँव आदमी के मन की ऐसी दुखती रग होती है कि किसी न किसी बहाने गाँव की ओर खींचती रहती है। लेखक दस वर्ष के बाद अपने पहाड़ी गाँव सिलडपाख आया है। परिवार उसके साथ है। सर्वत्र बर्फ गिरी है। बच्चे जिंदगी में पहली बार बर्फ देख रहे थे। बस से उतरते ही वे बर्फ में खेलने लगे। गाँव में रामलीला की तैयारी थी। खेतों में मडुवा और झंगोरा की फसलें लहलहा रही थीं। रीछों ने डेरा जमाया था। उनका डर माहौल में भरा था। पहाड़ी प्रदेश में बरसात के दिनों में घना कोहरा और रिमझिम बारिश का मजा कुछ और ही होता है। वहाँ के लोग च्यूँ खाते हैं। गाँव का नजारा देखते ही बनता है। वह देखे बगैर न चैन आता है, न जीवन की सार्थकता महसूस होती है। गाँव, पहाड़, बरसात, बर्फ, लोकजीवन समझाने वाला यह संस्मरण प्राकृतिक सौंदर्य को मूर्त करता है। लेखक द्वारा प्रयोगित चित्रशैली मनोरम है। गाँव और पहाड़ी प्रदेश को प्रस्तुत करना इस संस्मरण का उद्‌देश्य है। संस्मरण का शीर्षक संक्षिप्त एवं सार्थक है। पहाड़ी जीवन की अनूठी जानकारी यह संस्मरण देता है।

'सूर सावन' संस्मरण शैल अग्रवाल ने लिखा है। शेक्सपियर की जन्मभूमि स्टैटफोर्ड अपान एवन का संस्मरण है इसमें। परंतु आश्चर्य है कि उसमें शेक्सपियर ही गायब है। यह एक पिकनिक का वर्णन मात्र बनकर रह गया है। यह एक आम संस्मरण है।

शैल अग्रवाल का ही लिखा दूसरा संस्मरण इस वेबसाइट पर है 'घर से घर तक' इसमें प्रवासी दिन के उपलक्ष्य में 'भारत दिवस' समारोह के आयोजन का वर्णन है। सूरिनाम, फिजी मॉरिशस जैसे आफ्रीकी देशों में बसे भारतीयों के मन में अपने देश, घर के प्रति जो लगाव है, वह ऐसे आयोजनों से स्पष्ट होता है। पर आजकल ऐसे आयोजन फँसते जा रहे हैं क्योंकि उनमें देश की अपेक्षा अपनों का मेला जोर पकड़ रहा है। यह एक विदेशी मेले का संस्मरण है, जो वहाँ के कार्यक्रम आयोजन पर प्रकाश डालता है।

रूपसिंह चंदेल ने 'सपनों में पिता' संस्मरण लिखकर फंतासी शैली का प्रयोग कर अपने पिता के प्रति होने वाली कृतज्ञता व्यक्त की है। पिताजी का जन्म, आरंभिक संघर्ष, नवाबगंज का उनका जीवन, पुरखे, विश्वयुद्ध आदि का चक्कर लगाता यह संस्मरण पिता कलकत्ता आकर कैसे बस गए उसकी रामकहानी बयान करता है। यह एक व्यक्तिगत, पारिवारिक संस्मरण है। सन् 1960-70 के दशक तक आता यह संस्मरण पिछले दशक के प्रारंभिक काल से लेकर साठोत्तरी तक के समाज जीवन पर भी प्रकाश डालता है। पिता की जीवनी को इसमें समग्र रूप में प्रस्तुत किया है। जन्म से मृत्यु तक की यह कथा व्यक्ति के साथ तत्कालीन समाज जीवन को भी परोक्ष रूप से इस संस्मरण के द्वारा स्पष्ट करती है। पिता की परिश्रमी वृत्ति, सीधापन, ईमानदारी, संवेदनशीलता जैसे कितने ही गुण एवं वृत्तियों को यह संस्मरण विस्तार से सुनाता अपने पैर फैलाता है। अनावश्यक विस्तार के दोष से युक्त संस्मरण फिर भी पठनीय इसलिए हैं कि उसमें पिता, परिवार के प्रति आस्था, ममता उमड़कर बहती नजर आती है। पिछले दशक के एक लंबे काल में इस संस्मरण की भाषा और शैली में अपनापन भरा है। शीर्षक संक्षिप्त है।

निष्कर्ष – इस प्रकार हम देखते हैं कि विभिन्न वेबसाइट्स पर संस्मरण प्रकाशित करने का क्रम रहा है। 'रचनाकार', सृजनगाथा 'अभिव्यक्ति' जैसी वेबसाइट स्तरीय संस्मरण प्रकाशित करती नजर आती हैं। संस्मरण विषय, भाषा, शैली की दृष्टि से विविधता के दर्शन कराते हैं। प्रकृति, साहित्यकार आदि पर लिखे संस्मरण बेहद रोचक हैं। कुछ स्थल विषयक संस्मरणों में भी यह रोचकता देखी जा सकती है। फंतासी, पत्र, साक्षात्कार, नाटक जैसी विधाओं का प्रयोग कर लिखे संस्मरणों में प्रयोगशीलता और कलात्मकता है। इतिहास और अतीत को सजीव कर वर्तमान समृद्ध और भविष्य विकसित करने की लेखकों की जद्दोजहद अनुकरणीय है। लेखकों में प्रवासी भारतीयों की उपस्थिति और योगदान से विषय का दायरा चौड़ा बनने में मदद मिली है। संस्मरणों के शीर्षकों में भी काव्य है। हिंदी भाषा और साहित्य के क्षितिज को विकसित करने वाले ये संस्मरण नए युग और क्रांति की दस्तक देते दिखाई पड़ते हैं।

4.4.7 डायरी (Diary) –

दैनिकी, रोजनामचा, डायरी, जर्नल जैसे नामों से प्रचलित साहित्य विधा पुरानी है। कुछ लोग इसे साहित्य विधा मानने से कतराते हैं। पर आज इतिहास, पत्रकारिता, संपर्क एवं सूचना क्रांति के दिनों में इसका महत्त्व बढ़ा है। डायरी प्रकाशन की संख्या भी विश्व साहित्य में दिनोदिन बढ़ रही है।

व्यक्ति और समाज दोनों ही दृष्टि से नियमित दैनिकी लेखन महत्त्व का होता है। मध्य युग से डायरी लेखन प्रचलित है। हिंदी में पाश्चात्यों के प्रभाव से इसका आरंभ हुआ। सन् 1920 के आसपास लिखी 'नरदेव शास्त्री वेदतीर्थ की जेल डायरी' हिंदी की पहली डायरी मानी जाती है।

डायरी लेखक अपनी दैनिकी में नियमित रूप से लिखता है। पहले दिनांक, महीना, वर्ष, समय दर्ज करते थे। आज मुद्रित, छपित डायरी पर लिखने का रिवाज चल पड़ा है। लेखक दिन की या तो सारी अथवा चुनींदा महत्त्वपूर्ण घटना, प्रसंगों को इसमें दर्ज करता है। इसका लेखन प्राय: उत्तम पुरुष एकवचन में होता है। पर युद्ध, सामूहिक अभियानादि में वह अन्य पुरुष बहुवचन में भी लिखी जा सकती है। किसी महत्त्वपूर्ण प्रसंग, आंदोलन, उपक्रम की भी डायरी लिखी जा सकती है। डायरी में महत्त्वपूर्ण प्रसंग, घटना, प्रतिक्रिया, भाव, मनोव्यापार को दर्ज किया जाता है। इसमें तटस्थता, यथार्थता, निष्पक्षता, निजता का होना जरूरी है। युद्ध, यात्रा, जीवन, संघर्ष को लेकर लिखी डायरियाँ प्राय: सभी भाषाओं में उपलब्ध हैं। हिंदी में घनश्यामदास बिड़ला, महादेवभाई देसाई, आचार्य विनोबा भावे, महात्मा गांधी, सुशीला नायर, सज्जन सिंह, इलाचंद्र जोशी, कन्हैयालाल मिश्र 'प्रभाकर', धर्मवीर भारती, जगदीश गुप्त आदि की डायरियाँ प्रकाशित हुई हैं।

आज के सूचना और संपर्क क्रांति के युग में अंतर्जाल पर लिखे जाने वाले नियमित ब्लॉग्ज डायरी का ही विकसित रूप हैं। दुनिया की पहली 'ऑनलाइन डायरी' लिखने का श्रेय क्लाउडियो पिन्हानेज को जाता है। उनकी 'Open Diary' का प्रकाशन 14 नवंबर, 1994 को आरंभ हुआ।[1]

डायरी का दूसरा रूप जर्नल है। पर दोनों में एक बुनियादी अंतर है। डायरी नियमित (Daily) लिखी जाती है जबकि जर्नल आवश्यकतानुसार (frequently) लिखा जाता है। ब्लॉग्ज भी ऐसे ही हैं। वे प्रसंगवश या नियमित लिखे जाते हैं। हिंदी अंतर्जाल पर सैकड़ों ब्लॉग्ज उपलब्ध हैं। इन पर साहित्य लेखन भी होता है।

1. http://www.srijangatha.com–

डायरी साहित्य विधा के अंतर्जालीय प्रकाशन का श्रेय प्राप्त करने वाली एकमात्र वेबसाइट 'सृजनगाथा' है। अनुसंधान काल में इस पर दो-तीन डायरियों के अंश प्रकाशित हुए हैं।

एक है सूरज प्रकाश की 'अहमदाबाद डायरी के कुछ पन्ने'। इसमें सन् 1993 तथा 1994 के कुछ अंश हैं। लेखक गोटियामाल जो बलसाड (गुजरात) से कोई सौ किलोमीटर की दूरी पर होने वाला गाँव है। वहाँ जाने पर वे एक आश्रमशाला देखते हैं। यह एक निवासी विद्यालय है। एक अध्यापक वह सपत्नीक चलाते हैं। इस आश्रमशाला में पहली से पाँचवीं कक्षा के 13 वर्ष तक के सौ-डेढ़ सौ बच्चे पढ़ते हैं। उनमें कुछ लड़कियाँ भी हैं। सरकार, पंचायत, धर्म संसद आदि की सहायता से वह चलती है। हर बच्चे का औसत खर्च सौ-सवा सौ रुपए आता है। इस खर्च से बच्चों को निवास, भोजन, शिक्षा, स्वास्थ्य आदि सुविधाओं के अलावा व्यक्तिगत चीजें जैसे बस्ता, कपड़े, बिछौना, जूते, यूनीफॉर्म, तेल, साबुन आदि मुहैया कराई जाती है। आश्रमशाला की यह दुनिया लेखक के लिए नई थी, जो उसे 'जादुई' न लगती तो ही आश्चर्य!

---

1. www.wikipidia.com

इसका दूसरा पन्ना अहमदाबाद में हिंदी के कवि शमशेर तथा उनकी पत्नी रंजना आरगडे के आतिथ्य संबंधी है। इत्तफाक से वे उनके घर 27 मार्च, 1994 को गए थे। उस दिन होली थी। घर में आत्मीय परिजनों का मेला-सा था। 'बुद्धिजीवियों की होली' देखने, अनुभवने का अवसर इस बहाने सूरज प्रकाश को मिला।

उसी दिन दोपहर अहमदाबाद आकाशवाणी केंद्र गए। वहाँ कवि सम्मेलन का आयोजन किया गया था। प्रसार भारती की ओर से अनुदान आया था। खर्च करना था। 29 कवि, एक संचालक, एक केंद्र निदेशक और एक श्रोता की उपस्थिति में संपन्न इस अनूठे कवि सम्मेलन का एकमात्र उद्देश्य अनुदान खर्च करना था। 'बिना श्रोता सम्मेलन' की लेखक द्वारा दी गई संज्ञा और वर्णन से सरकारी मानसिकता का पता चलता है।

इस बिखरे पन्नों में बंद संस्मरणों में लेखक का लेखन संघर्ष, नौकरी का तनाव, आर्थिक तंगी, डॉक्टर मित्र के अनुभव जिनमें कोढ़ी, भिखारी अपने व्यंग्य का दुरुपयोग कर कैसे जीते हैं, सब पठनीय एवं विचारणीय हैं।

सूरज प्रकाश की डायरी के इन कुछ पन्नों से लेखक का लेखन संघर्ष, समाज निरीक्षण, मन की बेचैनी के जो दर्शन होते हैं, उससे डायरी लेखक की संवेदनशीलता का भी बोध होता है। डायरी की भाषा सुबोध है। शैली में संवेदनशीलता का भाव है। डायरी की भाषा सुबोध है। शैली में तटस्थता एवं निजीपन है। अपने निरीक्षण एवं प्रतिक्रियाएँ दर्ज करने में लेखक ने कोई कसर नहीं छोड़ी है।

'वह तो कविता का ही घर' शीर्षक डायरी अंश लिखे हैं रमेशचंद्र शाह ने। इसमें सागर शहर की स्मृतियों की कुछ कड़ियाँ हम पाते हैं। यह शहर उत्तरी भारत के अन्य शहरों जैसा ही अराजकता और अस्त-व्यस्तता से घिरा है। मुहल्ले और बजबजाती गलियाँ शहर का नकाब दूर करती हैं। पर पहाड़ से दिखाई देने वाला शहर, नदी, विश्वविद्यालय का नजारा देखते ही बनता है। हमने अंग्रेजों से ऐब तो ली पर गुण नहीं। इसका मलाल उसे विदेश के सुखद अनुभवों की पार्श्वभूमि में अधिक होता है। वहाँ लेखक की प्रतिष्ठा सर्वोपरि है। सागर में उसका अभाव लेखक को अखरता है। लेखक को यह बात भी अखरती है कि आज की पत्रकारिता में समर्पण, जवाबदेही लुप्त होकर एक यंत्रवतता आई है। 'टेबल जर्नलिज्म' या 'साइबर जर्नलिज्म' चिंता का विषय है। मीडिया का व्यक्ति स्पशृ एवं व्यक्ति संवाद 'दूर संवाद' बन गया है। कभी लेखक के बिना लिखे महीने गुजर जाने की बेचैनी यहाँ दर्ज है। लेखक का 'तुमुल कोलाहल, कलह' अस्वस्थ करता है।

इसमें खुशवंत सिंह कें संस्मरण हैं। विशेषकर 'योजना' मासिक के उनके संपादन काल में 'चाय' जैसे विषय पर प्रकाशित आलेख, लेखक द्वारा किए गए अनुवादों का प्रकाशन, उसके ग्रंथ प्रकाशन की निराशा आदि घटनाओं का डायरी में लिखा मजमून लेखकीय संघर्ष को स्वर देता नजर आता है।

दामोह की स्मृतियाँ भी पठनीय पन्ना है। कुजुलपुर, मंदिर, पहाड़ आदि वर्णन से लेखक का प्रकृति और परिवेश का प्रेम स्पष्ट हो जाता है।

पंडित जवाहरलाल नेहरू के अलीगढ़ विश्वविद्यालय में दिए गए भाषण अंश इस डायरी के कुछ पन्नों में उद्धृत हैं। धर्मनिरपेक्षता की पोल खोलने वाला नेहरू का वक्तव्य तथा उससे

उद्भूत लेखक के विचार कुछ पन्नों में दर्ज हैं। उससे लेखक की वैचारिक भूमिका स्पष्ट होती है। इसमें मूल अंग्रेजी पाठ के साथ उसके अंग्रेजी तर्जुमे को देकर लेखक ने आम आदमी का खयाल रखा है।

नीत्शे की सकारात्मकता और विखंडनवादी नकार के द्वंद्व का पन्ना बौद्धिक कवायद सिद्ध हुआ है। इसमें कला, जीवन, सत्य आदि की विवेचना, ऊहापोह है।

रमेशचंद्र शाह के ये डायरी के पन्ने आम पाठक के लिए खास नहीं हैं। एक दिमागी द्वंद्व के रूप में इन पन्नों को देखा जाना चाहिए। प्रतिक्रियात्मक शैली में लिखे ये डायरी के पन्ने अतिबौद्धिक हैं और इसलिए समझने में जटिल भी।

निष्कर्ष – लेखन संघर्ष, नौकरी का तनाव, आर्थिक तंगी, जीवन के अनुभव दर्ज करने वाली डायरी के चंद पन्नों में कोई महत्त्वपूर्ण तथ्य हाथ नहीं आते। रमेशचंद्र शाह के डायरी के पन्ने पठनीय हैं और विचारणीय भी। उनमें तुमुल कोलाहल है और कलह भी। यही कारण है कि वह डायरी कलात्मक बनी है। अन्य एक में साधारण-सी बातें दर्ज हैं।

4.4.8 साक्षात्कार –

साक्षात्कार एक अंतरंग संवाद है। आधुनिक काल में जीवन के सभी क्षेत्रों में उसके विभिन्न रूप देखे जा सकते हैं। पर जहाँ तक साहित्य विधा के रूप में उसे देखने का सवाल है, प्राचीन काल से वह अस्तित्व में है। जब दो लोग एक-दूसरे से रू-ब-रू होते हैं, संवाद आरंभ होता है। हमारा आरंभिक संवाद मौखिक, वाचिक था। संस्कृत साहित्य में खंडन-मंडन पहले मौखिक ही होता था। साक्षात्कार के लिए संस्कृत में 'दर्शनम्' शब्द का प्रयोग किया जाता है। दर्शन का अर्थ है भेंट, ज्ञान, तत्त्वज्ञान आदि। किसी के दृष्टिकोण को जान लेने हेतु पहले व्यक्ति से संपर्क किया जाता था। संपर्क के बाद भेंट की जाती। भेंट में संवाद होता है। यह संवाद प्रश्नोत्तर से होता था। मौखिक संवाद, खंडन-मंडन का रूपांतर लिखित में होकर भेंटवार्ता, साक्षात्कार, अंतरंग संवाद की निर्मिति हुई। ये शब्द अलग-अलग अर्थ व्यक्त करते हैं। प्रत्येक शब्द साक्षात्कार के अलग पहलू का वहन करता है। भेंट एवं संवाद आदान-प्रदान से साक्षात्कार साकार होता है।

अंग्रेजी में इसके लिए प्रचलित शब्द है–Interview, इसका अर्थ होता है, अंतरंग दृष्टिकोण जानने हेतु किया गया संवाद। अंतर्संवाद साक्षात्कार है। उर्दू मुलाक़ात शब्द का अर्थ होता है भेंट, रू-ब-रू होना है। अंग्रेजी में इंटरव्यू के स्वरूप या सूत्र को छह प्रश्नवाचक सर्वनामों में पिरोया गया है। who, what, how, why, where, when का समन्वित उत्तर साक्षात्कार है। साक्षात्कार के लिए दो व्यक्ति आवश्यक होते हैं। एक साक्षात्कारी (Interviewee) यानी जिसकी भेंटवार्ता करनी है, वह व्यक्ति। दूसरा साक्षात्कार कर्ता, भेंटकर्ता, प्रश्नकर्ता (Interviewer)। साक्षात्कार औपचारिक-अनौपचारिक दोनों तरह का होता है। औपचारिक साक्षात्कार सुनियोजित होता है। उसकी परिभाषा करते हुए कहा गया है कि, "An interview is a structured conversation between two people, aimed at gaining information from one of them and conveying it to the readers."[1]

---

1. www.library.nudgee.com

साहित्यिक साक्षात्कार के स्वरूप को देखते हुए यह स्पष्ट होता है कि हमें जिसके व्यक्तित्व, कृतित्व एवं दृष्टिकोण को जानना है, वह साहित्यकार, समीक्षक, कवि, व्यंग्यकार, पत्रकार पहले हमें चुनना होता है। फिर उससे जो जानना है वह निश्चित कर उसके अनुसार प्रश्नों की रचना करनी होती है। साक्षात्कार से जो आशय सामग्री हम पाठकों के सामने रखना चाहते हैं, उसके अनुसार निश्चित किए गए प्रश्नों का तार्किक क्रम निश्चित करना होता है। प्रश्नोत्तर के दौरान आवश्यकता के अनुसार दृष्टिकोण, प्रश्न, उत्तर का अनौपचारिक आदान-प्रदान होता है और परिवर्तन भी। साक्षात्कार के कच्चे चिट्ठे या ध्वनिमुद्रण या चित्रण के आधार पर साक्षात्कार का अंतिम संपादित एवं संस्कारित मसौदा तैयार किया जाता है। वही साक्षात्कार का अंतिम प्रारूप है।

साहित्यिक साक्षात्कार का रूप-स्वरूप समय के साथ विकसित हुआ है। पहले साक्षात्कार मौखिक थे। लेखन विकास से वे लिखित बने। दृक्-श्रव्य साधनों एवं संपर्क क्रांति के युग में उसके रूप, प्रारूप बदलते गए। लिखित साक्षात्कार अखबार, पत्रिका, ग्रंथ में छपते थे। प्रकट साक्षात्कार का भी दौर चला सांस्कृतिक, साहित्यिक समारोह, सम्मेलनों में। रेडियो से श्रव्य साक्षात्कार, संवाद प्रक्षेपित होते रहे। दूरदर्शन के युग में पहले कृष्ण-धवल तथा बाद में रंगीन दृक्-श्रव्य साक्षात्कार प्रक्षेपित होते रहे। उपग्रह, वीडियो, संगणक, अंतर्जाल का दौर आया तो दूर-साक्षात्कार (Distant Interview or Video Conference or Video Interview) टी.वी., चैनल, इंटरनेट से प्रकाशित होते आए हैं। इन सुविधाओं से पुन:श्रवण, पुन:प्रक्षेपण, पुनर्भेंट, दूरस्थ, निकटस्थ, स्थिर, चलित, अग्रेषित, पार्श्व श्रवण, उत्तर श्रवण (Broadcasting, Relay, Pause, Close-up, Fast, Forward, Reverse etc.) अब पल-उँगली की बात हुई।

संगणक, अंतर्जाल के विकास से साहित्य और भाषा की विभिन्न वेबसाइट्स का निर्माण हुआ। वेबसाइट्स से समाचार, साक्षात्कार, साहित्य प्रकाशन का एक नया सिलसिला शुरू हुआ। लिखित साहित्य के साथ e-literature, web-literature का नया युग शुरू हुआ। आज हिंदी भाषा और साहित्य की हजारों वेबसाइट्स हैं। उन पर साहित्य, संवाद, संपर्क, संदेश, अनुवाद, खोज, प्रेषण, रूपांतरण, लिप्यंतरण, दूर साक्षात्कार, ई-साक्षात्कार जैसी बातें रोजमर्रा की बनी हैं। इस बृहत् शोध परियोजना के अंतर्गत हिंदी भाषा और साहित्य की 'रचनाकार', 'सृजनगाथा', 'गर्भनाल', 'साहित्यशिल्प' जैसी करीबन 13 प्रतिनिधि वेबसाइट्स को चुनकर उन पर प्रकाशित साहित्य की खोज आरंभ की तब कविता, कथा, निबंध, व्यंग्य, यात्रा विवरण, संस्मरणादि साहित्य विधाओं के साथ साक्षात्कारों के प्रकाशन का क्रम भी देखा गया। यह देखा गया कि ये सारे साक्षात्कार विस्तृत, सुनियोजित, साहित्यिक रहे। यह भी देखा गया कि साक्षात्कार कर्ता साक्षात्कारी को जान लेने के लिए खूब तैयारी (Home work) करता है। विशेषकर उनके प्रश्न, क्रम, पहलू आदि से यह समझ में आए बिना नहीं रहता। प्रवासी तथा आप्रवासी भारतीय लेखकों, कवियों, व्यंग्यकारों को साक्षात्कार के लिए चयनीकृत करने के पूर्व एक विशिष्ट हेतु से उन्हें चुना जाता है। यह भी निरीक्षण में आया है कि साक्षात्कारकर्ता उनके नए तंत्रज्ञान, प्रश्न, विश्व के बारे में जानने के लिए उत्सुक हैं। वे रचनाकारों को आज की कसौटी पर परखना चाहते हैं।

1. http://www.abhivyakti-hindi.org–

'अभिव्यक्ति' वेबसाइट पर अनुसंधान की समय सीमा में दो साक्षात्कार प्रकाशित हुए। उसमें से पहला हिंदी कथाकार तेजेंद्र शर्मा का है। इसके साक्षात्कारकर्ता हैं महेंद्र राणा। 'कहानी, साहित्य और जीवन' से जुड़ा है यह साक्षात्कार। कथाकार शर्मा के व्यक्तित्व एवं कृतित्व पर एक ग्रंथ प्रकाशित होने वाला था। उसके बहाने यह साक्षात्कार लिया गया था। इस साक्षात्कार से हम जानते हैं कि तेजेंद्र शर्मा कहानी को साहित्य की मूल विधा मानते हैं। कहानी में फिर क्या हुआ? की जिज्ञासा बनी होती है। इस उत्कंठा से कहानी साकार होती है। कहानी में स्थूल से सूक्ष्म की यात्रा होती है। आज का लेखक कहानी 'सुनाने' के बजाय 'दिखाने' में विश्वास करता है। वह कहानी को पूर्ण विराम नहीं लगाता। कहानी का कुछ हिस्सा पाठकों के लिए छोड़ता है। कहानी में भीतरी यात्रा होती है। तेजेंद्र शर्मा किसी विचारधारा के दबाव में लेखन नहीं करते। उनके लेखन का उद्देश्य पाठकों से संवाद करना होता है। वे यथार्थपरक कहानी लिखते हैं। माइक्रोकॉस्म बनकर वे जीवन को पूरे रूप में महसूस करना चाहते हैं। आम आदमी उनकी कहानी का केंद्र होता है। उनके निरीक्षण के अनुसार हिंदी साहित्यिक (भारतीय) लिखने के लिए न खोज करते हैं, न मेहनत लेते हैं। शोधपरक लेखन दुनिया के साहित्य की बुनियाद है। 'प्रवासी साहित्य' संकल्पना उन्हें मंजूर नहीं है। उनका आम आदमी वह कमजोर आदमी है, जिस पर अन्याय हुआ है। वह लंदन का भी हो सकता है। ब्रिटेन उनके विचार में आम आदमी के रहने के लिए बेहतर जगह है। वहाँ भारत जैसा जाति–धर्म के आधार पर न खेमा है, न बँटवारा है, न भेदभाव (Discrimination)। प्रस्तुत साक्षात्कार से तेजेंद्र शर्मा के कहानी, साहित्य और जीवन के प्रति दृष्टिकोण का पता चलता है। कहानी के प्रति उनकी नई दृष्टि हिंदी कथा विकास में योग देने वाली है। महेंद्र राणा ने प्रश्नों का गोफ ठीक तरह से पिरोया है, जिससे लेखक के व्यक्तित्व एवं कृतित्व का पता चलता है। संवाद की भाषा संवेदी है। यह पठनीय एवं साहित्यिक साक्षात्कार सिद्ध हुआ है।

'हंगरी में हिंदी गंगोत्तरी' शीर्षक साक्षात्कार मारिया नेज्यैशी का है। भेंटकर्ता है गीता शर्मा। इस विश्वविद्यालय में भारोपीय भाषा विभाग है। वहाँ डॉ. मारिया हिंदी पढ़ाने का काम करती हैं। उनके हिंदी अध्ययन के प्रारंभ से लेकर हिंदी अध्यापक बनने, हिंदी अनुसंधान, प्रचार, प्रसार कार्य की जानकारी प्रस्तुत साक्षात्कार देता है। वह पढ़कर पाठक दंग रह जाता है। मारिया नेज्यैशी माध्यमिक विद्यालय में पढ़ती थी, उस समय उसके मन में प्राचीन भाषा सीखने की इच्छा हुई। उसने लैटिन और रूसी पढ़ना शुरू किया। इस दौरान उन्हें संस्कृत भाषा की जानकारी मिली। पाँच साल लगातार पढ़कर आपने संस्कृत में एम.ए. किया। फिर आपको हंगेरियन एकेडेमी आफ साइंस के प्रकाशन विभाग में नौकरी मिली। ऐल्ते विश्वविद्यालय के प्रो.तोत्तोशी ने आपको हिंदी पढ़ाने के लिए आमंत्रित किया। विभाग में कोई छात्र नहीं था, न हंगेरी में कोई हिंदी बोलने वाला भारतीय। बुदापेस्त के भारतीय राजदूतावास में जो अधिकारी, कर्मचारी थे, वे दक्षिण भारतीय थे। वे हिंदी नहीं जानते थे। ऐसी विपरीत स्थिति में हिंदी पढ़ाना बच्चों का खेल नहीं था। उन्होंने हार नहीं मानी। वे भारत आईं। केंद्रीय हिंदी संस्थान, आगरा में उन्हें छात्रवृत्ति मिली। सन् 1983 में उन्होंने हिंदी का बाजाब्ता अध्ययन किया। विदेशी होने के कारण भारतीय उनसे अंग्रेजी में बोलना पसंद करते थे। इससे उन्हें परेशानी और बेचैनी होती थी। उन्होंने भारत भ्रमण किया। यह यात्रा उनके लिए भाषा–स्कूल साबित हुई। सन् 1995–96 में आपने कन्हैयालाल मुंशी

विश्वविद्यालय, आगरा से 'प्रेमचंद और मोरित्स जिगमोंद की रचनाओं का तुलनात्मक अध्ययन' विषय पर पी-एच.डी. की। ऐल्ते विश्वविद्यालय के हिंदी विभाग को आपने पुनरुज्जीवित किया। आज डेढ़ हजार लोग हंगेरी में हिंदी बोलने-लिखने वाले हैं। आप त्रिनिदाद, टोबेगो में जाकर हिंदी आदान-प्रदान कर आई। उनके विचार में हिंदी युवा भाषा है, क्योंकि वह भारतेंदु से आरंभ हुई। हिंदी में अन्य भाषिक शब्द प्रयोग को आप भाषा विकास का जरिया मानती हैं। भेंटकर्ती गीता शर्मा ने ऐसे-ऐसे प्रश्न पूछे हैं जिससे डॉ. मारिया का भारत और हिंदी प्रेम खुलकर सामने आया। प्रश्न जिज्ञासावर्धक रहे। साक्षात्कार का लक्ष्य विदेशी व्यक्ति के हिंदी प्रेम को उजागर करना था। उसमें प्रश्नकर्ती सफल रही। साक्षात्कार का शीर्षक समर्पक है। डॉ. मारिया की विनम्रता एवं लगन अनुकरणीय है। प्रस्तुत साक्षात्कार प्रेरक एवं शिक्षाप्रद है।

निष्कर्ष – इस वेबसाइट पर प्रकाशित दोनों साक्षात्कार 'अनुभूति' की साहित्यिक गरिमा बढ़ाने वाले हैं। इन साक्षात्कारों से हिंदी भाषा और साहित्य के बदलते वैश्विक परिदृश्य का जैसे बोध होता है, वैसे ही साहित्यकार एवं भाषाविदों के हिंदी भाषा और साहित्य के प्रति होने वाले नए नजरिये का भी पता चलता है। प्रश्नकर्ता भी वैश्विक दृष्टिकोण लिये हुए नजर आते हैं। उनके प्रश्नों में कहीं भी न दोहराव है, न भटकाव। साक्षात्कारों के शीर्षक समुचित हैं। वे विषयों की ओर इशारा करते हैं। साक्षात्कारकर्ता और साक्षात्कारी में बेहतर तालमेल है। यही कारण है कि साक्षात्कारों का आशय एक गहन चिंतन को स्वर देता परिलक्षित होता है। प्रश्न छोटे और उत्तरों के विस्तृत रूप को देखते हुए साक्षात्कार की गहराई समझ में आती है। ये साक्षात्कार आंतरिक संवाद बनकर उभरते हैं। यही उनका प्रेय है और श्रेय भी !

2. http://www.srijangatha.com–

'सृजनगाथा' पर बीस से भी अधिक साक्षात्कार अनुसंधान अवधि (सन् 2010) में प्रकाशित हुए। कुछ छोटे, बड़े हैं और कुछ मैराथन भी। माधव सक्सेना 'अरविंद' (संपादक, कथाबिंब पत्रिका) कमलेश्वर की पत्नी गायत्री के छोटे भाई हैं। उनका और कमलेश्वर का रिश्ता, संबंध दीर्घकालीन रहा। यही कारण है कि 'कमलेश्वर ने फिल्मों को दोयम दर्जे की कला नहीं माना' जैसे दीर्घ शीर्षक धारण करने वाला यह साक्षात्कार भी दीर्घ रहा और अंतरंग भी। मधु अरोड़ा द्वारा अरविंद के इस साक्षात्कार से कमलेश्वर के जीवन, लेखन, सोच, संघर्ष आदि पहलुओं पर प्रकाश डाला गया है। अरविंद के साथ मधु के संवाद से हम जानते हैं कि कमलेश्वर ने आरंभ में कुछ कहानियाँ लिखीं और रेडियो-नाटक भी। कुछ नाटकों का आपने निर्देशन भी किया। किसी समय प्रूफ रीडरी, चाय की गोदाम के चौकीदार का काम करने वाले कमलेश्वर का देश के दूरदर्शन का महानिदेशक बनना आसान नहीं था। वे अनेक पत्रिकाओं जैसे 'सारिका', 'नई कहानियाँ' के संपादक रहे। नई कहानी आंदोलन में वे मोहन राकेश, राजेंद्र यादव के साथ साझीदार थे। समानांतर फिल्म प्रवाह में आपने 'बदनाम बस्ती', 'मौसम', 'आँधी', 'अमानुष', 'पति-पत्नी और वह', 'बर्निंग ट्रेन' जैसी फिल्में दीं। उपन्यास, नाटक, कहानी, पत्रकारिता कहाँ नहीं थे वे। एक कमलेश्वर में अनेक कमलेश्वर थे। अरविंद के इस साक्षात्कार से हमें कमलेश्वर के बहुमुखी व्यक्तित्व का पता चलता है। यही इसका लक्ष्य था। मधु अरोड़ा के प्रश्न लक्ष्य-केंद्री थे। इससे कमलेश्वर के सांस्कृतिक योगदान, लेखन प्रक्रिया, जीवन संघर्ष का पता चलता

है। साक्षात्कार का शीर्षक नई जानकारी देने वाला है। साक्षात्कारी के संवाद में आत्मीयता है। प्रश्नकर्ता में कमलेश्वर के प्रति आदर और आस्था नजर आती है।

मधु अरोड़ा से बातचीत की है उर्मिला शिरीष ने। इस साक्षात्कार का शीर्षक रहा है, 'आत्मकथा लेखन स्त्री सशक्तीकरण की ओर बढ़ता चरण'। मधु अरोड़ा ने कविता से लेखन आरंभ किया। उसके पहले आप नियमित रूप से डायरी लिखा करती थीं। आपका कहानी लेखन एक हादसे से शुरू हुआ। माँ–पापा ने उन्हें लेखन के लिए प्रोत्साहित किया। सन् 1965 के 'ज्ञानोदय' में आपकी 'मरी हुई चीज' कहानी प्रकाशित हुई और लौकिक अर्थ से आप लेखिका बनीं। फिर 'सारिका', 'धर्मयुग' में आप लिखती रहीं। दैनिक 'जनसत्ता' में आपने 'वामा' स्तंभ चलाया। नारी विमर्श में आपका चिंतन उल्लेखनीय साबित हुआ। परिवर्तन पर आप हमेशा आश्वस्त रही है। नारी का आत्मकथा लेखन आपके विचार में स्त्री सशक्तीकरण की पहल है। इस प्रकार यह साक्षात्कार एक नारी के लेखक बनने की दास्तान बयान करता है। इसके प्रश्न मार्मिक हैं। उत्तर बेबाक हैं। लेखिका की सोच आधुनिक है।

'वातानुकूलित कक्ष में तपती दोपहरी में लिखना फैशन हो गया है' शीर्षक साक्षात्कार गिरीश पंकज का है। आप दैनिक समाचार–पत्र के साहित्य संपादक रहे। जयप्रकाश मानस ने यह भेंटवार्ता प्रस्तुत की है। यह नए प्रतिक्रियात्मक साहित्य पर अपना रुख व्यक्त करने वाला साक्षात्कार है। गिरीश पंकज के विचार में ब्लॉग्ज इंटरनेट, सूचना क्रांति का उजला अध्याय है। इसके प्रचलन से दुनिया सही माने में वैश्विक बनी। 'वसुधैव कुटुंबकम्' को अंतर्जाल ने हकीकत बनाया। ब्लॉग्ज लोकतांत्रिक मीडिया है। इसका दुरुपयोग चिंता का विषय है। आज के व्यंग्य का स्तर घट गया है। फूहड़पन ही व्यंग्य बन गया है। विसंगति सभी क्षेत्रों में बढ़ी है। पुरस्कारों की राजनीति अपने उफान पर है। आज सच की स्थापना साहित्य की चुनौती बनी है। साहित्य प्रायोजित हो रहा है। इकतीस रचनाएँ प्रकाशित होकर भी लेखक असंतुष्ट हैं। इस प्रकार यह साक्षात्कार गिरीश पंकज के विचारपक्ष को उजागर करता है। उनके आधुनिक विचार मनन योग्य हैं। प्रश्न ऐसे हैं, जो साक्षात्कारी को खुलकर मंतव्य व्यक्त करने के लिए उकसाते हैं। साक्षात्कार का शीर्षक लंबा परंतु नजरिया स्पष्ट करने वाला है।

डॉ. गीता शर्मा द्वारा प्रो.स्वेतिस्लाव कोस्तिच की ली गई भेंटवार्ता है, 'भारतीयों का अंग्रेजी साहित्य सृजन अजीब है'। यह एक विचारणीय साक्षात्कार है। यूरोप का पहला विश्वविद्यालय होने का गौरव चेक गणराज्य की राजधानी में स्थित चार्ल्स विश्वविद्यालय को प्राप्त है। यहीं हिंदी के जाने–माने भाषाविद् डॉ. ओदोलेन स्मेकल, ज्ञानपीठ विजेता निर्मल वर्मा कुछ काल के लिए थे। उस विश्वविद्यालय के इंडॉलॉजी विभाग के अध्यक्ष थे प्रो. स्वेतिस्लाव कोस्तिच। उनके अनुसार चेक के युवकों में भारतीयों की तरह बहुराष्ट्रीय कंपनियों का आकर्षण नहीं है। हिंदी में अंग्रेजी अंकों की स्वीकृति और प्रयोग के प्रति वे नाराज हैं। सरकार की भाषा नीति के बारे में उनकी राय है कि उनके देश में अंग्रेजी का प्रयोग विदेशी भाषा के रूप में होता है। भारत में अंग्रेजी स्वदेशी भाषा बनी है। भारतीय लेखकों के अंग्रेजी पत्राचार से उन्हें अकसर हैरानी होती है। लेखक को पहले अपनी भाषा में लिखना चाहिए। अनुवाद कार्य दोयम है। चेक गणराज्य के छात्र हिंदी भाषा प्रेम के कारण सीखते हैं, न कि नौकरी की लालच से। चेक छात्र भारत आते हैं, तो निराश होकर लौटते हैं क्योंकि भारत में हिंदी बोलने का अवसर बहुत कम आता है। प्रो. स्वेतिस्लाव के ये

निरीक्षण भारतीयों की आँखों में अंजन डालने वाले हैं। हमें उनके विचारों पर गौर कर स्वभाषा प्रयोग पर बल देना चाहिए। प्रस्तुत साक्षात्कार हमारी आँखें खोलता है। साक्षात्कार के प्रश्न उम्दा हैं। उनके उत्तर विचारपूर्वक दिए गए हैं। साक्षात्कार का आशय विश्व के लिए संदेश है। साक्षात्कार में स्वभाषा का संस्कार है। साक्षात्कारी का भारत निरीक्षण हमें अंतर्मुख कराता है।

हृषिकेश सुलभ से संजय कुमार की बातचीत 'लेखक प्रतिपक्ष होता है' एक गंभीर साक्षात्कार है। हृषिकेश सुलभ को सन् 2010 का कथा यूके इंदु शर्मा पुरस्कार प्राप्त हुआ था। प्रस्तुत बातचीत उसके उपलक्ष्य में हुई थी। उनके विचार के अनुसार कथा में विचार की अनगढ़ प्रस्तुति उसे अपठनीय बनाती है। वर्तमान हिंदी कथा दृश्य से गाँव का ओझल होना उन्हें हैरत में डालता है। प्रेमचंद, रेणु के बाद हिंदी कथा से गाँव का हिमायती गायब हो गया है। साहित्यकार सरकार का चारण नहीं होता। उसकी भूमिका प्रतिपक्ष की होनी चाहिए। आज भी भारतीय समाज में और हिंदी साहित्य में सामंतशाही के अवशेषों के दर्शन उन्हें बेचैन बनाते हैं। उनके मतानुसार प्रियंवद, आनंद हर्षुल, योगेंद्र आहूजा, महेश कटारे, संतोष दीक्षित, सुभाष चंद्र कुशवाहा, पंकज मित्र, पंकज सुबीर, संजय कुंदन, अल्पना मिश्र, वंदना राग, रणेंद्र, मनोज कुमार पांडेय जैसे रचनाकार हिंदी के लिए नई आशा किरण हैं। प्रस्तुत साक्षात्कार के विस्तारित आशय में एक तरह की निष्पक्षता है। साक्षात्कार मननीय है। उसकी भाषा हृदयस्पर्शी है। इसके प्रश्न विचारप्रवर्तक हैं। साक्षात्कार का शीर्षक समुचित है।

'वंचितों पर व्यंग्य कतई नहीं करना चाहिए' शीर्षक भेंटवार्ता प्रेम जनमेजय की है। वह कराई है दिविक रमेश ने। वे स्वयं व्यंग्यकार भी हैं और कवि भी। प्रेम जनमेजय के वे मित्र और सहयोगी भी रह चुके हैं। वे दोनों एक-दूसरे के साथ उनचास पवन नहीं वसंत गुजार चुके हैं। प्रेम जनमेजय वरिष्ठ बहुमुखी प्रतिभा के धनी रचनाकार हैं। उनकी राय में कोई रचनाकार तयशुदा लेखन नहीं कर पाता। रचनाकार की प्रकृति, जीवन के प्रति दृष्टिकोण तथा उसकी संवेदनशीलता का स्तर लेखकीय व्यक्तित्व को तय करते हैं। व्यंग्य लेखन अन्य विधाओं की अपेक्षा भिन्न प्रक्रिया की माँग करता है। उसके लिए बेचैनी जरूरी होती है। हरिशंकर परसाई, शरद जोशी, रवींद्रनाथ त्यागी की तिकड़ी ने उनके व्यंग्यकार को संस्कारित किया था। व्यंग्य में यह महत्त्वपूर्ण होता है कि आप कहना क्या चाहते हैं? कैसे का क्रम उसके बाद आता है। व्यंग्य वंचित पर नहीं, संचित पर होना चाहिए। आज सर्वत्र नंगाई की मार्केटिंग है। व्यंग्य में न शॉर्टकट होता है, न वह रंग लाता है। राजनीति आज के व्यंग्य का प्रेरणास्रोत है। वैश्विकीकरण व्यंग्य से अछूता कैसे रहेगा? उसमें भरपूर विसंगति है। व्यंग्य की अपेक्षा श्रेष्ठ हास्य लिखना टेढ़ी खीर होती है। प्रतिबद्ध लेखन जरूरी है, पर वह गुलामी न हो। प्रेम जनमेजय के विचारों में आज का व्यंग्य अराजक स्थिति धारण किए हुए है। दिविक रमेश खुद व्यंग्य में माहिर होने के कारण और साक्षात्कारी की पूरी जानकारी रखने की वजह से उन्होंने ऐसे प्रश्न पूछे हैं, जिससे साहित्य और विशेषकर व्यंग्य के बारे में उनका नजरिया स्पष्ट हो जाता है। यह साक्षात्कार व्यंग्य पर एक प्रकट चिंतन बन गया है। विस्तृत साक्षात्कार के कारण विचारों में सूक्ष्मता और गहराई दोनों प्रतिबिंबित हैं। यह साक्षात्कार वर्तमान व्यंग्य पर अंतहीन खुली बहस बनकर उभरा है।

'तारसप्तक' कवि महेंद्र भटनागर से संवाद किया है आदित्य प्रचंडिया ने। संवाद का शीर्षक है 'उबाऊ अभिव्यक्तियाँ भी हिंदी काव्य में लिपिबद्ध हो रही'। प्रस्तुत साक्षात्कार उनके कवि

प्रवास को सामने रखता है। डॉ. भटनागर के पिता अध्यापक थे। साहित्य सर्जन के पीछे पारिवारिक पढ़ाई–लिखाई का वातावरण एक वजह बनी। साहित्य सृजन आपने कविता से आरंभ किया। फिर आलोचना, लघुकथा, रूपक, बाल–साहित्य आदि लिखा। आपका काव्य गुरु कोई नहीं है। पर शिवमंगल सिंह 'सुमन' से उन्होंने प्रेरणा ली थी। किसी सैद्धांतिक भूमिका की अपेक्षा वे कविकर्म को ही तरजीह देते रहे। कोरी बुद्धिजीविता उन्हें अमान्य थी। अभिव्यक्ति सौंदर्य में नयापन वर्तमान युग के रचनाकारों और प्रबुद्ध पाठकों के समक्ष बुनियादी तत्त्व है, ऐसी उनकी धारणा है। किसी खेमे में अपने आपको प्रतिबद्ध करने के वे खिलाफ रहे। फिर भी 'तारसप्तक' के कारण वे प्रयोगवादी कवि के रूप में ही परिचित रहे। उनके काव्य कर्तृत्व में वैविध्य रहा है। प्रस्तुत साक्षात्कार हमें यह सब संक्षेप में समझा देता है। यह एक सर्वसाधारण साक्षात्कार नहीं है क्योंकि विस्तार से वह अपने लेखन का इतिहास और विकास बताता है। उनकी कविता के मूल स्वर से वह हमें अवगत कराता है। कविता पर प्रकट चिंतन बना यह साक्षात्कार विचारणीय है। वह काव्यानुवाद की भी विस्तृत जानकारी देता है। चौरासी वर्षों की जिंदगी का सार होने वाला यह साक्षात्कार मैराथन न होता, तो ही आश्चर्य।

जया केतकी, कपिल तिवारी तथा संतोष श्रीवास्तव का साक्षात्कार, उन्हीं की ध्रुव शुक्ल से बातचीत, सत्यनारायण से अवनीश सिंह चौहान का संवाद भी हम इस वेबसाइट पर पाते हैं।

जया केतकी इस वेबसाइट की मशहूर साक्षात्कारकर्ती है। उपर्युक्त साक्षात्कारों के अलावा उनके द्वारा लिया व्यंग्यकार ज्ञान चतुर्वेदी का एक और साक्षात्कार यहाँ है। 'अगर प्रलय नहीं आया तो व्यंग्य बचेगा' उसका शीर्षक है। उससे हमें ज्ञात होता है कि ज्ञान चतुर्वेदी पेशे से कार्डियॉलॉजिस्ट थे। हिंदी में आपने व्यंग्य उपन्यासों की नींव डाली। वे व्यंग्य को भाव मानते थे। उनकी दृष्टि से व्यंग्य की कोई सीमा नहीं होती। हर विषय व्यंग्य का हो सकता है। व्यंग्यकारों की अपनी सीमा होती है। हास्य लिखना हवा में गाँठ बाँधने जैसा है। वह लिखना बेहद कठिन होता है। व्यंग्य का संबंध विचार से है। जब तक विचार जिंदा रहेगा, व्यंग्य बचेगा। कुछ लोगों ने कविता के अंत की घोषणा की है। व्यंग्य के साथ ऐसा नहीं हो सकता। यह साक्षात्कार ज्ञान चतुर्वेदी के व्यंग्य संबंधी दृष्टिकोण को स्पष्ट करता है। इसमें कुछ निजी प्रश्न भी आए हैं। पर लक्ष्य व्यंग्य ही रहा है। जया केतकी के प्रश्न सटीक थे। हिंदी व्यंग्य को समग्रता से समझने में उससे सहायता हुई है। व्यंग्य उपन्यास के बारे में यह साक्षात्कार हमें बहुत कुछ बताता है।

'साहित्य कभी खत्म नहीं होता' गोविंद मिश्र का साक्षात्कार है। जया केतकी ही इसकी संवादक है। कथाकार, उपन्यासकार गोविंद मिश्र पिछले पाँच दशक से सक्रिय साहित्यकार रहे हैं। साहित्य अकादमी (2002) तथा व्यास सम्मान (1998) से गौरान्वित गोविंद मिश्र ने अंग्रेजी में एम.ए. किया। उनका आरंभिक लेखन अंग्रेजी में ही रहा। फिराक गोरखपुरी, हरिवंशराय बच्चन का इलाहाबाद में आपको सहवास मिला और आप हिंदी का रुख कर गए। 'वो अपना चेहरा' उपन्यास से आपकी हिंदी की पारी शुरू हुई। दोस्तोवस्की, जैनेंद्र कुमार, शैलेश मटियानी का लेखन उन्हें भाता है। वे किसी गुट में नहीं रहे। आलोचना का उन्हें कभी डर नहीं लगा। 'Winner Stands Alone' के अनुसार अकेला रहना उन्होंने पसंद किया। भाषा का बोली से टूटता संपर्क उन्हें अखरता है। ताल्सताय की भूमि देखना उन्हें रोमांचक लगा था। प्रस्तुत साक्षात्कार से गोविंद मिश्र का जीवन, साहित्य दृष्टिकोण, प्रभाव आदि की हमें जानकारी मिलती

है। किसी लेखक को समझने के लिए साक्षात्कार उपयुक्त माध्यम होता है। यहाँ उसकी प्रचिति आती है। इसकी भाषा सुबोध है। गोविंद मिश्र मितभाषी, अंतर्मुख व्यक्ति हैं। साक्षात्कार में भी उसका प्रतिबिंब है।

'कविता में काम–चेतना' जैसे महत्त्वपूर्ण विषय पर यदि आपको सुलझी हुई सोच जाननी है तो प्रगतिशील विचारक डॉ. महेंद्र भटनागर से डॉ. सुरेशचंद्र द्विवेदी की बातचीत पढ़नी होगी। पाश्चात्य संदर्भों में ईरोस देवता का वर्णन आता है। वह काम देवता थी। भारतीय चिंतन में भी काम भाव का वर्णन है। काव्य में काम सर्वकाल में प्रतिबिंबित है। पर डॉ. महेंद्र भटनागर की कविता में वह भाव नहीं है। सुमित्रानंदन पंत की रचनाओं में वह भाव जरूर है। मनुष्य जीवन में प्रेम और प्रणय का महत्त्व होता है। स्त्री–पुरुष संबंध या परस्पर स्वाभाविक आकर्षण तिरस्कार की वस्तु नहीं। वह स्वाभाविक है। पर साहित्य में उसकी मात्रा की अपनी मर्यादा है। साहित्यशास्त्र और रतिशास्त्र में अंतर है। इसे स्वीकार करने पर कोई प्रश्न नहीं रहता। इस साक्षात्कार में अपवाद विषय पर चर्चा कर संवादक ने बहुत बड़ा काम किया है। डॉ. भटनागर ने भी प्रश्नों के उत्तर विवेक, नैतिकता, मर्यादा के मूल्यों की चौखट में परंतु प्रागतिक दृष्टि से दिए हैं। प्रश्नों की बुनावट सुनियोजित थी। समग्र साक्षात्कार प्रेम, प्रणय, रति, शृंगार, काम की व्याख्या करता है। इसलिए वह मननीय बना है। साक्षात्कार की भाषा में तर्क और बुद्धि का जो समन्वय नजर आता है, उससे यह संवाद बौद्धिक बना है। इसके प्रश्न नोंकदार थे। इसके उत्तर भी बेबाक परंतु लक्ष्मणरेखा का पालन करने वाले रहे। साक्षात्कार सनसनीखेज नहीं परंतु विचारोत्तेजक जरूर है।

गजल गायक जगजीत सिंह से भेंटवार्ता की है संजय कृष्ण ने। शीर्षक है, 'गजल गायकी में टिका हूँ'। शीर्षक से स्पष्ट है कि साक्षात्कार गायकी से संबंधित है न कि रचना से। जगजीत सिंह ने अनेक गजलें गाईं। पर कोई एक प्रिय हो ऐसा नहीं था। गायन के लिए गजल चुनते समय वे सोचते जरूर थे। लगभग सभी कवियों की गजलें–गालिब, मीर से लेकर जिगर मुरादाबादी तक आपने गाई। लगातार तीन पीढ़ियों को आपने अपनी गायकी से रिझाया। सत्तर की उम्र में आपने सत्तर कार्यक्रम किए। फिल्म के क्षेत्र में आपने मंटो पर फिल्म बनाई। इस साक्षात्कार से गायक का अंदाज मालूम होता है। संजय कृष्ण के प्रश्न मार्मिक थे। जगजीत के उत्तरों में अंतरंग संवाद की खुशबू मिलती है। यह साक्षात्कार नई जानकारी देने वाला सिद्ध हुआ है।

उपन्यासकार, कथाकार मेहरुन्निसा परवेज से संवाद किया है जया केतकी ने। 'एकदम खुलकर लिखना तो पत्रकारिता' शीर्षक से ही लेखिका की भूमिका स्पष्ट होती है। आपका जन्म बालाघाट में हुआ। 'समरांगण', 'पासंग', 'अकेला पलाश', 'कोरजा' की रचनाकार परवेज 'धर्मयुग' के कारण लेखिका बनी। रचनाएँ छपवाने के लिए आपको कोई संघर्ष नहीं करना पड़ा। आपने कल्पना से नहीं, अकसर परिवेश के यथार्थ से ही लेखन किया। कहानी आपकी प्रिय विधा रही। लघुकथा भी आपको रास आती है। प्रस्तुत भेंटवार्ता से परवेज की लेखन–यात्रा मालूम होती है। प्रश्नकर्ता के प्रश्नों में लेखन विकास की रूपरेखा रही थी। उत्तरों में उसका आलेख मिलता है। लेखन की मर्यादा समझाने वाला साक्षात्कार है यह।

इंदिरा दागी कथाकार हैं। आपसे रू–ब–रू हुए रवींद्र स्वप्निल प्रजापति। 'मैं प्रेमचंद से अलग नहीं, आगे हूँ' शीर्षक से ही यह साक्षात्कार हमें अपनी तरफ खींचता है और आखिर तक पकड़ रखता है। यही उसकी सफलता है। नव कथाकार होते हुए भी आपकी सोच दाद के काबिल

है। आपका विचार है कि जाति और जेंडर के आधार पर कलाकार की योग्यता का मूल्यांकन उचित नहीं। हिंदी को इससे ऊपर उठना चाहिए। लेखक का व्यक्तित्व पारदर्शी होना चाहिए। साहित्यिक और व्यक्तिगत जिंदगी अलग नहीं होनी चाहिए। देस-परदेस का विभाजन आपको अमान्य है। आप जहाँ होते हैं, वही आपका परिवेश है। पाठक प्रशंसा लेखक के लिए नशा से कम नहीं होती। मैत्रेयी पुष्पा, कमलेश्वर, उदयप्रकाश, दुष्यंत, चेखव, ताल्सताय, हेमिंग्वे, गोर्की, एडगर एलन पो आपके प्रिय साहित्यिक रहे हैं। वे अपने आपको प्रेमचंद से अलग नहीं, आगे मानती हैं। उनके विचार में आलोचक सुनार है, पारखी है। विचारों की ऐसी स्पष्टता शायद ही किसी साक्षात्कार में मिलती है। प्रजापति के प्रश्नों की कुशलता से यह संभव हो सका। इंदिरा दागी के उत्तरों में आत्मविश्वास है, अहंकार नहीं।

'मापदंड आलोचना के आरोपित नहीं होते' का ऐलान करने वाला साक्षात्कार 'वसुधा' पत्रिका के संपादक कमला प्रसाद का है। जया केतकी ने उनसे यह संवाद किया था। कमला प्रसाद हरिशंकर परसाई को अपना साहित्यिक एवं वैचारिक गुरु मानते थे। आपने कविताएँ, कहानी, निबंध, समीक्षा सब तरह का लेखन किया। आपकी मान्यता थी कि सृजन प्रक्रिया से आलोचना का निर्माण होता है। आलोचना हो या रचना वह उनकी दृष्टि में संपादन कर्म ही था। आज संपादक के नगण्य महत्त्व का कारण वे पूँजी का प्रभाव मानते हैं। दुनिया को ईश्वर ने नहीं, विज्ञान ने बनाया है, इस पर उनका विश्वास था। स्त्री-पुरुष भेद होता है पर असमान व्यवहार उन्हें अमान्य था। सभ्यता में विकास की अपनी प्रकृति होती है। वही प्रकृति भाषा विकास तय करती है, ऐसी उनकी धारणा थी। इस साक्षात्कार में पत्रिका संपादन, पाठक संख्या, लघु पत्रिका की बाढ़, युवक और साहित्य आदि अनेक प्रश्नों पर कमला प्रसाद ने अपनी राय दी है। राष्ट्रीयता, वैश्विकता पर भी आपने यहाँ विचार व्यक्त किए हैं। इस साक्षात्कार से साहित्य का वर्तमान परिदृश्य स्पष्ट हुआ है। भूमंडलीकरण की चुनौती पर भी आपने मत दिया है। यह ऐसी विस्तृत मुलाकात रही है, जो साहित्य व्यवहार के अनेक अंगों को एक साथ स्पर्श करती है। कमला प्रसाद की भाषा में एक तरह की प्रासादिकता है। आलोचना, संपादन जैसे कठिन कर्म को निभाते हुए आपने सृजन को बरकरार रखा, यह पढ़कर ताज्जुब हुए बिना नहीं रहता।

निष्कर्ष के तौर पर हम कह सकते हैं कि सृजनगाथा के अधिकतर साक्षात्कार जया केतकी द्वारा लिये गए हैं। इसलिए प्रश्नों का एक साँचा-सा तैयार नजर आता है। फिर भी प्रश्नकर्ता की अध्यवसायिता अभिनंदन की पात्र है। ये साक्षात्कार वैविध्यपूर्ण हैं। लेखक, कवि, व्यंग्यकार, आलोचक, संपादक, गायक आदि के साक्षात्कार भिन्न रुचि के होकर भी पठनीय रहे। अधिकांश साक्षात्कार में विषय, व्यक्ति, कृति की समग्रता उजागर करने का प्रयास रहा। साक्षात्कार के शीर्षक लंबे हैं। कुछ समर्पक, तो कुछ बोझिल भी। सारे साक्षात्कारों के उत्तर विस्तृत रहे। वस्तुनिष्ठ (Objective) प्रश्न तथा उत्तर अपवाद में भी नहीं आए। प्रश्न का क्रम एवं रचना तार्किक संगति की रही है। प्रश्न और उत्तर का ताँता व्यवस्थित बुना गया। परिणामस्वरूप साक्षात्कार का आशय प्रश्नों के विभिन्न पहलुओं के होते हुए भी एक अंत:सूत्र प्रस्तुत करता नजर आया। साक्षात्कारों की संश्लिष्टता महत्त्व की रही। भाषा सुबोधता से ये साक्षात्कार हमेशा कुछ देते नजर आए। इन साक्षात्कारों से हिंदी भाषा और साहित्य की नई पहचान कायम होती महसूस हुई।

3. http://www.hindisahityamanch.com–

'हिंदी साहित्य मंच' वेबसाइट पर प्रकाशित एकमात्र साक्षात्कार है वरिष्ठ कवि अरुण कमल का। उनसे बातचीत की है अरविंद श्रीवास्तव ने। उसका शीर्षक है, 'आज के साहित्य में शोषितों की आवाज मद्धिम'। अरुण कमल के विचार में कवि का श्रेष्ठ, ज्येष्ठ, युवा होना कोई मायने नहीं रखता। दुनिया की अनेक श्रेष्ठ रचनाएँ साहित्यकार, कवि जब युवा थे, तभी लिखी गई है। रचनाकार की अपेक्षा वे पाठकों से उम्मीद रखते हैं। अरुण कमल के प्रेरणास्रोत आरंभ में धूमिल, नागार्जुन थे। परवर्ती काल में निराला, तुलसी, कबीर, गालिब, नजीर, शेक्सपियर आपके प्रिय कवि एवं प्रेरणास्रोत रहे। 'महाभारत' आपका प्रिय महाकाव्य रहा है। उनके मतानुसार लेखन रचनाकार के बस की बात नहीं होती। हर कोई अच्छा लिखना चाहता है। समाज में अनेक अंतर्विरोध या अंत:संघर्ष होते हैं। किसी को झुठलाया नहीं जा सकता। लेकिन एक मुख्य अंतर्विरोध होता है जो कमल की समझ से आर्थिक है और इसलिए वर्गाधारित है। आज के साहित्य में शोषितों यानी गरीबों की आवाज मद्धिम पड़ी है। अपनी बात बेबाकी से कहना कम हुआ है। कविता के बारे में उनकी धारणा है कि कविता समाज से नहीं, समाज कविता से कट रहा है। समाज आईपीएल शरण हो रहा है। साहित्य में खेमेबाजी का आरोप अरुण कमल खारिज करते हुए कहते हैं कि एक जैसा सोचने, पसंद करने, विश्वास करने वाले लोग एक साथ होते हैं। उसे खेमेबाजी कहना गलत है। हिंदी कविता को विश्व श्रेष्ठ बनाने के लिए कविताओं के अनुवाद भारतीय तथा विश्व की विभिन्न भाषाओं में होना चाहिए, ऐसा कमल मानते हैं। कंप्यूटर की आदत कमल को नहीं है। वे कलम और कागज से ही रियाज करते हैं। विवादास्पद प्रश्नों पर कमल ने कन्नी काटना ही श्रेयस्कर माना, ऐसा उनके कुछ उत्तरों से लगता है।

आज की तारीख में हिंदी का साहित्यिक माहौल पहले की अपेक्षा अधिक संवेदनशील बना है। रचनाकारों को या तो सिर आँखों पर उठाया जाता है या सरासर खारिज किया जाता है। कवि, लेखक की स्वतंत्रता का स्वीकार शायद होता है। समाज शिक्षित हुआ पर सोच उसकी आजाद नहीं रही। यह सब उपर्युक्त साक्षात्कार से समझ में आता है। अरविंद श्रीवास्तव ने अरुण कमल का पूरा अध्ययन किया है। तभी तो उनसे वे ऐसे–ऐसे प्रश्न पूछ पाए। कमल ने विवाद को टालते अपने नजरिये को साफ किया है।

निष्कर्ष – इस साक्षात्कार की भाषा जटिल न होकर भी आम नहीं है। ऐसा होना स्वाभाविक है। इस साक्षात्कार की शैली सहसंवाद की है। इसका शीर्षक कवि की विचारधारा को स्पष्ट करता है। कविकर्म समझने में यह संवाद उपादेय सिद्ध हुआ है।

4. http://www.pravkta.com–

'प्रवक्ता' वेबसाइट पर अनुसंधान काल (सन् 2010) में कुल तीन साक्षात्कार प्रकाशित हुए। उनमें से दो मुख्यमंत्रियों के रहे। साहित्य से संबंधित एकमात्र भेंटवार्ता मैत्रेयी पुष्पा की है। 'सेक्स की तलाश में नहीं रहती मेरे उपन्यासों की स्त्री' उसका शीर्षक है। शीर्षक मैत्रेयी की लेखन भूमिका विशद करता है। यह बातचीत की है चंडीदत्त शुक्ल ने। यह सन् 2007–08 का साक्षात्कार है। मैत्रेयी पुष्पा नारी विमर्श की हिमायती हैं। उनके मत आधुनिक हैं और प्रागतिक भी। उनकी रचनाओं पर सेक्स समर्थन का आरोप लगाया जाता है। उसे ठुकराते हुए आरंभ में

ही वे कुछ महिलाओं के वक्तव्य भेंटकर्ता शुक्ल को सुनाती हैं जिसमें बोलने वाली महिलाएँ स्पष्ट करती हैं कि 'यह जरूरी नहीं उनके द्वारा जना जा रहा बेटा पति का ही हो।' आपने 14 साल में 13 उपन्यास लिखकर अपने आपको बहुप्रसव लेखिका सिद्ध किया है। अपने उपन्यासों में सेक्स को केंद्रित किए जाने के आरोप को ठुकराती हुई मैत्रेयी पुष्पा स्पष्ट करती हैं कि यदि ऐसा होता तो 'ईसुरी फाग' में उसकी संभावनाएँ होकर भी सेक्स कहाँ है? अपनी नायिकाओं को मैत्रेयी पुष्पा सेक्स से नहीं यंत्रणा और यातना से घिरी मानती हैं। स्त्री-पुरुष भेद की वह कड़ी आलोचक रही हैं। उनके विचार में औरत रात के बारह बजे घर आई तो साशंकता और मर्द तड़के तीन बजे भी आए तो उसका स्वागत। यह कैसी समानता और मानसिकता? इसका विरोध न करें तो क्या करें? महिला साहित्यकारों के निशाने पर होने को लेकर मैत्रेयी पुष्पा के मन में कोई मलाल नहीं है। वह मानती हैं कि 'मैं उन महिला, बहनों की हिमायती हूँ जिनकी ओर अन्य महिला साहित्यकारों का ध्यान सहसा नहीं जाता।'

निष्कर्ष – इस प्रकार हम देखते हैं कि मैत्रेयी पुष्पा बतौर महिला साहित्यकार अपनी बेबाकी और स्पष्टता के लिए जानी जाती हैं। उन पर होने वाली टीका-टिप्पणी ईर्ष्या से होती रहती है। प्रेमचंद की कथा पीड़ा को आगे बढ़ाने का काम करने वाली वे पहली महिला कथाकार रही हैं। इस साक्षात्कार से भी वह स्पष्ट होता है। यह बातचीत चंडीदत्त शर्मा ने विविध वादों-आरोपों के परिपार्श्व में की है। स्वाभाविक है कि प्रश्न आरोपित करने वाले हैं। वह कटघरे में है पर घेरी नहीं। प्रश्न व्यूह तोड़ना वह भलीभाँति जानती हैं। मैत्रेयी पुष्पा के उत्तर दो टूक हैं। ऐसे उत्तर साहित्यकार की सोच की पारदर्शिता एवं स्पष्टता की गवाही देते हैं। साक्षात्कार के उत्तरों से आरोप की कालिमा धुँधली ही नहीं, साफ हो जाती है।

5. http://www.garbhanal.com–

'गर्भनाल' वेबसाइट पर अनुसंधान की अवधि में कुल चार साक्षात्कार प्रकाशित हुए। उनमें से एक है अभिमन्यु अनत का। अमित कुमार विश्वास ने उनसे यह बातचीत की है। इसका शीर्षक है, 'समाज में शोषक नहीं बदला बल्कि बदले केवल रूप'। यह बातचीत तब की गई थी, जब अभिमन्यु अनत महात्मा गांधी अंतर्राष्ट्रीय हिंदी विश्वविद्यालय, वर्धा में आए थे। अभिमन्यु अनत ने अपने लेखन का प्रारंभ जीवन संघर्ष से किया। उनकी रचना में संघर्ष का स्वर सर्वत्र है। इसका कारण उनके पुरखे गिरमिटिया बनकर भारत से मॉरिशस गए थे। प्रवासी भारतीयों ने विदेश जाकर भारत की भाषा, संस्कृति, साहित्य को बचाकर रखा ऐसी उनकी धारणा है। भारत में बढ़ती राजनीति उनके लिए चिंता का विषय है। उनकी मान्यता है कि राजनीति हमें तोड़ती है। मॉरिशस की मुफ्त शिक्षा नीति ने भाषा विकास में बड़ा योग दिया है। विश्व में हिंदी के प्रचार-प्रसार से आपको आनंद है। अनंत हिंदी को विश्व से बहुत पीछे नहीं मानते। विकास की संभावना से वे आशावादी हैं और आश्वस्त भी। अभिमन्यु वाद-विमर्श में साहित्य को बाँटने की अपेक्षा उसे मानवतावादी बनाने में विश्वास करते हैं। साहित्य में लोक का प्रतिबिंब वे आवश्यक मानते हैं। उनके अपने साहित्य में वह है। भारतीय साहित्य के विश्वभाषा अनुवाद के वे हिमायती रहे हैं। हिंदी प्रचार-प्रसार में जनसंचार माध्यमों का योगदान उनकी दृष्टि से प्रशंसनीय है। इस साक्षात्कार से हमें प्रवासी भारतीय साहित्यिक की हिंदी के प्रति होने वाली लगन और निष्ठा का परिचय

मिलता है। अमित कुमार विश्वास के प्रश्न वैश्विक दायरे में हिंदी की स्थिति आजमाने वाले थे, जिनके सुलझे जवाब अनत ने दिए हैं। समाज स्थिति की स्थिरता के प्रति अनत की नाराजगी उचित ही है। प्रस्तुत साक्षात्कार की भाषा सुबोध है। साक्षात्कारी की दृष्टि व्यापक है।

बी.बी.सी. हिंदी विभाग की अध्यक्ष अचला शर्मा से बातचीत कर डॉ. सुधा ओम ढींगरा ने 'ई-इंटरव्यू' का एक नया दौर शुरू किया है। अचला शर्मा का रेडियो से बचपन से ही रिश्ता जुड़ा। 'युवावाणी' की कलाकार होकर आप ए ग्रेड कलाकार बनी। हिंदी-पंजाबी के आपने अनेक रेडियो नाटक किए। परवर्ती काल में आपने टेलीविजन के लिए भी काम किया। दोनों माध्यमों के अंतर, हानि-लाभ बताते हुए आपने समझाया है कि रेडियो पर सब ध्वनित करना होता है जबकि टेलीविजन दृश्य माध्यम होने से दृक्-श्रव्य रूप आपको पूर्ण अनुभव देना होता है। श्रोता और दर्शक के ध्यान और केंद्रीकरण के अंतर को भी प्रस्तुति में ध्यान रखना होता है। आज एफ.एम. रेडियो ने क्रांति लाई है। दूरदराज का श्रोता उससे लाभान्वित हुआ है। टेलीविजन आने के बाद रेडियो कोई सुनेगा नहीं कि भविष्यवाणी झूठ साबित हुई। अब रेडियो और दूरदर्शन (टी.वी.) दोनों चौबीस घण्टे प्रक्षेपण, प्रसारण में लगे हैं। श्रोता और दर्शक भी चौबीस घंटे उपलब्ध हैं। यह सब सूचना क्रांति और भूमंडलीकरण का परिणाम है। अचला शर्मा ने कहानी लेखन भी किया है। उनकी कहानियाँ यथार्थ की आधारशिला पर खड़ी हैं। लेखन के प्रति उनकी बचपन से ही रुचि रही। उनके घर का वातावरण लेखन के लिए पोषक था। विदेश जाने के बाद आपकी कलम कुंठित हुई जरूर। पर जल्द ही उसने रफ्तार पकड़ी। रेडियो नाटक, कहानियाँ लिखीं। प्रवासी भारतीय जैसा लेबल लगा लेना आपको पसंद नहीं है। विदेश जाने से बहुसांस्कृतिक होने का अवसर मिलता है, ऐसी आपकी धारणा है। डॉ. सुधा ओम ढींगरा अचला शर्मा के जीवन और कैरियर को अच्छी तरह से जानती थीं। आपने ऐसे प्रश्न पूछे जिससे उनका सारा जीवन पट खोला जा सके। उनके नजरिए पर प्रकाश डालने वाले प्रश्नों को देखते हुए भेंटकर्ता के निरीक्षण एवं सोच का पता चलता है। साक्षात्कारी ने भी खुलकर जवाब दिए हैं। आपके उत्तरों की भाषा अनुभवजन्य है। यह साक्षात्कार माध्यम के अंतर और अनुभव के आधार पर खड़ा है। वही इस साक्षात्कार का लक्ष्य था।

डॉ. सुधा ओम ढींगरा द्वारा लिया गया एक और साक्षात्कार 'प्रवक्ता' वेबसाइट पर पढ़ने को मिला। 'हिंदी बॉलीवुड की भाषा नहीं' यह बात समझाई है अर्चना पेन्यूली ने। आपने उपन्यास, कहानी, लेख, कविताएँ, साक्षात्कार जैसा विविध प्रकार का लेखन किया। विदेश में बसे हिंदी लेखकों में आपका नाम प्रसिद्ध है। 'वेयर डू आई बिलांग' उपन्यास भारतीय ज्ञानपीठ ने प्रकाशित किया और आप चर्चा का केंद्र बनी। इसके पहले आपने 'ज्ञानोदय' में सुप्रसिद्ध डॅनिश लेखिका कारेन बिलिक्शन की कहानी का रूपांतर किया था। डेनमार्क में आए हर विदेशी नागरिक से डॅनिश प्रश्न करता है, 'वोर डू कॉमर फरा? (वेयर आर यू फ्रॉम ?)' यह प्रश्न ही उनके उपन्यास का शीर्षक बना और विषय भी। आपको लेखन की प्रेरणा घर से ही मिली। सोहलवें वर्ष काव्य लेखन से आपने साहित्य सृजन आरंभ किया। देहरादून, मुंबई में आप अध्यापिका थीं। फिर पत्र-पत्रिकाओं में आप लिखती रहीं। पति के साथ डेनमार्क गईं। यहाँ आपके लेखन को एक नया आयाम मिला। आपकी व्यथा है कि प्रवासी भारतीयों को प्रकाशक गंभीरता से नहीं लेते। 'प्रवासी भारतीय' संज्ञा आपको अमान्य है। समाज के वंचित, उपेक्षितों के प्रति आपकी आस्था

है। महुआ माजी के लेखन से उन्हें प्रेरणा मिलती है। डेन्मार्क में भारतीय साहित्य, संस्कृति पर बड़ा काम हुआ है। यह साक्षात्कार लेखिका के साहित्यिक कृतित्व पर आधारित है।

'अंग्रेजी को हटाना पहाड़ को हटाने के समान है' शीर्षक साक्षात्कार डॉ. राम चौधरी का है। यह बातचीत की है डॉ. सुधा ओम ढींगरा ने। डॉ. चौधरी अंतर्राष्ट्रीय हिंदी समिति के अध्यक्ष तथा 'ई-विश्वा' पत्रिका के संपादक हैं और उसके राष्ट्रीय संयोजक भी। एक भौतिक विज्ञान के प्राध्यापक का हिंदी प्रेम सराहनीय है। आप इटावा के भूलपुर के मूल निवासी रहे। उनके घर का वातावरण संस्कारशील था। बड़े होने पर आपने देखा कि अन्य भारतीय भाषाओं के साहित्य सम्मेलनों में हजारों की भीड़ उमड़ती है, जबकि हिंदी के लिए सैकड़ों में ही उपस्थिति रहती है। अमरीका में रहते आपने देखा कि हिंदी की तीन संस्थाएँ हैं, पर कभी मिलकर काम नहीं करतीं। इस खेमेबाजी को परास्त करने के लिए डॉ. राम चौधरी ने अंतर्राष्ट्रीय हिंदी समिति की पहल की। 'विज्ञान प्रकाश' जैसी वैज्ञानिक पत्रिका का प्रकाशन, संचालन हिंदी में किया। शिक्षा प्रसार में भी आपका योग रहा। इस प्रकार हम देखते हैं कि प्रस्तुत साक्षात्कार से डॉ. सुधा ढींगरा ने डॉ. राम चौधरी के व्यक्तित्व एवं कृतित्व को उजागर किया है। साक्षात्कार हिंदी के अंतर्राष्ट्रीय प्रयासों पर प्रकाश डालता है। यह साक्षात्कार आत्मिक संवाद जैसा है। इसकी भाषा बोलचाल की है। इसका शीर्षक लक्ष्यकेंद्री है।

निष्कर्ष – 'गर्भनाल' के ये साक्षात्कार प्रवासी भारतीयों के हिंदी भाषा और साहित्य के योगदान के लिए समर्पित हैं। इससे अंतर्राष्ट्रीय स्तर पर लोग हिंदी प्रचार, प्रसार का जो कार्य करते हैं, वह समझ में आता है। साक्षात्कारकर्ता भी प्रवासी भारतीय ही हैं। अन्य वेबसाइट पर प्रकाशित साक्षात्कारों की तुलना में ये व्यवच्छेदक सिद्ध होते हैं। सारे साक्षात्कारी मूल हिंदीभाषी हैं। कोई पूर्वज गिरमिटिया थे, तो कोई व्यावसायिक। पीढ़िया बदलीं, पली, बड़ी हुईं पर न भारत का आकर्षण कम हुआ, न हिंदी प्रेम। भाषा और संस्कृति की भूख अभाव में बढ़ती है। वैश्विक परिदृश्य में आदमी अपने आपको टटोलता है, वैसे अपने प्रांत, परिवार, परिवेश, भाषा, संस्कृति, राष्ट्र, तीज-त्योहार सबको वह परखता, उसे विकसित करने का प्रयास करता रहता है। भारतीय नागरिक प्रवासी बनकर विदेश जाते हैं। आत्मविकास के साथ भारतीय समुदाय, साहित्य, संस्कृति के विकास और प्रसार को नहीं भूलता। 'स्व' के साथ 'समूह' या 'स्व' से 'समूह' यही दिशा होती है उनके संघर्ष और प्रयास-प्रचार की। ये संस्मरणीय साक्षात्कार सांस्कृतिक महत्त्व के सिद्ध होते हैं। अन्य वेबसाइट्स की तुलना में यहाँ की ऊर्जा अधिक प्रतिबद्ध नजर आती है। सारे साक्षात्कारों का सूत्र 'भारतवर्ष' रहने से वे अनजाने में राष्ट्रीय बने हैं।

6. http://www.sahityashilpi.com–

कवि विजेंद्र, कथाकार बलराम अग्रवाल तथा ज्ञानपीठ विजेता उर्दू शायर डॉ. शहरयार के तीन साक्षात्कार अनुसंधान काल में प्रकाशित कर इस वेबसाइट ने अपने 'साहित्यशिल्पी' नाम को सार्थक बनाया है। इसमें से आरंभिक बातचीत कवि विजेंद्र से राजीव रंजन ने की है। इससे हम जानते हैं कि कवि विजेंद्र की सोच प्रौढ़ है। वे रचनाकार की रचनाधर्मिता की कुछ कसौटियाँ मानते हैं जिनमें अंतर्भूत हैं रचनाकर्म, इंसानियत, आचरण, सरोकार, समाज, हस्तक्षेप क्षमता, लोकधर्मिता, समकालीनता, गांभीर्य, समर्पण, जोखिम और संघर्ष। उनके विचार में आदमी को इंसान जरूर होना

चाहिए पर वह मयस्सर नहीं होता। लेखक को जाति-वर्ण को छोड़कर समाज के बारे में सोचना चाहिए। समाज, लोकतंत्र की छाया प्रतीति से परे रचनाकार को मूल यथार्थ प्रतीति की टोह में होना चाहिए। अन्यथा गलत अंकन संभव है। कवि विजेंद्र ने अपनी जिंदगी में गर्दिश के दिन देखे हैं। उससे उबरकर वे कवि बने। मार्क्सवाद पर आपकी श्रद्धा रही है। चाटुकारिता आपको पसंद नहीं है। विजेंद्र साहित्य को सामाजिक सरोकार की वस्तु मानते हैं, न कि वैयक्तिक। साहित्यकार को अपने विवेक से चलना चाहिए। 'हम तो चले अपनी चाल, लोग कहै उलटी'। 'साँच को जग मारन धावै, झूठा है संसार'। ये हमारे जीवनबोध होने चाहिए, ऐसा उनका विचार रहा है। उनकी दृष्टि से संघर्ष साहित्य का प्रेरणास्रोत होता है। वे समकालीनता का संबंध तारीख से नहीं तरक्की एवं वैश्विकता से जोड़ते हैं। कविता के विलोप की संभावना से विजेंद्र इनकार करते हैं। जनसंचार माध्यमों में कविता की अल्प उपस्थिति से आप खफा हैं। कविता में विचार होने के वे पक्षधर हैं। उनका मानना है कि दुनिया की कोई कविता विचारधारा मुक्त नहीं रहती। वे समाज, प्रकृति और मनुष्य को समग्र देखना चाहते हैं। कविता में भाषा गौण होती है। कथ्य कविता का प्राण है, आत्मा है। कवि उसकी भाषा से जाना जाता है, ऐसा विजेंद्र का निरीक्षण है। हिंदी नवलेखकों के बारे में आप चिंतित हैं। आज लेखन, प्रकाशन, वितरण, प्रसिद्धि में आई व्यावसायिकता के प्रति वे नाराज हैं। आज का साहित्यिक माहौल तरह-तरह से दूषित हो रहा है। उससे विजेंद्र चिंतित हैं। जनपक्षधर पत्रिका, साहित्य का स्वर क्षीण होना, उनकी दृष्टि से खतरे की घंटी है। विजेंद्र चित्रकार भी हैं। कभी चित्रकला उनकी प्राथमिकता थी, आज कविता है, वे निरंतर डायरी लिखते आए हैं। इंटरनेट पर हिंदी के वर्तमान स्वरूप में वे तब्दीली की अपेक्षा करते हैं। इस तरह यह एक मैराथन साक्षात्कार रहा। विविध प्रश्नों पर कवि ने अपने चिंतन को स्पष्ट किया है। राजीव रंजन के प्रश्न विचारोत्तेजक सिद्ध हुए। प्रस्तुत साक्षात्कार हिंदी भाषा और साहित्य के समकाल पर क्ष-किरण सिद्ध होता है। उसकी भाषा विचारप्रवण है।

डॉ. वीरेंद्र कुमार सिंह और अशोक कुमार प्रसाद ने मिलकर कथाकार बलराम अग्रवाल से संवाद किया। उसका शीर्षक है, 'उत्तरशती में हिंदी लघुकथा : संवेदना और शिल्प'। शीर्षक से ही प्रस्तुत साक्षात्कार के लक्ष्य और रुख का पता चलता है। इसमें अद्यतन हिंदी लघुकथा विकास, स्वरूप की चर्चा है। आचार्य रामचंद्र शुक्ल ने जो हिंदी साहित्य का पहला इतिहास लिखा तब से लेकर आज तक लघु आकारीय कथा 'लघुकथा' मानी गई है। यही कथा आज 'समकालीन कथा' कहलाती है। लघुकथा एकजुट होकर कभी 'नई कहानी' के समानांतर नहीं चली। 'अकहानी' में वर्णित आदमी आज तक कथा में वर्णित आदमी पूर्व कथा से भिन्न घोर व्यक्तिवादी, अतियथार्थवादी, उच्छृंखल यौनवाद में डूबा, खुलापन लिये हुए है। कथाकार बलराम कहानी के एकपक्षीय दायित्व निर्वाह के पक्षधर हैं, समग्र के नहीं। समकालीन हिंदी लघुकथा के प्रयोग, शिल्प, शैली से वे आश्वस्त हैं। लघुकथा का विधिगत रूप उन्हें मर्यादा नहीं, विशेषता महसूस होती है। विमर्शकेंद्री लघुकथा समय गुजरते अधिक सुगठित होगी, ऐसा उनका निरीक्षण है। प्रस्तुत साक्षात्कार एक विधा के लिए समर्पित होने के कारण व्यवच्छेदक बना है। कथाकार बलराम का चिंतन सृजन की फलश्रुति होने के कारण मननीय सिद्ध हुआ है। इसकी भाषा आसान न होकर भी बोधगम्य है।

शायर डॉ.शहरयार का संवाद 'यह दौर बड़ी शायरी का नहीं है' डॉ. प्रेमकुमार द्वारा किया गया है। शहरयार बी.ए. के आखिरी साल में थे तो शेर ने गति ली। मनोविज्ञान में आपने एम.ए.

के लिए दाखिला तो लिया पर फैसला गलत लगा। वे मार्क्सवादी होकर भी अगम्य शक्ति को स्वीकार करते हैं। उर्दू की स्तरीय पत्रिकाओं में उनकी रचनाएँ छपती रहीं और वे मशहूर शायर बने। उमराव जान की गजलों ने उन्हें लोकमान्यता दी। आज का दौर कल्पना का है, साहित्य का न होने की पीड़ा उन्हें अखरती है। हिंदी-उर्दू के मंच का स्तर गिर रहा है, इससे उन्हें चिंता है। मंचीय काव्य और स्तरीय, गंभीर काव्य में फासला बढ़ रहा है। यह विषम स्थिति हानिकारक है, ऐसी उनकी मान्यता है। गजल और नज्म में अंतर होता है। नज्म खास है, गजल आम होती है। पर शहरयार का मत आज इससे भिन्न होता जा रहा है। गजल कामयाब होती है, शर्त है कि नज्म कामयाब होनी चाहिए, जनरल होनी चाहिए। वह समाज का बौद्धिक स्तर ऊपर उठने की निशानी होगी। अपनी बात आम आदमी तक पहुँचना बड़ी सफलता है कविता, गजल की। यह दौर बड़ी शायरी का नहीं है। मुशायरों के बारे में आपने संयोजक, गायक, हास्य रस कवि, औरतें जैसी चार कसौटियों को गिना है, वह उनके निरीक्षण का प्रमाण है। यह साक्षात्कार उर्दू काव्य पर प्रकट चिंतन है। इसके प्रश्न विचारगर्भ थे। उत्तर अंतर्मुख करते हैं। उसकी भाषा सरल है। इसके विचार प्रगल्भ हैं। शीर्षक संक्षिप्त एवं लक्ष्यसाधक रहा है।

निष्कर्ष – अनुसंधान के लिए चयनित दस-बारह वेबसाइट्स में से पाँच-छह प्रतिनिधि वेबसाइट्स पर ही साक्षात्कार प्रकाशित हुए हैं। एक-दो अपवाद छोड़कर सारे भाषा और साहित्य पर आधारित रहे। ये साक्षात्कार भारतीय एवं प्रवासी भारतीय साहित्यकारों के रहे हैं। साक्षात्कारी की तरह साक्षात्कारकर्ता भी दोनों तरह के रहे हैं। साक्षात्कार के विषयों में वैविध्य रहा है। व्यक्ति, व्यक्तित्व, कृति, कृतित्व, विधा, विचार सबका समा यहाँ बँधा रहा है। प्रश्नकर्ताओं का गृहकार्य (Home work) साक्षात्कारों को फलद्रुम कर गया है। साक्षात्कारियों के उत्तर अधिकतर विस्तृत रहे। उनमें अनुभव, तर्क, सोच का समन्वय था। यही कारण है कि ये साक्षात्कार एक ओर पठनीय बने तो दूसरी ओर विचारणीय। साक्षात्कारों की भाषा परिनिष्ठित है। शीर्षक लंबे हैं पर उद्देश्य प्रतिबिंबित रहे। इन साक्षात्कारों से हिंदी भाषा और साहित्य का देश-विदेशी खाका सामने आया। सबसे बड़ी बात यह है कि ये साक्षात्कार एक ऐतिहासिक दस्तावेज बनकर उभरते हैं, जो हिंदी रचनाकारों के मंतव्य, दृष्टिकोण, आस्था को स्पष्ट करते हैं। इससे रचनाकारों को समझने में बड़ी मदद मिलती है।

4.4.9 समीक्षा –

किसी साहित्य कृति का मूल्यांकन समीक्षा है। समीक्षा के पर्यायवाची शब्द हैं–समालोचना, आलोचना, विवेचना, पुस्तक परिचय आदि। इक्ष, लुच् जैसे धातुओं का अर्थ है देखना। साहित्य कृति की ओर समदृष्टि से अर्थात् गुण-दोषों के साथ देखना और मूल्यांकन करना समीक्षा है। इसे परिभाषित करते हुए इन्साइक्लोपीडिया ब्रिटैनिका में कहा गया है कि, "Criticism is the art of judging the qualities and values of an asthetic object in literature or the fine art."[1] ऑनलाइन इंटरनेट पब्लिक लाइब्रेरी की धारणा में "Literary criticism is the evaluation, analysis, description or interpretation of literary works. It usually in the form of literary essay."[2]

1. शास्त्रीय समीक्षा के सिद्धांत-डॉ.गोविंद त्रिगुणायत, पृ. 344
2. www.ipl.org

समीक्षा अनेकांगी होने के कारण उसके कई पक्ष होते हैं–वैयक्तिक, ऐतिहासिक, तुलनात्मक, मनोवैज्ञानिक, साहित्यिक, व्याख्या आदि। समीक्षा करने वाला जो आलोचक होता है, उसमें सहृदयता, प्रतिभा, अंतर्दृष्टि, निष्पक्षता, वैज्ञानिकता, दार्शनिकता, अभिव्यक्ति आदि गुणों का होना जरूरी होता है। इन गुणों के अभाव में वह न तो साहित्य का रसास्वाद कर सकता है, न समीक्षा। समीक्षा की कई विधियाँ हैं–टीका, भाष्य, शास्त्रार्थ, निर्णय, विश्लेषण आदि।

आधुनिक युग में समीक्षा का संतुलित रूप विकसित हुआ। समीक्षा की दो प्रमुख विधियाँ मानी गई हैं–सैद्धांतिक एवं व्यावहारिक। इसके अलावा विवेचना, विचार, शैली, स्वरूपादि के आधार पर उसकी अनेक पद्धतियाँ एवं प्रकार माने गए हैं, जैसे–तुलनात्मक, निर्णयात्मक, आदर्शवादी, मार्क्सवादी, मनोवैज्ञानिक तथा उत्तरआधुनिक आदि। पहले यह टीका, सटीक आदि रूप में आरंभ हुई। आज की समालोचना उसका संतुलित रूप माना जाता है।

माध्यमों के विकास में मनुष्य कठिन से सरल की ओर अग्रसर हो रहा है। अब समीक्षा की अपेक्षा परिचय पर बल दिया जा रहा है। यह खास से आम की ओर जाने का रुझान है। बाजारवाद का शायद यह प्रभाव है। अंतर्जाल पर हिंदी भाषा और साहित्य की जितनी वेबसाइट्स हैं, उन पर पुस्तकों की समीक्षा के रूप में परिचय की ही परंपरा दिखाई देती है। यह परिचय कोई मान्यवर परीक्षक समीक्षक नहीं करते। करते हैं अंतर्जाल के सर्व परिचित लेखक ही। फिर भी समीक्षा की भूमिका एवं तत्त्वों का वे पालन करते नजर आते हैं। इस परिचय में देश-विदेश की तथा अंतर्जाल पर प्रकाशित रचनाओं की समीक्षा, परिचय हमें मिलता है। उसे पढ़कर उन कृतियों को पढ़ने की इच्छा होती है। यही इन समीक्षाओं की उपादेयता है और सार्थकता भी।

1. http://rachanakar.org–

'रचनाकार' वेबसाइट पर अनुसंधान काल में दस-बारह समीक्षाएँ प्रकाशित हुई हैं। ये समीक्षाएँ पुस्तकों की हैं। अपवाद में फिल्म की समीक्षा भी मिलती है।

कथाकार कादंबरी मेहरा के कथासंग्रह 'पथ के फूल' में 'हिजड़ा', 'एक और परिणीता', 'धर्म परायण बुजुर्ग', 'जैटी की सैर', 'काली मुन्नी', 'हीरे-पन्ने का हार', 'पेशा', 'भाग्य अपना-अपना', 'टेप का फायदा', 'मंथर हत्या', 'समझौता', 'इंकार' जैसी कहानियाँ हैं। इन तेरह कहानियों का प्रदेश भारत के साथ विदेश भी है। जीवन के विभिन्न भावों का इसमें चित्रण है। ये कहानियाँ मार्मिक हैं। संवादों से पात्र चित्रण एवं कथा विकास हुआ है। कहानियाँ यथार्थवादी हैं। डॉ.गिरीश कुमार वर्मा ने इसका परिचय संयत शब्दों में संतुलन से किया है।

राजनारायण बोहरे के उपन्यास 'मुखबिर' का परिचय रामभरोसे मिश्र ने किया है। उपन्यास की कथा दृश्य रूप में भले पुलिस और डाकुओं के बीच हो, परंतु होती है मुखबिर की वजह से। अत: उपन्यास का नायक मुखबिर है। चंबल घाटी की पार्श्वभूमि में उपन्यास की कथावस्तु का विकास हुआ है। वर्तमान परिदृश्य का चित्रण उपन्यास का लक्ष्य है। यह पुस्तक परिचय समीक्षक ने तटस्थता से किया है। परीक्षण पढ़कर मूल कृति पढ़ने की जिज्ञासा होती है।

रेखा राजवंशी संपादित ऑस्ट्रेलियाई कवियों की कविताओं के संग्रह 'बूमरैंग' की समीक्षा की है हरिहर झा ने। ये सारी कविताएँ प्रवासी भारतीयों की हैं। अशोक चक्रधर की मार्मिक

टिप्पणी कि 'ये कविताएँ नस्ली (वांशिक) नहीं असली हैं' से ही कविता की श्रेष्ठता समझी जा सकती है। हरिहर झा ने अनेक मान्यवरों के अभिप्रायों का दृष्टांत देकर अपनी समीक्षा को पुख्ता बनाया है। समीक्षा में मूल कवि एवं उनकी रचनाओं का दिया गया हवाला सटीक है।

'कथांजलि' संजय पुरोहित का कथासंग्रह है। उसकी समीक्षा संजय जनागल ने की है। ये कथाएँ यथार्थ पर टिकी होने से पठनीय बनी हैं। इन कथाओं का शिल्प कलात्मक है। भाषा में संप्रेषण क्षमता है। पुस्तक परिचय संक्षिप्त होकर भी संग्रह की उल्लेखनीय कहानियाँ 'सलमा का प्रसाद', 'वापसी', 'अनुत्तरित प्रश्न', 'निर्णय', 'रकम' का समुचित परिचय हमें मिल जाता है। समीक्षक का हिंदी कहानी संबंधी अपना अध्ययन होने के कारण इन कहानियों के बारे में होने वाली उनकी राय स्पष्टता से व्यक्त हुई है। समीक्षा में न अतिशयोक्ति है, न पक्षधरता। इसलिए प्रस्तुत समीक्षा मूल कृति के साथ न्याय करती परिलक्षित होती है।

भारतीय ज्ञानपीठ, नई दिल्ली की मासिक पत्रिका 'नया ज्ञानोदय' ने जुलाई तथा अगस्त 2010 के दो अंक 'बेवफाई' विशेषांक के रूप में प्रकाशित किए थे। उनकी समीक्षा की है यशवंत कोठारी ने। प्रेम, घृणा, काम, बेवफाई, वेश्यावृत्ति, देह व्यापार, देवदासी आदि पर विश्वभाषाओं में और हिंदी में 'सारिका' के अनेक अंक प्रकाशित हुए हैं। 'नया ज्ञानोदय' का समीक्ष्य अंक इसी शृंखला की कड़ी है। परंतु 'बेवफाई विशेषांक' में पाठकों को नया कुछ हासिल नहीं हुआ। 'नई बोतल में पुरानी दारू' की तर्ज पर प्रकाशित ये अंक निराश ही करते हैं। समीक्षक यशवंत कोठारी ने इस पहल पर नाराजगी व्यक्त की है। उनका उठाया हुआ औचित्य का सवाल सयुक्तिक लगता है। दूसरे अंक (अगस्त 2010) में पुरानी रचनाएँ नयी थाल में परोसने का ही उपक्रम सिद्ध हुआ। समीक्षक ने प्रस्तुत समीक्षा में साहित्यिक पत्रकारिता के हाशिए पर चले जाने के प्रति जो गंभीर चिंता व्यक्त की है, वह विचारणीय है। यह एक गंभीर समीक्षा सिद्ध होती है। इसमें विचार है। अभिव्यक्ति के प्रति समीक्षक गंभीर है। उसमें निर्णय की क्षमता है। इस मूल्यांकन में साहित्य हितरक्षा की भावना महत्त्वपूर्ण है।

रमाकांत दीक्षित का कहानी संग्रह है 'अधूरा सच'। अवनीश सिंह चौहान ने उसकी समीक्षा की है। सच चाहे गढ़ा हुआ हो या जिया हुआ, अभिव्यक्ति में वह अधूरा ही रह जाता है। इस सूत्र को लेकर लिखी पंद्रह कहानियों का यह संग्रह है। इसकी यह समीक्षा वैचारिक है। कहानी के बहाने यह एक वैचारिक आलेख है। कहानियों की यहाँ की समीक्षा कहानी-दर-कहानी न कर समग्र कथासंग्रह के बहाने की है। यह पहल अनुकरणीय है। इसमें कथासंग्रह के गुण-दोष गिनाए गए हैं। यह एक निष्पक्ष समीक्षा है। प्रस्तुत संग्रह की कहानियाँ विषम स्थिति में भी जीने की प्रेरणा देकर साहित्य को जीवन का संबल सिद्ध करती हैं।

अवनीश सिंह चौहान द्वारा लिखी एक और समीक्षा 'रचनाकार' वेबसाइट पर है। वह सैयद रियाज रहीम के गजल संग्रह 'पूछना है तुमसे इतना' की है। समीक्षक ने गजल के अनेक शेरों को उद्धृत कर कवि की गजलों का इसमें परिचय कराया है। ये गजलें इंसानियत का संदेश देने वाली हैं। इस पर रहीम का प्रभाव है। संवेदनहीनता, अलगाववाद, खोट-कपट, नफरत, खौफ, अन्याय, अत्याचार आदि दुष्ट प्रवृत्तियों पर प्रहार करने वाली ये गजलें हैं। समीक्षक ने इन गजलों की कलात्मक समीक्षा तो की है, साथ ही इसके सामाजिक आशय को भी अधोरेखित किया है। समीक्षक चौहान ने 'पूछना है तुमसे इतना' का परिचय तो दिया है, साथ ही उसके आशय

को खोलकर रखा है। काव्य की सार्थकता सिर्फ कलात्मकता नहीं होती। सामाजिक प्रासंगिकता का भी साहित्य में महत्त्व होता है। समीक्षक का जो काल का अंदाज है, वह इस समीक्षा का महत्त्वपूर्ण पक्ष है।

स्नेह प्रभा की काव्य कृति 'कर्मवीर लालबहादुर शास्त्री' की समीक्षा लिखी है डॉ. श्याम गुप्त ने। लालबहादुर शास्त्री भारत के प्रधानमंत्री थे। उनके कार्यकाल में पाकिस्तान के साथ युद्ध हुआ। इस युद्ध के दौरान उन्होंने निर्णय क्षमता एवं लोक संगठन से अपने कर्मवीर व्यक्तित्व को सिद्ध किया था। उसे कवयित्री ने काव्य रूप दिया है। इसमें शास्त्रीजी के जीवन की घटनाओं का क्रमवार वर्णन है। अगीत के सर्जक डॉ. रंगनाथ मिश्र 'सत्य' की प्रस्तावना है। यह समीक्षा विवरणात्मक है। यह कृति की सामान्य जानकारी मात्र देती है। काव्य पंक्तियों के उद्धरण से ही समीक्षा भरी पड़ी है।

डॉ. दीप्ति परमार ने प्रभा खेतान के उपन्यास 'छिन्नमस्ता' की समीक्षा प्रस्तुत की है। प्रभा खेतान के साहित्यिक कर्तृत्व वर्णन से समीक्षा आरंभ हुई है। प्रारंभ में उपन्यास के कथानक को प्रस्तुत किया है। फिर उपन्यास की कथावस्तु एवं विषय की विस्तृत चर्चा है। समीक्षिका ने अपनी आलोचना में 'छिन्नमस्ता' उपन्यास को 'नारी मुक्ति की संघर्ष गाथा' के रूप में प्रस्तुत किया है। और इसी शीर्षक से वह लिखा जाने के कारण शीर्षक की सार्थकता सिद्ध होती है। मारवाड़ी समाज की नारी उपन्यास का केंद्र है। उस पर ढाए जाने वाले अत्याचार से उपन्यास की कथा आकार लेती है। छिन्नमस्ता का निर्वस्त्र रहना उसकी हालात का वास्तविक रूप है। नायिका प्रिया को देवी छिन्नमस्ता के रूप में यातनाघर बनाकर प्रस्तुत किया है। नारी उत्पीड़न के प्रति समाज जागरण उपन्यास का लक्ष्य है। समीक्षा में भी वह अनायास रूप से प्रतिबिंबित हुआ है। प्रस्तुत समीक्षा कृति केंद्रित न होकर विषय केंद्रित है। उपन्यास के कला पक्ष की अपेक्षा दर्शन एवं विचार पक्ष को यह समीक्षा उजागर करती है।

निष्कर्ष – प्रस्तुत वेबसाइट पर प्रकाशित समीक्षाएँ गद्य तथा पद्य रचनाओं के रूप में कथा, उपन्यास, काव्य को स्वर देती हैं। इन अंतर्जालीय समीक्षाओं का बल कला की अपेक्षा कथ्य को उजागर करने पर रहा है। ये समीक्षाएँ ग्रंथों का परिचय कराकर, पाठकों को उनकी जानकारी देती हैं, पढ़ने के लिए उन्हें उकसाती हैं। समीक्षाओं का यह लक्ष्य रहने से अधिकतर समीक्षाओं में विवरण शैली का प्रयोग नजर आता है। समीक्षा के अंत में ग्रंथशीर्ष, ग्रंथकार, प्रकाशक, प्रकाशन वर्ष, संस्करण, पृष्ठ संख्या, मूल्य आदि देने से समीक्षाशास्त्र का पालन हुआ है और उससे समीक्षा को संदर्भ मूल्य भी अपने आप प्राप्त हुआ है। 'रचनाकार' साहित्यिक वेबसाइट रहने के कारण पाठक, अनुसंधाता आदि सभी की दृष्टि से समीक्षा के रूप को उपयोगी बनाने पर जोर देती नजर आती है।

2. http://www.abhivyakti-hindi.org–

इस वेबसाइट पर अनुसंधान काल में एकमात्र शोध निबंध 'भारतीय डाक : सदियों का सफरनामा' पुस्तक का परिचय दिया गया है। ग्रंथकार है अरविंद कुमार सिंह। समीक्षक अज्ञात हैं। जो परिचय है, वह समीक्षा न होकर विवेचित विषय का सार है।

3. http://www.laghukatha.com/next.htm–

प्रस्तुत वेबसाइट पर प्रकाशित दो समीक्षाओं में से एक डॉ. हृदयनारायण उपाध्याय की लिखी है। सुकेश सहानी एवं रामेश्वर कांबोज 'हिमांशु' ने 'बाल मनोवैज्ञानिक लघुकथाएँ' का संपादन किया था। उसकी यह समीक्षा है। ये दोनों लघुकथाकार, संपादक लघुकथा डॉट कॉम के वेब पत्रिकाकार के रूप में अंतर्जाल पर सुविख्यात हैं। आपने पाँच-छह लघुकथा संकलनों का संपादन किया है। यह संकलन आज तक के उनके अन्य संकलनों से अलग है। इसमें संकलित लघुकथाओं में बालमन की कोमलता पर ओढ़े जाने वाले खरोचों, आघातों की चर्चा है। संकलन में कुल 79 कथाएँ हैं। वे 'देश' और 'देशांतर' जैसे दो भागों में विभाजित हैं। बच्चे और उनकी शिक्षा, परिवार तथा समाज संबंध और बालमन जैसे विषयों की विवेचना ये लघुकथाएँ करती हैं। कथाओं का भाव, शिल्प, विचार स्तरीय हैं। समय की कसौटी पर ये प्रासंगिक लघुकथाएँ हैं। यह समीक्षा विवरण शैली में लिखा परिचयात्मक आलेख है।

डॉ. हृदयनारायण उपाध्याय की ही लिखी दूसरी समीक्षा ऐसी ही लघुकथाओं पर आधारित है। ग्रंथ शीर्षक है 'समकालीन लघुकथा और बालकों की दुनिया'। लेखक हैं बलराम अग्रवाल। इसमें बचपन, बचकानापन पर आधारित 'बदला', 'गंदी बात', 'चोर', 'संस्कार' 'स्कूल', 'सपने', 'मेरे बच्चे' जैसी कथाओं की विस्तृत समीक्षा है। समीक्षक बालमन का ज्ञाता है। उन्होंने कथाओं में प्रतिबिंबित बालमन की मार्मिक चिकित्सा की है। इन बालकथाकारों ने बालकों के शारीरिक एवं मानसिक विश्व को बाकायदा प्रस्तुत किया है। समीक्षक की दृष्टि सकारात्मक है। वह प्रस्तुत समीक्षा के जरिए इन लघुकथाओं के विषय, भाषा, शैली आदि की चर्चा कर उनकी कलात्मकता और मनोवैज्ञानिक महत्त्व को प्रस्तुत करता है। बाल-विश्व को अपनी समग्रता से प्रस्तुत करने वाली ये कथाएँ समकालीन बाल्य के स्वरूप को भी समझाती हैं।

निष्कर्ष – 'लघुकथा' वेबसाइट की ये दोनों समीक्षाएँ बाल कथाओं पर आधारित हैं। इस बहाने अंतर्जाल पर उपस्थित बालकथाओं की समीक्षा हुई है। अंतर्जाल पर बाल साहित्य की मौजूदगी एवं चर्चा से अंतर्जालीय साहित्य बहुमुखी बनाने में मदद मिली है। इन समीक्षाओं से उनके महत्त्व का अंदाज हो आता है।

4. http://www.srijangatha.com–

'सृजनगाथा' वेबसाइट पर अनुसंधान काल में लगभग पचास समीक्षाएँ प्रकाशित नजर आती हैं।

डॉ. दुर्गाप्रसाद अग्रवाल ने एक महत्त्वपूर्ण पुस्तक को अपनी इस समीक्षा का विषय बनाया है। पुस्तक का शीर्षक है–'Stones into shools : promoting peace with Books, not Bombs, in Afghanistan and Pakistan'। यह पुस्तक अंग्रेजी है। इसके लेखक हैं, ग्रेग मॉर्टेन्सन। इसके पूर्व उनकी एक पुस्तक प्रकाशित हुई थी। उसका शीर्षक था–'Three Cups of Tea'। वह बेस्ट सेलर सिद्ध हुई थी। उस समय इसकी 30 लाख प्रतियाँ बिकी थीं। सेंट्रल एशिया इंस्टीट्यूट नामक गैरलाभकारी एवं स्वयंसेवी संस्था है। उस संस्था की ओर से युद्धग्रस्त इलाकों में स्कूली शिक्षा के संचालन द्वारा शांति प्रसार का कार्य किया जाता है। यह स्कूल

लड़कियों के लिए चलाया जाता है। मॉर्ट्रेन्सन ग्रेग इसके संचालक हैं। अमरीकी सेना इन्हें मदद करती है। ग्रेग पाकिस्तान में जब यह कार्य कर रहा था, तब चौदह अफगान घुड़सवारों का दल उनके पास आकर आश्वासन लेता कि ग्रेग उनके वाखन दर्जे की बस्ती में आकर स्कूल खोलेगा, तो वे उसकी पूरी सहायता करेंगे। उसके अनुसार पूर्व कमांडो सरफराज खान की मातहती में यह स्कूल खोला गया। उसकी कथा इस पुस्तक में है। अफगानिस्तान में लड़कियों का स्कूल खोलना खतरे से खाली इसलिए नहीं था कि कुरान शरीफ की धारणा के अनुसार वहाँ के समाज में यह धारणा बलवती थी कि, 'लड़की गणित सीखे तो उसके चेहरे पर तेजाब छिड़का जाए।' मॉर्ट्रेन्सन ग्रेग ने लिखा है कि यह स्कूल तब खोला गया था, जब अमरीका अफगानिस्तान पर बम गिरा रहा था। उस समय जो टॉमहॉक क्रूज मिसाइल गिराए जाते थे, उसकी एक की कीमत साढ़े आठ लाख डॉलर्स (यानी कम से कम साढ़े बयालीस लाख रुपये) थी। उस कीमत पर ऐसे कितने ही स्कूल खोले जाते। वहाँ से पढ़ी शकीला तीन लाख बस्ती की पहली उपाधिधारक थी। इससे इस प्रयास के महत्त्व को आँका जा सकता है। प्रस्तुत समीक्षा न सिर्फ पुस्तक परिचय है, अपितु एक रचनात्मक शांति प्रयास की साहस गाथा भी। समीक्षा का शीर्षक 'शिक्षा और प्रलय के बीच रेस' सार्थक इसलिए है कि ग्रेग का प्रयास सचमुच प्रलय के बीच शिक्षा सर्जन की प्रतियोगिता थी। प्रस्तुत समीक्षा प्रेरक है। उसका सामाजिक महत्त्व असाधारण है।

तेजेंद्र शर्मा के कहानी संग्रह 'कब्र का मुनाफा' की समीक्षा लिखी है मधु अरोड़ा ने। यह तेरह कहानियों का संग्रह है। कथाकार ने सामाजिक एवं पारिवारिक विसंगतियों पर अपनी कहानियाँ रची हैं। कथादृष्टि संवेदनात्मक है। भाषा पर कथाकार की हुकूमत है। कथाकार की अपनी विशिष्ट शैली है जिसके अंतर्गत वह इस्लाम चरित्र, संस्कृति, भाषा के आधार पर एक आंचलिक विश्व का निर्माण करता है। भूमंडलीकरण तथा उत्तर-आधुनिकता के दौर में ये कहानियाँ अतीत और वर्तमान को एक-दूसरे से जोड़ती हैं। समीक्षक ने इन सारी विशेषताओं को अपनी संक्षिप्त समीक्षा में बड़ी कुशलता से पकड़ा है।

'जीव-जंतुओं की अनोखी दुनिया' लिखी है योगेशकुमार गोयल ने। इसकी समीक्षा की है डॉ. प्रवीण खुराना ने। यह सृष्टि के करीबन 134 जीवों की जानकारी देने वाली पुस्तक है। पुस्तक प्रकाशन के लिए हरियाणा साहित्य अकादमी का अनुदान प्राप्त है। सी हॉर्स, मछलियाँ, ह्वेल, ऑस्ट्रिच आदि जीवों की इसमें रोचक जानकारी है। प्रस्तुत समीक्षा पुस्तक के सभी पहलुओं–विषय, आशय, मुखपृष्ठ, अनुदान, लेखक, उद्देश्य आदि पर प्रकाश डालती है। यह एक साधारण-सा पुस्तक परिचय मात्र है। ग्रंथ लेखक पत्रकार होने के कारण विवरण में संतुलन बरतता है।

संजय कुमार की लिखी पुस्तक 'आकाशवाणी समाचार की दुनिया' की समीक्षा की है कीर्ति सिंह ने। यह आकाशवाणी के समाचार, प्रक्षेपण, आवाज का आरोह-अवरोह, पटना आकाशवाणी का इतिहास, उर्दू-मैथिली के समाचार, समाचार पठन का तंत्र आदि की जानकारी देने वाली पुस्तक है। इसका विस्तृत परिचय यह समीक्षा देती है। समीक्षक ने ग्रंथ में संकलित लेखों के विषय, लेखक, पुस्तक से प्राप्त होने वाली जानकारी का ब्योरा इस पुस्तक परिचय में दिया है। समीक्षा की भाषा सुबोध है। इसकी शैली विवरणात्मक है। ग्रंथ शीर्षक को ही समीक्षा का शीर्षक बनाने से यह परिचय आद्योपांत विषय केंद्रित बना है।

'विषमता : एक पुनर्विवेचन' अमर्त्य सेन का लिखा अर्थशास्त्रीय ग्रंथ है। उसका परिचय करा देने के उद्देश्य से प्रस्तुत वेबसाइट पर उसका अंश प्रकाशित है। पुस्तक परिचय का ही एक प्रकार है। इससे पुस्तक विषय की रूपरेखा का पता चलता है। डॉ. अमर्त्य सेन के सर्वाधिक कठिन पुस्तक के रूप में इसको पहचाना जाता है। स्वतंत्रता, समानता, विविधता जैसी अवधारणाओं की चर्चा कर डॉ. अमर्त्य सेन ने इसमें विषमता की पारंपरिक कल्पना को नए अंदाज में स्पष्ट किया है। यह ग्रंथ असल में दो व्याख्यानों का लिखित रूप है। 'समानता समान आय से नहीं आती, वह आती है समान उपयोगिता को समान भारमान (Weightage) देने के आग्रह से।' ऐसे अनेक नवसिद्धांतों से यह ग्रंथ साकार हुआ है। समानता किस चीज की?, केंद्रीय समानता और व्युत्पन्न समानता, अपरिहार्य माँगे और गौण समानता, मानवीय विविधता और असंबद्ध समानताएँ, स्वतंत्रता और सामर्थ्य जैसे पहलुओं पर यह ग्रंथ प्रकाश डालता है।

'कविता की जातीयता' डॉ. कविता वाचक्नवी का आधुनिक हिंदी काव्य की समीक्षा करने वाला ग्रंथ है। उसकी समीक्षा की है 'पूर्वग्रह' पत्रिका, भोपाल के संपादक डॉ.प्रभाकर श्रोत्रिय ने। ग्रंथ लेखिका डॉ. वाचक्नवी ने जातीय संकल्पना की दृष्टि से आधुनिक काव्य का चयन किया है। बीसवीं शताब्दी के प्रारंभ से लेकर नवीं शताब्दी तक का काव्य प्रस्तुत ग्रंथ की परिधि में है। भारतेंदु से लेकर उदय प्रकाश तक के चुनिंदा कवियों के काव्य की इसमें चर्चा है। राष्ट्रीय युग, छायावादी युग, प्रगतिवादी युग, नई कविता, उत्तरकाव्य (उत्तर–आधुनिकता एवं पराआधुनिकता) जैसा व्यापक कैनवास है इस ग्रंथ का। डॉ. श्रोत्रिय ने अपनी समीक्षा में लक्ष्यग्रंथ के विषय की मीमांसा विश्लेषण शैली से की है। जातीयता यहाँ प्रवृत्ति के रूप में प्रयोगित शब्द है जो राष्ट्रीयता एवं आधुनिकता का परिचायक है। एक कठिन विषय पर लिखे समीक्षा ग्रंथ की सुलभ समीक्षा वही आलोचक कर सकता है जिसे समय, संदर्भ, स्थिति, गति और विचार का व्यापक आकलन होता है। प्रस्तुत समीक्षा उसका आदर्श उदाहरण है। यह एक स्तरीय एवं विचारप्रवण समीक्षा बन गई है।

स्टीवेन डी लेविट्ट और स्टीफेन जे ड्युब नेर ने सन् 2005 में अर्थशास्त्र और दुनिया का नजरिया बदलने में अहम भूमिका निभाने वाली पुस्तक लिखी थी। पुस्तक का नाम था, 'फ्रीइकोनोमिक्स'। मुक्त अर्थव्यवस्था (Free Economics) पर आधारित यह पुस्तक न्यूयॉर्क टाइम्स की बेस्ट सेलर सूची में शुमार हुई। दुनिया की 35 भाषाओं में उसके अनुवाद हुए। चालीस लाख से अधिक प्रतियाँ बिकीं। इस पुस्तक की अगली कड़ी है, 'सुपर फ्रीइकोनोमिक्स'। चार साल की मेहनत से बनी यह पुस्तक पहली पुस्तक से अधिक साहसिक, मजेदार और चौंकाने वाली सिद्ध हुई। यह पुस्तक बताती है कि हम अपनी स्थिति को आधारभूत होने वाले तत्त्वों को देख पाने में असफल रहते हैं। उसके तीन कारण होते हैं। एक, हमें वैयक्तिक बढ़ावा देने वाले कारणों (इन्सेंटीव्ज) को समझ लेना चाहिए कि वे कैसे हमारे व्यवहार को प्रभावित करते हैं। दो, बाजार व्यवहार, सरकारी नीतियाँ, सामाजिक तथा सांस्कृतिक परिवर्तन हमारे वैयक्तिक बढ़ावा देने वाले कारकों को कैसे प्रभावित करते हैं, और तीन, आँकड़ों और उनके सूझबूझपूर्ण विश्लेषण के बगैर हम बहुत कम समझ पाते हैं। एक तरह से यह ग्रंथ आर्थिक परिवर्तनों की कारणमीमांसा करने वाला ग्रंथ है। डॉ. दुर्गाप्रसाद अग्रवाल ने अर्थशास्त्र जैसे जटिल ग्रंथ का सुबोध परिचय देकर समीक्षा को दिलचस्प बनाया है। यह समीक्षा हमें ग्रंथ का अंतरंग समझाती

है। उसके लिए समीक्षक रोचक और चौंकाने वाले उदाहरण पेश करता है। जैसे इंसेंटिव का प्रयोग कर किडनी डोनर्स की संख्या बढ़ाई गई। इसके विपरीत कीमोथेरपी से जान बचने की कम संभावना होकर भी डॉक्टर इसका खूब इस्तेमाल करते हैं। ऐसे रोचक तथ्यों से यह समीक्षा हमें नए तथ्यों से अवगत कराती है। इसी से यह पठनीय भी हो गई है। यह समीक्षा अनेक गलतफहमियों से हमें निजात दिलाती है। समीक्षा में तांत्रिक सिद्धांत होकर भी वे बोझिल नहीं होते। इसका श्रेय समीक्षक की भाषा-शैली को दिया जाना चाहिए।

'कागजी बुर्ज' मीरा कांत का भारतीय ज्ञानपीठ से प्रकाशित कथा संग्रह है। उसका परिचय वेबसाइट पर प्रकाशित है। यह संक्षिप्त-सी टिप्पणी है, जो समीक्षा की भूमिका निभाती है।

'What the Dog Saw and other Ventures' के लेखक हैं, माल्कम ग्लैडवेल। डॉ. दुर्गा प्रसाद अग्रवाल ने इसका परिचय कराया है। पाठक को बाँधे रखने वाली यह पुस्तक है। उन्नीस लेखों का संकलन होने वाला यह ग्रंथ छोटी-मोटी प्रतिभाओं का पोर्ट्रेट है। इसके साथ इसमें अमरीका की महत्त्वपूर्ण घटनाओं पर आधारित आलेख हैं। इसका तीसरा हिस्सा भविष्यवाणी के लिए समर्पित है। प्रस्तुत ग्रंथ की समीक्षा का उद्देश्य विश्वप्रसिद्ध घटनाओं का परिचय कराना है। डॉ. अग्रवाल ने यह परिचय बड़ी आत्मीयता से कराया है। समीक्षक की अपनी दृष्टि एवं सोच समीक्षा में स्पष्टता से झलकती है। यह समीक्षा और ग्रंथ भी हममें नई जीवन दृष्टि विकसित करते हैं। पुरानी मान्यताओं को नई नजर से देखने के लिए वे बाध्य करते हैं।

'उत्सव अभी शेष है' अशोक गुप्ता का उपन्यास है। फजल इमाम मल्लिक ने इसकी समीक्षा की है। उपन्यासकार मूलतः पत्रकार है। भाषा और विषय के नए प्रयोग की यह मिसाल है। लेखक कथाकार भी है। इसके पूर्व उनके 'इसलिए' और 'तुम घना साया' संग्रह प्रकाशित हो चुके हैं। नीलकंठ की पत्नी रोहिणी है। उसके राठौर से अवैध संबंध हैं। नीलकंठ को इसमें कुछ गैर नहीं लगता। उपन्यास में सरस्वती नामक ग्यारह साल की लड़की का एक अटपटा किरदार है। उसकी यह विशेषता है कि हमारी असहमति के बावजूद हम उसे नकार नहीं सकते। यही लेखक की कलम का कमाल है। समीक्षक ने उपन्यासकार की प्रतिभा को खूबी से इसमें शब्दबद्ध किया है। समीक्षा में उपन्यास के सभी तत्त्वों की चर्चा है।

संजय पुरोहित का कहानी संग्रह है 'कथांजलि'। उषा किरण सोनी ने इसका परिचय कराया है। इसमें तेरह कहानियाँ संकलित हैं। हर कहानी का अपना मिजाज है। इसमें कुछ कहानियाँ आस्था पर टिकी हैं, तो कुछ मूल्यों पर। 'फिदायीन' जैसी कहानी वर्तमान मीडिया का पर्दाफाश करती है। इस संग्रह की सभी कथाएँ सामाजिक बदलाव के लिए मानवीय सोच के सकारात्मक पहलू को दिखाती हैं। सोनी ने प्रस्तुत परिचय में कहानियों की सारी विशेषताएँ स्पष्ट की हैं। विशेषकर कहानियों के विषय की इसमें विस्तृत चर्चा है। समीक्षा को सरल ढंग से लिखा गया है। समीक्षा की शैली विवरण की है। प्रस्तुत समीक्षा का उद्देश्य इस कहानी संग्रह की कथाओं के सौंदर्य को पाठकों के सामने लाना था, उसमें उसे सफलता मिली है।

'द अनकॉमन मैंन' कॉमन मैंन के कार्टूनों के लिए मशहूर आर.के. लक्ष्मण की कलाकृतियों का संकलन है। डॉ. नरेंद्र भंडारी ने इसे संकलित, संपादित किया है। फजल इमाम मल्लिक ने प्रस्तुत ग्रंथ की समीक्षा की है। आर.के. लक्ष्मण के कार्टूनों की दुनिया व्यापक है। एक ओर वे अपने कार्टूनों से आम आदमी के दुख-दर्द को प्रतिबिंबित करते है वहीं दूसरी ओर राजनीति,

कला, क्रीड़ा, साहित्य, संगीत हस्तियों के कैरिकेचर बनाकर उनके गुण–दोषों को उजागर भी करते हैं। इस कार्य का लेखा–जोखा प्रस्तुत करने वाले डॉ. भंडारी की पुस्तक का यह परिचय है। उस परिचय से हमें पता चलता है कि प्रस्तुत ग्रंथ का कैनवास कितना और कैसा व्यापक है। यह ग्रंथ आर.के. लक्ष्मण की कलाकृतियों का मात्र संकलन न होकर टीका–टिप्पणी से लैस होने के कारण उसकी उपादेयता बढ़ी है। मल्लिक ने सार्थक शब्दों में उसके अंतरंग सौंदर्य और कला स्तर को उजागर किया है। यह समीक्षा पाठकों के मन में ग्रंथ देखने–परखने की जिज्ञासा जगाती है। समीक्षा में आर.के. लक्ष्मण के प्रति होने वाला आदर झलकता है।

डॉ. जीवन सिंह हिंदी के अध्यवसायी समीक्षक हैं। 'कविता की लोक प्रकृति' तथा 'कविता और कवि कर्म' आपके बहुचर्चित समीक्षा ग्रंथ हैं। इसके बाद आपके द्वारा लिखा समीक्षा ग्रंथ है, 'शब्द और संस्कृति'। यह कुल 200 पृष्ठों का इक्कीस आलेखों का संग्रह है। इस आलोचना कृति की डॉ. सुशील कुमार ने समीक्षा की है। संगृहीत लेखों को कविता, संस्कृति और भाषा जैसे तीन खंडों में बाँटा गया है। कविता शीर्षक प्रथम खंड में मध्यकालीन संत कवियों तथा उनकी कविता पर आधारित लेख हैं। दूसरे खंड संस्कृति में होने वाले छह आलेख तो भाषा पर किया विचार है। प्रस्तुत ग्रंथ में लेखक ने पूँजीवादी नई बाजार नीति से कविता, संस्कृति और भाषा जिंदगी के सरोकार से बाहर होती दिखाकर चिंता व्यक्त की है। यह एक बहुस्तरीय एवं बहुआयामी समीक्षा ग्रंथ है जो इतिहास, संस्कृति, भाषा, साहित्य और उसके जीवन संबंधों की गंभीर चर्चा करता है। आज के भूमंडलीकरण के दौर में देशी–विदेशी, राष्ट्रीय–अंतर्राष्ट्रीय, जातीय–विजातीय जैसे भेदों का अंतर मिटकर एक सपाट, समतल, शक्ल की पहचान खोई जीवन और साहित्य की परंपरा निर्मित होने का खतरा सामने है। समीक्षक ने इस महत्त्वपूर्ण चिंतन ग्रंथ को विश्लेषण शैली से हमें परिचित कराया है। समीक्षा की भाषा प्रौढ़, संज्ञा एवं परिभाषा से भरी होने के कारण जटिल बनी है। ग्रंथ रचना को इस समीक्षा ने हमें विस्तार से समझाया है। इस समीक्षा में सारे के सारे 21 आलेखों की चर्चा है। ये आलेख मूल में दिए गए व्याख्यानों के लिखित प्रारूप हैं। प्रस्तुत समीक्षा हमें इक्कीसवीं सदी की कविता, भाषा और संस्कृति की पहचान देती है।

पवन करण हिंदी कविता में आजकाल एक बहुचर्चित नाम है। आपके नव प्रकाशित कविता संग्रह 'अस्पताल के बाहर टेलीफोन' की समीक्षा अशोक कुमार पांडेय ने की है। 'इस तरह मैं' और 'स्त्री मेरे भीतर' कविता संग्रह की कविताएँ जिन्होंने पढ़ी हैं, वे जानते हैं कि पवन करण अपने बिल्कुल अलग अंदाज, ताजी भाषा और बुनावट की कविता के रचयिता हैं। सांप्रदायिकता पवन करण की कविता का परिचित विषय रहा है और परिचय भी। 'डाकिया', 'पोलियो वैक्सीन', 'मैं बड़े मजे में हूँ', 'मकान और साइकिल' जैसी इस संग्रह की रचनाएँ स्तरीय है। अशोक कुमार पांडेय ने अपनी समीक्षा में इस संग्रह का परिचय आत्मीयता से दिया है। उन्होंने कविता के पीछे होने वाले विचार को भी शिद्दत से समझाया है। इस समीक्षा की शैली विवेचना की तथा भाषा परिनिष्ठित रही है। इस समीक्षा में निर्णय है। प्रस्तुत समीक्षा में कविताओं का मूल्यांकन सांयुक्तिक है।

घृणा पर आधारित अरविंद अड़िगा का उपन्यास 'द टायगर' की समीक्षा लिखी है कुमार मुकुल ने। प्रस्तुत उपन्यास आरंभ से अंत तक एक व्यक्ति की घृणा को आधार बनाकर लिखा

गया है। यह ड्राइवर की कहानी है। ड्राइवर गाँव से दिल्ली आता है। एक जमींदार की सेवा में लगा रहता है। जमींदार आततायी है। वह ड्राइवर को सताता है, जिससे ड्राइवर के मन में घृणा पैदा होती है। यह एक अपवाद चरित्र की कहानी है। कुमार मुकुल ने इस उपन्यास की समीक्षा में कथानक को इस तरह से खोल रखा है कि उसे पढ़कर पाठक जरूर मूल कृति पढ़ने के लिए उत्सुक होता है। यह समीक्षा की कारगरता है। समीक्षक ने उपन्यास के कथ्य को परिणामकारी ढंग से समीक्षा में प्रस्तुत किया है।

राधाकृष्ण प्रकाशन, नई दिल्ली की ओर से प्रकाशित 'जमाने से दो दो हाथ' शीर्षक कृति प्रकाशित हुई थी। 'सृजनगाथा' वेबसाइट पर पुस्तकायन स्तंभ के अंतर्गत नई पुस्तकों को दर्ज किया जाता था। कभी प्रस्तावना, कभी पुस्तक में संगृहीत लेख, कभी समीक्षा से इसे प्रस्तुत किया जाता था। डॉ. नामवर सिंह का पुस्तक संबंधी आलेख इस सिलसिले में प्रकाशित किया गया था। उसका शीर्षक था, 'मुक्त स्त्री की छद्म छवि'। इसमें नामवर सिंह नारी विमर्श के अंतर्गत या उसके नाम पर मुक्त स्त्री की छद्म छवि चित्रित करने का जो उपक्रम आजकल साहित्य में हो रहा है, उसके प्रति नाराजगी व्यक्त कर स्त्री–पुरुष संबंधों के अतिरंजित चित्रण का विरोध करते हैं। उनका मानना है कि साहित्य को समाज से एक कदम आगे जरूर होना चाहिए। यह फासला इतना न हो कि पाटा न जा सके। ऐसे अंतर से साहित्य और समाज में दरार बनती है। यह आलेख आपने आपमें वर्तमान साहित्य की मुक्त समीक्षा है और चिंतन भी।

निष्कर्ष – 'सृजनगाथा' वेबसाइट पर प्रकाशित उपर्युक्त प्रतिनिधि समीक्षाएँ और अन्य अचर्चित समीक्षाओं का मूल्यांकन करने पर हम इस निष्कर्ष पर पहुँचते हैं कि प्रस्तुत वेबसाइट पर नवप्रकाशित स्तरीय साहित्य की समीक्षाएँ की गईं। साहित्य प्रकारों की चर्चा करें तो नजर आता है कि गद्य तथा पद्य दोनों प्रकारों का विचार हुआ है। नवप्रकाशित कविता, गजल संग्रहों के अलावा कहानी, उपन्यास, यात्रा विवरण, समीक्षा ग्रंथों पर भी समीक्षाएँ प्रकाशित हुईं। ग्रंथ लेखक देशी–विदेशी रहे हैं। डॉ. अमर्त्य सेन, डॉ. नामवर सिंह, पवन करण, कुमार अंबुज, तेजेंद्र शर्मा, संजय कुमार, रणेंद्र, मीरा कांत, अशोक गुप्ता, संजय पुरोहित, आर.के. लक्ष्मण, विष्णु नागर, डॉ. जीवनसिंह आदि रचनाकारों की कृतियों पर विचार हुआ। समीक्षकों में उल्लेखनीय है–डॉ. दुर्गाप्रसाद अग्रवाल, मधु अरोड़ा, डॉ. प्रवीण खुराना, प्रभाकर श्रोत्रिय, फजल इमाम मल्लिक, उषा किरण सोनी, जयप्रकाश मानस, रविकांत पांडे आदि। अंग्रेजी ग्रंथकारों तथा उनकी बेस्ट सेलर्स अनेक रचनाकारों की कृतियों का भी पुस्तक परिचय दिया गया। ये समीक्षाएँ परिचय, विवेचना, विश्लेषण आदि शैली में लिखी गई हैं। समीक्षाओं की भाषा साहित्यिक एवं परिनिष्ठित रही है। इससे ये समीक्षाएँ स्तरीय और प्रगल्भ हुई हैं। ये समीक्षाएँ पाठकों को कृति, एवं कृतिकार दोनों का परिचय देने के साथ ही, उनकी लेखन परंपरा एवं विशेषताएँ, पृष्ठभूमि प्रारंभ में देकर चर्चित कृति के सौंदर्य स्थलों एवं विशेषताओं को रेखांकित करती है। समीक्षाओं के शीर्षक उचित और समर्पक है। ये समीक्षाएँ चर्चित ग्रंथों में प्रतिबिंबित विचारों को सामने रखने में कोई कसर नहीं छोड़तीं। इन समीक्षाओं में विचार और भाव का सुंदर समन्वय दिखाई देता है। समीक्षकों ने निष्पक्षता से कृतियों के गुण–दोषों की चर्चा की है। समीक्षाओं के अंत में समीक्षक निश्चित नतीजे पर पहुँचते परिलक्षित होते हैं। अनेक समीक्षाओं में तुलनात्मक दृष्टि से कृतियों पर विचार किया है। चर्चित रचनाओं में अनेक कृतियाँ विश्वविख्यात रही हैं। कृतियों

के प्रकाशक बहूदेशीय एवं परंपरासंपन्न हैं, जैसे–हार्पिन कॉलिन्स, राधाकृष्ण, भारतीय ज्ञानपीठ, वाणी आदि। समीक्षा के अंत में वेबसाइट पर कृति एवं कृतिकार का नाम, समीक्षक का नाम, प्रकाशक का नाम एवं पता, पृष्ठसंख्या, कीमत, प्रकाशन वर्ष आदि अनिवार्यत: दिए गए है। इतना ही नहीं ये समीक्षाएँ किस स्तंभ पर, कब (दिनांक) प्रकाशित हुईं, उसे भी प्रकाशित किया है। प्रकाशित समीक्षाएँ कितने पाठकों ने अथवा कितनी बार पढ़ी गई, वह भी दर्ज है। उससे पता चलता है कि हर समीक्षा औसतन सौ से अधिक पाठक पढ़ते हैं। समीक्षाएं निरंतर पढ़ी जाना उनकी स्तरीयता एवं उपादेयता का ही प्रमाणपत्र है।

5. *http://www.bhartiyapaksh.com–*

'भारतीयपक्ष' वेबसाइट पर दस–बारह समीक्षाएँ अनुसंधान काल में प्रकाशित हुई हैं। उन्हें समीक्षा कहने की अपेक्षा पुस्तक परिचय कहना ही योग्य होगा। इन परिचयों में से कुछ परिचय वेबसाइट की ओर से प्रकाशित हैं, ऐसे परिचय में परिचयकर्ता का नाम अज्ञात है। ये सारे परिचय पुस्तकों की जानकारी भर देते हैं।

समग्र शोध संस्थान एक ऐसी संस्था है, जो देश में चल रही बौद्धिक गतिविधियों के बीच संवाद बनाने का कार्य करती है। उनकी ओर से 'व्यवस्था सुधार' शीर्षक पुस्तिका प्रकाशित हुई। वह लिखी है के.एन. गोविंदाचार्य एवं डॉ. सुरेंद्र बिष्ट ने। इस पुस्तक के परिचय के अनुसार इसमें चुनाव सुधार, पंचायत राज सक्षमीकरण, जुआमुक्त अर्थप्रणाली जैसे मुद्दों पर विचार किया गया है। इसी क्रम में 'पंचायती राज : चुनौतियाँ एवं संभावनाएँ' शीर्षक पुस्तक का परिचय प्रस्तुत वेबसाइट पर है। इसके लेखक महिपाल हैं। प्रस्तुत ग्रंथ में पंचायती राज अधिनियम के तहत उपक्रम, इतिहास, चुनाव, संविधान आदि विषयों को लेकर चर्चा है। यह पुस्तक नेशनल बुक ट्रस्ट द्वारा प्रकाशित की गई है। 'जल जीवन का आधार' कृष्ण कुमार मिश्र की पुस्तक है। यह भी नेशनल बुक ट्रस्ट, नई दिल्ली द्वारा प्रकाशित है। इसमें पानी के बारे में वैज्ञानिक जानकारी है। पानी की महत्ता, उसके स्रोत, सृष्टि और जीनों में पानी की मात्रा आदि जानकारी यह पुस्तक हमें देती है।

भारत कुमार ने डॉ. सुनीता ठाकुर के काव्यसंग्रह 'दो पल साथ साथ' की समीक्षा की है। प्रस्तुत कविता संग्रह एक टॉर्च है जो नारी समस्याओं पर प्रकाश डालता है। वह एक हथौड़ा है, जो समाज की पुरुषवादी मानसिकता पर प्रहार करता है। विचार के उद्देश्य से समीक्षक ने रचना को हमारे सामने रखा है। यह एक नारी विमर्श की समीक्षा है।

चित्रों के माध्यम से माँ की महिमा समझाने वाली पुस्तक है 'माँ'। नथमल पांडे ने इसे लिखा है। चंद्रकांत सारस्वत ने इसका परिचय कराया है। इसमें माँ के रूप, स्वरूप, महत्त्व की चर्चा है।

डॉ. महेश चौधरी ने समय–समय पर मंच एवं आकाशवाणी पर अनेक काव्य रचनाएँ प्रस्तुत की थीं। उनका संग्रह कर उन्होंने उसे 'सच के साथ' शीर्षक से प्रकाशित किया है। भारत कुमार ने उसकी समीक्षा की है। यह काव्य ग्रंथ वैविध्यपूर्ण है। यह व्यक्तिगत जीवन के सुख–दुख के साथ आम आदमी के उत्पीड़न, बाजारवाद, राजनीति तथा उत्तर–आधुनिकतावाद तक अपने विषय क्षितिज को फैलाती नजर आती है। यह एक विवरणपरक समीक्षा या परिचय है।

'कर्पूरी ठाकुर और समाजवाद' शीर्षक ग्रंथ लिखा है, नरेंद्र पाठक ने। दिवाकर ने उसकी समीक्षा की है। सरकारी नौकरी में आरक्षण का प्रारंभ करने वाले बिहार के मुख्यमंत्री कर्पुरी ठाकुर समाजवादी नेता थे। उनके कार्य की इसमें जानकारी है। समीक्षा में पुस्तक के गुण-दोषों की चर्चा कर समीक्षक ने अपनी निष्पक्षता का परिचय दिया है।

अरुण शौरी की अंग्रेजी पुस्तक 'आर वी डिसीविंग अगेन?' की समीक्षा की है प्रमोद जोशी ने। यह एक राजनीतिक ग्रंथ है, जिसमें भारत-चीन संबंधों की समीक्षा है। लेखक के विचार में भारत चीन के साथ संबंधों में कोई कटुता लाना नहीं चाहता। तभी तो वह चीन ओलंपिक ज्योति की स्वागत यात्रा में बीस हजार की फौज खड़ी करता है। भारत सन् 1959 के बाद गलती पर गलती करता जा रहा है। यह समीक्षा विश्लेषण शैली से लिखा ग्रंथ परिचय है जो विचारकेंद्री है।

'सीता पुनि बोली' उपन्यास है। इसकी लेखिका है मृदुला सिन्हा। यह एक साधारण पुस्तक परिचय है। इससे हम जान जाते हैं कि प्रस्तुत उपन्यास लेखिका की पाँचवीं कृति है। 'जो मेहँदी के रंग' इन्हीं के द्वारा लिखी पुस्तक थी जो प्रेमचंद को हटाकर केंद्रीय विद्यालय पाठ्यक्रम में लगाने से विवादास्पद सिद्ध हुई थी। समीक्षा में लक्ष्य ग्रंथ की मीमांसा है। यह उपन्यास सीता के चरित्र को आधार बनाकर लिखा गया है।

कन्या भ्रूण हत्या के विरुद्ध एवं कन्याओं के पक्ष में सकारात्मक मनोभाव निर्मित करने के उद्देश्य से संकलित सामग्री को ग्रंथ रूप दिया है, जितेंद्र सिंह ने। उसका परिचय कराया है शशिकांत ने। ग्रंथ का नाम है, 'कलियों को खिलने दो'। करीबन सौ कवियों की सवा सौ रचनाएँ इस पुस्तक में संकलित है।

निष्कर्ष – संक्षेप में निष्कर्ष के तौर पर कहा जा सकता है कि 'भारतीयपक्ष' वेबसाइट पर बहुमुखी विषय की पुस्तकें समीक्षा एवं परिचयार्थ चुनी गई हैं। उपन्यास, काव्य, राजनीति, व्यवस्था, जल, माँ जैसे विषयों पर समीक्षा में विचार किया गया है। इस वेबसाइट का रुझान या बल ग्रंथों का परिचय देने पर है, न कि समीक्षा पर। अधिकतर विवेचक परिचय है जिनकी भाषा सुबोध रही है। शैली वर्णन की है इन समीक्षाओं की। समीक्षा के शीर्षक समर्पक हैं। समीक्षा के अंत में ग्रंथ नाम, लेखक, प्रकाशक, प्रकाशन वर्ष, मूल्य, पृष्ठसंख्या दर्ज की है। इससे इन समीक्षाओं में एक तरह का संदर्भ मूल्य जुड़ गया है। ग्रंथ चयन उचित है। उनके चयन और विवेचना के पीछे भारतीय पारंपरिक मानस स्पष्ट है। भारतीयपक्ष वेबसाइट का एक विशिष्ट विचारधारा की वाहक और समर्थक होना इसका कारण है।

6. http://www.hindisahityamanch.com–

'हिंदी साहित्यमंच' वेबसाइट पर अनुसंधान काल में जो तीन-चार समीक्षाएँ प्रकाशित हुईं, वे सारी कविताओं पर और वह भी विशेषकर अगीत पर आधारित हैं। उसमें से भी तीन डॉ. श्याम गुप्त की लिखी और एक अन्य विनोद चंद्र पांडेय 'विनोद' की है।

अखिल भारतीय अगीत परिषद की ओर से मधु त्रिपाठी रचित अगीतों का संकलन प्रकाशित हुआ। उसका शीर्षक था 'मधु-माधुरी'। डॉ. श्याम गुप्त ने इसकी शुद्ध साहित्य समीक्षा की है। उसके अनुसार यह कृति नारी के भावुक मन, अंत:चेतना, जीव-जगत् संबंध, व्यष्टि-समष्टि सरोकार से उत्पन्न वेदना के गीतों की भाव यात्रा है। विप्रलंभ, संदेश, स्मृति,

शून्यता, परकीया भाव, संयोग शृंगार जैसे नारी जीवन के विभिन्न पक्षों, मनोभावों के उद्वेलन को ये अगीत स्वर देते हैं। समीक्षक ने अपनी लक्ष्य कृति के विचार और शिल्प को उजागर किया है। समीक्षा की शैली विश्लेषणात्मक है। समीक्षक कृति के प्रति न्यायाधीश की भूमिका निभाता है। ये समीक्षाएँ निर्णायक हैं।

समीक्षित दूसरी काव्य कृति है, 'शूर्पणखा'। नारी विमर्श पर आधारित यह खंडकाव्य है। डॉ. श्याम गुप्त इसके कवि हैं, तो समीक्षक हैं मधुकर अस्थाना। कवि ने इसमें नारी प्रश्नों की चर्चा कर हल ढूँढ़ने का प्रयास किया है। प्रस्तुत समीक्षा में विवेच्य कृति की भाषा, शिल्प, शैली, कथ्य आदि पर प्रकाश डाला गया है। प्रस्तुत खंडकाव्य में नौ सर्ग हैं। नारी की विभिन्न भूमिकाएँ, उसकी क्षमता और मर्यादाओं की इसमें चर्चा है। समीक्षा की शैली चिकित्सक है। उसकी भाषा साहित्यिक एवं प्रौढ़ है। रचनाकार की विस्तृत जानकारी समीक्षा देती है।

'प्रेम काव्य' डॉ. श्याम गुप्त का लिखा काव्य संग्रह है। विनोद चंद्र पांडेय 'विनोद' ने इसकी समीक्षा की है। यह प्रेम पर लिखे गीतों और कविताओं का संकलन है। इस काव्य की भाषा संस्कृतनिष्ठ है। यह काव्य शृंगार काव्य है। इस काव्य में सर्वत्र अलंकार सौंदर्य है। प्रेम का महत्त्व विशद करना कृति का लक्ष्य है। समीक्षक डॉ. पांडेय ने कृति की मीमांसा आत्मीयता से की है। इसकी शैली विवेचनात्मक है। कृति के विचार, भाव, कला पक्ष पर समीक्षा में विचार किया गया है। प्रेम के संयोग-वियोग दोनों पक्षों की चर्चा करने वाला यह काव्य संकलन प्रेम और प्रकृति संबंधों की भी व्याख्या करता है।

निष्कर्ष – इस प्रकार हम देखते हैं कि यह वेबसाइट मात्र काव्य ग्रंथों की समीक्षा प्रकाशित करती है। इसकी काव्य की समीक्षाएँ विश्लेषण शैली की हैं। समीक्षाओं का लक्ष्य काव्य कृतियों के गुण-दोषों की चर्चा करना है। कवि और समीक्षक दोनों शिक्षित होने के कारण समीक्षा का स्तर बौद्धिक, चिकित्सक और कलात्मक रहा है।

7. http://www.pravkta.com–

'प्रवक्ता' वेबसाइट पर समीक्षा के अंतर्गत विविध प्रकार की सामग्री प्रकाशित हुई है। फिल्म समीक्षा, समीक्षात्मक निबंध तथा पुस्तक समीक्षाएँ आदि का इसमें अंतर्भाव है।

पुस्तक समीक्षा में पूरन चंद जोशी की नई पुस्तक 'यादों से रची यात्रा' की समीक्षा की है अरुण माहेश्वरी ने। यह एक विचारोत्तेजक ग्रंथ है। इसमें रूस होकर आए समाजवादी या गैर-साम्यवादी लोगों के अनुभवों का जीवंत चित्रण है। लेखक मानवतावादी है। वह मार्क्सवाद या समाजवाद को पूर्वाग्रह से नहीं, समाज परिवर्तन की दृष्टि से देखता है। यह ग्रंथ लेखक ने ऐसी धाराप्रवाह शैली में लिखा है कि पाठक उसे किसी उपन्यास की तरह पढ़ सकें। वैचारिक ग्रंथ को ओजपूर्ण ढंग से लिखना चुनौती का काम होता है, वह लेखक ने कर दिखाया है। समीक्षक माहेश्वरी ने प्रस्तुत ग्रंथ की वैचारिक भूमिका को अपनी समीक्षा में विस्तार से स्पष्ट किया है। यह समीक्षा मूल ग्रंथ के विचारों का मुक्त चिंतन है। समीक्षक सिद्धांत की अपेक्षा विचार के पीछे होने वाले विकास को महत्त्व देता नजर आता है। यह समीक्षा निर्णयात्मक है। वह निष्कर्ष दर्ज करती है कि, 'बुद्धिजीवियों की ऐसी दुर्दशा और किसी वजह से नहीं, कम्युनिस्ट पार्टी की अधीनता को स्वीकारने की वजह से हुई'। यह पारंपरिक समीक्षा नहीं है।

प्रभा खेतान की आत्मकथा 'अन्या से अनन्या' की समीक्षा की है जगदीश्वर चतुर्वेदी ने। इस आत्मकथा में लेखिका ने अपने परिवार, जाति, प्रदेश आदि के बारे में खुलासे से लिखा है। प्रभा खेतान की लेखन शैली पर वर्जिनिया वुल्फ का प्रभाव है। इस समीक्षा के प्रारंभ में चतुर्वेदी ने स्त्री आत्मकथा की भूमिका विशद की है। साथ ही स्त्री–पुरुष भेद को विस्तार से स्पष्ट किया है। प्रभा खेतान द्वारा आत्मकथा में उल्लेखित घटना, प्रसंगों की समीक्षक ने मीमांसा करके अपने मंतव्य की जोड़ दी है। समीक्षा में आत्मकथा के कथ्य की चर्चा है। मूल कृति में निबंध और कथा का समन्वय है। समीक्षा में इसे स्पष्ट किया गया है। यह समीक्षा विस्तृत है। समीक्षा में विधा रचना की दृष्टि से आत्मकथा की चिकित्सा की गई है।

कबीर पर लिखी पुस्तक 'अथक कहानी प्रेम की : कबीर की कविता और उनका समय' (2009) के लेखक है पुरुषोत्तम अग्रवाल। इस ग्रंथ की समीक्षा की है जगदीश्वर चतुर्वेदी ने ही। यह कबीर का रपट भरा उत्तर–आधुनिक पाठ है। विषय केंद्रित करने में यह कृति असफल नजर आती है। इसकी समीक्षा में चतुर्वेदी ने पुस्तक के कथ्य को विस्तार दिया है। समीक्षा की भाषा में बौद्धिक जटिलता है। शैली इसकी विश्लेषण की रही है। समीक्षा का शीर्षक समीचीन है। भूल ग्रंथ कबीर के काव्य पर लिखे विभिन्न लेखों का संकलन होने के कारण उसमें कबीर काव्य के विभिन्न पहलुओं की चर्चा है। स्वाभाविक है कि समीक्षा में उनके विमर्श के समय किए गए विश्लेषण से उसमें विस्तार, व्याप्ति का दोष उत्पन्न हुआ है।

निष्कर्ष – कुल मिलाकर इस वेबसाइट की समीक्षाएँ प्रौढ़ और जटिल सिद्ध हुई हैं। वे सारी समीक्षात्मक निबंध जैसी हैं।

8. http://www.garbhanal.com–

अनुसंधान काल (सन् 2010) में 'गर्भनाल' वेबसाइट पर दस–ग्यारह समीक्षाएँ प्रकाशित हुईं। उसमें से एक है, 'मीरा : एक पुनर्मूल्यांकन'। इसका संपादन डॉ. पल्लव ने किया है। इसकी समीक्षा की है डॉ. हुसैनी बोहरा ने। इस ग्रंथ में अनेक ख्यातनाम लेखकों के आलेख संगृहीत हैं। कवयित्री मीराबाई ने स्त्री होकर भी तत्कालीन रूढ़िवादी सामंती समाज की मान्यताओं को धता बताकर जो भक्ति की वह अपने आपमें एक मिसाल है। मीरा का विषपान मध्यकालीन नारी का प्रतिनिधिक विषपान है। उसका विद्रोह अपने अस्तित्व की तलाश है। मीरा का अध्यात्म आत्मगत एवं सौंदर्यशास्त्रीय दुनिया को निर्मित करने वाला मनोविज्ञान नहीं है अपितु सामाजिक मुक्ति एवं स्वाधीन शरीर–मनोजगत् का निर्माण करने वाला माध्यम है। यह सब जानकारी हमें डॉ. हुसैनी बोहरा की चर्चित समीक्षा से प्राप्त होती है। समीक्षक ने समीक्ष्य ग्रंथ के अंतरंग को हमारे सामने विस्तार से प्रस्तुत किया है। प्रत्येक आलेख की इसमें मीमांसा है। इससे हमें समीक्ष्य ग्रंथ का महत्त्व समझ में आता है। समीक्षा की भाषा परिनिष्ठित है। इसकी शैली विश्लेषण की है। ग्रंथ के सभी पक्षों का इसमें विचार है। इस समीक्षा का शीर्षक योग्य है।

'धूप से रूठी चाँदनी' काव्य कृति है। यह डॉ. सुधा ओम ढिंगरा की कविताओं का संकलन है। डॉ. आजम ने इसकी समीक्षा की है। इस काव्य संकलन से एक एहसास जो बेपनाह उभरकर सामने आता है, वह है अपने छूटे देश के प्रति प्यार। प्रवासी भारतीय की पीड़ा इसमें झलकती

है। यहाँ रचनाओं में सर्वत्र भारतवर्ष प्रतिबिंबित है। इसकी भाषा प्रकृति के अनुकूल है। स्त्री को मनुष्य रूप में चित्रित करने का कवयित्री का प्रयास है। विदेश की कन्या भ्रूण हत्या जैसी अनेक सामाजिक समस्याओं को ये रचनाएँ स्वर देती हैं। स्त्री अबला नहीं यह सत्य है, पर पुरुष इसे दंभ से कुपित करता है, कवयित्री इसे कविताओं से उजागर करती है। स्त्री–पुरुष रिश्ते की इसमें चर्चा है। इसमें रिश्ते की पाकीजगी है और धर्म की बंदगी भी। डॉ. आजम ने रचना–दर–रचना से संग्रह के आशय को स्पष्ट किया है। कविता के विचार और कला पक्ष पर समीक्षा का बल है। समीक्षा की भाषा सुबोध है। इसकी शैली विवेचना की रही है। समीक्ष्य कृति का मूल्यांकन तटस्थता से किया गया है।

डॉ. महीप सिंह अपनी उपन्यास रचना को शृंखला में प्रस्तुत कर एक नई पहल, नया प्रयोग किया है। 'अभी शेष है', 'बीच की धूप' और 'धूप ढलने के बाद'—उपन्यास के तीन शीर्षक है। डॉ. मधु संधु ने इसमें से 'बीच की धूप' और 'अभी शेष है' जैसे दो उपन्यासों को समीक्षार्थ चुना है। उनके अनुसार उपन्यास की पहली कड़ी 'अभी शेष है' और परवर्ती कड़ी है'बीच की धूप' समीक्षक ने दोनों उपन्यासों की एक साथ समीक्षा की है। समीक्षक ने आरंभ में कथानक का खुलासा किया है। बाद में कथावस्तु की चर्चा की है। उपन्यासों के देश, काल और वातावरण का इसमें जायजा है। ये दोनों उपन्यास भारत–पाक विभाजनोत्तर घटनाओं पर आधारित होने के कारण दोनों में तत्कालीन राजनीति पर प्रकाश डाला गया है। उपन्यासों के प्रमुख पात्र सुनंदा, कोमल तथा मनजीत का चरित्र चित्रण तरह–तरह से कर उन्हें प्रभावी बनाया है। दोनों उपन्यास अपने समय का सच प्रस्तुत करते हैं। उपन्यास में समकालीन व्यक्तिरेखाओं को लाकर, जैसे–इंदिरा गांधी, शेख मुजबुर रहमान, भुट्टो आदि उपन्यास को जीवंत बनाया गया है। समीक्षा में इन सबका अंकन है।

मध्य प्रदेश में 'एकलव्य' एक ऐसी संस्था है, जो सार्थक बाल शिक्षा के लिए समर्पित है। उन्होंने बुंदेलखंड में प्रचलित शिक्षाप्रद लोककथाएँ संकलित, संपादित कर उसका एक संग्रह बनाया। 'मिजबान' शीर्षक से उसे प्रकाशित किया। इसकी समीक्षा तो नहीं पर जानकारी देने वाली टिप्पणी वेबसाइट पर दीपाली शुक्ला ने लिखी है। उसके अनुसार इसमें बारह कहानियाँ संगृहीत हैं। इसमें होने वाले लोक जीवन के विविध रंग पाठक को लुभाते हैं। अतनु राय के सुंदर चित्रों से इस पुस्तक की कथाएँ सजाई गई हैं। आज लोककथाओं को गंभीर खतरा उत्पन्न हुआ है। ऐसी स्थिति में इस पहल का महत्त्व ऐतिहासिक योगदान साबित होता है।

'माँ का बेटा' कुसुम सिन्हा का कहानी संग्रह है। देवी नागरानी ने इसकी समीक्षा की है। ये कहानियाँ परिवार और परिवेश को समेटती हैं। संगृहीत पच्चीस कहानियाँ रिश्तों की जकड़न, उनके दायित्व, प्यार–नफरत, वफा–बेवफाई से गुजरते कथा के किरदारों की जिंदगी उजागर करती हैं। परिवार संबंधों का समग्र चित्रण इनमें होने से ये कथाएँ सारे मानवीय भावों को प्रकट करती हैं। 'रिश्तों के खँडहर', 'आधुनिका', 'अनायास', 'प्रतिशोध', 'गिरती दीवारें', 'बालू की दीवार' जैसी कहानियाँ इस संदर्भ में द्रष्टव्य हैं। लेखिका प्रवासी भारतीय है। अपने देश से दूर रहकर भी वह यहाँ के जीवन को बनाए रखने के लिए तिलमिलाती है। कहानियों की भाषा सरल, बोलचाल की है। इनकी शैली विवेचक है। इनके शिल्प में गठन है। यही कारण है कि कहानियाँ असरदार बनी हैं। समीक्षिका देवी नागरानी ने बड़ी आत्मीयता से इनकी समीक्षा

की है। समीक्षा में कलात्मकता के साथ कथ्य को भी उन्होंने अधोरेखित किया है। समीक्षा विस्तार से कथा के सौंदर्य एवं समस्याओं की चर्चा करती है। समीक्षा पढ़कर मूल कथाएँ पढ़ने का मन बनना समीक्षा की फलश्रुति है।

प्रवासी भारतीय लेखिकाओं में उषा प्रियंवदा का नाम अग्रणी है। आपने अनेक विदेशी विश्वविद्यालयों में पढ़ाया है। 'भया कबीर उदास' आपका पाँचवाँ उपन्यास है। डॉ. मधु संधु ने उसकी समीक्षा की है। यह एक कैंसर पीड़ित युवती लिली की कहानी है। नारी के लिए कैंसर होना उसके स्त्रीत्व का छिनना होता है। नारी का स्त्रीत्व उसके बालों व वक्ष के बिना अधूरा होता है। इस पीड़ा को प्रियंवदा ने उपन्यास में स्वर दिया है। नितांत अकेलापन और बीमारी से जूझती नारी की मनोदशा का इसमें चित्रण है। कैसे वह अपनों से दूर अपने आपको काटती रहती है, उसे पढ़ना असहनीय पीड़ा में उलझना होता है। समीक्षा से हम जानते हैं कि लेखिका ने नारी के मन, संघर्ष का कैसे चिंतन–मनन किया है। डॉ. संधु ने परदुख को अपनाकर उपन्यास की समीक्षा की है। समीक्षा में उसने साहित्य की अपेक्षा उसके सामाजिक पक्ष को महत्त्व दिया है। समीक्षिका ने उपन्यास की सर्वांगीण चर्चा समीक्षा में की है। समीक्षा की भाषा बोधप्रद है। उसकी शैली में विवेचना और विश्लेषण का समाहार है। समीक्षा का शीर्षक आकर्षक है। उपन्यास की डायरी शैली से कथा में आंतरिक संवाद का भाव निर्माण हुआ है। समीक्षा में भी उस भाव की भलीभाँति रक्षा की गई है।

शशि पाधा की लिखी कविताओं के संग्रह 'मानस मंथन' का परिचय कराया है देवी नागरानी ने। यह संग्रह नारी की व्याख्या करता है। इस काव्य संग्रह में कल्पना की उड़ान है और हकीकत की जमीन भी। इसमें नारी के भूत, वर्तमान और भविष्य को पिरोया गया है। नारी के ताप, पीड़ा, उन्माद और संयम का चित्रण है। समीक्षा में इसकी सोदाहरण चर्चा है। इसमें कवयित्री की लेखनी का विकास परिलक्षित होता है। कविता का शिल्प सौष्ठव पाठक को मोह लेता है। देवी नागरानी ने कविता समीक्षा में विचार पक्ष को महत्त्व दिया है। साथ ही कविता की कलात्मक विशेषताओं को मार्मिक ढंग से अंकित किया है।

सिम्मी हर्षिता का चौथा उपन्यास है 'जलतरंग' यह उपन्यास एक अविवाहित युवती की कहानी है। इसे पढ़ते समय निर्मल वर्मा के 'अंतिम अरण्य' और कृष्णा सोबती के 'समय सरगम' की याद आती है। यह उपन्यास लेखिका ने विभिन्न गद्य विधाओं के प्रयोग से रचा है। इसमें जीवनी, संस्मरण, डायरी, पत्र, कथा, कविता सबका समन्वय है। उपन्यास में परिवार और परिवेश को अद्वैत बनाकर प्रस्तुत किया है। पंजाब की भूमि में विकसित इसकी कथा रोचक है। डॉ. मधु संधु ने तुलनात्मक शैली से समीक्षा की है। समीक्षा में समग्रता है। समीक्षा की भाषा प्रगल्भ है। समीक्षा में उपन्यास की विशेषताओं को गिनाया है। समीक्षा का लक्ष्य उपन्यास के प्रति जिज्ञासा जगाता है। संस्कृति, आस्था और संघर्षत्रयी का यह जलतरंग अपने ताल और स्वर से उपन्यास में रंग भरता है। यह सब इस शीर्षक में प्रतिबिंबित है।

'वेअर डू आय बिलांग' अर्चना पेन्यूली का लिखा उपन्यास है। भारतीय ज्ञानपीठ, नई दिल्ली की ओर से वह प्रकाशित है। डॉ. मधु संधु ने उसकी समीक्षा की है। यह पेन्यूली की दूसरी औपन्यासिक कृति है। उपन्यासकार ने इसमें आप्रवासी भारतीयों की तीन पीढ़ियों की कहानी बताई है। यह डेनिश लेखक कारेश ब्लिक्शन के उपन्यास का अनुवाद है। इसे पढ़ते समय

यशपाल के उपन्यास 'मेरी, तेरी, उसकी बात' की याद आती है। डेनमार्क में बसे भारतीय परिवार की यह कथा है। पर इसका पटल और पात्र भूमंडलीकरण के युग के हैं। यह अंतर्राष्ट्रीय परिवार की कथा है। यह उपन्यास धर्म को मिथ्या अभिमान बनाने का विरोध करता है। यह कृति सभी संस्कृतियों के समान सम्मान का समर्थन करती है। समीक्षिका ने उपन्यास के अनोखेपन पर बल देकर 'वसुधैव कुटुंबकम्' की भावना को बढ़ावा दिया है। समीक्षा की भाषा परिनिष्ठित है। शैली विश्लेषण से साकार होती है।

'आलुरि बैरागी की कविता में मानवतावाद' डॉ. पेरिसेट्टी श्रीनिवास राव का अनुसंधान प्रबंध है। वह ग्रंथ रूप में प्रकाशित होने पर चंद्र मौलेश्वर प्रसाद ने उसकी समीक्षा की है। यह ग्रंथ छह अध्यायों में विभाजित है। प्रारंभ में आलुरि बैरागी के व्यक्तित्व एवं कृतित्व के रूप में संक्षिप्त परिचय है। फिर कृतियों का विस्तृत परिचय है। आगे कविता पर होने वाले मानवतावाद का प्रभाव दर्शाया गया है। इस ग्रंथ की समीक्षा की अपेक्षा इसे परिचय कहना अधिक सांयुक्तिक होगा। परिचय सुयोग्य तरीके से दिया गया है।

दिविक रमेश के कविता संग्रह 'गेहूँ घर आया है' की समीक्षा डॉ. उमा त्रिपाठी ने प्रस्तुत की है। प्रस्तुत संकलन की कविताओं में विषय वैविध्य है। लोक-परलोक, देश-विदेश, गाँव-शहर, माँ-बाप, घर-परिवार, प्रकृति सभी का विवेचन इस कविता में है। कर्ज से क्यों न सही, घर गेहूँ आने की खुशी का चित्रण जीवन संघर्ष की कहानी है। डॉ. उमा त्रिपाठी ने सपाट बयानी शैली से प्रस्तुत रचना की समीक्षा की है। समीक्षा विषय और समस्या की चर्चा करती है, न कि काव्य कला की। दिविक रमेश की इस कविता का साधर्म्य समीक्षिका ने बाबा नागार्जुन की कविता में ढूँढ़ा है। वह उचित है।

निष्कर्ष – इस प्रकार हम देखते हैं कि 'गर्भनाल' की समीक्षाएँ स्तरीय ग्रंथों पर विचार करती नजर आती हैं। प्रवासी भारतीयों की रचनाओं को समीक्षा के लिए चुना है। ग्रंथों में प्रवासी भारतीयों की समस्याओं को स्वर मिला है। समीक्षक मात्र भारत के हैं। समीक्षा शैली और भाषा में वैविध्य है। समीक्षा के शीर्षक बड़े होकर भी समर्पक हैं। साहित्य की विभिन्न विधाओं को समीक्षा में प्रतिनिधित्व मिला है। अधिकतर समीक्षाएँ विषय केंद्रित रही हैं। शैली में विवेचना और विश्लेषण का प्रभाव है। मूल कृति के सौंदर्य और कथ्य को प्रस्तुत करने में ये समीक्षाएँ सफल रही हैं।

9. http://www.hindichetana.blogspot.com–

'हिंदी चेतना' वेबसाइट पर अनुसंधान कालावधि में तीन ही समीक्षाएँ प्रकाशित हुईं। उसमें से एक 'धूप से रूठी चाँदनी' शीर्षक कविता संग्रह की है। यह डॉ. सुधा ओम ढींगरा का काव्य संकलन है। इसकी समीक्षा डॉ. पुष्पा दुबे ने की है। इस संग्रह की अधिकांश रचनाएँ मुक्त छंद में लिखी हैं। अत: वह गद्य के निकट जाती है। ये कविताएँ मानवीय जीवन की गहन अनुभूतियों को व्यक्त करती हैं। भावना और आकांक्षा में भटके मानव की तलाश है इस कविता में। प्रवासी भारतीय मन का प्रतिबिंब है यह कविता। विघटित मूल्य, आतंकवाद, असुरक्षा की पीड़ा से व्यथित कवयित्री की चिंता की साया इन रचनाओं पर देखते ही बनती है। कविता प्रकृति सुषमा से युक्त भी है। नारी के नए रूप का आगाज भी है यह कविता। डॉ. दुबे ने इस रचना की समीक्षा

बड़े ही सुबोध शब्दों में की है। कवयित्री के मन को समीक्षिका ने ठीक तरह से पकड़ा है। तभी तो वे कविता के आशय को समर्थता से समीक्षा में व्यक्त कर पाई हैं। समीक्षा की शैली में सौंदर्याभिव्यक्ति की बेताबी है। कविता के आशय और विषय दोनों पर समीक्षा ने अपने मत को स्वर दिया है। 'आधी आबादी की कविताएँ' जैसा शीर्षक समीक्षा को देकर इस कविता में नारी मन का उद्‌गार होने की बात स्पष्ट की गई है।

अमरेंद्र कुमार के कहानी संग्रह 'चूड़ीवाला और अन्य कहानियाँ' की समीक्षा अमरीका के यूजर्सी स्थित देवी नागरानी ने की है। अमरेंद्र की ये कहानियाँ विषय और शैली की वजह से रोचक बनी हैं। ये कहानियाँ प्रकृति और मानव जीवन के परस्पर संबंधों को भी रेखांकित करती है। ये कहानियाँ जहाँ से शुरू होती हैं, वहीं खत्म होती हैं। यह एक तरह की कलात्मकता है। कुछ कथाओं में हास्य रस का पुट है। 'एक पत्ता टूटा हुआ', 'रेलचलित मानस' अलग किस्म की कथाएँ हैं। इसकी समीक्षा देवी नागरानी ने पूरे विस्तार से एक कहानी चुनकर की है। इससे हर कहानी की विशेषता से हम रू-ब-रू होते हैं। समीक्षा की भाषा बोलचाल की है। समीक्षा शैली विवेचक है। भाव पक्ष को समीक्षा में तरजीह दी गई है। समीक्षा निष्पक्ष है और निर्णायक भी। परिवार और परिवेश की कथाओं की यह समीक्षा पाठक हितार्थ की गई है।

'किताब जिंदगी की' डॉ. कृष्ण कन्हैया का काव्य संग्रह है। इसकी समीक्षा देवी नागरानी ने ही की है। समीक्षा में मूल कविताओं के उद्धरण देकर कवि की काव्य प्रतिभा का परिचय दिया गया है। समीक्षा से हम जान जाते हैं कि यह कविता वर्तमान के प्रश्नों को उठाती है। समीक्षा की शैली विवरण की है। मूल काव्य का परिचय, विशेषता आदि को यह समीक्षा हमारे सामने रखकर उन्हें पढ़ने की सलाह देती है।

निष्कर्ष – इस प्रकार ये समीक्षाएँ मूल कृतियों के कथ्यों को उजागर कर पाठकों को मूल रूप में पढ़ने के लिए उकसाती है। ये समीक्षाएँ विस्तृत हैं। उसमें विवेचना बलवती है। मूल कृति का विश्लेषण और परिचय इन समीक्षाओं का लक्ष्य रहा है।

वेबसाइट्स पर समीक्षा के अंतर्गत पुस्तक परिचय प्रकाशित किए गए हैं। गद्य और पद्य की शैलियों के ये ग्रंथ प्रकार की दृष्टि से विविधता के दर्शन कराते हैं। ये परिचय ग्रंथ के कथ्य को उजागर कर पाठकों के मन में समीक्ष्य ग्रंथ के प्रति जिज्ञासा उत्पन्न करते हैं। समीक्षा की भाषा सुबोध है। कभी-कभी परिचय के नाम पर मूल कृति के अंश को ही प्रकाशित किया गया है। सभी परिचयों के अंत में लक्ष्य ग्रंथ का शीर्षक, लेखक, प्रकाशक, प्रकाशन वर्ष, पृष्ठ संख्या, मूल्य आदि की जानकारी दी गई है। इससे इन परिचयों का संदर्भ मूल्य बढ़ा है। 'सृजनगाथा' ने समीक्षा के स्तर को बरकरार रखा है। 'गर्भनाल' ने प्रवासी भारतीयों की रचनाओं की समीक्षा प्रवासी तथा भारतीयों द्वारा कर अनूठापन लाया है।

4.4.10 भाषा/व्याकरण/अनुवाद –

अनुसंधान हेतु चयनित तेरह वेबसाइट्स में से 'गर्भनाल' तथा 'सृजनगाथा' ऐसी दो वेबसाइट्स हैं, जिन्होंने भाषा तथा व्याकरण संबंधी जानकारी, आलेख आदि अनुसंधान की समय सीमा में (सन् 2010) प्रकाशित किए हैं।

1. http://www.srijangatha.com–

'सृजनगाथा' वेबसाइट पर भाषा, व्याकरण, अनुवाद संबंधी पाँच आलेख प्रकाशित हुए। उसमें से पहला अनुवाद को लेकर है। 'अनुवाद के नियम–अनियम' शीर्षक लेख अमृत मेहता का है। आपको हिंदी, जर्मन, अंग्रेजी अनुवाद का अनुभव है। जर्मनी, अंग्रेजी जैसी स्त्रोत भाषा से हिंदी, पंजाबी जैसी भारतीय भाषाओं में अनुवाद करते समय भाषा, संस्कृति, परंपरा के परिपार्श्व में आने वाली कठिनाइयों के मद्देनजर अनुभवजन्य नियम आपने अपने इस आलेख में प्रस्तुत किए हैं। उनके अनुसार अनुवाद के अनेक पहलू होते हैं। आपकी दो मातृभाषाएँ हैं। क्रमश: देखा जाए तो पंजाबी बाद में आती है, हिंदी पहले। अंग्रेजी का प्रथम भाषा के रूप में अध्ययन–अध्यापन किए लोगों से भारतीय भाषाओं के अनुवाद का कार्य अपवाद रूप में हुआ है। वैज्ञानिक और तकनीकी अनुवाद के लिए व्याकरण का ज्ञान जरूरी होता है। यूरोपीय भाषाओं में उपर्युक्त विषय के 90% शब्द लातीन तथा ग्रीक हैं। 10% शब्दों के लिए ही शब्दकोशों की आवश्यकता महसूस होती है। भारतीय भाषाओं में सांस्कृतिक वैविध्य के कारण अनुवाद के लिए उनके शब्दकोश अधूरे महसूस होते हैं। पराई संस्कृति अनुवाद में रोड़े खड़ी करती है। आपने जर्मन–हिंदी अनुवाद अधिक किए। अनुवाद में पारिस्थितिक, भौतिक, सामाजिक, धार्मिक एवं भाषिक संस्कृति का खयाल रखना पड़ता है। यूजीन नायडा ने इसके बारे में विस्तार से लिखा है। इस लेख में इन्हें लेकर सोदाहरण अनुभव प्रस्तुत किए हैं। अनुवाद में अनेक कारणों से वैविध्य आता है। लोकोक्तियों, साहित्यिक संकल्पनाओं के अनुवाद में कई कठिनाइयाँ उभरती हैं। अनुवाद में पाद टिप्पणियों से बचना होता है। विदेशी भाषा अनुवाद में अनेक अवधानों पर ध्यान देना होता है। पद्य अनुवाद चुनौतियों से भरे होते हैं। ध्वन्यात्मक अनुवाद में विशेष ध्यान देना जरूरी होता है। यह आलेख अनुभवजन्य होने के कारण अनुवादकों के लिए हिदायतें (Tips) देने वाला सिद्ध हुआ है। सोदाहरण चर्चा से इसकी उपयुक्तता बढ़ी है। वह व्यवहार्य अनुवाद का वस्तुपाठ है।

'क्रिया के वर्तमान और भूतकाल रूप की उत्पत्ति के लिए नियम' बताए हैं डॉ. काजल वायपेजी ने। यह नियम और उदाहरणों की सूची है। क्रियात्मक शब्दों में आने वाले रूप परिवर्तन की इसमें जो चर्चा है, वह भाषा प्रयोग में मार्गदर्शक सिद्ध होती है। इसमें पंद्रह नियम और उदाहरण दिए गए हैं।

डॉ. काजल वाजपेयी का एक और आलेख इस वेबसाइट पर है। 'हिंग्लीश : भारत की भाषा' उसका शीर्षक है। अंग्रेजी शब्दों को हिंदी वाक्य में और हिंदी शब्दों को अंग्रेजी वाक्यों में प्रयोग करने के बढ़ते रुझान की इसमें सोदाहरण चर्चा है। व्यवहार में भाषा बोलने के तौर–तरीकों में जो बदलाव आया है, उससे भाषा शुद्धता नाम की कोई चीज नहीं बची है। पत्रकारिता, विज्ञापन, दूरदर्शन सर्वत्र इसका फैलाव भाषा को संकरित कर गया है। आश्चर्य की बात है कि भाषा विरोधी बात का आलेखक समर्थन करता नजर आता है।

उपर्युक्त लेखिका का ही आलेख है, 'भाषा में वाक्य–विन्यास की भूमिका'। यह भाषा विज्ञान संबंधी निबंध है। इसमें शब्दों को जोड़ना, व्याकरण के घटक, वाक्य संरचना, पद–परिचय की चर्चा की गई है। अंग्रेजी–हिंदी के प्रयोग को आधार बनाकर यह आलेख लेखन हुआ है।

'शब्दकोश रचना, शब्दकोश कला और शब्दकोश सिंद्धात' शीर्षक आलेख डॉ. काजल वाजपेयी का ही है। इसमें आपने संगणक के बढ़ते प्रयोग के बाद कोश विज्ञान में आए बदलाव की चर्चा की है। उनके अनुसार संगणक के कारण कोश विज्ञान गतिशील बना है। कोश का आकार एवं आशय (Size and Volume) बढ़ गया है। डाटा बेस बढ़ने से संग्रहण, लिप्यंतरण, वर्गीकरण, खोज, संदर्भ आदि के कार्यों में सुविधा और गति बढ़ी है। शब्दकोश कला शब्द-विन्यास, मुहावरे, अर्थ, शब्दाधार आदि से संबंधित बातों पर गौर करती है। संगणक से यह कार्य एकीकृत बना है। कृत्रिम बौद्धिकता (Artificial Intelligence) के बढ़ते प्रभाव से कोश रचना, कोशकला, कोश सिद्धांत में बुनियादी परिवर्तन आए हैं। यह आलेख शब्दकोश रचना और निर्माण पर असर करने वाले उपर्युक्त तीन घटकों पर गौर करने के उद्‌देश्य से लिखा है।

'शब्दतंत्र' शीर्षक एक और आलेख में डॉ. काजल वाजपेयी ने डेटाबेस की विषयवस्तु, उसकी सीमाएँ और समस्याएँ तथा डेटाबेस के अनुप्रयोग पर विचार किया है।

'कला परंपरा का आधुनिक व्याकरण' शीर्षक आलेख लिखा है डॉ. राजेश कुमार व्यास ने। इस लेख में आपने डॉ. मंजू नहाटा के चित्रों की कलात्मक समीक्षा की है। यहाँ कला के बुनियादी तत्त्वों के आधार पर चित्रकला पर विचार किया गया है। यह 'कला व्याकरण' शब्द के कारण व्याकरण का भले लगे पर वह व्याकरण कला का है, भाषा का नहीं।

इस प्रकार प्रस्तुत वेबसाइट पर भाषा, व्याकरण, अनुवाद की आधुनिक तंत्र एवं उससे आए बदलाव की चर्चा उपस्थित कर प्रयोग के आधार पर निरीक्षण, नियम दर्ज किए हैं।

(2) http://www.grabhanal.com–

इस वेबसाइट पर प्रकाशित वेद मित्र का एकमात्र आलेख और कुछ न होकर विदेश में हिंदी पढ़ने वाले छात्रों के लिए उपर्युक्त व्याकरण का पाठ (Lesson) है। इसमें शब्द प्रयोग, वर्ण, वर्ग आदि की चर्चा है। यह हर हिंदी भाषी छात्रों के उपयोगी है।

निष्कर्ष – इस प्रकार हम देखते हैं कि 'सृजनगाथा' एवं 'गर्भनाल' ने हिंदी भाषा के व्याकरण, अनुवाद, शब्दाकोश, हिंदी अध्ययन-अध्यापन, सूचना एवं संपर्क क्रांति से आए परिवर्तनों की चर्चा कर एक रचनात्मक पहल की है। अंतर्जालीय भाषा और साहित्य में इनका महत्त्व है।

(ब) पद्य

हिंदी भाषा और साहित्य की वेबसाइट्स पर प्रकाशित कविताओं तथा उसके विविध रूपों की चर्चा एवं मूल्यांकन आगामी पंक्तियों में किया गया है–

1. http://rachanakar.blogpost.com–

अंतर्जाल पर कविता की दृष्टि से समृद्ध एवं स्तरीय वेबसाइट के रूप में 'रचनाकार' को देखा जाता है। अनुसंधान की एक वर्ष की कालावधि (सन् 2010) में लगभग 2000 कविताएँ प्रस्तुत वेबसाइट पर प्रकाशित हुईं। कविता के जितने प्रकार हैं, लगभग सभी प्रकारों का प्रतिनिधित्व

प्रकाशित रचनाओं में रहा है। कविता, गजल, हास्य काव्य, व्यंग्य काव्य, हास्य-व्यंग्य काव्य, गीत, अगीत, हाइकू, त्रिपदी, बाल कविता, दोहा, प्रेमगीत, लंबी कविता, नवगीत, राष्ट्रीय काव्य, चरित काव्य, प्रादेशिक गीत, कुंडलिया छंद, मुक्तक, चिकोटियाँ, पहेली इतना ही नहीं तो पूरा का पूरा काव्य-संग्रह प्रकाशित कर इस वेबसाइट ने कविता के प्रति अपनी आस्था एवं प्रतिबद्धता का परिचय दिया है।

(1) कविताएँ -1 :-

प्रासंगिक विशेष को ध्यान में रखकर उस औचित्य पर रचनाएँ प्रकाशित करने की सतर्कता 'रचनाकार' वेबसाइट ने दिखाई है। नववर्ष के स्वागत के उपलक्ष्य में गिरीश पंकज की कविता 'हो ये नूतन वर्ष मंगल' प्रकाशित हुई थी। इसमें नववर्ष का स्वागत है। कविता में मंगलभावों का प्रकटीकरण है।

'टूटता है स्वप्न लेकिन,
फिर नया गढ़ते चलेंगे
ये जीवन एक पर्वत है,
हम शिखर चढ़ते चलेंगे।'

जैसी पंक्तियों से कवि की भावना और आत्मविश्वास व्यक्त हुआ है।

स्वाधीनता दिवस पर दामोदर लाल 'जांगिड़' की रचना 'शहीदों के नाम' प्रकाशित कर इस वेबसाइट ने समय विशेष के महत्त्व को विधायक ढंग से ध्यानाकर्षक बनाया है। यह रचना देश आजाद कराने वाले शहीदों के लिए समर्पित है। उसमें उनके बलिदान का गौरव है और उनके प्रति श्रद्धांजलि भी।

'पराक्रम की महागाथा जुबानी पोकरण कहता,
धरा से दुश्मनों का खात्मा हम कर दिखा देंगे।'

जैसे शब्दों में जोश और आत्मबल झलकता है। यह रचना किसी प्रेरणा गीत से कम नहीं, जो हमें स्वाधीन भारत की रक्षा के लिए उकसाती है।

अंतर्राष्ट्रीय महिला दिवस (8 मार्च) के उपलक्ष्य में 'महिला आरक्षण' शीर्षक की महेंद्रसिंह रावत की कविता का प्रकाशन इस क्रम में देखा जा सकता है। इसमें राजनीति और नौकरी में महिला आरक्षण की अहमियत समझाई है।

'एक बार आरक्षण बिल पास हो जाए,
तैंतीस प्रतिशत महिलाएँ विधान, संसद में आ जाएँ,
फिर हम मर्दों से निपट लेंगे,
हर जुल्म का बदला गिन-गिन कर लेंगे।'

जैसी पंक्तियों में प्रतिशोध का भाव तीव्र है। इसके पीछे सदियों का आक्रोश है। उसे देखते हुए यह रचना बगावत का बिगुल फूँकती नजर आती है।

होली के अवसर पर प्रकाशित दीनदयाल शर्मा की 'होली है' तथा 'नेता और होली' साधारण-सी रचनाएँ हैं। उनमें रंग और रिश्ते त्योहारों में कैसे घुलमिल जाते हैं, उसका सुहावना वर्णन है। इस बहाने नेताओं पर कसा गया व्यंग्य भी मार्मिक है।

अधिकांश कविताएँ छंदमुक्त नजर आती हैं। पर कुछ गजलें, मुक्तक, हाइकू भी हैं, जो छन्दबद्ध रचनाएँ हैं। पर इनके अलावा भी अपवादस्वरूप स्वतंत्र रूप छंद में लिखी रचना है 'शीतऋतु'। यह श्याम घनाक्षरी छंद की रचना है, जिसमें शीत ऋतु की ठंडक का वर्णन है। यह रचना छंदबद्ध होने के कारण गेय है। इसे पढ़ते समय रचना पर होने वाला सुमित्रानंदन पंत का प्रभाव ध्यान आए बिना नहीं रहता।

शारदोत्सव में सरस्वती पूजन की परंपरा रहती है। उस बहाने 'माँ शारदे शरमा गई' रचना प्रकाशित कर इस महोत्सव का आए दिन जो स्तर घट रहा है, उस पर व्यंग्य किया है। ऐसे उत्सव पर पंडाल बनते हैं और लाउड स्पीकर पर 'चोली के पीछे क्या है' जैसे गाने लगाए जाते हैं। न औचित्य का खयाल, न त्योहार का गांभीर्य एवं पावित्र्य। कला की आराधना ही अकलात्मक दिखाकर कवि सुजान पंडित ने इस ओर पाठकों का ध्यान खींचा है।

इस वेबसाइट पर कुछ विचारोत्तेजक रचनाएँ भी प्रकाशित हुईं। मधु संधु की कविता 'पुनर्वास के लिए स्थापित बेटियाँ' इस संदर्भ में द्रष्टव्य है। कल होने वाली बेटी विवाह के दूसरे दिन ही बड़ी हो जाती है, वे पुनर्वास के लिए अभिशप्त सदा के लिए विस्थापित होती हैं, रोज एक जंग लड़ने वाली हमारी बेटियाँ आदि वर्णन से कवयित्री ने वर्तमान नारी की पीड़ा को शब्दबद्ध किया है। हम कहते हैं कि सुविधाएँ बढ़ी हैं, मनुष्य का जीवन समृद्ध हुआ है, पर जहाँ तक नारी का प्रश्न है–

'गाड़ी, मोबाइल सब आसपास,
पर नहीं कनेक्शन, नहीं राह'

बताकर इन सुविधाओं के बीच असुरक्षित नारी का चित्रण एक नारी ही कर सकती है। उद्वेलन से मुक्ति वर्तमान नारी की समस्या है, उसे इस कविता ने उठाया है। कविता विचार-प्रधान है। यथार्थ चित्रण पर बल है। भावों का ज्वार देखते ही बनता है। शब्द का समर्पक प्रयोग कवयित्री की प्रतिभा का परिचायक है। अल्पक्षरों में आशयघन कविता कोई तब ही लिख पाता है, जब वह विषय के साथ तहेदिल से जुड़ा हो। प्रस्तुत रचना इन सबकी मिसाल है।

जीवन दर्द, उसका ध्वस्त होना, मनुष्य का पशु बनना आज की तारीख की हकीकत है। उसे चित्रित किया है, प्रेमवल्लभ पांडेय ने। रचना का शीर्षक है, 'और यह सब देखकर दिल पत्थर हो गया।'–ऐसी आज की स्थिति–आदमी बेमौत मर रहा है। महँगाई, भ्रष्टाचार, बेरोजगारी, विषमता की मार उसे जीते जी मुर्दा बना देती है। सारी आशाओं पर पानी फिर जाता है। विश्वासों के महल ढह जाते हैं। जीवन का दामन पैबंद टाँकने के लिए मोहताज है। चाँदनी भी आज कफन ओढ़ती नजर आती है–

'खँडहर में कोई दीप नहीं,
बस भूत-प्रेत की छाया है,
अट्टाहास करती कोई विकराल दानवी काया है।'

कहकर कवि समस्त परिस्थिति और समय को दानवी काया में उपस्थित कर स्थिति की संजीदगी को चित्रित करता है। भाव की दृष्टि से उच्चकोटि की यह कविता वर्तमान पर क्ष-किरण है। कविता की शैली में तलवार की धार है और आशय में जानलेवा पीड़ा। बिंब और अलंकार का अद्वैत इस रचना को कलात्मक बनाता है।

श्वेता सुधांशु की कविता 'मैं' एक बहुत ही सुंदर एवं मार्मिक फंतासी है। कवयित्री बाइबल की प्रेरणा के तहत कहिए 'Know Thyself' के अनुसार 'आत्म' को खोजने निकलती है, तो आत्म उसे मिल जाता है–

'इस तरह अपने वजूद को ढूँढ़ने का
जो अभियान मैंने किया था शुरू
मिला मुझे अपने ही हाथों में।'

पढ़ते समय कबीर की 'कस्तुरी कुंडलि बसै, मृग ढूँढ़ै बन माहि' दोहा याद आए बिना नहीं रहता।

आर.के.भारद्वाज ने 'तलाश' कविता में सपने के गाँव की कल्पना की है। आज गाँव बिखर रहा है। उसकी खस्ता हालत देखते नहीं बनती। उसका कोई न उद्धारक, न अगुआ। ऐसी स्थिति में वह फंतासी ही रचता है–

'न कोई लाचार हो, न कोई मजबूर हो,
औरत की माँग में सिंदूर हो,
राम हो, रहीम हो, बलजीत हो, इब्राहीम हो,
मीरा हो, गीता हो, टेरेसा हो, हरप्रीत हो,
अमर चैन के गीत हों।'

यह कविता 'एक आदर्श गाँव' का सपना हमारे सामने रखती है।

मनुष्य ने अपनी अत्यधिक सुख की लालसा में प्रकृति को तबाह किया। नदी सूखी, जंगल बिरल बने, हवा की गरमी बढ़ी, पानी, हवा, ध्वनि सबका प्रदूषण हुआ। एक-एक जीव सृष्टि से खत्म हुआ। पेड़-पौधे तहस-नहस हुए। पर्यावरण का ह्रास चित्रित किया है, एस.के. पांडेय ने। है बालकविता पर उसकी नसीहत प्रगल्भ और प्रौढ़ जरूर है। 'मुझे सौंप दो जंगल मेरा, पहले वाला जल' की माँग करने वाली यह कविता प्रकृति चक्र को सुरक्षित करने, एक-एक कीड़े की हिफाजत करने का आह्वान करती है। गिद्ध गायब हुए, गौरैया काफूर हुई, अब बारी कौए की बताकर कवि मनुष्य के नष्ट होने का खतरा सूचित करता है। कभी-कभी कवि साधी-सुबोध रचना से भी महाकाव्य का सार समझाते हैं, यह रचना उसकी सानी है।

इस वेबसाइट पर किसी एक कवि की अनेक रचनाएँ, यहाँ तक कि पूरा का पूरा काव्यसंग्रह भी प्रकाशित होते देखा गया है। हरेंद्र सिंह रावत, सुरेंद्र अग्निहोत्री, दीनदयाल शर्मा, राकेश शर्मा, रामनिवास 'मानव', सुभाष राय जैसे कवियों की एक साथ अनेक रचनाएँ प्रकाशित हुई हैं। हरेंद्र सिंह रावत की कविताओं पर दिनकर शैली का प्रभाव स्पष्ट है। संस्कृत प्रचुर शब्द चयन एवं प्रयोग, कविता की गति, लय, छंद, संगीत, विषय सबमें यह प्रभाव देखा जा सकता है। 'चलो एक बार फिर से' जैसी रचना की निम्नांकित काव्यपंक्तियाँ इस संदर्भ में द्रष्टव्य हैं–

'समाज को बाँटा गया, बढ़ गईं फिर दूरियाँ,
राह में काँटे बिछाएँ, चल पड़ी फिर छधरियाँ।'

इस वेबसाइट की कविताओं ने समय के सारे विषय, प्रश्न, समस्याओं को छूने का प्रयास किया है। कन्या भ्रूण हत्या, पर्यावरण, आरक्षण, जीवन संघर्ष, किसान आत्महत्या, वृक्षारोपण, मजदूर, नारी, एच.आई.वी., भोपाल गैस त्रासदी, चारा घोटाला, राजनीति, प्रांतवाद, सती प्रथा,

भ्रष्टाचार जैसे विषय कवियों ने आजमाए हैं। इस वेबसाइट के कवियों ने छन्दबद्ध एवं छन्दमुक्त दोनों प्रकार की रचनाएँ लिखीं हैं। अधिकतर रचनाएँ छंदमुक्त हैं। ललित, मनोहारी शब्दों की अपेक्षा ठेठ रोजाना जीवन में प्रयोगित शब्दों में काव्य लिखना कवियों ने पसंद किया। वर्तमान की चिकित्सा इस समय के कवियों का प्रधान लक्ष्य नजर आता है। जीवन की चहुँमुखी व्याख्या में वर्तमान कवियों की रुचि ध्यातव्य है। कवि संवेदनशील, भावुक है, पर कोरी फंतासी वे शायद पसंद करते नजर आते हैं। कविता के बाहरी उपकरणों की अपेक्षा आंतरिक उथल-पुथल को शब्दबद्ध करने में वे अधिक बेताब नजर आए। स्पष्टता, मार्मिकता, संक्षिप्तता, सामंजस्य, इनकी कविता की प्रवृत्ति रही है। राजनीति, भ्रष्टाचार, प्रांतवाद के प्रति सार्वत्रिक नफरत इन कविताओं में देखते ही नजर आती है। बेलाग अभिव्यक्ति वर्तमान कविता की विशेषता है। कविता के शीर्षक संक्षिप्त, लंबे, दोनों प्रकार के हैं। कविता का ढाँचा छोटा भी और मध्यम भी। लम्बी कविता अपवाद में देखी गई। समय का पस्त होना इसका कारण है। किसी विचारधारा से जुड़ी कविता का जमाना खत्म होने का ऐलान करने वाली ये कविताएँ भूमंडलीकरण, उदारतावाद का समर्थन करती हैं।

(2) गजल-1 :-

इस वेबसाइट्स पर गजल लिखने वालों की कमी नहीं। लगभग सभी साहित्यिक वेबसाइट्स पर एक लिंक के रूप में भी गजल की स्वतंत्र उपस्थिति रहती है। प्रेमभाव व्यक्त करने के लिए गजल का प्रयोग सदियों पुराना है। गजल का शाब्दिक अर्थ ही नारी के साथ प्रेम की बातें करना है।[1] अच्छी गजल वही मानी जाती है, जिसमें इश्क-मुहब्बत हों। गजल की असली कसौटी प्रभावोत्पादकता है। असर और मौलिकता से युक्त गजल श्रेष्ठ समझी जाती है। गजल मूल रूप में अंत्यानुप्रास वाला दोहा है।[2] सांसारिक प्रेम के अलावा गजल में तसव्वुफ और भक्ति रस का भी वर्णन होता है।[3] अकसर गजल का हर शेर स्वयंपूर्ण होता है। इसके दो मिसरे (टुकड़े, पंक्तियाँ) होते हैं। वह रदीफ, काफिया से युक्त होता है। जौक, मीर, गालिब मशहूर गजलकार माने जाते हैं। मूल अरबी का यह काव्य प्रकार उर्दू और हिंदी में उतना ही प्रचुर रहा है। आधुनिक काल में अंतर्जाल पर उपस्थिति से भी उसकी श्रेष्ठता समझी जा सकती है।

'रचनाकार' वेबसाइट पर गजल विपुल मात्रा में प्रकाशित हुई है। अनुज नर वाल रोहतकी, सत्यप्रसन्न, श्याम गुप्त, सुरेंद्र सिंघल, राजकुमारी शर्मा, फातिमा ताज, एकता नाहर, राजेश 'विद्रोही', दामोदर लाल जांगिड़, संजय दानी, रोशन लाल 'रोशन' की गजलें इस संदर्भ में विचारणीय रही हैं। अनुज नर वाल रोहतकी ने गणतंत्रिया गजलें लिखी हैं, जिसमें वर्तमान गणतंत्र पर व्यंग्य है, जैसे-

'हमें नहीं लगता कि शिकायत दूर होगी
हम उन्हीं से उनकी शिकायत कर रहे हैं।'

---

1. हिंदी साहित्य कोश (भाग-1), संपा.धीरेंद्र वर्मा, पृ.216
2. en.wikipedia.org
3. हिंदी साहित्य कोश (भाग 1) संपा. धीरेंद्र वर्मा, पृ. 216

सत्य प्रसन्न की गजल 'ये पयाम है' वर्तमान जीवन की कटु आलोचना है। दामोदर लाल जांगिड़ ने हास्य–व्यंग्य गजल लिखकर गजल को एक नया आयाम जोड़ दिया है, जैसे–

'रुतबा भी सरकारी, अजीमों शान सरकारी।
मेरा कुछ भी नहीं, छोड़कर पहचान सरकारी।।'

आम आदमी का अस्तित्व मात्र उसका पंजीकृत होना बताकर जांगिड़ ने विकास पर प्रश्न चिह्न लगाया है। पूजा तोमर ने प्रेम, प्रणय, इंतजार को स्वर दिया है 'तमाशा' जैसी अपनी गजल में। वो कहती है–

'हर शय प्यासी है तेरे दीदार की।
जन्नत से कम नहीं, गली मेरे यार की।।'

राजेश 'विद्रोही' की गजलों में समकालीन प्रश्नों की चर्चा है, जैसे–बोफोर्स, दहशत, रिश्वत आदि। संजय दानी की अधिकतर गजलें दीर्घ होती हैं। उनकी भाषा उर्दू प्रचुर रहती है। इस एक शेर से वह आजमाई जा सकती है–

'जीस्त की कश्ती चली जानिबे सागर,
इस सफर में फिर किनारे नहीं होते।
हुस्न से गर रब्त रखते नहीं 'दानी',
तो जीवनभर हम अभागे नहीं होते।।'

यहाँ स्वयं का उल्लेख गजल की प्राचीन परंपरा का निर्वाह करता है। पुरुषोत्तम विश्वकर्मा की गजल 'भारत की आन' व्यंग्यात्मक गजल है, जो वर्तमान हिंसा, लूटपाट, आगजनी, हिंसा, हत्या के प्रति आक्रोश है–

'निठारी में मिले कंकाल, इक दिन खुद बता देंगे।
हालत हो गई है आज साहबान भारत की।।'

महेंद्र वर्मा की 'अकेलापन' गजल बेहद भावुक है। इसमें कवि ने अपनी जिंदगी के समग्र अकेलेपन को स्वर दिया है–

'पहले मेरे साथ थे, ये सब अब भी मेरे साथ
आहें, आँसू, धड़कन, सांसे और अकेलापन।'

ठहरी जिंदगी को कवि ने इसमें प्रभावी ढंग से चित्रित किया है।

इस प्रकार हम देखते हैं कि प्रस्तुत वेबसाइट पर प्रकाशित गजलें विषय की दृष्टि से वैविध्यपूर्ण रही हैं। पहले गजल का प्रयोग मात्र प्रेम, प्रणय, तनहाई, इंतजार आदि भावों को व्यक्त करने के लिए किया जाता था। आज गजल विषय और आशय की दृष्टि से व्यापक हुई है। उसने एक मुक्त कविता का रूप धारण किया है। वह सारे जीवन को समेटने के लिए आमादा है। पहले गजल मात्र शोक, संतप्तता, विरह, पीड़ा को व्यक्त करती थी। आज उसने व्यंग्य शैली अपनाई है। यह सब करते हुए उसने मूल गजल के रचना विधान (Meter) को प्रमाण माना है। शेर, काफिया, रदीफ का खयाल रखती गजल...कहीं–कहीं इनसे मुक्त होने के लिए तत्पर भी नजर आती है। एक बात निश्चित है कि उसने भावों की तीव्रता को कतई नहीं छोड़ा है। यही कारण है कि गजल आज भी अंतर्जालीय विकास क्षितिज पर अपनी धाक जमाए इतराती है।

(3) हास्य-व्यंग्य काव्य :–

इक्कीसवीं सदी का इंसान एक ओर विभाजित या दोहरे व्यक्तित्व (Duel or split personality) का बनता जा रहा है, वहीं दूसरी ओर वह यथार्थ की ओर अधिक मुखर हो रहा है। यह विसंगति ही उसकी त्रासदी बनती जा रही है। यही कारण है कि इतिहास में पहली बार वह हास्य-व्यंग्य की दृष्टि से प्राधान्य क्रम में अलम भी बन गया है। हास्य पहले हास-परिहास का साधन था, अब वह व्यंग्य का पर्याय बना है। हास्य रस का स्थायी भाव 'हास' है। हास्य अनेक प्रकार का रहा है–हसित, विहसित, उपहासित, उपहसित। इस सदी का मनुष्य उपहास का साधन है। उसके विभाव में विकृति, कलह, असत्, प्रलाप, व्यंग्यदर्शन की चर्चा होती आई है।[1] हिंदी कविता में हास्य की चर्चा संस्कृत काव्य परंपरा की रही है। आज अंग्रेजी पैरोडी (Parody) की वह अनुगामी है। भारतेंदु से काका हाथरसी या हुल्लड़ मुरादाबादी तक यह परंपरा देखी जा सकती है। इस वेबसाइट पर डंडा लखनवी, सुजान पंडित, हरेंद्र रावत, महेश संतुष्ट, कृष्णकुमार चंद्रा, राजीव श्रीवास्तव, शरद जायसवाल, विजय वर्मा जैसे अनेक ने हास्य, हास्य व्यंग्य, हास्य व्यंग्य गजल जैसे प्रकारों से हास्य कविता को बढ़ावा दिया है। सुजान पंडित ने अपनी रचना 'छब्बीस जनवरी का त्योहार' में गणतंत्र दिवस मनाने के उद्‌देश्य को ही परास्त होता दिखाकर जनतंत्र की हार चित्रित की है–

'नौटंकी के मँझे खिलाड़ी, जन-गण गाया रे,
मैली कुर्सी में नया कवर चढ़ाया रे,
तिरसट साल से सुपरपावर के कैसेट बजाते हैं,
झंडे बेच के कुछ बच्चे, रोटी खाते हैं।'

हरेंद्र रावत ने 'कुकुर सम्मेलन' रचना के जरिए देश में बढ़ती विभाजनवादी वृत्ति पर चिंता जताते हुए हास्य-व्यंग्य काव्य लिखा है। उसमें निम्नांकित पंक्ति से कवि की भावना स्पष्ट होती है–

'कुक्कुर लैंड के ऊपर विचार जारी है,
गोरखा लैंड के बाद इसकी बारी है।'

हमारे राजनीतिक पक्षों की बढ़ती संकीर्णता पर कविता में प्रहार है।

(4) गीत-1 :–

इसे हिंदी में गीतिकाव्य भी माना गया है। संस्कृत रीति परंपरा से देखा जाए तो यह मुक्तक का ही एक प्रकार है। आज हिंदी में गीत शब्द का प्रयोग अंग्रेजी Lyric का पर्यायवाची है। अंग्रेजी में भी इसी श्रेणी का काव्य है। प्रगीत भी एक तरह का मुक्तक ही है। गीत (Lyric) को परिभाषित करते हुए कहा गया है–'A lyric is any fairly short poem, consisting of the utterance by a single speaker, who express the state of mind or a process of perception, thought and feeling.'[2] गीत में प्रसंगनिरपेक्षता होती है। वह स्वर, ताल युक्त होता है। उसमें संगीतात्मकता रहती है। गेयता उसका अभिन्न अंग है। इसमें

1. हिंदी साहित्य कोश (भाग-2) संपा. धीरेंद्र वर्मा, पृ. 809
2. A Glossary of Literary Terms = M.H. Abrams, Pg. 146

भावावेश होता है। गीतकार का अपनी रचना में एक अंतर्मुख दृष्टिकोण होता है। इसमें कवि की निजी भावना का प्रकाश होता है। वैयक्तिकता, आत्मनिष्ठा, गीत का प्राण माना जाता है। इसमें किसी एक विचार, भाव या परिस्थिति का चित्रण होता है। हिंदी में गीत की समृद्ध परंपरा है। सभी कालों में इसकी रचना होती आ रही है। रीति और आधुनिक काल में इसका प्रचलन अधिक है। आधुनिक काल में छायावाद के कवि चतुष्टय महादेवी, प्रसाद, पंत, निराला के अलावा दिनकर, मैथिलीशरण गुप्त, शिवमंगल सिंह 'सुमन' नीरज, प्रदीप, नरेंद्र शर्मा ने मशहूर गीत लिखे हैं।

इस वेबसाइट पर राजीव श्रीवास्तव, जीतेंद्र जौहर, जैसे रचनाकारों ने गीत लिखे हैं। 'बरखा तेरे कितने रूप' में राजीव श्रीवास्तव में बरसात का बखान कर उसके विविध रूपों का चित्रण किया है। आनंद, भय, प्रेम, चिंता, काल जैसे रूपों में किया 'बरखा वर्णन' निःसंदेह कलात्मक एवं भावविभोर करने वाला है। जीतेंद्र जौहर का 'गीत' वर्तमान अंधे युग की हिंसा, लूट, भ्रष्टाचार, घोटाले की कालिख को रँगाता नहीं थकता। 'छाया घोर अँधेरा है' जैसी इस कविता की ध्रुव पंक्ति प्रस्तुत गीत के कथ्य को उजागर करती है। प्रकृति और संसार द्वैत है या अद्वैत पता नहीं। पर वर्तमान युग में उसके दोनों रूपों पर विचार करने वाले कवि को पेसोपेश में जरूर डाल देते हैं। इस युग के गीतों से यह स्पष्ट होता है। भूमंडलीकरण का यह दौर भारत के लिए तो आदम का सेब बना है...खाएँ तो पछताएँ और न खाएँ तो भी।

(5) अगीत :–

अगीत के अनेक रूप इस वेबसाइट पर उपलब्ध हैं, जैसे–लयबद्ध अगीत, नव अगीत, षट्पदी, त्रिपदी आदि। त्रिपदी अगीत में तीन सम मात्रिक (16 मात्राएँ) पंक्तियों वाला अतुकांत छंद है। इसे श्याम गुप्त ने स्वयं आरंभ किए जाने की घोषणा की है। पर गुलजार ने इसे 'त्रिवेणी' नाम से पहले प्रचलित किया था। 'उसमें पहले दो मिसरे होते हैं और एक ख्याल, एक शेर को मुकम्मिल करते हैं।'[1] ऐसी त्रिवेणियाँ सन् 1972–73 में 'सारिका' में छपी थीं, जब कमलेश्वर उसके संपादक थे। श्याम गुप्त के अगीत में व्यंग्य भरा रहता है–

'आदमी,
इतना विषैला हो गया है
साँप अब
आस्तीन में नहीं रहते।'

साँप से आदमी के जहरीले होने का व्यंग्य बड़ा गंभीर है, अंतर्मुख कर देता है। 'त्रिपदा' अगीत में वे कहते हैं–

'अँधेरों की परवाह कोई,
न करें, दीप जलाता जाए,
राह भूले को जो दिखाए।'

ऐसे अगीत में जीवनादर्श की व्यंजना होती है।

---

1. त्रिवेणी–गुलजार–प्रारंभिक 'त्रिवेणी बैह निकली' से उद्धृत

गीत से अगीत भिन्न है। एक तो विस्तार से वह बचता है। संक्षिप्तता उसकी खासियत हुआ करती है। इसका प्रयोग विधान और व्यंग्य दोनों रूप में होता है। गीत की तरह इसमें लय, ताल, संगीत नहीं होता। वह पद्यमय गद्य विधा–विधान में लिखा जाता है। कवि इसमें अपनी प्रतिभा के अनुसार प्रयोग करते देखे गए हैं। नवगीत की तर्ज पर कवि नव अगीत लिखते अंतर्जाल पर देखे गए हैं। ऊपर आदमी और साँप वाला अगीत इसका उदाहरण है। लयबद्ध अगीत भी देखने को मिलते हैं पर वे भी बड़े संक्षिप्त होने के कारण गीत जैसा प्रभाव नहीं छोड़ते। त्रिपदी गीत व्यंग्य बाण जैसे तीखे देखे गए हैं।

(6) हाइकू–1 :–

यह मूल जापानी काव्य प्रकार है। पर दुनिया की लगभग सभी भाषाओं में इसका अनुकरण, रूपांतरण हुआ है। पिछली सदी के उत्तरार्ध में इसका व्यापक प्रचार हुआ। इसके संक्षिप्तता के साथ आशयघन होने की विशेषता ने सबको मोह लिया है। कवि, पाठक सब इसके चहेते हुए। हाइकू में सत्रह वर्ण (Syllables) होते हैं। यह तीन पदों का काव्य होने के कारण उसे हिंदी में त्रिपदी नाम से भी पहचाना जाता है। उर्दू कवि गुलजार, मराठी कवयित्री शांता शेलके, अंग्रेजी साहित्यिक एजरा पाउंड ने भी इसे पसंद किया है। इन तीन पंक्तियों में क्रमश: पाँच, सात तथा पाँच वर्ण होते हैं। कवि या कवयित्री इसके जरिए अपने भाव तथा आत्मिक विचारों को प्रकृति, दृश्य, वस्तु, ऋतु, स्थिति से व्यक्त करता अथवा करती है। यह अनुशासित काव्य प्रकार है, गजल की तरह। पर गजल की तरह इसमें भी नए प्रयोग कर लोगों ने उसे मुक्तक बनाने का प्रयास किया है। संक्षिप्तता, आशयघनता, भावुकता, बिंब–विधान इसकी विशेषता है। अंग्रेजी में इसे प्रयोगित करना कठिन है। पर आशियाई भाषाओं में इसका अनुकरण एवं प्रयोग खूब हुआ है।

'रचनाकार' वेबसाइट पर राजीव श्रीवास्तव, डॉ. भावना कुँअर, रामेश्वर कांबोज 'हिमांशु', विजय वर्मा जैसे कवियों के हाइकू प्रकाशित हुए हैं। विजय वर्मा ने 'बरसात' पर हाइकू लिखे हैं। कुछ स्वतंत्र विषय, भावों पर भी हैं, जैसे–

'किनारे पर
रहो मत, देखो तो
जरा बह के।'

इस वेबसाइट पर प्रकाशित कुँअर तथा हिमांशु की हाइकू की जुगलबंदी, जो दीपावली के उपलक्ष्य में प्रकाशित हुई थी, पठनीय है। उसमें कहीं–कहीं गंभीर चित्रण भी है। जैसे–

'छिपाए न हों
फुलझड़ी में बम
देख लो जरा।'

'सर्दी' पर लिखे राजीव श्रीवास्तव के हाइकू में चित्र मोहक है–

'घना कोहरा
छुप गया सूरज,
धूप गायब।'

(7) बाल कविताएँ :–

इस वेबसाइट पर विपुल मात्रा में बालकविताएँ प्रकाशित हुईं। पर जहाँ तक बाल पाठक ध्यान में रखकर ये कविताएँ लिखने का सवाल है, ये रचनाएँ निराश ही करती हैं। बाल मन कल्पना, नवता, रंजन, रस, विविधता, गति आदि का प्यासा होता है। मोहकता उसके आकर्षण का केंद्र होती है। बाल कवि अपना छंद तथा दिल बहलाव के लिए लिखते नजर आते हैं। यही कारण है कि उनमें बाल कविता के तत्त्व अनुपस्थित से होते हैं। जैसे एस.के. पांडेय की गणतंत्र दिवस के अवसर पर लिखी 'भारतमाता' जैसी रचना प्रेरणा या देशभक्ति पर गीत ज्यादा लगती है, बाल कविता कम। सुकीर्ति भटनागर की कविता 'सूरजमुखी' में मात्र बाल कविता के लक्षण जरूर हैं। वह सुबोध भाषा में लिखी सुर, ताल, नाद, संगीत से युक्त गेय रचना है। शेरसिंह तूर की 'आओ सीखें', 'अच्छे बच्चे', 'काम की बातें' कविताएँ संस्कार का दृष्टिकोण लेकर लिखी जाने के बावजूद बालकों के भावविश्व को रिझाने में सक्षम नजर आती हैं। उनकी कविता में कहावत बनाने की जो शक्ति है उसकी जितनी दाद दी जाए, कम ही है। देखो–

'जल्दी सोये, जल्दी जागे।
आलस उससे डरकर भागे।।'

प्रभुदयाल श्रीवास्तव ने 'खेल भावना' कविता को कथात्मक शैली से प्रस्तुत कर मक्खी, मच्छर, ऊँट, हाथी को लेकर उनमें आपसी सद्भाव जगाने का प्रयास किया है–

'खेलो खेल भावना से ही
खेल हमेशा भाई,
खेल खेल में लड़ जाने से
होती नहीं भलाई।'

विजय वर्मा की 'चींटी' भी ऐसी ही सीख देने वाली बाल कविता है। दीनदयाल शर्मा की लिखी 'गजब की दिवाली' रोचक रचना है। इसमें दिवाली की मस्ती खूब भरी है। इसमें दिवाली का जोश, रंग, संगीत सब ध्वनि, प्रकाश, हलचल से सजीव हो उठा है। 'धूमधड़ाका, बजे पटाखा', 'सर्र सर्र चकरी चलती', 'सूँ–सूँ साँप निकला' जैसी पंक्तियों से यह सब देखा जा सकता है। इस कविता की गति में भी आकर्षण भरा है।

(8) प्रेमगीत :–

होली, दीपावली की तरह वेलेंटाइन डे पर प्रेम कविताएँ देकर समय के तकाजे का निर्वाह किया है। यह देखा गया है कि अंतर्जालीय पाठक जवान होता है–उम्र और मन से। ऐसी स्थिति में समय–समय पर अनिता मिश्र, रामावतार पोद्दार 'अरुण', देवराज दिनेश के प्रेमगीतों के अलावा हिंदी के मशहूर कवियों के प्रेमगीत प्रकाशित कर 'रचनाकार' ने बड़ी सूझबूझ दिखाई है। ऐसे कवियों में भगवतीचरण वर्मा, दिनकर, वीरेंद्रकुमार जैन, हरिकृष्ण प्रेमी, शिवमंगल सिंह 'सुमन', सुरेंद्र तिवारी, नीरज, माखनलाल चतुर्वेदी, रामविलास शर्मा, अज्ञेय, केदारनाथ अग्रवाल, जगदीश गुप्त, धर्मवीर भारती, श्रीलाल शुक्ल, सुमित्रानंदन पंत का अंतर्भाव है। दिनकर का

प्रेमगीत अनुप्रास से भरा है। 'मह मह महक रही मंजरिया, कुहु कुहु कुहुक रही कोयलिया' जैसी पंक्ति से यह स्पष्ट होता है। हरिकृष्ण प्रेमी का 'प्रेमगीत' तो देहबोली का शृंगार पूरे उफान और भाव से व्यक्त करता है–

'एक दिन बस यूँ ही उस नरम होंठ ने
भूल से छू लिया था सुधा का चषक।
होंठ घायल हुए और मैं जल उठा
शेष है आज उस जलन की कसक।।'

शिवमंगल सिंह 'सुमन' ने प्रेम के उन मधुर दिनों के भाव मुस्कान, अपनापन, घायलता, शरमाना, झरना, मिट जाना जैसे प्रसंगों से चित्रित किए हैं। प्रेम की निरपेक्षता, तटस्थता और असल में तद्रूप होकर भी अलग होने के भाव को नीरज ने मार्मिक ढंग से शब्दांकित किया है–

'चढ़ाया गया हूँ, उतारा नहीं हूँ।
तुम्हारी कसम मैं तुम्हारा नहीं हूँ।।'

इन पंक्तियों में प्रेम का सत्य...बेलागपन पहली बार व्यक्त हुआ है।

'जिन आँखों ने रंग छिपाया, वे रोयीं, पछताईं
तब क्यों मैं ही प्रेम छिपाऊँ?
तब क्यों मैं ही भद्र कहलाऊँ?'

का अज्ञेय का प्रश्न प्रेम की वास्तविकता और ईमानदारी स्पष्ट करता है।

'चंचल, प्रगल्भ, हँसमुख, उदार,
मैं सजल तुम्हें था रहा खोज !'

जैसी श्रीलाल शुक्ल की पंक्ति प्रेम की सारी विशेषताओं को एक साथ व्यक्त करती है। ये सारे प्रेमगीत एकत्र व्यक्त होने से तुलना और समग्रता का संयुक्त लाभ हुआ है।

(9) विविध गीत :–

प्रस्तुत वेबसाइट पर उपर्युक्त प्रकार की कविताओं के अलावा नवगीत, राष्ट्रीय गीत, देशभक्तिपरक गीत, प्रार्थना गीत, लोकगीत, चरितकाव्य जैसे काव्य प्रकाशित हुए हैं। इनसे इस वेबसाइट का दायरा बढ़ गया है और उससे उसकी समग्रता का स्तर भी ऊँचा हो उठा है। नवगीत में संजीव 'सलिल' एवं अवनीश सिंह की रचनाएँ प्रकाशित हुई हैं। सलिल ने 'काँटे–कलियों के व्यापारी' में जीवन रीति की चर्चा–चिकित्सा की है। तो अवनीश ने प्रार्थना, हकीकत, वर्तमान को स्वर दिया है। 'आऊँ सभी के काम, बस ! प्रभु से यही कहूँ मैं' कहकर कवि माखनलाल चतुर्वेदी की तरह अपनी अभिलाषा व्यक्त करता है। उनका 'मन का तोता' नवगीत श्रेष्ठ रचना है। इसमें इक्कीसवीं सदी के मनुष्य का 'यह दिल माँगे मोर' का चित्रण कर उसे सुख–लोलुप मिड़ास राजा के रूप में चित्रित किया है। भौतिक सुख के पीछे भागने वाला मटेरियल, कमॉडिटी होने वाला इंसान पढ़कर भाए बिना नहीं रहता–

'विज्ञापन की भाषा बोले
यह दिल माँगे मोर

देख देख बौराए तोता
देता खींस निपोर।'

इसमें मनुष्य का 'तोता' होना समय की कठपुतली बनना सूचित करता है। अवनीश सिंह आगे जाकर इस दुनिया को इसी क्रम 'कैफे' में तब्दील होना दिखाते हैं, तो कवि के निरीक्षण शक्ति का उम्दापन समझ में आता है। कवि का नवगीत का रचना विधान–दो पंक्तियों (शेर) का आरंभ, खंडों में कविता का विकास–आदि का ज्ञान भी ध्यान में आए बिना नहीं रहता।

कैश जौनपुरी की 'भारत का बेटा हूँ', 'डंडा लखनवी', 'जय महापर्व पंद्रह अगस्त' जैसी रचनाएँ देशभक्ति और राष्ट्रीयता से ओतप्रोत हैं। महेश 'दिवाकर' के 'वीरांगना चन्नम्मा' पर लिखे अनेक सर्ग चरित काव्य के सुंदर नमूने हैं। महाकाव्य के सर्ग जैसे वे विस्तृत हैं। सरस्वती, शारदा पर लिखी रामकृष्ण 'देहाती' की रचनाएँ प्रार्थना गीतों का सुंदर उदाहरण हैं। इन विविध प्रकार के गीतों के प्रकाशन से यह वेबसाइट बहुमुखी काव्य प्रकारों का मंच बनी है।

(10) विविध छंद :–

दोहा, कुंडलिया, मुक्तक, चिकोटियाँ, पहेली, गजल, हाइकू जैसे छंदों से 'रचनाकार' समृद्ध है। दोहा के अंतर्गत रामकृष्ण देहाती ने बोली में लिखे 'हमरो बेटवा हौ अप टु डेट' में आधुनिकता पर व्यंग्य है। सत्यप्रसन्न के 'वैदेही फिर से हर ली' नारी माहात्म्य के दोहे हैं। वे बड़े प्रभावी बने हैं। उसका नुस्खा फर्माता हूँ–

'कहीं तुम्हें जिंदा रहने की आदत ही ना पड़ जाए,
इसलिए हर साँस तुम्हारी, हमने ही गिरवी धर ली है।'

श्याम गुप्त की लिखी 'कुंडलिया' कृष्ण के बहाने जमुना नदी का हरण है और उसके प्रदूषण के प्रति चिंता व्यक्त करता काव्य है। जितेंद्र जौहर के लिखे मुक्तकों में सियासत, जिंदगी, ज्ञान पर भाष्य है। चिकोटियाँ दो पंक्तियों का छोटा काव्य प्रकार है। दोहे से मेल खाने वाला यह प्रकार उससे संक्षिप्त तथा अखरा हुआ होता है। वह सूत्र काव्य है। वह व्याख्या, लक्षण, संज्ञा काव्य भी रहता है। दीनदयाल शर्मा की लिखी चिकोटियाँ इसकी मिसाल है–

'बातों का कहर
उगले जहर'

या

'शक है लाला,
दाल में काला'

पहेलियों का बाजार लोककाव्य से गरम रहता आया है। वह संपर्क क्रांति के युग में भी वैसे ही प्रभावी है। मोबाइल पर लिखी यह पहेली उसका उदाहरण है। गंगाप्रसाद शर्मा 'गुणशेखर' इसके रचयिता हैं–

सारी बातें सुनकर सबकी
पूरी चुगली खाता,

फिर भी इसके बिना हमारा
काम नहीं चल पाता।
दुनिया भर से तार जुड़े हैं
बिना तार भी जाता,
भले हमारी जेब काटता
टूट न पाता उससे नाता।

(11) लंबी कविताएँ-1 :–

'रचनाकार' वेबसाइट पर कुछ रचनाएँ आपको ऐसी मिल जाएँगी कि आप उसमें खो जाएँगे सदा-सदा के लिए। कहा जाता है कि प्रेम और प्रतिभा की उम्र नहीं होती, होती है मात्र वह एक हकीकत। सीमा साहा दसवीं कक्षा की छात्रा है। उसका लिखा गीत 'अच्छा लगा', पढ़ा तो लगा, काश आज जगजीत सिंह होते और इसे गाते ! एक मिसरे पर गौर फरमाइए–

'मत समझना, हम डरते थे
पर, तेरी निगाहों के दर पे
नजरें झुकाना अच्छा लगा !'

यही बात कुमार रवींद्र की कविताओं की। वह जब वर्तमान शब्दबद्ध करते हैं, तो समय रुक-सा जाता है–

'चकाचौंध
जो बाहर की यह
उसमें सबने ठोकर खाई
पुरखों ने
कल ही तो धूप-बीज बोये थे
फले नहीं।'

इसी श्रेणी में गीनी जाने योग्य लंबी कविताएँ हैं डॉ. सुभाष राय की। 'तलाश', 'आदमी होना', 'कहाँ है आदमी?' शीर्षक रचनाएँ पाठक के मन में ठहराव-सा लाती हैं। समय के प्रवाह के विरुद्ध चलने, तैरने वाले हों या बगावत, परिवर्तन करने वाले हो...हर युग में वे अपवाद होते हैं, उन्हें तलाशना ही पड़ता है, समझाने वाली 'तलाश' कविता एक सोच है। वैसी ही रचना है 'आदमी होना'। उसकी सलामी की पंक्तियाँ ही आपकी साँस रोकती हैं–

'उस पर इल्जाम थे
कि वह झूठ नहीं बोलता
कि वह अकसर
खामोश रहता है।
....

उन्होंने पढ़ा था,
झूठ हमेशा हारता है
उन्हें अभी तय करना था
सच की राह चुने या नहीं।'

डॉ. सुभाष राय की 'आदमी होना' हो या 'कहाँ है आदमी?'–दोनों लंबी कविताओं के पठनीय नमूने हैं। इन दोनों रचनाओं में विचारों की तर्कशुद्धता मोह लेती है। वर्तमान समय और संदर्भ का वास्तविक ज्ञान कराने वाली इन रचनाओं में विस्तार सिर्फ पंक्तियों, आकार-प्रकार का नहीं। कलात्मकता भी आले दर्जे की है। भैंस और वनराज सिंह के अंतर को कवि ने जिस तर्क से समझाया है उससे पता चलता है कि आदमी छोटी चीज के लिए भी पालतू हो सकता है, बेचा जा सकता है। मनुष्य में ऊपरी रोब और आंतरिक खोखलेपन में बढ़ते अंतर ने उसकी आदमियत को खत्म किया है–कवि का यह निष्कर्ष वर्तमान का कठोर एवं कड़वा सत्य है। अपने से परे जाकर सोचना और कृति करना अब इतिहास की बात बनती जा रही है। कवि हमें आगाह करता है–'मनुष्य बने रहो'।

प्रभा मजूमदार की 'विश्व विजय' हो या 'महायुद्ध के पूर्व' अथवा 'सूखती नदी के बीच' वे तुम्हें सोचने के लिए जरूर उकसाएँगी। 'विश्वविजय' महासत्ता अमरीका के मंसूबों और कांक्षाकारी दर्पों की गर्व गीता है, पर वह उन्हीं के शब्दों में की सत्तालिप्सा की आलोचना भी बन जाती है–

'दुनिया के नक्शे से
हवा में गूँजती
फुसफुसाहट ही काफी है
मिसाइल छोड़े जाने के लिए।'

अब अमरीका इससे आगे जाकर ड्रोन बरसा रहा है। महासत्ता के सामने छोटा मनुष्य हो या देश वह हारा ही रहता है। क्योंकि–

'मैं एक योद्धा
सफेद को सफेद
और स्याह को स्याह देखने वाला
नहीं आते मुझे
कूटनीति के पाठ।'

ऐसी रचनाएँ कविता के बाहरी उपकरणों की अपेक्षा उनके आंतरिक विचार सामर्थ्य पर ही आँकी जानी चाहिए। यही उनकी सही समीक्षा कसौटी होती है।

निष्कर्ष – 'रचनाकार' वेबसाइट पर कविता, गजल, लंबी कविताएँ, हास्य-व्यंग्य, गीत, अगीत, हाइकू, प्रेमगीत, छंद जैसा वैविध्यपूर्ण काव्य प्रकाशित हुआ है। यह काव्य महिला दिन, नववर्ष, शारदोत्सव, प्रसंगों पर जैसे लिखा गया है वैसे उत्स्फूर्त ढंग से भी। कविताओं में विषय वैविध्य रहा है। यहाँ पर होने वाली गजलें, समकालीन विषय, जैसे–बोफोर्स, दहशत, रिश्वत, अकेलापन आदि को शब्दबद्ध करती हैं। हास्य-व्यंग्य काव्य में कुकुर सम्मेलन का वर्णन कर

इस वेबसाइट में मार्मिक व्यंग्य किया है। इसके हाइकू अल्प शब्दों में गहरा भाव व्यक्त करते हैं। प्रेमगीतों में लब्धप्रतिष्ठित कवियों के साथ नवकवियों को स्थान देकर नए-पुराने प्रवाह को एकत्र करने का प्रयास किया गया है। लंबी कविता पर परंपरा का प्रभाव है। इस वेबसाइट की रचना पठनीय और विचारणीय है।

2. http://www.anubhuti-hindi.org–

'अनुभूति' मात्र कविता के लिए समर्पित वेबसाइट होने के कारण उस पर 'रचनाकार' की तरह कविता के विभिन्न प्रकारों का प्रकाशन होना स्वाभाविक था। संख्या की दृष्टि से देखा जाए तो अनुसंधान काल (सन् 2010) में सर्वाधिक कविताएँ (लगभग सात सौ) प्रकाशित करने वाली वेबसाइट के रूप में भी 'अनुभूति' का महत्त्व रहा है। कविताओं के अलावा इस वेबसाइट पर गीत, गजल, मुक्तक, क्षणिकाएँ, हाइकू, दोहे, लंबी कविताएँ, त्रिपदी, छंद, नवगीत, व्यंग्य, राष्ट्रीय गीत जैसी वैविध्यपूर्ण रचनाएँ प्रकाशित हुईं।

(12) कविताएँ-2 :–

हर सोमवार को प्रकाशित होने वाली इस साप्ताहिक काव्य ई-पत्रिका में समय-समय पर सन् 2010 में अनेक रचनाकारों की लगभग सात सौ कविताएँ प्रकाशित हुईं। सबकी चर्चा, समीक्षा तो संभव नहीं। पर कुछ स्तरीय, उल्लेखनीय रचनाओं पर गौर करना इसलिए जरूरी है कि वे हिंदी कविता विकास में महत्त्वपूर्ण योग देती हैं। प्रस्तुत पत्रिका में कश्मीर सिंह की अनेक रचनाएँ प्रकाशित हुई हैं। इनमें से उल्लेखनीय है–'माँ'। क्या बँदरिया या क्या कुतिया अपने जने बच्चे को कभी नहीं छोड़ती। जबकि मनुष्य है–जायज-नाजायज के चक्कर में जने बच्चे को न सिर्फ छोड़ता है बल्कि बड़ी बेफिक्री से उसे फेंक भी देता है। कवि ने मनुष्य की अमानुषता पर इसमें प्रहार किया है। कवि कहता है–

'कितना अच्छा होता?
यदि यह शिशु
किसी कुतिया का पिल्ला
बँदरिया का नन्हा
या *किसी सुअरी का बच्चा होता!'*

अजय प्रकाश की 'आदमखोर हवाएँ', 'जीना हुआ कठिन', 'जोगी', 'दर्द अघोरी' जैसी रचनाएँ पठनीय हैं। 'आदमखोर हवाएँ' में भूमंडलीकरण के दौर में देहात की लूट और शोषण का क्रम जारी होना चित्रित कर वहाँ की दयनीय स्थिति स्पष्ट की है। 'जीना हुआ कठिन' रचना साधन समृद्धि के बावजूद जीना दूभर होने की हकीकत बयाँ करती है। कवि विकास की पोल खोलता कहता है–

'रोटी का पर्याय हो गया
कंप्यूटर का माउस

उत्सव का आभास दिलाता
सिगरेट, कॉफी हाउस !'

इसमें निहित व्यंग्य बेबाक है।

जतिंदर परवाज की लिखी 'बारिशों में नहाना', 'मुझको खंजर', 'वो नजरों से', 'डूबती चकत्ते-सी शाम', 'दूर का धुँधलका', 'स्तब्ध हुआ आकाश' जैसी रचनाएँ हों या तेजेंद्र शर्मा की 'ठोस सन्नाटा', 'नफरत का बीज बोया', 'मजा मुख्यधारा का', 'मैल', 'शीशे के बने लोग' जैसी कविताएँ हों, वे सब वर्तमान समय और संसार को कटघरे में खड़ा करती हैं। आज के मनुष्य का व्यक्तित्व शीशे जैसा पारदर्शी नहीं रहा। रहा तो क्षणभंगुर ! तेजेंद्र शर्मा इस स्थिति की चर्चा करते हुए कहते हैं–

'शीशे के बने लोग
रहते हैं
भवन में शीशे के।
नहीं समझते
हाड़-मांस का प्रेम
तरेड़ आ जाती है।'

यह तरेड़, मनमुटाव संबंधों को खँडहर बना रहा है। लेखक इससे चिंतित हैं। 'स्तब्ध हुआ आकाश' में जतिंदर परवेज जीवन के ठहराव को चित्रित करते हैं–

'स्तब्ध हुआ आकाश
हवाएँ ठहरी ठहरी हैं
हर कोई असहाय, बात कुछ
गहरी गहरी है।'

पढ़ते समय स्थिति की गंभीरता समझ में आती है। ये सारी रचनाएँ वर्तमान की समीक्षा हैं। इक्कीसवीं सदी ने पुरानी मान्यताओं, रिश्तों, तर्कों को झकझोर दिया है। ऐसी स्थिति में समाज की पुनर्रचना अनिवार्य होती है। गौरतलब है कि नई रचना में संरचना को महत्त्व है, मनुष्य को नहीं। यह पुनर्विचार के लिए बाध्य करने वाला प्रश्न समय की मुख्य समस्या है।

अंतर्जालीय काव्य-संसार में डॉ. सुभाष राय का नाम बहुचर्चित है। आज 'अर्थ' का ही अर्थ रहा, शब्द मौन हुए, काव्य, संगीत, कला हाशिये पर जा रही है। इसके परिणामों की ओर इशारा करती 'शब्द' कविता जीवन में अक्षरों की अहमियत समझाती है–

'मैं हैरान हूँ, परेशान नहीं
मैं जानता हूँ, शब्दों के खिलाफ
हुई है साजिशें
उनके अर्थों से
की गई है लगातार छेड़छाड़।'

भारतेंदु मिश्र ने वर्तमान बाजारवाद की चर्चा 'बाजार घर में' कविता में की है। घर और बाजार का अंतर मिट-सा गया है। आदमी वस्तु बन गया है। यहाँ अब सब बिकता है। चरित्र, न्याय, मूल्य, आदर्श सब कुछ। ऐसी स्थिति में कवि किंकर्तव्यविमूढ़ है–

'यह अनूठा गाँव जिसमें
ढल गई दुनिया हमारी
बेचना कितना यहाँ
नवसभ्यता अब है हमारी।'

इस नई सभ्यता ने हमारे हर दायरे को सिमटा रखा है। दुनिया आधुनिक होती दकियानूसी हो रही है। इस पर चिंता व्यक्त करते हुए राजीव राय कहते हैं 'सिमटते दायरे में'–

'नैतिकता का त्याग
भौतिकता का वरण
संवेदनशून्य हृदय
रुग्ण मानसिकता
आधुनिकतम आधुनिकता।'

कुमार विश्वबंधु ने बच्चों पर अनेक रचनाएँ लिखी हैं। 'खौफ खाते बच्चे', 'गाँव के बच्चे', 'बच्चा बन रहा चित्र', 'बच्चे नहीं जाते पार्क' जैसी रचनाएँ बचपन छीने जाने के प्रति आक्रोश है–

'बच्चे नहीं जाते पार्क
बच्चे नहीं उड़ाते पतंग
बच्चे नहीं करते मटरगश्ती
बच्चे कुलमिलाकर नहीं करते कुछ भी बच्चों जैसा।'

बच्चों की निष्क्रिय जिंदगी का चित्रण अभिभावकों के लिए चुनौती खड़ा करता है।

नंदिनी भारती की 'अमृत-बीज', 'इतिहास', 'एक मिनट का मौन', 'चैन की साँस', 'हँसना याद नहीं' में शोषण, भूख, सच आदि की चिकित्सा है। डॉ. अभिज्ञान ने 'पैसे फेंको' में अंधश्रद्धा पर प्रहार किया है। मनुष्य अंधश्रद्धा से न सिर्फ मंदिर में अपितु नदी, साँप, भिखमंगा, दहेज, पर्व, रिवाजों, मन्नतों पर कैसे पैसे उड़ाता है। उससे हमें पता चलता है कि कैसे हमारा जीवन अंधश्रद्धा से घिरा है।

ज्ञानपीठ विजेता उड़िया कवि डॉ. सीताकांत महापात्र की रचना 'समय का शेष नाम' एक श्रेष्ठ रचना है। इसमें शब्द की महत्ता समझाई जरूर है, पर उसका जीवन से रिश्ता हो तभी उनके सार्थक होने की बात उन्होंने कही है–

'सारे शब्द मरने के बाद जो रहता है, वही है प्रेम
और सारे शब्द चुक जाने के बाद जो बचता है
वह है कविता।'

मेरी दृष्टि से कविता का श्रेष्ठत्व इससे और क्या हो सकता है?

बाल मजदूरों के शोषण को स्वर देने वाली रचना है- 'काम तेरा बाप करेगा'। डॉ. राजीव श्रीवास्तव ने इसमें मालिकों की निर्ममता में पीसे जाने वाले बचपन और चूसे जाने वाले सपनों को ध्वस्त होता दिखाकर बाल मजदूरों की दयनीय स्थिति चित्रित की है–

'थक-हार के जब भूख लगती है
तो दो रोटी और दाल

और साथ में गालियाँ
जल्दी खा, खूब चर्बी चढ़ गई है
काम तेरा बाप करेगा?'

जैसे प्रश्नों से घिरा बाल मजदूर का बचपन असमय प्रौढ़ न हो जाए, तो ही आश्चर्य !

सुधा अरोड़ा ने 'नारी' कविता में नारी को विज्ञापन की शर्त, सर्वहरा, अस्तित्वहीन, प्रश्नचिह्न, खंडित आदि रूप में चित्रित कर उसकी दु:स्थिति चित्रबद्ध की है। खुद से जूझती, नए जीवन को तलाशती नारी एक यथार्थ शोकांतिका बनी है।

'अनुभूति' पर प्रकाशित ये रचनाएँ हिंदी कविता का भाषा, शिल्प, शैली, विषय, लक्ष्य सभी दृष्टि से नया विधान रचती नजर आती है। सौरभ राय की कविता 'चप्पल से लिपटी चाहते' मनुष्य की छोटी-छोटी चाहतों की गाथा है। पर समय निष्ठुर ऐसा कि उसे भी पूरा नहीं होने देती। इस विकटता को व्यक्त करता कवि-

'रोटी, कपड़े और मकान को
स्पंज बनने से बचाना चाहता हूँ।'

कहता है तो भ्रामक जीवन के लिए 'स्पंज' के प्रतीक का प्रयोग करते हुए इस कविता को इक्कीसवीं सदी की भाषा और बिंब एक दृष्टांत बनाता है। भाषा की तरह कविता का शिल्प भी संपृक्त बनता जा रहा है, इसकी प्रचिति हमें डॉ. पुष्पेंद्र दुबे की 'हमारे स्कूल में' जैसी रचना पढ़ते समय आ जाती है-

'प्रार्थना में
अर्थ व्यर्थ है
पर जीवन का
वही बड़ा सत्य है।'

इस वेबसाइट पर कवि छंदयुक्त तथा छंदमुक्त दोनों तरह की कविताएँ लिखते पाए गए। गेयतायुक्त और गद्यमय रचना दोनों का रिवाज देखा गया है। अधिकतर रचनाएँ समय, स्थिति, व्यवस्था, जीवन पर व्यंग्य करती देखी गईं। कविताओं में निराशा, हार का स्वर प्रबल है। संगीत काफूर है। यथार्थ से रू-ब-रू होने की ललक एक नई जिजीविषा का परिचय देती है। कविता के शीर्षक छोटे पाए गए। कविता विस्तार की अपेक्षा 'गागर में सागर' की शैली अपनाती नजर आई। प्रकृति की अपेक्षा जीवन कवि को मोह लेता नजर आया। वर्तमान कवि को सौंदर्य की अपेक्षा सत्य की खोज प्रिय लगती है। लोकतंत्र का भीडतंत्र, भ्रष्टाचार, भाईचारा, भगवान जैसी 'भ' की बारहखड़ी बनी जिंदगी से वह नफरत करता है। बेहतर जिंदगी की तलाश में वह पारदर्शी सृष्टि का प्यासा है। स्त्री-पुरुष जैसे कोई भेद उसे स्वीकार्य नहीं हैं। एक नई बेहतर जिंदगी का प्यासा नया इन्सान भौतिक समृद्धि के बावजूद भावना, जज्बात को बचाए रखने के लिए लालायित है।

(13) गीत-2:-

डॉ. जयराम आनंद का गीत 'केवल कोरे कागज रँगना' आज की विपरीत स्थिति में कवि की सकारात्मक पहल है। उग्रवाद, बाजारवाद के वर्तमान दौर में डॉ. आनंद सुविधा की जिंदगी बहाल

करने के लिए उत्सुक है। इस स्थिति में साहित्य, संस्कृति, घर, आँगन सब धोखे में हैं, फिर मुरली के सूर गूँज उठे ऐसे प्रयास के लिए लालायित कवि अँधेरे में आशा की किरण जगाता है। डॉ. त्रिमोहन तराल का 'आशा गीत' इसी तर्ज पर लिखा है। धर्मेन्द्र कुमार सिंह 'सज्जन' 'सच्चाई की सड़क पर' गीत सच्चाई के मार्ग में होने वाले झूठे हथकंडों की चर्चा करता सत्यनिष्ठ बने रहने की प्रेरणा देता है।

विजय किशोर 'मानव' ने 'घुटन से भरी भरी', 'जलती आँखें कसी मुट्ठियाँ', 'गाँव छोड़ा, शहर आए' जैसे गीत लिखे हैं। उसमें अंतिम गीत में गाँव छोड़कर शहर आया देहाती परिवार शहर में कैसे खोया-सा, टूटा-सा रहता है, उसका भावुक चित्रण खींचा है–

'घर नहीं कोई
यहाँ दरबार है या हैं दुकानें
जो हँसी लेकर चले उस पर पुती हैं
सौ थकानें।'

'एक बार बोलो', 'कहाँ पर सोया संवेदन', 'मौन हुए अनुबंध' जैसे गीत रचे हैं प्रवीण पंडित ने। उसमें से 'मौन होते अनुबंध' में सृष्टि परिवर्तन एवं पर्यावरण ह्रास की चर्चा है। 'कहाँ गए संवेदन' में बढ़ती यंत्रवत्ता पर चिंता है। उसकी कठोरता यह है कि–

'आँचल का ललना
कूड़े में खोज रहा स्तन
अंतर्द्वंद्व सहम गए
घटना अंतस छील गई
जड़ की मनमानी ऐसी
मूक हुआ चेतन
कहाँ पर सोया संवेदन?'

कवि का यह प्रश्न पाठक को सदा-सदा के लिए निरुत्तर कर दे ऐसा ही माहौल है आज!

(14) गजल-2 :–

गजल के बहुविध रूप 'अनुभूति' पर पढ़ने को मिलते हैं। उसमें उल्लेखनीय है एक लंबी गजल, जो गौतम सचदेव की लिखी हुई है और शीर्षक है 'दिल्ली के रंग'। सच में ही कवि ने दिल्ली के सौ रंग सामने लाए हैं। दिल्ली का इतिहास, नगर, चौक-चौराहा, खँडहर, सड़कें, किला, मस्जिद, पेड़, बंदर, भाषा, खान-पान, पोशाक, कार्यालय, राजधानी जैसे कितने रंगों में रँगी है देहली। पढ़ते समय मन चकरा जाता है। छोटे-छोटे मिसरों में लिखी यह गजल विधा का नया दायरा प्रस्तुत करती है। कवि का प्रयोग सराहनीय है।

'पारा चढ़ता अलग तरह का
अलग चढ़े तेवर दिल्ली के।'

जैसे शब्दों में कवि दिल्ली की विविधता पेश करता है।

संजय ग्रोवर की 'जुबाँ तक बात', 'झूठ पहनकर', 'वाह रे वाह' तथा 'सूरज सूरज' जैसी गजलें पठनीय रही हैं। 'वाह रे वाह' में व्यंग्य है तो 'सूरज' में कृत्रिम जिंदगी का चित्रण। 'जुबाँ तक बात' सत्य-असत्य की जुगलबंदी है। 'झूठ पहनकर' भी इसी विषय को दोहराती है।

'फूल काँटों में', 'फूल हम बन जाएँगे' तथा 'बाकी सब कुछ अच्छा है' जैसी गजलें डॉ. हृदय नारायण उपाध्याय की हैं। उसमें से 'बाकी सब कुछ अच्छा है' भूमंडलीकरण पर कसा व्यंग्य है। इसमें बदली जिंदगी ऊपर से भले अच्छी लगे, अंदर वह आपको दहला देती है। उसे चिह्नित करते डॉ. उपाध्याय कहते हैं–

'घर से आई जब से पाती, इन बदले हालातों की
दिल की धड़कन और बढ़ गई, बाकी सब कुछ अच्छा है।'
अमन चैन खोयी जिंदगी कैसे अच्छी होगी?

ओम प्रकाश यती की 'बहन-बेटियाँ', 'बाबूजी', 'बहुत नजदीक', 'इक नई कशमकश' तथा 'नजर में आज तक' विविध परिदृश्यों को सामने लाती है। रिश्ते-नाते खोती जिंदगी कवि की बेसब्री का अंदाज देती है। 'बहुत नजदीक' बढ़ते अंतर पर व्यंग्य है। इन सभी गजलों में विधान का उचित निर्वाह है। अधिकतर गजलें खड़ीबोली में लिखी गई हैं। वर्तमान समीक्षा उनका लक्ष्य रहा है।

(15) क्षणिकाएँ-1 :–

'अनुभूति' पर प्रचुर मात्रा में क्षणिकाएँ प्रकाशित होती रही हैं। रश्मि प्रभा की दस क्षणिकाएँ जनवरी 2010 में वेब पर पढ़ने को मिलीं। ये सारी प्रेम की क्षणिकाएँ हैं। उनमें भावुकता है। उनका बिम्बविधान उम्दा है। उनकी भाषा आशयघन है। संपृक्त शैली में लिखी गई इन क्षणिकाओं में चित्रात्मकता है। उनका मानवीकरण क्षणिकाओं को सजीव बनाता है–

'एहसासों की साँकलें खोल
पहुँची तुम्हारे आँगन
धूप की उजास
आँगन के साथ
मेरे हमसफर बन बैठे।'

रचना श्रीवास्तव की क्षणिकाएँ प्रकृति सौंदर्य के लिए समर्पित हैं। प्रकृति के रंग-रूपों को उसमें चित्रमय बनाया है। प्रकृति पर मानवी भावनाओं का आरोपण कवयित्री के भाव विश्व को स्पष्ट करता है। सूरज, चाँद, पानी, बिजली, बादल, बारिश, रात, बर्फ सब उतर आता है, इन क्षणिकाओं में। उनका संक्षिप्त शिल्प ही इनकी कलात्मकता और श्रेष्ठता है–

'सूरज को बुझाने
हवा तेजी से आई,
खुद झुलस
लू बन गई।'

यहाँ प्रकृति का कायाकल्प चमत्कृति भी है और चमत्कार भी! विजयसिंह नहाटा की क्षणिकाएँ प्रेम के लिए अर्पित हैं। मदन मोहन पांडेय की क्षणिकाएँ विभिन्न विषयों पर हैं, जैसे—प्रकृति, प्रेम, जीवन आदि। प्रभुदयाल ने आभास, मजा, सत्ता, स्वदेशी, शोर, बेवफाई, नाम, ईमानदारी पर लिखकर विविधता को दोहराया है। हरकीरत हीर की क्षणिकाएँ भी उल्लेखनीय हैं। जन्म, याद, खत, चिराग, जिक्र, रंग पर लिखी ये पंक्तियाँ इस विधा को सार्थक करती हैं। हाइकू, त्रिपदी का विस्तारित रूप हैं क्षणिकाएँ। न उनमें वर्णों का बंधन होता है, न पंक्तियों का। संक्षेप में व्यापकता समेटने की चुनौती क्षणिका को कलात्मक बनाती है।

(16) हाइकू–2 :–

रामनिवास मानव, आचार्य संजीव वर्मा, भावना कुँअर, अरविंद चौहान, स्वाति भालोटिया आदि ने 'अनुभूति' पर अपने हाइकू लिखे हैं। 'मानव' के हाइकू प्रकृति विवरण करने वाले हैं। पर उसकी दृष्टान्त शैली ध्यानाकर्षक बनी है–

'खिली शेफाली
लगती वैशाली की
नगर–वधू।'

आचार्य संजीव वर्मा ने 'हाइकू गजल' पेश कर नया प्रयोग किया है। उदाहरण के लिए यह देखिए–

'चूमता कली। मधुकर गुंजार। लजाती लली।
सूरज हुआ। उषा पर निसार। लाली अनंत।'

इसमें हर पंक्ति में हाइकू की वर्ण मर्यादा है और गजल के शेर, मिसरा, काफिया, रदीफ का निर्वाह भी। इस हाइकू गजल में अनुप्रास का सौंदर्य भी है।

अरुण कुमार प्रसाद के हाइकू जीवन की समीक्षा करने वाले सिद्ध हुए हैं–

'कूट की नीति
मानवता से तुली
झूठ निकली।'

स्वाति भलोटिया ने अपने हाइकू ऐसे पिरोये हैं कि उसकी शृंखला से कृष्ण–गोपी प्यार उभर आया है। यह भी एक बिम्ब शृंखला से हाइकू को कथात्मक रूप देने का प्रयास एवं प्रयोग है। ऐसे ही हाइकू कमल फूल पर शृंखला में अरविंद चौहान तथा भावना कुँवर ने गुँथे हैं।

'अनुभूति' के ये हाइकू हिंदी भाषा के हाइकू विकास में अपनी प्रयोगशीलता के कारण मौलिक योगदान की क्षमता रखते हैं। दृष्टान्त, कथात्मकता, शृंखलाबद्ध विषय विवेचन, बिम्ब विस्तार की इनकी विशेषता को संपादक महोदय ने जिस दृष्टि से प्रकाशित किया उसके लिए वे प्रशंसा के पात्र हैं। ये हाइकू विषय वैविध्य, शब्दचयन, शिल्प का गठन सभी दृष्टि से स्तरीय बने हैं।

(17) विविध कविताएँ–1 :–

मुक्तक, गीत, दोहे, प्रेमगीत, छंदमुक्त काव्य, वसंत गीत, होली, फागुन, त्रिपदी, नवगीत, घनाक्षरी छंद, अनुवाद ऐसा विविधता का खजाना भी 'अनुभूति' पर उपलब्ध है। उदय भानु के मुक्तकों में विषय वैविध्य है। ये मुक्तक अपनी संक्षिप्तता के कारण कलात्मक बने हैं। शशि पाधा के मेहँदी पर रचे दोहे भावुक हैं। इनमें शृंगार, लावण्य के साथ भाव सुषमा भी है। उसमें छंद विधान का निर्वाह किया गया है। प्रेमगीत है, पर साधारण स्तर के ही हैं वे। 'अनुभूति' पर वसंत, कमल जैसे विषय पर अनेक कवियों की रचनाएँ प्रकाशित नजर आती हैं। उसमें वसंत पर लिखी रचनाएँ बेहतर हैं। व्यंग्य काव्य पर इस पत्रिका ने कोई विशेष बल नहीं दिया। अपवाद रूप में स्टीफन स्पेंडर की कविता का एक अनुवाद जरूर है, पर कविता का चयन विशेष नहीं है। नवगीत पर विशेष सामग्री 'कार्यशाला' स्तंभ के अंतर्गत प्रकाशित हुई है। राष्ट्रीय भावना पर लिखी कुछ रचनाएँ स्वाधीनता दिवस के उपलक्ष्य में प्रकाशित कर औचित्य का पालन किया गया है।

निष्कर्षत: कुल मिलाकर 'रचनाकार' जैसा वैविध्य यहाँ भी मिलता है। बड़ी संख्या में कविता का प्रकाशन तथा मात्र कविता के लिए वेबसाइट का समर्पण ध्यानाकर्षक बात है। काव्य के भाषा, शिल्प, शैली के प्रयोग 'अनुभूति' की विशेषता रही है। इससे हिंदी कविता के विकास में गति आई है। विषय वैविध्य भी इस ई–पत्रिका की अपनी पहचान है। छंदबद्ध और छंदमुक्त दोनों प्रकार के काव्य प्रकारों को तरजीह दिए जाने से प्राचीन और आधुनिक का संगम 'अनुभूति' में मिलता है। अंतर्जालीय लेखन में अग्रणी रहने वाले कवि यहाँ भी लिखते रहे। इससे इस वेबसाइट का कलात्मक स्तर उठने में मदद मिली है। इस साप्ताहिक ई–पत्रिका का अनुसंधान काल में नियमित प्रकाशन क्रम पत्रिका के प्रति गंभीरता से देखने के संपादक–संचालक के सजग दृष्टिकोण को अधोरेखित करता है। अंतर्जालीय पाठकों की पसंद होने वाली यह वेबसाइट सही माने में हिंदी कविता का 'कांत कलेवर' है। पाठक सोमवार को इसका बेसब्री से इंतजार करते थे, यही उसकी सफलता की निशानी समझी जानी चाहिए।

3. http://www.srijangatha.com–

'अनुभूति' और 'रचनाकार' की तरह 'सृजनगाथा' कविता के लिए समर्पित अव्वल वेबसाइट है। इस वेबसाइट पर प्रमुख रूप से कविताएँ, गजल और गीत प्रकाशित होते रहे। अपवादस्वरूप नवगीत, प्रेमकविता, नई कविता, दोहा, अनुवाद आदि का प्रकाशन जरूर हुआ है। कविता का स्तरीय अंतर्जालीय मंच के रूप में 'सृजनगाथा' की पहचान रही है।

(18) कविताएँ–3 :–

होली, वसंत, फागुन हिंदी भाषा और संस्कृति का अंग रहा है। अन्य वेबसाइट की तरह 'सृजनगाथा' पर भी इस विषय की कविताएँ मिलती हैं। अशोक सिंघई, मनीषकुमार जोशी जैसी

हस्तियों ने इस विषय को अपनाया है। 'महिला दिवस' के उपलक्ष्य में नारी की स्थिति दर्शाने वाली कविताएँ प्रकाशित हुई थीं। मधु अरोड़ा की रचनाएँ इस संदर्भ में द्रष्टव्य हैं। सुदर्शन प्रियदर्शनी ने अति संक्षिप्त काव्य पंक्तियों की रचना कर पाठकों का ध्यान आकर्षित किया है। 'चाँद', 'प्रेत', 'मेरा वजूद' जैसी रचनाएँ इसके उदाहरण हैं। 'चाँद' का सौंदर्य 'दूर से पहाड़ सुहावने' रहा था। पर विज्ञान ने उसके धब्बे विस्तृत किए। उसका गम कवि चाँद के आत्मकथ्य के रूप में यों व्यक्त करता है–

'धरती वालों ने मेरी
सारी चाँदनी हर ली
मेरे छद्‌म आकर्षणों को
उधेड़कर रख दिया है।'

अशोक कुमार पांडेय की कविताएँ मार्मिक अभिव्यक्ति के लिए नवाजी जाती हैं। 'उधार माँगने वाले लोग' पर लिखी रचना में उनका कहना–

'छोटी हो चादर
तो पाँव न होना ही बेहतर'

पढ़कर इसका अंदाज हो आता है।

मंजु मल्लिक 'मनु' की तीन लंबी कविताएँ चिंतनप्रधान हैं। 'ईश्वर से कुछ सवाल' में वह मनुष्य को पेचीदा बनाने पर सवाल उठाती हैं। आज तक कवि मनुष्य होने पर धन्यता मानता आया है। पर यह कवयित्री ईश्वर से प्रश्न करती है–

'मुझमें ढेरों अर्हताएँ, ढेरों अंतर्नाद घोलकर
मानो एक नवजात का रोना और ममता ही कहीं
विलीन होते जाना...देखकर भी
जैसे कलरव करते परिंदों के पर तले–
समूचे वृक्ष का सूखते जाना पाकर भी
तुम्हें दया न आई मुझ पर?'

मनुष्य जीवन वरदान नहीं उलझन है, पहेली है, न सुलझने वाली...पेचीदी। कवयित्री की विपरीत सोच ही कविता की शक्ति बन जाती है। 'लड़की, ऊर्जा और टूटती पृथ्वी' में भी यही तर्क है। नारी उत्पीड़न के बाद हारा महसूस करती है। जबकि कवयित्री की सोच देखो–

'मत रो उन अनगिनत
जिस्म के फूटे फफोलों पर
जहाँ हाल पूछने वाला तेरा कोई नहीं

....
टूटती है मटकी, बह जाता है पानी,
लेकिन उस ऊर्जा का होता क्या है
जो पेड़ की जड़ों से लेकर
पत्तों की शिराओं तक बहती है।'

इसमें विपरीत में भी रचनात्मकता खोजने की कवयित्री की धारणा जीने की नई दिशा और दर्शन देती है। कविता की सार्थकता नई दृष्टि और विचार में होने का प्रत्यंतर इस कविता से आता है। 'अब ईश्वर को तौबा करनी चाहिए' और 'भविष्य में पृथ्वी' भी उनकी इसी कोटि की कविताएँ हैं।

अष्टभुजा शुक्ल वर्तमान मनुष्य को आधा ही स्वीकार करती हैं। यही कारण है कि मनुष्य की जीवन और अंततः दुनिया भी अधूरी और अद्भुत रह जाती है। इस यथार्थ को वे इन शब्दों में रखती हैं–

'तो आधे आधे
दो लोगों की
अद्भुत होगी
एक दुनिया।'

यह वर्तमान की कठोर समीक्षा ही माननी चाहिए।

डॉ. सुभाष राय की 'सागर' कविता प्रकृति की व्यापकता समझाने वाली श्रेष्ठ रचना है। प्रकृति के साथ एकात्म हुए बगैर मनुष्य को प्रकृति की शक्ति का पता नहीं चलता। जैसे कवि सागर से एकात्म होता–'सागर के पास होकर सागर ही हो जाता' यह कबीर और ईश्वर के रहस्यमय अद्वैत से कम नहीं है। 'लाली देखन मैं गई, मैं भी हो गई लाल' की अनुभूति यहाँ भी है। पहाड़ों का आकर्षण मनुष्य को क्यों? जैसी चर्चा डॉ. राय 'बर्फ और फूल' में करते हैं और कहते हैं–

'शायद इसीलिए
लोग पहाड़ पर जाते हैं
वहाँ जाकर आदमी
केंचुल छोड़ता है
और देवता बन जाता है।'

यहाँ केंचुल ऊपरी दिखावा, पहनावा है, सत्य का दर्शन तो अंदर होता है।

विवेक मिश्र भी डॉ. राय की तरह गंभीर प्रकृति के कवि हैं। '**न आरोह है, न अवरोह है**' में भूमंडलीकरण के दौर में मनुष्य के प्रतिक्रियाहीन होने पर चिंता व्यक्त करते हैं। आज स्थिति परास्त है–

'बुझते दीपक की लौ की तड़प है यहाँ
बंद मुट्ठी, तने सिर का है कारवाँ
हाशियों पर धकेले शब्द हैं
यह किसानों की आत्महत्याओं पर शौक है।'

इन पंक्तियों से कवि अपने मन के आक्रोश को प्रवाहित करता वर्तमान की एक गंभीर समस्या की ओर हमारा ध्यान आकर्षित करता है।

नई पीढ़ी के सामने सबसे बड़ी समस्या यदि कोई है तो वह अपनेपन की। यंत्र होता मनुष्य, उसने सबकी खरीद–फरोख्त शुरू की है। उसने अपने–बेगाने से परे जाकर सारे रिश्तों को तटस्थ

कर छोड़ा है। नई पीढ़ी की इस शोकात्म स्थिति को रमेश मित्तल ने 'तुम पीढ़ी हो आज की' में इन शब्दों में बद्ध किया है–

'तुम पीढ़ी हो आज की
तुमने देखा है सिर्फ
रिश्तों को धुआँ होते।'

(19) गजल–3 :–

'सृजनगाथा' पर कविता के बाद गजलें बड़े पैमाने पर प्रकाशित हुईं। देवी नागरानी ने अपने गजलों में हालातों से जूझने वालों को सूरमा मानकर उनका चित्रण इस प्रकार किया है–

'जो हिम्मत से जाते हैं जंगो–जदल में।
वो अच्छे हैं बेशक सभी कायरों से।।'

जो प्रश्नों को चुनौती देते हैं उनका निरंतर सदमे में रहना स्वाभाविक होता है। उनकी जिंदगी अशाश्वत, लटकी, अस्थिर और असुरक्षित होती है। उनका वर्णन करते कवयित्री नागरानी का कहना है–

'घर तक तुम्हारे ये आग पहुँचेगी देखना
घर मुफलिसों का फूँकते हो बार–बार तुम।'

श्याम सखा श्याम की गजलें भी समय का दर्पण बनकर उभरती हैं। उनमें शब्दों का एक ठोसपन मिलता है–

'अखबारों से डर लगता है, हर पन्ना दहशत लिखता है।
रास नहीं आता आईना, वो सबकी फितरत लिखता है।।'

गजल जरूरी नहीं कि गम को ही स्वर दें। वह खुशी, हँसी का भी जरिया, पैगाम है और भावों का दर्पण भी। ओमप्रकाश यती के गजल की ये दो पंक्तियाँ उसका प्रमाण हैं–

'जब आते हैं घर में मेरे माँ–बाबूजी
मेरा मन फिर से इक बच्चा हो जाता है।'

पूरी गजल में एक ही बिंब हो, ऐसा शायद देखा जाता है। पर प्राण शर्मा की मेले पर लिखी गजल इसका उदाहरण बनी है। मेला जोश, जहन्नत, जज्बात सब होता है। मेले में क्या बच्चे, क्या बुड्ढे, सब जेब खाली करने के लिए ही आते है न ?

'जेबें खाली कर जाते हैं, क्या बच्चे और क्या बुड्ढे
शायद ही कोई कंजूसी दिखाता है मेले में।'

इस प्रकार हम देखते हैं कि 'सृजनगाथा' पर प्रकाशित गजलें आमतौर पर पारंपरिक ही रही हैं। अधिकतर गजलें जीवन की व्याख्या करती परिलक्षित होती है। सभी गजलों में छंद के अनुशासन का निर्वाह हुआ है। गजल की भाषा अधिकतर खड़ीबोली ही रही। उर्दू गजल की नजाकत भले इनमें न हों, पर उनकी भावुकता में कहीं कोई कमी दिखाई नहीं दी।

(20) गीत-3 :–

देवमणि पांडेय 'सपनों के शहर में' शीर्षक अपने गीत में महानगर के मंजर को चित्रवत् उपस्थित करते हैं। मनुष्य सपनों को लेकर मायानगरी महानगर को कूच तो करता है, पर वहाँ जाने पर वह अपने आपको कटा-सा, ठगा-सा अनुभव करता है। प्रस्तुत गीत में इस मन:स्थिति का मार्मिक चित्रण पांडेय ने इन शब्दों में किया है–

'अनजबी चेहरों का हर पल एक रेला है यहाँ,
हर जगह, हर वक्त जैसे एक मेला है यहाँ,
हर कदम पर बेकसी, लाचारगी ढोता हुआ,
भीड़ में भी आदमी, बेहद अकेला है यहाँ।'

महाराज सिंह परिहार के अनेक गीत 'सृजनगाथा' पर प्रकाशित हुए हैं। 'जब से तुमने किया किनारा' प्रेमगीत है। 'अधूरी आजादी' में स्वाधीनता के बाद की असफलता का बखान है। 'मेरा भारत सिसक रहा है' में परंपराओं की हार का मलाल है। तो 'भारत का पार्थ' में देश के नेतृत्व की मक्कारी शब्दबद्ध है। वह इन शब्दों से जानी जा सकती है–

'शब्दकार भी आज अर्थ में खोता है,
अफसोस मेरे भारत का पार्थ अभी तक सोता है।'
अन्य गीतों में भी भ्रष्टाचार, धाँधली का वर्णन है।

आर.सी. शर्मा 'आरसी' अपने गीत से नीर-क्षीर न्याय-विवेक से जीवन का लेखा-जोखा लिखने के लिए उत्सुक हैं। वह लिखते समय सच्चाई उनके लिए ब्रह्म है। विवेक कसौटी है।

'अँगुली का नाखून कटाकर कहलाए कुछ लोग शहीद,
दीवारों में चिने गए जो, तू उनकी कुर्बानी लिख।'

जैसी पंक्तियों से यह प्रतिबद्धता स्पष्ट होती है।

इनके अलावा इस वेबसाइट पर नवगीत, अनुवाद, प्रेमकाव्य मिलते हैं। पर उनका स्तर सामान्य ही नजर आता है।

निष्कर्ष – 'सृजनगाथा' पर होने वाला काव्य समकालीन कविता का परिदृश्य समेटने में सक्षम जरूर है, पर योगदान में उनकी कोई विशेष भूमिका दिखाई नहीं देती। कविताओं में शब्द चयन उचित है। जीवन की व्याख्या पर इस वेबसाइट में बल नजर आता है। कविताएँ स्तरीय हैं पर अविस्मरणीय कम ही हैं। मार्मिकता का गुण सभी रचनाओं में परिलक्षित हुआ। संक्षिप्तता सभी प्रकारों में देखी गई, जो इस युग की प्रवृत्ति विशेष है।

4. http://www.bhartiyapaksh.com–

'भारतीय पक्ष' पर मात्र कविताएँ ही प्रकाशित हुईं। उन कविताओं का स्तर भी सर्वसाधारण ही नजर आया। कृष्णकुमार भारतीय की 'गणतंत्र दिवस' के अवसर पर लिखी उसी शीर्षक की रचना गणतंत्र दिवस को लोकतंत्र का एक उपचार सिद्ध करती है। पूनम अग्रवाल की 'चाँद का

आवाहन' हो या भारत कुमार की 'मुझे पैदा मत करो' नारी विमर्श की रचनाएँ हैं। उसमें नारी पीड़ा की चर्चा है। अपर्णा शर्मा की 'बोतल में बंद जहर' में कवयित्री–

'तू अपने अभावों में सुख को खोज
जहर से बच
नकल न कर
संयम–संतोष के साथ
जीवन–पथ पर चल।'

कहकर आदर्शवाद के पाठ पढ़ाती शराब से बचने की सलाह देती है।

अजयसिंह 'धर्म यदि न समझे हमें' में धर्म के नाम पर पर्यटन करने और उसके बहाने पर्यावरण का विनाश करने की मनुष्य की घातक प्रवृत्ति पर व्यंग्य करते आघात किया है। 'दूसरा मंच' में सुषमा भंडारी ने सयानी लड़की के घर से टूटते जाने की समाज प्रक्रिया के प्रति चिंता व्यक्त कर वह 'दूसरा मंच' क्योंकर अपनाती है, इस पर अंतर्मुख होने की सलाह दी है। 'शिक्षा व्यवस्था' रचना रामस्वरूप रावतसरे ने लिखी है। उसमें उन्होंने भारतीय शिक्षा व्यवस्था की श्रेष्ठता को अधोरेखित किया है।

निष्कर्ष – इस प्रकार हम देखते हैं कि 'भारतीय पक्ष' पर समकालीन समस्याओं का ऊहापोह करती रचनाएँ पाश्चात्य संस्कृति के अंधानुकरणों का प्रतिरोध कर भारतीय परंपरा को बचाए रखने की सलाह देती नजर आती हैं। इन कविताओं की भाषा बोलचाल की है। कविताओं में शैली का कोई प्रयोग नहीं है, न कविता के विभिन्न रूपों का प्रदर्शन इस वेबसाइट पर रहा है। भाव, संगीत, छन्द की अनुपस्थिति के कारण सुधी पाठकों का इस वेबसाइट से मुँह फेरना स्वाभाविक ही कहा जाएगा। एक तरह से यह वेबसाइट सनातन विचारों का मंच लगती है। परंपरा उसका प्राण है और उसका निर्वाह उसकी कृति।

5. http://www.hindisahityamanch.com–

'रचनाकार', 'सृजनगाथा', 'अनुभूति' की तरह विविध काव्य रूपों के मंच के रूप में 'हिंदी साहित्य मंच' वेबसाइट को जाना जाता है। इस वेबसाइट पर कविता, गीत, गजल, नज्म, लंबी कविता, बाल कविता, हाइकू, क्षणिकाएँ, दोहे, गीतिका, नवगीतिका जैसे रूपों की रचनाएँ प्रकाशित हुईं।

(21) कविताएँ–4 :–

डॉ. योगेंद्र मणि की रचना 'सरकारी दफ्तर' सरकारी कार्यालयों की लालफीताशाही, कर्तव्य के प्रति अनास्था, अधिकारकेंद्री वृत्ति, भ्रष्टाचार, रिश्वतखोरी की चर्चा करते हुए उनके दोषों पर प्रहार करती व्यंग्य रचना है। राहुल उपाध्याय ने वर्ष के आरंभ के निमित्त समय के बदलते रहने के बावजूद स्थिति की अपरिवर्तनशीलता की ओर अँगुली–निर्देश है–

'अब कंप्यूटर के जमाने में डायरी एक बोझ है,
और बेमौसम बरसात होती रोज है

बदली नहीं बदली
जिंदगी है बदली।'

कहकर स्थिति को उजागर किया है।

'अंतर्द्वंद्व' संदीप मिश्रा की वक्त और इंसान के संबंध को बयान करने वाली कविता है। वेबसाइट की प्रतियोगिता में पारितोषिक प्राप्त रचना 'प्रतीक्षा शिविर' गरिमा सिंह ने लिखी है। उसमें उन्होंने जीवन को प्रतीक्षा शिविर के रूप में चित्रित किया है। 'मृत्यु' में जीवन की अंतिम अवस्था में होने वाली मन:स्थिति को स्पष्ट किया गया है।

आदमी जिंदगी जीते समय एक-एक लम्हा पीछे पड़ जाता है। देखते ही देखते वर्तमान अतीत कब बनता है, पता नहीं चलता। सहसा गुजरा जमाना स्मृतियों की निधि बनकर बार-बार भूतकाल उकेरता रह जाता है और ध्यान में आता है कि अरे! हमने अतीत सही माने में जिया ही नहीं। इस मन:स्थिति का शब्दांकन है रंजना भाटिया की कविता 'बहुत दिन हुए'। उसमें उपर्युक्त कचोट इन शब्दों में व्यक्त हुई है—

'बस, एक खत लिखना है मुझे
उन बीते हुए लम्हों के नाम
उन्हें वापस लाने के लिए
बहुत दिन हुए, यूँ दिल ने
पुराने लम्हों को जी के नहीं देखा।'

श्रीश पाठक 'प्रखर' की कविता 'वजूद' आधुनिक शब्द चयन के साथ वर्तमान की दुरूहता, पस्त जिंदगी को स्वर देती है। बढ़ती जिम्मेदारियों ने मनुष्य की रीढ़ टेढ़ी कर रखी है। कवि के शब्दों में कहा जाए तो—

'थोड़ा टॉक टाइम, पूरी कीमत का रिचार्ज कूपन
थोड़ी वैलिडिटी
यही जिंदगी है अब
जो एस.एम.एस. बनकर रह गई।'

यहाँ कविता को उपमा से आधुनिक बना दिया है और भाव से भी। 'अच्छा लगता है' कविता में निर्मला कपिला ने जिंदगी की तनहाई को निराशा की स्थिति में आश्वासक बताया है। यह एक विकल भाव कविता है, जिसमें कवयित्री ने अपने अंतस को व्यक्त किया है।

'बहुत अच्छा लगता है
खुद का खुद के पास लौट आना
मेरे ये आँसू, मेरे ये बिस्तर
मेरी कलम और ये कागज
और
मूक रेत के कणों जैसे कुछ शब्द।'

इसमें भावुकता में होने वाली तीव्रता आह से उपजी है।

'अब तो सँभल जाओ' में भारतवर्ष की दुर्गति से मुक्त होने के लिए संतोष कुमार जुल्म, अत्याचार, बेईमानी, आतंक, अश्लीलता, अराजकता, धर्म, जाति जैसी समस्याओं से उबरने की आवश्यकता रेखांकित करते हैं। कवि कुलवंत सिंह ने 'पति-पत्नी' कविता में दाम्पत्य जीवन का आशादाई वर्णन किया है–

'अधीर हृदय की प्रणय पुकार
उष्ण स्पर्श की मधु झंकार
पुष्प सुवासित महका जीवन
सात रंग से बहका जीवन।'

ऐसा जिंदगी का चैतन्यमय, सुखी रूप कविता में शायद देखने को मिलता है। कवि ने प्रस्तुत रचना में जीवन में होने वाले हर्ष और समर्पण के महत्त्व को समझाया है। उसके विचार में जीवन मृदु क्रीड़ा तभी बनती है, जब हम उसकी तरफ रचनात्मक दृष्टि से देखते और जीते हैं।

'झूठ-मूठ' जैसी संक्षिप्त रचना कुमार विश्वबंधु द्वारा की गई जीवन की कठोर चिकित्सा है–

'इस बाजार में
उड़ रहे हैं रुपये
गिर रहे हैं लोग।'

'ले चल वहाँ भुलावा देकर' जैसी रहस्यवादी कविता जिन्होंने पढ़ी होगी उन्हें 'श्मशान' शीर्षक कवयित्री वंदना की कविता जरूर रास आएगी–

'नीरसता ही नीरसता है उस ओर
फिर भी मिलता है सुकून उस ओर
ले चल ऐ खुदा मुझे वहाँ
दुनिया के लिए कहलाता है जो श्मशान यहाँ।'

श्मशान को सुकून भरा दिखाकर जीती जिंदगी के प्रति होने वाली नफरत विरोधाभास से व्यक्त की है।

डॉ. श्याम गुप्ता ने 'कविताई का सत्य' में कविता रचना पर विस्तार से प्रकाश डालकर यह बताया गया है कि कविता माया, वृत्त, शब्द, भाव, नाद संगीत, अर्थ, अलंकार में बँटी नहीं होती। वह सबका एक संयत एवं संयुक्त रूप है। मन बस जाना उसकी कसौटी है–

'भाव प्रबल भाषा सरल, विषय प्रखर श्रुति तथ्य।
जन-जन के मन बस सके, कविताई का सत्य।।'

'बेटी को भी जन्मने दो' डॉ. कुमारेंद्र सेंगर की कन्या भ्रूण हत्या जैसी गंभीर समस्या की ओर ध्यानाकर्षण करने वाली कविता है–

'धोखा है यह वंश-वृद्धि का
जो बेटों से चलनी है,
वंश-वृद्धि के ही धोखे में
बेटी को भी जन्मने दो।'

उसके द्वारा कवि एक सामाजिक आवाहन करता नजर आता है। इसमें कवि बेटा–बेटी की सामाजिक मानसिकता से ऊपर उठने के लिए हमें प्रेरित करता है।

निराला की मशहूर रचना 'वह तोड़ती पत्थर' का प्रभाव होने वाली तथा उसकी याद दिलाने वाली मिथिलेश दुबे की कविता है–'वह सावली लड़की'। इसमें कवि ने खेती में मजदूरी करने वाली लड़की की व्यथा को चित्रित किया है। ऐसी ही दु:स्थिति का चित्रण वेश्या का है। मिथिलेश दुबे ने इसे 'वेश्या है वह' कविता के जरिए उसे हमारे सामने रखा है।

ये सारी कविताएँ विषय की दृष्टि से देखा जाए तो समय का व्यापक पट खोलती हैं। वे समाज की विभिन्न स्थिति और समस्याओं को स्वर देती हैं। कविता के प्रतिमान बदलकर उन्हें आधुनिक बनाने का श्रेय इन कविताओं को जाता है। बात यह नहीं कि ये सारी रचनाएँ समाज के कृष्णपक्ष को ही दिखाती हैं। अपवादस्वरूप उजाला भी इनमें है और बदलाव के आशा की किरण भी। ये कविताएँ भाव प्रधान हैं। करुणा है और रंजन का आनंद भी है इनमें। ये रचनाएँ कलात्मक हैं पर कम। ज्यादातर रचनाएँ हकीकत का बखान करती हैं। मुक्त छंद रचनाएँ गद्य शैली के करीब पहुँचती नजर आती हैं। काव्य तो रचना का नहीं अंतरात्मा और आशय का उद्‌गार होता है। इन कविताओं की भाषा सुबोध, सहज है। इनमें खड़ीबोली, संस्कृत प्रचुर, उर्दू प्रभावी–सब रंग हैं भाषा के। शैली में विवरण है और व्यंजना, व्यंग्य भी। कविताओं के शीर्षक मध्यम रहे हैं।

(22) गजल–4 :–

जिंदगी एक राह है। जो चलते हैं, उनकी वह होती है। रोने–कलपने वालों को वह नसीब नहीं होती। जिंदादिली से जीने वाले ही उसे पा सकते हैं। यह सब डॉ. श्याम गुप्त ने 'राहों के रंग' गजल में हमें सिखाया है।

'राहों के रंग न जी सकें, कोई जिंदगी नहीं।
यूँ ही चलते जाना दोस्त, कोई जिंदगी नहीं।।'

जैसे शेर में यह सब व्यक्त हो पाया है।

मृत्युंजय की गजल अल्पाक्षरी एवं दीर्घ प्रभावकारी है। अर्थगहन उनकी गजल विधा के काबिल न हो, विचारवाहक निश्चित हैं।

'दिल को दिल से मिल जाने दो।
आरी, चाकू, छेनी क्या है?'

हिंसा से प्रेम की नफरत निर्माण करने वालों पर कसा यह व्यंग्य मार्मिक है।

मोहब्बत कविता में न आए तो उसे गजल क्यों कहा जाए? नीशू तिवारी की कविता की तरह लिखी 'मोहब्बत' गजल प्रेम के स्वरूप को समझाती है–

'साफ हरफों में मोहब्बत उस आईने का नाम है।
जो हकीकत जीवन की हँसकर कबूल करवाता है।।'

श्यामल सुमन अपनी गजल को वर्तमान चित्रण और उसकी विसंगति का माध्यम बनाते नजर आते हैं–

'दहशतगर्दी का दामन क्यों, थाम लिया इंसानों ने।
धन को ही परमेश्वर माना, अवसर चुनना सीख लिया।।'

'सीख' शीर्षक गजल की सीख से हमें कुछ न कुछ जरूर सीखना चाहिए।

गजलकार कभी–कभी हमें अपने शब्दज्ञान को टटोलने के लिए उकसाता है। यह देखो न, दीपक शर्मा का एक शेर–

'शराफत हमेशा नजर झुकाकर चलती है।
हम निगाह मिलाते हैं, नजरें नहीं मिलाते हैं।।'

में 'निगाह' और 'नजर' शब्द का प्रयोग उनके अर्थांतर को समझाता है। यह गजल हमें समझाती है कि आँखों की नजर होती है, तो आत्मा की निगाह। तुम्हारा प्रेम शारीरिक है, तो आप नजर मिलाएँगे। यदि आप तहेदिल से प्यार करते हैं तो निगाह मिलाते हैं। नजर में संप्रेषण होता है, निगाह महसूस कराती है। नजर जिस्मानी, जबकि निगाह जज्बाती। क्या खूब फर्माया है गजलकार ने।

इस वेबसाइट की गजलें छंद की रवायत कबूल करती लिखी गई हैं। यहाँ प्रयोग की कोई गूंजाइश नजर नहीं आती। प्रेम के अलावा ये गजलें जिंदगी को भी उसी क्षमता से प्रकट करती है। खड़ीबोली तथा उर्दू प्रचुर दोनों भाषाओं का गजल में प्रयोग हुआ है। ये गजलें शरीर और आत्मा, वर्तमान और भूत, स्त्री–पुरुष सबका द्वंद्व व्यक्त करती हैं। इस वेबसाइट पर प्रचुर मात्रा में गजल का प्रकाशन हुआ है। गजल जज्बाती होती है, इसका अंदाज ये गजलें देती हैं। दीपक शर्मा ने जो शब्द विस्तार किया है, वह योगदान माना जाएगा।

(23) हाइकू /क्षणिकाएँ–3 :–

हाइकू और क्षणिकाएँ इस वेबसाइट पर नजर आती हैं। वे उल्लेखनीय हैं। दिलबाग विर्क के हाइकू स्वार्थ, व्यवस्था, सत्ता, नेता, भाषा, अलगाववाद...यों कहिए कि जीवन के विविधांगों को स्पर्श करते हैं, प्रतिबिंबित करते हैं। उसमें हाइकू छंद के अनुशासन का पालन कर्मठता से किया गया है। ये सारे हाइकू गंभीर विचार व्यक्त करते हैं, जैसे–

'महत्त्वपूर्ण
धर्म, क्षेत्र व जाति,
देश क्यों नहीं?'

मनोशी की क्षणिकाएँ अश्रु, रात, बातें, अजनबीं, सप्तऋषि जैसे विषयों के लिए समर्पित हैं। उनका शिल्प संक्षिप्त पर आशय व्यापक रहा है। 'दो बातें' शीर्षक क्षणिका ध्यातव्य है–

'दो बातें
एक चुप
एक मौन

कर रहे इंतजार
एक कहानी बनने का।'

ये दोनों प्रकार यहाँ कलात्मक अभिव्यक्ति के उदाहरण बन गए हैं। इसकी भाषा मँजी हुई और शिल्प कसा हुआ।

(24) लंबी कविता-2 :-

प्रताप सिंह की लिखी 'रौद्र रूप' रचना लंबी कविता की अपवादात्मक प्रस्तुति है। इसमें 'हिमाद्रि' के रौद्र रूप का वर्णन है। सुमित्रानंदन पंत की इसी शीर्षक की रचना इसे पढ़ते हुए अनायास याद आ जाती है। इस कविता में हिमालय की प्रशस्तता, विरक्ति भाव, सौंदर्य, अध्यात्म सब एक साथ व्यक्त हुआ है। पाँच-पाँच पंक्तियों के 20-23 खंडों की यह रचना उसके निर्माण की कथा के पार्श्व में वर्तमान रूप को व्यक्त करती है। शंकर से नाता जोड़ती, गंगा निर्माण की कथा भी बनती है यह कविता। संस्कृत प्रचुर भाषा ने इसे अतीत से जोड़ दिया है। यह कविता एक अमर अजय कथा की काव्यात्मक अभिव्यक्ति है।

(25) विविध काव्यरूप :-

'हिंदी साहित्य मंच' वेबसाइट पर इनके अलावा प्रातिनिधिक तौर पर क्यों न हो, गीत, अगीत, नज्म, दोहे, गीतिका, नवगीतिका आदि का प्रकाशन हुआ है। साथ ही प्रेम, प्रकृति, होली, वसंत जैसे विषयों पर अनेक रचनाएँ प्रस्तुत हुई हैं। कुछ एक राष्ट्रीय भाव की तथा बालकविता भी। 'वेलेंटाइन डे' पर प्रेम कविता का प्रकाशन कर मंच ने समय की अहमियत स्पष्ट की है। ऋतु वर्णन के अंतर्गत वंदना गुप्ता का षड्ऋतु वर्णन रीतिकाल जगाता है। 'हिंदी का हिंदुस्तान' राष्ट्रीय भावना से प्रेरित निर्भय जैन की कविता है। इसमें हिंदी को राष्ट्रभाषा न बनाए जाने के प्रति खेद व्यक्त किया गया है। कुलवंत सिंह का 'पति-पत्नी' संवाद 'गीत' बनकर उभरा है। डॉ. श्याम गुप्त के अगीत आँसू, कला, मन को व्यक्त करते हैं। उन्हीं के दोहे भी उल्लेखनीय हैं। वे होली के रंग बिखेरते नजर आते हैं। दीपक शर्मा की 'नज्म' सवाल करती है कि-

'आज फिर से वही सवाल सदियों पुराना है,
हालत क्यों बदल जाते हैं, मकसद बदलते ही।'

'बचपन' शीर्षक बालकविता भी यहाँ प्रकाशित हुई है। गीतिका, नवगीतिका जैसे प्रकारों का प्रतिनिधित्व इस मंच को विविधांगी बनाता है।

निष्कर्ष – प्रस्तुत वेबसाइट 'हिंदी साहित्य मंच' कविता की दृष्टि से देखी जाए तो अंतर्जाल पर हिंदी भाषा और साहित्य के विकास की दृष्टि से एक आश्वासक कदम और विकास का पदचिह्न है। कविता के भाषा, छंद, अलंकार, भाव, संगीत सारे प्रतिमान यहाँ हिंदी कविता को आगे बढ़ाते नजर आते हैं। यह देखा गया है कि कहानी ने अंतर्जाल पर अपने अनुभवों को जो वैश्विक जामा पहना है, वह कविता में नजर नहीं आता। इसका कारण कवियों का भारतीय होना

भी हो सकता है। यहाँ अनिवासी भारतीय या प्रवासी भारतीय कविता लिखते नजर नहीं आते। इसका कारण खोजना जरूरी है। कुल मिलाकर इस वेबसाइट की कविता मुद्रित हिंदी कविता का ई-संस्करण बनकर रह जाती है।

6. http://www.pravkta.com–

'प्रवक्ता' वेबसाइट पर प्रमुखत: कविताएँ ही प्रकाशित हुईं। अपवाद में नज़्म, गीत, व्यंग्य तथा क्षणिकाएँ। 'जंगल का गणतंत्र' राकेश उपाध्याय की दीर्घ कविता है। इसमें चुनाव पर व्यंग्य है। जॉर्ज ऑर्वेल के 'एनीमल फार्म' उपन्यास की तरह इसमें जंगल में चुनाव और लोकतंत्र की फंतासी पठनीय बनी है।

'बिरादर ! हम भी जातिवाद करेंगे।
जो हो, शेर को जीतने नहीं देंगे,
तुम आयोग में शिकायत भिजवाओ
साथ में जातिवाद का बवंडर चलाओ।'

जैसी पंक्तियों से फंतासी और व्यंग्य दोनों एक साथ व्यक्त हुए हैं। गणतंत्र को यह कविता समस्या तंत्र सिद्ध करती है। गणतंत्र के नाम पर यहाँ जो जंगलराज चलाया जा रहा है, उस पर यह कविता विस्तार से उसका वस्त्राहरण करती है।

ए.आर.अल्वी की कविता 'गांधी की आवाज' भी ऐसी ही व्यंग्य रचना है, जो आजादी के बाद गांधीवाद दफनाने पर नाराजगी व्यक्त करती है। गांधीवाद से हमने अमन-चैन भरा देश बनाने की ठानी थी, पर अफसोस कि–

'तब हम सोचते थे सब्ज और खुशहाल वतन,
अब हम देखते हैं, गर्क और लाचार वतन।'

'तुम सुंदर, सुंदरतम हो' में राकेश उपाध्याय ने धरती की प्राकृतिक सुषमा एवं उसकी समृद्धि का वर्णन किया है। सुमित्रानंदन पंत की कविता 'आ, धरती कितना देती है' की तर्ज पर लिखी यह रचना प्रकृति काव्य है।

फिरदौस खान का इस वेबसाइट पर प्रकाशित गीत 'तुमसे तन-मन मिले प्राण प्रिय!' राधा-कृष्ण के प्रेम की अभिव्यक्ति के माध्यम से अपने प्रेम का प्रकटीकरण है–

'रोम-रोम में होंठ तुम्हारे
टाँक गए अनबूझ कहानी
तू मेरे गोकुल का कान्हा
मैं हूँ तेरी राधा रानी।'

लूसिले क्लिफ्टन (1935-2010) अमरीकी-अफ्रीकी कवयित्री थीं। उनका निधन होने पर लिखी रचना एक तरह से श्रद्धांजलि गीत है। विजया सिंह, जो कि कोलकाता विश्वविद्यालय की अनुसंधाता हैं, की रचना 'स्त्रीत्व का सुखद नैसर्गिक सौंदर्य' भाव कविता है। लूसिले क्लिफ्टन की मृत्यु स्तन के कैंसर से हुई थी। ऐसे मरीज का होने वाला बेहाल कविता की विषय-वस्तु है। यह कविता आकंठ भयाकुलता से व्याप्त है। इसमें कैंसर के बाद अकेले हो जाने की

सिहरन है। पीला शरीर, बेजान जिस्म, झड़ते बाल स्त्री को ध्वस्त कर देते हैं। फिर भी जिजीविषा थमती नहीं। बेहद शोकात्म रचना है, जो पाठक को दहला देती है और कैंसर की क्रूरता से हमें भी डरा देती है।

'प्रश्नों के बढ़ते दायरे' राजनीतिक रचना है। राजीव दुबे ने इसे लिखा है। अशोक बजाज ने प्रदूषण के प्रकोप को अपनी कविता में आवाज दी है। संजय कुमार फरवाहा 'आज के अध्यापक' में व्यंग्य तीर छोड़ते हैं।

निष्कर्ष – प्रवक्ता वेबसाइट पर प्रकाशित लगभग पचास–साठ कविताएँ पढ़कर हम इस निष्कर्ष पर पहुँचते हैं कि यहाँ प्रकाशित रचनाएँ हमें सोचने के लिए बाध्य करती हैं। इन रचनाओं का विचार पक्ष हमें जीवन, व्यवहार, समय, राजनीति सबके प्रति संजीदा बनाता है। मेरी दृष्टि से यह इस वेबसाइट का जीवन के प्रति दृष्टिकोण ही स्पष्ट करता है। कवियों ने अपने दायित्व का उचित निर्वाह किया है। कविता के विषय जीवनस्पर्शी रहे हैं। जंगलराज हो या कैंसर की बीमारी कवियों की भाव प्रतिबद्धता काबिले तारीफ है। कविता की भाषा निर्दोष है। कविताओं में शैली का वैविध्य है। उनका शिल्प संपृक्त है। अधिकतर रचनाएँ उद्देश्यप्रधान हैं। प्रेम, प्रणय, मनोरंजन, आनंद है, पर वह लक्ष्य बनकर नहीं आता। वह जीवन का एक अंग, पक्ष उद्घाटित करता है। गद्य शैली की रचनाएँ आधुनिक कविता की अपनी पहचान है। इनके शीर्षक दीर्घ हैं। वे अधिक व्यक्त करने को उत्सुक हैं। दीर्घ रचनाएँ ज्यादा नजर आती हैं। उससे भी कवियों की कविता रचने के प्रति होने वाली परिष्कृतता स्पष्ट होती है।

7. http://www.garbhanal.com–

'गर्भनाल' प्रवासी भारतीयों की मासिक ई–पत्रिका रही है। इस वेबसाइट पर प्रवासी भारतीयों की रचनाएँ प्रकाशित होती रहीं। अनुसंधान काल (2010) में करीबन पच्चीस रचनाएँ प्रकाशित हुईं। इनमें कविता, गजल, क्षणिकाएँ आदि का अंतर्भाव था।

(26) कविताएँ–5 :–

भूपेंद्र कुमार दवे की कविता 'जाने कितना सारा लिखना था' में वे अपनी लेखन की अतृप्ति का वर्णन करते हैं। लेखन की कांक्षा निरंतर मन की तरह अतृप्त ही रह जाती है। कोरे सफे बेचैन तो करते हैं, पर सारी बेचैनी थोड़े ही शब्द रूप लेती? कवि ने अपनी इस असमर्थता को व्यक्त करते कहा है–

'फिर भी था मन लिखने को आतुर
पीड़ा की ही भाषा में
आँसू बहकर मिटा रहे थे
लिखता जो मैं गाथा में।'

दूसरी बात यह भी है कि जीवनगाथा को शब्द में समूचा समेटना टेढ़ी खीर होती है।

'भावना के मधुर गीत गुनगुनाए जा रहा हूँ' में उमेश तांबी ने प्रवासी की व्यथा चित्रित की है। मातृभूमि, आत्मीय संबंधियों, प्रेम के ऋणानुबंधों को छोड़कर परदेस में–अमरीका में भले कितनी भी खुशहाली, सुख, स्वास्थ्य हो पर अपनत्व से कटे प्रदेश में दिन बिताना दूभर निश्चित होता है। इस पीड़ा को अभिव्यक्त करते उमेश जी कहते हैं–

'मातृभूमि से दूर रहकर खुश कभी कोई हो सकता है?'

उनके इस प्रश्न में मन की सारी बेताबी प्रतिबिंबित है।

डॉ. सुनीता ठाकुर ने 'माँ को नहीं याद' में माँ के अपनी संतानों को पाल–पोसकर बड़ा करने पर कुछ भी याद नहीं रहता कि उन्होंने उन दिनों क्या–क्या किया। एक तरह से माँ के त्याग और समर्पण को यह कविता निरपेक्षता में बाँधना चाहती है। सारे संसार की गठजोड़ करने वाली माँ की अपनी कोई ख्वाहिश नहीं होती, सिवाय संतानों के बड़े होने।

'पुरानी कमीज' कविता में पिरोयी एक भावुक कथा है। बाप बेटे को जन्म देता है। पाल–पोसकर बड़ा करता है। बेटा इतना बड़ा होता है कि उसे बाप के जूते और कुर्ते रास आने लगते हैं। उलटा यह भी बाप–बेटे की कमीज ओढ़ लेता है। बेटे की तार–तार हुई पुरानी कमीज बापू पहने...बेटा इसे कैसे बर्दाश्त करे? वह नई कमीज ला देता है। पिताजी हैं कि उन्हें पुरानी कमीज ही पसंद है क्योंकि उसमें–

'उसका स्पंदन
धड़कता है मेरी शिराओं में
उसके पसीने की गंध
महसूस करता हूँ हर साँस में
इस कमीज के आगे निर्जीव है
नई कीमती कमीज।'

'समय घर' अशोक सिंघई की समय बाँधने वाली कविता है। 'किसके साथ रुका समय? किसके लिए रुका समय? कब, कहाँ झुका समय?' जैसे प्रश्न यह कविता उपस्थित करती है।

आलोक शंकर की लिखी 'शहीद' और 'एक आदमी था' गर्भनाल पर प्रकाशित हुई। 'शहीद' में वे जिंदगी के प्रश्नों की हैरानी स्पष्ट करते हैं और 'एक आदमी था' में मनुष्य के कवि, संत के रूपों से जीवन की व्याख्या का प्रयास करते हैं।

महेशचंद्र द्विवेदी लंदन, डेट्राइट, शिकागो, बर्मिंघम घूम चुके हैं। ओहदे से पुलिस महानिदेशक होने पर भी मन कवि का है। अपनी 'प्रवासी चिंता' कविता में वे माँ के प्रति अपने श्रद्धा सुमन अर्पित करते हैं। दिनेश ध्यानी 'तुम गई हो जब से' में प्रिया के...पत्नी के खो जाने की व्यथा है तो 'जिंदगी का मजा' में जीवन को खुशियों से गुजारने की सीख है।

पाराशर गौड ने 'मरना एक मौत का' में मृत्यु की चिकित्सा की है–

'मुझे मारा है
मेरे अंदर के झूठे 'मैं' ने'

कहकर कवि 'अहं' को मृत्यु का कारण बताते हैं।

प्रतिमा सक्सेना 'एक दिन' में मृत्यु के खिंचाव को शब्द देती नजर आती है, तो कुसुम सिन्हा ने अपनी रचना में अतीत की बेचैनी को स्वर दिया है, जिसे वह भूलना चाहती है।

इस प्रकार ये कविताएँ अतीत, समय, मातृभूमि, माँ, गुजरी जिंदगी को समेटती है। अधिकतर रचनाएँ प्रवासी भारतीयों द्वारा लिखी हैं। पर विदेश वहाँ अनुपस्थित है। बेचैनी हर रचना का आत्मस्वर है। कवि 'आत्म' की खोज में नजर आते हैं। कविताओं का भावप्रधान होना स्वाभाविक है। कविता के शीर्षक लंबे हैं। उनकी भाषा सुबोध है, कहीं भी अंग्रेजियत हावी नहीं। कविताओं में अनुभूति और अभिव्यक्ति दोनों में ईमानदारी है पर वह जज्बा नहीं जो एक अस्वस्थ कवि में होता है। कविता का शिल्प शिथिल है। उनकी शैली सपाट बयानी रही है। रचनाओं में कलात्मकता का अभाव है, क्योंकि ये रचनाएँ अस्वस्थ क्षणों की उपज न होकर समय गुजारने का बहाना हैं।

(27) गजल–5 :–

शिकेब जलाली ने अपनी गजल में अपनी पस्त जिंदगी उर्दू प्रचुर शब्दों में व्यक्त की है। गजल की पूरी बंदिश का अनुपालन करते इस गजल में शिकेब मौत से घिरी अपनी जिंदगी चित्रित करते हैं–

'बीते लम्हे ध्यान में आकर मुझसे सवाली होते हैं।
तुमने किस बजर मिट्टी में मन अमृत डोल दिया।।'

यह बताना सचमुच कठिन होता है कि आदमी की जिंदगी अमृत से सनी होती है या विष से। शायर बसेरा ढूँढ़ता जीता जाता है। भीगती पलकें ही उसका साया होती हैं और सहारा भी। पर उसे शिकायत किसी से नहीं होती। ऐसी जिंदगी आदत बनकर सकारात्मक हो जाती है, फिर एक भ्रम की जिंदगी वह जीने लग जाता है–

'सिमटकर रह गए आखिर पहाड़ से कह भी
जमीं से हर कोई ऊँचा दिखाई देता है।'

यह हकीकत है। शिकेब की यह गजल भाषा, शैली, शिल्प, आशय सभी दृष्टि से उम्दा है।

(28) क्षणिकाएँ–2 :–

'नीयत', 'नज़र', 'भूख', 'तनहाई', 'मन', 'पत्नी' जैसी क्षणिकाएँ लिखने वाले हरि बिंदल व्यवसाय से इंजीनियर हैं। अमरीका के रक्षा विभाग में कार्यरत रहकर भी जीवन की असुरक्षा, बेताबी उन्हें बेचैन कर क्षणिकाएँ लिखने के लिए बाध्य करती है। 'नीयत' में अपने पराए होने की हकीकत है।

'एक म्यान में दो तलवारें नहीं रह सकतीं।
एक जंग खाती रही, दूसरी चमचमाती है।'

'नजर' चढ़ती उम्र में प्यार की विसंगति स्पष्ट करती है। 'भूख' शरीरी भूख के मृत्युंजय होने का यथार्थ समझाती है। 'तनहाई' अतीत की जुगाली होती है। 'मन' क्षणिका मार्मिक है–

'जो पास है, उसके पास नहीं,
दूर मिलने को भटकता है
यह बहुत खटकता है।'

'पत्नी' शीर्षक क्षणिका में पत्नी घर में पति की छाती पर दाल दलती चित्रित की गई है।

इस प्रकार ये सारी क्षणिकाएँ जीवन की कठोर व्याख्या हैं, चिकित्सा हैं। कवि का अनुभव सत्याधिष्ठित है। ये क्षणिकाएँ चुस्त हैं। उनका शब्द चयन समुचित है।

निष्कर्ष – कुल मिलाकर कविता, गजल तथा क्षणिकाएँ सारी रचनाएँ 'गर्भनाल' की स्तरीयता की रक्षा करती अंतर्जाल पर हिंदी भाषा और साहित्य विकास में चार चाँद लगाती हैं। 'गर्भनाल' अंतर्जाल पर होने वाली एक स्तरीय वेबसाइट है। कविता की दृष्टि से भी उसकी स्तरीयता देखते ही बनती है। जहाँ तक इसके कवियों का सवाल है, उनके वैश्विक होने से यह वेबसाइट एक व्यापक दायरा लेकर उपस्थित होती है। यह दायरा स्थान, समय, स्थिति, व्यक्ति सबका रहा है, जो व्यापक धरातल प्रकट करता है। 'गर्भनाल' ने कविता के प्रकाशन में कवि का छायाचित्र, परिचय देकर इसे मुद्रित करने के साथ स्तरीय बनाया है। कविता के लिए उचित छायाचित्रों का प्रयोग कविता के आशय को व्यक्त करता है। इससे पाठक की समझ विकसित होने में मदद हुई है। कविताएँ समझने में भी इससे आसानी आई है।

8. http://www.evishwa.com–

अंतर्राष्ट्रीय हिंदी समिति की त्रैमासिक मुख पत्रिका कही जाने वाली 'ई–विश्वा' पर प्रमुख रूप से कविता ही अनुसंधान काल में प्रकाशित हुई। कुछ कविताएँ नववर्ष स्वागत के लिए तो कुछ होली के रंग उड़ाती लिखी गईं। अन्य भी प्रासंगिक रचनाएँ इस ई–पत्रिका पर प्रकाशित नजर आईं।

न्यूयॉर्क स्थित हिंदी, गुजराती, संस्कृत के ज्ञाता राधेकांत दवे की 'मेधा' रचना बुद्धि का स्वरूप समझाती है। उनके विचार में बुद्धि ब्रह्मज्ञान है। प्राचीन काल में मेधा प्राप्ति हेतु किए जाने वाली तपस्या, यज्ञयाग की चर्चा इसमें है। संस्कृत प्रचुर हिंदी में दवे ने यह रचना लिखी है। अपनी एक अन्य रचना 'नारी' में उन्होंने स्वतंत्र, समान सम्मानित नारी की परिकल्पना की है और बताया है कि द्वापर, त्रेता युग से वह सम्मानित रही है। गृहसूत्र एवं धर्मसूत्र में भी उसका वर्णन है। फिर उसे सहमने की नौबत क्यों आती है? यह प्रश्न उठाने वाली यह कविता नारी की वर्तमान स्थिति के प्रति हमें आगाह एवं अंतर्मुख करती है।

राज हीरामन की कविता 'बर्फ' मनुष्य की नैतिकता खत्म हो तथा मन बर्फ हो जाने की स्थिति में धरती पर कोई राम नहीं रहा। सीता कितने रावणों के लिए अग्निपरीक्षा देती रहेगी– का प्रश्न पूछने वाली यह कविता समाज से मूल्य और नीति की लक्ष्मणरेखा पालने का आग्रह

करती है। कविता में किया गया मिथक का प्रयोग रचना को कलात्मक बनाए हुए है। कवि उसके लिए कलम चलाता हामी भरता है कि,

'मेरी कलम जिस दिन
तुम्हारी रेखा पार कर लेगी
उस दिन कितने रावण परास्त होंगे।'

'ई-विश्व' पर गजल, हास्य काव्य के प्रकाशन का सिलसिला भी दृष्टिगोचर होता है। प्रतिभा फडके-गुप्ता की 'सेहरा' गजल इस संदर्भ में देखी जा सकती है। कवयित्री अपने प्रिय को खोकर आजीवन अपनी जिंदगी कैसे उदास भरी शामों को लेकर गुजारती है, उसकी उजासहीन उदासी का वर्णन इस गजल में है। प्रिय के कारण बदनाम होने का गम भी है उसके दिल में। ऐसी ही उनकी एक और विकल गजल 'इंतजार' 'ई-विश्वा' पर प्रकाशित हुई है।

सुरेश शर्मा, शशिभूषण त्यागी, देवेंद्र शुक्ल, डॉ. नीलू गुप्ता, हरिबाबू बिंदल, डॉ. केदार वर्मा जैसे कवियों की हास्य रचनाएँ इस वेबसाइट पर प्रकाशित हैं। प्रसंग अर्थात् होली का है। 'माइक से प्यार' में सुरेश शर्मा ने समारोह में माइक पर कब्जा जमाने वालों पर व्यंग्य करते लिखा है–

'पते की बात कहने को दस मिनट का समय कम है,
घंटी बीच में ही बज जाए, इसका बड़ा गम है।'

कहकर माइक प्यारों की मन:स्थिति स्पष्ट की है। शशिभूषण त्यागी ने सास और पत्नी के बहाने अपनी जिंदगी भर की ठगी, दयनीयता को स्वर दिया है। नाम 'गेट' होकर 'विंडो' क्यों बनाते हो पूछने वाले कैलिफोर्निया के कवि देवेंद्र शुक्ल ने बिल गेट्स के विकास को शब्द रूप दिया है। 'ठेंगा', 'मोटापा' ऐसी ही हास्य कविताएँ हैं। 'होली का हंगामा' में नीलू गुप्ता ने अपनी तुकान्त कविता में होली के रंग बिखेरे हैं।

'जय सरस्वती माँ' प्रार्थना गीत है, जिसे हरिबाबू बिंदल ने लिखा है। वीणावादिनी सरस्वति की उसमें आराधना है। कवि निराला की लेखनशैली एवं अनुकरण के पदचिह्न रचना में हैं। 'नारी तुम ऐसी सबला हो' एक सकारात्मक कविता है। उसमें नारी की अनेक महत्त्वपूर्ण भूमिकाओं का सहारा है। 'बीबी का भाषण' एवं 'होटल का खाना' व्यंग्य रचनाएँ हैं। 'नया जमाना' जातिपाँति का विरोध करती लड़की के गुणों पर उनकी पसंद और शादी की आवश्यकता समझाती है।

'अपनी-अपनी रीजनिंग' तथा 'आशा' डॉ. केदार वर्मा की हास्य कविताएँ हैं। उनमें पति-पत्नी के अनमेल जोड़े पर व्यंग्य है। तो 'आशा' सुंदर लड़की पर कसी फब्ती है। 'आशामय साल दो हजार दस' कविता शाश्वत सुख लाने वाले वर्ष की कामना का गीत है। इसमें विश्वमंगल की धर्मनिरपेक्ष कल्पना है।

'लोग जाते वैटिकन, मक्का, अमृतसर, बनारस
....
मगर जब तक निकले नहीं अंतर्मन का भरा तमस
मानव जीवन रहेगा वैसा ही दुखमय और नीरस।'

निष्कर्ष – 'ई-विश्वा' पत्रिका में जो कविताएँ प्रकाशित हुईं वे ज्यादातर प्रसंगवश प्रकाशित कविताएँ हैं, जैसे–नववर्ष, होली आदि। अन्य रचनाएँ जीवन, स्थिति, समस्या आदि के बहाने लिखी हैं। अधिकतर रचनाएँ प्रवासी भारतीयों द्वारा लिखी हैं। यह देखा गया है कि अंतर्जाल पर अमरीका स्थित प्रवासी भारतीय ही कविता लिखते हैं। विश्व के अन्य देशों में बसे भारतीयों की अंतर्जाल पर होने वाली अनुपस्थिति जैसी अखरती है, वैसे विदेशियों द्वारा लिखी हिंदी रचनाओं का अभाव-सा है। मॉरिशस, त्रिनिदाद, सूरीनाम जैसे देश जहाँ हिंदी है, वहाँ वेब साहित्य क्यों नहीं? विश्व के कितने देशों में हिंदी पढ़ाई जाती है। वहाँ के छात्र क्यों नहीं वेब पर लिखते? हिंदी का स्वाभाविक विकास तब होगा जब दुनिया भर के लोग अंतर्जाल को अपनाएँगे।

'ई-विश्वा' पत्रिका की कविताओं की भाषा में वैविध्य है। संस्कृत प्रचुर, खड़ीबोली, उर्दू-मिश्रित काव्य भाषा का प्रयोग इन कविताओं में वैचित्र्य का निर्माण करता है। कविता में व्यंग्य, विवरण जैसी शैलियों को कवि अपनाते नजर आते हैं। हास्य रस का कविताओं में बोलबाला है। इससे ये रचनाएँ हलके भावविश्व के लिए लिखी दिखाई देती हैं। कविताओं में नारी, परिवार, देश की समस्याएँ हैं। विदेश के परिपार्श्व में देश की समीक्षा करने की प्रवासी भारतीय कवियों की मानसिकता को स्वाभाविक मानना चाहिए। अधिकतर कवियों की मानसिकता रचनात्मक, आशादाई नजर आई। वे बेहतर दुनिया रचने में विश्वास रखते हैं–

'सूरज की ऊर्जामय किरणें,
अंतरमन का तम हर लें,
नई सोच के नवप्रभात से
घर-घर मंगल दीप जले।'

जैसा भाव इन कविताओं का है। यह विधायक दृष्टि 'ई-विश्वा' की है। नयी दुनिया सचमुच ऐसी बनेगी तब इस पत्रिका के प्रकाशन का मकसद सही माने में सफल होगा। ई-पत्रिकाएँ स्थापन हो गई रचना के लिए, प्रयास भी उनका अकसर रचनात्मक ही देखा गया है।

9. http://www.hindichetana.blogpost.com–

'हिंदी चेतना' त्रैमासिक ई-पत्रिका है। इसकी विशेषता उसकी प्रस्तुति है। मुद्रित पत्रिकाएँ जिस साज-सज्जा, चित्र आदि से प्रकाशित होती है, वैसे ही यह ई-त्रैमासिकी। इसमें कविता, बालकविता, प्रासंगिक रचनाएँ प्रकाशित हुई हैं। कवि अधिकतर प्रवासी भारतीय रहे हैं। अमरीका के अभिनव शुक्ल की कविता 'तुम्हारी और मेरी आवाज' में पति-पत्नी के संबंधों पर प्रकाश डाला गया है। शादी के पहले दोनों में कितना प्यार और आकर्षण भरा रहता है। घर-गृहस्थी के चलते मीठी आवाज, संवाद में पता नहीं कैसे कडुवाहट आ जाती है इन सबका विस्तार यह कविता है।

बालकविताएँ अनेक ने लिखी हैं। कनाडा के अमितकुमार सिंह, मेघा, जगदीशचंद्र, सुरेंद्र पाठक की रचनाएँ इस संदर्भ में द्रष्टव्य है। सुरेंद्र पाठक धनिकों द्वारा बनाए गए हौज में केलि-

क्रीड़ा करते बच्चों का वर्णन करते हैं और उसके बहाने समाज की विषमता के प्रति नाराजगी जताते हैं। ऐसी रचना अमित कुमार सिंह की है। मेघा ने गरमी के मौसम में पानी की फुहार के आनंद को चित्रित किया है। जगदीशचंद्र शारदा 'प्याऊ' के महत्त्व को समझाती हैं। ये सारी रचनाएँ वसंत, ग्रीष्म में पानी के महत्त्व को अधोरेखित करती हैं।

साफिर समदर्शी ने कनाडा से ही नववर्ष के स्वागत में लिखा है। किरण सिंह की कविता 'मित्रता' शीर्षक की तरह दोस्ती की दास्ताँ है–

'भरोसे का अटूट
आधार है जो,
मुसीबतों में खड़ा
चट्टान है वह !'

यूनाइटेड अरब अमीराती से पूर्णिमा वर्मन ने दो गीत लिखे हैं–'सुहाने दिन' और 'हवा में'। 'सुहाने दिन' बचपन का सुहानापन बीत जाने का गम भौतिक जिंदगी का परिणाम होता है। प्रकृति की सुंदरता, सुहानापन भौतिकी की समृद्धि से ढक जाने का दर्द यह कविता व्यक्त करती है। 'हवा में' कितने नाद, झंकार मनुष्य के लिए बेचैन करते हैं, हर नाद 'अनहद' से कम नहीं होता। प्रकृति और संगीत का समाँ यहाँ ऐसा बँधा है, मानों स्वर और संगीत की अद्वैत सुषमा !

डॉ. जनक खन्ना ने कनाडा से 'धर्म का मर्म' बताया है। स्वार्थ के कारण धर्म पहेली-सा बन रहा है। कर्मकांड का महत्त्व अलम हो रहा है। जबकि कर्मकांड धर्म नहीं होता। धर्म का मर्म है–समाजधारणा, समाजरचना। वह एकात्म, अवैर, शुद्ध हो तो बेहतर। कवि बताता है–

'सच पूछे तो,
सबसे बड़ा है मानव धर्म

....
वसुधैव कुटुंबकम् का आभास
बस यही है धर्म का मर्म।'

अमरीका से शशि पाधा ने 'संकल्प' कविता लिखी है। यह भी 'धर्म का मर्म' की तरह एक विधायक कविता है। नववर्ष के संकल्प के रूप में इसमें शुभाकांक्षा व्यक्त हुई है। जैसे–

'अखंड धरा, अक्षुण्ण सूर्य, प्रदीप्त पूर्ण चाँद हो,
अटूट बंधन हो सभी, नयनों में स्नेह-सौहार्द्र हों।'

ऐसी और अनेक कविताएँ इस वेबसाइट्स से प्रकाशित हुई हैं।

शार्दुला नोगजा सिंगापुर से 'हमको ऐसी जिंदगी मिली' में विभिन्न उपमानों से जिंदगी का वर्णन किया है। यहाँ सारे प्रतिमान आधुनिक है, जैसे–जींस, फ्रेम, गिटार, फैक्स, इंडेक्स आदि। जिंदगी की क्षणभंगुरता कवयित्री बिल्कुल नए ढंग से व्यक्त करती हैं–

'जिंदगी...
जो ना पढ़ सके, उड़ गए फैक्स-सी।'

कविता में रेल, ई-मेल को लाकर रचना समकालीन की है। यहाँ जिंदगी पर किया गया व्यंग्य प्रासंगिक एवं मार्मिक है।

निष्कर्ष – 'हिंदी चेतना' में प्रकाशित रचनाकार वैश्विक है। वे आधुनिक प्रतिमानों, प्रसंगों, व्यक्ति आदि का प्रयोग कर अपनी रचना को समकाल से बाँध देती हैं। कविता का शिल्प सुगठित है। उनकी शैली चिकित्सक है। जीवन की व्याख्या इन कविताओं का मकसद रहा है। विषय वैविध्य से ये कविता सुपाठ्य बनी है। आशावाद सारी रचनाओं से झरता है। बालकविताएँ प्राकृतिक हैं। सृष्टि के सारे संगीत, रंग से युक्त यह कविता पाठक को मोह लेती है।

10. http://www.lekhani.net/index2.htm–

'लेखनी' अंतर्जाल पर प्रकाशित मासिक ई-पत्रिका है। यह हिंदी के साथ अंग्रेजी में भी प्रकाशित होती थी। यह इंग्लैंड से प्रसृत होती थी। सोच और संस्कारों की धरोहर के रूप में उसका संचालन होता था।

(29) कविताएँ-6 :-

'लेखनी' के जनवरी 2010 के अंक में नववर्ष के स्वागत में नरेश कात्यायन, राजीव वत्स, रामेश्वर कांबोज 'हिमांशु', रचना श्रीवास्तव, डॉ. डंडा लखनवी, नवनीत नीरव जैसे कवियों ने शुभाकांक्षा व्यक्त करते हुए कविताएँ लिखी हैं।

निर्मला सिंह ने 'मेरा धन है स्वाधीन कलम', 'कुछ ऐसा खेल रचो साथी', 'एक गुलाब' शीर्षक कविताएँ प्रस्तुत की हैं। अपने स्वाधीन कलम को स्पष्ट करते हुए वह कहता है–

'लिखता हूँ तो मेरे आगे
सारा ब्रह्मांड विषय-भर है,
रँगती, चलती संसार पटी
यह सपनों की रंगीन कलम
मेरा धन है, स्वाधीन कलम।'

'कुछ ऐसा खेल रचो साथी' में कवि प्रियतमा से अपनी जिंदगी कारगर करने हेतु संकटों से जूझकर जीवन को मोहक, मत वाला बनाने का आवाहन करता है–

'जीवन तो है सबका, तुम नवजीवन शृंगार बनो,
इतिहास तुम्हारा राख बना, तुम राखों में अंगार बनो।'

इस वेबसाइट पर प्रकाशित किशोर जैन की 'अनाहूत सपने' कविता मनुष्य के जीने की जद्दोजहद में सपनों के महत्त्व को अंकित करती है। मनुष्य अंधकार की कूप में डूबता जाता है पर सपने नहीं डूबते कभी। जीना कविता लिखने की तरह एक खुमारी ही होती है–

'लिखता हूँ कविताएँ अनेक
एक वजूदहीन व्यक्ति की तरह

सपनों को ही सच मानकर
वजूद खोजता हूँ अपना।'

यह सच है कि जीना और कुछ न होकर वजूद खोजना ही होता है।

अजय पाराशर की कविता 'क्या' मकान और दुकान के अंतर को मिटाने वाले आज के उपभोक्ता संस्कृति पर करारी चोट साबित हुई है–

'दूर तक फैलते जा रहे हैं मकान और दुकान
देश पर काबिज हो रहे हैं, एमएनसी और अन्य प्रतिष्ठान
मोबाइल, टी.वी., इलेक्ट्रॉनिक गजेट्रस या नैनो से
खाक भरेंगे हम पेट !'

वर्तमान समय ने दिन–रात, अँधेरा–प्रकाश, होनी–अनहोनी सारे भेट मिटाकर असंभव को संभव कर दिखाया है। मनुष्य का अहंकार किसी अंतर्वस्त्र की तरह उतारकर उसे समय ने हकीकत से रू–ब–रू कर दिया है। सुरेश पंडा 'अहंकार का अंतर्वस्त्र' में जो यह कहते हैं, सच ही है–

'जो हो सकता था अँधेरे में
रात के उजाले में भी हो जाता है
होने न होने में प्रभेद है
अँधेरे–उजाले में नहीं।'

यह कथन सूचना, संपर्क क्रांति के करिश्मे पर भाष्य है, समीक्षा है। मनुष्य के हवस ने सबको ईजाद किया। पर फिर क्या वह सुखी बना? शशिकांत ने इस तथ्य को बताया है 'तो फिर तुम्हीं बताओ' शीर्षक अपनी रचना में। उसकी ये अंतिम पंक्तियाँ तो कवि का निष्कर्ष है, निर्णय है–

'हो न सके यदि शमित तृष्णा यह, और बढ़ गई प्यास हृदय की
तो फिर तुम्हीं बताओ मुझको इन रंग–रलियों का क्या होगा?'

आदमी सुकून पाने के लिए गाँव छोड़ शहर आता है, पर यहाँ भी उसे चैन नहीं मिलता। सुख और शांति बाहरी उपकरणों, तमक–झमक में नहीं, आंतरिक तुष्टि का ही वह नतीजा होती है। 'जीते रहे' में कमल किशोर 'भावुक' इसे तलाशते हैं और कहते हैं–

'याद आती है आज मुझको गाँव की माटी बहुत
शहर की अब तक हवाएँ सिरफिरी जीते रहे।'
गाँव की आत्मीयता महानगर में कहाँ नसीब?

'पीड़ा प्रवासी मन की' कनाडा स्थित स्नेह ठाकुर की ऐसी कविता है, जो सही माने में प्रवासी भारतीय की पीड़ा व्यक्त करती है। इस कविता में भारत–कनाडा के जीवन, सुविधा, संस्कृति के अंतर को विस्तार से समझाया गया है।

'अपनी सीमाओं में बँधा
प्रवासी विवश मन
करता रहा उसे हर दम
त्योहारों पर उदास

उसकी कातर आँखें
सजा हुआ अल्पना द्वार।'

और यह देखिए–

'बिजली का चले जाना
और पानी का न आना
थी रोजमर्रा की बात वहाँ
यहाँ इंसान क्या
घास के लिए भी फव्वारे चलते हैं सदा।'

इस तरह प्रवासी मन की पीड़ा को भावुकता से प्रस्फुटित किया है। सोहन राही की कविता 'वतन से दूर' में भी यही भावना झलकती है।

इस वेबसाइट पर 'इक्कीसवीं सदी बनाम डॉट कॉम' मंजू मलिक 'मनु' की उल्लेखनीय कविता है। उसे उत्तर–आधुनिकता काल की कविता कहा जा सकता है। प्रस्तुत रचना में मनु ने खोई हुई सदी की खोज में हाथ लगी इक्कीसवीं सदी का बखान किया है। हमने पिछली सदी की पनघट की रानी, जुगनू, जंगल, मानवीय प्रेम खोया है। और पाया है ई–मेल, की बोर्ड, डेटाज, फाइल, पासवर्ड, फ्रिक्वेंसी आदि।

'इक्कीसवीं सदी का नया फलसफा
नये हार्ड डिस्क में बंद कर
कोई आसान कर रहा है
भविष्य के बच्चों के लिए
निर्वासित मानवीय प्रेम की खोई हुई सदी।'

इस सदी का यह अभिशाप है कि मानवीयता निर्वासित बनेगी...कवयित्री ने इसे मार्मिक शब्दों में पकड़ा है।

(30) फागुन :–

'लेखनी' का मार्च 2010 अंक 'फागुन' विशेषांक होने से उसमें अनेक कविताएँ होली, रंग, वसंत, फागुन पर लिखी नजर आती हैं। 'वसंती हवा आज पागल–सी लगती' में कुसुम सिन्हा ने वसंत ऋतु की मधुमाती हवा की चंचलता, उसका सौरभ, खेतों के साथ दिखता उसका नृत्य, संगीत सबको मनोहारी ढंग से चित्रित किया है–

'अभी यहाँ, अभी वहाँ
पता नहीं पल में कहाँ
कितनी है चंचल यह
कितनी मत वाली है।'

कहकर उसकी गति को बाँधने का प्रयास किया है। कवियों ने फागुन के इन गीतों में कोयल, कनेर, कचनार सबको गूँथ दिया है। इस मधुमास के पहाड़, खेत, खलिहान, ढलान, खाई, पेड़, पत्ते, फूल के साथ होने वाले मनमोहक बिंबों को उतारने का स्तुत्य प्रयास किया है। सोम ठाकुर

ने तो 'फागुन' को कला के रूप में पकड़ा है। पल भर में फागुन हमें मोह लेता है। यह कला फागुन ही जाने–

'तोड़कर घुटन वाले दायरे
एक प्यास शब्दों तक आ गई
कंधों पर मरुथल ढोते हुए
हरी गंध प्राणों पर छा गई।'

यहाँ 'हरी गंध' शब्द बेहद कलात्मक बन पड़ा है। समूची कविता एक प्रगल्भ शिल्प और शैली में अवतरित हुई है। 'केसर चंदन' में शैल अग्रवाल ने तो फागुन का प्राकृतिक नृत्य ही सजीव किया है–

'केसर चंदन गमक रहे कोयल कूके बाग,
तितली भँवरे बावरे फिर फिर खेले फाग।'

वही बात फागुन के रंगों की। कितने रंग, रूप हैं फागुन के–

'पारा, पारस, पद्मिनी, पानी, पीर, पलाश,
प्रंय, प्रकर, पीताभ के अपने है इतिहास।'

जैसी पंक्तियों में रंग व वर्ण का अनुप्रास बेहद कलात्मक रूप में प्रतिबिंबित हुआ है। इससे दिनेश शुक्ल की प्रतिभा का प्रत्यंतर भी आता है।

(31) सावन :–

अंतर्जाल पर अप्रत्याशित रूप से समकालीन बहुचर्चित कवि का मिलना एक सुखद आश्चर्य से कम नहीं। लीलाधर जगूड़ी की एक छोटी कविता 'अपने से बाहर' 'लेखनी' पर मिली। यह सापेक्षतावाद की रचना है। घाटी से पहाड़ सुंदर दिखते हैं। पहाड़ पर गए तो घाटी। कवि ने निष्कर्ष निकाला है–

'अपने से बाहर जहाँ से भी देखो,
दूसरा ही सुंदर दिखता है।'

मनुष्य है कि अपने से बाहर देखता ही नहीं।

जुलाई–2010 का अंक 'सावन' की कविताओं के लिए विशेष आयोजित था। इसमें सावन पर लिखे गीत भी हैं और लोकगीत भी। लोकगीत बोली में हैं, तो गीत खड़ीबोली में। एक लोकगीत तो बेहद रोचक है। बुदिया गाँव की लड़की है। बचपन से लेकर बुढ़ापे तक वह झूला झूलती आई। उम्र बदली, झूला बदला। उम्र बढ़ी झूले का खुमार बदला। उम्र बीती, झूला बीता। सहेली, दोस्त, प्रियतम, पति के साथ झूले बदले और उस रात के सपने और ख्वाब भी। बाबुल, भैया, ससुरा, ससिया के राज्य बदले, झूले और रात भी बदली। लोकगीतों जैसी सहजता और नहीं मिलेगी।

ऐसा ही रोमांस सावन की धारा का। सावन की फुहार से जो रोमांच आता है वह और कहाँ। प्रियतम प्रिया को बुलाता है...फुहार है...जाए तो बला...न जाए तो हानि–

'आऊँ तो भीजे सुघर चुनरिया,
नाही तो छूटे स्नेह।'

जाए तो चुनरी भीगने का डर, न गए तो स्नेह छूट जाने का।

यह हुई पुराने जमाने की बात और आज बात कुछ और ही है। देखिए ना–

'बारिशों में नहाना भूल गए
तुम भी क्या वो जमाना भूल गए
कंप्यूटर, किताबें याद रही,
तितलियों का ठिकाना भूल गए।'

इस प्रकार यहाँ सावन के पुराने और आधुनिक दोनों दृश्य कविताएँ प्रस्तुत करती हैं, और वह भी पूरे उत्साह के साथ।

(32) विविध कविताएँ-2 :–

'लेखनी' वेबसाइट पर कविताओं के अलावा नज्म, गीत, हास्य, काव्य, बालकविताएँ, क्षणिकाएँ, लंबी कविता, अनुवाद, प्रेम एवं प्रकृति चित्रण करने वाली रचनाएँ, लोकगीत, राष्ट्रीय भावना की रचनाएँ जैसी वैविध्यपूर्ण सामग्री अनुसंधान की अवधि (सन् 2010) में प्रकाशित हुई हैं। ये प्रकार प्रातिनिधिक रूप से भले प्रकाशित क्यों न हुए हो, पर इनसे समकालीन उपर्युक्त प्रकारों का स्वरूप समझने में जरूर मदद मिलती है।

श्याम कुमारी की लिखी 'तीन प्रश्न', 'रूप', 'मेरी लाड़ली', 'कहानी', 'परी देश', 'सोना-जागना', 'दूध-मलाई', 'टनटन', 'पंछी', 'बुलबुल', 'बलवान', 'वर्षा' जैसी क्षणिका सदृश लघु कविताएँ बालकविता का सुंदर नमूना है। उनमें कल्पना, चमत्कार, हास्य, जिज्ञासा जैसे बाल भाव भरे हैं। 'दूध-मलाई' जैसी निम्नांकित रचना इस संदर्भ में पढ़ी जा सकती है–

'मजेदार थी दूध-मलाई,
पाकर खुशबू बिल्ली आई।
झट कुछ खाई, कुछ बिखराई,
मूँछों में भी कुछ लिपटाई।'

अप्पय पणिकर की रचना 'प्रेम' का रति सक्सेना का किया अनुवाद अच्छा बन पाया है। गीत और गजल के भी सुंदर नमूने इस वेबसाइट पर प्रकाशित हुए। रविकांत पांडेय की गजल 'धरती अंबर' में प्रकृति, रिश्ते, मन, दौलत, भूख की चर्चा है। मन प्याज की तरह कितने छिलके, स्तर और तह को समेटे रहता है, उसका पांडेय का वर्णन उनके निरीक्षण एवं चिंतन की फलश्रुति है–

'अपने अंदर झाँका तो, ये मुझको मालूम हुआ
इक तहखाने के अंदर, कितने तहखाने रखता हूँ।'

निष्कर्षत: हम कह सकते हैं कि 'लेखनी' पर देशी-विदेशी लिखते रहे। रचनाओं में वैविध्य है। लोकगीत के सुंदर नमूने इस वेबसाइट पर उपलब्ध हैं। ये कविताएँ वैविध्यपूर्ण रहीं। उत्तर-आधुनिकता तक कविता की पहुँच आश्वासक है। भाषा और भाव दोनों दृष्टि से यहाँ की रचनाएँ योगदान और विकास के पदचिह्न लिये आगे बढ़ती नजर आती हैं।

11. http://www.sahityashilpi.com–

इस वेबसाइट पर प्रमुख रूप से कविताएँ एवं गजल प्रकाशित हुईं। अपवाद में अनुवाद, नज़्म, क्षणिकाएँ, राष्ट्रीय काव्य।

(33) कविताएँ–7 :–

मोहिंदर कुमार की 'यादों की तितलियाँ' कविता विरह भरा प्रेमकाव्य है। इसमें कल्पना की उड़ान कलात्मक है। भावाभिव्यक्ति में प्रेम की कशमकश तीव्रता से अभिव्यक्त हुई है–

'रातों को, यादों की तेरी
दिल में तितलियाँ उड़ें
नींद उड़ा के मेरी
खामोश सो गए हो।'

'बाप के जूते' डॉ.राजीव श्रीवास्तवकी अपने पिता की खस्ता हालत, मेहनत, पीड़ा व्यक्त करने वाली भाव कविता है। इसमें पिताजी की मेहनत और पसीना प्रातिनिधिक है। बाप के जूते बेटे के पैर में आना और कुछ न होकर जिम्मेदारी का अहसास होना होता है। इस बात को डॉ. श्रीवास्तव ने बेहद भावुकता से समझाया है। विशेषकर मध्यवर्गीय बाप खुद दुख सहकर बेटे के लिए अधिक से अधिक छोड़ने का आदी और अभ्यस्त होता है। इस समाज स्थिति को कवि इन शब्दों में व्यक्त करता है, तो हम उससे सहमत हुए बिना नहीं रह पाते–

'आखिर ये एक
मध्यम वर्गीय परिवार
के मुखिया के जूते थे,
जिसे अपने बारे में सोचने का
कोई अधिकार नहीं होता।
उसके हिस्से तो बस आती है
बलिदान, त्याग और ढेर सारी
जिम्मेदारियाँ।'

मध्यम परिवार की यह शोकान्तिका रही है कि वह कभी भी अपने ऊपर होने वाला ऋण और जिम्मेदारियों का पहाड़ उतार नहीं पाता। उनमें खप जाना ही उसकी जिंदगी का अभिशाप होता है। यह सारी स्थिति 'बाप के जूते' में मार्मिक तरह से प्रतिबिंबित हुई है।

सुषमा झा की 'सोच' कविता घर में होने वाले स्त्री–पुरुष भेद का पर्दाफाश करती है। यह देखा गया है घर–घर में कि जैसे नारी पढ़ी–लिखी और नौकरीशुदा बनी, उसकी जिंदगी पहले से ज्यादा व्यस्त और मेहनत की बनी। उसे घर–बाहर काम करते समय की कमी अखरती है। उधर पुरुष है कि पान के ठेले में, बीयर बार में दोस्तों के साथ, क्लब में और घर होता है तो टी.वी., अखबारों में व्यस्त होने का बहाना करता है। समय काटना उसकी समस्या तो नारी की समस्या समय छाँटने की–

'मन करता है पुरुषों से थोड़ा
समय छीन लूँ, झपट लूँ।
और औरत को दे दूँ।'

'एक प्रेमपत्र' शीर्षक योगेंद्र सिंह राठौर की कविता अभिव्यक्त होने के महत्त्व को अधोरेखित करती है। प्रेम, विचार, तर्क, साहित्य, भाषण, चित्र, संगीत...सब अभिव्यक्ति के साधन, माध्यम हैं। वे समाज में क्रांति और परिवर्तन लाते हैं। एक छोटा कदम उठाना भी बदलाव के लिए काफी है। आगे की ये पंक्तियाँ पढ़कर आप भी मान जाएँगे–

'वरना क्रांति से कम नहीं
पोस्ट कार्ड पर
लिखकर देखो
एक प्रेमपत्र।'

केवल कृष्ण की लिखी कविता 'छोड़ो ये ना सोचो' आजकल निष्क्रिय होते समाज पर कसा व्यंग्य है। समाज आज आत्मरत बना है। कोई व्यक्ति विशुद्ध सामाजिक काम करे तो वह असंभव। आज समाजकार्य भी राजनीति युक्त हो, तभी उसका सिक्का चलेगा। राजनीतिज्ञ तत्त्वों की नहीं अपनी प्रतिमा और प्रतिभा की राजनीति में व्यस्त है। इन सब हालातों में आम आदमी की सक्रियता घटकर एक तमाशबीन में तब्दील होती नजर आती है। केवल कृष्ण इसे इन शब्दों में स्वर देते हैं–

'देखा, सुना, सूँघा, महसूसा
मैंने सोचा नहीं,
सुकून से रहा मैं
सुनता हूँ देश भी सुकून से है।'

मोहिंदर कुमार ने इसी भाव का विस्तार अपनी 'बिंधे हुए पंख' कविता में करते हुए कहा है–

'एक घुटन का साम्राज्य है
बहती नहीं कोई बयार
कैसे उड़ूँ मैं नील गगन में
बिंधे हुए पंखों से कैसे पाऊँ पार?'

पर्यावरण विनाश इस कगार पर आकर खड़ा है कि प्रकृति अंतिम अँगडाई लेने को है। ऐसी स्थिति में हम सोचकर रह जाएँगे तो कुछ होने वाला नहीं। क्रियात्मक हस्तक्षेप ही धरती को इस विनाश से बचाने का उपाय होने बात समझाने वाली श्रीप्रकाश शुक्ल की कविता 'पर्यावरण अतिक्रमण' इस दिशा में कुछ कर दिखाने के लिए उकसाती है–

'हम सचेत, उद्यमी, क्रियात्मक, आत्मसात् सारा विश्लेषण
भूमंडलीय ताप बढ़ने के कारण, मानवजन्य उपकरण
सामूहिक सद्भाव सहित, खोजेंगे हल उत्तम प्रगाढ़
गतिविधियाँ वर्जित होगी, परिमंडल रखती जो बिगाड़।'

(34) गजल–6 :–

'देश से गरीबी हटकर भी हट न सकेगी' शीर्षक गजल में देवी नागरानी ने देश और गरीबी का भारतवर्ष का रिश्ता इन शब्दों में दोहराया है–

'देश की गरीबी हटकर भी हट न सकेगी।
मजबूत उसकी जड़ है, हिलकर वो न हिलेगी।।'

और इसका कारण वह अगले शेर में फर्माती हैं–

'नारों का देश है ये, इक शोर-सा मचा है,
फरियाद जो भी होगी, वो अनसुनी रहेगी।'

यहाँ सरकार के कानों में जूँ न रेंगने की बात पर किया गया व्यंग्य हकीकत बनकर सामने आता है।

समाज की भलमनसाहत के दुर्लभ होने को मंगल नसीम ने 'न मारो ठोकरें यूँ पसलियों पर' में ऐसा व्यक्त किया है–

'भले इंसान अब गिनती के होंगे।
जिन्हें चाहो तो गिन लो उँगलियों पर।।'

भारतीय ज्ञानपीठ पुरस्कार विजेता उर्दू कवि शहरयार की गजल यहाँ है। शीर्षक है 'सुना उसने कोई प्यासा नहीं है।' समाज में हम देखते हैं कि शुतुरमुर्ग की वृत्ति होती है। हकीकत से मुँह मोड़ लेना पलायनवाद है। जो समुंदर के होने से इनकार करें, उनसे प्यास की प्रशंसा की अपेक्षा करना बेकार है। वही विपरीत बात जहाँ सूरज है वहाँ बाती बालते रहना। ये दोनों हमारी विसंगतियाँ हैं। मनुष्य विसंगति से मुक्त होगा नहीं तो वह हकीकत से रू-ब-रू होगा कैसे? शहरयार ने इस गजल से मार्के की बात बताई है, जो ध्यातव्य है।

निष्कर्ष – सारांशत: हम देखते हैं कि 'साहित्यशिल्पी' वेबसाइट पर स्तरीय कविताएँ एवं गजल प्रकाशित हुईं। उनमें समय, जिंदगी की समीक्षा का गंभीर प्रयास नजर आता है। ये सारी रचनाएँ समाज परिवर्तन के लिए उत्सुक नजर आईं। कविताओं की भाषा परिनिष्ठित है। आधुनिकता का वहन करने वाली ये रचनाएँ समय के तकाजे को भलीभाँति देखतीं, सुनतीं परिलक्षित होती हैं। कविता का शिल्प बँधा हुआ है। रचनाओं की शैली विश्लेषक नजर आई। अधिकतर कविताएँ और गजलें प्रौढ़ विचार से युक्त एवं कलात्मक हैं।

पद्य निष्कर्ष :

उपर्युक्त सभी ग्यारह वेबसाइट पर प्रकाशित कविता को देखें तो वे विषय की दृष्टि से जीवन के विविध विषयों को स्पर्श करती दिखाई देती हैं। बहुत कम रचनाएँ मनोरंजन के लिए या शौकिया तौर पर लिखी गईं। अधिकतर कवि सामाजिक रूप से प्रतिबद्ध नजर आए। विश्व समाज इनका लक्ष्य रहा है। भारतवर्ष की भलाई सब कवियों के जेहन में है। भाषा-शैली के विभिन्न रूप लिये यह कविता आगे बढ़ रही है। मुद्रित कविता की तुलना में प्रवासी भारतीयों द्वारा लिखी रचना में वैश्विकता, भूमंडलीकरण, संपर्क एवं सूचना क्रांति, भौतिकता की चर्चा अधिक रही। मूल्य और संस्कारों को सारे कवि बढ़ावा देते नजर आए। कलात्मक परिदृष्य मात्र चंद रचनाओं में ही मिला। कविता के शीर्षक बहुमुखी रहे। कविताओं का उद्देश्य सामाजिक रहा है। अंतर्जाल की कविता का बहुआयामी दृश्य यहाँ जरूर है, पर ये कविताएँ विश्व की अन्य भाषाओं–अंग्रेजी, फ्रेंच, जर्मन, स्पेन, जापानी, चीनी आदि से होड़ लेती नहीं दिखाई दीं। यही कारण है कि इन वेबसाइट्स पर प्रकाशित कविताएँ अंतर्जालीय होकर भी वह अंतर्राष्ट्रीय बनती शायद नजर आती हैं।

अध्याय का समन्वित निष्कर्ष :

प्रस्तुत बृहत् हिंदी शोध परियोजना के अंतर्गत सूचीबद्ध सभी तेरह वेबसाइट्स पर प्रकाशित हिंदी साहित्य के मूल्यांकन एवं समीक्षा के बाद हम इस निष्कर्ष पर पहुँचते हैं कि, इन वेबसाइट्स पर गद्य तथा पद्य की दोनों शैलियों की लगभग समस्त विधा तथा प्रकारों का साहित्य अनुसंधान काल (सन् 2010) में प्रकाशित हुआ। गद्य में कहानी, लघुकथा, बालकथा, निबंध, व्यंग्य, यात्रा विवरण, संस्मरण, डायरी, साक्षात्कार, समीक्षा, व्याकरण, अनुवाद जैसी विधाओं पर विपुल साहित्य का प्रकाशन हुआ। तो पद्य में कविता, गजल, हास्य–व्यंग्य काव्य, गीत, अगीत, हाइकू, बालकविताएँ, प्रेमगीत, छंद, लंबी कविताएँ, क्षणिकाएँ, दोहे, पहेली जैसा वैविध्यपूर्ण काव्य प्रकाशित हुआ। मुद्रित रूप में प्रकाशित हो रहे हिंदी भाषा और साहित्य संबंधी आलेख, कृतियों के स्वरूप की तुलना में यहाँ के लेखक, विषय, आशय वैश्विक हैं। इससे हिंदी भाषा और साहित्य का वैश्विक रूप यहाँ दिखाई देता है। मुद्रित साहित्य में प्रवासी भारतीयों की उपस्थिति अपवाद में दिखाई देती है जबकि यहाँ–वहाँ प्रधानता में नजर आती है। इस साहित्य में भारतीय भाषा, संस्कृति, परंपरा का जो आकर्षण नजर आता है वह यूरोप, एशियाई, अफ्रीकी, अमरीकी समाज और संस्कृति के परिपार्श्व में आने के कारण यहाँ साहित्य का कथ्य एकदम अलग है। जो भारतीय लेखक हैं, वे भी नए होने के कारण भाषा, शिल्प, शैली, आशय सभी दृष्टि से वेब साहित्य की किस्म अलग है। साहित्य विधाओं का मूल्यांकन और निष्कर्ष प्रस्तुत अध्याय में विधानिहाय एवं वेबसाइट निहाय इसके पूर्व स्वतंत्र रूप में दर्ज हुए हैं। अत: उनका उल्लेख यहाँ दोहराव के भय से टाल दिया गया है। परंतु एक बात निश्चित है कि हिंदी का वेब साहित्य हिंदी भाषा और साहित्य विकास में महत्त्वपूर्ण भूमिका अदा करता नजर आता है। इसे देखते हुए इक्कीसवीं सदी के हिंदी भाषा और साहित्य के इतिहास लेखन में अध्येता, अनुसंधाता और इतिहासकारों के दखल के बगैर वे अपना इतिहास लेखन न संतुलित कर पाएँगे, न वस्तुनिष्ठ। यही इस साहित्य की उपलब्धि है और योगदान भी।

पाँचवाँ अध्याय

वेबसाइट्स पर प्रकाशित हिंदी भाषा और साहित्य का विविधांगी अध्ययन

5.1 पृष्ठभूमि :

इसके पूर्व अध्याय में हमने हिंदी साहित्य की विविध विधाओं का शिल्पवैधानिक अध्ययन कर उसका मूल्यांकन एवं समीक्षा की। वह साहित्य अध्ययन का एक अंग होता है। पर जब तक हम उसके विचार-विमर्श पक्ष का अध्ययन नहीं करते, तब तक वह अध्ययन न सर्वांगीण होता है, न समग्र। साहित्य अध्ययन में भाषा और शैली पक्ष का भी असाधारण महत्त्व रहता है। साहित्य का विचार भाव, भाषा और कला की दृष्टि से होना उसके सर्वग्राही होने की अनिवार्य शर्त होती है।

वेबसाइट्स पर प्रकाशित हिंदी साहित्य का स्वरूप अब तक प्रकाशित मुद्रित साहित्य से भिन्न है। एक तो उसके लेखक संगणक साक्षर हैं या संगणकीय प्रणाली के प्रयोग के प्रति सतर्क हैं। वे अपने साहित्य को विश्वव्यापी करने के लिए उत्सुक हैं। तभी तो वे इंटरनेट या वेबसाइट्स पर लिखते और प्रकाशित करते हैं। इन लेखकों में कुछ भारतीय हैं तो कुछ प्रवासी भारतीय। कुछ विदेशी भी इंटरनेट या वेबसाइट पर हिंदी में लिखते हैं, परंतु उनकी संख्या सीमित है। पर जहाँ तक साहित्य के स्तर का सवाल है, वह समाचार-पत्रों, पत्रिकाओं या स्वतंत्र रूप से पुस्तक के रूप में प्रकाशित साहित्य जैसा ही भिन्न रूपी, भिन्न स्तरीय, या पचमेल (Hetrogenious) है। यह देखा गया है कि आज की तारीख में हिंदी साहित्य में जो मशहूर या नामीगिरामी साहित्यकार हैं, वे इंटरनेट पर या वेबसाइट पर लिखते नजर नहीं आते। इसके कारणों की खोज आवश्यक है। यह अनुसंधाताओं के लिए नया और चुनौती भरा विषय है। इस पर विचार करना समय का तकाजा है।

इस पृष्ठ भूमि में वेबसाइट पर प्रकाशित साहित्य की तुलना पारंपरिक मुद्रित साहित्य से करना जरूरी है। यह तुलना वाद और विचार की कसौटी पर होने से हमें इस बात का पता चलेगा कि हिंदी वेब साहित्य अंग्रेजी तथा भारत की विभिन्न भाषाओं के परिप्रेक्ष्य में कैसा है।

5.2 वाद विचार :

प्रस्तुत बृहत् शोध परियोजना के तहत जिन तेरह वेबसाइट्स को चुना है, उन पर प्रकाशित साहित्य का शिल्प वैधानिक विचार करते समय प्रसंगवश विचार पक्ष के उल्लेख जरूर आए हैं। पर उस

साहित्य की वादों की व्याख्या, विशेषता, प्रवृत्ति आदि के आधार पर वहाँ विस्तृत चिकित्सा नहीं हो पाई, न वहाँ यह अपेक्षित ही था। अत: यहाँ विस्तार से वादों के घेरे में या उसकी कसौटी पर वेबसाइट पर प्रकाशित साहित्य की चिकित्सा करने का लक्ष्य है।

वाद अंग्रेजी Ism का पर्यायवाची शब्द है। इसका अर्थ होता है विशिष्ट विश्वास, मिथक, विचारधारा की पद्धति। यह समानधर्मी विचारकों का संप्रदाय या प्रणाली होती है। अंग्रेजी में doctrine, theory, belief, philosophy, ideology जैसे शब्द इसी अर्थ में प्रयुक्त होते हैं। उसके परिप्रेक्ष्य में वाद, विचार, विचारधारा, दर्शन, विमर्श जैसे शब्दों का प्रयोग हिंदी में किया जाता है।

वाद (Ism) को व्याख्यायित करते हुए कहा गया है कि, 'A distinctive practice, system or philosophy, typically a political ideology or an artistic movement.'[1] वाद का प्रारंभिक उद्भव हम कला क्षेत्र में देखते हैं। सोलहवीं शती से वाद की परंपरा आरंभ हुई। उन्नीसवीं शताब्दी के उत्तरार्ध में अभिव्यंजनावाद (Impressionism), आधुनिकतावाद (Modernism) कला के क्षेत्र में निर्मित हुए। साहित्य में राष्ट्रवाद, छायावाद, प्रगतिवाद, मार्क्सवाद, प्रयोगवाद, अस्तित्ववाद, आधुनिकतावाद, उत्तर–आधुनिकतावाद जैसी विचारधाराएँ इतिहास के कालक्रम में विकसित हुईं और उस समय का साहित्य सृजन इससे प्रभावित हुआ। भूमंडलीकरण, उदारीकरण, निजीकरण, बाजारवाद, सूचना और संपर्क क्रांति के प्रभाव से भी आज का साहित्य प्रभावित नजर आता है। इससे भी जीवन की नई विचारधाराएँ तथा जीवन शैलियाँ विकसित हुई हैं। उनका प्रभाव वर्तमान हिंदी भाषा और साहित्य पर गहराई से हो रहा है। इन सब पर विचार करना आज का तकाजा है।

5.2.1 यथार्थवाद –

यथार्थवाद अंग्रेजी Realism का पर्यायवाची शब्द है। यथा+अर्थ = यथार्थ, जिसका अर्थ होता है, जैसा है वैसा। यथार्थवाद का प्रारंभ पहले कला क्षेत्र में हुआ। फ्रांसीसी चित्रकार गुस्ताव कोर्बे ने 'द पेंटर्स स्टूडियो' शीर्षक चित्र सन् 1855 में खींचा था। वह काल्पनिक चित्र खींचने की तत्कालीन परंपरा के प्रति विद्रोह था। यही बात दुनिया भर के साहित्य में भी हुई। स्वच्छंदतावादी साहित्य (Romantic Fiction) की प्रतिक्रिया में उन्नीसवीं सदी में बाल्जाक ने फ्रांसीसी भाषा में, जॉर्ज इलियट ने अंग्रेजी में, विलियम हॉवेल ने अमरीकी में यथार्थवादी उपन्यास लिखे और साहित्य में यथार्थवाद का प्रचलन बढ़ा। हिंदी में प्रेमचंद यथार्थवाद के हिमायती बनकर सामने आए। सन् 1925 के करीब उन्होंने 'आदर्शवाद' और 'यथार्थवाद' पर दो स्वतंत्र आलेख लिखकर इन वादों, विचारधाराओं की संकल्पना स्पष्ट की। परवर्ती काल में आपने अपना सारा साहित्य आदर्शोन्मुख यथार्थवाद का प्रतिबिंब बनाया।

यथार्थवाद की व्याख्या इस प्रकार की जाती है–'The theory or practice of fidelity in art and literature to nature or to real life and to accurate representation without idealism.'[2] इसके अनुसार हम देखते हैं कि यथार्थवाद जीवन के वास्तविक चित्रण

---

1. www.google.co.in
2. www.merriam-webster.com

में विश्वास रखता है। सत्य का उद्घाटन उसका लक्ष्य होता है। वह जीवन का दर्पण बनकर उपस्थित होता है। वह निरावरण सत्य को प्राथमिकता देता है। यथार्थवाद सामंतवादी शोषण का शिकार हुए आम आदमी की पैरवी करता है तथा उसके दुख, दर्द, संघर्ष के प्रति उसकी आस्था होती है। वह समाज का प्रतिबिंब बनता है। जीवन का यथावत्, सरल चित्रण उसकी विशेषता होती है। वह व्यक्ति, व्यवस्था, विचार, वस्तु के गुण, अवगुण के प्रति समान दृष्टि रखकर वस्तुनिष्ठ चित्रण का वह समर्थक है। सामाजिक चेतना उसकी आधारशिला है। यथार्थवाद एक व्यापक दर्शन है। वह प्रगति का पोषक है। लघुता उसकी प्राथमिकता है। वह वेदना की निवृत्ति चाहता है। यथार्थवाद लोकभाषा के प्रयोग में विश्वास रखता है। यथार्थवादी साहित्य मनोवेधक, बौद्धिक तथा तार्किक शैली को अपनाता है। साम्यवाद का वह पुरस्कार करता है। हिंदी में प्रसाद, प्रेमचंद, यशपाल, निराला, बालकृष्ण शर्मा 'नवीन', इसके समर्थक साहित्यकार, कवि रहे हैं।

यथार्थवाद का प्रतिबिंब वेबसाइट पर प्रकाशित सभी तरह के साहित्य में दिखाई देता है। कहानियों में 'सृजनगाथा' वेबसाइट पर प्रकाशित संजय पुरोहित की 'फिदायीन', 'हिंदी चेतना' पर प्रकाशित मीरा कांत की 'गली दुल्हन वाली', 'रचनाकार' वेबसाइट की प्रमोद भार्गव की लिखी 'बटाईदार' जैसी रचनाएँ यथार्थवादी कहानियाँ हैं। उनमें होने वाले विषय, समस्याएँ, चरित्र सब वर्तमान को यथावत् चित्रित करते हैं। सभी वेबसाइट पर प्रकाशित व्यंग्यात्मक निबंध जीवन की यथार्थ विसंगतियों पर प्रहार है। यात्रा विवरण कभी कल्पना से नहीं लिखा जाता। वह अपने वर्णन के अंतर्गत उस देश-प्रदेश का समकालीन प्रतिबिंब ही उपस्थित करता है। वही स्थिति संस्मरण की। कविता में कितनी गजलें यथार्थवादी हैं। वेबसाइट पर प्रकाशित गजलों ने उसकी पारंपरिक प्रतिमा बदल दी है। गजल में सिर्फ प्रेम, प्रणय, विरह, अवसाद ही नहीं भरा रहता। वह जीवन से रू-ब-रू होती नजर आती है। मिसाल के तौर पर 'रचनाकार' वेबसाइट पर प्रकाशित अनुज नर वाल रोहतकी की गणतंत्र पर आधारित गजल हो या दामोदर लाल जांगिड़ की सरकार पर लिखी व्यंग्यात्मक गजल हो, वह जो व्यवस्था का यथार्थ प्रस्तुत करती है, उसमें आम आदमी का सारा आक्रोश भरा व्यंग्य है। 'अनुभूति' वेबसाइट पर कश्मीर सिंह की कविता 'माँ' यथार्थ का नंगा रूप है। यथार्थवादी कवि अपनी भाषा को यथार्थ करने के लिए समय को प्रतिबिंबित करने वाले जिन शब्दों का प्रयोग करता है, उससे भी ऐसे कवियों की यथावत् अभिव्यक्ति प्रशंसा पात्र बनती है। 'हिंदी साहित्य मंच' वेबसाइट पर प्रकाशित श्रीश पाठक 'प्रखर' की कविता 'वजूद' की ये पंक्तियाँ प्रमाण बनकर उपस्थित होती हैं—

'थोड़ा टॉक टाइम,
पूरी कीमत का रिचार्ज कूपन,
थोड़ी वैलिडिटी
यही जिंदगी है अब
जो एसएमएस बनकर रह गई।'

यथार्थवादी विचारधारा के दर्शन हमें लगभग सभी वेबसाइट्स पर प्रकाशित विविध विधाओं के साहित्य में होते हैं।

5.2.2 प्रगतिवाद –

साम्यवाद और समाजवाद का हिंदी साहित्यिक सम्मिश्र विचार प्रगतिवाद है। अंग्रेजी साहित्य में Progressivism साहित्य के और जीवन के प्रति एक दृष्टिकोण के रूप में स्वीकृत है। अंग्रेजी Progress का हिंदी पर्यायवाची शब्द है प्रगति। संस्कृत में प्र+गति+हिन् = प्रगति होता है, जिसका अर्थ पूर्ण या उत्कृष्ट रूप से किसी भाव को, किसी विचार को गतिमान करना है। साहित्य को आगे बढ़ाने में सहायक विचारधारा प्रगतिवाद है। यूरोप के इटली में इसका उद्भव हुआ। मरिनेत्ती को इसका जनक माना जाता है। उसने भविष्यवाद (Futurism) का निर्माण किया। उसकी दो शाखाएँ 'क्यूबोफ्यूचरिज्म' तथा 'इगो फ्यूचरिज्म' निकली। आगे सन् 1917 में उसका अंत हुआ। सन् 1921 में रूस में आडम्बरवाद (Formalism) प्रचलित था। उसके विरोध में वहाँ यथार्थवाद आया। फ्रांस में आडम्बरवाद के विरोध में प्रकृतिवाद (Naturalism) पैदा हुआ। आगे रूसी राज्यक्रांति के बाद विश्व में साम्यवाद (Communism) तथा समाजवाद (Socialism) का आविर्भाव हुआ। सन् 1930 के लगभग इन विचारधाराओं से अंग्रेजी साहित्य प्रभावित हुआ। उस समय मुल्कराज आनंद, सज्जाद जहीर जैसे विचारक लंदन में थे। उन्होंने सन् 1935 में वहाँ के नैनकिंग रेस्तराँ में बैठककर 'प्रगतिशील लेखक संघ' (Progressive Writer's Association) की स्थापना की। इसका प्रथम अधिवेशन पेरिस में संपन्न हुआ। ई.फॉरेस्टर उसके अध्यक्ष थे। सन् 1936 में प्रेमचंद की अध्यक्षता में हिंदी प्रगतिशील लेखक संघ का प्रथम अधिवेशन लखनऊ में संपन्न हुआ और हिंदी साहित्य और समाज में इसकी धुन सन् 1943 तक बनी रही।

प्रगति में निरंतरता अपने आप होती है। आज के साहित्य में भी वह विचारधारा जोश में न सही, जज्बात के रूप में जरूर दिखाई देती है। वेबसाइट पर प्रकाशित साहित्य में भी वह है। द्वंद्वात्मक भौतिकवाद मार्क्सवाद की बुनियाद है वैसे प्रगतिवाद की भी। यह विचारधारा शोषितों की पक्षधर है। मानवतावाद उसकी वृत्ति है। विषमता नष्ट कर समता की स्थापना का वह प्रयास करती है। सभी तरह की जातीय, धार्मिक, लिंगाधारित आर्थिक विषमता और भेदभाव का प्रगतिवाद विरोधक है। श्रमिक, पीड़ित जनता की पैरवी करने वाली यह विचारधारा शोषण, पूँजीवाद, सामंतवाद, राजाशाही की विरोधी है। प्रगतिवाद नारी स्वातंत्र्य का समर्थक है। साहित्य में यथार्थ चित्रण का वह हिमायती है। अंधविश्वास, रूढ़ि, परंपरा का वह डँटकर मुकाबला करता है। सामाजिक सुधारों का समर्थक होने की उसकी प्रवृत्ति से ही उसका नाम सार्थक हो जाता है। सरल भाषा और सीधी शैली से प्रगतिवादी साहित्य ठेठ बन जाता है। उसकी लोकप्रियता का यही रहस्य है। निराला, पंत, दिनकर, भवतीचरण वर्मा, सुमन आदि ने इसे काव्य में तो प्रेमचंद, यशपाल, सुदर्शन ने इसे कथात्मक साहित्य में जगह दी। जैसे कि डॉ. नामवर सिंह ने कहा है, "प्रगतिशील साहित्य कोई स्थिर मतवाद नहीं है, बल्कि यह एक निरंतर विकासशील साहित्यधारा है, जिसके लेखकों का विश्वास है कि प्रगतिशील साहित्य लेखक की स्वयंभू अंत:प्रेरणा से उद्भूत नहीं होता, बल्कि सामाजिक और सांस्कृतिक विकास के क्रम से वह भी परिवर्तित और विकसित होता रहता है और उसके सिद्धांत उत्तरोत्तर स्पष्ट तथा अधिक पूर्ण होते चलते हैं."[1]

---

1. आधुनिक साहित्य की प्रवृत्तियाँ, पृ. 64.

आज हम भूमंडलीकरण, बाजारवाद, उदारीकरण, मुक्त अर्थव्यवस्था, सूचना क्रांति, संपर्क युग के जिस दौर से गुजर रहे हैं, उसने दुबारा उन्नीसवीं सदी की दासता, दमन, दबाव की राजनीति आर्थिक जोर–जबर्दस्ती के बल पर शुरू की है। प्रगतिवाद जिन हालातों में पैदा हुआ, उस समय समाज का निचला तबका ही शोषण का शिकार रहा करता था। किसान और मजदूर उसकी चपेट में थे। आज मुट्ठी भर वैश्विक पूँजीपतियों, बहुराष्ट्रीय कंपनियों तथा विश्वबाजार का दौड़ता ऊँट इनका लक्ष्य समूचा वह विश्व है जिसके पास जीने का एकमात्र साधन उसकी मेहनत है। पहले वह शरीरी मेहनत का मेहरबान था। आज उसने मस्तिष्क के बल पर जीने वालों को भी बँधुवा मजदूर बनाने की ठानी है। जितने भी आप्रवासी भारतीय हैं वे इनके ग्रास बने हैं। वेबसाइट पर लिखने वाले लेखक ऐसे नवशोषित वर्ग के ही प्रतिनिधि हैं। यही कारण है कि उनके साहित्य में भूमंडलीकरण के अंतिम परिणाम—काव्य, कला, दर्शन, इतिहास का अंत कर सपाट संस्कृति और विश्व (Flat World) का विरोधी स्वर और कुछ न होकर नया प्रगतिवाद ही है।

'*रचनाकार*' वेबसाइट पर प्रकाशित 'एक ही सफे में' जैसी नदीम अहमद नदीम की व्यंग्य शैली में लिखी लघुकथा, सरोजनी साहू की 'रेप', '*लघुकथा*' वेबसाइट की कुमार शर्मा 'अनिल' की 'मुजरिम' जैसी कथाएँ प्रगतिवादी कहानियाँ हैं। इनमें नारी स्वातंत्र्य, झूठी प्रतिष्ठा, विषमता जैसे विषयों पर मंतव्य है और अप्रागतिकता पर प्रहार भी। '*रचनाकार*' वेबसाइट पर 'लाल सलाम' रेडियो नाटक प्रकाशित हुआ था। इस नाटक में गरीबी, बेरोजगारी, विषमता का चित्रण है और नक्सलवाद का भी। वह सारा नाटक समाज के प्रागतिक जीवन की माँग करता है। रामवृक्ष सिंह का 'ऑक्टोपस बाबा पधारो म्हारे देश' व्यंग्य भविष्यवाणी जैसी अंधश्रद्धा पर प्रहार कर प्रगतिवाद का प्रतिनिधि बनता है। '*हिंदी चेतना*' पर प्रकाशित व्यंग्य 'अगले जनम बेटवा न कीजो' में समीर लाल 'समीर' ने बेटा–बेटी भेद की वर्तमान स्थिति दर्शाकर अपनी प्रागतिकता सिद्ध की है। समाज की दोहरी मानसिकता और पक्षपातपूर्ण रवैये पर यहाँ किया गया व्यंग्य सटीक है, जो नयी समाज रचना का सार्थक प्रयास भी लगता है। समीक्षा के अंतर्गत डॉ. नामवर सिंह का एक आलेख है। उसका शीर्षक है—'मुक्त स्त्री की छद्म छवि'। डॉ. नामवर सिंह का यह आलेख '*सृजनगाथा*' वेबसाइट का है। नारी विमर्श के नाम पर स्त्री की छद्म छवि चित्रित करने पर वे जिन शब्दों में नाराजगी व्यक्त करते हैं, वह एक प्रागतिक चिंतन बनकर उभरता है। "मैं मानता हूँ कि औरत ही पुरुष को मुक्त कर सकती है। पर ऐसा वह उसमें भय पैदा कर नहीं सकती। स्त्री आज आक्रामक मुद्रा में है। उसके लिए नए रास्ते खुल रहे हैं। सामाजिक, आर्थिक और राजनीतिक जीवन में उसकी भागीदारी बढ़ रही है। शायद इसीलिए उसे अधिक संयमित होने की जरूरत है।"[1] '*अनुभूति*' वेबसाइट पर प्रकाशित सौरभ राय की कविता 'चप्पल से लिपटी चाहते' समय के जीवन के साथ समय की भाषा को भी प्रतिबिंबित करती है—

'रोटी, कपड़े और मकान को
स्पंज बनने से बचाना चाहता हूँ।'

---

1. जमाने से दो दो हाथ–राधाकृष्ण प्रकाशन, नई दिल्ली.

5.2.3 अस्तित्ववाद –

अस्तित्ववाद मनुष्य के अस्तित्व की मीमांसा करने वाला दर्शन है। इस विचारधारा का निर्माण दूसरे विश्वयुद्ध के बाद हुआ। ज्याँ पॉल सार्त्र के साहित्य की चिकित्सा में पहली बार फ्रांसीसी दार्शनिक गैबिएल मार्सेल ने 'अस्तित्ववाद' शब्द का प्रयोग किया। अस्तित्व शब्द में 'अस्ति' का अर्थ होता है–होने का बोध। मनुष्य पहले जन्म लेता है और फिर उसका अस्तित्व निर्मित होता है। एक तरह से अस्तित्ववाद मनुष्य के विकास की चिकित्सा करने वाला दर्शन है। उसकी व्याख्या इस प्रकार की गई है–"A philosophical theory or approach which emphasizes the existance of the individual person as a free and responsible agent determining their own development through acts of the will."[1]

यह विचारधारा मानती है कि मनुष्य होता बाद में है, पहले वह अस्तित्व में आता है। आप जन्म लेते हैं और अस्तित्व में आ जाते हैं। मनुष्य होने के पहले वह जिंदा जीव होता है। फिर स्वयं की सतर्कता से न सिर्फ जीता है, सोचता है परंतु कोई कृति करता है। वह निर्णय करता है। वह अपनी इच्छा से विचार, वृत्ति, कृति का स्वीकार करता है और इसी से उसका व्यक्तित्व बनता है। वह हर क्षण बनता जाता है। अस्तित्ववादी दर्शन में स्वतंत्रता, चुनाव, संवेदना, त्रास, मृत्यु, अजनबीयत, ऊब, उबकाई, भाषा, समाज, इतिहास आदि बातों पर विचार किया गया है। पर इन सबका केंद्र मनुष्य ही है।

सार्त्र के अनुसार मनुष्य स्वतंत्र होने के लिए अभिशप्त है। स्वतंत्रता उसके होने की अनिवार्य शर्त है। चुनाव, निर्णय, क्रिया तथा दायित्व आदि से मनुष्य बँधा हुआ है। इनके जरिए ही मनुष्य अपने जीवन की संभावनाएँ तलाशता रहता है। मनुष्य स्वतंत्र रहकर ही प्रामाणिक जिंदगी जी सकता है। कामू के विचार में विद्रोह मनुष्य के स्वातंत्र्य का पर्याय है। मृत्यु, काल, भीड़ का संबंध मनुष्य के अजनबीयत से है। मृत्यु, भय उसे दुनिया से काटकर अकेला बनाती है।

इस प्रकार हम देखते हैं कि अस्तित्ववाद मनुष्य के जीवन विकास का चिंतन है। हिंदी में अज्ञेय इसके अग्रणी लेखक रहे हैं। हिंदी कविता, कथा, उपन्यास में यह विचारधारा दिखाई देती है।

'*लघुकथा*' वेबसाइट पर प्रकाशित हरदर्शन सहगल की कहानी 'एहसास' भय और मनुष्य के अस्तित्व की कहानी है। मनुष्य का होना स्थिति से प्रभावित होता है। स्थिति का संबंध मनोभावों और उससे संबंधित प्रतिक्रियाओं पर निर्भर होता है। इतना ही नहीं स्थल, काल, समय के संदर्भ बदलते ही मनुष्य का अस्तित्व बदलता है। इस बात को प्रस्तुत कथा में प्रभावी ढंग से चित्रित किया है। एक औरत देर रात सुबह होने की कल्पना से आदतन दूध वाले के घर जाती है पर वहाँ जाकर जब उसे पता चलता है कि वह गलती से रात दो बजे अकेले रास्ते पर निकल आई है तो उसका पसीना-पसीना होना अस्तित्व के संदर्भ बदलने का मार्मिक उदाहरण बन गया है।

'*सृजनगाथा*' वेबसाइट पर प्रकाशित गोविंद मिश्र का साक्षात्कार एक तरह से अस्तित्ववाद का पुरस्कार है। एक साहित्यिक के रूप में आपका गुटमुक्त रहना स्वातंत्र्य और स्वनिर्णय से विजित व्यक्तित्व बनने की दास्तान है। 'Winner Stands alone' का उनका वक्तव्य अस्तित्ववाद की स्वीकृति है।

---

1. www.oxforddictionary.com

'*हिंदी साहित्य मंच*' वेबसाइट पर प्रकाशित निर्मला कपिला की कविता 'अच्छा लगता है' जिंदगी की तनहाई और निराशा का वर्णन करती है। इसमें मनुष्य के होने, वरण की जिंदगी जीने (Living by choice) का जो विवेचन है, वह अस्तित्ववादी विचार है–

बहुत अच्छा लगता है
खुद का खुद के पास लौट आना।

एक ऐसी स्थिति है कि मनुष्य भीड़ में भी अकेला होता है। उसका स्वेच्छा स्वीकृत एकांत उसके स्वातंत्र्य एवं चयन की जिंदगी है। '*लेखनी*' वेबसाइट पर प्रकाशित किशोर जैन की कविता 'अनाहूत सपने' में ऐसे वजूद की तलाश है।

इस प्रकार हम देखते हैं कि अस्तित्ववादी विचारधारा समय गुजरते भले क्षीण हुई हो, पर वह खत्म नहीं हुई। क्योंकि मनुष्य की अपने अस्तित्व की खोज एक निरंतर प्रक्रिया है। कालचक्र कैसा भी क्यों न फिरे, घूमते वह निरंतर रहेगा ही।

5.2.4 आधुनिकतावाद –

"The term modernism is widely used to identify new and distinctive features in the subjects, forms, concepts and styles of literature and the other arts in the early decades of the present centure (that is 20th century), but especially after the World War I (1914-18)."[1]

इस विधान से आधुनिकतावाद के स्वरूप एवं स्थापना की पार्श्वभूमि स्वयं स्पष्ट हो जाती है। इसके प्रारंभ को लेकर मतभेद हैं। डी.एच. लारेंस इसका प्रारंभ 1920 मानते हैं। दो विश्वयुद्धों के बीच का समय आधुनिकतावाद के लिए पोषक सिद्ध हुआ। इस दौरान साहित्य में अनेक नए साहसिक प्रयोग हुए। निषेध टूटे। नए तंत्र का विकास हुआ। नई संवेदनाएँ फूली-फलीं। 'यूलीसीस' तथा 'वेस्टलैंड' जैसी रचनाओं में इनकी प्रतिध्वनि सुनाई देती है।

एक तरह से आधुनिकतावाद परंपरा, इतिहास, देश, काल और वातावरण के प्रति सशक्त विरोध और विद्रोह था। आधुनिकतावाद के निर्माण के लिए अनेक घटनाएँ कारण बनीं। औद्योगिकता का विकास, नगरीकरण, विज्ञान के विभिन्न आविष्कार, दूरसंचार साधनों का विकास, यातायात की गति में बढ़ोतरी जैसी घटनाएँ इसकी कारण बनीं। यांत्रिकता, भीड़, भौतिकता से भी आधुनिकतावाद प्रबल बना।

हिंदी साहित्य में आधुनिकतावाद का प्रारंभ अज्ञेय के आत्मकथनात्मक उपन्यास 'शेखर : एक जीवनी' (1941) से माना जाता है। आधुनिकतावादी साहित्य का प्रवाह हिंदी में सन् 1960 तक प्रभावी रहा। इसकी विशेषताएँ गिनते लिखा गया है कि "इसकी मुख्य विशेषताएँ हैं, इतिहास और परंपरा से विच्छेद, गहन स्वात्मचेतना, तटस्थता और अतिप्रतिबद्धता, व्यक्तिस्वातंत्र्य, रूप और प्रयोग, अपने आप में बंद दुनिया, अपारदर्शी भाषा।"[2] इनके मद्देनजर यदि हम वेबसाइट पर प्रकाशित साहित्य को परखने का प्रयास करेंगे तो गद्य-पद्य की अनेक विधाओं की रचना में इस वाद के पदचिह्न नजर आते हैं।

---

1. A Glossary of Literary Terms–M.H. Abrams, P. 167.
2. आधुनिक आलोचना के बीज शब्द–बच्चन सिंह, पृ. 23.

'*रचनाकार* ' वेबसाइट पर प्रकाशित विज्ञान कथाएँ विधा के रूप अलग होकर भी जीवन में भौतिकता एवं विज्ञान की अनिवार्यता समझाती हैं। अशोक कुमार वर्मा 'बिंदु' की 'कलि औरतें' हो या प्रमोद भार्गव की लिखी 'परखनली का आदमी' हो, ये कहानियाँ वैज्ञानिक दृष्टि की आधारशिला रखती आधुनिकतावाद की दुहाई देती है। प्रमोद भार्गव की ही एक और कहानी 'मुक्त होती औरत' काम, विज्ञान और अध्यात्म का समन्वय करती आधुनिक दृष्टिकोण स्पष्ट करती हैं। '*लघुकथा* ' वेबसाइट पर प्रकाशित डॉ. रश्मि वार्ष्णेय की कहानी 'चरखा कातने वाली बूढ़ी अम्मा' हमें समझाती है कि विज्ञान और भौतिकशास्त्र जीवन की विभिन्न गुत्थियों को सुलझाएगा जरूर, इसमें कोई शक नहीं। पर क्या वह मनुष्य के मन, मस्तिष्क और मिजाज की गुत्थी सुलझाएगा? कहानी का यह सवाल आधुनिकता के सामने प्रश्नचिह्न जरूर खड़ा करता है पर हमें यह नहीं भूलना चाहिए कि ऐसे नए-नए प्रश्न एवं जिज्ञासाओं ने ही हमारी आधुनिक धारणाओं को नित्य अत्याधुनिक बनने की प्रेरणा दी है।

व्यंग्य में भी हम देखते हैं कि '*रचनाकार*' वेबसाइट पर उमेशकुमार चौरसिया का एक निबंध है। शीर्षक है 'बेगम छुट्टी पर है।' इसमें पति-पत्नी दोनों नौकरीशुदा हैं। इतवार को पत्नी का मन करता है कि वह छुट्टी ले ले। देर तक बेचारी सोती रहती है। पति महोदय को सारे काम निपटाने के लिए मजबूर होना पड़ता है। पति की पुरुषीय मानसिकता पर किया गया व्यंग्य परंपरा पर प्रहार करता है। यह भारतीय मानसिकता है कि पुरुष और नारी के तय कार्य होते हैं, जबकि ऐसा कोई भेद काम में अनावश्यक है। फैशन आधुनिकता का प्रतीक होती है पर वह आधुनिकता किस काम की जो हमें घृणास्पद बना दे। यह बात बताई है मनोहर चमोली 'मनु' के '*सृजनगाथा* ' पर प्रकाशित व्यंग्य ने। कपड़ों के बटन हमारी तहजीब और तमीज के प्रतीक हैं। फैशन के नाम पर वे गायब हो रहे हैं और आंतरिक शरीर का खुला प्रदर्शन आम हो रहा है। प्रस्तुत व्यंग्य ऐसी हीन आधुनिकता और अभिरुचि पर प्रहार है।

संस्मरण के अंतर्गत '*गर्भनाल* ' वेबसाइट पर डॉ. साधना बलबटे का लिखा एक आलेख है। वैसे तो वह व्यंग्यकार शरद जोशी के साहित्य सृजन का मूल्यांकन करने वाला लेखाजोखा है। 'लापतागंज का गुमनाम सिपाही' जैसा मार्मिक एवं कलात्मक शीर्षक धारण करने वाली यह रचना हमारे खोए मूल्यों की तलाश है। आधुनिकतावाद समाज को अकसर समय के आगे ले जाना चाहता है। पर यह जरूरी नहीं कि हमारा हर अगला पग हर पुरानी बातों का विरोध हो। आधुनिकता का स्वीकार बेहतर जिंदगी की ओर ले जाने वाला होना चाहिए अन्यथा मात्र आधुनिकता की प्यास में या कोरे विचारों के अनुशीलन में कहीं हम आत्मनाश की खाई में न गिर पड़ें।

समीक्षा में '*भारतीय पक्ष* ' वेबसाइट पर प्रकाशित जितेंद्र सिंह की पुस्तक 'कलियों को खिलने दो' का परिचय कराया है शशिकांत ने। उसमें वे मनुष्य जन्म में स्त्री-पुरुष भेद का, कन्या भ्रूण हत्या का विरोध कर अपने आधुनिक दृष्टिकोण को सिद्ध करते हैं।

कविता में भी कुछ आधुनिकतावाद की रचनाएँ मिल जाती हैं। '*हिंदी साहित्य चेतना*' वेबसाइट पर श्यामल सुमन की 'सीख' शीर्षक गजल है। मनुष्य आज दहशतगर्दी के आतंक में जी रहा है। पैसा ही उसके लिए परमेश्वर बनता जा रहा है। इससे वह अपनी इन्सानियत खो रहा

है। उसे जगाकर नई जिंदगी जीने की सीख देने वाली यह रचना आधुनिकतावाद की दुहाई देती नजर आती है। इसी वेबसाइट पर दिलबाग विर्क का अपने एक हाइकू में उठाया प्रश्न–

'महत्त्वपूर्ण
धर्म, क्षेत्र व जाति
देश क्यों नहीं?'

आधुनिक सोच की ओर हमें अग्रसर करता है। '*प्रवक्ता*' वेबसाइट पर ए.आर.अल्वी की कविता 'गांधी की आवाज' भी आधुनिक सोच का उदाहरण है। देश को आजाद करते वक्त हमने खुशहाल देश का सपना देखा है। आज हम अपने देश में सर्वत्र पतन से शर्मिंदा हो रहे हैं। क्या यही हमारी आधुनिकता और तरक्की है?

5.2.5 उत्तर-आधुनिकतावाद –

यह एक व्यापक संकल्पना है। आधुनिकतावाद की प्रतिक्रिया या विरोध में इस विचारधारा का निर्माण हुआ, ऐसा माना जाता है। उत्तर-आधुनिकता का प्रचलन एवं विचार साहित्य, कला, वास्तुशास्त्र, दर्शन, समीक्षा जैसे विभिन्न क्षेत्रों में किया जाता है। स्थूल रूप से देखा जाए तो उत्तर-आधुनिकतावाद विज्ञान या वस्तुनिष्ठता की प्रतिक्रिया है। तंत्रज्ञान और गति की वजह से क्षीण होते मूल्यों के प्रति यह विचारधारा अपनी आस्था जताती है। बीसवीं शती के सातवें-आठवें दशक में इसका आविर्भाव हुआ। पहले वह वास्तुशास्त्र में आई फिर साहित्य में। इसे प्रचलित करने का श्रेय रॉबर्ट बेंतुरी तथा जेम्स स्टर्लिंग को दिया जाता है। उत्तर-संरचनावादी दे ल्यूज, दरिदा, माइकेल फुको का इसे समर्थन मिला। उत्तर-आधुनिकतावाद महाकथनों (Grand Narratives) का विरोधी विचार है। इसमें तर्क, यथार्थ, इतिहास, रूप का नकार होता है।

उत्तर-आधुनिकतावाद की व्याख्या करते हुए कहा गया है कि "Post modernism is a tendancy in contemporary culture characterized by the rejection of objective truth and global culture narrative."[1] इसके आधार पर समय-समय पर अनेक विद्वानों ने उत्तर-आधुनिकतावाद की प्रवृत्तियों को गिना है। उनके अनुसार आधुनिकतावाद की विचारधारा के प्रति यहाँ भ्रमभंग का भाव होता है। उत्तर-आधुनिकतावाद परंपरा से प्रस्थापित का विरोध करता है। उसके अनुसार सत्य सापेक्ष है। वस्तुस्थिति (Fact) कोई मायने नहीं रखती। नैतिकता का विचार व्यक्तिसापेक्ष होता है। उत्तर-आधुनिकतावाद हर धर्म को वैध मानता है। तर्क और विवेक के आधार पर व्यवस्था होने की बात उत्तर-आधुनिकतावाद मानता है। वह वैश्विकीकरण की हिमायती विचारधारा है। सांघिक स्वामित्व उसे स्वीकार्य है। समता का वह पुरस्कार करता है। वह पर्यावरण रक्षण को अहमियत देता है। उत्तर-आधुनिकतावाद सभी बंधनों से मुक्त विचारधारा है। हिंदी में डॉ. प्रभाकर श्रोत्रिय, मैत्रेयी पुष्पा, विनोद कुमार शुक्ल जैसे लेखक इस किस्म का लेखन करते नजर आते हैं। हिंदी में इसका विचार साहित्य की अपेक्षा मीडिया में अधिक हुआ है।

---

1. www.en.wikipidia.org

उत्तर–आधुनिकतावाद की मान्यता है की दुनिया में कोई विचार अंतिम नहीं होता। विचार का अर्थ ही गति, परिवर्तन एवं निरंतरता है। जो बात विचार की, वही विकास की। विचार और विकास एक–दूसरे के पूरक होते हैं। उनकी स्थिति द्वंद्वात्मक होती है। यदि विचार अंतिम नहीं तो विकास को कैसे सीमित किया जा सकता है? विचार और विकास सीमा में बद्ध नहीं होते। वे उन्मुक्त होते हैं। यही उनकी स्थिति और गति होती है। दुनिया विकास और विनाश में दोलायमान होती है। उत्तर–आधुनिकतावाद विधि–निषेध से परे जाकर दुनिया को यथास्थिति स्वीकारता है। एक तरह से अति यथार्थता उसकी वृत्ति होती है। विश्व में अंतिम कुछ नहीं होता। जो आज की तारीख में हमें अद्यतन महसूस होता है, वह समयांतर में कालबाह्य हो जाता है। उत्तर–आधुनिकतावाद किसी समग्रता या संपूर्णता को नहीं मानता। उसके विचार में परिवर्तन निरंतर है तो कोई स्थिति, गति, वस्तु अंतिम कैसे हो सकती है? भविष्य की अनिश्चितता मान्य है पर उसकी चिंता करने की कोई आवश्यकता नहीं है। पूँजीवाद के विकास में उत्तर–आधुनिकतावाद विश्वास रखता है। आज जो वंचित, उपेक्षित हैं, उन्हें केंद्र में लाने का उसका प्रयास होता है। बिखराव, विघटन, विखंडन इसके अनिवार्य तत्त्व हैं। अधूरेपन की स्थिति उसकी समझ में विकास के सोपान का हिस्सा है। निजीकरण, उदारीकरण, भूमंडलीकरण, उपभोक्तावाद जैसी वर्तमान वैश्विक बातें भी इस विचारधारा का अभिन्न अंग हैं। यह एक विकसनशील विचारधारा होने के कारण उसकी कोई बँधी–बँधाई रचना (Structure) नहीं है। यह भारतीय देशीवाद के ठीक विपरीत दर्शन है। मनोहर श्याम जोशी, सुरेंद्र वर्मा, चित्रा मुद्‌गल, प्रभा खेतान, कमलेश्वर, गीतांजलि श्री, वीरेंद्र जैन जैसे रचनाकारों ने अपने कथात्मक साहित्य से हिंदी में उत्तर–आधुनिकतावाद का समर्थन किया है।

प्रस्तुत बृहत् शोध परियोजना का काल उत्तर–आधुनिकतावाद का ही काल है। अत: यह स्वाभाविक है कि अनुसंधान काल (2010) में अध्ययनार्थ चुनी वेबसाइट्स पर इस विचारधारा का साहित्य प्रातिनिधिक रूप में उपलब्ध होता है। '*हिंदी चेतना*' वेबसाइट पर प्रकाशित महेंद्र देवेसर की कहानी 'बुझे दीये आरती' भारतीय बालक के विदेश में पलने–बढ़ने की कथा है जो अभिभावक की मान्य धारणा को खंडित कर फॉस्टर पेरेंटिंग, हॉस्टल की जिंदगी, जीवन के संघर्षों में समुपदेशन सहायता, प्रियतमा द्वारा आधार, वेश्या के पारंपरिक रूप का विखंडन जैसी कितनी बातें उत्तर–आधुनिकतावाद की प्रवृत्तियों का प्रतिबिंब है। '*ई–विश्वा*' पर प्रकाशित सुषमा बेदी की दिल दहलाने वाली कथा 'खुल जा सिमसिम' में बाप–बेटी के बीच लैंगिक आकर्षण मान्य रिश्तों का विखंडन है। उसे नकारना सत्य का अपलाप होगा। इक्कीसवीं सदी के इंसान का मानस टटोलना है तो हमें '*प्रवक्ता*' वेबसाइट पर प्रकाशित धनंजय कुमार की कहानी 'दुपट्टा' पढ़नी होगी। आज का मनुष्य हकीकत (Fact) में नहीं भ्रम (Illusion) में कैसे जी रहा है इसका कथानायक विवेक प्रतिनिधि बनकर सामने आता है। आज के जीवन में प्रतीक ही जीवन के पर्याय बनते जा रहे हैं। यह जीवन के भ्रमभंग का ही चित्रण है।

मनुष्य ने भौतिक तरक्की तो कर दी। पर क्या वह सुखी हो गया? आजकल सर्वत्र हास्य क्लब खुल रहे हैं। लोगों को खुलेआम हँसकर अपने सुखी होने का ढिंढोरा पीटना जरूरी हो गया क्योंकि भौतिक तो सब कुछ है। फिर दुख कैसा? दुख आंतरिक होता है। उसका प्रदर्शन नहीं होता। यह परंपरा थी। उसे तोड़ा है 'दर्द क्लब' शीर्षक जीतेंद्र सहाय के निबंध ने।

'*लेखनी*' वेबसाइट पर प्रकाशित गोविंद शर्मा का 'सेक्स सिंबल का इंटरव्यू' व्यंग्य मान्य दर्शन का विलोम या व्यत्यास है। यह व्यंग्य पेट की भूख की तरह सेक्स की भूख को प्राकृतिक बताकर उसे व्यक्ति स्वातंत्र्य से जोड़ता है। 'शरीर के हम मालिक होने के कारण उसका मन जैसा यूज करते हैं', 'जीवन में कोई स्थायी नहीं' जैसे विचार उत्तर-आधुनिकतावाद की दुहाई देते हैं। प्रेम जनमेजय का व्यंग्य 'अथ इति उत्तर-आधुनिक नायिका' में पारंपरिक नायिकाओं के वर्तमान लक्षण दर्ज कर परंपरा के अंतिम न होने को स्पष्ट किया है। यह व्यंग्य '*हिंदी चेतना*' पर प्रकाशित है।

उत्तर-आधुनिकतावाद सभी तरह की स्थितिशीलता का विरोधी रहा है। '*रचनाकार*' वेबसाइट पर विजय वर्मा की हाइकू रचना के ये शब्द इस वाद को ही व्यक्त करते हैं–

'किनारे पर
रहो मत, देखो तो
जरा बह के।'

5.3 विमर्श :

'विमर्श' का शब्दार्थ है विचार-विनिमय। परंतु वर्तमान साहित्यिक संदर्भ में उसका अर्थ होता है, किसी विषय का सर्वंकष विचार। माइकेल फुकाल्ट ने इसका प्रथम प्रयोग किया। 'विमर्श' अंग्रेजी शब्दों Advisement, Consultation, Deliberation, Discourse का हिंदी पर्यायवाची शब्द है। हिंदी में विमर्श को जिस संदर्भ में प्रयोगित किया जाता है उसे अंग्रेजी में 'Discourse' कहते हैं। विमर्श को इस प्रकार व्याख्यायित किया जाता है–"A generalization of the concept of conversation within all modalities and contexis."[1] माइकेल फुकाल्ट ने इसे स्पष्ट करते हुए कहा है कि "The totality of codifide language (vocabulary) used in a given field of intellectual enquiry and of social practice, such as legal signs, in that they are enouncements."[2] इनके आधार पर कहा जा सकता है कि विमर्श किसी संकल्पना या विचार का सामान्यीकरण है। इसके अंतर्गत लक्ष्य विषय का सभी पद्धतियों और संदर्भों में विचार विनिमय होता है। विमर्श एक तरह की बौद्धिक चर्चा है। उससे हम लक्ष्य विषय को समग्र रूप में सोदाहरण प्रस्तुत करते हैं। यह एक गहरा और गंभीर सोच-विचार तथा चिंतन-मनन होता है। हिंदी में उसके लिए परामर्श, मशवरा, मीमांसा, चिकित्सा जैसे शब्द प्रयोगित होते हैं। एक तरह से वह लक्ष्य विषय की समीक्षा, समालोचना भी होती है। आजकल हिंदी में नारी विमर्श, आधुनिकता विमर्श, उत्तर-आधुनिकता विमर्श, पर्यावरण विमर्श, भूमंडलीकरण विमर्श के अंगों से वर्तमान साहित्य की चिकित्सा की जा रही है। यहाँ हम भी इन संदर्भों में चयनित वेबसाइट्स पर प्रकाशित साहित्य को विमर्श की उपर्युक्त संकल्पना के संदर्भ में विचार करेंगे। इक्कीसवीं सदी में साहित्य समीक्षा का यह अंग बन गया है।

---

1. http://en.wikipedia.org
2. http://en.widipedia.org

एनसाइक्लोपीडिया ब्रिटानिका ने 'विमर्श' को परिभाषित करते हुए 'Knowing things together'[1] के रूप में इसको बहुत सरल ढंग से स्पष्ट किया है। विमर्श में लक्ष्य विषय का वस्तुनिष्ठ एवं तर्कसंगत अध्ययन अपेक्षित होता है। व्यक्ति, वर्ग, विचार, समाज, काल, पक्ष तथा अंग विशेष का विमर्श हो सकता है। परंतु उसका समय, समाज, संदर्भ पक्ष महत्त्वपूर्ण होता है। यह एक विश्लेषण प्रक्रिया है, विचार मंथन है, जिसका हेतु लक्ष्य विषय के सभी पक्षों पर समन्वित विचार कर उसे समग्र रूप में प्रस्तुत करना होता है। यह विचार विनिमय व्यापक होता है, साथ ही साथ सूक्ष्म भी।

5.3.1 नारी विमर्श –

नारी विमर्श का प्रारंभ महिला अधिकार पर 17 दिसंबर, 1849 को दिए लुक्रेशिया मॉट के भाषण से माना जाता है, जिसमें उस महिला ने विश्व में पहली बार नारी के समाज में उचित स्थान एवं अधिकार की माँग की थी। उसमें उसने कहा था कि 'There is nothing of great importance to the well-being of society at large-of man as well as woman-than the true and proper position of woman.'[2] इस तरह नारी विमर्श महिलाओं के स्त्री–पुरुष भेद विरहित समाज में समुचित स्थान एवं अधिकार का विचार है। परंपरा से नारी प्रताड़ित, उपेक्षित रही है। उसमें स्वत्व जगाकर सम्मान, स्वाधीनता, स्वावलंबन, समान अधिकार के लिए सक्षम बनना स्त्री विमर्श का लक्ष्य है। सन् 1975 में अंतर्राष्ट्रीय महिला वर्ष मनाया गया। उस बहाने दुनिया भर में नारी की मनुष्य के रूप में स्थापना करने की पहल शुरू हुई। नारी–विमर्श उसी का नतीजा है। नारी विमर्श स्त्री के अस्तित्वबोध की चर्चा और चिकित्सा है। हिंदी में मैत्रेयी पुष्पा, प्रभा खेतान, गीतांजलिश्री, संजीव, अलका सरावगी, शिवप्रसाद सिंह जैसे कितने ही साहित्यकारों ने इस विचार का अपने साहित्य के जरिए समर्थन किया है।

'*रचनाकार*' वेबसाइट पर प्रकाशित सरोजनी साहू की 'छि:' तथा 'रेप' जैसी कहानियाँ नारी विमर्श को व्यक्त करती हैं। नारी कितनी ही पारदर्शी, पाक–साफ हो, पुरुष अपने गरूर को उतारने के लिए कभी तैयार नहीं होता। पुरुष की अधिकारी मानसिकता नारी के सम्मानजनक सामाजिक स्थान की बुनियादी कठिनाई है। '*लघुकथा*' वेबसाइट की रामकुमार आत्रेय की कहानी 'औरत' में कहानीकार ने नारी की ओर पुरुष कितनी तरह से देखता है उसकी चर्चा की है। उसकी नजरों में नारी फूल है, नशा है, धोखा है और माँ–बहन भी। यह व्यक्ति पर निर्भर होता है कि वह नारी को किस रूप में स्वीकार करना चाहता है। इसी वेबसाइट की अश्विनीकुमार आलोक की कथा 'अर्धांगिनी' जीवन में आधा हिस्सा होकर भी कैसे प्रताड़ित होती है दिखाकर उसके सम्मान की माँग करती है। '*सृजनगाथा*' वेबसाइट पर होने वाली अलका सैनी की 'कसक' कहानी नौकरीशुदा नारी के मत न होने को दर्शाकर निर्णय के नारी अधिकार को रेखांकित करती है। इसी साइट की सुधा भार्गव लिखित 'नासूर' पुरुष के नारी नासूर का ही चित्रण है। इस कहानी की द्रौपदी महाभारत से प्रताड़ित नारी से कम नहीं। सुधा अरोड़ा की कहानी का यह वक्तव्य–

1. Encyclopedia Britanica-=Harry S. Ashmore - P. 364.
2. http://gos.sbc.edu/m/mott.htm

'गलती हजारों वर्ष पूर्व हुई थी। गलती आज भी हुई है। लेकिन औरत जहाँ थी, आज भी वहीं खड़ी है' हमें अंतर्मुख कर नारी विमर्श की आवश्यकता समझाता है। '*भारतीय पक्ष*' वेबसाइट पर प्रकाशित कथा 'चाहत' नारी विमर्श की एक गंभीर व्यथा है। गर्भ में कन्या जीव होने पर गर्भपात करते समय गर्भाशय में कैंसर का संक्रमण पाया जाता है और गर्भाशय निकालने की नौबत आती है। कन्या भ्रूण हत्या के साथ नारी के वजूद की भी हत्या दिखाकर कथाकार अलका सिन्हा ने नारी पर होने वाले दोहरे अन्याय को स्वर देकर पुरुष के दंभ का पर्दाफाश किया है। '*हिंदी चेतना*' वेबसाइट पर प्रकाशित मीरा कांत की 'गली दुल्हन वाली' और महेंद्र देवेसर की 'बुझे दीये आरती' नारी विमर्श की सशक्त कहानियाँ हैं। आज भी नारी पुरुष के हवस की दासी मात्र बनी रही है...यह सत्य इन कहानियों से रेखांकित होता है और नारी मुक्ति का नारा भी। मुद्रित हिंदी कहानियों जैसी सशक्त ये कहानियाँ भाव, विचार, कला, शिल्प, शैली, भाषा किसी भी दृष्टि से कम नहीं हैं।

'*प्रवक्ता*' वेबसाइट पर मैत्रेयी पुष्पा का एक साक्षात्कार है। उसका शीर्षक है, 'सेक्स की तलाश में नहीं रहती मेरे उपन्यासों की स्त्री।' इसमें मैत्रेयी ने स्त्री–पुरुष समानता के साथ स्त्री के पूर्ण स्वातंत्र्य की माँग दोहराई है। उनके स्त्री विमर्श की प्रखरता का अंदाज इस वक्तव्य से होगा कि 'यह जरूरी नहीं की उनके (नारी) द्वारा जना बेटा पति का ही हो।' इस कदर की आजादी के बाद ही सच्ची स्त्री–पुरुष समानता संभव है।

कविता में '*रचनाकार*' वेबसाइट पर महेंद्रसिंह रावत की रचना है 'महिला आरक्षण'। महिला दिवस पर प्रकाशित प्रस्तुत काव्य की निम्नांकित पंक्तियाँ वर्तमान नारी की अधिकार की प्रतिबद्धता और अन्याय के प्रति आक्रोश को स्वर देती है–

'एक बार आरक्षण बिल पास हो जाए
फिर हम मर्दों से निपट लेंगे
हर जुल्म का बदला गिन–गिनकर लेंगे।'

मंजु मलिक 'मनु' की '*सृजनगाथा*' पर प्रकाशित रचना 'लड़की, ऊर्जा और टूटती पृथ्वी' नारी उत्पीड़न की दास्तान बनी है। '*ई–विश्वा*' पर राज हीरामन की 'बर्फ' शीर्षक कविता 'सीता' को नारी का प्रतिनिधि बनाकर प्रश्न करती है कि, 'सीता कितने रावणों के लिए अग्नि परीक्षा देती रहेगी?' और फिर इत्मीनान दिलाती है कि–

'मेरी कलम जिस दिन
तुम्हारी रेखा पार कर लेगी
उस दिन कितने रावण परास्त होंगे।'

इन पंक्तियों में एक ओर पुरुष की 'लक्ष्मणरेखा' जैसे परंपरागत बंधनों, मर्यादाओं को तोड़ती है, वहीं दूसरी ओर पुरुष के अन्याय का मुकाबला करने की अपनी क्षमता और निर्णय को भी जाहिर करती है।

इस प्रकार नारी विमर्श के तीव्र स्वरों की गूँज से भरी हैं वेबसाइट की रचनाएँ। कथा, कविता, साक्षात्कार, निबंध, व्यंग्य सब प्रकार से वेब साहित्य में नारी विमर्श की अनुगूँज सुनाई देती है। असल में देखा जाए तो नारी विमर्श, नारी मुक्ति ये बातें तो वर्तमान विचार का अभिन्न अंग हैं। वह वेब में न प्रतिबिंबित होता तो ही आश्चर्य !

5.3.2 भूमंडलीकरण विमर्श –

भूमंडल का अर्थ है विश्व, दुनिया, जगत्। भूमंडलीकरण का अर्थ हो जाता है दुनिया, विश्व का एकीकरण। इसे वैश्विकीकरण (Globalization) कहा जाता है। ऑक्सफोर्ड शब्दकोश में इसका अंतर्भाव भले ही सन् 1962 में हुआ हो, पर इसका आम प्रयोग सन् 1990 के दरमियान होने लगा। आज वह हमारे विचार और व्यवहार का अंग बना है। मूलत: भूमंडलीकरण एक आर्थिक एवं व्यापारिक संकल्पना है। दुनिया की अर्थसत्ता और व्यापार तंत्र एक करना इसका लक्ष्य है। इसलिए उसका असर कीमत, रोजगार, विनिमय पर होना स्वाभाविक है। इसमें गति आई अंतर्राष्ट्रीय संघटित प्रयासों एवं सूचना तथा जनसंचार माध्यमों के प्रसार और प्रचार से। तभी तो भूमंडलीकरण को परिभाषित करते कहा गया है कि, ''Globalization as an economic process that affects prices of goods and services as well as job opportunities, or prolifiration of communication technology and information.''[1] आज हम देखते हैं कि दुनिया भर के देशों की सरकारों की राजकीय, आर्थिक, सांस्कृतिक नीतियों पर प्रभाव डाला है। इससे मुक्त अर्थव्यवस्था, मुक्त व्यापार, मुक्त निवेश, मुक्त यातायात से उदारीकरण (Liberalisation) और निजीकरण (privatization) का दौर सर्वत्र नजर आता है।

विमर्श और कुछ न होकर शर्तें, सामाजिक व्यवहार और संस्थागत शृंखलन है। ''Discourses are bases on an interlacing of knowledge and practice which share the following characteristics : the exclude certain topics but also certain individuals, they organise (discourse specific) rationality and the claim to be the truth.''[2] आज विभिन्न प्रकार के विमर्श प्रचलित हैं, जैसे–विज्ञान विमर्श, मीडिया विमर्श आदि। भूमंडलीकरण विमर्श (Globalization Discourse) भूमंडलीकरण के उद्‌भव, विकास, परिणाम का साहित्य में भी चर्चा का विषय बना है।

भूमंडलीकरण विमर्श अनेक क्रिया, व्यवहार एवं प्रक्रियाओं की निर्मिति है। इसमें आर्थिक, सांस्कृतिक, माध्यम, संपर्कगत सुधारों का अंतर्भाव है। भारतवर्ष के संदर्भ में देखा जाए तो इससे पूँजी की लेन–देन वैश्विक हो गई। सीधे विदेशी निवेश का आरंभ हुआ। बैंकिंग, बीमा, उद्योग, तंत्रज्ञान संस्थानों का संलग्नीकरण, विलयन, हस्तांतरण गतिमान बना। बहुराष्ट्रीय कंपनियों का प्रसार हुआ। उत्पादन एवं सेवाओं का प्रमाणीकरण (ISO, ISBN) हुआ। बहि:स्रोतन सेवाएँ (Outsourcing) विकसित हुईं। उत्पादनों की नीति में लचीलापन आया। रोजगार की संधियाँ बढ़ीं पर उसके साथ रोजगार में सावधिपन (Fix period), मुट्‌ठीबंध या नियत वेतनमान (Fix pay or packaging) पद्धति आई। जीवन भर एक ही संस्था, सेवा, विचार जैसी प्रतिबद्धता खत्म हुई। गरज के अनुसार कार्य (Work according) पद्धति को लोगों ने अपनाया। सेवा शाश्वती, सेवासुरक्षा, निवृत्तिवेतन, उपादान खत्म होने से रोज की चिंता बढ़ी। संपर्क साधनों के विकास और यातायात के सस्ते पर्याय उपलब्ध होने से जीवन गतिमान हुआ। स्थान और समय का अंतर शून्य हुआ। बदल क्षणिक बने। ज्ञान एवं जानकारी सस्ती और सुलभ बनी। व्यापार,

1. http://www.nccr-north-south.unibe.ch (>individual projects>IP6
2. Fuchs.Heinritz et al

विज्ञान, अर्थव्यवहार ने हमारी संस्कृति को अपने हाथ में लिया। फैशन, सिनेमा, टी.वी., मोबाइल, संगणक, इंटरनेट जो परोसते, सोचते हैं, वही हमारी जिंदगी बनी। बच्चे हमारे नहीं नोबिता, छोटा भीम, पॉवर एंजल की संतान बने। युवकों ने कैटरीना, दीपिका को अपना सपना बनाया तो युवतियों के लिए बिग बी, अमीर गले के ताअत बने। माँ-बाप, अध्यापक, मित्र, दोस्त उपचार बने। फैड, फैशन, जंक फूड, पॉप ने हमारी हवस संस्कृति को सामाजिक मान्यता प्रदान की। हिंदी भाषा हिंग्लिश बनी। हमारी शिक्षा, व्यापार नीति मनमोहन नहीं ओबामा और ओसामा मिलकर तय करने लगे। रुपए की अपेक्षा डॉलर अपना हुआ। डॉलर बहू हमारी आदर्श बनी। एसएमएस के संदेश, रिंगटोन पर हम कठपुतली की तरह नाचने लगे। एक ही समय हम नैनीताल और न्यूयॉर्क में होते हैं। 'थिंक ग्लोबल, एक्ट लोकल' हमारी जिंदगी बनी। यह सब वेबसाइट पर प्रकाशित साहित्य में प्रतिबिंबित होना अनिवार्य था, क्योंकि हमारा हिंदी साहित्य, भाषा विचार भी भूमंडलीकरण विमर्श का अपने आप अभिन्न अंग बना।

भूमंडलीकरण का विमर्श वेबसाइट पर प्रकाशित साहित्य में तब्दील होता नजर आता है। '*रचनाकार*' वेबसाइट पर प्रकाशित प्रमोद भार्गव की कहानी 'बटाईदार' इसका व्यवच्छेदक उदाहरण है। गाँव का गंगा गरीब किसान है। पंडित अयोध्या प्रसाद की जमीन बटाई पर पीढ़ियों जोतता है। उसका बेटा शहर में पढ़ा-लिखा मालिक बनता है तो वह कभी संकरित बी.टी.बीज बेचता है, तो कभी रासायनिक खाद-उर्वरक। गंगा है कि मालिक का गुलाम। मालिक के सारे आर्थिक, व्यापारिक प्रयोग का गिनी पिग। दोहरी मार से आत्महत्या करता है। भूमंडलीकरण के दुष्परिणाम का चित्रण करती यह कहानी पाठक को पुनर्विचार के लिए अंतर्मुख करती है। आर.के. भारद्वाज की 'केयर टेकर' कथा जन्मदाता वृद्ध पिता को अपनी ही जमीन-जायदाद का बूढ़ा पहरेदार, केयर टेकर बनता दिखाकर कहानीकार ने रिश्तों की सूखी गंगा के दर्शन कराए हैं। '*अभिव्यक्ति*' वेबसाइट पर प्रकाशित सुधा ढींगरा की 'फंदा' कहानी में भी किसान की खुदकुशी का चित्रण है, जो भूमंडलीकरण के हथकंडों का ही शिकार है। पावन की लिखी 'एक भीगती हुई शाम' में इक्कीसवीं सदी के उपभोक्ता संस्कृति से हमारे जीवन में बढ़े विवाहबाह्य संबंध, सिनेमा प्रभाव, भाषा बिगाड़ का चित्रण करती है। गजेंद्र रावत ने '*लघुकथा*' वेबसाइट पर लिखी 'प्रेमवती की चिट्ठी' में भूमंडलीकरण के प्रभाव स्वरूप बढ़ती महँगाई के शिकार के वर्णन में आम आदमी की जीने की गर्दिश चित्रित की है। इसमें शासक (पुलिस) को ही शिकार दिखाकर इसके बढ़ते दुष्परिणाम का स्वर तीव्र किया है। '*गर्भनाल*' वेबसाइट पर होने वाली अर्चना पैन्यूली की कथा 'सब कुछ बदल रहा है' तो भूमंडलीकरण प्रभाव से तब्दील होती दुनिया की वीडियो शूटिंग ही है। खान-पान, पोशाक, विवाह पद्धति, रिश्ते-नाते, धर्म-जाति, सब में आई विश्व संस्कृति या सपाट बनती दुनिया (Flat World) का नजारा देखते ही बनता है। '*हिंदी चेतना*' वेबसाइट पर प्रकाशित महेश्वर नारायण की कथा का शीर्षक ही 'ए ग्लोबल सिटिजन' है, वह दादा-पोते की पीढ़ी के अंतर (Generation Gap) को दर्शाती है। ये और ऐसी विविध वेबसाइट्स पर प्रकाशित अनेक कहानियों में भूमंडलीकरण विमर्श का बहुरंगी चित्रण है।

वेबसाइट्स पर प्रकाशित व्यंग्य निबंधों में भी भूमंडलीकरण विमर्श नजर आता है। '*अभिव्यक्ति*' रामेश्वर दयाल कांबोज 'हिमांशु' का 'लूट सके लूट' निबंध के शीर्षक में ही

भूमंडलीकरण का लूट दर्शन समाया है। यहाँ ऐसे मॉल खुले हैं जिनके नाम ही 'द लूट' है। उनके बोधचिह्न में दिन दहाड़े बोरियों में भरकर थोट लूट (Absolute Exploitation) दिखाई है। पहले 'छूट' का प्रलोभन और बाद में 'लूट' का धंधा यही तो भूमंडलीकरण है। इस पर प्रस्तुत व्यंग्य में प्रहार है। दूसरा व्यंग्य है 'लोन ले लो...लोन' संजय पुरोहित ने लिखा है। बाजारवाद में आम आदमी को सपने दिखाकर कर्जदार बनाया जाता है। उसके सपने कभी पूर्ण ही नहीं होते। उसे इस व्यंग्य में स्वर दिया है। इस बाजारवाद ने नया 'झाँको तंत्र' (Piping Technique) ईजाद है। टी.वी., कंप्यूटर, कैमरा, मोबाइल, सेटेलाइट, जीपीएस, क्लोज टी.वी. सर्किट ने हमारे निजीपन (privacy) को ही खत्म किया है। इसे पवन चंदन ने अपने व्यंग्य 'झाँको, खूब झाँको, झाँकते रहो' में दिखाया है कि एक अंतर्राष्ट्रीय खुफिया तंत्र विकसित हुआ है जो तुम्हारे बेडरूम, बाथरूम को भी खोल रहा है। '*हिंदी साहित्य मंच*' वेबसाइट पर प्रकाशित डॉ. कुमारेंद्र सिंह सेंगर के व्यंग्य 'स्वर्ग–नरक के बँटवारे की समस्या' में आज के सूचना और संपर्क क्रांति के दौर में भ्रष्टाचार, मक्कारी, हिंसा, बलात्कार, डकैती के बढ़ते अपराध तंत्र का पर्दाफाश किया गया है।

संस्मरण के अंतर्गत हम देखते हैं कि '*रचनाकार*' वेबसाइट पर वीरेंद्र जैन के बैंकिंग संबंधी यादें 'बैंकिंग जैसी सेवा में मानवीय संबंध बदले' शीर्षक से शब्दबद्ध हुई हैं। बैंकों के व्यवहार यंत्रवत् और यंत्र के जरिए (एटीएम, इंटरनेट) से होने पर मानवीय हार्दिकता काफूर होना भूमंडलीकरण का ही अभिशाप है।

समीक्षा के अंतर्गत स्टीवेन डी. लेविट तथा स्टीफन जे ड्युबनेर की पुस्तक 'सुपर फ्रीइकोनोमिक्स' का परिचय '*सृजनगाथा*' पर दिया गया है। इस पुस्तक में मुक्त अर्थव्यवस्था की चर्चा है। यह चर्चा भूमंडलीकरण विमर्श का अभिन्न अंग है। मुक्त अर्थव्यवस्था संबंधी अनेक भ्रांतियों का यह पुस्तक निराकरण करती है। '*गर्भनाल*' वेबसाइट पर प्रकाशित अर्चना पैन्यूली की पुस्तक 'वेयर डू आई बिलांग' का परिचय कराया है डॉ. मधु संधु ने। यह पुस्तक 'वसुधैव कुटुंबकम्' का संदेश देकर एक तरह से भूमंडलीकरण विमर्श के सकारात्मक पक्ष को उजागर करती है।

कविताओं में '*रचनाकार*' वेबसाइट पर अवनीश सिंह का नवगीत प्रकाशित है। उसका शीर्षक है 'मन का तोता'। यह तोता इक्कीसवीं सदी के भोगशील इंसान का प्रतीक है। 'यह दिल माँगे मोर' (More) द्वयर्थी है। उसमें श्लेष भरा है। सुख के पीछे भागने वाले कांचन मृग का वह प्रतीक है। विज्ञापन ने उसकी आँखें चौंधिया दी हैं। दुनिया को कैफे में तब्दील करने की उसकी हवस और ललक को कवि ने व्यंग्यभरी मार्मिकता से शब्दबद्ध किया है। '*अनुभूति*' वेबसाइट की भारतेंदु मिश्र की कविता 'बाजार घर में' घर और बाजार के अद्वैत को स्वर देती है। बाजारवाद से उत्पन्न नव सभ्यता और संस्कृति ने एक नई मूल्य व्यवस्था को जन्म देने की बात यह रचना हमें गंभीरता से समझाती है। राजीव राय 'सिमटते दायरे' कविता में नैतिकता का ह्रास, भौतिकता का विकास, रुग्ण मानसिकता, संवेदनशील हृदय आदि का चित्रण कर प्रश्न करते हैं कि क्या यही है हमारी आधुनिकतम आधुनिकता? इसी वेब पर प्रकाशित डॉ. जयराम आनंद का 'केवल कोरे कागज रँगाना' शीर्षक का गीत है। बाजारवाद के नकारात्मक दौर में कवि साहित्य, संस्कृति, घर, आँगन खो देने से आहत है। दुबारा यहाँ बाँसुरी के सुर

गूँज उठे, ऐसा कुछ करना चाहता है। उसकी मान्यता है कि कृत्रिमता से घुटते दम में वे ही सूर, प्राण फूँक पाएँगे। यहाँ डॉ. हृदय नारायण उपाध्याय की 'बाकी सब अच्छा है' शीर्षक की व्यंग्यात्मक गजल है। वह भूमंडलीकरण से उत्पन्न सुखों के पीछे परछाईं की तरह छिपे दर्द का गीत गाती है। ऑक्टोपस की तरह फैलते महानगर भूमंडलीकरण का ही नतीजा है। यहाँ आदमी सिकुड़ता जा रहा है और वह बौना भी हुआ है। इस वेबसाइट पर प्रकाशित देवमणि पांडेय ने इस कसक को व्यक्त किया है 'सपनों के शहर में' गीत के जरिए। भीड़ में अकेलापन महसूस करने वाला महानगरीय मानव बेकस, लाचार कैसे बना है इसे जान लेना है जिन्हें उन्हें यह गीत पढ़ने की शर्त पूरी करनी होगी।

5.3.3 तंत्रज्ञान विमर्श –

बीसवीं सदी के उत्तरार्ध में संगणक, अंतर्जाल, अंतरिक्ष, विज्ञान, संपर्क क्रांति आदि के संयुक्त प्रभाव के स्वरूप दुनिया का स्वरूप बदल गया। संगणक ने मनुष्य की बुद्धि का पर्याय बनकर काम शुरू किया। अंतर्जाल के विकास से संगणक की क्षमता कल्पना से परे हो गई। सूचना और संपर्क के मेल से संग्रहण, प्रेषण, प्रक्रिया, प्रक्षेपणादि कार्य पलक झपकते होने लगे। टेलीफोन की जगह मोबाइल, आईपॉड ने ली। टी.वी. रंगीन और कैलेडराना फ्लैट हुआ। टी.वी. और संगणक एक हुआ। अंतरिक्ष के उपग्रहों ने संपर्क और सूचना के क्षेत्र में क्रांति लाकर बरसात, भूकंप, तूफान की अग्रिम सूचनाएँ देना आरंभ किया। ग्लोबल पोजीशन सिस्टम (जीपीएस) ने सारी दुनिया पर पहरा लगाया। घर बैठे अमरीका के किस रास्ते पर क्या है देखना संभव हुआ। वीडियो फोन, वीडियो कॉन्फरेंसिंग, स्काई पी के जरिए दूरस्थ व्यक्ति, व्यवस्था से संभाषण, विचारों का आदान-प्रदान, विमर्श, भाषण, अध्यापन कोई नई बात नहीं रही। घर बैठे बुकिंग, बैंकिंग, व्यापार, लेन-देन रोजमर्रा की बात हुई। अंतर्जाल ने ज्ञान के क्षेत्र में संदर्भों का ऐसा पिटारा खोला कि ग्रंथालय, अखबार, ग्रंथ, शिक्षा, समाचार बेमानी बन गए। घटनाएँ घटते समय देखने, प्रतिक्रियाओं की साझीदारी संभव हुई। मैच देखने के लिए स्टेडियम जाना अनावश्यक बन गया।

इतनी सारी सुविधाओं ने स्थल, काल को ही चुनौती देकर उन्हें शून्य बनाया। 'वर्ल्ड विहलेज' की संकल्पना अवतरित हुई। इससे जीवन शैली, सोच, कार्य पद्धति में क्रांति आई। मनुष्य का निजी जीवन स्वतंत्र बना। पत्र का इंतजार खत्म हुआ। ई-मेल, फैक्स, ई-गवर्नेंस, ई-कॉमर्स, ई-शिक्षा, ई-बैंकिंग ने मनुष्य की मेहनत, समय की बचत की। पर समाज जीवन और मनुष्य संबंधों के संदर्भ बदल गए। मनुष्य अकेला राजहंस बना। सामाजिकता खत्म हुई। समूह भावना का ह्रास हुआ। सहयोग, सद्भाव, संपर्क अनावश्यक हुए। इन सबका हमारे साहित्य में आना तंत्रज्ञान विमर्श का ही हिस्सा हुआ। तंत्रज्ञान के प्रभावों ने समाज, साहित्य, संस्कृति, भाषा व्यवहार पर अनेक प्रश्नचिह्न खड़े किए। इन सबकी चर्चा वेबसाइट्स पर प्रकाशित साहित्य में दिखाई देती है।

कहानी साहित्य में *'रचनाकार'* वेबसाइट पर प्रमोद भार्गव की 'परखनली का आदमी' रचना विज्ञान, सूचना और संपर्क से बने तंत्रज्ञान का विचार और प्रभाव कितने अंगों से व्यक्त करती

है। मनुष्य के मस्तिष्क में बिठाई गई माइक्रोचिप से मनुष्य सायबोर्ग बना। इसे एन. कैथेरिन हैलेज जैसी विदुषी 'posthuman'[1] की संज्ञा प्रदान करती है। मानव के आगे की पीढ़ी उन्नत मनुष्य के रूप में आज चर्चित हो रही है। इस तंत्रज्ञान विमर्श का प्रतिबिंब प्रस्तुत कहानी में है। इसी लेखक की एक और कहानी 'ये जो अदृश्य है' विज्ञान, अध्यात्म, अंधश्रद्धा, पर्यावरण जैसे मनुष्य जीवन के पूरक अंगों के संदर्भ में नए आने वाले आभासी विश्व (Virtual World) की चर्चा करती है। फेसबुक, चैटिंग, वीडियो कॉन्फरेंसिंग से संवाद, संपर्क दिखाकर कथाकार कथोपकथन के नए क्षितिज दर्शाता कहानी को हाईटैक बनाता है। यह कहानी सिर्फ तंत्रज्ञान का करिश्मा चित्रित नहीं करती। वह मनुष्य की वर्जिनिटी, टेस्टिंग, विवाह की उम्र, कैरियर के इतने प्रश्न उठाती है कि पाठक चकरा जाता है (और चक्रम भी होता है।) '*ई-विश्वा*' वेबसाइट पर तेजेंद्र शर्मा की लिखी 'टेलीफोन लाइन' शीर्षक कहानी है। टेलीफोन की सुविधा से मनुष्य के बनते-बिगड़ते रिश्ते दिखाकर इन साधनों के प्रभाव का चित्रण किया गया है।

कविताओं में भी तंत्रज्ञान विमर्श की झलक पाते हैं। '*रचनाकार*' वेबसाइट पर मधु संधु की कविता 'पुनर्वास के लिए स्थापित बेटियाँ' में संपर्क साधनों के इतने विकास के बाद भी बेटियों का उससे वंचित रहना हमें समझाता है कि मात्र सुविधाओं से जीवन सफल नहीं बनता, इसके लिए जरूरी है एक साझे (समान) मन की–

'गाड़ी, मोबाइल सब आप पास,
पर नहीं कनेक्शन, नहीं राह।'

ये शब्द संपर्क, रास्ते साधन नहीं मनुष्यता बनाती है जैसी बात समझाते हैं। इसी वेबसाइट पर मोबाइल पर रची एक पहेली प्रकाशित है। उसमें मोबाइल को कवि गंगाप्रसाद शर्मा 'गुणशेखर' ने मनुष्य के अंतरंग मित्र और आत्मीय संबंधी के रूप में चित्रित कर मनुष्य और तंत्रज्ञान के अद्वैत रूप को सामने रखा है। उसमें आत्मीयता है और व्यंग्य भी–

'भले हमारी जेब काटता
टूट न पाता उससे नाता।'

यह वर्णन इसी का प्रमाण है। सूचना क्रांति के साधनों ने मनुष्य जीवन को ऐसा जकड़ रखा है कि मनुष्य अपने ही घर कैदी, बंदी बना है। उसके सारे व्यवहार टी.वी. ने नियंत्रित किए हैं। इतना ही नहीं, उसने हमारा बाल्य, युवापन, निजीपन हर लिया है। ये पंक्तियाँ इसी भाव का प्रतीक है–

'बच्चे कुल मिलाकर नहीं करते कुछ बच्चों जैसा'

यह पंक्ति वर्तमान की कठोर समीक्षा है और भविष्य की चिंता भी। '*हिंदी साहित्य मंच*' वेबसाइट की श्रीश पाठक 'प्रखर' की 'वजूद' कविता हमारी भाषा, जीवन पद्धति, शैली यहाँ तक कि सारी जिंदगी एक एसएमएस बनकर कैसी रही, हमने मनुष्य का वजूद कैसे खो दिया, इन सबका मर्मांतक चित्र उपस्थित करती है। तो दूसरी ओर 'लेखनी' साइट पर प्रकाशित अजय पराशर की कविता 'क्या' का यह प्रश्न–

'मोबाइल, टी.वी., इलेक्ट्रॉनिक, गैजेट्रस, या नैनो से
खाक भरेंगे हम पेट?'

---

1. http://www.2h.net.msu.edu/review/showeru.php?id=4517

हमें निरुत्तर कर तंत्रज्ञान विमर्श का कृष्ण पक्ष प्रस्तुत करता है। इसी वेबसाइट की मंजु मलिक 'मनु' की कविता 'इक्कीसवीं सदी बनाम डॉट कॉम' तंत्रज्ञान से हमने क्या पाया और क्या खोया इसका लेखाजोखा स्पष्ट करती है तो हम हाथ पर हाथ धरे बैठ जाते हैं। हार्ड डिस्क में खोई सदी को बंद करने का दुख कवि नई भाषा में व्यक्त करता है। यहाँ भाषा भी तंत्र बनकर प्रकट हुई है। इस प्रकार तंत्रज्ञान विमर्श का कृष्ण और वद्य दोनों पक्षों को वेबसाइट साहित्य में स्थान मिला है।

5.3.4 पर्यावरण विमर्श –

वर्तमान युग विज्ञान, तंत्रज्ञान का है, वैसे पर्यावरण का भी। विश्व की बढ़ती आबादी और मनुष्य के प्रकृति पर तरह–तरह के आक्रमण के कारण हमारा पर्यावरण विनाश के कगार पर आकर खड़ा हो गया है। उससे मनुष्य जीवन धोखे में है। बढ़ता नागरीकरण, औद्योगिकीकरण, जंगल की कटाई, पृथ्वी के अंतर्जल का प्रयोग, पानी, हवा तथा ध्वनि प्रदूषण आदि से ग्लोबल वार्मिंग जैसा खतरा मँडरा रहा है। जमीन के दुष्प्रयोग, उत्खनन आदि से बड़ी मात्रा में पृथ्वी का पृष्ठभाग बंजर बनता जा रहा है। जैव वैविध्य कभी हमारी विरासत और समृद्धि थी, वह आज तहस–नहस है। प्लास्टिक और पॉलिथिन के अत्यधिक प्रयोग से प्रक्रिया न होने वाले कचरे से धरती भरती जा रही है। उर्वरकों के अनावश्यक प्रयोग से धरती की उपज क्षमता घटती जा रही है। फसल पर जंतुनाशकों के अनावश्यक प्रयोग से मनुष्य में नई बीमारियाँ फैली हैं। प्रक्रियायुक्त खाद्य पदार्थों के अति सेवन से मनुष्य का जीवन चक्र में गड़बड़ हो गया है। प्राणी, पक्षियों की शिकार और सेवन से कितनी ही प्रजातियाँ नष्ट हो गई हैं। प्रकृति का चक्र मनुष्य ने ग्रीन हाउस गैस से भेद कर प्रकृति पर विजय पाने की होड़ में अपने ही पैरों पर कुल्हाडी मार रखी है। खदानों के उत्खनन, पेट्रोल के कुएँ, पहाड़ों का कटाव आदि से प्रकृति का संतुलन बिगड़ गया है। इन सबको देखते हुए पर्यावरणविद् संवेदीकरण का आवाहन कर रहे हैं। उन्होंने हमें पर्यावरण संरक्षण, संवर्धन के अनेक उपाय सुझाए हैं। उन पर हमें गौर करना चाहिए। 'वसुधा बचाव' अभियान इस दिशा में सही कदम है। उससे प्रेरणा लेकर साहित्यिकों ने भी कलम कसना आरंभ किया है। वेबसाइट पर लिखने वाले लेखक–कवि पर्यावरण संरक्षण एवं संवर्धन के प्रति सतर्क हैं और सजग भी। उन्होंने अनेक कथा और कविताओं में इस विचार को जगह दी है। पर्यावरण विमर्श उपर्युक्त सारे प्रश्न, समस्याओं के मद्देनजर पर्यावरण संवर्धन की नीति बनाने को उत्सुक है। नई पीढ़ी इस संदर्भ में जाग्रत् है। शासन भी सक्रिय है। इन सबका ऊहापोह अंतर्जाल पर प्रकाशित साहित्य में है। यह साहित्य पर्यावरण विमर्श का अंग बना है।

'*सृजनगाथा*' वेबसाइट पर प्रकाशित डॉ. श्रीराम परिहार का 'प्राचीरों में कैद पानी' शीर्षक लेख पानी के सांस्कृतिक और पर्यावरणीय महत्त्व को अधोरेखित करता है। पानी हमारा प्राकृतिक स्रोत और वरदान है। प्रकृति हमें वह मुफ्त और मुक्त प्रदान करती है। पानी से मनुष्य जीवन में आपसदारी का निर्माण होता है। प्रकृति का यह बहता स्रोत हमारी बेपरवाही से सूखता जा रहा है। सबसे बुरी बात यह कि उसे हमें बोतलों और पाउच में बंद कर सड़ाने के लिए मजबूर होना पड़ रहा है। प्रस्तुत निबंध पर्यावरण विमर्श का ही विस्तार है। इसी वेबसाइट पर सुरेश कुमार पंडा

का निबंध 'पुष्प जीवंत है' प्राकृतिक जैव विविधता के लिए समर्पित है। प्राकृतिक सुषमा रंग, गंध, आकार, सौंदर्य की विविधता से शोभायमान होती है। उसमें फूलों का योगदान अहम होता है। पानी की तरह फूल का भी हमारी संस्कृति में असाधारण महत्त्व होता है। इसी साइट पर कुबेरनाथ राय का लिखा निबंध 'सनातन नदी : अनाम धीवर' में निबंधकार ने नदी के बहाव के कर्णधार के रूप में प्रकृति को चित्रित किया है। नदी को कुबेरनाथ राय ने प्रस्तुत निबंध में रूप, रस, रंग, गंध, आकार के साथ जीवन–मरण से जोड़कर ललित मनोहर रूप में पेश किया है। नदी को 'पगला दै' अर्थात् उन्मादित करने वाली बताकर निबंधकार बहते रखने की सलाह देता है। डॉ. बिरंचि कुमार बरुआ अपने 'कौवा' निबंध में पक्षियों को लेकर हमारे मन में होने वाली उच्च–नीचता की भावना से मुक्त कराने का प्रयास करते हैं। इस प्रकार ये सारे निबंध प्रकृति के प्रति हमें आस्थावान बनाकर पर्यावरण विमर्श के महत्त्व को अधोरेखित करते हैं।

'*अनुभूति*' वेबसाइट पर प्रकाशित कमला निखुर्पा का संस्मरण 'ऋतुगीत की वापसी' में उत्तरांचल की पहाड़ी सुंदरता को स्वर मिला है। वह वर्णन हमारे मन में पर्यावरण संरक्षण और संवर्धन की भावसाक्षरता का निर्माण करता है। प्रकृति की सुषमा बचाना एक तरह से हमारे प्राकृतिक जीवन शैली को संवर्धित करना होता है। सहजता में निहित सौंदर्य समझाने वाला यह संस्मरण एक प्रभावी पर्यावरण विमर्श है। '*सृजनगाथा*' वेब पर प्रकाशित डॉ. रति सक्सेना का 'आसमान, पहाड़ और समंदर' रचना में पर्यावरण की त्रिविध सुंदरता का वर्णन है। नॉर्वे के दक्षिण में बसे बर्गन शहर की ये स्मृतियाँ धरती पर बसे स्वर्ग के दर्शन कराती हैं वहीं दूसरी ओर पर्यटन के नाम पर मॉल्स, बजार, बार से पर्यावरण को विकृत करने से बचने की सलाह देना भी नहीं भूलती। इस वेबसाइट पर पर्यावरण विमर्श को व्यक्त करने वाले अन्य अनेक संस्मरण भी ऐसे ही पठनीय एवं विचारणीय हैं।

समीक्षा के अंतर्गत 'जीव जंतुओं की अनोखी दुनिया' ग्रंथ का परिचय डॉ.प्रवीण खुराना ने दिया है '*सृजनगाथा*' वेबसाइट पर। योगेशकुमार गोयल के लिखे इस ग्रंथ में 134 जीवों की विशेषताओं का होने वाला वर्णन जैव विविधता के पर्यावरणीय महत्त्व को, पर्यावरणीय संतुलन के विमर्श पक्ष को उजागर करता है। '*भारतीय पक्ष*' साइट पर 'जल जीवन का आधार' पुस्तक की समीक्षा है। कृष्ण कुमार मिश्र की यह पुस्तक भी पर्यावरणीय साक्षरता का संदेश देती नजर आती है।

कविता में ग्लोबल वॉर्मिंग को '*अनुभूति*' वेबसाइट पर अर्चना श्रीवास्तव ने बड़े मार्मिक शब्दों में अभिव्यक्त किया है–

'सूरज को बुझाने
हवा तेजी से आई,
खुद झुलस
लू बन गई।'

वहीं दूसरी ओर एक हाइकू में रामनिवास मानव ने शेफाली की सुषमा को कलात्मक ढंग से प्रस्तुत किया है–

'खिली शेफाली,
लगती वैशाली की
नगरवधू।'

'*सृजनगाथा*' पर डॉ. सुभाष राय की रचना 'सागर' ऐसा ही मनोहारी काव्य है। इन विविधांगी अभिव्यक्तियों से लेखक-कवियों ने पर्यावरण विमर्श का अलख अपने-अपने ढंग से जगाकर वर्तमान मनुष्य को प्रकृति रक्षा के लिए तत्पर किया है।

5.4 भाषा विचार :

1. व्यवहार में भाषा पारस्परिक भाव, विचार के आदान-प्रदान का साधन है। मनुष्य सार्थक ध्वनि समूह के प्रयोग से यह कार्य करता रहता है। भाषा का प्रभाव शब्द चयन, प्रवाही रूप, प्रासादिकता, लालित्य, अलंकार प्रयोग, मुहावरे तथा कहावतों का आधार, व्याकरणगत शुद्धता जैसे अनेक घटकों पर आधारित होता है। साहित्यिक व्यवहार में भी यह देखा जाता है। जब हम साहित्य की शैली, विधा, प्रकार के आधार पर समीक्षा करते हैं तो भाषा पक्ष का जरूर विचार होता है।
2. वेबसाइट पर प्रकाशित साहित्य का विविधांगी विचार करते समय भाषा का महत्त्व एक और तरीके से भी देखा जाना चाहिए। पहले साहित्य लिखकर मुद्रित होता था और फिर प्रकाशित। इसमें भाषा संस्कार के लिए अवधि होती थी। इसके अलावा भाषा को मुद्रण प्रति (copy) बनाते समय, छपने के पूर्व प्रूफ पठन के समय और अंतत: संपादक उसे जांझता था। अब लेखक लिखता है माने टंकित करता है। उसकी सॉफ्ट कॉपी बनती है और सीधे वह अंतर्जाल या वेबसाइट पर डालकर (upload) प्रकाशित किया जाता है। ऐसी स्थिति में लेखक की जिम्मेदारी बढ़ जाती है।
3. इस बृहत् शोध परियोजना के तहत हमने जिन तेरह चयनित वेबसाइट पर प्रकाशित भाषा और साहित्य का जो अध्ययन किया है उसके आधार पर यदि मूल्यांकन करना है तो कहना पड़ेगा कि यहाँ के साहित्य की भाषा और पारंपरिक मुद्रित साहित्य की भाषा में कोई अंतर नहीं है। सन् 2010 का यह साहित्य होने के कारण उसकी भाषा अंग्रेजी प्रचुर होती गई नजर आती है। पारंपरिक मुद्रित साहित्य की भाषा संस्कृत प्रचुर, उर्दू प्रचुर, खड़ीबोली हुआ करती है। यहाँ का लेखक पढ़ा-लिखा, संगणक साक्षर, अंतर्जाल पर खोजरत होने वाला है। कुछ लेखक प्रवासी भारतीय हैं। उनकी भाषा पर अंग्रेजी का प्रभाव है। इस पक्ष की चर्चा इसके पूर्व अध्याय में साहित्य की विधागत समीक्षा करते समय की गई है। यहाँ उसका स्वरूपगत विचार लक्ष्य था। संपर्क साधनों में प्रयोगित भाषा की संक्षिप्तता, सूचकता जैसे गुण यहाँ भी दिखाई देते हैं। लिखाई में फांटगत दोष जगह-जगह पर मिलते हैं।

5.5 शैली विचार :

1. मनोगत भावों को मूर्तरूप देने वाला तत्त्व शैली है। शैली साहित्य का बाह्य और आंतरिक सौंदर्य है। वह वस्तु और व्यक्तित्व से निर्मित होता है। साहित्य में निहित भाव का यह पोषक तत्त्व है। भावसौंदर्य की शक्ति शैली पर निर्भर होती है। सुंदर शैली के अभाव में साहित्य नीरस, सपाट उबाऊ बन जाता है। हर लेखक या कवि की लिखने

की अपनी पद्धति होती है। एक ही लेखक समय-समय पर विधा, प्रसंग, उद्देश्य के अनुसार विभिन्न पद्धतियों से लिखता है। लेखन पद्धति ही शैली कहलाती है। शैली में बुद्धि, भाव और सौंदर्य का अपना स्थान होता है। भाषा की तरह यह भी प्रासादिक, यथार्थ, उपयुक्तता आदि गुणों से युक्त हो तो शैली प्रभावकारी हो जाती है। अलंकार, प्रतीक, रूपक आदि के प्रयोग से वह कलात्मक बनती है। दूसरी ओर शिथिलता, कृत्रिमता, सपाटपन उसे नीरस और बोझिल बनाते हैं।

2. प्रस्तुत अनुसंधान के लिए चयनित विभिन्न वेबसाइट्स पर जो विविध विधाओं का साहित्य प्रकाशित हुआ है, उसमें शैली वैचित्र्य है। विवरणात्मक, पत्रात्मक, डायरी, आत्मकथनात्मक, मनोवैज्ञानिक, पूर्वदीप्ति, व्यंग्य जैसी अनेकानेक शैलियाँ मिलती हैं। यह साहित्य पारंपरिक मुद्रित साहित्य की तरह शैली और भाषा के नव-नवीन प्रयोग करता परिलक्षित होता है।
3. इक्कीसवीं सदी के संपर्क साधन, भूमंडलीकरण, उत्तर-आधुनिकता, विविध विमर्श आदि का भी प्रभाव इस साहित्य की शैली पर स्पष्ट रूप से नजर आता है। यहाँ का लेखक नए-नए शब्द, जैसे—आपसदारी, नई-नई उपमाएँ, जैसे—स्पंज होती रोटी, नए-नए बिंब, जैसे—जिंदगी की वॅलिडिटी, नई कल्पनाएँ—पोस्ट ह्यूमन, सायबोर्ग आदि का प्रयोग करता है। विज्ञान, तंत्रज्ञान, बाजारवाद, वैश्विकीकरण आदि तत्त्वों का भाषा, शैली पर प्रभाव इस साहित्य का व्यवच्छेदक रूप बनकर उभरता है। भाषा और शैली में फंतासी और वास्तविकता का द्वंद्व सर्वत्र है। असल में यह द्वंद्व वर्तमान जिंदगी का है, जो साहित्य में प्रतिबिंबित है। शैली का सौंदर्य भी काल के साथ बदलता, नया रूप लेता दिखाई देता है।

निष्कर्ष :

विभिन्न वेबसाइट्स लिखने वाले लेखक भारतीय एवं प्रवासी भारतीय रहे हैं। वे संगणक साक्षर एवं सुशिक्षित हैं। वे वाद, विचार, विमर्श, भाषा, शैली पक्ष से अवगत हैं। वेब पर अभाव में ही लब्धप्रतिनिष्ठित साहित्यिक लिखते नजर आते हैं। वेब साहित्य के स्तर निर्धारण के लिए वाद, विमर्श, भाषा, शैली जैसी कसौटियों पर उसे परखने पर ज्ञात होता है कि हिंदी वेब साहित्य में यथार्थवाद, प्रगतिवाद, अस्तित्ववाद, आधुनिकतावाद तथा उत्तर-आधुनिकतावाद की प्रवृत्तियाँ नजर आती हैं। हिंदी वेब-साहित्य ने विमर्श को भी स्पर्श किया है। इस साहित्य में नारी विमर्श, भूमंडलीकरण विमर्श, तंत्रज्ञान विमर्श, पर्यावरण विमर्श का विचार हुआ है। वाद और विमर्श के मूल्यांकन से पता चलता है कि हिंदी वेब साहित्य ने मुद्रित साहित्य की तरह अपने आपको समय के साथ रहने की सतर्कता बरती है। भाषा की दृष्टि से यह साहित्य सूचना क्रांति, संपर्क साधनों का विकास, वैश्विकीकरण की प्रवृत्ति, ज्ञान समाज और भाषा के साथ अपने आपको जोड़ती अन्य विश्वभाषाओं की तरह अंग्रेजी प्रचुर, नए मुहावरों से अपने आपको जोड़ती नए शब्दों, प्रतिमानों का प्रयोग करती परिलक्षित होती है। शैली की विभिन्नता के साथ शैली की ललितता और कलात्मकता के भी वह दर्शन कराती है।

छठा अध्याय

हिंदी भाषा और साहित्य विकास में वेब साहित्य का योगदान

6.1 पृष्ठभूमि :

प्रस्तुत अनुसंधान का काल सन् 2010 का वर्ष रहा है। इसके पूर्व का निकट काल इसकी पृष्ठभूमि रही है। स्थूल रूप से कहा जाए तो आपातकालोत्तर स्थितियाँ इस साहित्य की पार्श्वभूमि रही हैं। आपातकाल की दमन नीतियों ने लोकतंत्र का गला घोटने का प्रयास किया। व्यक्ति स्वातंत्र्य का संकोच हुआ। तुर्कमान गेट का निर्मम अत्याचार इसका गवाह बनकर उपस्थित होता है। मत स्वातंत्र्य का संकोच, राजकीय अभियानों पर रोक आदि से आविष्कार स्वातंत्र्य पर कुल्हाड़ी चली। मीडिया तंत्र के हाथ, कान, आँखें यहाँ तक कि मस्तिष्क पर भी प्रहार हुए। बड़ी संख्या में लोगों को हवालात में रखा गया। इसकी प्रतिक्रिया में जो चुनाव हुए उसमें विपक्ष की जीत स्वाभाविक थी। ऐसी प्रतिक्रियाएँ हम दुनिया में, जहाँ भी लोकतंत्र पर हमला हुआ, देखी हैं। सबसे निकट काल में म्यानमार इसका उदाहरण है।

जनता पक्ष के नाम पर सारा विपक्ष और लोकतांत्रिक जनता एकजुट हुई और कांग्रेस की हार हुई। पर जनता पक्ष के आपात्काल के बिखराव से जनता का भ्रमभंग हुआ। और फिर कांग्रेस ने देश की कमान सँभाली पर समय-समय पर देश की पारंपरिक जो प्रतिमा थी–धर्मनिरपेक्ष, नैतिक, सांप्रदायिक सद्भाव, मूल्य आदि ताक पर रखे गए। इसमें सारे राजनीतिक पक्षों ने न सिर्फ अपनी जिम्मेदारी उठाई अपितु हिस्सेदारी भी की। अकाली दल, तेलगूदेशम, द्रविड मुनेत्र कषघम, असम गण परिषद, शिवसेना जैसे प्रांतवादी पक्षों और विचारों के उदय ने देश के सामने अखंडता और प्रभुसत्ता या सार्वभौमत्व को ही चुनौती दी। खालिस्तान को रोकने के लिए ऑपरेशन ब्लू स्टार की नौबत आई। इंदिरा गांधी हत्या, कश्मीर में आंतकवाद, देश के अन्य हिस्सों में नक्सलवाद, मंडल आयोग, सोवियत विघटन, जातीय एवं धार्मिक यात्राएँ आदि ने देश में फिर जातीय एवं धार्मिक अस्मिताओं की आग को हवा दी। उत्तर प्रदेश में और केंद्र में रोज नई सत्ता और सरकार का खेल विविध प्रांतों में भी रोजमर्रा की बात हुई। राम रथयात्रा, कारसेवा, बाबरी मस्जिद गिराना, बंबई दंगे सबसे भारत दहल उठा। इसका लाभ पाकिस्तान ने उठाकर संसद और मुंबई पर बम हमले करने की जुर्रत दिखाई। परंतु फिर भी लोकतंत्र, सार्वभौमता, संविधान, सांप्रदायिक एकता पर जनता के विश्वास ने गोधरा तंत्र भी नाकाम किया। किसी एक राजकीय पक्ष और दर्शन की जगह विचारधाराओं के पक्षों की जीत ने देश को सर्वोच्च माना।

उधर दूसरी ओर सन्, 1990 के बाद दुनिया भर में भूमंडलीकरण, बाजारवाद, उदारीकरण, निजीकरण की नीति ने देश में मुक्त अर्थव्यवस्था, मुक्त व्यापार, मुक्त पर्यटन के नाम पर देश में विकास के नए प्रयोग आरंभ हुए। देश में विदेशी पूँजीनिवेश बढ़ाने के बहाने यहाँ का 'लाइसेंस राज' खत्म हुआ। बहुराष्ट्रीय कंपनियों का आगमन हुआ। आकाशवाणी, दूरदर्शन में निजी कंपनियों के आगमन से मुक्त प्रसारण, प्रक्षेपण का दौर आरंभ हुआ। सूचना और संपर्क क्रांति ने 24 × 7 प्रक्षेपण और वह भी रंगीन और विदेशी चैनलों के साथ आरंभ हुआ। इसका बहुत बड़ा आघात देश की बहुसांस्कृतिक, बहुभाषी परंपरा और प्रतिभा पर हुआ। हमारी संस्कृति भी वैश्विक बनी। फैशन, फूड, फंडे आम हुए। मोबाइल सबके हाथ आया। संगणक, इंटरनेट सर्वत्र आया। चेन मार्केटिंग, लोन मेले, बी.टी. बीज, विदेशी उर्वरक, मॉल्स, पर्यटन सबने हमें ग्राहक, उपभोक्ता बनाया।

पिछले तीन दशकों में हम सही माने में एक सहस्त्रक से दूसरे सहस्त्रक में क्या आए, देश का कायाकल्प हुआ। अनैतिकता, भ्रष्टाचार, घोटाले, गलत हथकंडे, पैसे देकर मतों की खरीद-फरोख्त हमारा चरित्र बना। उसके सामने जन लोकपाल आंदोलन की भी किरकिरी हुई। परमाणु करार, एफडीआई जैसी बातों पर संसद को चलन देने का दबाव तंत्र ही हमारा लोकतंत्र बना। विकास की बड़ी-बड़ी योजनाओं और उद्घोषणाओं के विज्ञापनों, होर्डिंग के सामने आम आदमी नगण्य बना। पैसा ही सब कुछ मूल्य बना।

इन सबने हमारे साहित्य और भाषा पर गहरा प्रभाव छोड़ा। उत्तर-आधुनिक विमर्श, नारी विमर्श, दलित विमर्श, पर्यावरण विमर्श की छाया में पला हमारा हिंदी साहित्य और हमारी हिंदी भाषा हिंग्लिश हुई। संकर सभी क्षेत्रों में प्रवेश कर गया। भला हमारी भाषा, संस्कृति, साहित्य, संगीत, सिनेमा, चित्र, दूरदर्शन अलग कैसे रहते! मौलिक और ललित साहित्य की जगह विदेशी साहित्य के अनुवाद, जीवनोपयोगी साहित्य, पैसे कमाने का तंत्र, प्रतियोगिता और साक्षात्कार मंत्र, अध्यात्म और विपश्यना, खाना-खजाना, फैशन, पर्यटन हमारे साहित्य के केंद्र बनते दिखे। नए शब्द, नई सोच, नई विधाएँ, नए माध्यम सबने हमारी भाषा और साहित्य की शक्ल-सूरत बदल दी।

6.2 हिंदी भाषा और साहित्य का वेबपूर्व रूप :

सन् 1999 में 'वेब दुनिया' के वेब पोर्टल और वेबसाइट के आरंभ से हिंदी भाषा और साहित्य का वेब युग आरंभ हुआ। इसके पूर्व का साहित्य उपरोक्त सामाजिक, राजनीतिक, आर्थिक, धार्मिक, सांस्कृतिक, तांत्रज्ञानिक परिस्थितियों, घटनाओं, सुधारों तथा परिवर्तनों और विकास योजनाओं की प्रतिक्रिया और प्रतिफलन समझा जाना चाहिए।

6.2.1 साहित्य –

साहित्य में दैहिक, दार्शनिक एवं धार्मिक स्वर तेज हुए। साहित्य व्यक्तिगत अंतरंग जिंदगी और मानस का आविष्कार और अभिव्यक्ति बना। निजी जीवन के सरोकार, स्थितियाँ तथा मन:स्थिति का प्रतिबिंब साहित्य में बड़े पैमाने पर पड़ा। विश्व साहित्य का हिंदी पर प्रभाव

छायावाद, मार्क्सवाद, अस्तित्ववाद से प्रारंभ हुआ था। यहाँ इस काल में भी आधुनिकतावाद, उत्तर-आधुनिकतावाद का प्रभाव पड़े बिना नहीं रहा। शिल्प और शैली के विभिन्न प्रयोग कथा, कविता, उपन्यासों में हुए। भाषा, शिल्प में तो चरम विपरीत प्रयोगों से साहित्य में एक तरह का अराजक एवं अजनबीपन आया। पूर्वसंस्कारी पाठक यदि उनमें प्रसाद, प्रेमचंद, यशपाल, महादेवी, पंत, निराला को खोजने का प्रयास करे तो खुद को लापतागंज का निवासी महसूस करता। ऐसी स्थिति में भी साहित्य सृजन यात्रा में चौंकाने वाली, आश्वस्त करने वाली रचनाएँ हाथ आईं। इस तरह वेबकाल पूर्व हिंदी साहित्य स्थूल रूप से वैविध्यपूर्ण रहा। उपरोक्त जिन विभिन्न स्थितियों की चर्चा की, उनके सामने हमारे रचनाकारों ने घुटने नहीं टेके। बल्कि उन विपरीत हालातों में सार्थक हस्तक्षेप करने वाले विचार एवं कृतियाँ देकर मूल्य और आस्था के सार्थक प्रयास किए और पर्याय भी उपस्थित किए। बाजारवाद, उपभोक्तावाद, निजीकरण के जरिए आने वाले संकटों की ओर इशारा करते हमारे कवि, कथाकरों, व्यंग्यकारों ने सजग प्रहरी (Whistle Blower) की भूमिका निभाई। जन लोकपाल आंदोलन के रूप में ये प्रयास प्रतिफलित होते आज नजर आते हैं। नारी और दलित चेतना के रूप में जो साहित्य आया उसने प्रेमचंद, यशपाल, जैनेंद्र का विकसित क्षितिज दिखाया। पर अभी भी हमारे साहित्य में सामाजिक न्याय से वंचित अनाथ, अपाहिज, विकास योजनाग्रस्त भूमिहीन (सेजग्रस्त), आत्महत्या करने वाले किसानों, अधिकारों के लिए लड़ने वाले आदिवासियों की व्यथा, वेदनाओं के आँसू, स्वर हमारे रचनाकारों का हृदय न थाम पाए, न पसीज पाए इस हकीकत को कौन नकार सकता है!

6.2.2 कविता –

इस समय की कविता प्रवृत्तियों के आधार पर देखें तो पूर्ववृत्तियों का ही विकसित रूप है। कोई बुनियादी परिवर्तन नजर नहीं आता। इस कविता के स्वरूप को समझाते हुए डॉ. परमानंद श्रीवास्तव ने ठीक ही कहा है कि 'समकालीन कविता की जिद है—अपने खास समय में सार्थक हस्तक्षेप। 'शाश्वत सिम्फनी' का तिरस्कार नहीं पर जो आसपास घट रहा है उसके प्रति उत्सुक और सजग। इसलिए जैसी स्थितियाँ हैं—उत्तेजित और उद्विग्न भी। यह न होता तो एकदम कवि भी ठंडे राग-विराग के कवि होते। वे सक्रिय जीवन राग के कवि है।'[1] अजितकुमार, अरुण कमल, नीलम उपाध्याय, नरेश सक्सेना, नीलिमा बंसल जैसे कवि-कवयित्रिओं की रचनाएँ इस संदर्भ में द्रष्टव्य हैं।

इस काल के कवियों ने अपने भावों को व्यक्त करने के लिए समय के नए शब्दों को प्रयोगित किया। इन शब्दों के स्वर वॉल्यूम की दृष्टि से देखे तो लाउड कहे जाएँगे। उनके प्रतीक भी नए हो गए। स्पंज, प्लास्टिक, एसएमएस, कोकाकोला, टॉकटाइम, वैलिडिटी जैसे शब्द सिर्फ सिर्फ हिंग्लिश का अनुकरण न होकर वे उनके जरिए समय की जिंदगी, उसकी छटपटाहट, चिंता व्यक्त करते नजर आते हैं। काव्य प्रकारों की कहे तो पूर्वछंदों के पुनर्प्रयोग के साथ वे नए प्रकारों गजल, हाइकू, क्षणिकाएँ, अगीत, लंबी कविता को भी अपनाते दृष्टिगोचर होते

1. वर्तमान साहित्य (कविता विशेषांक)-अप्रैल-मई संयुक्तांक, 1992, पृ. 86

हैं। कवि भारतीय भी है और प्रवासी भारतीय भी। यह वैशिष्ट्य वेब साहित्य में भी दिखाई देता है। बीसवीं शती के आपातकालोत्तर कालखंड में नागार्जुन की लोकभावना का विस्तार भी परिलक्षित होता है। श्याम विमल, देवी प्रसाद मिश्र, नीलाभ जैसे कवि इस संदर्भ में याद आते हैं। इस समय के कवियों ने अनुभूति की ईमानदार अभिव्यक्ति का प्रयास किया। पर उनकी कविता में अर्थ और मर्म न खुलने की शिकायत करते हुए डॉ. मंजुल उपाध्याय का कथन है कि, ''कोई रचना सिर्फ 'नई' होने से ही प्रासंगिक नहीं हो जाती, उसे 'सही' भी बनना पड़ता है।''[1]

प्रस्तुत कालखंड के धूमिल, कुमार विकल, कुँवर नारायण जैसे कवि अलंकृत भाषा-मोह से मुक्त होकर लोकभाषा का प्रयोग करके समय के पाठकों से अपनी रचनाओं को जोड़ने के लिए उत्सुक नजर आते है। लोकतंत्र, स्वतंत्र्यता जैसे मूल्य इनके लिए भी पूर्ववर्ती कवियों जितने ही प्यारे और अहम होने की भावना कविता में महसूस होती है।

6.2.3 उपन्यास –

बेब साहित्य पूर्व हिंदी उपन्यास सम्मिश्र है। उसमें एक ओर भूमंडलीकरण की प्रतिक्रिया है तो दूसरी तरफ नारी की अधिकारी आक्रामकता तो तीसरी तरफ समाज के तीसरे तबके की छटपटाहट को व्यक्त करने की बेताबी। ऐसी विभिन्न प्रवृत्तियों की हाथापाई में बीसवीं शती के पूर्व दशक का और इक्कीसवीं शती के प्रथम दशक का उपन्यास अपने स्वर और संगीत की तलाश में भटकता नजर आता है।

जया जादवानी का उपन्यास 'कुछ न कुछ छूट जाता है' मध्यवर्ग के जीवन संघर्ष का प्रतिबिंब है। इसकी नायिका ऋतु वर्तमान मूल्य संकल्पना की द्विधावस्था के चक्र में फँसी नारी है। शिवमूर्ति ने अपने उपन्यास 'तर्पण' में पीढ़ियों के अंतराल और परस्पर संघर्ष का चित्रण किया है। रणेंद्र का 'ग्लोबल गाँव' झारखंड की आदिम जनजाति के जीवन अस्तित्व की रक्षा का संघर्ष रेखांकित करता है। सूचना और संपर्क क्रांति के कायाकल्प को शब्दबद्ध किया है प्रदीप सौरभ ने अपनी औपन्यासिक रचना 'मुन्नी मोबाइल' में। यह एक आम मुन्नी के मोबाइल मुन्नी वाली खास मुन्नी बन जाने की कथा पीढ़ी के परिवर्तन का चित्र उपस्थित करती है। रवींद्र कालिया के '17 रानडे रोड' वर्तमान की भोगलोलुप, फैशनपरस्त, नवशिक्षित बदफेली जमात की बीभत्सता का यथार्थ परंतु अंतर्मुख करता दृश्य है। बाजारू नई जिंदगी का ऐसा ही चित्र हमें राजू शर्मा के उपन्यास 'विसर्जन' में मिलता है।

उषा प्रियंवदा, मन्नू भंडारी, कृष्णा सोबती, मैत्रेयी पुष्पा की उत्तर पीढ़ी में नारी विमर्श के नए पहलू उषा यादव के 'एक टुकड़ा धूप', अनामिका के 'अवांतर कथा', कुसुम अंसल की 'रेखाकृति', सिम्मी हर्षिता के 'संबंधों के किनारे' जैसे उपन्यासों में दिखाई देते हैं। ये सारे उपन्यास वर्तमान नारी की कुंठा की अभिव्यक्ति के रूप में देखे जाने चाहिए। दूसरी ओर दलित विमर्श भी नजर आता है। धर्मवीर का 'पहला खत', बलवंत सिंह 'चार्वाक' का 'भूखी चिनगारी की लाल मुस्कराहट', जयप्रकाश कर्दम का 'करुणा', प्रेम कपाडिया का 'माटी की सौगंध' जैसे

---

1. अंतिम दो दशक का हिंदी साहित्य, पृ. 60

उपन्यास दलित अनुभूतियों से लिखे जाने पर भी दलित उपन्यास नहीं माने गए। पर जयप्रकाश कर्दम के 'छप्पर' उपन्यास ने वह मान्यता जरूर हासिल की। श्री सत्य प्रकाश के 'जय तस भई सवेर' ने भी वह मान्यता प्राप्त की।

इस कालखंड में स्तरीय ऐतिहासिक उपन्यासों की अनुपस्थिति अखरती है। इस समय के उपन्यास परिवेश प्रभावित नजर आते हैं। इस समय का उपन्यासकार अपनी स्पेस की तलाश में कुछ कर दिखाने की कारगुजारी में व्यस्त है। देखना है, 2020 तक वह अपने उपन्यासों के जरिए हिंदी साहित्य की महासत्ता कैसे बनेगा?

6.2.4 कहानी –

बीसवीं शती का अंतिम वर्ष हिंदी कहानी की शतक पूर्ति लेकर आता है। पिछले सौ वर्ष की इस कहानी ने इतिवृत्तात्मक दौर से गुजरते अस्तित्व की तलाश में विचार, भाव, शिल्प, शैली, भाषा के नित्य नए रूप अपनाए। प्रेमचंद, गुलेरी, सुदर्शन, प्रसाद, जैनेंद्र, यशपाल, अज्ञेय, निर्मल वर्मा की उत्तराधिकारी होने वाली उदय प्रकाश, संजीव, अखिलेश, शैवाल, अवधेश प्रीत, महेश कटारे, सुरेश कंटक, मनोज रूपड़ा, हरनोट, ऋतु शुक्ल, मैत्रेयी पुष्पा, गीतांजलि श्री, क्षमा शर्मा, लवलीन, सुषमा बेदी, उर्मिला शिरीष की पीढ़ी ने हिंदी कहानी को नया जामा पहनाया। जयनंदन की 'चियर–अप कोला ब्लूम-96', 'विश्व बाजार का ऊँट', संजीव की 'नस्ल', 'काउंट डाउन', शैवाल की 'भारतीय संगीत-97', सूर्यबाला की 'दादी और रिमोट', अमरीक सिंह दीप की 'ड्रैक्युला', लवलीन की 'सहेलियाँ', वंदना राग की 'यूटोपिया', गीत चतुर्वेदी की 'सावंत आंटी की लड़कियाँ', मीरा कांत की 'गली दुल्हन वाली' (जो वेब पर भी है), जैसी कहानियाँ सन् 2010 के पहले की तक की कहानियों की प्रतिनिधि हैं। वेबपूर्व हिंदी कहानी भूमंडलीकरण, बाजारवाद, संपर्क क्रांति के मँडराने वाले संकटों के प्रति सतर्क है और आगाह करती नजर आती है। इन कहानियों में बदलती सामाजिक स्थितियों में प्रेम का स्वरूप, बाजारवाद के दुष्परिणाम, जीवन भौतिक समृद्धि का बढ़ता महत्त्व, मनुष्य का अकेलापन और उसकी भीतरी घुटन, जान लेवा होड़, शरीरी प्यास जैसे के एक–एक नायाब दृश्य पाठक को विकल किए बिना नहीं रहते।

असल में साठोत्तर से लेकर 2010 तक हिंदी कहानी अनेक विमर्श को अपनाते हुए भी किसी एक की मुहताज नहीं रही। यथार्थवाद का जादू वेबपूर्व कहानियों पर छाया रहा। उत्तर–आधुनिकता की कुछ कहानियों से फंतासी का दौर पुन: नजर आता है। उपन्यास की तरह कहानी में भी विषय वैविध्य है। बाजारवाद का प्रभाव पिछले दो दशकों में बढ़ा। श्रेष्ठ कहानियों के प्रतिमान निश्चित करता यह कथन उपरोक्त कहानियों, कथाकारों पर भी लागू है कि 'श्रेष्ठ कहानियाँ संभवत: वे हैं जो सामाजिक संदर्भ की जमीन से उपजती तो हैं लेकिन उससे पूरी तरह से बँधी नहीं रहतीं। स्मृतियों, कामनाओं, कल्पनाओं, सपनों, सौंदर्य और प्रेम की छवियों का अंकन करने वाली ये कहानियाँ सोद्‌देश्यता के औसत समय से ऊपर उठ जाती हैं।''[1] हिंदी कहानी की अकसर यह विशेषता रही है कि उसने हमेशा समय को अपने साथ लेकर खुद को समकालीन रखा।

---

1. कहानी पच्चीस साल की–राजकुमार, तद्‌भव (आख्यान पर एकाग्र) अंक 24, अक्तूबर, 2011, पृ. 174

6.2.5 निबंध –

हिंदी साहित्य में प्रचलित आज का निबंध अंग्रेजी Personal Essay का प्रतिरूप बनकर विकसित हुआ। ललित, आत्मपरक, व्यक्तिगत, व्यंग्यात्मक जैसे अनेक प्रकार के निबंध लिखे गए। वेब पूर्व हिंदी का निबंध जगत् एक अपने अनुभव और जीवन पर आधारित चिंतन व्यक्त करता है वहीं दूसरी ओर वह अपने पाठकों से आत्मीय संवाद भी करता है। शैली की दृष्टि से देखा जाए तो वे संस्मरणात्मक, रेखाचित्र, फंतासी के रूप धरे भी अवतरित होते रहते हैं। प्रबोधनकार निबंधों की हिंदी की परंपरा 'अशोक के फूल', 'चिंतामणि', 'संभाषण' जैसी कृतियों से हजारीप्रसाद द्विवेदी, रामचंद्र शुक्ल, महादेवी ने समृद्ध की थी। वह वेबपूर्व निकट काल में अज्ञेय, कुबेरनाथ राय, विद्यानिवास मिश्र, विवेकी राय में भी पाई जाती है। अज्ञेय का 'छाया का जंगल'(1985), रामदरश मिश्र 'और सहचर है समय' (1991), विद्यानिवास मिश्र का 'नदी, नारी और संस्कृति'(1993), विवेकी राय का 'जगत तपोवन सो कियो'(1995), शिवप्रसाद सिंह का 'क्या कहूँ कुछ कहा न जाए'(1990), कुबेरनाथ राय का 'आईने के सामने'(1995) जैसे निबंध संग्रह इस बात का प्रमाण है कि आपातोत्तर काल में इन निबंधकारों ने आज की पेचीदा ज़िंदगी से राह बनाने की कोशिश की है। विवेकीराय के इस वक्तव्य में तथ्य लगता है कि "हिंदी साहित्य की केंद्रीय विधा में कभी कविता रही, सन् 50 के बाद कहानी आ गई और अब ऐसा लगता है कि ललित निबंध उस आसन को ग्रहण कर लेगा।"[1] यह बात व्यंग्य के कारण और विश्वसनीय बन जाती है। वेब साहित्य के परिशीलन से यह स्पष्ट हो जाता है। व्यंग्यकार के लिए विषय अब चिंता का विषय नहीं रहा इतनी विसंगतियाँ यत्रतत्र सर्वत्र नजर आती हैं।

भ्रष्टाचार, आडंबर, संस्कृति आदि तत्त्वों ने हिंदी निबंधकारों को लिखने के लिए बाध्य किया। उनकी चिंतना का लक्ष्य सदैव ही समाज को उन्नत और अग्रसर करना रहा। उसके लिए निबंधकार कभी तर्क, बुद्धि, कल्पना अपनाते रहे तो कभी विवेचना, विश्लेषण और व्यंग्य शैली भी। उनकी भाषा हमेशा प्रमाणित रही। इन ललित निबंधों में शब्द चयन का सौंदर्य नजर आता है। इतिहास, संस्कृति, मिथक, लोकजीवन ने हिंदी निबंधकार को हर युग में मोह लिया है।

6.2.6 यात्रा विवरण –

हिंदी साहित्य के हयुआन सांग माने जाने वाले महापंडित राहुल सांकृत्यायन ने एक जगह कहा है कि "मेरी समझ में दुनिया की सर्वश्रेष्ठ वस्तु है धुमक्कड़ी। घुमक्कड़ी से बढ़कर व्यक्ति और समाज के लिए कोई हितकारी नहीं हो सकता।"[2] इस वक्तव्य का अंदाज सिर्फ वे लोग कर सकते हैं जिन्होंने 'चरैवेति' को अपना जीवन बनाया। इस संदर्भ में निकट अतीत में अज्ञेय, विष्णु प्रभाकर याद आए बिना नहीं रहते। यात्रा मनुष्य की वह वृत्ति है, जो उसे विकासोन्मुख बनाती है। अपनी गुफा, जंगल छोड़कर स्थानांतरित हूण, कुशाण, नाग टोलियों से लेकर चाँद पर पैर

1. 'आस्था और चिंतन' से उद्धृत
2. घुमक्कड़शास्त्र (1949)–पृ. 10

रखने वाले, हाल ही काल का ग्रास बने नील आर्मस्ट्रांग तक की हमारी यात्रा वाया कोलंबस, वास्को-डी-गामा हमें हरिमोहन के यात्रावृत्त 'सूरजकुंड से पाताल लोक तक' (2000) ले आती है। बीच में पिछले दशक भर की वेबपूर्व अवधि में हिंदी में हिमांशु जोशी की 'यात्राएँ' (1991), विष्णुकांत शास्त्री का 'सुधियाँ उस चंदन के वन की' (1992), शंकरदयाल सिंह का 'यायावरी : एक मादक गंध' (1993), धर्मवीर भारती का 'यात्राचक्र' (1994), गिरिधर राठी का 'नए चीन में दस दिन' (1995), राजेंद्र जोशी का 'परिक्रमा' (1996), गोविंद मिश्र का 'परतों के बीच' (1997), विष्णु प्रभाकर का 'हमसफर मिलते रहे' (1996), कमलेश्वर का 'कश्मीर आधी रात के बाद' (1998), रामदरश मिश्र का 'पड़ोस की खुशबू' (1999) जैसे एक से बढ़कर एक पठनीय यात्रा विवरण प्रकाशित हुए। इसके अलावा कितने ही समाचार-पत्रों, पत्रिकाओं में ये नित्य प्रकाशित होते आए हैं। अब वैश्विकीकरण के दौर में आदमी सचमुच घुमक्कड़ बन गया है।

ये और अन्य इस समय के यात्रावृत्तांत कथ्य की दृष्टि से विविधता और वैचित्र्य लिये हुए है। उनमें भाषा और वृत्ति की प्रसन्नता है और शैली की बहार भी। देश-विदेश सबका इसमें समावेश है। प्रकृति, पर्यावरण, देश, संस्कृति, विकास की प्यास में की जाने वाली यात्राएँ जीवन का लुत्फ उठाने के लिए होती हैं और ज्ञान, विज्ञान, विकास, तंत्रज्ञान की जिज्ञासा से भी। अध्यात्म और विज्ञान समांतर मनुष्य को आकर्षित कर रहा है। जिंदगी की पहली इनिंग जिन्होंने अभाव खोयी, वे दूसरा हनीमून मनाते साड़ी, धोती से एकदम जीन्स, बर्मोडा में तब्दील होते हैं। जीवन की नई शैली की संतान होने वाले ये यात्रावृत्त पहले की अपेक्षा एकदम युवा, चेतना और चैतन्य-चिंतना से भरे मिलते हैं। ये नदी, पहाड़, हवाई जहाज, समंदर, प्रासाद, सफारी, गाँव, जंगल, रेगिस्तान, बर्फ किसी को अस्पर्शित नहीं रखते। पर्यटन, बाजार, संस्कृति, पेय-पान, पोशाक, फैशन, फोटोग्राफी सब इसमें है। 'ये दिल माँगे मोर' का यह नतीजा आने वाले दिनों में चाँद का सफर जरूर कराएगा।

6.3 हिंदी भाषा और साहित्य में वेब आविर्भाव से स्थित्यंतर :

बीसवीं शती का अंत और हिंदी वेब साहित्य का आरंभ दोनों घटनाएँ एक नए युग के प्रारंभ के रूप में देखनी चाहिए। इसे दूसरे शब्दों में कहना हो तो इक्कीसवीं सदी का साहित्य भी कह सकते हैं। इस बृहत् शोध परियोजना का मूल्यांकन वर्ष 2010 रहा। इक्कीसवीं के प्रथम दशक (2000 से 2010) तक की भारत की विभिन्न घटनाओं की प्रतिक्रिया में जो साहित्य निर्माण हुआ वह वेब आविर्भाव के बाद का साहित्य है। हमारे अनुसंधान के लक्ष्य वर्ष के वेब साहित्य की चर्चा या तुलना के लिए वह जरूरी हो जाता है कि उसके पूर्व दशक के साहित्य की क्या स्थिति रही यह वेब का परिणाम भले न हो पर इससे पृष्ठभूमि समझने में जरूर मदद मिलेगी। इसलिए इक्कीसवीं सदी के हिंदी साहित्य को परखना यहाँ हमारा उद्देश्य है।

उपरोक्त दशक का हिंदी साहित्य इस कालावधि में घटी विभिन्न घटनाओं की प्रतिक्रिया रही। इस काल में हमारी जनसंख्या 1 अरब हो गई। इसने हमारी विकास गति के सामने बहुत बड़ा प्रश्नचिह्न खड़ा कर हमें जनसंख्या नियंत्रण के लिए अंतर्मुख किया। गुजरात में आए भयंकर

भूकंप ने (2001) भारत को दहला दिया। इसी के अगले वर्ष गोधरा हत्याकांड ने गुजरात की छवि धूमिल बनी। सन् 2003 में और सन् 2008 में मुंबई पर आतंकवादी हमले, बम विस्फोट ने हमें यह जता दिया कि पाक के रडार पर मुंबई की आर्थिक तरक्की और केंद्र होना कारण है। 2004 में दक्षिण भारत का पश्चिमी तट सुनामी का शिकार हुआ। पाक के आक्रमण और आतंक को पनाह देने के बावजूद भारत ने पाक के साथ सद्भावना, समझौता यातायात सेवाएँ शुरू कीं। (2005) अमरीका के साथ अणु करार और नरेगा योजना सन् 2006 की महत्त्वपूर्ण घटनाएँ रहीं। माओवादी हमलों (2007) ने आंतरिक असुरक्षा के प्रति हमें चिंतित किया। इसके बावजूद भारतवर्ष ने 9.4% विकास दर हासिल किया। इसी समय भारत के सर्वोच्च पदों पर संसद सभापति और राष्ट्रपति पद पर महिलाओं को चुनकर हमने नारी विमर्श को आधारधर्म बनाया। डॉ. मनमोहन सिंह सन् 2009 में दुबारा प्रधानमंत्री बने। आयोध्या के फैसले ने हमारी न्याय व्यवस्था की निष्पक्षता पुन: एक बार सिद्ध की। ये और ऐसी अनेक घटनाओं का प्रभाव हमारे वर्तमान साहित्य पर दिखाई देता है। इस समय मुद्रित के अलावा वेब पर साहित्य लेखन में गति आई। आज हिंदी भाषा और साहित्य की 1000 वेबसाइट्स सक्रिय हैं। उनमें 100 तो विशुद्ध साहित्यिक हैं।

इन भारतीय घटनाओं के परिपार्श्व में विश्व पटल पर पुननिर्माण एवं पारदर्शिता (पेरेस्त्रोइका एवं ग्लासनोस्त) का दौर गोर्बाचोव ने आरंभ कर रूस को बचाने का विफल प्रयास किया। आगे रूस के विघटन से अमरीका की विश्व पर निरंकुश सत्ता (हेजेमनी) आई। इसके चलते ईरान, इराक, अफगानिस्तान, फिलिस्तीन और पाकिस्तान में अमरीका ने मनचाहा शक्ति परीक्षण कर सद्दाम हुसेन तथा लादेन का खात्मा कर वर्ल्ड ट्रेड सेंटर के हमले का जवाब दिया। इसके बाद अपनी आर्थिक अव्यवस्था के होते हुए भी अमरीका ने विश्व पर आर्थिक एकाधिकार का मोर्चा बरकरार रखा। उसी के नक्शेकदम पर शस्त्रों के बाद तंत्र की एकाधिकार सत्ता निर्माण करने के लिए नए तंत्रज्ञान, सूचना और संपर्क साधनों का विश्वजाल बुना। आज स्थिति ऐसी है कागज, कलम की जगह कंप्यूटर, माउस, मॉनिटर ले रहे हैं। एपल, माइक्रोसॉफ्ट, इंटेल, इंफोसिस अब कंपनियाँ न रह नए ज्ञान समाज के सत्ता केंद्र बने। साहित्य और भाषा का इन्होंने नया अंतर्जालीय विश्व निर्माण कर आभासी दुनिया (Virtual World) बनाई।

इससे उत्पन्न साहित्य वेब प्रभावी साहित्य के रूप में दुनिया भर की भाषाओं में अवतरित हुआ। हिंदी में भी वह इक्कीसवीं सदी के साहित्य के रूप में उभरकर आया।

6.4 इक्कीसवीं सदी का साहित्य :

6.4.1 कहानी –

"दुनिया की एक ध्रुवीयता, पूँजी और बाजार की सर्वोच्चता, उपभोक्ता संस्कृति की अमानवीयता, समाज की बदहाली–ये सभी बातें युवा लेखकों की चेतना में मौजूद हैं। जाहिर है कि उनकी कहानियाँ भी इसे किसी–न–किसी रूप में व्यक्त कर रही हैं।"[1] इक्कीसवीं सदी

1. परिकथा–सितंबर–अक्तूबर 2010, पृ. 6

की कहानी का पार्श्व समझाता 'परिकथा' पत्रिका के संपादक शंकर का यह कथन 'युवा कहानी विशेषांक' के संपादकीय में व्यक्त है। इसी को विस्तार देता ज्येष्ठ कथाकार उदय प्रकाश का यह चिंतन भी द्रष्यव्य है कि "न सोचे कि सिर्फ नई अर्थव्यवस्था पैदा हुई है, टेक्नॉलॉजी नई आई है। उसने बड़े पैमाने पर समाज को बदल डाला है। इंटरनेट है, मोबाइल, आईपॉड है, कम्यूनिकेशन (संप्रेषण) के दूसरे साधन हैं। कैपिटल-पूँजी फ्री हो गई है, आवारा हो गई है। अब फोर्ब्स की सूची में वो हैं जिनके पास कोई उद्योग, फैक्टरी नहीं है।...सर्विस सेक्टर जो नया आया है, पुराने श्रमिकों की हालत खराब कर दी है।...मैं देख रहा हूँ, कि जो आज के जीवन में मनुष्य के सामने आने वाले संकट हैं, उनके जो अनुभव हैं, उनको व्यक्त करने वाली कहानियाँ अभी उस तरह से नहीं आई हैं।"[1]

इक्कीसवीं सदी के आरंभिक दशक में जो कहानियाँ आई हैं, उनमें उल्लेखनीय संग्रह है, ममता कालिया का 'काके दी हट्टी', वंदना राग का 'यूटोपिया', गीत चतुर्वेदी का 'सावंत आंटी की लड़कियाँ', मीरा कांत का 'गली दुल्हन वाली', राजेंद्र राव का 'कितने शारीं है तेर लब की', असगर वजाहत का 'मुश्किल काम', कृष्ण बलदेव वैद का 'खाली किताब का जादू' आदि। इस समय की कहानी आम आदमी की तबाही से जुड़ी है। वह प्रेम, देह, बेरोजगारी और बाजारवाद का चित्रण करती है। गाँव से पलायन का प्रतिबिंब इन कहानियों में है। युवा कथाकार अब लैपटॉप पर कहानियाँ लिखकर दुनिया भर में संप्रेषित करते हैं। प्रतिबद्ध लेखन से वर्तमान कहानी मुक्त है। कहानी का अपना कोई निजी स्वरूप एवं पहचान अब नहीं रही। विभिन्न शिल्प और शैलियों की कहानियाँ लिखी जा रही हैं। कहानीकारों का व्यक्ति स्वातंत्र्य आत्ममुग्ध होकर ठहर-सा गया है। इस समय की कहानी की भाषा में बदलाव आया है। कहानी का कथ्य नकारात्मक हो रहा है। कहानी में यथास्थितिवाद की लहर नजर आती है। नई टेक्नोलॉजी, नई सूचना संस्कृति, नई जीवन शैली के परिपार्श्व में इस कहानी को देखो तो वह अत्यंत सीमित लगती है। यह मीडिया का प्रभाव है और अपने आपको शिक्षित सिद्ध करने की मानसिकता का प्रतिबिंब भी है। इस समय के कहानीकारों का निरीक्षण सूक्ष्म है।

संजीव, शिवमूर्ति, स्वयं प्रकाश, उदय प्रकाश, अखिलेश, नीलाक्षी सिंह, गीतांजलि श्री, पंकज मित्र, संजय खाती जैसे रचनाकार हैं जिनकी कहानियाँ उल्लेखनीय सिद्ध होने पर भी उनसे बेहतरी की उम्मीद है। इनसे वर्तमान हिंदी कहानी में और तराश आने की संभावना है। वर्तमान कहानी के भविष्य को लेकर नव कवि और कथा चिंतक अशोक कुमार पांडेय का यह कथन अधिक मार्मिक लगता है कि "आने वाले समय की कहानी...शिल्प और तथ्य की जगह कथ्य को केंद्र में लाएगी। वे अपने समय को समझने और इसके बरक्स कोई प्रतिसंसार रचने के लिए आवश्यक राजनीतिक समझदारी विकसित करेंगी और हिंदी पाठक को वह मानसिक खुराक दे सकेगी जो उसमें और पढ़ने की ललक जगाए।"[2] किसी भी कहानी प्रवाह की शाश्वतता इसी बात पर टिकी रहती है कि वह कितनी भविष्यलक्ष्यी होती है।

---

1. पाखी-फरवरी, 2011, पृ. 60
2. परिकथा-सितंबर-अक्तूबर, 2010, पृ. 43

6.4.2 उपन्यास –

कहानी की तरह उपन्यास पर भूमंडलीकरण, बाजारवाद और सूचना क्रांति का प्रभाव रहा। इक्कीसवीं सदी का उपन्यास टेक्नोलॉजी से लैस होती जा रही जिंदगी के बदलाव को स्वर देता नजर आता है। राजेंद्र का 'ग्लोबल गाँव के देवता' में झारखंड के आदिवासियों का जीवन संघर्ष चित्रित है। सेज (Special Economic Zone) से होते अतिक्रमण में भूमि अधिग्रहण से विस्थापित समुदाय की ध्वस्त जिंदगी को यह कृति चित्रित करती है। प्रदीप सौरभ का उपन्यास 'मुन्नी मोबाइल' में गाँव तक पहुँची सूचना क्रांति का चित्रण है। गाँव की मुन्नी भी मोबाइल का मॉडल देखते ही पहचानती है कि 'नोकिया का है न?' दिखाकर उपन्यासकार ने अपने निरीक्षण पर मुहर लगाई है। धीरेंद्र अस्थाना ने 'देशनिकाला' उपन्यास में फेज सिक्स में होली, दी वाली, गणेशोत्सव, दही-हाँड़ी, छब्बीस जनवरी, पन्द्रह अगस्त मनाने वाले चार सौ परिवार एक नए सम्मिश्र भारत की दुहाई देते हैं। भूमंडलीकरण के बाद बसी बस्तियों ने फ्लैट कल्चर में फ्लैट जिंदगी के जरिए एक सपाट दुनिया बनाई वहीं रो हाउसिंग, सेक्टर, फेज में बसी बहुसांस्कृतिक जीवन भी निर्माण किया है। यहाँ उदारीकरण, बाजारवाद की हवा से ई-मेल, क्रेडिट कार्ड, डेबिट कार्ड, पर्सनल लोन आदि से उत्पन्न सुविधाभोगी उपभोक्ता भी पैदा किए है। यह पढ़कर भविष्य का अंदाज हो आता है। मधु कांकरिया के उपन्यास में देहबाजार की यांत्रिकता का चित्रण है।

इक्कीसवीं सदी के प्रारंभिक दशक में मिथिलेश्वर का 'पानी बीच मीन पियासी', रवींद्र कालिया का '17 रानडे रोड', पंकज सुबीर तथा कुणाल सिंह का ज्ञानपीठ युवा पुरस्कार से सम्मानित 'ये वो सहर तो नहीं' तथा 'आदिग्राम उपाख्यान', अर्चना पेन्यूली का 'वेयर डू आई बिलांग?', अरुण आदित्य का 'उत्तर वनवास', मनीषा कुलश्रेष्ठ का 'शिगाफ', सुधा अरोड़ा का 'यही कहीं था घर', मंजुल भगत का 'अनारो और गंजी', असगर वजाहत का 'पहर दोपहर', मोहनदास नैमिशराय का 'जख्म हमारे' के अलावा अनेक भारतीय और विदेशी भाषाओं की औपन्यासिक कृतियाँ भी हिंदी में आईं।

इन उपन्यासों में पारिवारिक भावनात्मक आत्मीयता का अभाव बढ़ता नजर आता है। उपभोक्ता संस्कृति उपन्यास पर हावी हो रही है। जीवन पर पड़ते नकारात्मक प्रभाव से उपन्यास बेफिक्र दिखाई देता है। उपन्यास में रहन-सहन, खान-पान, वेशभूषा सबने पश्चिम की शरण ली है। मनुष्य की देह की हवस ने उसे एक ओर तृष्ण मृग बनाया है तो पैसे की और भौतिकता के प्रलोभन ने कांचन मृग!

6.4.3 कविता –

इक्कीसवीं सदी की हिंदी कविता को समझ लेने के लिए यह जरूरी हो जाता है कि रचना धर्म के साथ काल का प्रभाव, चेतना, विषयवस्तु, जिंदगी के अनुभव, कवि की सोच, उसकी संवेदना सबको समझा जाए। हर समय की कविता समय के संकट से हमें उबारती है। लगता है कविता का महत्त्व हमारी जिंदगी में विमान, बस की सवारी आपातकालीन गवाक्ष

(Emergancy Exit) जैसा होता है। आज विश्व समाज अल्पकालिक परंतु तेज बदलाव से गुजर रहा है। कवि किंकर्तव्यविमूढ़ है। कबीर के खिलाफ काफ्का खड़ा है। अंत:संघर्ष भी है और अंतर्द्वंद्व भी। जीतेंद्र श्रीवास्तव, उमा शंकर चौधरी, पवन करण, अष्टभुजा शुक्ल, अनामिका जैसे कविमना रचनाकार अपनी प्रज्ञा और प्रतिभा की प्रत्यंचा ताने नई सदी को लक्ष्य करते लिख रहे हैं।

विष्णु नागर का 'घर से बाहर घर', चंद्रकांत देवताले का 'पत्थर फेंक रहा हूँ', दिविक रमेश का 'वह भी तो आदमी ही होता है', अष्टभुजा शुक्ल 'इसी हवा में अपनी भी दो-चार साँस है', पवन करण की 'स्त्री मेरे भीतर', लीलाधर मंडलोई का 'लिक्खे में दुख', गीत चतुर्वेदी का 'अलाप में गिरह', विवेकानंद ठाकुर का 'अकेला खड़ा' जैसे काव्य संग्रह इस सदी के प्रतिनिधि के रूप में बताए जा सकते हैं।

बाजारवाद का असर सबसे ज्यादा कविता झेल रही है। प्रकाशक कविता छापने के लिए अनिच्छा से तैयार होते हैं। यह भी जीवन में संवेदना के घटते मूल्य का ही निदर्शक है। नई सभ्यता ने सूक्ष्म की जगह स्थूल को थाम लेने के कारण कविता पर स्थूल के बादल मँडरा रहे हैं। मर्यादा और गरिमा के स्थान पर लिप्सा, ललक ने अपना सिक्का जमाया है। मनुष्य का अस्तित्व ही विस्थापित है। मंगलेश डबराल ने अपनी एक काव्य पंक्ति 'दिस नंबर इज नॉट एक्जिस्ट' कहकर मार्मिकता से व्यक्त किया है। इंटरनेट, ब्लॉग, मोबाइल, विज्ञापन, फैशन, टेक्नोलॉजी, मीडिया ने कविता को किनारे लगा रखा है। समाज को 'आईपीएल शरण'[1] बनाने का यह षड्यंत्र है। हिंदी कविता दिन-ब-दिन सशक्त तो हो रही है। पर उसमें विश्व कविता का स्तर उठाने का बल अभी प्राप्त होना है। मराठी कवि अरुण कोलटकर की 'जेजुरी' जैसी रचना अभी हिंदी में आनी बाकी है जिस पर न्यूयॉर्क टाइम्स गौर और दर्ज करे।

6.5 विश्व स्तर का वेब साहित्य :

विश्व में इंटरनेट का प्रयोग सन् 1969 के अक्तूबर में अमरीका के कैलिफोर्निया विश्वविद्यालय, लॉस एंजिल्स में हुआ। जबकि हिंदी में इसका आरंभ 1999 में 'वेबदुनिया' से। दोनों में तीन दशकों का अंतर है। यह अंतर वेब साहित्य के स्तर में भी देखा जा सकता है। विकीपीडिया, एनसाइक्लोपीडिया वर्तमान समय में संदर्भ का अद्यतन स्रोत है। उस पर साहित्य और भाषा संबंधी वेबसाइट्स की सूची मिलती है। हर भाषा के भी अपने-अपने पोर्टल्स हैं। विश्वभाषाओं में अंग्रेजी, फ्रेंच, स्पेन, डच, जर्मन जैसी भाषाओं की भाषा और साहित्य की वेबसाइट्स का मुआयना करने पर पता चलता है कि विश्व में अंग्रेजी भाषा, साहित्य तथा विभिन्न ज्ञान विज्ञानों की वेबसाइट्स अधिक हैं। उसमें अंग्रेजी भाषा और साहित्य की जो वेबसाइट्स हैं, वे लेखक, विचार, वाद, भाषा, संस्था आदि के लिए समर्पित हैं। अकेली अंग्रेजी भाषा विषयक वेबसाइट्स दुनिया भर से चलाई जाती है और उस पर दुनियाभर के लोग ऑनलाइन लिखते-पढ़ते हैं। उनमें भी स्टैटिक और इंटरैक्टिव वेबसाइट्स हैं। अंग्रेजी ई-पत्रिकाएँ भी खूब हैं। उनका स्तर हिंदी की

1. अरुण कमल-परिकथा, मई-जून, 2011, पृ. 18

तुलना में उच्च होना स्वाभाविक है। अकेले शेक्सपियर पर कितनी वेबसाइट्स हैं। ऐसा प्रेमचंद पर नहीं दिखाई देता। अंग्रेजी साहित्य इतिहास के कालखंड, रचनाकार, वाद आदि पर भी अनेक वेबसाइट्स हैं। इनके अलावा इस पर आधारित पीडीएफ फाइल्स, पावर पॉइंट प्रेजेंटेशन, बुक रिव्यू, ई-कंटेंट, ई-बुक्स, को-लिंक्स, ब्लॉग्ज, ट्वीटर खोजे तो अल्लाउद्दीन की गूफा ही समझ लो। यह सिर्फ वैविध्य और संख्या का सवाल नहीं है। स्तर और संदर्भ मूल्य से भी वे बढ़िया हैं। इंटरैक्टिव वेबसाइट्स पर दुनिया भर की भाषा में आदान-प्रदान करने की सुविधा से अंग्रेजी का वेब साहित्य अपने आप विश्व-व्याप्त हो जाता है। उसमें केरल का व्यक्ति लिखता है और सुदूर कोस्टारिका का भी। उसमें अपने आप एक बहुभाषिता, बहुसांस्कृतिकता आ जाती है। अंग्रेजी भाषा की उदार नीति का यह नतीजा है। ऑक्सफोर्ड शब्दकोश को लीजिए। उसमें भारत के अक्षरशः सैकडों शब्द मिल जाएँगे। लिप्यंतरण, अनुवाद, संग्रहण, संपादन, संप्रेषण, प्रसंस्करण के जितने सॉफ्टवेयर और प्रोग्राम अंग्रेजी के पास हैं, वह हमारे यहाँ कहाँ? जो हैं उनकी स्थिति न के बराबर है। गूगल पर हिंदी अनुवाद की सुविधा इस्तेमाल कर देखने मात्र से इसका आपको अंदाज हो आएगा। यांत्रिक अनुवाद में हमें बहुत प्रयास करने होंगे। विश्व को हम में समा लेने के लिए हमें विश्व में समा जाना होगा।

6.6 भारतीय भाषाओं का वेब साहित्य :

असमी, बांग्ला, बोडो, डोगरी, गुजराती, हिंदी, कन्नड, कश्मीरी, कोंकणी, मराठी, मलयालम, मणिपुरी, मैथिली, नेपाली, उड़िया, पंजाबी, संस्कृत, संथाली, सिंधी, तमिल, तेलुगु, उर्दू के अलावा भारत में अंग्रेजी भी प्रचुर मात्रा में प्रयोगित है। इन भाषाओं में से अधिकांश भाषाओं की वेबसाइट्स अंतर्जाल पर उपस्थित हैं। पर जहाँ तक अंग्रेजी भाषा और साहित्य की वेबसाइट्स और उन पर प्रकाशित साहित्य (literature) का सवाल है, इनका स्तर प्राथमिक है। जो व्यावसायिक वेबसाइट्स हैं, उसका स्तर बढ़िया है। हिंदी की वेबसाइट्स अन्य भारतीय भाषाओं की तुलना में फिर भी आश्वासक है। मराठी वेबसाइट्स, स्टैटिक अधिक हैं। उनमें भी पुरानी जानकारी, इतिहास, त्योहार, शुभेच्छा, स्मिता के लिए समर्पित अधिक। दैनिक लेखन के लिए वेबसाइट्स का अभाव अखरता है। वहाँ लेखकों के वेबसाइट्स हैं पर वस्तु संग्रहालय जैसे। उनमें संवाद, प्रतिक्रियाओं के आदान-प्रदान का अभाव है। गुजराती में शेयर्स, व्यवसाय के वेबसाइट्स का जितना बोलबाला है, उतना भाषा और साहित्य का नहीं। भारतीय भाषाओं के लिए समर्पित संस्था, संघटनों की यह मानसिकता है कि अंग्रेजी भाषा से ही दुनिया तक पहुँचा जा सकता है। यही कारण है कि भारत के कितने ही विश्वविद्यालयों के भारतीय भाषा विभाग (मराठी, कन्नड, पंजाबी आदि) अपनी जानकारी अंग्रेजी में परोसते नजर आते हैं। इसके विपरीत उस भाषा के प्रकाशक (व्यावसायिक) मात्र अपनी भाषा में व्यवहार करते नजर आते हैं। विश्वविद्यालयों के विद्वानों को उद्योगपतियों, व्यावसायिकों से भाषा की दीक्षा लेने का समय आ गया है।

हर भारतीय भाषा-भाषियों में संगणकीय साक्षरता बढ़ रही है। पर अंतर्जाल पर नियमित रूप से साहित्य लिखने का रिवाज हिंदी में भी नहीं हैं। हिंदी का जाना-माना लेखक पहले

अंतर्जाल पर लिखे फिर छापे ऐसा क्रम जिस दिन अख्तियार करेगा, उस दिन भारतीय भाषाओं के ज्ञान भाषा की यात्रा आरंभ होगी। उसके लिए प्रत्येक भारतीय भाषाओं के पोर्टल लिप्यंतरण, अनुवाद की सुविधा से लैस होना जरूरी है। भारत में यूनिकोड के जरिए समानीकरण का अनुकरणीय प्रयास होने पर भी प्रयोग में हमारी उदासीनता ने उसका व्यवहार पर अपना असर नहीं छोड़ा है। देवनागरी लिपि और अन्य भारतीय भाषाओं की लिपियों में बेहतर तालमेल ही उसका रामबाण उपाय है। पर हमारे भाषा वैज्ञानिक इस संदर्भ में पहल करेंगे वह सुदिन होगा।

6.7 हिंदी वेब साहित्य का स्तर :

अन्य भारतीय भाषाओं की तुलना में हिंदी वेब साहित्य की स्थिति आश्वासक होने का अंदाज आपको इस शोध प्रबंध के अंत में परिशिष्टों में दी गई हिंदी भाषा और साहित्य की वेबसाइट्स की सूची से आ जाएगा। यह संख्या की बात नहीं है। गुणवत्ता की कसौटी पर भी इसे परखा जा सकता है। भाषा का साधन विकास इस बात पर निर्भर करता है कि उस भाषा के प्रयोगक (User) भाषा का कितना प्रयोग करते हैं। उदाहरण के तौर पर हमारे मोबाइल को लीजिए। उसमें हमारी भाषा के प्रयोग की सुविधा के होते हुए भी हम नंबर दर्ज करना, संदेश प्रेषण (SMS) आदि कार्य अंग्रेजी में ही करते हैं। वहीं दूरदर्शन पर हिंदी देखना पसंद करते हैं। भाषा श्रमसाध्य विकास है। सिर्फ भावुकता और अस्मिता की बात करने से भाषा विकास नहीं होगा।

हिंदी में नियमित रूप से ऑनलाइन कथा, कविता, विचार लिखने वाले हिंदी-प्रेमी हैं, इसलिए उसमें हिंदी भाषा और साहित्य की सैकड़ों वेबसाइट्स हैं। पर हिंदी के लब्धप्रतिष्ठित लेखक, प्राध्यापक, समीक्षक, आपको अंतर्जाल पर अभाव में मिलेंगे। मिलेंगे तो भी क्लिप्स, बायोडाटा, अल्बम में। ब्लॉग, ट्वीटर पर कितने हैं? किसकी अपनी वेबसाइट है? क्या वह रोज अद्यतन होती है? हिंदी विभाग अपने विश्वविद्यालय की वेबसाइट पर क्या देते हैं? साहित्य या सेमिनार के वृत्त? क्या हिंदी का छात्र कोई कथा, कहानी नहीं लिखता? किस हिंदी विभाग की वेबसाइट पर वह प्रकाशित होता रहता है? (नियमित रूप से)। संभावनाओं के और साधनों के होते हुए भी यदि हम उन्हें इस्तेमाल नहीं करेंगे तो एक दिन झड़ जाएँगे, बंदर की पूँछ की तरह।

यदि हमारा लक्ष्य हिंदी को विश्व भाषा बनाना है...बनना ही चाहिए इसमें दो राय नहीं...सवाल पहल और प्रयोग का है। 'रचनाकार', 'अनुभूति', 'गर्भनाल', 'सृजनगाथा' जैसी वेबसाइट्स जो कार्य करती हैं वैसा कार्य हिंदी की रोटी सेंकने वाले हर शख्स, संस्था, समाचार-पत्र, पत्रिका, टी.वी. चैनल्स को करना होगा। हिंदी भाषिकों की वैश्विक जनसंख्या दुनिया में तीसरी है तो क्या हमें वेब साहित्य में भी तीसरे पायदान पर नहीं होना चाहिए? क्यों जापान, जर्मनी, चेक भाषाएँ हिंदी में वेबसाइट्स चलाए? आने वाले दिनों में हमें अपनी उपयोजित प्रतिबद्धता (Applied Commitment) सिद्ध करनी होगी, तभी हम हिंदी को विश्व भाषा बना पाएँगे। आइए, प्रण करें, प्रयोग करें, प्रतिबद्ध बनें!

निष्कर्ष :

इक्कीसवीं सदी की आरंभिक सामाजिक, राजनीतिक, आर्थिक, सांस्कृतिक परिस्थितियों ने हमारे साहित्य को प्रभावित किया है। वर्तमान हिंदी भाषा और साहित्य पर भूमंडलीकरण, बाजारवाद, उदारीकरण, निजीकरण, सूचना और संपर्क क्रांति का गहरा प्रभाव है। वेब पूर्व हिंदी साहित्य मूल्यों को तरजीह देता राष्ट्रीय सीमाओं में बद्ध था। संगणक, अंतर्जाल, मोबाइल, उपग्रह संपर्क से हमारे हिंदी साहित्य में भी वैश्विकता आई। कविता, कथा, उपन्यास, निबंध, नाटक, यात्रा विवरणादि विधाओं के लेखन में इक्कीसवीं सदी में भूमंडलीकरण का गहरा असर हुआ। वेब के आविर्भाव से कहानी, कविता के साथ समीक्षा भी ग्लोबल बनी। विश्व स्तर का वेब साहित्य देखें तो वह उन्नत स्तर का, आदान-प्रदान में सक्रिय एवं नित्य नए संसाधनों से युक्त होते उनके वेबसाइट्स देखें तो यह समझने में देर नहीं लगती कि भले हिंदी वेब साहित्य अन्य भारतीय भाषाओं की तुलना में उन्नत हो पर अंग्रेजी के समक्ष वह निचले स्तर का है। हमारा लक्ष्य यदि हिंदी को विश्वभाषा और ज्ञान भाषा के रूप में विकसित करने का है, तो हमें उपयोजन और प्रयोग (Application and Use) के स्तर पर प्रतिबद्ध होना पड़ेगा।

परिशिष्ट क्र. 1
हिंदी वेब पोर्टल्स की सूची

1. स्वतन्त्र आवाज़ [http://www.swatantraawaz.com]
2. जोश 18 हिंदी पोर्टल [http://www.josh18.com]
3. याहू हिंदी में [http://in.hindi.yahoo.com]
4. शैक्षिक सॉफ्टवेयर [http://educationalsoftware.wikidot.com/]
5. तरकश [http://www.tarakash.com]
6. कैफे हिंदी [http://cafehindi.com]
7. हिंदी वेब [http://www.hindiweb.net]
8. वेब दुनिया-हिंदी पोर्टल [http://hindi.webdunia.com]
9. एम.एस.एन. हिंदी में [http://www.msn.co.in/hindi]
10. हिंदी सागर [http://www.hindisagar.com/]
11. सिफी-बेव पोर्टल [http://sify.com/hindi/]
12. हिंदी पोर्टल [http://thatshindi.oneindia.in/]
13. रोजगार समाचार [http://www.rojgarsamachar.gov.in/]
14. रविवार [http://raviwar.com]
15. माई वेबदुनिया [अपना पोर्टल] [http://www.mywebdunia.com/]
16. नुक्कड़ [http://www.nukkad.info]
17. विस्फोट [http://visfot.com]
18. अ ओ एल [AOL] हिंदी में [http://www.aol.in/hindi/]
19. ओपन ऑफिस [http://www.hi.openoffice.org/]
20. राष्ट्रीय पोर्टल [http://india.gov.in/hindi/default.htm]
21. भड़ास 4 मीडिया [http://www.bhadas4media.com]
22. आलोक तोमार (खबरें) [http://www.aloktomar.com]
23. प्रभा साक्षी-हिंदी समाचार-विचार पोर्टल [http://www.prabhasakshi.com/]
24. जन सन्देश [http://www.jansandesh.com]
25. सृजनगाथा [http://www.srijangatha.com]
26. हेल्लो रायपुर [http://www.helloraipur.com]
27. ओनली माई हेल्थ [http://www.onlymyhealth.com/HEALTH index.page?locale=hi_IN]

28. इन्सैट टीवी न्यूज [http://www.insighttvnews.com]
29. एन एन आई न्यूज [http://www.nnilive.com]
30. इनसाइड स्टोरी [http://www.insidestorymedia.com/]
31. टाटा इंडिकॉम [http://www.tataindicom.com/t-personal-hi.aspx]
32. इंडियन रूरल न्यूज एजेंसी [http://www.irna-news.com]
33. पत्रकारिता कोश [http://hindustanimedia.com/index.html]
34. कावेरी न्यूज [http://www.kaverinews.com]
35. वेब वार्ता [http://www.webvarta.com]
36. हरिहर झा [http://hariharjhahindi.wordpress.com/]
37. अपनी बात [http://apnibaat.org/]
38. कल हमारा है [http://www.bimalrai.blogspot.com]
39. यू पी लाइव न्यूज [http://www.uplivenews.in]
40. मीडिया मंच-मीडिया की खबरों का नंबर 1 न्यूज पोर्टल [http://mediamanch.com/Mediamanch/NewSite/Index.php]
41. खबरयार [http://khabaryaar.tk/]
42. Bihar Portal Hindi [http://www.brandbihar.com]
43. अँजोरिया भोजपुरी पोर्टल [http://www.anjoria.com]
44. गुड प्लेस फोर आल [http://www.agoodplace4all.com/]

परिशिष्ट क्र. 2

हिंदी साहित्य की वेबसाइट्स

1. कविता कोश [http://www.kavitakosh.org]
2. साहित्य कुंज [http://www.sahityakunj.net/]
3. रचनाकार [http://rachanakar.blogspot.com/]
4. पुस्तक खोज [http://www.pustak.org]
5. हिंदीनेस्ट [http://www.hindinest.com]
6. सरल हिंदी [http://www.saralhindi.com]
7. साहित्य वैभव [http://www.sahityavaibhav.com]
8. बेहतरीन ग़ज़लें और नज़्में [http://bestghazals.blogspot.com]
9. साहित्य कुंज [http://www.sahityakunj.net]
10. साहित्य यात्रा [http://www.kalanath.blogspot.com]
11. कविता किताब डाउनलोड [http://www.hindi-poetry.com]
12. हिंदी गगन [http://www.hindigagan.com]
13. समकालीन साहित्य [http://www.samakalinsahitya.com]
14. विकी स्रोत : साहित्य का खजाना [http://www.wikisource.org/wiki/category:hindi]
15. हिंदी-भाषी नया प्रकाशन [http://www.hindibhashi.com/]
16. हिंदी सेवा [http://www.hindisewa.com/]

17. गीता कविता (कविता संग्रह) [http://www.geeta-kavita.com/]
18. शब्दमाला : हिंदी से अंग्रेजी शब्दकोश [http://www.shabdmala.com]
19. आज की गजल [http://www.aajkeeghazal.blogspot.com/]
20. हिंदी नेस्ट [http://www.hindinest.com/index.htm]
21. हिंद युग्म [http://www.hindyugm.com/]
22. आलोक पुराणिक [http://www.alokpuranik.com]
23. शब्दकोश.कॉम [http://www.shabdkosh.com/]
24. उर्दू से हिंदी शब्दकोश [http://urdu2hindi.blogspot.com/]
25. हिंदी शब्दतंत्र [http://www.cfilt.iitb.ac.in/wordnet/webhwn/wn.php]
26. सृजन सम्मान [http://srijansamman.blogspot.com]
27. अक्षर पर्व [http://www.aksharparv.com]
28. अक्षरमाला का हिंदी-अंग्रेजी शब्दकोश [http://www.aksharamala.com/hindi/e2h/]
29. महानगर का काव्य [http://mahaanagarkaakavya.blogspot.com]
30. हिंदी विकी शब्दकोश [http://hi.wiktionary.org]
31. फ्रेंच कवितायें हिंदी में [http://pouemes.free.fr/poesie/poeme-hindi.htm]

परिशिष्ट क्र. 3

हिंदी पत्रिकाओं की वेबसाइट्स

1. गृह सहेली [http://www.grehsaheli.com/]
2. कम्प्यूटर दुनिया (हिंदी) [http://computerduniya.in/hi/]
3. हिंदी नेस्ट [http://www.hindinest.com/]
4. जिन्दगी लाइफ [http://zindagilife.com]
5. गीता प्रेस गोरखपुर [http://www.gitapress.org/hindi/homeH.htm]
6. चन्दामामा [http://www.chandamama.com/hindi]
7. साहित्य कुंज [http://www.sahityakunj.net]
8. गृह लक्ष्मी/क्रिकेट टुडे [http://www.dpb.in/magazines/cricket-today/hi/]
9. पाञ्चजन्य [http://www.panchjanya.com/dynamic/]
10. लघुकथा [http://www.laghukatha.com]
11. वागर्थ [http://www.vagarth.com/]
12. चन्दामामा हिंदी में [http://www.chandamama.com/hindi/]
13. भारतीय पक्ष [http://www.bhartiyapaksha.com/]
14. साहित्य सरिता [http://www.hindi.sahityasarita.org]
15. हिंदी परिचय [http://www.hindiparichay.com/]
16. सखी [http://in.jagran.yahoo.com/sakhi/]
17. भारत दर्शन [http://www.bharatdarshan.co.nz]
18. लेखनी [http://www.lekhni.net/]
19. अक्स : हिंदी पाक्षिक [http://www.aksonline.in/]

20. अन्यथा [http://www.anyatha.com/]
21. तद्भव [http://www.tadbhav.com/]
22. अनुरोध [http://www.anurodh.net]
23. प्रज्ञा अभियान [http://www.pragyaabhiyan.info/]
24. मीडिया विमर्श [http://www.mediavimarsh.com]
25. भूत-प्रेत की कहानियाँ [http://sokhababa.blogspot.com]
26. निरंन्तर [http://nirantar.org/]
27. युवा [http://yuva-jagat.blogspot.com/]
28. सृजनगाथा [http://www.srijangatha.com/]
29. ताप्तिलोक [http://www.taptilok.com/]
30. जागरण शोभा [http://www.jagran.com/josh]
31. उदन्ती [http://www.udanti.com]
32. शाम के लुभावने मौसम पे कविताएँ [http://www.praveenpathik.blogspot.com]
33. मेरीसखी [http://merisakhi.in]
34. कलायन पत्रिका [http://www.kalayan.org/]
35. प्रज्ञा ओनलाइन [http://www.abhyuday.org/xprajna/html/index.php]
36. अनुभूति [http://www.anubhuti-hindi.org/]
37. जूनियर जागरण [http://www.jagran.com/junior]
38. कहो तो कह दूँ [http://humeormedia.blogspot.com]
39. कथायात्रा [http://kathayatra.blogspot.com]
40. काव्यालय [http://manaskriti.com/kaavyaalaya/]
41. प्रतिध्वनि [http://students.iitk.ac.in/meander/pratidhvani/]
42. ज्ञानसिंधु [http://gyansindhu.blogspot.com]
43. देवपुत्र [http://www.devputra.com]
44. पर्यावरण डाइजेस्ट [http://paryavaran-digest.blogspot.com]
45. हिमालिनी [http://www.himalini.com/]
46. डैनियल पाइपस के हिंदी लेख [http://hi.danielpipes.org/]
47. शब्द-सृजन [http://www.kkyadav.blogspot.com/]
48. Computer Duniya Magazine[http://www.computerduniya.in]
49. आहुति [http://ekkhab.blogspot.com/]
50. देशकाल [http://www.deshkaal.com]
51. मेरे मोहल्ले का नुक्कड़ [http://www.jabalpurmedia.blogspot.com]
52. जीवन के अनुभव [http://www.jivankanubhav.blogspot.com]
53. हिंदी की अच्छी-अच्छी कहानियाँ परदेस व देस से [http://www.abhivyakti-hindi.org/]
54. मैं हूँ न [http://mainhuunna.blogspot.com/]
55. उर्वशी [http://www.urvashi.weebly.com]
56. कथाक्रम [http://www.kathakram.in/]
57. लघुकथा-वार्ता [http://www.aghukatha-varta.blogspot.com/]

58. कैरियर सेवन इंडिया डॉट कॉम हिंदी कैरियर और जॉब साइट है [http://career7 india.com]
59. वेबदुनिया [http://webdunia.com]
60. शब्द-शिखर [http://shabdshikhar.blogspot.com/]
61. अरगला [http://www.argalaa.org/]
62. विजय-मित्र [http://vimi.wordpress.com/]
63. दिल दुखता है [http://www.dildukhatahai.blogspot.com]
64. इंडिया स्पोर्ट्स [http://www.indiasports.page.tl]
65. जनगाथा [http://www.jangatha.blogspot.com]
66. हिंदुस्तानी [http://parmarthsuman.blogspot.com]
67. कृत्या [http://www.kritya.in]
68. दुधवा लाइव [http://www.dudhwalive.com]
69. मारवाड़ी डाइजेस्ट [http://www.marwaridigest.blogspot.com]
70. ननिहाल [http://nanihal.blogspot.com]
71. लहरियो [http://www.lahariyo.blogspot.com]
72. बिग बॉस [http://www.mahanagarindia.blogspot.com]
73. अपना दौर [http://apnadaur.blogspot.com]
74. मेरी बात मानो भाई [http://meribatmanobhai.blogspot.com]
75. बिहार-झारखंड से [http://nidhinewsfeatures.blogspot.com]
76. कश्यप की कलम से... [http://www.kashyapkikalamse.blogspot.com]
77. समयान्तर [http://www.samayantar.com/]
78. राजनामा [http://raazanaamaa.blogspot.com]
79. प्रेसपालिका [http://presspalika.blogspot.com/]
80. पब्लिक पॉइंट (जनता की आवाज) [http://www.publicpointnews.com]
81. SC News हिंदी में क्षेत्रीय समाचार [http://www.scnnewsindia.com/site]

परिशिष्ट क्र. 4

हिंदी समाचार की वेबसाइट्स

1. नवभारत टाइम्स [http://navbharattimes.indiatimes.com]
2. दैनिक जागरण [http://www.jagran.com]
3. दैनिक भास्कर [http://www.bhaskar.com]
4. बी.बी.सी. हिंदी खबरें [http://www.bbc.co.uk/hindi]
5. जोश 18 हिंदी समाचार [http://www.josh18.com]
6. डेली हिंदी न्यूज [http://www.dailyhindinews.com]
7. अमर उजाला [http://www.amarujala.com]
8. एन डी टी वी खबर [http://www.ndtvkhabar.com/Home.aspx]

9. जनादेश [http://www.janadesh.in]
10. गूगल समाचार [http://news.google.co.in/nwshp?hl=hi]
11. आजतक सबसे तेज [http://www.aajtak.in]
12. राष्ट्रीय सहारा [http://www.rashtriyasahara.com/Home.aspx]
13. सुमान्सा हिंदी खबरों का भंडार [http://www.sumanasa.com/hindi-news/]
14. तहलका हिंदी [http://www.tehelkahindi.com/]
15. राजस्थान पत्रिका [http://www.rajasthanpatrika.com]
16. हिंदुस्तान दैनिक [http://livehindustan.com]
17. दिलचस्पी [http://www.dilchaspi.com]
18. सहारा समय समाचार [http://www.saharasamay.com/flash/hindi]
19. प्रतिवाद [http://www.prativad.com]
20. इंडिया टुडे [http://hindi.india-today.com/]
21. दैनिक जागरण ई-पेपर [http://epaper.jagran.com/]
22. नई दुनिया [http://www.naidunia.com]
23. राज एक्सप्रेस [http://www.rajexpress.in]
24. हिंदीनेस्ट.कॉम-समाचार [http://samachar.boloji.com]
25. यूनीवार्ता [http://www.univarta.com/]
26. बिजनेस स्टैंडर्ड हिंदी में [http://hindi.business-standard.com/hin/]
27. नव भारत (मध्य प्रदेश) [http://www.navabharat.net/]
28. आई बी एन-खबर [http://khabar.josh18.com/]
29. प्रभात खबर [http://www.prabhatkhabar.in]
30. देशबन्धु हिंदी अखबार [http://www.deshbandhu.co.in]
31. आयुर्वेद [http://ayurvedaintro.wordpress.com/]
32. एमपी न्यूजलाइन [http://www.mp.dailyhindinews.com]
33. अमेरिका की आवाज [http://www.voa.gov/hindi]
34. छत्तीसगढ़ के समाचार [http://www.dailychhattisgarh.com/]
35. आज-दैनिक पत्रिका [http://www.ajsamachar.com/]
36. खास खबर [http://www.khaskhabar.com/]
37. खबर-नेट [http://www.khabarnet.co.cc]
38. सहारा समय [http://www.samaylive.com/hindi]
39. प्रातःकाल समाचार [http://www.pratahkal.com]
40. खबरों की खबर [http://www.mediakhabar.com/]
41. फ्रेश न्यूज [http://newsinhindi.freshnews.in/]
42. दैनिक नवज्योति [http://www.naitindia.com]
43. टोटल टीवी [http://totaltv.in]
44. ई एम एस इंडिया [http://emsindia.com/]
45. देसी न्यूज [http://www.desi-news.com/hindi.aspx]
46. सवेरा इंडिया [http://www.saveraindiatimes.com/]

47. मेरी खबर [http://www.merikhabar.com]
48. पत्रिका.कॉम [http://www.patrika.com]
49. न्यूज-आपकी [http://www.newsaapki.com]
50. जन समाचार [http://www.jansamachar.net/index.php3?lang=Hindi]
51. स्वतंत्र वार्ता [http://www.swatantravaarttha.com/]
52. लोकसभा चुनाव [http://www.loksabhachunav.com/]
53. इस्पात टाइम्स [http://ispattimes.com/]
54. उत्तरप्रदेश उत्तराखंड [http://www.up.samaylive.com]
55. हिंदी समाचार रेटिंग [http://www.hindipaper.com/]
56. दैनिक पूर्वोदय [http://www.dainikpurvoday.com]
57. हिंदी मीडिया एंड एंटरटेनमेंट साइट [http://hindimedia.in/]
58. हिंखोज समाचार [http://news.hinkhoj.com]
59. महा मेधा [http://mahamedha.com/default.asp]
60. लोकमंच [http://lokmanch.com/]
61. प्रजा भारत [http://www.prajabharat.com/]
62. स्वतंत्र चेतना [http://www.swatantrachetna.com/index.htm]
63. पूर्वांचल समाचार [http://www.purvanchalsamachar.com/]
64. डेली हिंदी मिलाप [http://www.hindimilap.com/]
65. लोक तेज [http://loktej.com/]
66. हेल्लो रायपुर [http://www.helloraipur.com]
67. द गुजरात [http://www.thegujarat.com/]
68. हिंदवी [http://www.hindvi.com]
69. मध्य प्रदेश छत्तीसगढ़ [http://www.mp.samaylive.com]
70. सी के न्यूज इंडिया सारणी [http://cknewsindia.webs.com/]
71. द संडे इंडियन [http://hindi.thesundayindian.com/]
72. बिहार झारखंड [http://www.bihar.samaylive.com]
73. इंडियन रूरल न्यूज एजेंसी [http://www.irna-news.com/]
74. लाइव हिंदुस्तान [http://www.livehindustan.com]
75. राँची एक्सप्रेस [http://www.ranchiexpress.com/news-hindi.php]
76. नागौर की आवाज [http://www. nagaurkiawaz.blogspot.com]
77. उत्तराखंड दैनिक समाचार [http://www.prabhasakshi.com]
78. द रियल लाइव : खबर आप तक [http://www.thereallive.com]
79. वेबचर्चा.कॉम [http://www.webcharcha.com]
80. डॉयचे वेले [http://www.dw-world.de/hindi]
81. AMN हिंदी समाचार [http://www.arthmedianetwork.com/]
82. मेवाड़ [http://mewar.co.in/]
83. यूपी वेब न्यूज [http://www.upwebnews.com]
84. भारतकोश [http://hi.bharatdiscovery.org]

परिशिष्ट क्र. 5
शिक्षा संबंधित हिंदी वेबसाइट्स

1. N.C.E.R.T. किताबें ऑनलाइन [http://www.ncert.nic.in]
2. हिंदी विकीपिडिया [http://hi.wikipedia.com]
3. कंप्यूटर शिक्षा [http://www.tech-faq.com/lang/hi/]
4. हिंदी पुस्तकें [http://www.pustak.org/]
5. सरल हिंदी [http://www.saralhindi.com]
6. [NCERT]-हिंदी किताबें पढ़ें [http://books.hinkhoj.com/?catid=29]
7. सेहतनामा-बीमारी जानकारी [http://sehatnama.mla.iitk.ac.in/]
8. निरोग : हिंदी स्वास्थ्य पत्रिका [http://www.nirog.info]
9. कैरियर सलाह [http://www.careersalah.com]
10. पुस्तक संग्रह [http://books.hinkhoj.com]
11. स्वास्थ्य संसार [http://www.traditionalmedicine.agoodplace4all.com/]
12. श्रुंग पुस्तक सार, निबन्ध [http://hi.shvoong.com/]
13. तकनीक.कॉम [http://takneek.com]
14. हिंदी पुस्तकें (वृहद्) [http://vrihad.com:5200/bs/home.php]
15. विकी पुस्तकालय [http://hi.wikibooks.org/]
16. कैरियर दिशा [http://www.careerdisha.org]
17. इंदिरा गांधी यूनिवर्सिटी [http://www.ignou.ac.in/webhindi/index.htm]
18. सिवम-हिंदी-इ-लर्निंग [http://hindi.syvum.co.in/]
19. मनोवेद : मानसिक स्वास्थ्य [http://www.manoveda.com]
20. अक्षय जीवन [http://www.akshyajeevan.com]
21. तकनीकी जानकारियाँ [http://www.vivekvaishnav.blogspot.com]
22. संस्कारों की पतवार [http://praveensahu.webs.com/]
23. आई आई टी कानपुर हिंदी में [http://www.iitk.ac.in/hindi]
24. भाषिणी [http://www.bhashini.com/Hindi/Home.html]
25. न्यू उड़ान [http://www.newudaan.blogspot.com]
26. विधि शास्त्र अभिलाषी [http://www.lawentrance.com/hi/]
27. ब्लेंडर-3डी एनीमेशन [http://blenderhindi.wikidot.com]
28. आई आई टी बॉम्बे हिंदी में [http://www.iitb.ac.in/hindi/]
29. भारतीय प्रौद्योगिकी संस्थान दिल्ली [http://www.iitd.ac.in/hindi/index.html]
30. झरोखा-आई आई टी खड़गपुर [http://www.mymail.iitkgp.ernet.in/jharokha/]

परिशिष्ट क्र. 6
हिंदी निर्देशिका

1. मस्ट डाउनलोड [http://hi.mustdownloads.com/]
2. इंटरनेट पर हिंदी : कहाँ पर क्या? [http://hi.wikipedia.org/wiki/Web_Hindi_Resources]

3. इंटरनेट_पर_हिंदी_के_साधन[http://hi.wikipedia.org/wiki (इंटरनेट_पर_हिंदी_के_साधन]
4. गुरुजी हिंदी खोज [http://www.guruji.com/hi]
5. विस्फोट.कॉम [http://www.visfot.com/]
6. गूगल हिंदी निर्देशिका [http://www.google.com/Top/World/Hindi]
7. रफ्तार (हिंदी में खोजें) [http://www.raftaar.com]
8. ओपन डायरेक्टरी हिंदी [http://www.dmoz.org/World/Hindi/]
9. माइक्रोसॉफ्ट डाउनलोड [http://www.microsoft.com/downloads/Search.aspx?displaylang=hi]
10. हिंदी टूलबार पिटारा [http://hindiblog.ourtoolbar.com/]
11. भोमियो (हिंदी खोज गूगल, याहू, लाइव) [http://www.bhomiyo.com]
12. यूनीकोड हिंदी यंत्र [http://www.unicodehindi.com/]
13. हिंदी ब्लॉग्स [http://www.hindiblogs.org/]
14. हिंदी कलम [http://hindikalam.com/]
15. हिंखोज़ कॉम : हिंदी में खोजें [http://www.hinkhoj.com]
16. हिंदी ग्रीटिंग कॉर्ड [http://greetings.hinkhoj.com]
17. भारतीय भाषाओं के लिए प्रौद्योगिकी विकास [http://www.ildc.in/Hindi/Hindex.aspx]
18. यंत्रं हिंदी खोजक [http://yanthram.com/hi/]
19. छहारी हिंदी कीबोर्ड [http://www.chhahari.com/unicode/]
20. हिंदी गियर [http://www.hindigear.com]
21. हिंदी एडिटर [http://www.hindieditor.com]
22. संधान हिंदी खोज [http://www.sandhaan.com/]
23. नारद-हिंदी चिट्ठा संग्रहक [http://narad.akshargram.com/]
24. बागे वफा [http://bagewafa.wordpress.com]
25. राइटका हिंदी टंकण यंत्र [http://www.writeka.com/scripton/hindi/]
26. क्विलपैड हिंदी टंकण [http://quillpad.com/hindi/]
27. हिंदी वर्ड प्रेस [http://hi.wordpress.com/]
28. हिंदी की बिंदी [http://hindikibindi.com/index.php]
29. तरकश संचिका [http://www.tarakash.com/dir/]
30. पॉडभारती-अपनी बोली अपनी बात [http://www.podbharti.com]
31. ब्लॉग वाणी [http://www.blogvani.com/]
32. गमभन टंकण सुविधा [http://www.var-x.com/gamabhana]
33. हिंदी टूलबार-हिंदी गाथा [http://www.hindigatha.blogspot.com/]
34. चिट्ठा जगत [http://www.chitthajagat.in/]
35. हिंखोज निर्देशिका [http://dir.hinkhoj.com]
36. ब्लॉगलिखी [http://bloglikhi.com/]
37. यूतोपियन विशन-हिंदी में लिखें [http://utopianvision.co.uk/hindi/write/]

38. सारथी-हिंदी चिट्ठा संग्रहक [http://sarathi.info/]
39. युगम-समाचार संग्रहक [http://hindi.yuyam.com/]

परिशिष्ट क्र. 7
व्यापार विषयक हिंदी वेबसाइट्स

1. अपना धंधा [http://www.myownbusiness.org/hindi/index.html]
2. शेयर मार्केट की हिंदी वेबसाइट [http://www.moltol.in]
3. इकोनॉमिक टाइम्स [http://hindi.economictimes.indiatimes.com]
4. बॉम्बे शेयर बाजार [http://hindi.bseindia.com/]
5. वेब दुनिया व्यापार समाचार [http://www.webdunia.com/business/]
6. मोलतोल [http://www.moltol.in/]
7. जोश-18 का कारोबार पे वेबपेज [http://www.josh18.com/business.html]
8. आवाज कारोबार [http://www.awaaz.in.com]
9. भारतीय बीमा निगम [http://www.licindia.com/Hindi/]
10. विश्व बैंक भारत [http://www.vishwabank.org/]
11. टाटा स्टील [http://www.tatasteel.com/hindi07/default.asp]
12. शेयर मंथन [http://www.sharemanthan.in]
13. बार्कलेज : हिंदी में [http://www.barclays.in/hindi/index.htm]
14. मनी कंट्रोल.कॉम (हिंदी में) [http://hindi.moneycontrol.com/]
15. इस्पात टाइम्स [http://ispattimes.com]
16. स्टेट बैंक ऑफ इंदौर [http://www.indorebank.org/hin_profile.htm]
17. बैंक ऑफ बड़ोदा [http://www.bankofbaroda.com/hindi]
18. ओरिएंटल इंश्योरेंस [http://orientalinsurance.nic.in/hindi]

परिशिष्ट क्र. 8
भारत सरकार की वेबसाइट्स

1. भारत का राष्ट्रीय पोर्टल [http://india.gov.in/hindi/]
2. भारत सरकार राजभाषा विभाग [http://www.rajbhasha.gov.in/]
3. राष्ट्रीय ज्ञान आयोग [http://knowledgecommission.gov.in/hindi/default.asp]
4. भारतीय रेल [http://www.indianrailways.gov.in/hindi/hindex.htm]
5. बी.एस.एन.एल. (हिंदी) [http://www.bsnl.co.in/Bsnl_Hindi/]
6. लोकसभा चुनाव [http://www.loksabhachunav.com]
7. केन्द्रीय हिंदी निदेशालय [http://hindinideshalaya.nic.in]
8. भारतीय भाषाओं के लिए प्रौद्योगिकी विकास [http://www.ildc.in/hindi/hindex.aspx]

9. केन्द्रीय हिंदी शिक्षण मंडल [http://www.hindisansthan.org/hi/index.htm]
10. भुवन (इसरो) [http://www.bhuvan.nrsc.gov.in/index_hindi.html]
11. भारत विकास प्रवेशद्वार [http://www.indg.in/india/home-page-hi]
12. भारतीय अन्तरिक्ष अनुसन्धान केन्द्र [http://www.isro.org/hindi/index.html]
13. पत्र सूचना कार्यालय [http://pib.nic.in/hrelease/hpress-rel.asp]
14. इफको की हिंदी वेबसाइट [http://www.iffco.nic.in/applications iffcowebr5.nsf/new_layout_hindi]
15. भारतीय राज्य फार्म निगम [http://sfci.nic.in/hindi/index.asp]
16. भारत जल पोर्टल [http://www.indiawaterportal.org/hi/index.html]
17. हिंदुस्तान एरोनॉटिक्स लिमिटेड [http://www.hal-india.com/hindi/index_h.asp]
18. टी डी आई एल (भारतीय भाषाओं का प्रौद्योगिकी विकास) [http://tdil.mit.gov.in/hindi_site/homepage.htm]
19. नागौर की आवाज [http://www.nagaurkiawaz.blogspot.com]
20. भारतीय विमानपत्तन प्राधिकरण [http://www.airportsindia.org.in/hindi/hindimain.jsp]
21. टी सी आई एल [http://www.tcil-india.com/hindi/]
22. पीएफसी [http://www.pfcindia.com/hindiwebsite/index_hindi.html]

परिशिष्ट क्र. 9

हिंदी तथा अन्य सेवाओं संबंधी वेबसाइट्स

1. हिंदी संसार [http://hindisansar.com/]
2. विश्व हिंदी [http://www.vishwahindi.com/]
3. ग्लोबल वॉयसेज (हिंदी) [http://hi.globalvoicesonline.org/]
4. हिंदीमैटरीमोनी हिंदी में [http://www.hindimatrimony.com/hindi-index.html]
5. फेसबुक हिंदी [http://hi-in.facebook.com/]
6. हिंखोज चर्चा [http://charcha.hinkhoj.com/]
7. कॉरपोरेट सामाजिक उत्तरदायित्व [http://www.indiacsr.in/]
8. अन्तर्राष्ट्रीय हिंदी समिति [http://www.hindi.org]
9. युवा दखल [http://naidakhal.blogspot.com]
10. राष्ट्रीय स्वाभिमान आन्दोलन [http://www.swabhiman.in]
11. अक्षरधाम : हिंदी चिट्ठा समाज [http://www.akshargram.com/]
12. पिन कोड खोजें [http://hi.pincode.net.in]
13. अक्षरधाम परिचर्चा [http://www.akshargram.com/paricharcha/]
14. हर्ष कम्प्यूटर [http://harshlaxmansoni.blogspot.com/]
15. वेनिस होटल व्यूह ग्रैंड केनाल [http://www.hotelprincipevenice.it/hi/]
16. होटल रियलटो वेनिस होटल [http://www.rialtohotel.com/hi/index.htm]

17. होटल मोन्टेकार्लो [http://www.hotelmontecarlorome.com/hi/index.htm]
18. वेनिस होटल टोरिनो [http://www.hoteltorino.com/hi/index.htm]
19. होटल पलात्जो प्रिउली [http://www.hotelpriuli.com/hi/]
20. होटल लिरिको [http://www.hotelirico.com/hi/index.htm]
21. वेनिस होटल [http://www.cadeiconti.com/hi/]
22. होटल पैलेस बौनवेक्किआती ने वेनिस [http://www.palacebonvecchiati.it/hi/index.htm]
23. जोरजोने होटल वेनिस [http://www.hotelalvagon.com/hi/index.htm]

परिशिष्ट क्र. 10
खेल संबंधी वेबसाइट्स

1. क्रिकेट स्कोर हिंदी में [http://card.navbharattimes.indiatimes.com]
2. दिमाग बढ़ाने वाले खेल [http://www.gamesforthebrain.com/hindi/]
3. हिन्दी खेल-घर [http://forum.hinkhoj.com/arcade.php]
4. आई.पी.एल. क्रिकेट समाचार [http://www.iplnewsonline.com/default_hindi.aspx]
5. दैनिक भास्कर खेल-खिलाड़ी [http://www.bhaskar.com/sports/]
6. जागरण क्रिकेट [http://ind.jagran.com/cricket/]
7. वेबदुनिया खेल [http://www.webdunia.com/sports/]
8. जोश-18 का खेल पे वेबपेज [http://www.josh18.com/sports.html]
9. राजस्थान पत्रिका खेल-खिलाड़ी [http://www.rajasthanpatrika.com/News/Headlines.php?CatID=7]
10. आई सी एल वेबसाइट [http://www.indiancricketleague.in/specials/hindi/hindi-index.html]
11. ट्रेवियन [http://hi.travian.in/]
12. एशियन फुटबॉल कंफेडरेशन [http://www.the-afc.com/hindi/]

परिशिष्ट क्र. 11
ज्योतिष विषयक वेबसाइट्स

1. हिंदी ज्योतिष [http://hindijyotish.com]
2. एनडीटीवी ज्योतिष [http://www.ndtvkhabar.com/Astro.aspx]
3. फ्यूचर प्वाइंट ज्योतिष [http://www.futurepointindia.com/hindi/index.htm]
4. वेब दुनिया राशिफल [http://hindi.webdunia.com/religion/astrology/raashi/]
5. राशिफल (ज्योतिष) संपूर्ण [http://news.raftaar.in/Hindi-News/Rashiphal]
6. एम एन एस ज्योतिष [http://hindi.in.msn.com/astrology]
7. ज्योतिष दर्शन [http://allastrology.blogspot.com]

8. जागरण राशिफल [http://in.jagran.yahoo.com/rashiphal/]
9. ज्योतिष भादोरिया [http://www.astrobhadauria.in]
10. नया पत्रिका राशिफल [http://www.nayapatrika.com/horoscope.php]
11. जोश 18 पे राशिफल [http://www.josh18.com/astrology.html]
12. ज्योति (जन्मकुंडली) भारतीय ज्योतिष [http://www.findyourfate.com/fyf_H.html]
13. नवभारत राशिफल [http://www.navabharat.net/20071014/bha004.html]
14. दिनमान-पंचांग [http://www.dinman.com]
15. हिंदी लोक ज्योतिष [http://www.hindilok.com content.asp?contenttype=Jyotish]
16. ज्योतिष की सार्थकता [http://blog.panditastro.com]
17. गुरुत्वकार्यालय [http://gurutvakaryalay.blogspot.com]
18. ग्रह और बीमारियाँ [http://astrobhadauria.wikidot.com/grahaurrog]
19. दैनिक राशिफल हिंखोज [http://rashi.hinkhoj.com]

परिशिष्ट क्र. 12
मनोरंजन विषयक वेबसाइट्स

1. सबसे बड़ा हिंदी जोक्स का खजाना [http://www.funnyhindijokes.com]
2. हिंदी फिल्म कहानी [http://filmkahani.com/]
3. हिंदी में लतीफों, चुटकुलों का संग्रह [http://www.gustakhimaaf.com]
4. जोश 18-चुटकुले [http://www.josh18.com/humour.html]
5. चुटकुले [http://www.geocities.com/krishnachandra_mehta/Kkjokes.htm]
6. अक्षरमाला-हिंदी गाने [http://www.aksharamala.com/hindi/isb/]
7. हिंदी लतीफे [http://pawankumarmall.blogspot.com/]
8. भारतीय सिनेमा पे इक साइट [http://agoodplace4all.com/]
9. हिंदी गाना बोल (लाइरिक इंडिया) [http://lyricsindia.net/]
10. वेब दुनिया बॉलीवुड [http://www.webdunia.com/bollywood]
11. पहेली [http://pahelee.wordpress.com/]
12. अमर उजाला-लतीफे [http://www.amarujala.com/jokes/default.asp]
13. ग़ज़लों के बोल [http://ghazallyrics.wordpress.com]
14. गुदगुदी-जागरण पे [http://www.jagran.com/gudgudee/]
15. हिंदी गीत के बोल-गीत मंजूषा [http://www.geetmanjusha.com/hindi/lyrics.html]
16. एनडीटीवी सिनेमा [http://www.ndtvkhabar.com/Cinema.aspx]
17. अमर उजाला-सिनेमा [http://www.amarujala.com/cinema/default.asp]
18. हिंदी SMS [http://hindi-sms.com]
19. फैशन [http://www.helloraipur.com/w.php?cat=Fashion]
20. गँठजोड़ [http://gathjod.com]
21. जूम टी.वी. [http://www.zoomtv.in/hindi/]
22. हिंदी लतीफे [http://www.pawanmall.net]

23. सिने मजा–जागरण समाचार [http://www.jagran.com/cinemazaa/]
24. हिंदी जोक्स [http://www.hindijokes.info]
25. यूनुस खान का हिंदी ब्लॉग : रेडियो वाणी [http://radiovani.blogspot.com/]
26. अताउल्ला खान के गीतों के बोल [http://attaullah-khan.blogspot.com/]
27. सिने मन्थन [http://www.cinemanthan.info/]
28. बिलासपुर डायरेक्टरी [http://www.hellobilaspur.com]
29. रेडिया रूस [http://hindi.ruvr.ru/]
30. भिलाई डायरेक्टरी [http://www.hellobhilai.com]
31. स्वार्थ [http://swaarth.wordpress.com/]

परिशिष्ट क्र. 13

धर्म संबंधी वेबसाइट्स

1. इस्लाम हाउस [http://www.islamhouse.com/p/52244]
2. जैन [http://hi.wikipedia.org/wiki/जैन]
3. अल कुरान [http://www.aquran.com]
4. सनातन संस्था [http://www.sanatan.org]
5. गुरु जी महाराज [http://www.gurujimaharaj-ki-vani.info]
6. बाइबल कोर्स [http://www.biblecourses.com/hi_lessons.asp]
7. ओशो टाइम्स ऑनलाइन [http://www.osho.com/index.cfm?Language=Hindi]
8. अल–शिया [हिंदी] [http://www.al-shia.com/html/hin]
9. श्री 108 आचार्य श्री विमर्शसागर जी महाराज [http://www.vimarshsagar.co.in]
10. लंकरानी–इस्लाम सम्बन्धी [http://lankarani.net/hin]
11. माँ दधिमती.कॉम [http://www.maadadhimati.com]
12. साईं लीला [http://www.thesaileela.com]
13. आर्यसमाज : कृण्वन्तो विश्वमार्यम् [http://www.aryasamaj.org/newsite/]
14. अजय कुलश्रेष्ठ का जाल–स्थल [http://www.kulsh.com/]

परिशिष्ट क्र. 14

बदलाव संबंधी वेबसाइट्स

1. उत्तर प्रदेश स्थानीय निकाय निदेशालय [http://localbodies.up.nic.in]
2. राजस्थान स्वास्थ्य विभाग [http://rajswasthya.nic.in/]
3. महानगर टाइम्स [http://www.mahanagartimes.net/]
4. बुन्देलखंड.इन–भारत की बुन्देलखंड वेबसाइट [http://bundelkhand.in]
5. अपनी दिल्ली [http://www.apnidilli.com]
6. महानगर टाइम्स [http://www.mahanagartimes.net/]

7. उत्तराखंड पोर्टल [http://www.uttara.in/hindi/home_page.html]
8. दैनिक नवज्योति [http://www.naitindia.com/]
9. चलें गाँव की ओर [http://deoria.blogspot.com]
10. झालवाड़ समाचार (राजस्थान पत्रिका) [http://www.patrika.com/city.aspx?cityid=81]
11. चंपावत जिले के मंदिर [http://champawat.nic.in/others.htm]
12. बिहार ऑनलाइन [http://www.biharonline.gov.in/Site/index.aspx?ln=hi]
13. सीजी न्यूज [http://www.cgnews.in]
14. हरिभूमि [http://www.haribhoomi.com/]
15. क्रिस-जबलपुर [http://cris.nic.in/]
16. बाराँ समाचार (राजस्थान पत्रिका) [http://www.patrika.com/city.aspx?cityid=79]
17. छत्तीसगढ़ के ऊपर टी डी आई एल की साइट [http://tdil.mit.gov.in/coilnet/ignca/st_ch01.htm]
18. ग्वालियर टाइम्स [http://www.gwaliortimes.com/]
19. उज्जैन दूत [http://www.ujjaindootindia.com]
20. उदयपुर समाचार-पैराडाइस लेक [http://www.pressnote.in/]
21. खबर एक्सप्रेस बीकानेर [http://www.khabarexpress.com/]
22. जय छत्तीसगढ़ अस्मिता [http://www.jaichhattisgarh.com]
23. इंडियन न्यूज सर्विस [http://www.indiannewsservice.com]
24. 'विदेह' प्रथम मैथिली पाक्षिक ई-पत्रिका [http://www.videha.co.in/]
25. सीतापुर कीजिजी [http://sitapur.kijiji.in/]
26. रायपुर की जानकारी [http://www.helloraipur.com/]
27. बुन्देलखंड दर्शन डॉट कॉम [http://bundelkhanddarshan.com]
28. कटिहार की आवाज [http://www.katiharkiawaaz.blogspot.com]
29. उत्तरांचल सूचिका [http://www.uttara.in/list_hindi.htm]
30. फैजाबाद (उत्तर प्रदेश) [http://www.risingfaizabad.com/]
31. हिमाचल मित्र [http://www.himachalmitra.com]
32. राजसमन्द जिला पे साइट [http://rajsamanddistrict.com/]
33. रेशम विकास विभाग [http://sericulture.up.nic.in/]
34. आंध्रा बैंक वेब पेज [http://demo83.sify.net/abhindi/]

परिशिष्ट क्र. 15

अन्य वेबसाइट्स

1. हिंदी मैट्रीमोनी [http://www.hindimatrimony.com/hindi-index.html]
2. हेल्थ केयर टिप्स [http://www.medical-equipment.in/health-care-tips/index.php]
3. एक दो तीन [http://www.12teen.org/]

4. फैशन [http://www.helloraipur.com/w.php?cat=Fashion]
5. हिंदी लोक [http://www.hindilok.com/]
6. अक्षरमाला–हिंदी [http://www.aksharamala.com/hindi/]
7. हिंदी शब्दतंत्र [http://www.cfit.iitb.ac.in/wordnet/webhwn/wn.php]
8. ओरिएंटल बीमा हिंदी में [http://www.orientalinsurance.nic.in/hindi]
9. लालन–पालन [http://laalan-paalan.blogspot.com/]

परिशिष्ट क्र. 16

हिंदी भाषा और लिपि के ऑनलाइन संसाधन

1. गूगल इंडिक ट्रांसलिट्रेशन [http://www.google.com/transliterate/indic/]
2. लिपिक.इन [http://lipik.in] [http://lipik.in/literation.html]
3. Hindi QuillPad [http://quillpad.in/hindi/] Intelligent, machine learning based, transliteration
4. Microsoft Indic Language Input Tool [http://specials.msn.co.in/ilit/Hindi.aspx] - हिंदी, बांग्ला, तमिल, तेलुगू, कन्नड़ एवं मलयालम के लिए।
5. Get2Home.com–Hindi [http://www.gate2home.com/?language=hi&sec=2)
6. हिंदी लेखक 4.27 [http://www.awgp.in/editing/]
7. रेमिंग्टन : कृतिदेव फॉन्ट आधारित [http://raviratlami.googlepages.com Remington-Krutidev-Online-Hindi-Easy-Editor.htm]
8. हिंदी कलम [http://hindikalam.com/]
9. यूनिनागरी : बिना ताम–झाम का देवनागरी टाइपराइटर [http://www.kaulonline.com/uninagari/]
10. यूनिस्क्रिप्ट [http://www.kaulonline.com/uniscript/]
11. गमभन (WYSWYG) : [http://www.var-x.com/gamabhana/]
12. Hi-Trans : हिंदी के लिए रोमन–नागरी लिप्यन्तरण [http://www.giitaayan.com/x.htm]
13. माध्यम : [http://www.balendu.com/madhyam/index.htm] (non-Unicode)
14. मायबोली का रोमन–देवनागरी लिप्यन्तरण [http://www.maayboli.com/jslib/html/dvedt.html]
15. सलेटी : सर्वसुविधासम्पन्न, ऑनलाइन, देवनागरी–समर्थ (WYSWYG) [http://www.joomlaindia.org/misc/spp/examples/]
16. Hindi Unicode Editor (HUG-2) [http://www.hindini.com/tool/hug2.html]
17. हिंदी सम्पादक तथा वर्तनी जाँजकर्ता [http://ashish.net.in/hug/]
18. Hindi Keyboard (Chhahari) [http://www.chhahari.com/unicode/]
19. Indian Language Converter [http://www.iit.edu/%7Elaksvij/language/index.html]
20. Gopi's Phonetic Roman to Unicode Hindi Converter [http://www.higopi.com/ucedit/Hindi.html]

21. Girish Dalvi's D-Board and Sandbox [http://girish.co.in/projects/dev/dev_sandbox.html]
22. 'राइट-क' [http://www.writeka.com/scripton/hindi/]
23. 'राइट-क' स्क्रिप्टो [http://www.writeka.com/scripto] Pramukh Type Pad for Devnagari and 8 other Indian scripts [http://service.vishalon.net/pramukhtypepad.htm]
24. हिंदी का ऑनलाइन कुंजीपटल [http://hindikeyboard.indiapress.org/]
25. लूकीज (LooKeys) [http://www.keyboard4all.com/content.php?id=97)
26. Lipikaar: हिंदी में टाइप करने का सबसे प्रसिद्ध क्रम [http://www.lipikaar.com]
27. Café_Hindi [http://www.Cafehindi.com]
28. यूनिनागरी [http://kaulonline.com/uninagari/default/]
29. ई-कलम [http://ekalam.raftaar.in/]
30. AJAX Language API for Virtual Keyboard [http://code.google.com/apis/ajaxlanguage /documentation /#Keyboard] (from Google)
31. हिंदी से पंजाबी अनुवाद एवं लिप्यन्तरण प्रणाली [http://h2p.learnpunjabi.org / default.aspx]
32. प्रखर देवनागरी लिपिक [http://www.4shared.com/get/106890584/8872ed8f/DangiSoft_Prakhar_ Devanagari_Lipik.html]
33. Agochar Keypad - मोहित सोम द्वारा [http://www.codeproject.com/KB/ajax / agochar_InScript.aspx]

परिशिष्ट क्र. 17
हिंदी भाषा और लिपि के ऑफलाइन संस्थान

1. गमभन : भारतीय भाषा शब्द-संसाधक (WYSWYG) [http://www.var-x.com/gamabhana/] Itranslator2003 [http://www.omkarananda-ashram.org/Sanskrit/itranslator 2003.htm]
2. तख्ती : यूनिकोड हिंदी सम्पादक [http://www.geocities.com/hanu_man_ji/]
3. Hindi Unicode Editor (HUG-2) [http://www.hindini.com/tool/hug2.zip]
4. IWrite32-[http://members.tripod.com/%7Esbiswas/IWrite32/IWrite32.html]
5. Yudit : [http://www.yudit.org/]
6. KICKKEYS : [http://www.kickkeys.com/]
7. Madhyam Devanagari Editor [http://www.balendu.com/madhyam/index.htm]
8. Devanagari Generator [http://www.dasya.com/%7Embest/freeware/fonts2.html]
9. Elmar's Indic 3.0 [http://www.uni-hamburg.de/Wiss/FB/10/IndienS/Kniprath/ ElmarsIndic.htm]

10. हिंदी टूलकिट [http://pushkarna.com/downloads/hinditoolkit.exe]
11. Lipikaar: हिंदी में टाइप करने का सबसे प्रसिद्ध क्रम [http://www.lipikaar.com]
12. HindiTrans 2.0 (editor) हिंदीट्रान्स [http://www.rovisuam.com/]
13. प्रखर देवनागरी फॉन्ट परिवर्तक ASCII / ISCII TO UNICODE CONVERTER [http://www.4shared.com/file/221854247/4c1c9adc/DangiSoft_Prakhar_Devanagari_F.html]
14. प्रखर देवनागरी लिपिक [http://www.4shared.com/get/106890584/8872ed8f/DangiSoft_Prakhar_ Devanagari_Lipik.html]
15. प्रलेख देवनागरी लिपिक [http://www.4shared.com/file/258046495/f756d693/DangiSoft_Pralekh_ Devanagari_L.html]

परिशिष्ट क्र. 18

इनपुट मेथड एडिटर (आई एम ई)

(Hindi Offline/Downloadable Tools Input Method Editor)

आईएमई (इनके उपयोग से ऑनलाइन/ऑफलाइन 'कहीं भी' हिंदी में लिखा जा सकता है)

1. बरह (Baraha) 7.0 & बरह आईएमई [http://baraha.com/downloads.htm]
2. माइक्रोसॉफ्ट का इंडिक आईएमई [http://www.bhashaindia.com/Patrons/Tutorials/HindiIME.aspx]
3. गूगल के विभिन्न भारतीय भाषाओं हेतु ऑफलाइन आईएमई [http://www.google.com/ime/ transliteration/]
4. विद्युत संस्कृत आईएमई [http://www.mywhatever.com/sanskrit/vidyut/]
5. कैफेहिंदी का आईएमई [http://cafehindi.com/]
6. माइक्रोसाफ्ट इंडिक लैंग्वेज इनपुट टूल (बीटा) [http://specials.msn.co.in/ilit/HindiPreInstall.aspx]
7. कुशीनारा का 'हिंदीटूल्स' नामक इंस्टालर [http:sharma.shrish.googlepages.com/Hindi-Toolkit.exel]
8. हिंदीराइटर का आईएमई [http://www.softpedia.com/get/Office-tools/Other-Office-Tools/ HindiWriter.shtml]
9. प्रमुख आईएमई [http://www.vishalon.net/IndicResources/NextProject/tabid/271/ Default.aspx]
10. इंडिक आईएमई लाइट [http://epandit.shrish.in/451/indic-ime-lite-no-frills-installer-for-indic-ime/][https://www.docs.google.com/leaf?id=0B4uo7Dp5rwXSNTcyNWZkMGEtZjU3My00NThlLWI1NTMtOGUxNzNkYjU4MTQ1&hl=en_US Bhasha_IME] (IME for typing Devanagari, e-Grantha (including Vedic accents for both), Kannada, Malayalam, Tamil, Telugu and roman/IAST scripts. The IME is phonetic.)

परिशिष्ट क्र. 19

हिंदी शब्द संपादन प्रक्रिया

(Hindi Word-Processing)

1. OpenOffice Hindi : Information [http://hi.openoffice.org/]
2. गूगल ट्रांसलितरेशन (लिप्यन्तरण) [http://www.google.com/transliterate/indic]
3. JavaScript Based Hindi TextBox API [http://www.hinkhoj.com/api/]
4. Online Hindi Transliteration Type Pad [http://service.vishalon.net/pramukhtypepad.htm]
5. Javascript API for converting TextBox, Text area or other HTML elements for Devnagari and 8 other Indian scripts [http://www.vishalon.net/IndicResources/ PramukhLibDevelopers Desk/tabid/243/ Default.aspx]
6. गमभन : भारतीय भाषा शब्द-संसाधक (WYSWYG)] [http://www.var-x.com/gamabhana/]
7. सलेटी : सर्वसुविधासम्पन्न आनलाइन, देवनागरी-समर्थ (WYSWYG) [http://www.joomlaindia.org/misc/spp/examples/]
8. KICKKEYS Hindi and other language authoring tool [http://www.kickkeys.com/]
9. LEAP Office 2000 [http://www.cdac.in/html/gist/products/loff.asp]
10. ISM Office [http://www.cdac.in/html/gist/products/ism2off.asp]
11. Lism [http://www.cdac.in/html/gist/products/lism.asp]
12. ISM Publisher [http://www.cdac.in/html/gist/products/ism2pub.asp]
13. iLEAP [http://www.cdac.in/html/gist/products/ileap.asp]
14. Download H-Word : Hindi word processor ver 2.0 [http://tdil.mit.gov.in/download /HWord.htm]

परिशिष्ट क्र. 20

हिंदी वर्तनी जाँचक/संशोधक

(Hindi Spell-checkers)

1. फायरफॉक्स हेतु हिंदी वर्तनी जाँचक एडऑन [https://addons.mozilla.org/en-US/firefox/addon/ 221506/]
2. फायरफाक्स के लिए एक अन्य हिंदी वर्तनी-जाँचक प्लग-इन [http:/ www.esnips.com/doc/b5589890-42aa-45fe-99f9-f04ebd71ae4d/hi-IN-dictionary] Online Spell checker [http://orangoo.com/spell/] Hindi and 27 other languages

3. HindiWriter [http://devendraparakh.port5.com/]
4. Aspell Hindi Dictionary [ftp://ftp.gnu.org/gnu/aspell/dict/hi]
5. Hindi Spell-checker Dictionary [http://icebearsoft.euweb.cz/hindi-dict/]

परिशिष्ट क्र. 21

देवनागरी मुद्राक्षर

(Devanagari Fonts)

1. लोहिया फांट [https://fedorahosted.org/lohit/]
2. मंगल (फांट)
3. संस्कृत 2003
4. रघु (फांट)
5. कृतिदेव (फांट)
6. ऍरियल यूनीकोड एमएस
7. Fonts for Devanagari [http://devanaagarii.net/fonts/]
8. Devanagari Unicode Fonts for Windows
9. [http://www.alanwood.net/unicode/fonts.html#devanagari]
10. Devanaagarii Font Complete Guide [http://www.cs.colostate.edu/%7Emalaiya /devafonts.htm]
11. Alan Wood's utilities for Unicode and Multilingual File Conversion, Font and Keyboard for
12. Windows [http://www.alanwood.net/unicode/utilities_ fonts.html #globalime]
13. Indian Dynamic Fonts [http://www.cdac.in/html/gist/products/dynfonts.asp]

परिशिष्ट क्र. 22

मुद्राक्षर परिवर्तक

(Font Converters)

1. अनेक फॉण्ट परिवर्तक [https://docs.google.com/leaf? id=0B3QLKzA0EHYWNDRmMm VlNDgtMWExNC00ODA3LWJhOTAtMGI2ZmExMzhlMmEy&hl=hi]
2. वेबदुनिया का डेटा कनवर्टर [http://utilities.webdunia.com dataconversion.php]
3. TBIL Data Converter : [http://www.bhashaindia.com/Downloadsv2/Category.aspx?ID=4]

4. Convert from non-unicode to unicode and vice-versa [http://http://ekalam.raftaar.in/
5. Shusha, Jagaran, Nai Duniya, Sahara, Bhaskar Fonts [http://www.rajneesh-mangla.de/unicode.php]
6. Legacy —> Unicode, from Indictrans [http://indictrans.in/demos/convertor/]
7. हिंदी से पंजाबी अनुवाद एवं लिप्यन्तरण प्रणाली [http:/www.h2p.learnpunjabi.org]
8. AksharVividha : अक्षरविविधा [http://www.easyanduseful.com/index.asp]
9. Legacy—>Unicode [http://www.janabhaaratii.org.in page_gen.php? lang=en&body=/ convertor /convert.php]
10. Unicode Converter [http://uni.medhas.org/fileconverterindex.php5] :
11. Font Convertion among major Hindi Fonts from LTRC, IIIT [http://ltrc.iiit.net/showfile.php? filename= onlineServices/FontConvrt/font_convrt.html]
12. Shusha ⇒ Unicode Converter [http://www.manaskriti.com/su/]
13. यूनिकोड ⇒ पुराने (लिगेसी) फॉन्ट [http://www.rajneesh-mangla.de/unicode_to_ascii.php]
14. Devanagari Font Conversion : FontSuvidha 5.0 [http://www.cybershoppee.com/products/ fontsuvidha 5.htm]
15. Rupaantar : Universal Converter of Hindi files (from IITK) [http://www.gitasupersite. iitk.ac.in/gita.htm]
16. Font Converters from LTRC, IIIT [http://ltrc.iiit.net/showfile.php?filename=downloads/FC-1.0/fc.html]
17. ISCII Plug-in for viewing texts in Devanagari fonts provided by CADC [http://www.iiit.net/ltrc/iscii /dvn_plg.exe]
18. हिंदी लेखक [http://www.awgp.in/hindilekhak/]
19. naamabhaaratii : [http://203.199.16.202/naamabhaaratii/]
20. हिंदी छविया [http://rajneesh.mobstop.com/font.php]
21. Online Hindi to Image Converter (png) [http://rajneesh.mobstop.com/font.php]
22. Convert Devanagari Text and Images into PDF [http://www.janabhaaratii.org.in/page_gen.php? lang=en&body=/pdfcreator/intro.html]
23. PdfCreater : [http://www.pdfforge.org/products/pdfcreator]
24. प्रखर देवनागरी फॉन्ट परिवर्तक ASCII/ISCII TO UNICODE CONVERTER [http:/www.4shared.com/file/221854247/4c1c9adc DangiSoft_Prakhar_Devanagari_F.html]
25. यूनिदेव [http://yugmanas.blogspot.com/2010/07/blog-post_17.html]

परिशिष्ट क्र. 23

लिपि परिवर्तक

(Script Converters)

1. Sanscript [http://learnsanskrit.org/tools/sanscript]
2. अक्षरमुख [http://www.virtualvinodh.com/aksharamukha]
3. गिरगिट [http://www.devanaagarii.net/hi/girgit/]
4. गिरगिट का दूसरा रूप [http://girgit.chitthajagat.in/]
5. Microsoft Phonetic Input Tool and Script Converter Beta [http://www.bhashaindia.com/phonetictool/]
6. लिप्यन्तरण [http://uni.medhas.org/girgit.php5]
7. Online Interface to iTrans [http://www.aczoom.com/itrans/online/]
8. ICU Transform Demo [http://demo.icu-project.org/icu-bin/translit]
9. iTrans to Devanagari Converter [http://www.omkarananda-ashram.org/Sanskrit/Itranslt.html]
10. Diacritic Conversion - 'diCrunch v2.00:b6' [http://www.codewallah.com/diCrunch/ diCrunch.php]
11. भारतीय लिपियों में लिखे जालस्थल को लैटिन में परिवर्तित करने का ऑनलाइन औजार [http://eemaata.com/indic2latin.php]
12. Transliterator from Devanagari to major Indian Scripts [http://girish.co.in/projects/dev/ trans4.html]
13. Anusaarakas [http://ltrc.iiit.net/showfile.php?filename=downloads/anu/index.htm]
14. हिंदी से पंजाबी लिप्यन्तरण/अनुवाद [http://h2p.learnpunjabi.org/default.aspx]
15. Hindi Unicode to Tamil Unicode Converter [http://www.ee.vt.edu/%7Eanbumani/Unicode/ hindi2tamil.html]
16. हिंदी-उर्दू ट्रान्सलिटरेशन [http://sggs.learnpunjabi.org/default.aspx]
17. उर्दू लिपि को देवनागरी में बदलने वाला उपकरण (सॉफ्टवेयर) *[http://technical-hindi.googlegroups.com/web/Urdu%20to%20Devanagari%20script%20converter_13.htm?gda=d3-AYVsAAACjuLjeaZByYe7IOlRAsRB8_Z06npCnJFFhp1OPK0w8OGG1qiJ7UbTIup-M2XPURDQgda-TdoHHy6HsDM8cj0vz9JqOpM0LXV-vz4P5q3bw0U9Vahnk5h Tpq5tRPUV_Axk]
18. हिंदी-उर्दू मशीन लिप्यन्तरण [http://www.puran.info/HUMT/HUMT.aspx]
19. देवनागरी से उर्दू लिपि में परिवर्तन का औजार [http://www.malerkotla.org/transh2u.aspx]
20. Hindi to Urdu Transliterator [http://www.crulp.org/h2utransliterator.html]
21. Transliteration Tool For Windows [http://ildc.gov.in/urdu/htm/Urdu_Transliteration.htm]

22. XlitHindi [http://extensions.services.openoffice.org/project/xlithindi]
23. गूगल का लिपि परिवर्तक [http://scriptconv.googlelabs.com/]

परिशिष्ट क्र. 24
हिंदी शब्दकोश
(Hindi Dictionaries)

1. शब्दकोश.कॉम [http://www.shabdkosh.com]
2. गूगल शब्दकोश [http://www.google.com/dictionary]
3. हिंदी एवं विभिन्न भाषाओं के मध्य शब्दकोश [http://shabdkosh-hindi.com/]
4. शब्द-ज्ञान [http://www.4shared.com/get/277416334/98eda2f8/DangiSoft_Shabda Gyaan.html]
5. DangiSoft - ShabdaGyaan [http://www.4shared.com/get/277416334/98eda2f8/ DangiSoft_Shabda Gyaan.html]
6. शब्दकोश (अंग्रेजी-हिंदी-अंग्रेजी) [http://www.4shared.com/file/101273720bfcd1915/Shabdakoshxp.html]
7. Hindi WordNet (हिंदी शब्दतंत्र) [http://www.cfilt.iitb.ac.in/wordnet/webhwn/]
8. Universal Word : English<—>Hindi (based on UNL), for Machine Translation [http://www.cfilt.iitb.ac.in/%7Ehdict/webinterface_user/index.php]
9. A dictionary of Urdu, Classical Hindi, and English [http://dsal.uchicago.edu/dictionaries/platts/]
10. Hindi25.com [http://www.hindi25.com]
11. शब्दमाला : Hindi —> English dictionary [http://dict.hinkhoj.com]
12. Word AnyWhere : Hindi<—>English; iTrans based [http://www.wordanywhere.com/]
13. हिंदी कोश एवं भाषान्तर [http://www.websters-online-dictionary.org/translation/Hindi/ index21.html]
14. हिंदी —> हिंदी विक्षनरी [http://www.hindisamachar.com/index.php?a=list&d=7]
15. WikiWords - Hindi [http://www.wikiwords.org/dictionary/lang/hin]
16. Aksharmala English to Hindi Dictionary [http://www.aksharamala.com/hindi/e2h/]
17. Hindi German Dictionary [http://www.ernst-tremel.privat.t-online.de/Hindi-Deutsch%20Verzeichnis /Hindi-Deutsch%20Deutsch-Hindi.pdf]
18. Urdu - Hindi Shabdkosh-2 [http://www.geocities.com/sumankghai/ShabdKosh.htm]

19. Eng —>Hin Dictionary (IIIT) [http://www.iiit.net/ltrc/Dictionaries/Dict_Frame.html]
20. Unicode Eng-Hindi Dictionary [http://www28.brinkster.com/shreeshrii/eng-hin.htm]
21. अंग्रेजी हिंदी शब्दकोष [http://groups.yahoo.com/group/hindi/files/eng-hin.pdf]
22. [http://groups.google.co.in/groups?q=%22web+pages%22+%26+hindi&start=40&hl=en&lr=&]
23. Many Dictionaries at Anukriti dot net [http://www.anukriti.net/tools1.asp]
24. English-Hindi Dictionary from IIIT
25. [http://ltrc.iiit.net/onlineServices/Dictionaries/Dict_Downld.html]
26. Shabdanjali English—>Hindi dictionary [http://ltrc.iiit.net/onlineServices/Dictionaries/ Dict_Frame.html]
27. 'Shabdanjali' English-Hindi E-Dictionary [http://ltrc.iiit.net/onlineServices/Dictionaries /Shabdanjali_ Dwnld.html]
28. 'Shabdanjali' English-Hindi utf Source files [http://ltrc.iiit.net/online Services /Dictionaries/eng-hin-utf/]
29. Multilingual Open-mind word expert [http://www.teach-computers.org/word-expert/english-hindi/]
30. Online Dictionaries-Hindi Dictionaries [http://www.multilingual books.com/onlinedicts-hindi. html#dicts]
31. English —> Hindi dictionary with pronounciations [http://www.indictrans.org/Dictionaries /English /Ban_dict_html/a.html]
32. Shabdnidhi : English —> Hindi, with word usage [http://myjavaserver.com/%7Ehindi/ shabdnidhi.jsp]
33. कुशीनारा शब्दकोश अल्फा [http://www.kushinara.com/index.php?t=pop]
34. हिंदी विकि-शब्दकोश [http://hi.wiktionary.org/wiki/मुख्य-पृष्ठ
35. LingvoSoft Talking Dictionary 2006 , English <-> Hindi , for Windows [http://www.lingvosoft.com/ LingvoSoft-Talking-Dictionary-English-Hindi-for-Windows/]
36. हिंदी तथा अन्य विदेशी शब्दकोश [http://www.dicts.info/dictlist1.php?l=hindi]

परिशिष्ट क्र. 25
शब्दकोश सर्च इंजन

1. शब्दकोश.कॉम [http://mycroft.mozdev.org/search-engines.html?name=shabdkosh.com]
2. Dictionary en <-> hindi गूगल डिक्शनरी en—>hi [http://mycroft.mozdev.org/search-engines.html? name=Google]

3. हिंदी विकीपीडिया [http://mycroft.mozdev.org/search-engines.html?name=hi.wikipedia.org]
4. डिक्शनरी.कॉम [http://mycroft.mozdev.org/search-
5. engines.html?name=dictionary.reference.com]

परिशिष्ट क्र. 26
हिंदी अनुवाद संसाधन एवं सेवाएँ
(Hindi Translation Softwares/services)

1. Anusaaraka [http://sanskrit.uohyd.ernet.in/anusaaraka]
2. Anusaaraka Alternate site [http://anusaaraka.iiit.ac.in]
3. अनुवादक (अंग्रेजी —> हिंदी) [http://www.4shared.com/file/101278785 e2498211/ Anuvaadakxp.html]
4. Google Translate गूगल अनुवाद [http://translate.google.com/translate_t]
5. बेबीलोन [http://translation.babylon.com/]
6. अंग्रेजी से हिंदी अनुवाद सहाय्य सिस्टम [http://translate.ildc.in:8080/jsp-examples/work/tsswNew.do]
7. Shakti Hindi (online experimental, from IIIT Hyderabad) [http://shakti.iiit.net/%7Eshakti/]
8. MANTRA : Machine Assisted Translation [http://www.cdac.in/html/aai/mantra.asp]
9. Mantra-RaajabhaaShaa : English to Hindi [http://mantra-rajbhasha.cdac.in/mantrarajbhasha/ index.html]
10. हिंदी से पंजाबी मशीनी अनुवाद एवं लिप्यन्तरण [http://h2p.learnpunjabi.org / default.aspx]
11. Report Translator : Domain Specific File translator [http://www.jana bhaaratii.org.in /janabhaaratii/ marathi/report_translator/Report0.5/ ReportTranslator0.5.php]
12. Translation Support System(English-Hindi) AnglaHindi-I system [http://www.tdil.mit.gov.in /download/mat.zip]
13. ENGLISH LANGUAGE ACCESSOR [http://ltrc.iiit.net/~anusaaraka]
14. A Collaborative language accessor [http://rsvidyapeetha.ac.in/~anusaaraka (Mirror)]
15. Download Anusaarakas (Marathi/ Telugu/ Kannada/ Panjabi <—> Hindi) [http://ltrc.iiit.net/showfile.php?filename=downloads/anu/index.htm]
16. Articles on Translation [http://www.seasite.niu.edu/trans/articles/Articles_on_Translation.htm]

17. Machine Translation in India: A Brief Survey [http://www.elda.org/en/proj/scalla/ SCALLA2001/SCALLA2001Rao.pdf]
18. गूगल ट्रांसलेटर टूलकिट [http://translate.google.com/toolkit]
19. विकीभाषा (WikiBhasha) [http://www.wikibhasha.org/]
20. संस्कृत-हिंदी अनुसारकम् अनुवादकम् च [http://sanskrit.uohyd.ernet.in/~scl/SHMT /index.html]
21. Urdu-Hindi Machine Translation System [http://sanskrit.uohyd.ernet.in /~anusaaraka/urdu/]

परिशिष्ट क्र. 27

हिंदी पाठ विश्लेषण, पाठ प्रक्रिया और शब्दानुक्रमणिका

(Hindi Text Analysis, Text Processing and Concordance)

1. *[http://www.antlab.sci.waseda.ac.jp/software/antconc3.2.4w.exe '''AntConc'''] - A freeware concordance program for Windows, Macintosh OS X, and Linux. देवनागरी में भी काम करता है।
2. Download Hindi POS Tagger, Lemmatizer, Morphological Analyser developed by University of Leeds and Sketch Engine, UK [http://sivareddy.in/downloads] Sample output of the tagger [http://sivareddy.in/papers/files/hindi.sample.out.txt]
3. देवनागरी क्रमक [http://technical-hindi.googlegroups.com/web/Devanagari%20Kramak_07.htm?gda=qhjJi0kAAABZJe95PJRsFNTuqa B_abJQwc T0zSdj1opLtXhN83hJBmG1qiJ7UbTIup-M2XPURDQUZW zh0qkcgonJ kJSY2hOZsPB6s1v7C3Iw_ccO4inhKg]
4. ICU Locale Explorer [http://demo.icu-project.org/icu-bin/locexp?_=hi_IN&d_=hi&x=col& currency=INR]
5. '''मात्रा गणक'''' (ऑनलाइन) [http://technical-hindi.googlegroups.com/web/Chhanda%20Maatraa%20Ganak_03.htm?gda=JRAkZU0AAABZJe95PJRsFN TuqaB_abJQwcT0zSdj1opLtXhN83hJBmG1qiJ7UbTIup-M2XPURD Qply2TIkZmhHO8v6VnAE4N3wV89lns _n2i5Im7SItylg]
6. Linguist [http://extensions.services.openoffice.org/en/project/Linguist] Linguist
7. Online Text Analysis Tool [http://www.online-utility.org/text/analyzer.jsp]
8. TAPoR Text Analysis Tools [http://taporware.mcmaster.ca/~taporware/]
9. Topicalizer : Lexical, Phrasal & Textual Analysis [http://www.topicalizer.com/process/]

10. Word Frequency counter and Alphabetization [http://www.seasite.niu.edu/trans/ Indonesian/ transpgms/latinfreq.aspx]
11. Word Frequency Counter & Alphabetization [http://www.georgetown.edu/faculty/ballc/webtools /web_freqs.html]
12. Online Word Counter [http://www.development-space.co.za/Tools/Content/Most-Common-Word-Counter.aspx]
13. Online Character Counter [http://www.development-space.co.za/Tools/Language/Most-Common-Character-Counter.aspx]
14. Compleat_Lister : Freq & Alphabetizaion [http://www.lextutor.ca/freq/compleat_lister/]
15. Create Concordance of a Text [http://www.seasite.niu.edu/trans/Indonesian/transpgms /latinconc.aspx]
16. Dictionary Builder : [http://rajneesh.mobstop.com/dictionary.php]
17. Text Lex Compare [http://www.lextutor.ca/text_lex_compare/]
18. Compleat Text Stripper [http://www.lextutor.ca/tools/stripper.htm]
19. Find Similar Documents [http://www.topicalizer.com/similarDocuments/]
20. Online suffix Tree [http://www.csse.monash.edu.au/%7Elloyd/tildeAlgDS/Tree/Suffix/]
21. Textalyser [http://textalyser.net/index.php?lang=en#analysis]
22. Text Content Analysis Tool [http://www.usingenglish.com/resources/text-statistics.php]
23. Hyper Pro : Text Analyss & Exploration Tools [http://tapor.mcmaster.ca/~hyperpo /Versions/6.0/index.cgi?&delta_iLang=en]
24. TextStat [http://www.niederlandistik.fu-berlin.de/textstat/software-en.html]
25. Text based Concordance [http://www.lextutor.ca/concordancers/text_concord/]
26. Article: Computer Alphabetizing [http://www.rostra.dk/alphabet/alpha_en.htm]
27. TextFixer [http://textfixer.com/]

परिशिष्ट क्र. 28

हिंदी शब्दवैज्ञानिक विश्लेषण

(Hindi Morphological Analysis)

1. Download the Analyzer developed by University of Leeds and Sketch Engine, UK [http://sivareddy.in /downloads]
2. Hindi Morphological Tagger [http://ccat.sas.upenn.edu/plc/tamilweb/hindi.html]

3. Hindi/Marathi/Telugu Morphological Analyser [http://ltrc.iiit.net/showfile.php?filename= onlineServices /morph/morph_analyser.html]
4. Morphological Analysers (for download) [http://ltrc.iiit.net/showfile.php?filename=online Services /morph/index.htm]
5. General architecture for text analysis (GATE) [http://gate.ac.uk/]

परिशिष्ट क्र. 29

हिंदी वाक् से पाठ तथा विलोम संसाधन

(Hindi Text to Speech (TTS) and Speech to Text Tools)

1. ध्वनि (पाक से वाक्) Dhvani TTS [http://dhvani.sourceforge.net]
2. वॉजमी - vozMe [http://vozme.com/index.php?lang=hi]
3. वाचक (पाठ से वाक्)-Vaachak : Info and Online Demo [http://www.prologixsoft.com /vaachak.htm]
4. Two TTSs from IIIT [http://www.ildc.gov.in/htm/Text2Speech.htm]
5. HIndi Text To Speech System [http://www.blissit.org/hinditts.htm]
6. फेस्टिवल (पाठ से वाक्)-फेस्टिवल [http://janabhaaratii.org.in:9673/indicbhaaratii / Members/ Priti_Patil/festival-hi-0-1-tar.gz]
7. हिंदी एएसआर - [http://sourceforge.net/projects/hindiasr/]
8. Hindi TTS Demo at Data Infosys [http://diltts.dil.in/demo/]
9. श्रुतलेखन-राजभाषा
10. वाचांतर-राजभाषा

परिशिष्ट क्र. 30

हिंदी मुद्राक्षर वाचक

[Hindi (Devanagari) Optical Character Recognition (OCR)]

1. संस्कृत ओसीआर Sanskrit OCR : SanskritReader [http://www.sanskritreader.de/Inhalt /software.htm]
2. संस्कृत OCR की वैकल्पिक साइट [http://theindianguru.com/shareonly/SanskritOcrSetup_e.exe]
3. संस्कृत_ओसीआर से प्राप्त रोमन आउटपुट को देवनागरी में बदलने का प्रोग्राम [http://technical-hindi.googlegroups.com/web/SanskritOCR-Roman+to+Unicode-Devanagari+Converter03.html?hl=hi&gda=pDjK32oAAACiAhJpruFZt_qK1gzT-gU6MCbOq_k_ShlY_h_GTe3PEycSJSfubQNtclQuqwMoJdS8eJ5Wc4Y1Ohbcz8jamr159lksqlRR2QoTDINwAcYuNISZ9gK5A1iBZJn3T0O94aT97daDQaep90o7AOpSKHW0]

4. संस्कृत_ओसीआर से प्राप्त रोमन आउट्पुट को देवनागरी में बदलने का '''दूसरा प्रोग्राम''' [http://technical-hindi.googlegroups.com/web/SanskritOCR-Roman-text-to-Unicode+converter05.htm?hl=hi&gda=zPwghmMAAACiAhJpruFZt_qK1gzT-gU6MCbOq_k_ShlY-h_GTe3PE00L6Lh1I-HxpROV4pZgjsrpPNmKDOUkkdU7RZ7NDH37dXe9swwt5ZPGAwg2cOg13 jK2In4d0Zhhw-L_T2mXw3sVYu945paPNtiemeSmbFxa]
5. चित्रांकन CHITRANKAN [http://www.cdac.in/html/press/archives/atjp02/prs_rl114.aspx]
6. Download [http://www.ildc.gov.in/htm/ocr_spell.htm]
7. English + Hindi Online OCR (Beta) [http://register.ildc.in/ocr/register.jsp]

परिशिष्ट क्र. 31
विविध संसाधन

(A) Hindi Programming System

1. SKTN हिंदी प्रोग्रामिंग भाषा [http://www.sktnetwork.com/Products/HPL SKTN Hindi Programming Language /]
2. हिंदवी : Programming System for Indian Languages [http://www.indicybers.com/hindawi/]
3. MBasic ver 5.5 : Program to develop programs in Marathi Language [http://mbasic.8m.com/]

(B) Popular Softwares available with Hindi Interface

1. आई-ब्राउजर++ (हिंदी एक्सप्लोरर) [http://www.4shared.com/file/101281440/c3885f90/ i-Browserxp .html]
2. भारत ऑपरेटिंग सिस्टम्स सालुशन या '''बॉस''' (BOSS) [http://bosslinux.in/downloads]
3. भारतीय ओपेनआफिस [http://www.ncb.ernet.in/bharateeyaoo/download.shtml]
4. OpenOffice Hindi Project [http://images.google.ch/imgres?imgurl =http://hi.openoffice.org/hindiOOo.jpg&imgrefurl=http://hi.openoffice.org/&h=135&w=442&sz=14&tbnid=91B
5. हिंदी सी-मंकी [http://mozilla.ushtaanksoftware.com/seamonkey-1.1.7.hi-IN.win32. installer.exe]
6. Mozila Firefox Internet Brouser [http://www.mozilla.com/firefox/all.html]
7. Opera web-browser [http://www.opera.com/]
8. Indic Joomla : Open Source Content-management System [http://www.joomlaindia.org/prod/ index.php?option=com_docman&Itemid=28]

9. Gmail [http://www.google.com/accounts/ServiceLogin? Service=mail&passive= true &rm=false&continue=http%3A%2F%2Fmail.google.com%2Fmail%3Fui%3Dhtml%26zy%3D]
10. Moodle [http://moodle.org/index.php?lang=hi_utf8]
    LiveJournal
    WorldPress
    Oracle 9.x
    Windows XP with help of Windows XP LIP (Hindi)
    MS Office 2003 with help of Office 2003 LIP (Hindi)
11. हिंदी 'सरल मशीन मंच' (Simple Machine Forum) [http://mozilla.ushtaank software.com/]
12. हिंदी 'फिब्बि' (PHPBB) [http://mozilla.ushtaanksoftware.com/]

(C) Hindi Learning tools

1. Web-LILA [http://www.cdac.in/html/aai/weblila.asp]
2. LILA [http://www.cdac.in/html/aai/lila.asp]
3. The Hindi Corner [http://users.skynet.be/hugocoolens/hindi/hindi.html]
4. Hindi Guru (commercial) [http://www.magicsw.com/hguru/index.htm]

(D) Devanagari Learning Tools

1. Accha - a very good Devanagari learning free software [http://accha.source forge.net/]

(E) Hindi e-Mail & Chat

1. Junked-Unicode sanitizer [http://www.balendu.com/sanshodhak/]
2. Corrupted Hindi E-mail Repair Tool [http://lang.ojnk.net/hindi/unifix.html]
3. Another Corrupted Unicoded email Repair Tool [http://www.mandarin tools.com/]
4. Sending and Receiving E-Mail in Hindi under Windows : An Overview
5. HindiWriter [http://devendraparakh.port5.com/]
6. Hindi QuillPad [http://quillpad.in/hindi/]
7. LEAP Mail [http://www.cdac.in/html/gist/products/leapm.asp]
8. Mailing System for Indian Languages (from IITB) [http://www.cfilt.iitb.ac.in/Ind-mail/index.html]
9. Unicode-Devanagari mailing tool (online) [http://girish.co.in/projects/dev/dev5.html]

10. Hind 2000 client for Hindi, English, Gujarati email [http://www.chime.tv/products/hind2000.shtml]
11. Send Hindi Email using online keyboard —> no software needed by the receiver [http://utopianvision.co.uk/services/hindimessage/]

(F) Mobile Computing

1. Indic Input for Mobile devices [http://www.penfosys.com/downloads/faq.pdf]
2. Use of MT and TTS for Hindi [http://tdil.mit.gov.in/TDIL-OCT-2003/use%20of%20MT%20&% 20TTS%20for%20mobile%20service.pdf]

(G) Hindi Search Engines

1. रफ्तार [http://raftaar.com/] : searches Unicoded Hindi plus Hindi in Legacy fonts
2. Guruji [http://www.guruji.com/] : the Indian Search Engine
3. वेबखोज [http://webkhoj.iiit.net/webkhoj/hindi/] : हिंदी सहित कई अन्य भारतीय भाषाओं में खोज
4. Bhramar [http://khoj.bhramara.in/cgi-bin/bhramara-search-hi.cgi] : India's Vernacular Search Engine
5. Hindi khoj [http://hinkhoj.com/] : Unicode based Hindi search
6. Hindi QuillPad [http://quillpad.in/hindi/] basically a transliteration based editor, searches using Google, yahoo and MSN.
7. Bhomiyo Typepad and search [http://www.bhomiyo.com/] : This has a transliteration keyboard
8. Search tool using Yahoo and Google engines [http://girish.co.in/projects/dev/dev_search.asp]
9. Google : seaches Unicoded Hindi only [http://www.google.com/intl/hi/]
10. Pratahkal Hindi News Paper : प्रातःकाल में हिंदी न्यूज सर्च करें [http://www.pratahkal.com/ index.php?searchword=& option=com_search& Itemid=5]
11. Web Dunia Khoj [http://www.webdunia.com/khoj/search.asp] : searches within WEBDunia site]
12. Search at "Apana Guide" [http://www.hindi.co.in/] : transliteration based interface for inputting Hindi text available here
13. Get2Home.com - Hindi : Inscript keyboard interface for text input [http://www.gate2home.com/?language=hi&sec=2]
14. Sify Khoj [http://khoj.com/]
15. गोताखोर [http://www.gotakhor.com/]
16. हिंदीकुंज [http://www.hindikunj.com] : हिंदी साहित्य व भाषा की वेब पत्रिका

(H) Hindi Localisation Tools

1. Entrans [http://www.indlinux.org/entrans/main.php] पीओएडिट.po भाषा फाइलों के हिंदी अनुवाद के लिए एक ऑफलाइन औजार है। इसका इंटरफेस हिंदी में भी उपलब्ध है।

(I) Plug-ins and Extensions

1. मॉजिल्ला-फॉयरफॉक्स ब्राउजर का एक नया एक्सटेंशन 'पद्मा' [http://downloads.mozdev.org/padma/padma-0.4.4.xpi]
2. Mozila Text Alignment Fix [http://userscripts.org/scripts/show/1480]

(J) हिंदी के लिये उपयोगी फायरफॉक्स एक्सटेंशन

(इनके प्रयोग से इंटरनेट उपयोग करते समय किसी भी टेक्स्ट बक्से में हिंदी लिख सकते हैं)

1. इंडिक आईएमई [https://addons.mozilla.org/en-US/firefox/addon/2573] (इंडिक इनपुट मेथड एक्सटेंशन)
2. गूगल इंडिक ट्रांसलिटरेशन [https://addons.mozilla.org/en-US/firefox/addon/8731]
3. ऐक्य [http://www.ekya.com/]
4. 'प्रमुख टाइपैड' ' [https://addons.mozilla.org/en-US/firefox/addons/versions/10827]
5. लिपिकार [http://www.lipikaar.com/download/firefox]
6. एनी-की [https://addons.mozilla.org/en-US/firefox/addon/3990]
7. ट्रान्सलिटरेटर [https://addons.mozilla.org/en-US/firefox/addon/883]
8. फायरफॉक्स हेतु हिंदी वर्तनी जाँचक एडऑन [https://addons.mozilla.org/en-US/firefox/addon /221506/]
9. फायरफॉक्स में हिंदी टाइपिंग के औजार [http://epandit.shrish.in/176/type-hindi-in-firefox/]

(K) भाषा और लिपि के सामान्य औजार

1. किसी टेक्स्ट को समझकर उसकी ''' भाषा''' बताने वाला प्रोग्राम [http://mylanguages.org/identifier.php]
2. Unicode Code Converter v7.03 [http://rishida.net/tools/conversion/] - यूनिकोड को तरह-तरह के वैकल्पिक रूपों में बदलने वाला ऑनलाइन प्रोग्राम Romanization and Transliteration [http://mylanguages.org/romanization.php] विभिन्न लिपियों को रोमन में बदलने वाले प्रोग्राम
3. Languages Audio [http://mylanguages.org/languages_audio.php] - यहाँ विभिन्न भाषाओं के ऑडियो उपलब्ध हैं।

4. टेक्स्ट–क्राउलर [http://www.digitalvolcano.co.uk/content/textcrawler] – एक या अनेक फाइलों में किसी एक या अनेक टेक्स्ट या रेगुलर एक्सप्रेशन को खोजकर उसे बदलने वाला ऑफलाइन निःशुल्क प्रोग्राम

(L) विविध

1. LIPS [http://www.cdac.in/html/gist/products/lips.asp]
2. LIPS Pro [http://www.cdac.in/html/gist/products/lips.asp]
3. C-Vyasa [http://www.cdac.in/html/ihportal/index.asp#2]
4. Bhagavad_Geeta Reader [http://www.cdac.in/html/ihportal/gitaread.asp]
5. DESIKA [http://www.cdac.in/html/ihg/activity.asp]
6. GIST Card [http://www.cdac.in/html/gist/products/gcard.asp]
7. GISTOra Tools [http://www.cdac.in/html/gist/products/gistora.asp]
8. Document on ISCII [http://www.cdac.in/html/gist/down/iscii_d.asp].
9. GIST-SDK [http://www.cdac.in/html/gist/down/sdk_d.asp]
10. iplugin [http://www.cdac.in/html/gist/down/iplugin_d.asp]
11. ISM Import [http://www.cdac.in/html/gist/down/ismimport_d.asp]
12. LISM [http://www.cdac.in/html/gist/down/lism_d.asp]
13. हिंदी विश्वकोश (Encyclopedia) [http://www.cdacnoida.in/vishwa/vishwa/homepage.asp]
14. nScript from nCore : [http://www.ncore.fi/products/nscript/]
15. Many Indian Languages Softwares from Lingua [http://www.lingua-uk.com/indian.htm]
16. Adobe Reader 7.0.5 for Hindi (Preview) [http://www.adobe.com/products/acrobat/ readerhindibeta.html]
17. हिंदी निर्देशिका Hindi web directory [http://dir.hinkhoj.com]
18. Polyglot 3000 [http://www.polyglot3000.com/]
19. Translated [http://labs.translated.net/language-identifier/]
20. TinyMCE, WordPress, FCKEditor IndicIME Plugins for Devnagari and other 8 Indian scripts [http://www.vishalon.net/IndicResources/IndicIME/tabid/244/Default.aspx]
21. हिंदू यूनिकोड पाठसंग्रह (कॉर्पस) [http://profile.iiita.ac.in/IIT2006065/ 7th%20 sem%20project /project/hin_corp_unicode/hin_corp_unicode/]
22. टेक्स्ट_क्राउलर [http://www.digitalvolcano.co.uk/content/textcrawler]
23. यूनिदेव [http://yugmanas.blogspot.com/2010/07/blog-post_17.html]
24. अरविन्द समान्तर कोश [http://lexicon.arvindlexicon.com/Pages/Home.aspx]
25. कम्प्यूटर सीखो [http://computerseekho.com]
26. हिंदी होम पेज (http://hindihomepage.com) नेट पर हिंदी का प्रवेश

परिशिष्ट क्र. 32

प्रतिनिधि हिंदी भाषा और साहित्य संबंधी वेबसाइट सूची

(जनवरी 2010 से दिसंबर 2010 तक प्राप्त विधागत साहित्य की सांख्यिकीय तालिका)

अ. क्र.	वेबसाइट का नाम	कहानी	रेडियो नाटक/ एकांकी	निबंध	व्यंग्य	यात्रा विवरण	संस्मरण	डायरी	साक्षात्कार	समीक्षा	भाषा/ व्याकरण /अनुवाद	कविता	कुल
1.	http://rachanakar.org	93	1	1	121	-	4	-	2	4	-	470	696
2.	http://www.anubhuti-hindi.org	-	-	-	-	-	-	-	-	-	-	682	682
3.	http://www.abhivyakti-hindi.org	50	-	3	43	-	5	-	2	1	-	-	104
4.	http://www.laghukatha.com/next.htm	142	-	-	-	-	-	-	-	6	-	-	148
5.	http://www.srijangatha.com	123	-	4	21	1	21	2	22	63	5	283	545
6.	http://www.bhartiyapaksh.com	14	-	-	3	-	1	-	-	11	-	25	54
7.	http://www.hindisahityamanch.com	14	-	-	2	-	5	-	1	4	-	177	203
8.	http://www.pravkta.com	4	-	-	62	-	-	-	4	5	-	62	137
9.	http://www.garbhanal.com	24	1	-	7	7	3	-	3	11	1	80	137
10.	http://www.evishwa.com	-	-	-	-	-	-	-	-	-	-	23	23
11.	http://www.hindichetana.blogpost.com	19	-	1	6	-	18	-	-	3	-	57	104
12.	http://www.lekhani.net/index2.html	43	-	1	6	-	4	-	-	-	-	160	214
13.	http://www.sahityashilpi.com	32	-	-	5	-	-	-	3	-	-	100	140
	कुल	558	2	10	276	8	61	2	37	108	6	2119	3187

परिशिष्ट क्र. 33

संदर्भ सूची

वेबलियोग्राफी/ई-रेफरेंसेस/संदर्भ ग्रंथ/पत्रिकाएँ

WEBLIOGRAPHY :

(A) Main Websites -

1. http://www.rachanakar.org –
2. http://www.anubhuti-hindi.org –
3. http://www.abhivyakti-hindi.org –
4. http://www.laghukatha.com/next.htm –
5. http://www.srijangatha.com –
6. http://www.bhartiyapaksh.com –
7. http://www.hindisahityamanch.com –
8. http://www.pravkta.com –
9. http://www.garbhanal.com –
10. http://www.evishwa.com –
11. http://www.hindichetana.blogpost.com –
12. http://www.lekhani.net/index2.htm –
13. http://www.sahityashilpi.com –

(B) Referred Websites -

1. http://gos.sbc.edu/m/moot/htm
2. http://whatis.techtarget.com
3. http://www.2h.net.msu.edu/review/showerv.php
4. http://www.nccr-north-south.unible.chc>individualprojects>ip6
5. www.akmcomputer.blogpost.com
6. www.answer.com
7. www.blissit.org\
8. www.businessdictionery.com
9. www.buzzom.com
10. www.catawbak12nc.us

11. www.chilloutpoint.com
12. www.columbia.edu
13. www.computer-support.com
14. www.dictionary.com
15. www.dictionery.com
16. www.diycalculator.com
17. www.dynaportal.com
18. www.en.wikipidia.org
19. www.fechiwarehouse.com
20. www.fihmirahman.wordpress.com
21. www.google.com
22. www.hindikhoj.com
23. www.images.youdictionery.com
24. www.pil.org
25. www.it-history.net
26. www.library.org
27. www.merriam-webster.com
28. www.oneranks.blogpost.com
29. www.oxforddictionary.com
30. www.pirobon.org/iis
31. www.raftar.com
32. www.sapdisigngwide.org
33. www.searchcio-midmarket.techtarget.com
34. www.searchcrm.techtarget.com
35. www.sebastions.jimnedhs.com
36. www.techterms.com
37. www.thefreedictionary.com
38. www.walthowe.com
39. www.webpedia.org
40. www.wikipedia.org
41. www.wollythoughts.com
42. www.xbitalabs.com

E-REFERENCES :

1. Communication in india - www.enwikipidia.org
2. Google history (company) - www.google.com
3. History of world wide web - www.wikipedia.org
4. hindi dictionary list - dict.info

5. Hindi language resources - www.cs.colostate.edn-mataiya/hindi links.html
6. http://ravirtlami.blogpost.in
7. http://www.elda.org/en/proj/sclla2001/sclla2001/rao.pdf
8. http://www.blissit.org
9. Incomplete history of computing - Rory roryd@brainsarefun.com
10. Milestones in india's internet journey - Amrit rajan www.amritrajan.com
11. Portals-all-in-one web supersites - www.sapdisingguide.org
12. Sadgati-premchand. Film by satyajit ray - production by doordarshan (movie)

संदर्भ ग्रंथ :

(अ) हिंदी –

1. कृष्णचंद–कंप्यूटर की कहानी
2. गौतम मीरा–अंतिम दो दशक का हिन्दी साहित्य–www.vaniprakashan.com - 2008
3. त्रिगुणायत गोविन्द (डॉ.) (भाग 1 और 2)–एस.चाँद एंड कंपनी, नई दिल्ली–1968
4. द्विवेदी हजारी प्रसाद (डॉ.)–कल्पलता (निबन्ध संग्रह)–1951
5. प्रियंवदा उषा–जिन्दगी और गुलाब के फूल (कहानी संग्रह) www.jnanpith.net – 2004
6. बच्चनसिंह (डॉ.)–आधुनिक आलोचना के बीज शब्द–www.vaniprakashan.com - 2004
7. मल्होत्रा विजयकुमार–कंप्यूटर के भाषिक अनुप्रयोग–www.vaniprakashan.com –2007
8. मोकाशी प्रकाश (डॉ.)–यात्रा साहित्य : परिवेश और परिप्रेक्ष्य–यूनिवर्सिटी बुक हाउस, जयपुर–2007
9. यशपाल–बिना साँप मॉरिशस यात्रा (यात्रा विवरण) www.lokbharatiprakashan.com
10. वर्मा महादेवी–अतीत के चलचित्र (रेखाचित्र संग्रह) www.rajkamalprakashan.com
11. वर्मा महादेवी–मेरा परिवार (रेखाचित्र संग्रह) www.rajkamalprakashan.com – 1978
12. विवेकी राय–आस्था और चिंतन (निबंध संग्रह)
13. शर्मा मनोरमा (डॉ.) संस्मरण और संस्मरणकार–आराधना ब्रदर्स कानपुर–1988
14. सांस्कृत्यायन राहुल–घुमक्कड़ शास्त्र www.hindisamay.com
15. सिंह नामवर (डॉ.) आधुनिक साहित्य की प्रवृत्तियाँ–www.rajkamalprakashan.com – 2011
16. सिंह नामवर (डॉ.) जमाने से दो दो हाथ–www.rajkamalprakashan.com –2011
17. हरिमोहन (डॉ.)–कंप्यूटर और हिंदी–takshashilaprakashan.com –1988

(ब) अंग्रेजी –

1. Abrams M H–A Glossry of Literary Terms–Thomas Heinle, Singapore - 2005
2. Ashmor S Harry–Encyclopedia Britanica–The University of Chicago, USA, 1963

(क) पत्रिकाएँ –

1. तद्भव–संपा. अखिलेश–akilesh-tadbhav@yahoo.com
2. परिकथा–संपा. शंकर– www.parikathahindi.com
3. पाखी–संपा. प्रेम भारद्वाज–pakhi@pakhi.in
4. वर्तमान–साहित्य (कविता विशेषांक)–अप्रैल–मई 1992 vartmansahitya.com

❑❑❑